건강보험심사평가원

국민건강보험법

국민건강보험법(영/규칙/요양급여 규칙 포함) + 모의고사 5회 + 무료NCS특강

SD에듀
(주)시대고시기획

2023년 하반기 SD에듀 건강보험심사평가원
국민건강보험법(영/규칙/요양급여규칙 포함) + 모의고사 5회 + 무료NCS특강

Always **with you**

사람의 인연은 길에서 우연하게 만나거나 함께 살아가는 것만을 의미하지는 않습니다.
책을 펴내는 출판사와 그 책을 읽는 독자의 만남도 소중한 인연입니다.
SD에듀는 항상 독자의 마음을 헤아리기 위해 노력하고 있습니다. 늘 독자와 함께하겠습니다.

PREFACE

머리말

국민들의 안전하고 질 높은 의료이용을 돕기 위해 노력하는 건강보험심사평가원은 2023년 하반기에 신규직원을 채용할 예정이다. 건강보험심사평가원의 채용절차는 「원서접수 → 서류심사 → 필기시험 및 인성검사 → 면접심사 → 임용서류 심사 → 최종합격자 발표」 순서로 진행된다. 필기시험은 직업기초능력평가와 직무수행능력평가로 진행하며, 직업기초능력평가의 경우 의사소통능력, 수리능력, 문제해결능력, 정보능력을 평가한다. 직무수행능력평가는 직종별로 내용이 다르므로 반드시 확정된 채용공고를 확인해야 한다. 또한, 필기시험 고득점자 순으로 심사직을 제외한 모든 직종에서 채용예정인원의 3배수를 선발하므로 필기시험을 대비하기 위한 철저한 준비가 필요하다.

건강보험심사평가원 필기시험 합격을 위해 SD에듀에서는 기업별 NCS 시리즈 누적 판매량 1위의 출간경험을 토대로 다음과 같은 특징을 가진 도서를 출간하였다.

도서의 특징

❶ 합격으로 이끌 가이드를 통한 채용 흐름 확인!

- 건강보험심사평가원 소개와 최신 시험 분석을 수록하여 채용 흐름을 파악하는 데 도움이 될 수 있도록 하였다.

❷ 건강보험심사평가원 업무 및 역할과 국민건강보험 법령을 통한 실력 상승!

- 건강보험심사평가원 업무 및 역할을 수록하여 건강보험심사평가원을 파악할 수 있도록 하였다.
- 국민건강보험법 · 시행령 · 시행규칙 · 요양급여의 기준에 관한 규칙 법령을 수록하여 보건의료에 필요한 지식을 쌓을 수 있도록 하였다.

❸ 최종모의고사로 완벽한 실전 대비!

- 철저한 분석을 통해 실제 유형과 유사한 최종모의고사를 일반 / 고난도로 나누어 수록하여 자신의 실력을 점검할 수 있도록 하였다.

❹ 다양한 콘텐츠로 최종 합격까지!

- 온라인 모의고사 응시 쿠폰을 무료로 제공하여 채용 전반을 대비할 수 있도록 하였다.

끝으로 본 도서를 통해 건강보험심사평가원 채용을 준비하는 모든 수험생 여러분이 합격의 기쁨을 누리기를 진심으로 기원한다.

SDC(Sidae Data Center) 씀

건강보험심사평가원 이야기

INTRODUCE

미션

국민의 의료부담을 덜고, 안전하며 질 높은 의료이용을 돕는다

비전

보건의료 디지털 혁신으로 최적의 의료문화를 만드는 Global HIRA

전략방향 & 전략과제

전략방향	전략과제
가치기반 심사평가체계 고도화	1. 가치기반 분석심사 확대 2. 적정진료 환경조성을 통한 합리적 지출관리 3. 국민중심 평가혁신체계 정착 4. 평가정보 가치 향상 및 활용 확대
필수 의료 중심의 촘촘한 의료보장	1. 필수·공공의료보장 확대 2. 합리적 의료이용체계 구축 3. 보건의료 지속가능성 제고를 위한 보상체계 다각화 4. 보건의료 정책지원 효율성 강화
국민 체감형 보건의료 디지털 혁신	1. 국민 맞춤형 보건의료 정보활용 내실화 2. 디지털 기반 보건의료 정보 안전망 강화 3. 보건의료 디지털 전문역량 강화 4. 디지털 플랫폼 기반 업무혁신 가속화
공공기관 책임경영 확립	1. 기간 경영관리 효율화 2. 안전 및 환경경영 내실화 3. 적극행정 및 민간성장 지원 강화 4. 투명경영 실현을 통한 청렴문화 확산

핵심가치

1. 국민 최우선
2. 소통과 협력
3. 공정과 신뢰
4. 열린 전문성

인재상

창의성과 열린 전문성을 갖추고 공정한 업무수행으로
국민에게 신뢰받는 심평인

국민을 위하는 인재

국민 안전과 건장 증진을
최우선으로 생각하는 인재

공정함으로 신뢰받는 인재

공정하고 균형 잡힌 업무 수행으로
신뢰받는 인재

소통하고 협력하는 인재

상호존중의 자세로
내·외부와 협력하는 인재

열린 전문성을 갖춘 창의적 인재

열린 사고로 전문성을 키우고
창의성을 발휘하는 인재

신입 채용 안내

INFORMATION

지원자격(공통)

❶ 병역법 제76조의 병역의무 불이행자에 해당하지 않는 자
※군필, 미필, 면제 및 임용(예정)일 이전 전역예정자는 지원 가능

❷ 공직자윤리법 제17조 퇴직공직자의 취업제한에 해당하지 않는 자

❸ 건강보험심사평가원 인사규정 제71조에 따라 수습 임용(예정)일 기준으로 정년(만 60세)에 도래하지 않는 자

❹ 건강보험심사평가원 인사규정 제14조 임용결격사유에 해당하지 않는 자

❺ 수습 임용(예정)일부터 근무가능한 자

필기시험

구분	직종	평가내용	문항 수
직업기초능력평가	행정직 · 심사직(5급) · 전산직 · 연구직	의사소통능력, 수리능력, 문제해결능력, 정보능력	40문항
직무수행능력평가	행정직 · 연구직	보건의료지식	10문항
		직무 관련 전공지식	30문항
	심사직(5급)	보건의료지식	40문항

면접심사

구분	직종	평가내용
다대일 집중면접	행정직 · 심사직(5급) · 전산직 · 연구직	직무적합성, 직업기초능력 등 개인별 역량 평가, 조직적합도 및 인성 등 종합평가(PT면접+인성면접)
	심사직(4급)	조직적합도 및 인성 등 종합평가(인성면접)
다대다 토론면접	행정직 · 심사직(5급)	개인들 간 상호작용 및 집단 내에서의 개인행동 평가
	심사직(4급) · 전산직 · 연구직 제외	

❖ 위 채용안내는 2023년 상반기 채용공고를 기준으로 작성하였으므로 세부사항은 확정된 채용공고를 확인하기 바랍니다.

2023 상반기 기출분석

ANALYSIS

총평 건강보험심사평가원

전년도 시험에 비해 난이도가 평이하다는 의견이 많았다. 의사소통능력의 경우 지문의 길이가 길지 않아 푸는 데 큰 어려움이 없었고, 수리능력의 경우 응용수리와 통계분석, 자료계산과 같은 문제가 골고루 출제되었다는 평이 많았다. 또한, 정보능력의 경우 정보 기술에 대한 문제가 출제되었기 때문에 평소 다양한 정보 기술에 대한 관심을 가지는 것이 필요하다는 의견이 있었다.

의사소통능력

출제 특징	• 주제 찾기, 추론하기, 삭제할 문장 찾기 등의 유형이 출제됨 • 건강보험심사평가원과 관련된 지문이 출제됨
출제 키워드	• 코로나, 공공보건 등

수리능력

출제 특징	• 응용수리, 통계분석, 자료계산 등의 유형이 출제됨 • 계산문제와 응용수리 문제가 다수 출제됨
출제 키워드	• 속력, 평균, 분산, 중앙값 등

문제해결능력

출제 특징	• 논리명제 문제가 출제됨 • 주어진 자료를 해석, 계산하는 문제가 출제됨
출제 키워드	• 참거짓 논증 등

정보능력

출제 특징	• 엑셀 함수 문제가 출제됨 • 정보 기술과 관련된 개념을 묻는 문제가 출제됨
출제 키워드	• 바코드, 블록체인, 딥페이크, 보안 등

PSAT형

32 다음은 A～E리조트의 1박 기준 일반요금 및 회원할인율에 대한 자료이다. 이에 대한 〈보기〉 중 옳은 것을 모두 고르면?

〈비수기 및 성수기 일반요금(1박 기준)〉

(단위 : 천 원)

구분 \ 리조트	A	B	C	D	E
비수기	300	250	200	150	100
성수기	500	350	300	250	200

〈비수기 및 성수기 회원할인율(1박 기준)〉

(단위 : %)

구분	회원유형 \ 리조트	A	B	C	D	E
비수기 회원할인율	기명	50	45	40	30	20
	무기명	35	40	25	20	15
성수기 회원할인율	기명	35	30	30	25	15
	무기명	30	25	20	15	10

※ $[\text{회원할인율}(\%)] = \frac{(\text{일반요금}) - (\text{회원요금})}{(\text{일반요금})} \times 100$

〈보기〉

ㄱ. 리조트 1박 기준, 성수기 일반요금이 낮은 리조트일수록 성수기 무기명 회원요금이 낮다.
ㄴ. 리조트 1박 기준, B리조트의 회원요금 중 가장 비싼 값과 가장 싼 값의 차이는 125,000원이다.
ㄷ. 리조트 1박 기준, 각 리조트의 기명 회원요금은 성수기가 비수기의 2배를 넘지 않는다.
ㄹ. 리조트 1박 기준, 비수기 기명 회원요금과 비수기 무기명 회원요금 차이가 가장 작은 리조트는 성수기 기명 회원요금과 성수기 무기명 회원요금 차이도 가장 작다.

① ㄱ, ㄴ
② ㄱ, ㄷ
③ ㄷ, ㄹ
④ ㄱ, ㄴ, ㄹ
⑤ ㄴ, ㄷ, ㄹ

특징

- 대부분 의사소통능력, 수리능력, 문제해결능력을 중심으로 출제(일부 기업의 경우 자원관리능력, 조직이해능력을 출제)
- 자료에 대한 추론 및 해석 능력을 요구

출제 대행사

- 엑스퍼트컨설팅, 커리어넷, 태드솔루션, 한국행동과학연구소(행과연), 휴노 등

모듈형

04 다음 대화 과정에서 B사원의 문제점으로 가장 적절한 것은?

> A사원 : 배송 지연으로 인한 고객의 클레임을 해결하기 위해서는 일단 입고된 상품을 먼저 배송하고, 추가 배송료를 부담하더라도 나머지 상품은 입고되는 대로 다시 배송하는 방법이 나을 것 같습니다.
> B사원 : 글쎄요. A사원의 그간 업무 스타일로 보았을 때, 방금 제시한 그 처리 방법이 효율적일지 의문이 듭니다.

① 짐작하기
② 판단하기
③ 조언하기
④ 비위 맞추기
⑤ 대답할 말 준비하기

특징

- 이론 · 개념을 활용하여 푸는 유형
- 채용 기업 및 직무에 따라 NCS 직업기초능력평가 10개의 영역 중 선발하여 출제
- 기업의 특성을 고려한 직무 관련 문제를 출제
- 주어진 상황에 대한 판단 및 이론 적용을 요구

출제 대행사

- 인트로맨, 휴스테이션, ORP연구소 등

피듈형(PSAT형+모듈형)

29 다음은 연도별 근로자 수 변화 추이에 관한 자료이다. 이에 대한 설명으로 옳지 않은 것은?

〈연도별 근로자 수 변화 추이〉

(단위 : 천 명)

구분	전체	남성		여성	
			비중		비중
2017년	14,290	9,061	63.4%	5,229	36.6%
2018년	15,172	9,467	62.4%	5,705	37.6%
2019년	15,536	9,633	62.0%	5,902	38.0%

특징

- 기초 · 응용 모듈을 구분하여 푸는 유형
- 기초인지모듈과 응용업무모듈로 구분하여 출제
- PSAT형보다 난도가 낮은 편
- 유형이 정형화되어 있고, 유사한 유형의 문제를 세트로 출제

출제 대행사

- 사람인, 스카우트, 인크루트, 커리어케어, 트리피, 한국사회능력개발원 등

건강보험심사평가원

거리 계산 유형

01 수호는 집에서 1.5km 떨어진 학원을 가는데 15분 안에 도착해야 한다. 처음에는 분속 40m로 걷다가 지각하지 않기 위해 남은 거리는 분속 160m로 달렸다. 수호가 걸어간 거리는 몇 m인가?

① 280m
② 290m
③ 300m
④ 310m
⑤ 320m

코드 분석 유형

17 귀하는 전세버스 대여를 전문으로 하는 여행업체에 근무하고 있다. 지난 10년 동안 상당한 규모로 성장해온 귀사는 현재 보유하고 있는 버스의 현황을 실시간으로 파악할 수 있도록 식별 코드를 부여하였다. 식별 코드 부여 방식과 자사보유 전세버스 현황이 다음과 같을 때, 옳지 않은 것은?

〈식별 코드 부여 방식〉

[버스등급] – [승차인원] – [제조국가] – [모델번호] – [제조연월]

버스등급	코드	제조국가	코드
대형버스	BX	한국	KOR
중형버스	MF	독일	DEU
소형버스	RT	미국	USA

예 BX – 45 – DEU – 15 – 1510
2015년 10월 독일에서 생산된 45인승 대형버스 15번 모델

〈자사보유 전세버스 현황〉

BX – 28 – DEU – 24 – 1308	MF – 35 – DEU – 15 – 0910	RT – 23 – KOR – 07 – 0628
MF – 35 – KOR – 15 – 1206	BX – 45 – USA – 11 – 0712	BX – 45 – DEU – 06 – 1105
MF – 35 – DEU – 20 – 1110	BX – 41 – DEU – 05 – 1408	RT – 16 – USA – 09 – 0712
RT – 25 – KOR – 18 – 0803	RT – 25 – DEU – 12 – 0904	MF – 35 – KOR – 17 – 0901
BX – 28 – USA – 22 – 1404	BX – 45 – USA – 19 – 1108	BX – 28 – USA – 15 – 1012
RT – 16 – DEU – 23 – 1501	MF – 35 – KOR – 16 – 0804	BX – 45 – DEU – 19 – 1312
MF – 35 – DEU – 20 – 1005	BX – 45 – USA – 14 – 1007	

① 보유하고 있는 소형버스의 절반 이상은 독일에서 생산되었다.
② 대형버스 중 28인승은 3대이며, 한국에서 생산된 차량은 없다.
③ 보유 중인 대형버스는 전체의 40% 이상을 차지한다.
④ 중형버스는 3대 이상이며, 모두 2013년 이전에 생산되었다.
⑤ 미국에서 생산된 버스 중 중형버스는 없다.

국민건강보험공단

의료기관 | 키워드

17 다음 기사의 제목으로 가장 적절한 것은?

지난 달 17일 첫 홍역의심환자(남자 / 41세, 중국유입사례로 확인, 질병관리본부) 신고 이후 병원 내 접촉자로 추정되는 2명(여자 / 23세, 여자 / 51세)이 추가 확진되어 현재 격리 치료 중이다.
이에 따라 감염병 관리 정보시스템을 활용해 관련 기관과 민간전문가 간 긴급 영상회의를 갖고 환자 · 의심환자 및 접촉자 관리 강화, 해당 의료기관 의료진 중 홍역 예방 접종력(2회)이 확인되지 않은 사람을 대상으로 임시 예방접종을 시행하기로 했다.
홍역 유행 차단을 위해 현재 의료기관 내 접촉자와 일반 접촉자 352명을 대상으로 모니터링을 실시하는 한편, 병원과 신속대응 체계를 구축했다. 추가 환자 · 접촉자가 있는지 추가 확인을 실시하고, 의심증상자 발생 시 출근 및 등교 중지 등의 조치를 시행하고 있다. 이밖에도 모든 의료기관에 발열, 발진이 동반된 환자 진료 시 홍역 여부를 주의 깊게 관찰하고, 홍역이 의심되는 경우 격리치료 및 관할 보건소에 즉시 신고해 줄 것을 요청하였다.
관계자는 "최근 서울에서도 3명의 홍역환자가 발생했고, 유럽 · 일본 등에서도 홍역 유행이 지속되고 있어 국내유입 가능성이 커지고 있다."라면서 "홍역은 호흡기나 비말(침방울 등), 공기를 통해 전파되므로 감염예방을 위해 손씻기, 기침예절 지키기 등 개인위생을 철저히 준수하고, 발열 등 의심 증상이 있는 경우 출근 · 등교를 중지해야 한다."라고 당부했다.
홍역은 예방접종으로 예방이 가능하므로 표준 예방접종 일정에 따라 접종을 완료하고, 특히 유럽 등 해외여행을 계획하고 있는 경우에는 사전 예방접종을 반드시 확인해야 한다.
유럽 등 여행 후 홍역 의심 증상(발열, 발진, 기침, 콧물, 결막염 등)이 발생한 경우 다른 사람과의 접촉을 최소화하고 관할 보건소 또는 질병관리본부 콜센터에 문의하여 안내에 따라 병원에 방문해 줄 것을 거듭 당

질병 | 키워드

03 다음 글의 빈칸에 들어갈 내용으로 가장 적절한 것은?

알레르기는 도시화와 산업화가 진행되는 지역에서 매우 빠르게 증가하고 있는데, 알레르기의 발병 원인에 대한 20세기의 지배적 이론은 알레르기는 병원균의 침입에 의해 발생하는 감염성 질병이라는 것이다. 하지만 1989년 영국 의사 S는 이 전통적인 이론에 맞서 다음 가설을 제시했다. ________________ S는 1958년 3월 둘째 주에 태어난 17,000명 이상의 영국 어린이를 대상으로 그들이 23세가 될 때까지 수집한 개인 정보 데이터베이스를 분석하여, 이 가설을 뒷받침하는 증거를 찾았다. 이들의 가족 관계, 사회적 지위, 경제력, 거주 지역, 건강 등의 정보를 비교 분석한 결과, 두 개 항목이 꽃가루 알레르기와 상관관계를 가졌다. 첫째, 함께 자란 형제자매의 수이다. 외동으로 자란 아이의 경우 형제가 서넛인 아이에 비해 꽃가루 알레르기에 취약했다. 둘째, 가족 관계에서 차지하는 서열이다. 동생이 많은 아이보다 손위 형제가 많은 아이가 알레르기에 걸릴 확률이 낮았다.
S의 주장에 따르면 가족 구성원이 많은 집에 사는 아이들은 가족 구성원, 특히 손위 형제들이 집안으로 끌고 들어오는 온갖 병균에 의한 잦은 감염 덕분에 장기적으로는 알레르기 예방에 오히려 유리하다. S는 유년기에 겪은 이런 감염이 꽃가루 알레르기를 비롯한 알레르기성 질환으로부터 아이들을 보호해 왔다고 생각했다.

① 알레르기는 유년기에 병원균 노출의 기회가 적을수록 발생 확률이 높아진다.
② 알레르기는 가족 관계에서 서열이 높은 가족 구성원에게 더 많이 발생한다.
③ 알레르기는 성인보다 유년기의 아이들에게 더 많이 발생한다.
④ 알레르기는 도시화에 따른 전염병의 증가로 인해 유발된다.

코레일 한국철도공사 기술직

글의 제목 ▶ 유형

02 K일보에 근무 중인 A기자는 나들이가 많은 요즘 자동차 사고를 예방하고자 다음과 같은 기사를 작성하였다. 기사의 제목으로 가장 적절한 것은?

예전에 비해 많은 사람이 안전띠를 착용하지만, 우리나라의 안전띠 착용률은 여전히 매우 낮다. 2013년 일본과 독일에서 조사한 승용차 앞좌석 안전띠 착용률은 각각 98%와 97%를 기록했다. 하지만 같은 해 우리나라는 84.4%에 머물렀다. 특히 뒷좌석 안전띠 착용률은 19.4%로 OECD 국가 중 최하위에 머물렀다.
지난 4월 13일, 자동차안전연구원에서 '부적절한 안전띠 착용 위험성 실차 충돌시험'을 실시했다. 국내에서 처음 시행한 이번 시험은 안전띠 착용 상태에서 안전띠를 느슨하게 풀어주는 장치 사용(성인, 운전석), 안전띠 미착용 상태에서 안전띠를 느슨하게 풀어주는 장치 사용(성인, 운전석), 뒷좌석에 놀이방 매트 설치 및 안전띠와 카시트 모두 미착용(어린이, 뒷좌석) 총 세 가지 상황으로 실시했다.
성인 인체모형 2조와 3세 어린이 인체모형 1조를 활용해 승용 자동차가 시속 56km로 고정 벽에 정면충돌하도록 했다. 충돌시험 결과 놀랍게도 안전띠의 부적절한 사용은 중상 가능성이 최대 99.9%로 안전띠를 제대로 착용했을 때보다 최대 9배 높게 나타났다.
세 가지 상황별로 살펴 보자. 먼저 안전띠를 느슨하게 풀어주는 장치를 사용할 경우이다. 중상 가능성은 49.7%로, 올바른 안전띠 착용보다 약 5배 높게 나타났다. 느슨해진 안전띠로 인해 차량 충돌 시 탑승객을 효과적으로 구속하지 못하기 때문이다. 그리고 안전띠 경고음 차단 클립을 사용한 경우에는 중상 가능성이 80.3%로 더욱 높아졌다. 에어백이 충격 일부를 흡수하기는 하지만 머리는 앞면 창유리에, 가슴은 크래시 패드에 심하게 부딪친 결과이다. 마지막으로 뒷좌석 놀이방 매트 위에 있던 3세 어린이 인체 모형은 중상 가능성이 99.9%로, 생명에 치명적 위험을 초래하는 것으로 나타났다. 어린이 인체모형은 자동차 충격 때문에 튕겨 나가 앞좌석 등받이와 심하게 부딪쳤고, 안전띠와 카시트를 착용한 경우보다 머리 중상 가능성이 99.9%, 가슴 중상 가능성이 93.9% 이상 높았다.
또 안전띠를 제대로 착용하지 않으면 에어백의 효과도 줄어든다는 사실을 알 수 있었다. 안전띠를 정상적으로 착용하지 않으면, 자동차 충돌 시 탑승자가 앞으로 튕겨 나가려는 힘을 안전띠가 효과적으로 막아주지

코레일 한국철도공사 사무직

이산화탄소 ▶ 키워드

13 다음은 온실가스 총 배출량에 대한 자료이다. 이에 대한 설명으로 옳지 않은 것은?

〈온실가스 총 배출량〉

(단위 : CO_2 eq.)

구분		2016년	2017년	2018년	2019년	2020년	2021년	2022년
총 배출량		592.1	596.5	681.8	685.9	695.2	689.1	690.2
	에너지	505.3	512.2	593.4	596.1	605.1	597.7	601.0
	산업공정	50.1	47.2	51.7	52.6	52.8	55.2	52.2
	농업	21.2	21.7	21.2	21.5	21.4	20.8	20.6
	폐기물	15.5	15.4	15.5	15.7	15.9	15.4	16.4
LULUCF		−57.3	−54.5	−48.5	−44.7	−42.7	−42.4	−44.4
순 배출량		534.8	542.0	633.3	641.2	652.5	646.7	645.8
총 배출량 증감률(%)		2.3	0.7	14.3	0.6	1.4	−0.9	0.2

※ CO_2 eq. : 이산화탄소 동가를 뜻하는 단위로, 온실가스 종류별 지구온난화 기여도를 수치로 표현한 지구온난화지수(GWP; Global Warming Potential)를 곱한 이산화탄소 환산량
※ LULUCF(Land Use, Land Use Change, Forestry) : 인간이 토지 이용에 따라 변화하게 되는 온실가스의 증감
※ (순 배출량)=(총 배출량)+(LULUCF)

① 온실가스 순 배출량은 2020년까지 지속해서 증가하다가 2021년부터 감소한다.

서울교통공사

참 거짓 논증 ▶ 유형

39 다음의 마지막 명제가 참일 때, 빈칸에 들어갈 명제로 가장 적절한 것은?

- 허리통증이 심하면 나쁜 자세로 공부했다는 것이다.
- 공부를 오래 하면 성적이 올라간다.
- ______________________________
- 성적이 떨어졌다는 것은 나쁜 자세로 공부했다는 것이다.

① 성적이 올라갔다는 것은 좋은 자세로 공부했다는 것이다.
② 좋은 자세로 공부한다고 해도 허리의 통증은 그대로이다.
③ 성적이 떨어졌다는 것은 공부를 별로 하지 않았다는 증거다.
④ 좋은 자세로 공부한다고 해도 공부를 오래 하긴 힘들다.
⑤ 허리통증이 심하지 않으면 공부를 오래 할 수 있다.

도로교통공단

근무 요일 계산 ▶ 유형

54 D회사의 영업지원팀 문팀장은 새로 출시한 제품 홍보를 지원하기 위해 월요일부터 목요일까지 매일 남녀 한 명씩을 홍보팀으로 보내야 한다. 영업지원팀에는 현재 남자 사원 4명(기태, 남호, 동수, 지원)과 여자 사원 4명(고은, 나영, 다래, 리화)이 근무하고 있다. 〈조건〉을 만족할 때, 다음 중 옳지 않은 것은?

조건

(가) 매일 다른 사람을 보내야 한다.
(나) 기태는 화요일과 수요일에 휴가를 간다.
(다) 동수는 다래의 바로 이전 요일에 보내야 한다.
(라) 고은은 월요일에는 근무할 수 없다.
(마) 남호와 나영은 함께 근무할 수 없다.
(바) 지원은 기태 이전에 근무하지만 화요일은 갈 수 없다.
(사) 리화는 고은과 나영 이후에 보낸다.

① 고은이 수요일에 근무한다면 기태는 리화와 함께 근무한다.
② 다래가 수요일에 근무한다면 화요일에는 동수와 고은이 근무한다.
③ 리화가 수요일에 근무한다면 남호는 화요일에 근무한다.
④ 고은이 화요일에 근무한다면 지원은 월요일에 근무할 수 없다.

도서 200% 활용하기

STRUCTURES

기출복원문제를 통한 출제 경향 파악!

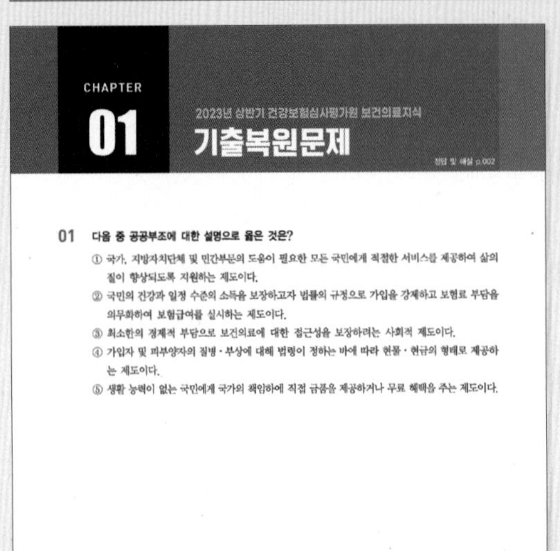

CHAPTER 01

2023년 상반기 건강보험심사평가원 보건의료지식

기출복원문제

정답 및 해설 p.002

01 다음 중 공공부조에 대한 설명으로 옳은 것은?

① 국가, 지방자치단체 및 민간부문의 도움이 필요한 모든 국민에게 적절한 서비스를 제공하여 삶의 질이 향상되도록 지원하는 제도이다.
② 국민의 건강과 일정 수준의 소득을 보장하고자 법률의 규정으로 가입을 강제하고 보험료 부담을 의무화하여 보험급여를 실시하는 제도이다.
③ 최소한의 경제적 부담으로 보건의료에 대한 접근성을 보장하려는 사회적 제도이다.
④ 가입자 및 피부양자의 질병·부상에 대해 법령이 정하는 바에 따라 현물·현금의 형태로 제공하는 제도이다.
⑤ 생활 능력이 없는 국민에게 국가의 책임하에 직접 금품을 제공하거나 무료 혜택을 주는 제도이다.

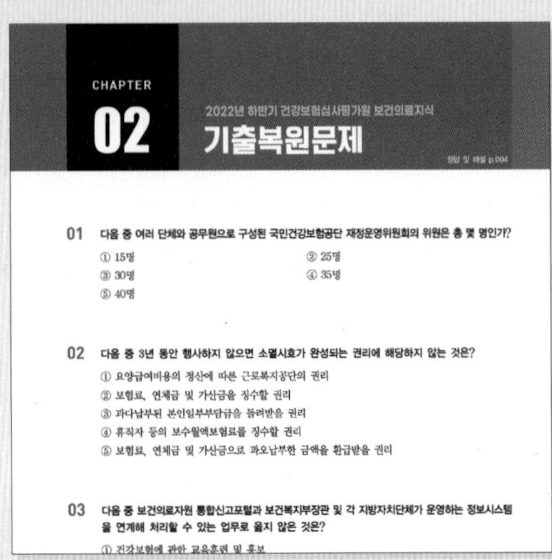

CHAPTER 02

2022년 하반기 건강보험심사평가원 보건의료지식

기출복원문제

정답 및 해설 p.004

01 다음 중 여러 단체와 공무원으로 구성된 국민건강보험공단 재정운영위원회의 위원은 총 몇 명인가?

① 15명 ② 25명
③ 30명 ④ 35명
⑤ 40명

02 다음 중 3년 동안 행사하지 않으면 소멸시효가 완성되는 권리에 해당하지 않는 것은?

① 요양급여비용의 정산에 따른 근로복지공단의 권리
② 보험료, 연체금 및 가산금을 징수할 권리
③ 과다납부된 본인일부부담금을 돌려받을 권리
④ 휴직자 등의 보수월액보험료를 징수할 권리
⑤ 보험료, 연체금 및 가산금으로 과오납부한 금액을 환급받을 권리

03 다음 중 보건의료자원 통합신고포털과 보건복지부장관 및 각 지방자치단체가 운영하는 정보시스템을 연계해 처리할 수 있는 업무로 옳지 않은 것은?

① 건강보험에 관한 교육훈련 및 홍보

▸ 2023년 상반기와 2022년 하반기 건강보험심사평가원 보건의료지식 기출문제를 복원하여 최근 출제 경향을 파악하고 대비할 수 있도록 하였다.

건강보험심사평가원 업무 및 역할을 통한 기업 이해!

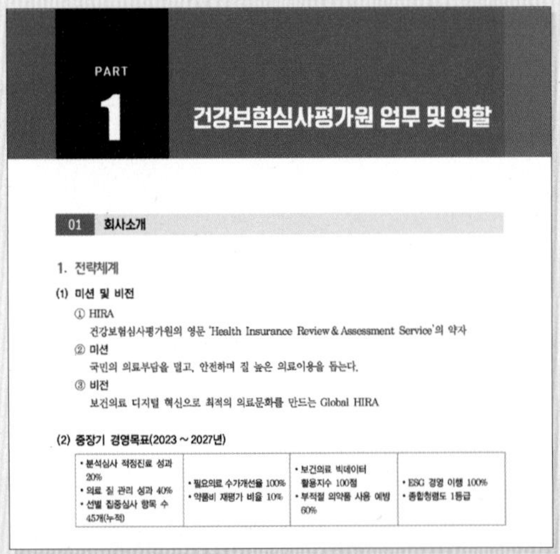

PART 1

건강보험심사평가원 업무 및 역할

01 회사소개

1. 전략체계

(1) 미션 및 비전

① HIRA
건강보험심사평가원의 영문 'Health Insurance Review & Assessment Service'의 약자

② 미션
국민의 의료부담을 덜고, 안전하며 질 높은 의료이용을 돕는다.

③ 비전
보건의료 디지털 혁신으로 최적의 의료문화를 만드는 Global HIRA

(2) 중장기 경영목표(2023 ~ 2027년)

• 분석심사 적정진료 성과 20% • 의료 질 관리 성과 40% • 선별 집중심사 항목 수 45개(누적)	• 필요의료 수가개선율 100% • 약품비 재평가 비율 10%	• 보건의료 빅데이터 활용지수 100점 • 부적절 의약품 사용 예방 60%	• ESG 경영 이행 100% • 종합청렴도 1등급

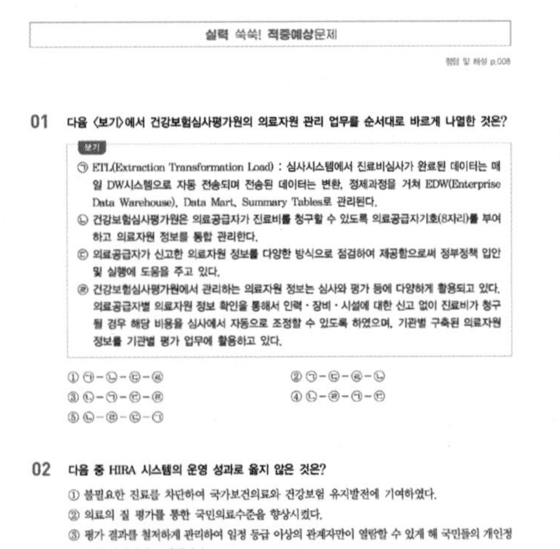

실력 쑥쑥! 적중예상문제

정답 및 해설 p.008

01 다음 〈보기〉에서 건강보험심사평가원의 의료자원 관리 업무를 순서대로 바르게 나열한 것은?

보기

㉠ ETL(Extraction Transformation Load) : 심사시스템에서 진료비심사가 완료된 데이터는 매일 DW시스템으로 자동 전송되며 전송된 데이터는 변환, 정제과정을 거쳐 EDW(Enterprise Data Warehouse), Data Mart, Summary Tables로 관리된다.
㉡ 건강보험심사평가원은 의료공급자가 진료비를 청구할 수 있도록 의료공급자기호(8자리)를 부여하고 의료자원 정보를 통합 관리한다.
㉢ 의료공급자가 신고한 의료자원 정보를 다양한 방식으로 점검하여 제공함으로써 정부정책 입안 및 실행에 도움을 주고 있다.
㉣ 건강보험심사평가원에서 관리하는 의료자원 정보는 심사와 평가 등에 다양하게 활용되고 있다. 의료공급자별 의료자원 정보 확인을 통해서 인력·장비·시설에 대한 신고 없이 진료비가 청구될 경우 해당 비용을 심사에서 자동으로 조정할 수 있도록 하였으며, 기관별 구축된 의료자원 정보를 기관별 평가 업무에 활용하고 있다.

① ㉠-㉡-㉢-㉣ ② ㉠-㉢-㉣-㉡
③ ㉡-㉠-㉢-㉣ ④ ㉡-㉣-㉠-㉢
⑤ ㉡-㉣-㉢-㉠

02 다음 중 HIRA 시스템의 운영 성과로 옳지 않은 것은?

① 불필요한 진료를 차단하여 국가보건의료와 건강보험 유지발전에 기여하였다.
② 의료의 질 평가를 통한 국민의료수준을 향상시켰다.
③ 평가 결과를 철저하게 관리하여 일정 등급 이상의 관계자만이 열람할 수 있게 해 국민들의 개인정보를 안전하게 보장하였다.

▸ 건강보험심사평가원 업무 및 역할을 수록하여 건강보험심사평가원에 대해 파악할 수 있도록 하였다.
▸ 업무 및 역할 OX문제 & 적중예상문제를 수록하여 효과적으로 학습할 수 있도록 하였다.

국민건강보험 법령을 통한 실력 상승!

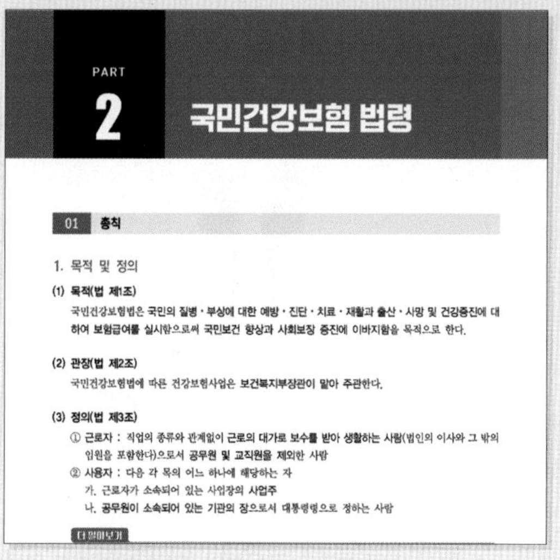

PART 2 국민건강보험 법령

01 총칙

1. 목적 및 정의

(1) 목적(법 제1조)

국민건강보험법은 국민의 질병·부상에 대한 예방·진단·치료·재활과 출산·사망 및 건강증진에 대하여 보험급여를 실시함으로써 국민보건 향상과 사회보장 증진에 이바지함을 목적으로 한다.

(2) 관장(법 제2조)

국민건강보험법에 따른 건강보험사업은 보건복지부장관이 맡아 주관한다.

(3) 정의(법 제3조)

① 근로자 : 직업의 종류와 관계없이 근로의 대가로 보수를 받아 생활하는 사람(법인의 이사와 그 밖의 임원을 포함한다)으로서 공무원 및 교직원을 제외한 사람

② 사용자 : 다음 각 목의 어느 하나에 해당하는 자

가. 근로자가 소속되어 있는 사업장의 사업주

나. 공무원이 소속되어 있는 기관의 장으로서 대통령령으로 정하는 사람

더 알아보기

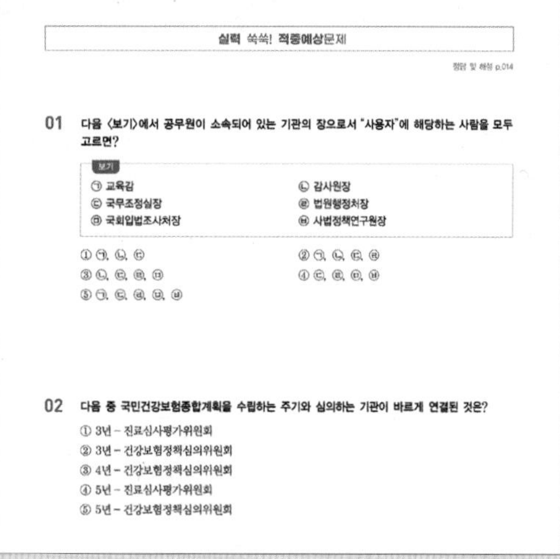

실력 쑥쑥! 적중예상문제

정답 및 해설 p.014

01 다음 〈보기〉에서 공무원이 소속되어 있는 기관의 장으로서 "사용자"에 해당하는 사람을 모두 고르면?

보기

㉠ 교육감 ㉡ 감사원장
㉢ 국무조정실장 ㉣ 법원행정처장
㉤ 국회입법조사처장 ㉥ 사법정책연구원장

① ㉠, ㉡, ㉢ ② ㉠, ㉡, ㉢, ㉣
③ ㉡, ㉢, ㉤, ㉥ ④ ㉢, ㉣, ㉤, ㉥
⑤ ㉠, ㉢, ㉣, ㉤, ㉥

02 다음 중 국민건강보험종합계획을 수립하는 주기와 심의하는 기관이 바르게 연결된 것은?

① 3년 – 진료심사평가위원회
② 3년 – 건강보험정책심의위원회
③ 4년 – 건강보험정책심의위원회
④ 5년 – 진료심사평가위원회
⑤ 5년 – 건강보험정책심의위원회

▸ 국민건강보험법 · 시행령 · 시행규칙 · 요양급여의 기준에 관한 규칙 법령을 수록하여 보건의료에 필요한 지식을 쌓을 수 있도록 하였다.

▸ 영역별 OX문제 & 적중예상문제를 수록하여 보건의료지식을 확실히 준비할 수 있도록 하였다.

최종모의고사로 완벽한 실전 대비!

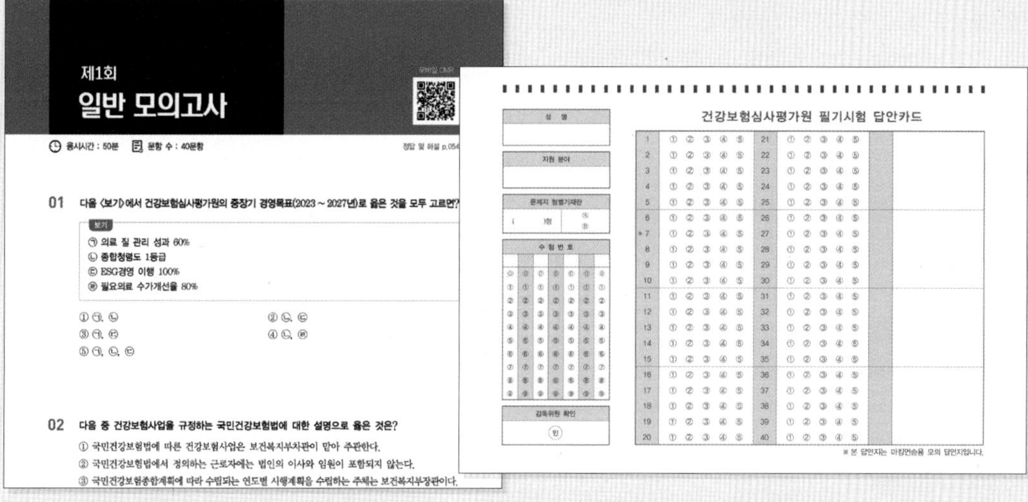

제1회 일반 모의고사

모바일 OMR

응시시간 : 50분 문항 수 : 40문항

정답 및 해설 p.054

01 다음 〈보기〉에서 건강보험심사평가원의 중장기 경영목표(2023 ~ 2027년)로 옳은 것을 모두 고르면?

보기

㉠ 의료 질 관리 성과 60%
㉡ 종합청렴도 1등급
㉢ ESG경영 이행 100%
㉣ 필요의료 수가개선율 80%

① ㉠, ㉡ ② ㉡, ㉢
③ ㉠, ㉢ ④ ㉡, ㉣
⑤ ㉠, ㉡, ㉢

02 다음 중 건강보험사업을 규정하는 국민건강보험법에 대한 설명으로 옳은 것은?

① 국민건강보험법에 따른 건강보험사업은 보건복지부차관이 맡아 주관한다.
② 국민건강보험법에서 정의하는 근로자에는 법인의 이사와 임원이 포함되지 않는다.
③ 국민건강보험종합계획에 따라 수립되는 연도별 시행계획을 수립하는 주체는 보건복지부장관이다.

건강보험심사평가원 필기시험 답안카드

성명 / 지원 분야 / 문제지 형별기재란 / 수험번호 / 감독위원 확인

※ 본 답안지는 마킹연습용 모의 답안지입니다.

▸ 철저한 분석을 통해 실제 유형과 유사한 최종모의고사를 일반 / 고난도로 나누어 수록하여 자신의 실력을 점검할 수 있도록 하였다.

▸ 모바일 OMR 답안채점 / 성적분석 서비스를 통해 필기시험에 대비할 수 있도록 하였다.

2023.06.22.(목)

건강보험심사평가원, 로봇사원과 함께 일하는 방식 개선

건강보험심사평가원
HEALTH INSURANCE REVIEW & ASSESSMENT SERVICE

건강보험심사평가원(이하 심평원)은 '업무 처리 자동화(RPA)' 기술을 적용해 일하는 방식을 획기적으로 개선했다고 밝혔다. 심평원은 RPA 구축사업을 추진해 대국민 서비스인 맞춤형 연구분 업무처리 및 안내 등 15종의 업무에서 RPA 구축을 완료하고, 지난 21일에 'RPA 구축 완료 보고회'를 개최했다.

보고회에서는 RPA 도입을 위해서 실무자 참여 워킹그룹을 구성하고 자체 업무개선 컨설팅을 진행하는 등 업무 재설계 역량을 내재화했다. 또한 RPA 구축으로 연간 8,100여 시간에 달하는 단순 반복 업무 시간을 절감해 수작업으로 인한 실수를 방지하고, 신속 · 정확한 자료 제공을 통한 대내외 고객 만족도 향상 등의 성과도 공유했다. 그리고 RPA가 일을 도와주는 친근한 동료의 이미지로 인식될 수 있도록 로봇사원을 캐릭터화하고, 업무시스템 권한을 부여했다. 심평원은 RPA를 업무 전반에 확산하고자 3월에 직원 아이디어 경진대회를 개최했다. 그리고 심의위원회를 통해 국회사무 및 법무자료 전산관리, 각종 자료 취합, 통계자료 생성 등 14종의 과제를 발굴했고, 7월부터 구축에 나설 계획이다.

최동진 심평원 정보운영실장은 "수작업 중심의 반복적인 업무에 RPA 기술을 적용해 혁신적인 성과를 이룬 것에 그치지 않고, 인공지능 분야에 RPA를 연계하겠다."라면서 "업무 효율화 및 심평원의 고유 역할인 보건 의료서비스의 질적 향상을 선도해 나가겠다."라고 밝혔다.

Keyword

- 업무 처리 자동화(RPA) : 'Robotic Process Automation'의 약자로, 로봇이나 소프트웨어를 통해 업무를 실행하는 기술을 말한다. 업무 처리 속도가 빠르고 오류가 발생할 확률이 적어 기업 경쟁력을 높일 수 있다는 특징이 있다.

예상 면접 질문

- 기술의 발전이 의료산업에 주는 영향에 대해 말해 보시오.
- 심평원의 미래 발전 방향에 대해 말해 보시오.

2023.05.09.(화)

건강보험심사평가원, '지역사회 ESG 경영 협의체' 소속 기관 간 MOU 체결

건강보험심사평가원(이하 심평원) 서울지원은 9일 '지역사회 ESG 경영 협의체' 소속 국민건강보험공단 송파지사 등 7개 기관과 지역사회 ESG 경영 추진을 위한 업무협약을 체결했다.

이번 업무협약을 통해 각 기관은 지역 내 하천정화 캠페인, 공동 헌혈 캠페인 및 취약계층 대상 지원활동, 사옥 안전을 위한 생활환경 전자파 측정 등의 다양한 과제를 지속적으로 발굴하고 공동 추진할 예정이다. 지난해 지역사회 ESG 경영 협의체 활동으로는 우리동네(가락골) 환경정화, 취약계층 대상 기증 캠페인, 폐마스크 재활용 캠페인 등을 공동으로 추진했다. 지역사회 ESG 경영 협의체는 지난해 4월 공공기관의 사회적 책임 실천을 위해 서울지원 등 지역사회 내 5개 공공기관(국민건강보험공단 송파지사, 송파구시설관리공단, 한국방송통신전파진흥원 서울본부, 해양환경공단)이 연합해 출범했다. 올해 3월에는 3개의 공공기관(국민체육진흥공단, 서울특별시농수산식품공사, 한국체육산업개발)이 추가로 참여해 현재 총 8개 기관이 소속되어 있다.

지점분 심평원 서울지원장은 "이번 협약을 통해 협의체의 활동 범위를 확장하고, 지역사회에 도움이 되는 다양한 활동을 추진할 것이다."라면서, "지속적이며 적극적인 ESG 경영 활동의 실천으로 지역사회에서 사회적 책임을 다해 신뢰받는 기관이 되도록 최선을 다할 것이다."라고 전했다.

Keyword

- ESG 경영 : '환경(Environment) · 사회(Social) · 지배구조(Governance)'를 뜻하는 경영 패러다임으로, 이윤추구라는 기존의 경영 패러다임 대신에 기업이 환경적, 사회적 책임을 다하고, 지배구조의 공정성을 목표로 '지속가능경영'을 위해 노력하는 경영방식이다.

예상 면접 질문

- ESG 경영에 대해 설명하고 심평원의 ESG 경영을 위한 활동에 대해 말해 보시오.
- 심평원의 ESG 경영을 실천할 수 있는 다른 아이디어가 있다면 말해 보시오.

2023.05.03.(수)

건강보험심사평가원, 에콰도르 보건의료 전문가 대상 초청

건강보험심사평가원(이하 심평원)은 지난달 24일부터 28일까지 5일간 에콰도르 보건부를 대상으로 역량 강화 초청연수 프로그램을 개최했다.

심평원은 미주개발은행(IDB)의 요청과 재정 지원으로 에콰도르 보건의료 질 관리 개선 및 효율성 제고를 위한 정책 컨설팅을 수행하고 있다. 이번 초청연수 프로그램은 정책 컨설팅의 일환으로 에콰도르 보건부 전문가 9명, IDB 관계자 2명이 참석했다. 교육과정은 보건의료 질 관리 체계, 관련 기관 소개, ICT를 기반으로 한 심평원의 심사시스템, 한국의 코로나19 대응 사례 등을 주제로 대면강의를 진행했고, 이와 함께 남양주풍양보건소, 분당서울대병원, 심평원 및 국민건강보험공단을 방문해 한국의 건강보험제도 발전과정과 주요 의료기관의 시스템을 직접 둘러보고 경험하는 현장견학 프로그램 진행을 통해 연수생들의 큰 호응을 받았다. 연수에 참여한 에콰도르 보건부 질 향상 관리부장 Mayra Patricia는 "에콰도르는 보건의료 질 관리를 위한 체계적인 시스템 마련과 더불어 한국의 심평원과 같이 ICT 시스템 구축 및 활용이 이루어져야 한다."라고 프로그램 참여 소감을 전했다.

공진선 심평원 국제협력단장은 "이번 프로그램은 심평원이 보유한 데이터 기반 보건의료 질 관리 체계 지식과 기술을 전수하는 유익한 시간이었다."라고 말하며, "이를 통해 에콰도르 자국 보건시스템의 효율성 및 효과성을 향상시키고, 나아가 보편적 건강보장(UHC) 달성을 기대한다."라고 전했다.

Keyword

- 미주개발은행(IDB) : 라틴아메리카제국의 경제 개발을 촉진시키기 위한 은행으로, 주로 경제 · 사회 · 제도상의 개발사업을 위한 다변적 금융 지원을 담당한다.
- 보편적 건강보장(UHC) : 'Universal Health Coverage'의 약자로, 모든 사람들이 재정적 어려움 없이 양질의 필수 건강 서비스를 받을 수 있도록 보장하는 것을 말한다.

예상 면접 질문

- 심평원의 국제적 협력 활동의 기대 효과에 대해 말해 보시오.
- 우리나라의 의료 서비스의 장점에 대해 설명해 보시오.

2023.04.13.(목)

건강보험심사평가원, 2023 국가산업대상 고객만족 부문 5년 연속 수상

건강보험심사평가원(이하 심평원)은 13일 산업정책연구원(IPS)이 주관하고 산업통상자원부, 중소벤처기업부, 서울과학종합대학원, 중앙일보가 공동 후원하는 '2023 국가산업대상 고객만족 부문'에서 보건복지 분야 공공기관 최초로 5년 연속 수상하는 쾌거를 달성했다.

'2023 국가산업대상'은 치열한 글로벌 경쟁 환경과 대내외적 불확실성이 큰 상황 속에서 우수한 경영 능력과 차별화된 서비스로 경쟁력을 높여 국가 산업 발전에 크게 기여한 기관에 수여하는 상이다. 심평원이 수상한 고객만족 부문은 고객에 대한 차별화된 서비스 제공, 고객지향적인 CS 경영 활동을 통한 성과 사례, 소비자 중심 경영(CCM)을 실천한 기관에게 수여된다. 심평원은 보유한 데이터를 개인 환자 단위로 통합하여 국민안전서비스를 구축하고 AI 분석 기반을 마련했다. 또한, 보건의료 공공기관 최초 클라우드 플랫폼 환경을 구축하는 등 다양한 디지털 수요에 적극 대응했으며, 지역사회와의 상생 협력을 위한 폐자전거 재활용, 폐의약품 안심처리 사업 등으로 ESG 경영에 힘쓴 공로를 인정받았다. 그리고 지속적인 코로나19 극복 노력과 국제외교를 통한 심사평가원의 성과 공유 등의 결실을 맺었다.

강중구 심평원장은 "답답했던 코로나19 상황이 비로소 막을 내리는 지금, 국민의 건강과 안전을 지키기 위한 심평원의 더욱 적극적인 역할이 요구된다."라며 "끊임없는 변화 속에서 발 빠르게 대응해 온 심평원의 전문성과 노하우, 그리고 임직원의 노력을 합쳐 슬기롭게 나아갈 것이다."라고 밝혔다.

Keyword

- 소비자 중심 경영(CCM) : 기업이 수행하는 모든 활동을 소비자 중심으로 구성하여 관련 경영 활동을 지속적으로 개선하는 것을 말한다.

예상 면접 질문

- 본인이 알고 있는 심평원의 소비자 중심 사업 내용에 대해 말해 보시오.
- 공공기관이 고객을 상대할 때 가장 중요시해야 하는 것은 무엇인지 말해 보시오.

이 책의 차례

CONTENTS

Add+ **특별부록**

CHAPTER 01 2023년 상반기 건강보험심사평가원 보건의료지식 기출복원문제 2

CHAPTER 02 2022년 하반기 건강보험심사평가원 보건의료지식 기출복원문제 5

PART 1 **건강보험심사평가원 업무 및 역할**

- 회사소개 2
- 업무안내 5
- ESG경영 15

PART 2 **국민건강보험 법령**

- 총칙 34
- 가입자 46
- 국민건강보험공단 62
- 보험급여 80
- 건강보험심사평가원 181
- 보험료 192
- 이의신청 및 심판청구 등 239
- 보칙 251
- 벌칙 302

PART 3 **최종모의고사**

제1회 일반 모의고사 316

제2회 일반 모의고사 331

제3회 고난도 모의고사 347

별 책 **정답 및 해설**

Add+ 특별부록 2

PART 1 건강보험심사평가원 업무 및 역할 8

PART 2 국민건강보험 법령 14

PART 3 최종모의고사 54

OMR 답안카드

Add+
특별부록

CHAPTER 01 2023년 상반기 건강보험심사평가원 보건의료지식 기출복원문제

CHAPTER 02 2022년 하반기 건강보험심사평가원 보건의료지식 기출복원문제

CHAPTER

01

2023년 상반기 건강보험심사평가원 보건의료지식

기출복원문제

정답 및 해설 p.002

01 다음 중 공공부조에 대한 설명으로 옳은 것은?

① 국가, 지방자치단체 및 민간부문의 도움이 필요한 모든 국민에게 적절한 서비스를 제공하여 삶의 질이 향상되도록 지원하는 제도이다.

② 국민의 건강과 일정 수준의 소득을 보장하고자 법률의 규정으로 가입을 강제하고 보험료 부담을 의무화하여 보험급여를 실시하는 제도이다.

③ 최소한의 경제적 부담으로 보건의료에 대한 접근성을 보장하려는 사회적 제도이다.

④ 가입자 및 피부양자의 질병・부상에 대해 법령이 정하는 바에 따라 현물・현금의 형태로 제공하는 제도이다.

⑤ 생활 능력이 없는 국민에게 국가의 책임하에 직접 금품을 제공하거나 무료 혜택을 주는 제도이다.

02 다음 중 행위별 수가제의 개념으로 옳은 것은?

① 환자가 입원해서 퇴원할 때까지 발생하는 진료에 대하여 질병마다 미리 정해진 금액을 지불하는 방식이다.

② 의사가 제공한 의료행위마다 항목별로 가격을 책정하여 진료비를 지불하는 방식이다.

③ 의사가 맡고 있는 등록자 수에 비례하여 보수를 사전에 결정・지급하는 방식이다.

④ 일정 기간 동안 공급자가 제공하는 의료서비스에 대한 총비용을 사전에 계약하여 지불하는 방식이다.

⑤ 의료인의 근무경력, 기술 수준, 근무의료기관의 종별 및 직책에 따라 보수를 결정하고 지급하는 방식이다.

03 다음 중 건강보험정책심의위원회의 심의 · 의결사항으로 옳지 않은 것은?

① 종합계획 및 시행계획에 관한 사항
② 요양급여의 기준
③ 요양급여비용에 관한 사항
④ 직장가입자의 보험료율
⑤ 직장가입자의 보험료부과점수당 금액

04 다음 〈보기〉에서 건강보험심사평가원이 관장하는 업무가 아닌 것을 모두 고르면?

보기

㉠ 요양급여비용의 심사
㉡ 심사기준 및 평가기준의 개발
㉢ 의료시설의 운영
㉣ 건강보험에 관한 교육훈련 및 홍보
㉤ 요양급여의 적정성 평가

① ㉠, ㉡
② ㉡, ㉢
③ ㉡, ㉣
④ ㉢, ㉣
⑤ ㉢, ㉤

05 다음은 근로자의 건강검진에 대한 설명이다. 빈칸 ㉠, ㉡에 들어갈 기간이 바르게 연결된 것은?

국민건강보험공단은 가입자와 피부양자에 대하여 질병의 조기 발견과 그에 따른 요양급여를 하기 위하여 건강검진을 실시한다. 건강검진은 ___㉠___마다 1회 이상 실시하되, 사무직에 종사하지 않는 직장가입자에 대해서는 ___㉡___에 1회 실시한다.

	㉠	㉡
①	2년	2년
②	2년	1년
③	2년	6개월
④	1년	1년
⑤	1년	6개월

06 다음 〈보기〉에서 국민건강보험의 가입자나 피부양자가 될 수 없는 사람을 모두 고르면?

보기

㉠ 직장가입자의 형제 · 자매
㉡ 독립유공자예우에 관한 법률에 따라 의료보호를 받는 사람
㉢ 유공자 등 의료보호대상자 중 건강보험의 적용을 보험자에게 신청한 사람
㉣ 의료급여법에 따라 의료급여를 받는 사람
㉤ 직장가입자의 배우자

① ㉠, ㉡
② ㉡, ㉢
③ ㉡, ㉣
④ ㉢, ㉣
⑤ ㉢, ㉤

07 다음 중 국민건강보험법상 보험료를 경감받을 수 있는 사람으로 옳지 않은 것은?

① 섬 · 벽지 · 농어촌에 거주하는 사람
② 휴직자
③ 장애인복지법에 따라 등록한 장애인
④ 60세 이상인 사람
⑤ 국가유공자 등 예우 및 지원에 관한 법률에 따른 국가유공자

CHAPTER

02

2022년 하반기 건강보험심사평가원 보건의료지식

기출복원문제

정답 및 해설 p.004

01 다음 중 여러 단체와 공무원으로 구성된 국민건강보험공단 재정운영위원회의 위원은 총 몇 명인가?

① 15명
② 25명
③ 30명
④ 35명
⑤ 40명

02 다음 중 3년 동안 행사하지 않으면 소멸시효가 완성되는 권리에 해당하지 않는 것은?

① 요양급여비용의 정산에 따른 근로복지공단의 권리
② 보험료, 연체금 및 가산금을 징수할 권리
③ 과다납부된 본인일부부담금을 돌려받을 권리
④ 휴직자 등의 보수월액보험료를 징수할 권리
⑤ 보험료, 연체금 및 가산금으로 과오납부한 금액을 환급받을 권리

03 다음 중 보건의료자원 통합신고포털과 보건복지부장관 및 각 지방자치단체가 운영하는 정보시스템을 연계해 처리할 수 있는 업무로 옳지 않은 것은?

① 건강보험에 관한 교육훈련 및 홍보
② 시・도지사 및 시장・군수・구청장이 건강보험심사평가원에 하는 통보
③ 건강보험심사평가원이 시・도지사 및 시장・군수・구청장에 하는 통보
④ 건강보험심사평가원이 요청한 요양기관의 현황과 관련한 사실을 확인하기 위해 필요한 자료 제공
⑤ 건강보험심사평가원이 요청한 약사 및 한약사에 대한 면허, 자격 및 행정처분 등에 대한 자료 제공

04 다음 중 건강보험심사평가원이 관장하는 업무로 옳지 않은 것은?

① 요양급여비용의 심사청구와 관련된 소프트웨어의 개발・공급・검사 등 전산 관리
② 요양급여의 적정성 평가 결과의 공개
③ 심사기준 및 평가기준의 개발을 수행하기 위한 환자 분류체계의 개발・관리
④ 보험급여의 적정성 평가의 기준・절차・방법 등에 필요한 사항 결정 및 고시
⑤ 건강보험과 관련하여 보건복지부장관이 필요하다고 인정한 업무

05 **다음 중 건강보험심사평가원의 이의신청위원회 위원으로 임명될 수 없는 사람은?**

① 건강보험심사평가원의 임직원
② 시민단체가 추천하는 사람
③ 변호사, 사회보험에 관한 학식과 경험이 풍부한 사람
④ 의약 관련 단체가 추천하는 사람
⑤ 국민건강보험공단의 임직원

06 **다음 중 이의신청위원회에 대한 설명으로 옳지 않은 것은?**

① 이의신청위원회 위원의 임기는 3년이다.
② 이의신청위원회 회의는 위원장과 6명의 위원으로 구성된다.
③ 이의신청위원회 회의는 위원장이 소집한다.
④ 이의신청위원회 회의에 출석한 모든 사람에게는 수당을 지급할 수 있다.
⑤ 이의신청위원회 회의는 구성원의 과반수가 출석해야 개의된다.

07 **다음 중 국민건강보험에 대한 설명으로 옳지 않은 것은?**

① 국민건강보험은 사회보험이다.
② 본인의 의사에 따라 가입하는 임의보험이다.
③ 소득수준에 따라 보험료가 차등부과된다.
④ 적용범위가 전 국민인 보편적 사회보험이다.
⑤ 보험료 징수가 강제성을 띤다.

08 **다음 중 상급종합병원에서 1단계 요양급여를 받을 수 있는 경우로 옳지 않은 것은?**

① 응급의료에 관한 법률에 해당하는 응급환자인 경우
② 임산부의 분만의 경우
③ 치과에서 요양급여를 받는 경우
④ 정신건강의학과에서 요양급여를 받는 경우
⑤ 혈우병 환자가 요양급여를 받는 경우

09 **다음 중 가입자 또는 피부양자가 질병이나 부상으로 거동이 불편한 경우 등 보건복지부령으로 정하는 방문요양급여의 실시 사유에 해당하지 않는 것은?**

① 장애인 건강권 및 의료접근성 보장에 관한 법률에 따른 장애인 건강 주치의 제도의 대상이 되는 중증장애인
② 호스피스・완화의료 및 임종과정에 있는 환자의 연명의료결정에 관한 법률에 따른 말기환자
③ 가정형 인공호흡기를 사용하는 등 일정 수준 이상의 의료적 요구가 있어 방문요양급여를 제공받을 필요가 있는 18세 미만 환자
④ 그 밖에 질병, 부상, 출산 등으로 거동이 불편하여 방문요양급여가 필요하다고 보건복지부장관이 정하여 고시하는 경우에 해당하는 사람
⑤ 타인을 해쳐 국가에서 인정하는 정신병동에 입원한 전적이 있는 사람

10 **다음 중 건강보험심사평가원의 환자분류체계가 활용되는 사례로 옳지 않은 것은?**

① 병원 간 비교 시 환자구성 보정 도구로 사용된다.
② 포괄수가제에서 지불단위로 사용된다.
③ 상급종합병원, 전문병원 등의 인정 기준에 사용된다.
④ 처방・조제 약품비 절감 장려금으로 사용된다.
⑤ 요양기관의 진위를 가리는 데 사용된다.

11 **다음 〈보기〉에서 국민건강보험법상 보험급여를 제한하는 경우가 아닌 것을 모두 고르면?**

보기

㉠ 중대한 과실로 인한 범죄행위에 그 원인이 있거나 고의로 사고를 일으킨 경우
㉡ 중대한 과실로 공단이나 요양기관의 요양에 관한 지시에 따르지 아니한 경우
㉢ 공무로 생긴 질병・부상・재해로 다른 법령에 따른 보험급여나 보상을 받게 되는 경우
㉣ 직장가입자의 피부양자 요양기관이 아닌 곳에서 출산하게 된 경우

① ㉠, ㉡, ㉢
② ㉠, ㉢
③ ㉡, ㉣
④ ㉣
⑤ ㉡, ㉢, ㉣

12 **다음은 권한의 위임 및 위탁에 대한 설명이다. 빈칸에 들어갈 대상으로 옳지 않은 것은?**

보건복지부장관의 권한은 대통령령으로 정하는 바에 따라 그 일부를 ______에게 위임할 수 있다.

① 광역시장
② 도지사
③ 특별자치도지사
④ 국회의원
⑤ 특별시장

13 다음 〈보기〉에서 부가급여에 대한 설명으로 옳은 것을 모두 고르면?

보기

㉠ 국민건강보험법 제50조에 따른 부가급여는 임신·출산 진료비인데, 이는 유산 및 사산을 포함한다.
㉡ 임신·출산한 가입자 또는 피부양자는 임신·출산 진료비 지원 대상이다.
㉢ 2세 이하의 가입자 또는 피부양자는 임신·출산 진료비 지원 대상이다.
㉣ 임신·출산한 가입자 또는 피부양자의 약제·치료재료의 구입에 드는 비용에는 임신·출산 진료비 이용권이 발급된다.

① ㉠
② ㉠, ㉡
③ ㉢
④ ㉢, ㉣
⑤ ㉠, ㉡, ㉣

14 다음은 심판청구에 대한 설명이다. 빈칸 ㉠~㉢에 들어갈 기간이 바르게 연결된 것은?

① 분쟁조정위원회는 제59조 제1항에 따라 심판청구서가 제출된 날부터 ___㉠___ 이내에 결정을 하여야 한다. 다만, 부득이한 사정이 있는 경우에는 ___㉡___의 범위에서 그 기간을 연장할 수 있다.
② 제1항 단서에 따라 결정기간을 연장하려면 결정기간이 끝나기 ___㉢___ 전까지 청구인에게 그 사실을 알려야 한다.

	㉠	㉡	㉢
①	60일	30일	7일
②	30일	60일	7일
③	60일	60일	10일
④	30일	45일	10일
⑤	120일	60일	7일

15 다음 중 분쟁조정위원회의 위원을 해임하거나 해촉할 수 있는 사유로 옳지 않은 것은?

① 심신장애로 인하여 직무를 수행할 수 없게 된 경우
② 직무와 관련된 비리를 저지른 사실이 있는 경우
③ 심각하게 품위를 손상시켜 위원으로 적합하지 아니하다고 인정되는 경우
④ 위원 스스로 직무를 수행하는 것이 곤란하다고 의사를 밝히는 경우
⑤ 과거 안건의 당사자와 친족이라는 사실을 밝혀 심리·의결에서 제척된 경우

PART 1

건강보험심사평가원 업무 및 역할

PART 1

건강보험심사평가원 업무 및 역할

01 회사소개

1. 전략체계

(1) 미션 및 비전

① HIRA

건강보험심사평가원의 영문 'Health Insurance Review & Assessment Service'의 약자

② 미션

국민의 의료부담을 덜고, 안전하며 질 높은 의료이용을 돕는다.

③ 비전

보건의료 디지털 혁신으로 최적의 의료문화를 만드는 Global HIRA

(2) 중장기 경영목표(2023 ~ 2027년)

• 분석심사 적정진료 성과 20% • 의료 질 관리 성과 40% • 선별 집중심사 항목 수 45개(누적)	• 필요의료 수가개선율 100% • 약품비 재평가 비율 10%	• 보건의료 빅데이터 활용지수 100점 • 부적절 의약품 사용 예방 60%	• ESG 경영 이행 100% • 종합청렴도 1등급

(3) 전략방향 및 전략과제

가치 기반 심사평가 체계 고도화	필수 의료 중심의 촘촘한 의료보장	국민 체감형 보건의료 디지털 혁신	공공기관 책임경영 확립
• 가치 기반 분석심사 확대 • 적정진료 환경조성을 통한 합리적 지출관리 • 국민 중심 평가혁신 체계 정착 • 평가정보 가치 향상 및 활용 확대	• 필수·공공의료보장 확대 • 합리적 의료이용 체계 구축 • 보건의료 지속가능성 제고를 위한 보상체계 다각화 • 보건의료 정책지원 효율성 강화	• 국민 맞춤형 보건의료 정보 활용 내실화 • 디지털 기반 보건의료 정보 안전망 강화 • 보건의료 디지털 전문역량 강화 • 디지털 플랫폼 기반 업무혁신 가속화	• 기관 경영관리 효율화 • 안전 및 환경경영 내실화 • 적극행정 및 민간성장 지원 강화 • 투명 경영 실현을 통한 청렴 문화 확산

(4) 핵심가치

국민 최우선	소통과 협력	공정과 신뢰	열린 전문성

(5) 인재상

창의성과 열린 전문성을 갖추고, 공정한 업무수행으로 국민에게 신뢰받는 심평인			
국민을 위하는 인재	공정함으로 신뢰받는 인재	소통하고 협력하는 인재	열린 전문성을 갖춘 창의적 인재
국민 안전과 건강 증진을 최우선으로 생각하는 인재	공정하고 균형 잡힌 업무수행으로 신뢰받는 인재	상호존중의 자세로 내·외부와 협력하는 인재	열린 사고로 전문성을 키우고 창의성을 발휘하는 인재

(6) 슬로건

의료 질은 높게, 국민 건강엔 날개를	Smart HIRA, Better Health	보건의료를 가치 있게, 온 국민을 건강하게

PART 1

2. HIRA 시스템

(1) 개요

① 의료자원의 효율적 사용으로 의료의 질 향상과 비용의 적정성을 보장하는 가치 중심 보건의료 ICT서비스 실현 시스템

② 보건의료서비스 지출 효율화 기관으로서 다양한 기능을 통합적으로 운영하여 업무 상호 간 시너지 효과를 창출

(2) 주요 기능

① 건강보험제도 발전 및 국민건강 증진을 위한 노력
- ㉠ 국민건강보험, 자동차보험 등 진료비 심사 지원
- ㉡ 요양급여 적정성 평가를 위한 업무 지원
- ㉢ 의약품의 안전한 사용(DUR) 및 유통을 위한 관리
- ㉣ 정부와 공공기관 등 효율적인 행정을 위한 데이터 분석·연계
- ㉤ 의료인력, 시설, 장비 등 보건의료자원 정보 제공
- ㉥ 감염병 등 보건의료 위기대응 업무 지원

② 보건의료 디지털 혁신과 ICT자원의 효과적인 운영을 위한 정보화 역량 집중
- ㉠ AI, 클라우드, 빅데이터 등 IT 신기술 도입
- ㉡ 더 나은 서비스 제공을 위한 시스템 개발
- ㉢ 안정적인 서비스를 위한 시스템 유지보수
- ㉣ 정보자원의 효과적 운영 및 정보 보안을 위한 종합관제

(3) 장점

① 보건의료서비스 지출 효율화를 위한 맞춤형 공공시스템으로 국가보건의료 정책 지원
급여기준 설정, 의료자원 관리, 진료비용 심사 및 의료의 질 평가 등을 수행

② 국민의료비와 관련한 모든 정보의 수집관리로 국민, 정부 및 이해관계자에 대한 맞춤형 정보 제공
㉠ 적정진료비 산정 및 질 높은 의료공급자 선택
㉡ 보건의료통계 생산 및 효율적 자원 관리
㉢ 신속한 진료 대가 지급 및 보건의료 데이터를 활용한 연구기능 강화

③ 최적의 업무처리 기법을 적용한 세계적인 수준의 ICT 기반 시스템
㉠ 첨단 ICT 기술을 수용할 수 있는 유연하고 개방적인 운영체계 : 의약품 RFID와 같은 사물인터넷(IoT; Internet of Things) 및 모바일기기 활용(병원위치 정보, 의약품 정보, 민원업무)
㉡ ISO 9001, ISO 20000 인증과 진료비전자심사시스템의 국제특허 획득
㉢ 국제 표준코드 기반의 국가 단일 코드체계 운영 : 급여기준 데이터베이스 관리(행위수가 84,000여 개, 약가 50,000여 개, 치료재료 20,000여 개)
㉣ 다양한 기능을 통합적으로 운영하며 업무 상호 간 시너지효과 창출 : 진료비 청구 자료의 99% 이상을 전자청구방식으로 교환하고 인공지능 전산심사를 통해 업무 생산성 극대화 등

④ 보건의료 환경개선과 보편적 의료보장(UHC; Universal Health Coverage)에 필요한 핵심기능 수행
㉠ ICT 기반의 HIRA 시스템에 대한 건강보험 도입·개혁국가들의 관심 증가(ODA 요청 등)
㉡ OECD, World Bank 및 WHO 등 국제기구의 높은 관심 및 개도국의 벤치마킹 대상

(4) 운영 성과

① 필요한 진료는 보장하고 불필요한 진료를 차단하여 국가보건의료와 건강보험 유지 발전에 기여
보건의료서비스에 대한 체계적인 관리와 합리적인 지출 효율화를 통해 연간 약 17조 원의 사회적 가치 창출

② 의료의 질 평가를 통한 국민의료수준 향상
㉠ 의료공급자의 의료서비스 수준을 의·약학적 측면과 비용 효과적 측면에서 평가
㉡ 평가 결과를 정부, 지방자치단체, 소비자단체 등에 공개하여 국민 의료선택권 지원

③ 의료자원의 효율적 사용 및 환자의 안전성 확보
㉠ 의료자원을 통합 관리하여 낭비 예방과 적절한 분배 지원(인력, 시설, 장비 등)
㉡ DUR을 통해 안전하고 적정한 의약품 사용(540만 건 약화사고 예방, 2013년 기준)

④ 신속·정확한 보건의료 통계생산으로 근거 기반 정책수립 지원 및 신뢰도 높은 국제 보건의료 통계 산출
㉠ 실시간 통계정보 생산으로 국가 보건의료 정책 지원(약 77만 회 이상, 2013년 기준)
㉡ 의료계 및 제약 산업 R&D 등 보건의료 연구 지원(2,300회 이상, 2013년 기준)
㉢ 의료의 질, 의료자원, 의약품 소비량 등 5개 그룹 196개 지표 생산(2013년 기준)

02 업무안내

1. 의료행위 관리

(1) 개요

① 약 84,000개의 의료행위가 과학적 방법과 투명한 절차에 의해 건강보험 적용 기준으로 선정되어 국가단위 표준코드로 분류관리

② 의사의 진료행위를 분류하고 행위별 표준코드를 부여하는 업무

③ 적정한 가격 산정과 급여기준 등을 설정하여 관리하는 업무

PART 1

(2) 의료행위 관리 절차

① 보험적용 여부 및 가격 결정

대체 가능성, 비용·효과성 등을 평가하여 보험급여 대상 여부를 결정하고 급여 시 가격을 결정함

② 급여기준 설정

㉠ 급여기준의 대상, 범위 등을 검토하기 위해 국내외 임상연구 문헌과 기초자료를 조사하고 전문가 소견 등을 참고하여 다양한 각도로 검토함

㉡ 진료상의 필요성, 임상적 유용성, 비용 효과성 등을 고려하여 급여로 인정하는 횟수와 같은 급여기준을 만듦

③ 상대가치 재평가

상대가치 구성요소인 의료자원이 변경되었을 때는 의료행위의 상대가치 점수를 개정함

(3) 운영 성과

① 의료행위 분류로 진료비 지불단위, 보건의료통계 및 연구 등의 기초자료로 활용

② 경제성 등을 고려한 가격 결정 및 보험적용으로 국민의료비 절감

③ 통일된 표준코드를 기반으로 국가 전체의 질병 예측 및 국민의료서비스에 대한 통계 산출 용이

④ 의료공급자 등 이해관계자들과의 협의 절차를 통한 급여기준 설정으로 이해도 및 수용성 제고

⑤ 신의료기술의 적용프로세스 확립

⑥ 표준화된 코드를 통한 전산 시스템 간 연계 용이

2. 치료재료 관리

(1) 개요

① 약 30,000개의 치료재료가 국가단위 표준코드로 관리되어 비용 경제적으로 사용

② 스텐트, 인공관절, 임플란트 등을 분류하고 용도, 기능 등을 고려하여 코드를 부여하는 업무

③ 적정한 가격 산정과 급여기준 등을 설정하여 관리하는 업무

(2) 치료재료 관리 절차

① 보험적용 여부 및 가격 결정

기보험 적용 치료재료와의 의학적 타당성, 의료적 중대성, 치료 효과성, 비용 효과성, 환자의 비용 부담정보 및 사회적 편익 등을 평가하여 보험급여 대상 여부 및 상한금액 등을 결정함

② 급여기준 설정

일부 품목은 적응증, 사용개수 등에 대한 급여기준을 만들어 그 범위 내에서만 급여함

③ 치료재료 재평가

㉠ 고시된 치료재료는 관리의 효율성 제고를 위하여 3년에 한 번씩 재평가를 할 수 있음

㉡ 평가와 재평가 단계에서 평가 결과에 이견이 있는 경우 독립적 검토 절차를 받아 재평가를 신청할 수 있음

(3) 운영 성과

① 경제성 등을 고려한 가격 결정 및 보험적용으로 국민의료비 절감

② 통일된 표준코드를 기반으로 국가 전체의 질병 예측 및 국민의료서비스에 대한 통계 산출 용이

③ 의료공급자 등과 협의 절차를 통한 급여기준 설정으로 이해도 및 수용성 제고

3. 의약품 관리

(1) 개요

① 약 22,000개의 의약품이 국가단위 표준코드로 관리되고 국민안전과 적정 가격을 보장

② 임상적으로 치료적 가치가 높은 의약품에 대해 적정한 가격을 책정하고 급여기준 등을 설정하여 관리하는 업무

(2) 의약품 관리 절차

① 보험적용 여부 및 가격 결정

㉠ 약제급여평가위원회를 통해 임상적 유용성과 비용효과성을 검토하여 보험 여부를 결정함

㉡ 급여 대상으로 결정된 신약은 국민건강보험공단에서 제약사와 약가협상을 통해 최종 가격을 결정하고 제네릭은 동일 성분 신약의 일정 비율로 가격이 결정됨

㉢ 안정성과 유효성을 확인하고, 임상정 유용성과 비용효과성을 평가함

② 급여기준 관리

㉠ 의학적 타당성과 대체 가능성, 비용 효과성 등을 검토함

㉡ 진료심사평가위원회와 암질환심의위원회의 심의를 거침

㉢ 허가초과 약제 비급여 사용승인 여부를 결정함

③ 사후관리

㉠ 퇴장방지의약품을 관리함

㉡ 사용범위 확대에 따른 약가를 사전인하함

㉢ 실거래가를 기반하로 약가를 인하함

㉣ 유통질서 문란약제의 처분을 지원함

(3) 운영 성과

① 국민이 질 좋은 약을 적정한 가격에 사용
② 경제성 등을 고려한 가격 결정 및 보험적용으로 국민의료비 절감
③ 통일된 의약품 표준코드를 기반으로 국가 전체의 의약품 사용 관리 및 기타 의료서비스와 연계한 통계 산출 용이
④ 의료공급자 등과 협의 절차를 통한 급여기준 설정으로 이해도 및 수용성 제고

PART 1

4. 진료비 청구 및 심사 운영

(1) 개요

① 약 40년간의 심사지식과 노하우가 접목된 인공지능 기법의 전산심사
② 국민건강보험법 등에서 정한 기준에 의해 진료비와 진료 내역이 올바르게 청구되었는지, 의·약학적으로 타당하고 비용효과적으로 이루어졌는지 확인하는 업무

(2) 진료비 심사처리 절차

① 청구명세서 접수
건강보험심사평가원의 진료비청구프로그램을 이용하여 청구 전에 청구파일을 점검하고 인터넷망을 통해 건강보험심사평가원에 직접 청구하고 심사 결과를 통보받는 쉽고 편리한 청구운영서비스
② 전산 점검
모든 청구명세서의 환자 상병코드, 청구코드 및 가격의 오류 등에 대한 점검이 전산프로그램에 의해 이루어짐
③ 인공지능 전산심사
㉠ IT 기술과 심사직원의 심사 노하우를 접목하여 사람이 심사하는 것과 같이 로직화된 전산프로그램으로, 인공지능 자동화심사를 말함
㉡ 모든 진료내역은 7단계 전산심사가 이루어짐
④ 전문심사
㉠ 착오 청구 개연성이 높거나 전문의학적 판단이 필요한 건을 심사자가 직접 심사하는 것으로, 일차적으로 심사직원에 의한 심사가 이루어짐
㉡ 심사위원 심사 : 전문의학적 판단을 위해 해당 분야 전문의사가 하는 심사
㉢ 심사위원회 심사 : 여러 전문가가 모여서 적정성 여부를 심사하는 심사
⑤ 심사 사후관리
㉠ 심사가 완료된 건 중 수진자별, 진료기간별 또는 의료공급자 간 연계가 되지 않아 미처 급여기준을 적용하지 못한 것에 대하여 추가적인 심사를 하여 지급된 비용을 환수함
㉡ 건강보험심사평가원의 심사 결정에 대하여 수용할 수 없다고 판단되는 경우에 관련 자료를 첨부하여 이의신청할 수 있음

(3) 운영 성과

① 종이문서 재입력비용, 물류비용 등 사회비용 절감으로 국가경쟁력 향상
연간 14억 건(2013년 기준) 종이문서를 전자문서로 대체

② 진료비 청구 업무 간소화 및 진료비 지급기간 단축으로 의료공급자 경영효율화 지원
심사기간(서면청구 40일 → 전자청구 15일)

③ 청구데이터 암호화로 개인정보 유출방지 및 개인정보보호 강화

④ 빠르고 정확한 진료 내역 수집으로 상세한 국가 보건의료 정책자료 생산 기반 마련

5. 의료 질 평가 운영

(1) 개요

진찰·수술·의약품 사용 등 의료서비스에 대해 의약학적 측면과 비용·효과적인 측면에서 적정하게 행하였는지를 평가하는 업무

(2) 의료서비스 적정성 평가 절차

① 타당성 검증
평가대상 우선순위에 따라 평가대상 선정 및 예비평가를 통한 평가의 타당성을 검증하고 평가항목에 대한 보건복지부 승인 후 평가 실시 2개월 전에 건강보험심사평가원 홈페이지, 보도자료 등에 평가 계획을 공개함

② 자료 수집
평가를 위해 진료내역, 의료공급자 정보(인력, 시설, 장비), 사망자료 등 평가에 필요한 자료를 수집함

③ 결과 산출 및 결정

㉠ 수집된 자료의 정확도 확인을 위해 오류 및 신뢰도 점검을 하고 진료 경향 분석, 중증도 보정 후 기관별 평가지표 및 종합결과를 산출함

㉡ 대상기관, 평가지표 및 기준, 종합점수 산출 시 지표 값의 표준화, 가중치, 공개등급구간 등 평가 전반에 대해 전문가 자문회의체 회의 및 중앙평가위원회 심의를 거쳐 정함

㉢ 평가 결과는 건강보험심사평가원 홈페이지에 공개하여 국민의 의료이용 선택권을 보장하며, 가감지급 등에 활용하고 있음

(3) 운영 성과

① 의료공급자 간에 의료서비스 질의 상향평준화

② 평가 결과에 의한 가감지급으로 의료 질 향상 유도 및 건강보험 재정의 합리적 지출

③ 국민에게 평가 결과에 대한 정보제공으로 합리적 의료공급자 선택 가능

④ 평가 결과를 보건의료제도 운영에 활용
지역거점 공공병원 선정, 권역별 응급의료센터 지정, 항생제 내성관리 종합대책 등

6. 의약품 안전사용서비스(DUR)

(1) 개요

① 실시간으로 환자의 투약이력까지 점검하는 세계 유일의 의약품 안전점검시스템

② 의사 및 약사에게 의약품 처방·조제 시 금기 등 의약품 안전성과 관련된 정보를 실시간으로 제공하여 부적절한 약물사용을 사전에 점검할 수 있도록 지원하는 업무

(2) DUR 서비스 절차

① 이력 확인

㉠ 처방단계에서 환자의 처방(의약품) 정보를 전송함

㉡ 환자의 투약이력 및 DUR 기준과 비교해서 문제되는 의약품이 있으면 의사의 컴퓨터화면에 0.5초 이내로 경고 메시지를 띄움

② 처방

처방을 변경하거나 임상적 필요에 의해 부득이하게 처방 시에는 예외사유를 기재하여 처방을 완료하고, 그 정보를 전송함

(3) 운영 성과

① 환자의 투약이력까지 실시간으로 점검하는 세계 유일의 시스템

② 신속한 응답속도 보장과 365일 24시간 무중단서비스 실시

③ 의약품 금기 및 안전성 정보 등의 실시간 제공으로 의사 및 약사 의약품 처방 및 조제 지원

④ 국민의 안전한 의약품 복용 지원

⑤ 적십자사와 헌혈금지 의약품 복약내역 정보공유로 안전한 혈액 사용

⑥ 의약품 실시간 사용내역 파악으로 국가차원의 의약품 감시망 운영(전염병 등)

7. 현지조사

(1) 개요

① 요양기관의 건전한 요양급여비용 청구 풍토 조성 및 불필요한 건강보험 재정 누수 방지

② 요양기관이 지급받은 요양급여비용 등에 대해 세부 진료내역을 근거로 사실관계 및 적법 여부를 확인·조사하는 업무

③ 그 결과에 따라 부당이득 환수 및 행정처분 등을 실시하는 보건복지부장관의 행정조사

(2) 현지조사 업무 처리 절차

① 부당청구 인지

건강보험심사평가원의 요양급여 비용 심사·평가 과정 및 대외기관의 의뢰 등 다양한 경로를 통하여 이루어짐

② 현지조사

㉠ 거짓·부당청구의 개연성, 규모·정도, 조사의 필요성, 시급성 등을 감안하여 현지조사 대상기관을 선정하고 조사함

㉡ 요양기관의 거짓·부당청구 내역이 확인되면 이에 따른 부당금액을 산출함

㉢ 행정처분 기준에 부합할 경우 행정처분을 실시함

③ 사후관리

㉠ 일정한 기준에 부합한 경우 거짓청구 요양기관의 명단을 공표함

㉡ 요양기관이 업무정지 등의 행정처분을 정확하게 받고 있는지 여부를 확인하기 위하여 사후관리를 실시함

(3) 운영 성과

① 요양기관의 거짓·부당 청구 예방 및 건강보험 재정 누수 방지

② 요양기관의 건전한 요양급여비용 청구 풍토 조성 및 적정진료 유도

③ 건강보험 가입자의 수급권 보호 및 건전한 요양기관을 보호

8. 의약품 유통정보 관리

(1) 개요

① 50,000여 개의 의약품과 2,500개소의 의약품 제조·수입, 도매상의 생산·수입 유통정보를 정리

② 국내에서 유통되는 모든 의약품에 대해 국가 표준코드를 부여하는 업무

③ 생산·수입·공급·소비 실적을 수집하여 관리하는 업무

(2) 의약품 유통정보 관리 절차

① 의약품 정보화 관리(의약품 표준코드 관리)

㉠ 식품의약품안전처 허가 후 건강보험심사평가원 의약품관리종합정보센터(KPIS)에 표준코드 부여를 신청함

㉡ 표준코드 신청접수 후 10일 이내에 표준코드를 공고함

- 국내 유통 의약품에 대해 정보 표준화
- 100% 정보 표시 및 ATC 코드와 연계

② 의약품 생산·수입·공급·소비 내역 관리 및 정보 제공

㉠ 공급업체로부터 생산·수입·공급 실적을 수집하여 관리하고 식약처의 위해 의약품정보에 대해 각 공급업체에게 알림서비스를 제공함

㉡ 포털시스템에서 수집한 정보를 데이터웨어하우스(DW)로 구축, 각종 정책자료 및 통계정보를 생산하여 정부, 관련 기관, 국민 등에게 제공함

(3) 운영 성과

① 의약품 국가 표준코드 관리로 의약품 유통의 투명성 확보
② 의약품 유통정보 제공으로 제약 산업의 건전한 육성 도모
③ 의약품 공급내역과 사용내역 연계 분석을 통한 건강보험 재정 절감(70억, 2017 ~ 2021년 기준)
④ 사물인터넷 등 첨단 ICT 기술 활용을 통한 실시간 의약품 유통정보 관리로 국민건강 보호
⑤ 의약품 유통정보를 기반으로 국가통계 생산(생산, 수입실적 등)

PART 1

9. 의료자원 관리

(1) 개요

① 의료자원(인력, 시설, 장비)의 통합관리로 한정된 의료자원의 합리적 배분과 활용
② 진료비 심사 및 의료서비스 질 평가에 기초자료가 되는 의료자원 현황(의료 인력·시설·장비 등)을 의료공급자로부터 신고 받아 전산 등록·관리하는 업무

(2) 의료자원 관리 업무 절차

① 기호 부여
의료공급자가 진료비를 청구할 수 있도록 의료공급자기호(8자리)를 부여하고 의료자원 정보를 통합 관리함
② 정보 확인
㉠ 인력·장비·시설에 대한 신고 없이 진료비가 청구될 경우 해당 비용을 심사에서 자동으로 조정할 수 있음
㉡ 기관별 구축된 의료자원 정보를 기관별 평가 업무에 활용하고 있음
㉢ 의료공급자가 신고한 의료자원 정보를 다양한 방식으로 점검하여 제공함으로써 정부정책 입안 및 실행에 도움을 줌
③ ETL(Extraction, Transformation, Load)
㉠ 심사시스템에서 진료비심사가 완료된 데이터는 매일 DW시스템으로 자동 전송됨
㉡ 전송된 데이터는 변환, 정제과정을 거쳐 EDW(Enterprise Data Warehouse), Data Mart, Summary Tables로 관리됨

(3) 운영 성과

① 전국의 모든 의료자원의 통합관리를 통해 한정된 의료자원의 합리적 배분 및 활용
② 주요 의료장비의 유통 이력 추적으로 허위·중복 신고를 사전에 예방
③ 의료자원 정보를 진료비 심사 및 의료서비스 수준 평가와 연계하여 보험 재정 절감

10. 환자분류체계 개발

(1) 개요

① 한국 보건의료 정책(진료비 지불, 의료의 질 평가 등)의 초석

② 상병, 시술 등을 이용해서 외래나 입원환자를 자원소모나 임상적 측면에서 유사한 그룹으로 분류하는 체계

③ 의료기관 간 진료비나 질적 수준을 비교하기 위해서 비교 대상이 되는 의료기관의 환자구성을 동일하게 보정하는 업무

(2) 환자분류체계 종류

구분		명칭	질병군 개수	현재 사용버전
의과	입원	KDRG(일반용)	2,678개	Ver 4.5
		KDRG(신포괄용)	2,032개	Ver 1.4
		KRPG(재활)	899개	Ver 2.0
	외래	KOPG	601개	Ver 2.5
		588분류(보건기관)	591개	Ver 1.2
한의	입원	KDRG-KM	247개	Ver 2.0
	외래	KOPG-KM	221개	Ver 3.0

*(의과) KDRG; Korean Diagnosis Related Group
KOPG; Korean Outpatient Group
KRPG; Korean Rehabilitation Patient Group
*(한의) KOPG-KM; Korean Outpatient Group-Korean Medicine
KDRG-KM; Korean Diagnosis Related Group-Korean Medicine

(3) 환자분류체계 개선 업무 수행 절차

1단계 개선 방향성 수립		2단계 분석자료 수집·구축		3단계 분류 타당성 검토		4단계 개선안 도출		5단계 개정 적용·공개
• 분류원칙 및 기준 설정 • 기존 환자분류 모니터링	⇨	• 진료비 자료 구축 및 정체 • 대내·외 개선 의견 수렴	⇨	• 임상적 타당성 • 자원소모 동질성 분석 • 임상전문가 자문	⇨	• 분류번호 및 명칭 • 우선순위 • 중증도 구분 • 전산프로그램 개발 및 검증	⇨	• 개선안 위원회 보고 • 분류집 개정 • 개정 내용 안내·공개

(4) 환자분류체계 활용

① 병원 간 비교(Benchmarking)
진료비용, 재원일수, 사망률, 기타 질 지표 등을 병원 간 비교 시 환자구성 보정 도구로 사용

② 진료비 지불(Payment or Financing)
포괄수가제(7개 질병군 및 신포괄지불)에서 지불단위로 사용

③ 의료기관 기능 평가
상급종합병원, 전문병원, 재활의료기관 등의 지정 기준에 사용

④ 기타
지표연동자율개선제, 처방·조제 약품비 절감 장려금 등

PART 1

11. 보건의료 빅데이터 분석

(1) 개요

① 전 국민 진료정보, 의약품, 의료자원 정보 등을 축적한 자료
② 근거 기반의 국가 보건의료 정책 수립 및 학술 연구 등에 활용

(2) 특징

① 가치
㉠ 국가 중점개방 데이터 지정(행정자치부, 2015년 1월)
㉡ 데이터 품질 'Platinum Class' 인증(한국데이터진흥원, 2020년 12월)
㉢ 공공데이터 제공 운영실태 평가 '우수'(행정안전부, 2019 ~ 2020년 기준)

② 규모(양)
총 7종의 의료정보, 23개 관련 DB 보유(232TB)

③ 다양성
㉠ 전 국민 건강보험 진료 정보
㉡ 요양기관 진료내역
㉢ 의약품 사용 및 유통 정보
㉣ 의료자원(인력, 시설, 장비) 정보
㉤ 의료급여·자동차보험·보훈 진료 정보
㉥ 비급여 진료비 정보 등

④ 속도
포털을 통한 실시간 수집·저장·제공

(3) 보건의료 DB

분류	관리 항목
진료행위 정보	• 청구명세서 정보(환자, 의사, 의료기관, 진료내역 등) • 의료행위 정의 및 환자분류 • 수가마스터 정보(분류유형, 상대가치점수, 금액, 변경이력 등) • 의료행위 분류별 진료규모 정보(진료량, 금액) • 질병군(DRG) 및 요양병원 수가 마스터정보(분류군, 금액 등) • 질병군(DRG) 및 요양병원 진료규모 정보(진료량, 금액 등)
의약품 정보	• 급여의약품 마스터 정보(약효분류군, 성분, 제조사, 제품형태, 투여경로 등) • 의약품 생산·제조 및 도매상 정보 • 완제의약품 유통정보(제조·생산부터 유통 단계별 자료) • 급여의약품 사용 정보 • 의약품 안전관리 정보(병용금기, 연령금기, 임산부 금기 등)
치료재료 정보	• 치료재료 마스터 정보(재료대명, 제품번호, 관리번호, 구입일자, 제조사 등) • 의료기관 치료재료 구매 정보(구입일자, 구입단가, 구매수량 등) • 치료재료별 사용 정보 • 특수 치료재료 관련 정보(복강경시술, 조영제 등)
의료자원 정보	• 요양기관 개·폐업 정보 • 의료기관 시설 정보(병상, 집중치료실, 수술실 등) • 인력(의사, 간호사, 의료기사 등) 현황 및 자격 정보 • 장비 보유현황(장비별 이력관리)
의료 질 평가 정보	• 의료기관별 평가결과 정보 • 요양병원 환자평가표 등 의료 질 점검 조사표 정보
비급여 정보	• 비급여 항목 정보(수가, 유형 등) • 기관별 비급여 가격 정보
급여기준 정보	• 급여기준, 각종 분류체계 및 코드 등 이력 정보

(4) 빅데이터 분석 시스템

① 보건의료 정보분석시스템(HIRA DW)

보건의료 정책 수립 지원을 위한 통계 및 진료비 지표 산출 등 데이터 분석이 가능한 통합적·시계열적 데이터 집합체

② 보건의료 빅데이터 개방시스템(Opendata.hira.or.kr)

㉠ 내부 원천데이터를 망분리함

㉡ 개인정보 비식별화 조치가 완료된 별도의 데이터베이스를 구축하여 민간 활용을 지원하고 있음

(5) 빅데이터 활용 실적

① 국제보건통계(WHO, OECD) 및 국가승인통계 생산·제공

② 국가승인통계 생산·제공으로 근거 중심의 보건의료 정책 수립 지원

③ 진료비 지출 상시 모니터링으로 건강보험 재정 관리 지원

④ 감염병 모니터링 등 환자안전 조기 이상감지 시스템 운영 등

⑤ 빅데이터 제공(68,961건, 2022년 기준)

⑥ 빅데이터 활용 분석 지원(2,133건, 2022년 기준)

03 ESG경영

1. ESG 추진전략

(1) 비전 및 경영전략

① 비전

實事求是 ESG 활동을 통해 지속가능경영 우수기관 달성

② 경영전략

㉠ 가치 기반 심사평가 체계 전환

㉡ 국민 의향 의료보장 강화

㉢ 디지털 중심 국민안전체계 확립

㉣ 경영혁신을 통한 사회적 가치 확대

(2) ESG 추진방향 · 목표 · 과제 및 성과지표(HIRA Ray)

추진방향	추진목표	추진과제	성과지표(HIRA Ray)
환경 (탄소발자국 Zero)	• 탄소 배출 감소(정부목표) • 폐의약품 수거율(60% 이상)	• 환경경영 거버넌스 운영 및 공감대 형성 • 친환경 저탄소 건물 및 업무환경 조성 • 전사 환경보전 활동 추진 • 지역사회 환경보전 활동 추진	• 환경문제 해결 거버넌스 운영 • 정부온실가스 감축 목표 • 업무 연계 환경과제 이행 • 지역사회 환경보전 활동 이행
사회 (사회적 영향 & 공유가치 창출)	• 동반성장 창출 점수 85점 • 사회적 가치 구현 점수 95점	• 지역발전을 위한 주민 · 소상공인 지원 및 사회적 경제기업 집중 육성 • Social Impact가 있는 사회공헌 활동 • 건강 · 안전 · 행복한 일터 구현 • 전 부서 실천 과제 발굴 추진	• 동반성장 평가 점수 • 사회적 가치활동 경제적 효과 • 인권경영성과 측정점수 • 통합안전활동 지수
거버넌스 (청렴 · 윤리문화 & 투명경영)	• 통합공시 무결점 달성 • 종합청렴도 1등급	• 경영공시 및 지속가능경영보고서 준수 • 윤리경영 표준모델 구축을 통한 윤리문화 확립 • 체계적 준법 윤리경영을 통한 청렴수준 향상 • 협력적 거버넌스 실천 과제 발굴 · 추진	• 경영공시(무결점) • 윤리경영실천지수(목표점수) • 종합청렴도(1등급)

2. ESG 추진체계

(1) ESG 추진조직

(2) ESG 자문기구

① 지속가능경영위원회(위원장 : 선임 비상임이사)
② 환경자문위원회
③ 산업안전보건위원회
④ 안전경영위원회
⑤ 인권경영위원회
⑥ 윤리경영위원회
⑦ 이해충돌방지위원회
⑧ 청렴시민감사관
⑨ MSG(Mz=eSG, ESG 변화 관리자)
⑩ 윤리경영실무위원회

04 사회적 책임 실현

1. 사회적 책임 전략체계

(1) 비전 및 핵심가치

① 비전
국민의 삶을 보다 가치 있게

② 핵심가치
본업 연계, 나눔 실천, 책임경영

(2) 중점 추진전략 및 핵심 추진과제

중점 추진전략	핵심 추진과제
사람 중심의 사회적 책임 (Human)	고도의 윤리·인권문화가 확립된 국민의료 심사·평가 공공기관
	• 가치 기반 심사평가 고도화 및 국민중심 평가체계 혁신 • 인권경영확립 및 윤리경영 표준모델 구축 • 부패방지 및 이해충돌방지 체계 확립
지속가능경영과 연계하는 사회적 책임 (ESG)	환경 – 사회 – 거버넌스를 확립하여 지속가능경영 선도 공공기관
	• 국민맞춤형 의료보장 확대 및 비급여 등 국민 알권리 보장 • 안전·환경 경영체계 운영 고도화 • 참여기반 ESG 연계 및 효과적 측정체계 마련·운영
지역과 더불어 상생하는 사회적 책임 (Win – Win)	영향력 있는 사회공헌과 효과적인 상생협력을 추진하는 스마트 공공기관
	• 보건의료 빅데이터 활용역량 강화 • Social Impact가 있는 사회공헌 활동 • 지역발전을 위한 주민·소상공인 지원 및 사회적 경제기업 집중 육성

(3) HIRA 사회적 책임 추진체계

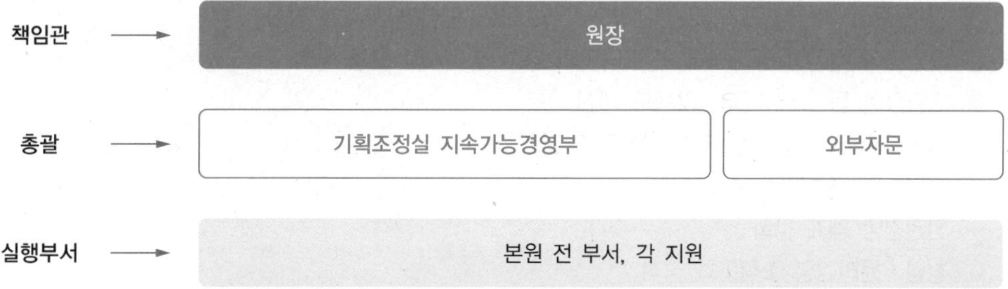

① HIRA 사회적 책임 전담조직

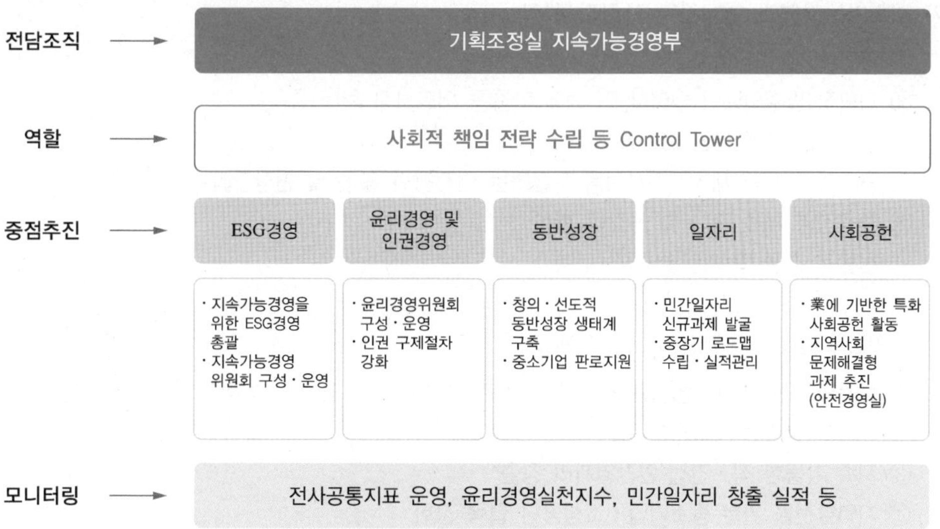

PART 1

② 외부 자문 / 협력기구

㉠ 시민참여위원회 : 심사, 평가 등 주요사업 추진 계획 자문

㉡ 국민참여열린경영위원회 : 혁신, 중장기경영 추진 계획 자문

㉢ 안전경영위원회 : 안전경영 심의·의결 기구

㉣ 지역발전협의회 : 혁신도시 이전공공기관 협력기구

㉤ 인권경영위원회 : 인권경영 연간계획 등 심의·의결

㉥ 윤리경영위원회 : 윤리경영 연간계획 등 심의·의결

③ 실행부서 : 건강보험심사평가원 전 부서, 각 지원

㉠ 건강보험심사평가원 사회적 책임 전략방향과 연계한 사업 실행

㉡ 전국 10개 지원은 각 지역적 특성에 맞는 사회적 책임 업무 수행(각 지원 국민참여열린경영위원회 활용)

2. 전략별 추진과제

(1) 사람 중심의 사회적 책임

① 환자 중심 의학적 근거 기반 분석심사 및 근거 중심 사사체계 강화

② 요양급여 적정성 평가체계 혁신(국민의 평가 참여) 및 활동 강화

③ 요양급여 등재 및 가격관리제도 개선

④ 일·가정 양립을 위한 가족친화 경영 실천

⑤ 윤리경영 표준모델 구축

⑥ 인권경영 체계 강화

⑦ 청렴·윤리경영 조직문화 정착

⑧ 부패 방지 및 이해충돌 방지 체계 확립

(2) 지속가능경영과 연계하는 사회적 책임

① 국민 중심 비급여 진료비 확인 서비스 혁신

② 의학적 필수의료의 급여화 및 생애 맞춤형 의료보장 확대

③ 안전경영 체계 운영 고도화

④ 근로자·협력업체·지역사회를 포괄하는 안전강화 활동 및 현장관리

⑤ 환경경영 체계 구축 및 공감대 형성

⑥ 친환경 건물 및 저탄소 환경 구축

(3) 지역과 더불어 상생하는 사회적 책임

① 보건의료 빅데이터 활용확대 및 보건의료 데이터 역량 강화(산학관 연계 상생협력)

② 수혜자 맞춤형 사회공헌 활동

③ 지속 가능한 직·간접 민간일자리 창출

④ 지역발전을 위한 중소기업·소상공인 협력 강화

⑤ 사회형평적 인재 채용

⑥ 사회적 경제기업의 성장 견인

3. 사회공헌

(1) 사회공헌 추진체계

① 비전

나눔을 통한 건강한 삶, 참여를 통한 행복한 사회

② 추진전략 및 추진과제

본업 연계 사회공헌	지역 연계 사회공헌	참여형 사회공헌
• 희귀난치병 환우 치료비 지원 • 희귀난치병 환우 정서적 지원 • 보건의료 취약계층 지원	• 지역사회 나눔 지원 • 지역사회 문제해결형 지원 • 코로나19 극복 지원	• 심평원 봉사단 연중 운영 • 정기 및 수시 성금 운영 • HIRA지바행 참여형 기부

③ 성과지표

사회적 가치 창출지수, 사회공헌 프로그램 참여자 만족도, 자율모금 참여율

④ 심평원 봉사단

자발적 참여로 나눔을 실천하는 봉사단

(2) 사회공헌 3대 추진전략

본업 연계 사회공헌	지역 연계 사회공헌	참여형 사회공헌
• 희귀난치병 환우 치료비 지원 • '건강+생명 나눔 헌혈' 및 헌혈증 기부 • 공공의료원 이용 취약계층 치료비 지원 • 지역사회 문제해결형 보건의료 사회공헌 아이디어 공모전 추진 • 의료취약계층 이동 편의를 위한 '우도 효도차 – 탑써', '영월 효도차 – 영차' 사업 지원 • 다문화가정 건강 지원을 위한 '레인보우 건강브릿지' 사업 지원	• 1사1촌 김장나눔 및 체험마을 지원 • 명절맞이 지역사회 나눔행사 • 노숙인 자활 프로그램 '도시농부 아카데미 하우스' 지원 • 중증장애인 카페 'I got everything' 운영 지원 • 저소득층 영아를 위한 '아가사랑 분유뱅크' 분유 지원 • 지역 학교와 연계한 환경성 질환 환우 치료비 지원	• 심평원 봉사단 연중 운영 • 정기성금 3종 및 수시성금 운영 • ESG 실천 모바일 앱을 활용한 일상 속 활동 실천 및 후원 연계 '지금바로행동 프로젝트' 운영

핵심 쏙쏙! OX문제

※ 다음 문제의 진위 여부를 판단해 ○ 또는 ×를 선택하시오.

01 건강보험심사평가원의 중장기 경영목표 중 부적절 의약품 사용 예방은 50%이다. [○|×]

02 건강보험심사평가원의 미션은 '국민의 의료부담을 덜고, 안전하며 질 높은 의료이용을 돕는다.'이다. [○|×]

03 건강보험심사평가원의 비전은 '공공의료·복지를 선도하는 최고의 파트너'이다. [○|×]

04 건강보험심사평가원의 전략방향에는 가치 기반 심사평가 체계 고도화, 필수 의료 중심의 촘촘한 의료보장, 국민 체감형 보건의료 디지털 혁신, 공공기관 책임경영 확립이 있다. [○|×]

05 건강보험심사평가원의 핵심가치는 '희망과 행복, 소통과 화합, 변화와 도전, 창의와 전문성, 청렴과 윤리'이다. [○|×]

06 건강보험심사평가원의 통합 인재상은 '창의성과 열린 전문성을 갖추고, 공정한 업무수행으로 국민에게 신뢰받는 심평인'이다. [○|×]

07 'HIRA 시스템'은 의료자원의 효율적 사용으로 의료의 질 향상과 비용의 적정성을 보장하는 가치 중심 보건의료 ICT서비스 실현 시스템이다. [○|×]

08 '의료행위 관리'는 진료비 심사 및 의료서비스 질 평가에 기초자료가 되는 의료자원 현황을 의료공급자로부터 신고 받아 전산 등록·관리하는 업무이다. [○|×]

09 '치료재료 관리'는 임상적으로 치료적 가치가 높은 의약품에 대해 적정한 가격을 책정하고 급여기준 등을 설정하여 관리하는 업무이다. [○|×]

10 '의약품 관리'는 스텐트, 인공관절, 임플란트 등을 분류하고 용도, 기능 등을 고려하여 코드를 부여하는 업무이다. [○|×]

11 '진료비 청구 및 심사 운영'은 국민건강보험법 등에서 정한 기준에 의해 진료비와 진료 내역이 올바르게 청구되었는지, 의·약학적으로 타당하고 비용 효과적으로 이루어졌는지 확인하는 업무이다. [○|×]

12 '의료 질 평가 운영'은 진찰 · 수술 · 의약품 사용 등 의료서비스에 대해 의약학적 측면과 비용 · 효과적인 측면에서 적정하게 행하였는지를 평가하는 업무이다. [○|×]

13 '의약품 안전사용서비스'는 의사 및 약사에게 의약품 처방 · 조제 시 금기 등 의약품 안전성과 관련된 정보를 실시간으로 제공하여 부적절한 약물사용을 사전에 점검할 수 있도록 지원하는 업무이다. [○|×]

14 '현지조사'는 의료기관 간 진료비나 질적 수준을 비교하기 위해서 비교 대상이 되는 의료기관의 환자구성을 동일하게 보정하는 업무이다. [○|×]

15 '의약품 유통정보 관리'는 국내에서 유통되는 모든 의약품에 대해 국가 표준코드를 부여하는 업무이다. [○|×]

16 '의료자원 관리'는 의사의 진료행위를 분류하고 행위별 표준코드를 부여하는 업무이다. [○|×]

17 '보건의료 빅데이터 분석'은 전 국민 진료정보, 의약품, 의료자원 정보 등을 축적한 자료를 국가 보건의료 정책 수립 및 학술 연구 등에 활용하는 업무이다. [○|×]

18 건강보험심사평가원 사회적 책임 전략체계에서 비전은 '본업 연계 · 나눔 실천 · 책임경영'이다. [○|×]

19 건강보험심사평가원의 '본업 연계 사회공헌' 추진전략의 추진과제로는 희귀난치병 환우 정서적 지원이 있다. [○|×]

20 코로나19 극복 지원은 '지역 연계 사회공헌' 추진전략의 추진과제이다. [○|×]

OX문제 정답

01	02	03	04	05	06	07	08	09	10	11	12	13	14	15	16	17	18	19	20
×	○	×	○	×	○	○	×	×	×	○	○	○	×	○	×	○	×	○	○

01 건강보험심사평가원의 중장기 경영목표 중 부적절 의약품 사용 예방은 60%이다.

03 건강보험심사평가원의 비전은 '보건의료디지털 혁신으로 최적의 의료문화를 만드는 Global HIRA'이다.

05 건강보험심사평가원의 핵심가치는 '국민 최우선, 소통과 협력, 공정과 신뢰, 열린 전문성'이다.

08 진료비 심사 및 의료서비스 질 평가에 기초자료가 되는 의료자원 현황을 의료공급자로부터 신고 받아 전산 등록・관리하는 업무는 '의료자원 관리'이다.

09 임상적으로 치료적 가치가 높은 의약품에 대해 적정한 가격을 책정하고 급여기준 등을 설정하여 관리하는 업무는 '의약품 관리'이다.

10 스텐트, 인공관절, 임플란트 등을 분류하고 용도, 기능 등을 고려하여 코드를 부여하는 업무는 '치료재료 관리'이다.

14 의료기관 간 진료비나 질적 수준을 비교하기 위해서 비교 대상이 되는 의료기관의 환자구성을 동일하게 보정하는 업무는 '환자분류체계 개발'이다.

16 의사의 진료행위를 분류하고 행위별 표준코드를 부여하는 업무는 '의료행위 관리'이다.

18 건강보험심사평가원 사회적 책임 전략체계에서 비전은 '국민의 삶을 보다 가치 있게'이다.

실력 쑥쑥! 적중예상문제

정답 및 해설 p.008

01 **다음 〈보기〉에서 건강보험심사평가원의 의료자원 관리 업무를 순서대로 바르게 나열한 것은?**

보기

㉠ ETL(Extraction Transformation Load) : 심사시스템에서 진료비심사가 완료된 데이터는 매일 DW시스템으로 자동 전송되며 전송된 데이터는 변환, 정제과정을 거쳐 EDW(Enterprise Data Warehouse), Data Mart, Summary Tables로 관리된다.
㉡ 건강보험심사평가원은 의료공급자가 진료비를 청구할 수 있도록 의료공급자기호(8자리)를 부여하고 의료자원 정보를 통합 관리한다.
㉢ 의료공급자가 신고한 의료자원 정보를 다양한 방식으로 점검하여 제공함으로써 정부정책 입안 및 실행에 도움을 주고 있다.
㉣ 건강보험심사평가원에서 관리하는 의료자원 정보는 심사와 평가 등에 다양하게 활용되고 있다. 의료공급자별 의료자원 정보 확인을 통해서 인력・장비・시설에 대한 신고 없이 진료비가 청구될 경우 해당 비용을 심사에서 자동으로 조정할 수 있도록 하였으며, 기관별 구축된 의료자원 정보를 기관별 평가 업무에 활용하고 있다.

① ㉠－㉡－㉢－㉣
② ㉠－㉢－㉣－㉡
③ ㉡－㉠－㉢－㉣
④ ㉡－㉣－㉠－㉢
⑤ ㉡－㉣－㉢－㉠

02 **다음 중 HIRA 시스템의 운영 성과로 옳지 않은 것은?**

① 불필요한 진료를 차단하여 국가보건의료와 건강보험 유지발전에 기여하였다.
② 의료의 질 평가를 통한 국민의료수준을 향상시켰다.
③ 평가 결과를 철저하게 관리하여 일정 등급 이상의 관계자만이 열람할 수 있게 해 국민들의 개인정보를 안전하게 보장하였다.
④ DUR을 통해 안전하고 적정한 의약품을 사용하게 되어 2013년 기준 약 540만 건의 약화사고를 예방할 수 있었다.
⑤ 실시간 통계정보 생산으로 국가 보건의료 정책을 지원하였다.

03 **다음 중 건강보험심사평가원의 전략방향으로 옳지 않은 것은?**

① 가치 기반 심사평가 체계 고도화
② 필수 의료 중심의 촘촘한 의료보장
③ 보험자 기능 정립으로 글로벌 표준 제정
④ 국민 체감형 보건의료 디지털 혁신
⑤ 공공기관 책임경영 확립

04 다음 중 건강보험심사평가원의 전략방향 및 전략과제가 바르게 연결되지 않은 것은?

① 가치 기반 심사평가 체계 고도화 – 적정진료 환경조성을 통한 합리적 지출관리
② 필수 의료 중심의 촘촘한 의료보장 – 필수 · 공공의료보장 확대
③ 국민 체감형 보건의료 디지털 혁신 – 디지털 기반 보건의료 정보 안전망 강화
④ 국민 체감형 보건의료 디지털 혁신 – 디지털 플랫폼 기반 업무혁신 가속화
⑤ 공공기관 책임경영 확립 – 국민 체감 사회적 책임 실천

05 다음 〈보기〉에서 건강보험심사평가원의 중장기 경영목표(2023 ~ 2027년)로 옳은 것을 모두 고르면?

보기
㉠ 약품비 재평가 비율 10% ㉡ 필요의료 수가개선율 100% ㉢ 분석심사 적정진료 성과 40% ㉣ 부적절 의약품 사용 예방 80%

① ㉠, ㉡
② ㉠, ㉢
③ ㉡, ㉢
④ ㉠, ㉡, ㉣
⑤ ㉡, ㉢, ㉣

06 다음 중 건강보험심사평가원의 업무에 대한 설명으로 옳지 않은 것은?

① 의사의 진료행위를 분류하고 행위별 표준코드를 부여하는 업무는 의료행위 관리에 속한다.
② 스텐트, 인공관절, 임플란트 등을 분류하고 용도, 기능 등을 고려하여 코드를 부여하는 업무는 의료 질 평가 운영에 속한다.
③ 임상적으로 치료적 가치가 높은 의약품에 대해 적정한 가격을 책정하는 것은 의약품 관리에 속한다.
④ 의료공급자 간에 의료서비스 질의 상향평준화를 끌어내는 것은 의료 질 평가 운영의 성과이다.
⑤ 부적절한 약물사용을 사전에 점검할 수 있도록 지원하는 업무는 의약품 안전사용서비스(DUR)에 속한다.

07 **다음 중 건강보험심사평가원의 4대 핵심가치로 옳지 않은 것은?**

① 국민 최우선
② 소통과 협력
③ 변화와 도전
④ 공정과 신뢰
⑤ 열린 전문성

08 **다음 중 건강보험심사평가원의 현지조사 시스템에 대한 설명으로 옳은 것은?**

① 요양기관이 지급받은 요양급여비용 등에 대해 세부 진료내역을 근거로 사실관계 및 적법 여부를 확인·조사하는 업무이다.
② 거짓·부당청구의 개연성만으로 현지조사 대상기관을 선정하고 조사해야 하기 때문에 심층적인 분석을 필요로 한다.
③ 요양기관 이용자들의 만족도를 확인하기 위하여 사후관리를 실시한다.
④ 부당청구를 인지하는 것은 대외기관의 의뢰로 단일적으로 이루어진다.
⑤ 건전한 요양기관을 보호하는 역할을 하지만, 건강보험 가입자의 수급권을 보호하는 일은 관할 밖이다.

09 **다음 〈보기〉에서 환자분류체계 개선 업무 수행 절차를 순서대로 바르게 나열한 것은?**

보기

㉠ 분류 타당성 검토
㉡ 개선 방향성 수립
㉢ 개선안 도출
㉣ 분석자료 수집·구축
㉤ 개정 적용·공개

① ㉠-㉡-㉣-㉤-㉢
② ㉠-㉡-㉤-㉣-㉢
③ ㉡-㉠-㉣-㉢-㉤
④ ㉡-㉠-㉣-㉤-㉢
⑤ ㉡-㉣-㉠-㉢-㉤

10 **다음 중 건강보험심사평가원의 건강보장제도에 대한 설명으로 옳지 않은 것은?**

① 국민의 건강권을 보호하기 위하여 요구되는 필요한 보건의료서비스를 국가나 사회가 제도적으로 제공하는 것을 말하며, 건강보험, 의료급여, 산재보험을 포괄한다.

② 이 제도는 상대적으로 과다한 재정의 부담을 경감시킬 수 있으며, 국민의 주인의식과 참여의식을 조장할 수 있다.

③ 일차적으로 질병 발생으로 인한 개인 부담능력의 한계와 위험을 극복하고, 이차적으로 국민의 건강수준을 향상시키는 것을 목표로 하는 제도이다.

④ 개인의 위험을 사회적·국가적 위험으로 인식하여 위험의 분산 및 상호부조인식을 제고하기 위한 제도이다.

⑤ 비스마르크(Bismarck)형 방식만 존재하며, 개인이 납부하는 보험료를 주요 재원으로 한다.

11 **다음 중 건강보험심사평가원이 제공하는 서비스로 옳지 않은 것은?**

① 병원 평가 정보
② 비급여 진료비 정보
③ 보건의료 빅데이터
④ 진료비 확인 서비스
⑤ 건강검진 대상 조회

12 **다음 중 건강보험심사평가원의 의약품 유통정보 관리의 운영 성과로 옳지 않은 것은?**

① 의약품 국가 표준코드 관리로 의약품 유통의 투명성을 확보한다.

② 의약품 유통정보 제공으로 제약 산업의 건전한 육성을 도모한다.

③ 의약품 공급내역과 사용내역 연계 분석을 통한 건강보험 재정을 절감한다.

④ 의약품 유통정보를 기반으로 국가통계를 생산한다.

⑤ 의약품의 원활한 유통을 통해 한정된 의료자원을 합리적으로 배분한다.

13 **다음 중 환자분류체계의 종류로 옳지 않은 것은?**

① KDRG
② KAO
③ KRPG
④ KOPG
⑤ KOPG-KM

14 다음 중 건강보험심사평가원의 사회적 책임 전략체계에서 중점 추진전략과 핵심 추진과제가 바르게 연결되지 않은 것은?

① 사람 중심의 사회적 책임 - 부패방지 및 이해충돌방지 체계 확립
② 지속가능경영과 연계하는 사회적 책임 - 참여기반 ESG 연계 및 효과적 측정체계 마련·운영
③ 지역과 더불어 상생하는 사회적 책임 - 보건의료 빅데이터 활용역량 강화
④ 지속가능경영과 연계하는 사회적 책임 - 안전·환경 경영체계 운용 고도화
⑤ 사람 중심의 사회적 책임 - Social Impact가 있는 사회공헌 활동

15 건강보험심사평가원의 영문 약자는 HIRA이다. 다음 〈보기〉에서 HIRA에 해당하는 단어로 옳은 것을 모두 고르면?

보기	
㉠ Health	㉡ Insurance
㉢ Report	㉣ Assurance

① ㉠, ㉡
② ㉠, ㉢
③ ㉡, ㉢
④ ㉠, ㉡, ㉣
⑤ ㉡, ㉢, ㉣

16 다음 중 건강보험심사평가원의 사회적 책임 전담조직에서 동반성장 중점추진 내용으로 옳은 것은?

① 인권 구제절차 강화
② 중소기업 판로지원
③ 지속가능경영을 위한 ESG경영 총괄
④ 중장기 로드맵 수립과 실적관리
⑤ 지역사회 문제해결형 과제 추진

17 **다음 중 의약품 안전사용서비스(DUR)에 대한 설명으로 옳지 않은 것은?**

① 진료비 심사 및 의료서비스 질 평가에 기초자료가 되는 의료자원 현황(의료 인력・시설・장비 등)을 의료공급자로부터 신고 받아 전산 등록・관리하는 업무이다.

② 환자의 투약이력까지 실시간으로 점검하는 세계 유일의 의약품 안전점검시스템이다.

③ 의사 및 약사에게 의약품 안전성과 관련된 정보를 실시간으로 제공하여 부적절한 약물사용을 사전에 점검할 수 있도록 지원한다.

④ 처방단계에서 환자의 처방(의약품) 정보를 전송하여, 안전한 의약품 복용을 지원한다.

⑤ 적십자사와 헌혈금지 의약품 복약내역 정보공유로 안전한 혈액을 사용한다.

18 **다음 중 건강보험심사평가원의 의료행위 관리 운영 성과로 옳지 않은 것은?**

① 경제성 등을 고려한 가격 결정 및 보험적용으로 국민의료비 절감

② 의료행위 분류로 진료비 지불단위, 보건의료통계 및 연구 등의 기초자료로 활용

③ 신의료기술의 적용프로세스 확립

④ 다양성을 확보한 표준코드를 활용하여 국민의료서비스에 대한 통계 산출 활성화

⑤ 표준화된 코드를 통한 전산 시스템 간 연계 용이

19 **다음 중 건강보험심사평가원의 보건의료 빅데이터의 특징으로 옳지 않은 것은?**

① 전 국민 진료정보, 의약품, 의료자원 정보 등을 축적한 자료이다.

② 포털을 통해 실시간으로 수집・저장・제공할 수 있다.

③ 행정자치부에서 국가 중점개방 데이터로 지정하였다.

④ 현재 총 7종의 의료정보와 23개 관련 DB를 보유하고 있다.

⑤ 한국데이터진흥원으로부터 'Gold Class'의 데이터 품질을 인증받았다.

20 **다음 중 건강보험심사평가원의 인재상으로 옳지 않은 것은?**

① 국민을 위하는 인재

② 공정함으로 신뢰받는 인재

③ 소통하고 협력하는 인재

④ 열린 전문성을 갖춘 창의적 인재

⑤ 더 나은 가치를 만들기 위해 열정을 쏟는 인재

21 다음 〈보기〉에서 건강보험심사평가원의 진료비 청구 및 심사 운영에 대한 설명으로 옳은 것을 모두 고르면?

보기

㉠ 약 40년간의 심사지식과 노하우가 접목된 인공지능 기법의 전산심사이다.
㉡ 일차적인 전문심사는 인공지능을 이용한 전산프로그램으로 진행된다.
㉢ 모든 진료내역은 9단계 전산심사가 이루어진다.
㉣ 미처 급여기준을 적용하지 못한 것에 대하여 심사 사후관리가 이루어진다.
㉤ 심사 결정에 대하여 수용할 수 없다고 판단되는 경우에는 관련 자료를 첨부하여 이의신청할 수 있다.

① ㉠, ㉣
② ㉢, ㉤
③ ㉠, ㉢, ㉣
④ ㉠, ㉣, ㉤
⑤ ㉡, ㉣, ㉤

22 다음 중 건강보험심사평가원의 미션으로 옳은 것은?

① 사회보장 선진화를 통해 국민의 삶의 질을 향상시킨다.
② 보건산업의 육성·발전과 보건서비스를 향상시킨다.
③ 민간복지 연계 활성화로 사회복지 증진에 기여한다.
④ 지속 발전 가능한 인도주의 활동 동력을 확보한다.
⑤ 국민의 의료부담을 덜고, 안전하며 질 높은 의료이용을 돕는다.

23 다음 중 건강보험심사평가원의 건강보험제도 발전 및 국민건강 증진을 위한 노력에 대한 설명으로 옳지 않은 것은?

① 국민건강보험, 자동차보험 등 진료비 심사를 지원한다.
② 요양급여 적정성 평가를 위한 업무를 지원한다.
③ 정부와 공공기관 등 효율적인 행정을 위한 데이터를 분석한다.
④ 의료인력, 시설, 장비 등 보건의료자원의 정보를 제공한다.
⑤ AI, 클라우드, 빅데이터 등 IT 신기술을 도입한다.

24 **다음 중 환자분류체계가 활용되는 방식에 대한 설명으로 옳지 않은 것은?**

① 진료비용, 재원일수, 사망률, 기타 질 지표 등은 병원 간 비교 시 환자구성 보정 도구로 사용된다.
② 상급종합병원, 전문병원 등의 지정 기준에 사용된다.
③ 진료비 지불단위로 사용된다.
④ 포털을 통한 실시간 수집・저장・제공의 도구로 사용된다.
⑤ 지표연동자율개선제, 처방・조제 약품비 절감 장려금 등에 사용된다.

25 **다음 중 건강보험심사평가원의 사회적 책임 전담조직의 외부 자문・협력기구가 아닌 것은?**

① 지역발전위원회
② 안전경영위원회
③ 인권경영위원회
④ 시민참여위원회
⑤ 국민참여열린경영위원회

26 **다음 중 건강보험심사평가원의 사회적 책임 전담조직에서 ESG경영 중점추진 내용으로 옳은 것은?**

① 중장기 로드맵 수립・실적관리
② 윤리경영위원회 구성・운영
③ 지속가능경영위원회 구성・운영
④ 민간일자리 신규과제 발굴
⑤ 창의・선도적 동반성장 생태계 구축

27 **다음 건강보험심사평가원의 사회적 책임 전략체계의 추진전략 중 지속가능경영과 연계하는 사회적 책임의 추진과제로 옳지 않은 것은?**

① 윤리경영 표준모델 구축
② 안전경영 체계 운영 고도화
③ 환경경영 체계 구축 및 공감대 형성
④ 국민 중심 비급여 진료비 확인 서비스 혁신
⑤ 의학적 필수의료의 급여화 및 생애 맞춤형 의료보장 확대

28 다음 중 건강보험심사평가원의 지역 연계 사회공헌 전략의 추진과제로 옳은 것은?

① 심평원 봉사단 연중 운영
② 희귀난치병 환우 치료비 지원
③ 정기 및 수시 성금 운영
④ 지역사회 나눔 지원
⑤ 보건의료 취약계층 지원

29 다음 〈보기〉에서 ESG 추진방향 중 사회와 관련된 추진과제로 옳은 것을 모두 고르면?

보기

㉠ 건강・안전・행복한 일터 구현
㉡ 전 부서 실천 과제 발굴 추진
㉢ 경영공시 및 지속가능경영보고서 준수
㉣ 체계적 준법 윤리경영을 통한 청렴수준 향상
㉤ 지역발전을 위한 주민・소상공인 지원 및 사회적 경제기업 집중 육성

① ㉠, ㉡
② ㉢, ㉤
③ ㉠, ㉡, ㉤
④ ㉠, ㉢, ㉤
⑤ ㉡, ㉣, ㉤

30 다음 중 ESG 추진전략의 경영전략으로 옳지 않은 것은?

① 국민 의향 의료보장 강화
② 건강보험 재정 안정성 강화
③ 가치 기반 심사평가 체계 전환
④ 디지털 중심 국민안전체계 확립
⑤ 경영혁신을 통한 사회적 가치 확대

아이들이 답이 있는 질문을 하기 시작하면 그들이 성장하고 있음을 알 수 있다.

– 존 J. 플롬프 –

PART 2

국민건강보험 법령

PART 2

국민건강보험 법령

01 총칙

1. 목적 및 정의

(1) 목적(법 제1조)

국민건강보험법은 국민의 질병·부상에 대한 예방·진단·치료·재활과 출산·사망 및 건강증진에 대하여 보험급여를 실시함으로써 국민보건 향상과 사회보장 증진에 이바지함을 목적으로 한다.

(2) 관장(법 제2조)

국민건강보험법에 따른 건강보험사업은 보건복지부장관이 맡아 주관한다.

(3) 정의(법 제3조)

① 근로자 : 직업의 종류와 관계없이 근로의 대가로 보수를 받아 생활하는 사람(법인의 이사와 그 밖의 임원을 포함한다)으로서 공무원 및 교직원을 제외한 사람

② 사용자 : 다음 각 목의 어느 하나에 해당하는 자

가. 근로자가 소속되어 있는 사업장의 사업주

나. 공무원이 소속되어 있는 기관의 장으로서 대통령령으로 정하는 사람

더 알아보기

사용자인 기관장(영 제2조 및 영 별표 1)

공무원이 소속되어 있는 기관의 장으로서 대통령령으로 정하는 사람이란 영 별표 1에 따른 기관장을 말한다. 다만, 국민건강보험공단은 소관 업무를 능률적으로 처리하기 위하여 필요하다고 인정할 때에는 기관의 소재지, 인원, 그 밖의 사정을 고려하여 영 별표 1에 따른 기관장에게 소속되어 있는 기관의 장을 사용자인 기관의 장으로 따로 지정할 수 있다.

구분	기관장
입법부	• 국회사무총장, 국회도서관장
행정부	• 감사원장, 대통령비서실장, 국가정보원장, 방송통신위원회위원장 • 국무조정실장, 공정거래위원회 위원장, 금융위원회 위원장, 국민권익위원회 위원장 • 중앙행정기관의 장 • 특별시장, 광역시장, 도지사, 특별자치도지사, 시장, 군수, 구청장(자치구의 구청장을 말한다) • 대학교 및 대학의 장, 전문대학의 장 • 교육감, 교육장
사법부	• 법원행정처장, 각급 법원 및 법원 지원(支院)의 장
헌법재판소	• 사무처장
선거관리위원회	• 중앙선거관리위원회 사무총장, 특별시·광역시·도선거관리위원회, 선거관리위원회 사무처장

다. 교직원이 소속되어 있는 **사립학교**(사립학교교직원 연금법 제3조에 규정된 사립학교를 말한다)를 **설립·운영하는 자**

③ **사업장** : 사업소나 사무소

④ **공무원** : 국가나 지방자치단체에서 **상시 공무**에 **종사**하는 사람

⑤ **교직원** : 사립학교나 사립학교의 경영기관에서 근무하는 **교원**과 **직원**

2. 국민건강보험종합계획 및 건강보험정책심의위원회

(1) 국민건강보험종합계획의 수립 등(법 제3조의2)

① **종합계획의 수립·변경** : 보건복지부장관은 국민건강보험법에 따른 건강보험의 건전한 운영을 위하여 **건강보험정책심의위원회의 심의**를 거쳐 5년마다 **국민건강보험종합계획**(**"종합계획"**)을 수립하여야 한다. 수립된 종합계획을 변경할 때도 또한 같다.

② **종합계획에 포함되어야 하는 사항**

1. 건강보험정책의 기본목표 및 추진방향
2. 건강보험 보장성 강화의 추진계획 및 추진방법
3. 건강보험의 중장기 재정 전망 및 운영
4. 보험료 부과체계에 관한 사항
5. 요양급여비용에 관한 사항
6. 건강증진 사업에 관한 사항
7. 취약계층 지원에 관한 사항
8. 건강보험에 관한 통계 및 정보의 관리에 관한 사항
9. 그 밖에 건강보험의 개선을 위하여 필요한 사항으로 대통령령으로 정하는 사항(영 제2조의3)
   - 건강보험의 제도적 기반 조성에 관한 사항
   - 건강보험과 관련된 국제협력에 관한 사항
   - 그 밖에 건강보험의 개선을 위하여 보건복지부장관이 특히 필요하다고 인정하는 사항

③ **시행계획의 수립·시행** : 보건복지부장관은 종합계획에 따라 매년 **연도별 시행계획**(**"시행계획"**)을 **건강보험정책심의위원회의 심의**를 거쳐 수립·시행하여야 한다.

더 알아보기

종합계획 및 시행계획 수립기한(영 제2조의2 제1항)

1. **종합계획** : **시행 연도** 전년도의 9월 30일**까지**
2. **시행계획** : **시행 연도** 전년도의 12월 31일**까지**

④ **추진실적의 평가** : 보건복지부장관은 **매년** 시행계획에 따른 **추진실적**을 **평가**하여야 하며, 그 평가결과를 다음에 수립하는 **종합계획 및 시행계획**에 **각각 반영**하여야 한다(영 제2조의2 제4항).

⑤ **보건복지부장관의 보고** : 보건복지부장관은 다음 각 호의 사유가 발생한 경우 관련 사항에 대한 보고서를 작성하여 지체 없이 **국회 소관 상임위원회**에 **보고**하여야 한다.

1. 종합계획의 수립 및 변경
2. 시행계획의 수립
3. 시행계획에 따른 추진실적의 평가

⑥ **자료의 제출 요구** : 보건복지부장관은 종합계획의 수립, 시행계획의 수립·시행 및 시행계획에 따른 추진실적의 평가를 위하여 필요하다고 인정하는 경우 **관계 기관의 장에게 자료의 제출을 요구**할 수 있다. 이 경우 자료의 제출을 요구받은 자는 특별한 사유가 없으면 이에 따라야 한다.

⑦ 그 밖에 종합계획의 수립 및 변경, 시행계획의 수립·시행 및 시행계획에 따른 추진실적의 평가 등에 필요한 사항은 대통령령으로 정한다.

㉠ 보건복지부장관은 종합계획 및 시행계획을 수립하거나 변경한 경우에는 다음 각 호의 구분에 따른 방법으로 공표하여야 한다(영 제2조의2 제2항).

- 종합계획 : **관보**에 고시
- 시행계획 : 보건복지부 **인터넷 홈페이지**에 게시

㉡ 보건복지부장관은 종합계획 및 시행계획을 수립하거나 변경한 경우에는 관계 중앙행정기관의 장, 국민건강보험공단("공단")의 이사장 및 건강보험심사평가원("심사평가원")의 원장에게 그 내용을 알려야 한다(영 제2조의2 제3항).

㉢ 위에서 규정한 사항 외에 종합계획 또는 시행계획의 수립·시행·평가 등에 필요한 세부사항은 보건복지부장관이 정하여 고시한다(영 제2조의2 제5항).

(2) 건강보험정책심의위원회(법 제4조)

① **심의위원회의 심의·의결 사항 : 건강보험정책**에 관한 다음 각 호의 사항을 심의·의결하기 위하여 보건복지부장관 소속으로 **건강보험정책심의위원회("심의위원회")**를 둔다.

1. 종합계획 및 시행계획에 관한 사항(심의에 한정한다)
2. 요양급여의 기준
3. 요양급여비용에 관한 사항
4. 직장가입자의 보험료율
5. 지역가입자의 보험료부과점수당 금액
6. 그 밖에 건강보험에 관한 주요 사항으로서 대통령령으로 정하는 사항(영 제3조)
   - 요양급여 각 항목에 대한 상대가치점수
   - 약제·치료재료별 요양급여비용의 상한
   - 그 밖에 부가급여에 관한 사항 등 건강보험에 관한 주요사항으로서 심의위원회의 위원장이 회의에 부치는 사항

② **심의위원회의 구성** : 심의위원회는 위원장 1명과 부위원장 1명을 포함하여 **25명의 위원**으로 구성한다.

③ **심의위원회 위원장과 부위원장** : 심의위원회의 위원장은 **보건복지부차관**이 되고, 부위원장은 ④의 제4호에 따른 위원 중에서 **위원장이 지명하는 사람**이 된다.

㉠ 심의위원회의 위원장은 심의위원회를 대표하며, 그 업무를 총괄한다(영 제5조 제1항).

㉡ 심의위원회의 부위원장은 위원장을 보좌하며, 위원장이 부득이한 사유로 직무를 수행할 수 없을 때에는 그 **직무를 대행**한다(영 제5조 제2항).

④ **심의위원회 위원의 임명·위촉** : 심의위원회의 위원은 다음 각 호에 해당하는 사람을 **보건복지부장관이 임명** 또는 **위촉**한다.

1. 근로자단체 및 사용자단체가 추천하는 각 2명
2. 시민단체(비영리민간단체지원법에 따른 비영리민간단체를 말한다), 소비자단체, 농어업인 단체 및 자영업자단체가 추천하는 각 1명

더 알아보기

비영리민간단체의 정의(비영리민간단체 지원법 제2조)
"비영리민간단체"라 함은 영리가 아닌 공익활동을 수행하는 것을 주된 목적으로 하는 민간단체로서 다음 각 호의 요건을 갖춘 단체를 말한다.
1. 사업의 직접 수혜자가 불특정 다수일 것
2. 구성원 상호 간에 이익분배를 하지 아니할 것
3. 사실상 특정 정당 또는 선출직 후보를 지지·지원 또는 반대할 것을 주된 목적으로 하거나, 특정 종교의 교리 전파를 주된 목적으로 설립·운영되지 아니할 것
4. 상시 구성원 수가 100인 이상일 것
5. 최근 1년 이상 공익활동 실적이 있을 것
6. 법인이 아닌 단체일 경우에는 대표자 또는 관리인이 있을 것

3. 의료계를 대표하는 단체 및 약업계를 대표하는 단체가 추천하는 8명
4. 다음 각 목에 해당하는 8명
   가. 대통령령으로 정하는 중앙행정기관 소속 공무원 2명 : 기획재정부와 보건복지부 소속의 3급 공무원 또는 고위공무원단에 속하는 일반직공무원 중에서 그 소속 기관의 장이 1명씩 지명하는 사람(영 제4조)
   나. 공단의 이사장 및 심사평가원의 원장이 추천하는 각 1명
   다. 건강보험에 관한 학식과 경험이 풍부한 4명

⑤ **심의위원회 위원의 해임 및 해촉(영 제4조의2)** : 보건복지부장관은 심의위원회 위원이 다음 각 호의 어느 하나에 해당하는 경우에는 해당 심의위원회 위원을 해임하거나 해촉할 수 있다.
1. 심신장애로 인하여 직무를 수행할 수 없게 된 경우
2. 직무와 관련된 비위사실이 있는 경우
3. 직무태만, 품위손상이나 그 밖의 사유로 인하여 위원으로 적합하지 아니하다고 인정되는 경우
4. 위원 스스로 직무를 수행하는 것이 곤란하다고 의사를 밝히는 경우

⑥ **심의위원회 위원의 임기** : 심의위원회 위원(④의 제4호 가목에 따른 위원은 제외한다)의 임기는 3년으로 한다. 다만, 위원의 사임 등으로 새로 위촉된 위원의 임기는 전임위원 임기의 남은 기간으로 한다.

⑦ **심의위원회의 회의(영 제6조)**
㉠ 심의위원회의 위원장은 심의위원회의 회의를 소집하고, 그 의장이 된다.
㉡ 심의위원회의 회의는 재적위원 **3분의 1 이상**이 요구할 때 또는 **위원장이 필요하다고 인정할 때**에 소집한다.
㉢ 심의위원회의 회의는 재적위원 **과반수의 출석**으로 개의하고, 출석위원 **과반수의 찬성**으로 의결한다.
㉣ 심의위원회의 위원장은 ㉢에 따른 의결에 참여하지 아니한다. 다만, **가부동수일 때에는 위원장이 정한다.**
㉤ 심의위원회는 효율적인 심의를 위하여 필요한 경우에는 **분야별로 소위원회**를 구성할 수 있다.
㉥ 위에서 규정한 사항 외에 심의위원회와 소위원회의 운영 등에 필요한 사항은 심의위원회의 의결을 거쳐 위원장이 정한다.

⑧ 심의위원회의 간사(영 제7조)

㉠ 심의위원회의 사무를 처리하기 위하여 심의위원회에 간사 1명을 둔다.

㉡ 간사는 보건복지부 소속 4급 이상 공무원 또는 고위공무원단에 속하는 일반직공무원 중에서 위원장이 지명한다.

⑨ 심의위원회 위원의 수당 등(영 제8조) : 심의위원회의 회의에 출석한 위원에게는 예산의 범위에서 수당·여비, 그 밖에 필요한 경비를 지급할 수 있다. 다만, 공무원인 위원이 소관 업무와 직접 관련하여 출석하는 경우에는 그러하지 아니하다.

⑩ 심의위원회의 운영 등에 필요한 사항은 대통령령으로 정한다.

핵심 쏙쏙! OX문제

※ 다음 문제의 진위 여부를 판단해 ○ 또는 ×를 선택하시오.

01 국민건강보험법은 국민의 질병에 대한 예방・진단과 출산 및 건강증진에 대하여 의료서비스를 실시함으로써 국민보건 향상과 사회보장 증진에 이바지함을 목적으로 한다. [○|×]

02 국민건강보험법에 따른 건강보험사업은 국민건강보험공단이 맡아 주관한다. [○|×]

03 국민건강보험법에서 정의하는 "근로자"에는 공무원이 포함되지 않지만, 공무원이 소속되어 있는 기관의 장은 "사용자"가 될 수 있다. [○|×]

04 국회사무총장과 교육감은 법에서 정의하는 "사용자"가 될 수 없다. [○|×]

05 종합계획의 수립 주기는 5년이다. [○|×]

06 보건복지부장관이 종합계획을 수립할 때는 시행 연도 전년도의 9월 30일까지 수립해야 한다. [○|×]

07 종합계획을 수립하거나 변경할 때는 건강보험정책심의위원회의 심의를 거쳐야 한다. [○|×]

08 취약계층 지원에 관한 사항은 공공보건의료에 관한 법률에서 관장하므로 법에서 규정하는 종합계획에는 취약계층 지원에 관한 사항이 포함되지 않는다. [○|×]

09 보건복지부장관은 종합계획을 변경한 경우에는 보건복지부 인터넷 홈페이지에 게시하는 방법으로 공표해야 한다. [○|×]

10 종합계획에는 건강보험의 제도적 기반 조성에 관한 사항과 건강보험과 관련된 국제협력에 관한 사항이 포함되어야 한다. [○|×]

11 보건복지부장관은 2년마다 시행계획에 따른 추진실적을 평가하여야 한다. [○|×]

12 보건복지부장관은 시행계획에 따른 추진실적의 평가를 위해 관계 기관의 장에게 자료의 제출을 요구할 수 있다. [○|×]

13 보건복지부장관 소속의 건강보험정책심의위원회는 건강보험정책에 관한 사항을 심의할 수 있을 뿐이며, 의결권을 갖지 못한다. [O|X]

14 보건복지부차관은 심의위원회의 위원장으로서 부위원장을 지명할 수 있다. [O|X]

15 심의위원회의 위원 임명권과 위촉권을 가진 주체는 보건복지부차관이다. [O|X]

16 심의위원회는 위원장과 부위원장을 포함하여 30명의 위원으로 구성된다. [O|X]

17 공단의 이사장과 심사평가원의 원장은 심의위원회의 위원을 각 1명씩 추천할 수 있다. [O|X]

18 심의위원회는 요양급여 각 항목에 대한 상대가치점수, 약제·치료재료별 요양급여비용의 상한 등의 사항을 심의·의결한다. [O|X]

19 보건복지부장관은 기획재정부와 보건복지부 소속의 3급 공무원 또는 고위공무원단에 속하는 일반직공무원 중에서 그 소속 기관의 장이 1명씩 지명하는 사람을 심의위원회의 위원으로 임명한다. [O|X]

20 보건복지부장관은 심신장애 때문에 직무를 수행할 수 없게 된 심의위원회 위원을 해임·해촉하지 못한다. [O|X]

21 심의위원회의 위원장이 직무를 수행할 수 없을 경우에는 보건복지부장관이 위원장의 직무를 대행한다. [O|X]

22 심의위원회의 회의는 재적위원 과반수의 출석으로 개의하고, 출석위원 3분의 2 이상의 찬성으로 의결한다. [O|X]

23 심의위원회는 분야별로 소위원회를 구성할 수 있으며, 소위원회의 운영 등에 필요한 사항은 심의위원회의 의결을 거쳐 보건복지부장관이 정한다. [O|X]

24 심의위원회의 사무를 처리하기 위해 심의위원회에 간사 1명을 둔다. [O|X]

25 심의위원회의 간사는 보건복지부장관이 지명한다. [O|X]

OX문제 정답

01	02	03	04	05	06	07	08	09	10	11	12	13	14	15	16	17	18	19	20
×	×	○	×	○	○	○	×	×	○	×	○	×	○	×	×	○	○	○	×
21	22	23	24	25															
×	×	×	○	×															

01 국민건강보험법은 국민의 질병・부상에 대한 예방・진단・치료・재활과 출산・사망 및 건강증진에 대하여 보험급여를 실시함으로써 국민보건 향상과 사회보장 증진에 이바지함을 목적으로 한다(법 제1조).

02 국민건강보험법에 따른 건강보험사업은 보건복지부장관이 맡아 주관한다(법 제2조).

04 공무원이 소속되어 있는 기관의 장으로서 대통령령으로 정하는 사람은 사용자에 해당한다(법 제3조 제2호 나목). 이때 "대통령령으로 정하는 사람"에는 국회사무총장과 교육감이 포함된다(영 제2조 별표 1).

08 종합계획에는 취약계층 지원에 관한 사항이 포함되어야 한다(법 제3조의2 제2항 제7호).

09 보건복지부장관은 종합계획을 수립하거나 변경한 경우에는 관보에 고시하여야 하며, 시행계획을 수립하거나 변경한 경우에는 보건복지부 인터넷 홈페이지에 게시하여야 한다(영 제2조의2 제2항 제1호・제2호).

11 보건복지부장관은 매년 시행계획에 따른 추진실적을 평가하여야 한다(법 제3조의2 제4항).

13 건강보험정책에 관한 사항을 심의・의결하기 위하여 보건복지부장관 소속으로 건강보험정책심의위원회를 둔다(법 제4조 제1항 각 호 외의 부분). 다만, 종합계획 및 시행계획에 관한 사항은 심의에 한정한다(동조 제1항 제1호).

15 심의위원회의 위원은 보건복지부장관이 임명 또는 위촉한다(법 제4조 제4항 각 호 외의 부분).

16 심의위원회는 위원장 1명과 부위원장 1명을 포함하여 25명의 위원으로 구성한다(법 제4조 제2항).

20 보건복지부장관은 심의위원회 위원이 심신장애로 인하여 직무를 수행할 수 없게 된 경우에는 해당 심의위원회 위원을 해임하거나 해촉할 수 있다(영 제4조의2 제1호).

21 심의위원회의 부위원장은 위원장이 부득이한 사유로 직무를 수행할 수 없을 때에는 그 직무를 대행한다(영 제5조 제2항).

22 심의위원회의 회의는 재적위원 과반수의 출석으로 개의하고, 출석위원 과반수의 찬성으로 의결한다(영 제6조 제3항)

23 소위원회의 운영 등에 필요한 사항은 심의위원회의 의결을 거쳐 위원장이 정한다(영 제6조 제6항 일부).

25 간사는 위원장이 지명한다(영 제7조 제2항 일부).

실력 쑥쑥! 적중예상문제

정답 및 해설 p.014

01 다음 〈보기〉에서 공무원이 소속되어 있는 기관의 장으로서 "사용자"에 해당하는 사람을 모두 고르면?

보기

㉠ 교육감
㉡ 감사원장
㉢ 국무조정실장
㉣ 법원행정처장
㉤ 국회입법조사처장
㉥ 사법정책연구원장

① ㉠, ㉡, ㉢
② ㉠, ㉡, ㉢, ㉣
③ ㉡, ㉢, ㉣, ㉤
④ ㉢, ㉣, ㉤, ㉥
⑤ ㉠, ㉢, ㉣, ㉤, ㉥

02 다음 중 국민건강보험종합계획을 수립하는 주기와 심의하는 기관이 바르게 연결된 것은?

① 3년 – 진료심사평가위원회
② 3년 – 건강보험정책심의위원회
③ 4년 – 건강보험정책심의위원회
④ 5년 – 진료심사평가위원회
⑤ 5년 – 건강보험정책심의위원회

03 다음 중 보건복지부장관이 국민건강보험종합계획과 연도별 시행계획을 수립 또는 변경할 때, 공표해야 하는 방법이 바르게 연결된 것은?

	국민건강보험종합계획	연도별 시행계획
①	관보에 고시	일반일간신문에 게시
②	관보에 고시	보건복지부 인터넷 홈페이지에 게시
③	일반일간신문에 게시	관보에 고시
④	보건복지부 인터넷 홈페이지에 게시	관보에 고시
⑤	보건복지부 인터넷 홈페이지에 게시	보건복지부 인터넷 홈페이지에 게시

04 다음 중 국민건강보험종합계획 또는 연도별 시행계획의 수립 · 시행 · 평가 등에 필요한 세부사항을 정하는 주체는?

① 대통령
② 기획재정부장관
③ 보건복지부장관
④ 국민건강보험공단의 이사장
⑤ 건강보험심사평가원의 원장

05 다음 〈보기〉에서 국민건강보험종합계획에 포함되어야 하는 사항을 모두 고르면?

보기

㉠ 건강보험의 단기 운영
㉡ 취약계층 지원에 관한 사항
㉢ 보험료 부과체계에 관한 사항
㉣ 건강보험 수익성 강화의 추진계획
㉤ 건강보험정책의 기본목표 및 추진방향
㉥ 건강보험에 관한 통계 및 정보의 관리에 관한 사항

① ㉠, ㉡, ㉥
② ㉠, ㉢, ㉤
③ ㉡, ㉢, ㉤, ㉥
④ ㉡, ㉣, ㉤, ㉥
⑤ ㉠, ㉢, ㉣, ㉤, ㉥

06 다음 중 국민건강보험종합계획에 따른 연도별 시행계획을 수립하고 추진실적을 평가하는 주체는?

① 보건복지부장관
② 국민건강보험공단의 이사장
③ 국민건강보험공단의 임원들
④ 건강보험심사평가원의 원장
⑤ 건강보험정책심의위원회의 위원장

07 **다음 중 국민건강보험종합계획 및 연도별 시행계획의 수립에 대한 설명으로 옳지 않은 것은?**

① 시행계획에 따른 추진실적의 평가에 대한 보고서를 작성하여 국회 소관 상임위원회에 보고해야 한다.

② 종합계획을 수립할 때뿐만 아니라 수립된 종합계획을 변경할 때도 건강보험정책심의위원의 심의를 거쳐야 한다.

③ 보건복지부장관은 종합계획의 수립, 시행계획의 수립 · 시행을 위해 필요하다고 인정하는 경우에는 관계 기관의 장에게 자료의 제출을 요구할 수 있다.

④ 종합계획 · 시행계획의 수립 및 시행계획에 따른 추진실적의 평가 등에 필요한 사항은 보건복지부령으로 정한다.

⑤ 종합계획에는 요양급여비용에 관한 사항도 포함되어야 한다.

08 **다음 〈보기〉에서 국민건강보험종합계획 및 연도별 시행계획에 대한 설명으로 옳은 것을 모두 고르면?**

보기

㉠ 종합계획에는 건강보험의 제도적 기반 조성에 관한 사항이 포함되어야 한다.
㉡ 종합계획에는 건강보험과 관련된 국제협력에 관한 사항이 포함되지 않는다.
㉢ 건강보험의 개선을 위해 보건복지부장관이 특히 필요하다고 인정하는 사항은 종합계획에 포함되어야 한다.
㉣ 시행계획에 따른 추진실적을 평가한 결과는 그 다음에 수립하는 종합계획 및 시행계획에 각각 반영해야 한다.

① ㉠, ㉡
② ㉠, ㉢
③ ㉡, ㉣
④ ㉠, ㉢, ㉣
⑤ ㉠, ㉡, ㉢, ㉣

09 **다음 〈보기〉에서 건강보험정책심의위원회에서 심의 · 의결하는 사항을 모두 고르면?**

보기

㉠ 요양급여의 기준
㉡ 요양급여비용에 관한 사항
㉢ 직장가입자의 보수월액 및 소득월액
㉣ 지역가입자의 보험료부과점수당 금액
㉤ 국민건강보험종합계획 및 연도별 시행계획에 관한 사항

① ㉠, ㉡
② ㉠, ㉡, ㉣
③ ㉡, ㉢, ㉣
④ ㉡, ㉣, ㉤
⑤ ㉠, ㉢, ㉣, ㉤

10 다음은 건강보험정책심의위원회의 위원 구성에 대한 설명이다. 빈칸 ㉠~㉢에 들어갈 숫자가 바르게 연결된 것은?

- 근로자단체 및 사용자단체가 추천하는 각 ㉠ 명
- 시민단체, 소비자단체, 농어업인 단체 및 자영업자단체가 추천하는 각 1명
- 의료계를 대표하는 단체 및 약업계를 대표하는 단체가 추천하는 ㉡ 명
- 대통령령으로 정하는 중앙행정기관 소속 공무원 2명
- 국민건강보험공단의 이사장 및 건강보험심사평가원의 원장이 추천하는 각 ㉢ 명
- 건강보험에 관한 학식과 경험이 풍부한 4명

	㉠	㉡	㉢
①	2	5	3
②	2	8	1
③	2	8	2
④	3	5	1
⑤	3	8	2

11 다음 중 건강보험정책심의위원회의 위원을 해임·해촉할 수 있는 주체는?

① 대통령
② 기획재정부장관
③ 보건복지부장관
④ 국민건강보험공단의 이사장
⑤ 건강보험심사평가원의 원장

12 다음 중 건강보험정책심의위원회에 출석했을 경우에 수당·여비·경비 등을 지급받을 수 없는 위원은?

① 근로자단체 및 사용자단체가 추천하는 위원
② 의료계를 대표하는 단체 및 약업계를 대표하는 단체가 추천하는 위원
③ 시민단체, 소비자단체, 농어업인 단체 및 자영업자단체가 추천하는 위원
④ 국민건강보험공단의 이사장 및 건강보험심사평가원의 원장이 추천하는 위원
⑤ 중앙행정기관 소속 공무원으로서 소관 업무와 직접 관련하여 출석하는 위원

02 가입자

1. 적용 대상, 가입자 및 사업장

(1) 적용 대상 등(법 제5조)

① 건강보험 적용 대상자 : 국내에 거주하는 국민은 건강보험의 가입자("가입자") 또는 피부양자가 된다. 다만, 다음 각 호의 어느 하나에 해당하는 사람은 제외한다.

1. 의료급여법에 따라 의료급여를 받는 사람("수급권자")

더 알아보기

수급권자(의료급여법 제3조 제1항)

1. 국민기초생활 보장법에 따른 의료급여 수급자
2. 재해구호법에 따른 이재민으로서 보건복지부장관이 의료급여가 필요하다고 인정한 사람
3. 의사상자 등 예우 및 지원에 관한 법률에 따라 의료급여를 받는 사람
4. 입양특례법에 따라 국내에 입양된 18세 미만의 아동
5. 독립유공자예우에 관한 법률, 국가유공자 등 예우 및 지원에 관한 법률 및 보훈보상대상자 지원에 관한 법률의 적용을 받고 있는 사람과 그 가족으로서 국가보훈부장관이 의료급여가 필요하다고 추천한 사람 중에서 보건복지부장관이 의료급여가 필요하다고 인정한 사람
6. 무형문화재 보전 및 진흥에 관한 법률에 따라 지정된 국가무형문화재의 보유자(명예보유자를 포함한다)와 그 가족으로서 문화재청장이 의료급여가 필요하다고 추천한 사람 중에서 보건복지부장관이 의료급여가 필요하다고 인정한 사람
7. 북한이탈주민의 보호 및 정착지원에 관한 법률의 적용을 받고 있는 사람과 그 가족으로서 보건복지부장관이 의료급여가 필요하다고 인정한 사람
8. 5·18 민주화운동 관련자 보상 등에 관한 법률에 따라 보상금 등을 받은 사람과 그 가족으로서 보건복지부장관이 의료급여가 필요하다고 인정한 사람
9. 노숙인 등의 복지 및 자립지원에 관한 법률에 따른 노숙인 등으로서 보건복지부장관이 의료급여가 필요하다고 인정한 사람
10. 그 밖에 생활유지 능력이 없거나 생활이 어려운 사람으로서 대통령령으로 정하는 사람
    - 일정한 거소가 없는 사람으로서 경찰관서에서 무연고자로 확인된 사람
    - 그 밖에 보건복지부령으로 정하는 사람

2. 독립유공자예우에 관한 법률 및 국가유공자 등 예우 및 지원에 관한 법률에 따라 의료보호를 받는 사람("유공자 등 의료보호대상자"). 다만, 다음 각 목의 어느 하나에 해당하는 사람은 가입자 또는 피부양자가 된다.
   가. 유공자 등 의료보호대상자 중 건강보험의 적용을 보험자에게 신청한 사람
   나. 건강보험을 적용받고 있던 사람이 유공자 등 의료보호대상자로 되었으나 건강보험의 적용배제신청을 보험자에게 하지 아니한 사람

② **피부양자** : 다음 각 호의 어느 하나에 해당하는 사람 중 **직장가입자에게 주로 생계를 의존하는 사람**으로서 **소득 및 재산이 보건복지부령으로 정하는 기준 이하**에 해당하는 사람을 말한다.

1. 직장가입자의 **배우자**
2. 직장가입자의 **직계존속**(배우자의 직계존속을 포함한다)
3. 직장가입자의 **직계비속**(배우자의 직계비속을 포함한다)과 그 **배우자**
4. 직장가입자의 **형제·자매**

③ 제2항에 따른 피부양자 자격의 인정기준, 취득·상실 시기 및 그 밖의 필요한 사항은 **보건복지부령으로 정한다.**

④ 피부양자 자격의 인정기준(규칙 제2조 제1항) : 피부양자 자격의 인정기준은 다음 각 호의 요건을 모두 충족하는 것으로 한다.

1. 규칙 별표 1에 따른 부양요건에 해당할 것
2. 규칙 별표 1의2에 따른 소득 및 재산요건에 해당할 것

〈규칙 별표 1〉 피부양자 자격의 인정기준 중 부양요건

가입자와의 관계	부양요건	
	동거 시	비동거 시
1. 배우자	• 부양 인정	• 부양 인정
2. 부모인 직계존속		
가. 부모(아버지 또는 어머니와 재혼한 배우자 포함)	• 부양 인정	• 부모(아버지 또는 어머니와 재혼한 배우자 포함)와 동거하고 있는 형제자매가 없거나, 있어도 보수 또는 소득이 없는 경우 부양 인정
나. 법률상의 부모가 아닌 친생부모("친생부모")	• 부양 인정	• 친생부모의 배우자 또는 동거하고 있는 직계비속이 없거나, 있어도 보수 또는 소득이 없는 경우 부양 인정
3. 자녀(법률상의 자녀가 아닌 친생자녀 포함)인 직계비속	• 부양 인정	• 미혼(이혼 · 사별한 경우 포함)인 경우 부양 인정. 다만, 이혼 · 사별한 경우 자녀인 직계비속이 없거나, 있어도 보수 또는 소득이 없는 경우 부양 인정
4. 조부모 · 외조부모 이상인 직계존속	• 부양 인정	• 조부모 · 외조부모 이상인 직계존속과 동거하고 있는 직계비속이 없거나, 있어도 보수 또는 소득이 없는 경우 부양 인정
5. 손 · 외손 이하인 직계비속	• 부모가 없거나, 아버지 또는 어머니가 있어도 보수 또는 소득이 없는 경우 부양 인정	• 미혼(이혼 · 사별한 경우 포함)으로서 부모가 없는 경우 부양 인정. 다만, 이혼 · 사별한 경우 자녀인 직계비속이 없거나, 있어도 보수 또는 소득이 없는 경우 부양 인정
6. 직계비속의 배우자	• 부양 인정	• 부양 불인정
7. 배우자의 부모인 직계존속(배우자의 아버지 또는 어머니와 재혼한 배우자 포함)	• 부양 인정	• 배우자의 부모(아버지 또는 어머니와 재혼한 배우자 포함)와 동거하고 있는 배우자의 형제자매가 없거나, 있어도 보수 또는 소득이 없는 경우 부양 인정
8. 배우자의 조부모 · 외조부모 이상인 직계존속	• 부양 인정	• 배우자의 조부모 · 외조부모 이상인 직계존속과 동거하고 있는 직계비속이 없거나, 있어도 보수 또는 소득이 없는 경우 부양 인정
9. 배우자의 직계비속	• 미혼(이혼 · 사별한 경우 포함)인 경우 부양 인정. 다만, 이혼 · 사별한 경우 자녀인 직계비속이 없거나, 있어도 보수 또는 소득이 없는 경우 부양 인정	• 부양 불인정

10. 다음 각 목의 어느 하나에 해당하는 형제・자매 가. 30세 미만 나. 65세 이상 다. 장애인복지법 제32조에 따라 등록한 장애인 라. 국가유공자 등 예우 및 지원에 관한 법률 제4조・제73조 및 제74조에 따른 국가유공자 등(법률 제11041호로 개정되기 전의 국가유공자 등 예우 및 지원에 관한 법률 제73조의2에 따른 국가유공자 등을 포함한다)으로서 같은 법 제6조의4에 따른 상이등급 판정을 받은 사람 마. 보훈보상대상자 지원에 관한 법률 제2조에 따른 보훈보상대상자로서 같은 법 제6조에 따른 상이등급 판정을 받은 사람	• 미혼(이혼・사별한 경우 포함)으로 부모가 없거나, 있어도 부모가 보수 또는 소득이 없는 경우 부양 인정. 다만, 이혼・사별한 경우 자녀인 직계비속이 없거나, 있어도 보수 또는 소득이 없는 경우 부양 인정	• 미혼(이혼・사별한 경우 포함)으로 부모 및 직장가입자 외의 다른 형제・자매가 없거나, 있어도 부모 및 동거하고 있는 형제・자매가 보수 또는 소득이 없는 경우 부양 인정. 다만, 이혼・사별한 경우 자녀인 직계비속이 없거나, 있어도 보수 또는 소득이 없는 경우 부양 인정

〈규칙 별표 1의2〉 피부양자 자격의 인정기준 중 소득 및 재산요건

1. 직장가입자의 피부양자가 되려는 사람은 다음 각 목에서 정하는 소득요건을 모두 충족하여야 한다.
   가. 소득의 합계액이 연간 2,000만 원 이하일 것
   나. 사업소득이 없을 것. 다만, 피부양자가 되려는 사람이 다음의 어느 하나에 해당하고, 사업소득의 합계액이 연간 500만 원 이하인 경우에는 사업소득이 없는 것으로 본다.
      1) 사업자등록이 되어 있지 않은 경우(소득세법 제19조 제1항 제12호에 따른 부동산업에서 발생하는 소득 중 주택임대소득이 있는 경우는 제외한다)
      2) 장애인복지법 제32조에 따라 장애인으로 등록한 경우
      3) 국가유공자 등 예우 및 지원에 관한 법률 제4조・제73조 및 제74조에 따른 국가유공자 등(법률 제11041호로 개정되기 전의 국가유공자 등 예우 및 지원에 관한 법률 제73조의2에 따른 국가유공자 등을 포함한다)으로서 같은 법 제6조의4에 따른 상이등급 판정을 받은 경우
      4) 보훈보상대상자 지원에 관한 법률 제2조에 따른 보훈보상대상자로서 같은 법 제6조에 따른 상이등급 판정을 받은 경우
   다. 피부양자가 되려는 사람이 폐업 등에 따른 사업중단 등의 사유로 소득이 발생하지 않게 된 경우, 도시 및 주거환경정비법에 따른 주택재건축사업으로 발생한 사업소득을 제외하면 가목 및 나목의 요건을 충족하는 경우 등 관계 자료에 의하여 공단이 인정한 경우에는 가목 및 나목의 요건을 충족하는 것으로 본다.
   라. 피부양자가 되려는 사람이 기혼자인 경우에는 부부 모두 가목부터 다목까지의 요건을 충족하여야 한다.
2. 직장가입자의 피부양자가 되려는 사람은 각 목에서 정하는 재산요건 중 어느 하나에 해당하여야 한다.
   가. 규칙 별표 1의 제1호부터 제9호까지에 해당하는 경우 : 다음의 어느 하나에 해당할 것
      1) 재산세 과세표준의 합이 5억 4,000만 원을 초과하면서 9억 원 이하이고, 소득의 합계액이 연간 1,000만 원 이하일 것
      2) 재산세 과세표준의 합이 5억 4,000만 원 이하일 것
   나. 규칙 별표 1의 제10호에 해당하는 경우 : 재산세 과세표준의 합이 1억 8,000만 원 이하일 것

⑤ 피부양자는 다음 각 호의 어느 하나에 해당하는 날에 그 **자격을 취득**한다(규칙 제2조 제2항).

1. 신생아의 경우 : **출생한 날**
2. 직장가입자의 자격 취득일 또는 가입자의 자격 변동일부터 90일 이내에 피부양자의 자격취득 신고를 한 경우 : 직장가입자의 **자격 취득일** 또는 해당 가입자의 **자격 변동일**
3. 직장가입자의 자격 취득일 또는 가입자의 자격 변동일부터 90일을 넘겨 피부양자 자격취득 신고를 한 경우 : 공단에 **피부양자 자격(취득 · 상실) 신고서를 제출한 날**. 다만, 천재지변, 질병 · 사고 등 공단이 정하는 본인의 책임이 없는 부득이한 사유로 90일을 넘겨 피부양자 자격취득 신고를 한 경우에는 직장가입자의 자격 취득일 또는 가입자의 자격 변동일로 한다.

⑥ 피부양자는 다음 각 호의 어느 하나에 해당하게 된 날에 그 **자격을 상실**한다(규칙 제2조 제3항).

1. 사망한 날의 다음 날
2. 대한민국의 국적을 잃은 날의 다음 날
3. 국내에 거주하지 아니하게 된 날의 다음 날
4. 직장가입자가 자격을 상실한 날
5. 수급권자가 된 날
6. 유공자 등 의료보호대상자인 피부양자가 공단에 건강보험의 적용배제 신청을 한 날의 다음 날
7. 직장가입자 또는 다른 직장가입자의 피부양자 자격을 취득한 경우에는 그 자격을 취득한 날
8. 피부양자 자격을 취득한 사람이 본인의 신고에 따라 피부양자 자격상실 신고를 한 경우에는 신고한 날의 다음 날
9. 피부양자 자격의 인정기준의 요건을 모두 충족하지 아니하는 경우에는 공단이 그 요건을 충족하지 아니한다고 확인한 날의 다음 날

⑦ 직장가입자가 피부양자 자격 취득 또는 상실 신고를 하거나 피부양자가 자격상실 신고를 하려면 **피부양자 자격(취득 · 상실) 신고서에 다음 각 호의 서류(자격 취득 신고의 경우만 해당한다)를 첨부하여** 공단에 제출하여야 한다. 다만, 공단이 국가 등으로부터 제공받은 자료로 피부양자 자격 취득 또는 상실 대상자를 확인할 수 있는 경우에는 신고서를 제출하지 아니한다(규칙 제2조 제4항).

1. 가족관계등록부의 증명서 1부(주민등록표 등본으로 ④의 각 호의 요건 충족 여부를 확인할 수 없는 경우만 해당한다)
2. 장애인복지법 제32조에 따라 등록된 장애인, 국가유공자 등 예우 및 지원에 관한 법률 제4조 · 제73조 및 제74조에 따른 국가유공자 등(법률 제11041호로 개정되기 전의 국가유공자 등 예우 및 지원에 관한 법률 제73조의2에 따른 국가유공자 등을 포함한다)으로서 같은 법 제6조의4에 따른 상이등급 판정을 받은 사람과 보훈보상대상자 지원에 관한 법률 제2조에 따른 보훈보상대상자로서 같은 법 제6조에 따른 상이등급 판정을 받은 사람임을 증명할 수 있는 서류 1부(장애인, 국가유공자 등 또는 보훈보상대상자의 경우만 해당한다)
3. 폐업 사실을 입증할 수 있는 서류, 도시 및 주거환경정비법에 따른 주택재건축사업의 사업자등록증 사본 등 규칙 별표 1의2 제1호 다목에 해당하는 사실을 확인하기 위하여 공단이 요구하는 서류(피부양자가 규칙 별표 1의2 제1호 다목에 따른 인정을 받으려는 경우만 해당한다)

(2) 가입자의 종류(법 제6조)

① 가입자의 구분 : 직장가입자와 지역가입자로 구분

② 직장가입자 대상 : 모든 사업장의 근로자 및 사용자와 공무원 및 교직원은 직장가입자가 된다. 다만, 다음 각 호의 어느 하나에 해당하는 사람은 제외한다.

1. 고용 기간이 1개월 미만인 일용근로자
2. 병역법에 따른 현역병(지원에 의하지 아니하고 임용된 하사를 포함한다), 전환복무된 사람 및 군간부후보생
3. 선거에 당선되어 취임하는 공무원으로서 매월 보수 또는 보수에 준하는 급료를 받지 아니하는 사람
4. 그 밖에 사업장의 특성, 고용 형태 및 사업의 종류 등을 고려하여 대통령령으로 정하는 사업장의 근로자 및 사용자와 공무원 및 교직원

더 알아보기

대통령령으로 정하는 사업장의 근로자 및 사용자와 공무원 및 교직원(영 제9조)

1. 비상근 근로자 또는 1개월 동안의 소정근로시간이 60시간 미만인 단시간근로자
2. 비상근 교직원 또는 1개월 동안의 소정근로시간이 60시간 미만인 시간제공무원 및 교직원
3. 소재지가 일정하지 아니한 사업장의 근로자 및 사용자
4. 근로자가 없거나 제1호에 해당하는 근로자만을 고용하고 있는 사업장의 사업주

③ 지역가입자 대상 : 직장가입자와 그 피부양자를 제외한 가입자를 말한다.

(3) 사업장의 신고(법 제7조)

① 신고 기준 : 사업장의 사용자는 다음 각 호의 어느 하나에 해당하게 되면 그때부터 14일 이내에 보건복지부령으로 정하는 바에 따라 보험자에게 신고하여야 한다. 제1호에 해당되어 보험자에게 신고한 내용이 변경된 경우에도 또한 같다.

1. 직장가입자가 되는 근로자·공무원 및 교직원을 사용하는 사업장("적용대상사업장")이 된 경우
2. 휴업·폐업 등 보건복지부령으로 정하는 사유가 발생한 경우

② 적용신고 : 사용자는 해당 사업장이 직장가입자가 되는 근로자·공무원 및 교직원을 사용하는 사업장이 된 경우에는 그때부터 14일 이내에 사업장(기관) 적용 신고서에 통장 사본 1부(자동이체를 신청하는 경우만 해당한다)를 첨부하여 공단에 제출하여야 한다. 이 경우 공단은 전자정부법에 따른 행정정보의 공동이용을 통하여 사업자등록증 및 법인 등기사항증명서를 확인하여야 하며, 신고인이 사업자등록증을 확인하는 것에 동의하지 아니하는 경우에는 그 사본을 첨부하도록 하여야 한다(규칙 제3조 제1항).

③ 변경신고 : 사용자는 ②에 따라 공단에 신고한 내용이 변경된 경우에는 변경된 날부터 14일 이내에 사업장(기관) 변경 신고서를 공단에 제출하여야 한다. 이 경우 공단은 전자정부법에 따른 행정정보의 공동이용을 통하여 사업자등록증 및 법인 등기사항증명서를 확인하여야 하며, 신고인이 사업자등록증을 확인하는 것에 동의하지 아니하는 경우에는 그 사본을 첨부하도록 하여야 한다(규칙 제3조 제2항).

④ **탈퇴신고** : 사용자는 사업장이 다음 각 호의 어느 하나에 해당하게 된 경우에는 그 날부터 14일 이내에 사업장 탈퇴신고서에 사업장 탈퇴 사실을 증명할 수 있는 서류를 첨부하여 공단에 제출하여야 한다. 이 경우 공단은 전자정부법에 따른 행정정보의 공동이용을 통하여 휴업·폐업 사실 증명원(사업장이 휴업·폐업한 경우만 해당한다) 및 법인 등기사항증명서를 확인하여야 하며, 신고인이 휴업·폐업 사실 증명원을 확인하는 것에 동의하지 아니하는 경우에는 이를 첨부하도록 하여야 한다(규칙 제3조 제3항).

1. 사업장이 휴업·폐업되는 경우
2. 사업장이 합병되는 경우
3. 사업장이 폐쇄되는 경우
4. 사업장에 근로자가 없게 되거나 비상근 근로자 또는 1개월 동안의 소정근로시간이 60시간 미만인 단시간 근로자만을 고용하게 되는 경우

2. 자격의 취득·변동 및 상실 시기

(1) 자격의 취득 시기 등(법 제8조)

① **가입자 자격 취득 시기** : 가입자는 **국내에 거주하게 된 날**에 직장가입자 또는 지역가입자의 자격을 얻는다. 다만, 다음 각 호의 어느 하나에 해당하는 사람은 그 해당되는 날에 각각 자격을 얻는다.

1. 수급권자이었던 사람은 그 **대상자에서 제외된 날**
2. 직장가입자의 피부양자이었던 사람은 그 **자격을 잃은 날**
3. 유공자 등 의료보호대상자이었던 사람은 그 **대상자에서 제외된 날**
4. 보험자에게 건강보험의 적용을 신청한 유공자 등 의료보호대상자는 그 **신청한 날**

② **신고 기한** : 자격을 얻은 경우 그 직장가입자의 사용자 및 지역가입자의 세대주는 그 명세를 보건복지부령으로 정하는 바에 따라 **자격을 취득한 날부터 14일 이내**에 보험자에게 신고하여야 한다.

(2) 자격의 변동 시기 등(법 제9조)

① **가입자 자격 변동 시기** : 가입자는 다음 각 호의 어느 하나에 해당하게 된 날에 그 자격이 변동된다.

1. 지역가입자가 적용대상사업장의 사용자로 되거나 근로자·공무원 또는 교직원(**"근로자 등"**)으로 사용된 날
2. 직장가입자가 다른 적용대상사업장의 사용자로 되거나 근로자 등으로 사용된 날
3. 직장가입자인 근로자 등이 그 사용관계가 끝난 날의 다음 날
4. 적용대상사업장에 휴업·폐업 등 보건복지부령으로 정하는 사유가 발생한 날의 다음 날
5. 지역가입자가 다른 세대로 전입한 날

② **신고 기한** : ①에 따라 자격이 변동된 경우 직장가입자의 **사용자**와 지역가입자의 **세대주**는 다음 각 호의 구분에 따라 그 명세를 보건복지부령으로 정하는 바에 따라 **자격이 변동된 날부터 14일 이내**에 보험자에게 신고하여야 한다.

1. ①의 제1호 및 제2호에 따라 자격이 변동된 경우 : 직장가입자의 사용자
2. ①의 제3호부터 제5호까지의 규정에 따라 자격이 변동된 경우 : 지역가입자의 세대주

③ 법무부장관 및 국방부장관은 직장가입자나 지역가입자가 병역법에 따른 **현역병**(지원에 의하지 아니하고 임용된 하사를 포함한다), **전환복무**된 사람 및 **군간부후보생** 또는 **교도소**, 그 밖에 이에 준하는 시설에 수용되어 있는 경우에 해당하면 보건복지부령으로 정하는 바에 따라 그 **사유에 해당된 날부터 1개월 이내**에 보험자에게 알려야 한다.

더 알아보기

국방부장관 또는 법무부장관이 공단에 통지해야 할 사항(규칙 제4조 제3항)
1. 국방부장관 : 병역법에 따른 현역병(지원에 의하지 아니하고 임용된 하사를 포함한다), 전환복무된 사람 및 군간부후보생의 성명 · 주민등록번호 · 입대일 · 전역일 및 전환복무일
2. 법무부장관 : 교도소, 그 밖에 이에 준하는 시설에 수용되어 있는 사람의 성명 · 주민등록번호 · 입소일 · 출소일 · 수용기관명칭 · 코드 및 신분 구분

(3) 자격 취득 · 변동 사항의 고지(법 제9조의2)

① 공단은 제공받은 자료를 통하여 가입자 자격의 취득 또는 변동 여부를 확인하는 경우에는 자격 취득 또는 변동 후 **최초로 납부의무자에게 보험료 납입 고지를 할 때** 보건복지부령으로 정하는 바에 따라 자격 취득 또는 변동에 관한 사항을 알려야 한다.

② **가입자 자격의 취득 · 변동의 고지사항** : 공단은 자격 취득 또는 변동에 관한 사항을 알리는 경우에는 납입고지서에 다음 각 호의 사항을 명시해야 한다(규칙 제4조의2).

1. 가입자 자격의 취득 또는 변동이 발생한 가입자의 성명
2. 취득 또는 변동이 발생한 자격

(4) 자격의 상실 시기 등(법 제10조)

① **가입자 자격의 상실 시기** : 가입자는 다음 각 호의 어느 하나에 해당하게 된 날에 그 자격을 잃는다.

1. 사망한 날의 다음 날
2. 국적을 잃은 날의 다음 날
3. 국내에 거주하지 아니하게 된 날의 다음 날
4. 직장가입자의 피부양자가 된 날
5. 수급권자가 된 날
6. 건강보험을 적용받고 있던 사람이 유공자 등 의료보호대상자가 되어 건강보험의 적용배제신청을 한 날

② **신고 기한** : 자격을 잃은 경우 직장가입자의 **사용자**와 지역가입자의 **세대주**는 그 명세를 보건복지부령으로 정하는 바에 따라 **자격을 잃은 날부터 14일 이내**에 보험자에게 신고하여야 한다.

③ 자격상실의 신고는 다음 각 호의 구분에 따라 해야 한다(규칙 제4조 제4항).

1. 지역가입자 : **세대주**가 지역가입자 자격상실 신고서를 공단에 제출
2. 직장가입자 : **사용자**가 직장가입자 자격상실 신고서를 공단에 제출

(5) 가입자 자격의 취득 · 변동의 신고(규칙 제4조)

① **세대주의 신고** : 세대주는 그 세대의 구성원이 지역가입자의 자격을 취득한 경우 또는 지역가입자로 자격이 변동된 경우에는 **지역가입자 자격 취득 · 변동 신고서**에 보험료 감면 증명자료를 첨부(보험료가 면제되거나 일부를 경감받는 사람만 해당하며, 공단이 국가 등으로부터 제공받은 자료로 보험료 감면 대상자임을 확인할 수 있는 경우에는 첨부하지 않는다)해 공단에 제출해야 한다. 다만, 사용자가 직장가입자 자격상실 신고서를 공단에 제출한 경우에는 지역가입자 자격 취득 · 변동 신고서를 제출한 것으로 본다.

② **사용자의 신고** : 사용자는 근로자 · 공무원 및 교직원이 다음 각 호의 어느 하나에 해당하는 경우에는 **직장가입자 자격 취득 신고서**를 공단에 제출해야 한다. 이 경우 피부양자 자격의 인정요건을 갖추었는지 여부를 주민등록표 등본으로 확인할 수 없을 때에는 가족관계등록부의 증명서 1부를 첨부해야 한다.

1. 직장가입자가 아닌 사람이 직장가입자인 근로자 · 사용자 · 공무원 및 교직원이 된 경우
2. 직장가입자인 근로자 · 사용자가 다른 사업장의 직장가입자가 되거나 직장가입자인 공무원 · 교직원이 된 경우
3. 직장가입자인 공무원 · 교직원이 직장가입자인 근로자 · 사용자가 되거나 소속 기관장을 달리하는 기관으로 전출된 경우

③ **사용자의 변경신고** : 사용자는 ②에 따라 공단에 신고한 직장가입자의 내용이 변경된 경우에는 **변경된 날부터 14일 이내**에 직장가입자 내용 변경 신고서를 공단에 제출해야 한다(제5항).

3. 자격취득 등의 확인 및 건강보험증

(1) 자격취득 등의 확인(법 제11조)

① **효력의 소급** : 가입자 자격의 취득 · 변동 및 상실은 자격의 취득 · 변동 및 상실의 시기로 **소급하여 효력을 발생**한다. 이 경우 보험자는 그 사실을 확인할 수 있다.

② **확인 청구** : 가입자나 가입자이었던 사람 또는 피부양자나 피부양자이었던 사람은 ①에 따른 **확인을 청구**할 수 있다.

(2) 건강보험증(법 제12조)

① **건강보험증의 발급** : 공단은 가입자 또는 피부양자가 신청하는 경우 **건강보험증을 발급**하여야 한다.

② **건강보험증의 제출** : 가입자 또는 피부양자가 요양급여를 받을 때에는 **건강보험증을 요양기관**에 제출하여야 한다. 다만, 천재지변이나 그 밖의 부득이한 사유가 있으면 그러하지 아니하다.

③ 가입자 또는 피부양자는 주민등록증, 운전면허증, 여권, 그 밖에 보건복지부령으로 정하는 본인 여부를 확인할 수 있는 **신분증명서**로 요양기관이 그 자격을 확인할 수 있으면 **건강보험증을 제출하지 아니할 수 있다.**

더 알아보기

건강보험증을 대체하는 신분증명서(규칙 제7조)

보건복지부령으로 정하는 본인 여부를 확인할 수 있는 신분증명서란 다음 각 호의 증명서 또는 서류를 말한다. 이 경우 그 증명서 또는 서류에 유효기간이 적혀 있는 경우에는 그 유효기간이 지나지 않아야 한다.

1. 행정기관이나 공공기관이 발행한 증명서로서 사진이 붙어 있고, 주민등록번호 또는 외국인등록번호가 포함되어 본인임을 확인할 수 있는 국가유공자증, 장애인 등록증, 외국인 등록증, 그 밖에 신분을 확인할 수 있는 증명서
2. 행정기관이나 공공기관이 기록·관리하는 것으로서 사진이 붙어 있고, 주민등록번호 또는 외국인등록번호가 포함되어 본인임을 확인할 수 있는 서류

④ 가입자·피부양자는 자격을 잃은 후 자격을 증명하던 서류를 사용하여 보험급여를 받아서는 아니 된다.

⑤ 누구든지 건강보험증이나 신분증명서를 다른 사람에게 양도하거나 대여하여 보험급여를 받게 하여서는 아니 된다.

⑥ 누구든지 건강보험증이나 신분증명서를 양도 또는 대여를 받거나 그 밖에 이를 부정하게 사용하여 보험급여를 받아서는 아니 된다.

⑦ 건강보험증의 신청 절차와 방법, 서식과 그 교부 및 사용 등에 필요한 사항은 보건복지부령으로 정한다.

(3) 건강보험증의 발급 신청 등(규칙 제5조)

① **서류의 제출** : 가입자 또는 피부양자는 건강보험증을 발급받으려면 건강보험증 발급 신청서를 공단에 제출해야 한다. 이 경우 정보통신망 이용촉진 및 정보보호 등에 관한 법률에 따른 **정보통신망을 통하여 해당 서류를 제출**할 수 있다.

※ 정보통신망(정보통신망 이용촉진 및 정보보호 등에 관한 법률 제2조 제1항 제1호) : 전기통신사업법에 따른 전기통신설비를 이용하거나 전기통신설비와 컴퓨터 및 컴퓨터의 이용기술을 활용하여 정보를 수집·가공·저장·검색·송신 또는 수신하는 정보통신체제

② **건강보험증의 발급** : 공단은 ①에 따른 신청을 받으면 지체 없이 건강보험증을 신청인에게 발급해야 한다.

③ 공단은 제공받은 자료를 이용하여 가입자 또는 피부양자의 자격 취득·변동 사실을 확인한 경우에는 ②에도 불구하고 가입자 또는 피부양자의 **신청 없이 건강보험증을 발급**할 수 있다.

④ **변경 신청** : ② 또는 ③에 따라 건강보험증을 발급받은 가입자 또는 피부양자는 건강보험증에 기재된 내용이 변경된 경우에는 **변경된 날부터 30일 이내**에 건강보험증 기재사항 변경 신청서를 공단에 제출해야 한다.

더 알아보기

규제의 재검토(규칙 제66조 제2항)

보건복지부장관은 건강보험증 발급(기재사항 변경) 신청서의 내용에 대하여 2015년 1월 1일을 기준으로 2년마다(매 2년이 되는 해의 기준일과 같은 날 전까지를 말한다) 그 타당성을 검토하여 개선 등의 조치를 해야 한다.

핵심 쏙쏙! OX문제

※ 다음 문제의 진위 여부를 판단해 ○ 또는 ×를 선택하시오.

01 의료급여법에 따라 의료급여를 받는 수급권자는 건강보험의 가입자 또는 피부양자가 될 수 없다. [○|×]

02 유공자 등 의료보호대상자는 원칙적으로 건강보험의 가입자 또는 피부양자가 될 수 있다. [○|×]

03 법에 따른 피부양자 자격을 인정받으려면 부양요건과 소득 및 재산요건 모두를 충족해야 한다. [○|×]

04 가입자의 미혼 자녀는 가입자와 동거하지 않으면 피부양자 자격의 부양요건을 충족하지 못한다. [○|×]

05 가입자의 직계비속의 배우자는 가입자와 동거를 하든 하지 않든 피부양자 자격의 부양요건을 충족한다. [○|×]

06 소득의 합계액이 연간 2,000만 원을 초과하는 사람은 직장가입자의 피부양자가 될 수 없다. [○|×]

07 피부양자가 직장가입자의 자격 취득일 또는 가입자의 자격 변동일부터 90일 이내에 피부양자의 자격 취득 신고를 한 경우에는 직장가입자의 자격 취득일 또는 해당 가입자의 자격 변동일에 그 자격을 취득한다. [○|×]

08 피부양자는 사망한 날의 다음 날에 그 자격을 상실한다. [○|×]

09 피부양자 자격을 취득한 사람이 본인의 신고에 따라 피부양자 자격상실 신고를 한 경우에는 신고한 날에 그 자격을 상실한다. [○|×]

10 고용 기간이 1개월 미만인 일용근로자는 직장가입자가 될 수 없다. [○|×]

11 비상근 근로자만을 고용하고 있는 사업장의 사업주는 직장가입자가 된다. [○|×]

12 사용자는 해당 사업장이 직장가입자가 되는 근로자를 사용하는 사업장이 된 경우에는 그때부터 14일 이내에 사업장(기관) 적용 신고서에 통장 사본 1부(자동이체를 신청하는 경우만 해당)를 첨부해 공단에 제출해야 한다. [○|×]

13 사용자는 사업장이 휴업 · 폐업 · 폐쇄되거나 합병되는 경우는 그 날부터 30일 이내에 사업장 탈퇴신고서에 사업장 탈퇴 사실을 증명할 수 있는 서류를 첨부해 공단에 제출해야 한다. [○|×]

14 사용자는 직장가입자가 아닌 사람이 직장가입자인 근로자가 된 경우에 직장가입자 자격 취득 신고서를 공단에 제출해야 한다. [○|×]

15 직장가입자가 자격상실의 신고를 하려면 해당 직장가입자 본인이 직장가입자 자격상실 신고서를 공단에 제출해야 한다. [○|×]

16 직장가입자를 사용하는 적용대상사업장이 된 경우에는 14일 이내에 보험자에게 신고해야 한다. [○|×]

17 수급권자이었던 사람은 그 대상자에서 제외된 날로부터 30일 이후에 직장가입자 또는 지역가입자의 자격을 얻는다. [○|×]

18 직장가입자가 아니었던 사람이 직장가입자의 자격을 얻은 경우에 그 직장가입자의 사용자는 자격 취득일로부터 14일 이내에 보험자에게 신고해야 한다. [○|×]

19 직장가입자는 다른 적용대상사업장의 사용자로 되거나 근로자 등으로 사용된 날에 그 자격이 변동된다. [○|×]

20 적용대상사업장이 휴업 · 폐업함에 따라 직장가입자인 근로자 등의 자격이 변동된 경우에는 지역가입자의 세대주가 보험자에게 신고해야 한다. [○|×]

21 공단은 가입자 자격의 변동 여부를 확인한 경우에는 변동 후 최초로 납부의무자에게 보험료 납입 고지를 할 때 변동에 관한 사항을 알려야 한다. [○|×]

22 가입자 또는 피부양자가 건강보험증을 발급받으려고 공단에 건강보험증 발급 신청서를 제출할 경우에는 정보통신망을 통해서가 아니라 직접 공단의 사무소를 방문해 서류를 제출해야 한다. [○|×]

23 가입자가 사망했을 경우에는 사망한 날부터 그 자격을 잃는다. [○|×]

24 가입자 또는 피부양자가 요양급여를 받을 때에는 건강보험증을 요양기관에 제출하는 것이 원칙이다. [○|×]

25 가입자 또는 피부양자는 요양급여를 받을 때에 본인 여부를 확인하기 위해 건강보험증을 대신해 국가유공자증, 장애인 등록증, 외국인 등록증을 요양기관에 제출할 수 있다. [○|×]

OX문제 정답

01	02	03	04	05	06	07	08	09	10	11	12	13	14	15	16	17	18	19	20
○	×	○	×	×	○	○	○	×	○	×	○	×	○	×	○	×	○	○	○
21	22	23	24	25															
○	×	×	○	○															

02 유공자 등 의료보호대상자는 건강보험의 가입자 또는 피부양자가 될 수 없다. 다만, 유공자 등 의료보호대상자 중 건강보험의 적용을 보험자에게 신청한 사람, 건강보험을 적용받고 있던 사람이 유공자 등 의료보호대상자로 되었으나 건강보험의 적용배제신청을 보험자에게 하지 아니한 사람은 가입자 또는 피부양자가 된다(법 제5조 제1항 제2호).

04 가입자의 자녀(법률상의 자녀가 아닌 친생자녀 포함)인 직계비속이 비동거 시 미혼(이혼・사별한 경우 포함)인 경우 부양을 인정한다(규칙 제2조 별표 1 제3호).

05 가입자의 직계비속의 배우자는 동거 시 부양을 인정하고, 비동거 시 부양을 인정하지 않는다(규칙 제2조 별표 1 제6호).

09 피부양자 자격을 취득한 사람이 본인의 신고에 따라 피부양자 자격상실 신고를 한 경우에는 신고한 날의 다음 날에 그 자격을 상실한다(규칙 제2조 제3항 제8호).

11 근로자가 없거나 비상근 근로자 또는 1개월 동안의 소정근로시간이 60시간 미만인 단시간근로자만을 고용하고 있는 사업장의 사업주는 직장가입자가 될 수 없다(영 제9조 제4호).

13 사용자는 사업장이 휴업・폐업・폐쇄되거나 합병되는 경우에는 그 날부터 14일 이내에 사업장 탈퇴신고서에 사업장 탈퇴 사실을 증명할 수 있는 서류를 첨부해 공단에 제출해야 한다(규칙 제3조 제3항 제1호부터 제3호).

15 직장가입자 자격상실의 신고를 하려는 때는 사용자가 직장가입자 자격상실 신고서를 공단에 제출해야 한다(규칙 제4조 제4항 제2호).

17 수급권자이었던 사람은 그 대상자에서 제외된 날에 직장가입자 또는 지역가입자의 자격을 얻는다(법 제8조 제1항 제1호).

22 정보통신망 이용촉진 및 정보보호 등에 관한 법률에 따른 정보통신망을 통하여 해당 서류를 제출할 수 있다(규칙 제5조 제1항 후단).

23 가입자는 사망한 날의 다음 날에 그 자격을 잃는다(법 제10조 제1항 제1호).

실력 쑥쑥! 적중예상문제

정답 및 해설 p.016

01 **다음 중 건강보험의 적용 대상에 대한 설명으로 옳지 않은 것은?**

① 직장가입자 A의 동생인 B가 A에게 주로 생계를 의존하더라도 B는 피부양자가 될 수 없다.
② 직장가입자 A의 사위인 C가 A에게 주로 생계를 의존할 경우에 C는 피부양자가 될 수 있다.
③ 유공자 등 의료보호대상자 중 건강보험의 적용을 보험자에게 신청한 사람은 건강보험의 가입자 또는 피부양자가 될 수 있다.
④ 국내에 거주하는 국민은 건강보험의 가입자 또는 피부양자가 되지만, 의료급여법에 따른 수급권자는 건강보험 적용 대상에서 제외된다.
⑤ 건강보험을 적용받고 있던 사람이 유공자 등 의료보호대상자로 되었으나 건강보험의 적용배제신청을 보험자에게 하지 않은 사람은 건강보험의 가입자 또는 피부양자가 될 수 있다.

02 **다음 중 피부양자의 자격상실 기준에 대한 설명으로 옳은 것은?**

① 피부양자는 사망한 날의 다음 날, 대한민국 국적을 잃은 날의 다음 날, 국내에 거주하지 않게 된 날의 다음 날에 피부양자 자격을 상실한다.
② 피부양자는 의료급여법에 따른 수급권자가 된 날부터 15일 후에 피부양자 자격을 상실한다.
③ 피부양자는 직장가입자 자격을 취득한 경우에는 그 자격을 취득한 날이 속한 달의 다음 달에 피부양자 자격을 상실한다.
④ 피부양자 자격을 취득한 사람 본인이 피부양자 자격상실 신고를 한 경우에는 신고한 날부터 30일 후에 피부양자 자격을 상실한다.
⑤ 유공자 등 의료보호대상자인 피부양자가 국민건강보험공단에 건강보험의 적용배제 신청을 한 날이 속하는 달의 다음 달에 피부양자 자격을 상실한다.

03 **다음 중 직장가입자의 종류에 대한 설명으로 옳지 않은 것은?**

① 고용 기간이 1개월 미만인 일용근로자는 직장가입자가 될 수 없다.
② 현역병, 전환복무된 사람 및 군간부후보생은 직장가입자가 될 수 없다.
③ 모든 사업장의 근로자는 직장가입자가 될 수 있지만, 사용자는 그렇지 않다.
④ 선거에 당선되어 취임하는 공무원으로서 보수에 준하는 급료를 받지 않는 사람은 직장가입자가 될 수 없다.
⑤ 사업장의 특성, 고용 형태 및 사업의 종류 등을 고려해 1개월 동안의 소정근로시간이 60시간 미만인 단시간근로자는 직장가입자가 될 수 없다.

04 다음 〈보기〉에서 사업장의 적용 및 변경 신고에 대한 설명으로 옳은 것을 모두 고르면?

보기

㉠ 사용자는 해당 사업장이 직장가입자가 되는 근로자를 사용하는 사업장이 된 경우에는 그때부터 14일 이내에 사업장(기관) 적용 신고서를 국민건강보험공단에 제출해야 한다.
㉡ 위의 ㉠의 경우에 국민건강보험공단은 행정정보의 공동이용을 통해 사업자등록증 및 법인 등기사항증명서를 확인해야 한다.
㉢ 사용자는 국민건강보험공단에 신고한 내용이 변경된 경우에는 변경된 날이 속하는 달의 다음 달까지 사업장(기관) 변경 신고서를 국민건강보험공단에 제출해야 한다.
㉣ 위의 ㉢의 경우에 국민건강보험공단은 사업자등록증의 확인을 생략할 수 있다.

① ㉠, ㉡
② ㉠, ㉢
③ ㉡, ㉢
④ ㉠, ㉡, ㉢
⑤ ㉡, ㉢, ㉣

05 다음은 사업장의 신고에 대한 설명이다. 빈칸 ㉠, ㉡에 들어갈 내용이 바르게 연결된 것은?

직장가입자가 되는 근로자를 사용하는 적용대상사업장이 된 경우에 __㉠__는 그때부터 __㉡__ 이내에 보험자에게 신고해야 한다.

① ㉠ : 근로자, ㉡ : 14일
② ㉠ : 근로자, ㉡ : 30일
③ ㉠ : 사용자, ㉡ : 7일
④ ㉠ : 사용자, ㉡ : 14일
⑤ ㉠ : 사용자, ㉡ : 30일

06 다음 중 자격의 취득 시기 등에 대한 설명으로 옳은 것은?

① 수급권자이었던 사람은 그 대상자에서 제외된 날의 다음 날에 자격을 얻는다.
② 직장가입자의 피부양자였던 사람은 그 자격을 잃은 날의 다음 날에 자격을 얻는다.
③ 유공자 등 의료보호대상자였던 사람은 그 대상자에서 제외된 날에 자격을 얻는다.
④ 자격을 얻은 경우 그 직장가입자의 사용자 및 지역가입자의 세대주는 그 명세를 자격을 취득한 날부터 30일 이내에 보험자에게 신고해야 한다.
⑤ 보험자에게 건강보험의 적용을 신청한 유공자 등 의료보호대상자는 신청한 날부터 14일 이후에 자격을 얻는다.

07 **다음 중 가입자 자격의 취득 신고에 대한 설명으로 옳지 않은 것은?**

① 세대주는 그 세대의 구성원이 지역가입자의 자격을 취득한 경우에는 지역가입자 자격 취득 신고서를 국민건강보험공단에 제출해야 한다.

② 위의 ①의 경우에 보험료 일부를 경감받는 사람은 보험료 감면 증명자료를 첨부해야 한다.

③ 사용자는 직장가입자가 아닌 사람이 직장가입자인 교직원이 된 경우에는 직장가입자 자격 취득 신고서를 국민건강보험공단에 제출해야 한다.

④ 위의 ③의 경우에 피부양자 자격의 인정요건을 갖추었는지 여부를 주민등록표 등본에서 확인할 수 없더라도 가족관계등록부의 증명서를 제출하지 않아도 된다.

⑤ 사용자는 직장가입자인 공무원·교직원이 소속 기관장을 달리하는 기관으로 전출된 경우에는 직장가입자 자격 취득 신고서를 국민건강보험공단에 제출해야 한다.

08 **다음 중 자격의 변동 시기 등에 대한 설명으로 옳지 않은 것은?**

① 지역가입자가 적용대상사업장의 사용자로 사용된 날에 자격이 변동된다.

② 지역가입자가 다른 세대로 전입한 날에 자격이 변동된다.

③ 자격이 변동된 경우 직장가입자의 사용자와 지역가입자의 세대주는 그 명세를 자격이 변동된 날부터 14일 이내에 보험자에게 신고해야 한다.

④ 직장가입자가 다른 적용대상사업장의 근로자 등으로 사용됨에 따라 자격이 변동된 경우에는 그 직장가입자의 사용자가 보험자에게 신고해야 한다.

⑤ 적용대상사업장이 폐업의 사유가 발생한 날부터 14일 이후에 자격이 변동된다.

09 **다음 중 가입자 자격을 잃은 경우 그날부터 며칠 이내에 누구에게 신고해야 하는가?**

① 14일 이내에 보험자에게 신고해야 한다.

② 30일 이내에 보험자에게 신고해야 한다.

③ 14일 이내에 보건복지부장관에게 신고해야 한다.

④ 30일 이내에 보건복지부장관에게 신고해야 한다.

⑤ 14일 이내에 건강보험심사평가원에 신고해야 한다.

10 **다음 중 건강보험증에 대한 설명으로 옳은 것은?**

① 피부양자가 요양급여를 받을 때에는 건강보험증을 요양기관에 반드시 제출해야 한다.
② 법적으로 증명할 수 있는 가족관계에서는 건강보험증이나 신분증명서를 다른 사람에게 대여해 줄 수 있다.
③ 본인 여부를 확인할 수 있는 신분증명서로 요양기관이 그 자격을 확인할 수 있더라도 건강보험증을 요양기관에 반드시 제출해야 한다.
④ 건강보험증에 기재된 내용이 변경된 경우에 가입자는 변경된 날부터 45일 이내에 건강보험증 기재사항 변경 신청서를 국민건강보험공단에 제출해야 한다.
⑤ 가입자는 자격을 잃은 후에는 자격을 증명하던 서류를 사용하여 보험급여를 받아서는 안 된다.

PART 2

11 **다음 〈보기〉에서 건강보험증을 대체해 본인 여부를 확인할 수 있는 신분증명서로 옳은 것을 모두 고르면?**

보기
㉠ 주민등록번호가 포함된 국가유공자증
㉡ 외국인등록번호가 포함된 외국인 등록증
㉢ 유효기간이 지난 외국인 등록증
㉣ 주민등록번호가 포함된 장애인 등록증
㉤ 행정기관에서 발행한, 본인 사진이 누락된 신분증명서

① ㉠, ㉣
② ㉠, ㉤
③ ㉠, ㉡, ㉣
④ ㉡, ㉢, ㉤
⑤ ㉡, ㉢, ㉣, ㉤

03 국민건강보험공단

1. 국민건강보험공단의 업무

(1) 보험자(법 제13조)

건강보험의 보험자는 국민건강보험공단("공단")으로 한다.

(2) 공단의 업무 등(법 제14조)

① 공단이 관장하는 업무

1. 가입자 및 피부양자의 자격 관리
2. 보험료와 그 밖에 국민건강보험법에 따른 징수금의 부과 · 징수
3. 보험급여의 관리
4. 가입자 및 피부양자의 질병의 조기발견 · 예방 및 건강관리를 위하여 요양급여 실시 현황과 건강검진 결과 등을 활용하여 실시하는 예방사업으로서 대통령령으로 정하는 사업

더 알아보기

공단의 업무(영 제9조의2)

법 제14조 제1항 제4호에서 "대통령령으로 정하는 사업"이란 다음 각 호의 사업을 말한다.

1. 가입자 및 피부양자의 건강관리를 위한 전자적 건강정보시스템의 구축 · 운영
2. 생애주기별 · 사업장별 · 직능별 건강관리 프로그램 또는 서비스의 개발 및 제공
3. 연령별 · 성별 · 직업별 주요 질환에 대한 정보 수집, 분석 · 연구 및 관리방안 제공
4. 고혈압 · 당뇨 등 주요 만성질환에 대한 정보 제공 및 건강관리 지원
5. 지역보건법에 따른 지역보건의료기관과의 연계 · 협력을 통한 지역별 건강관리 사업 지원
6. 그 밖에 제1호부터 제5호까지에 준하는 사업으로서 가입자 및 피부양자의 건강관리를 위하여 보건복지부장관이 특히 필요하다고 인정하는 사업

5. 보험급여 비용의 지급
6. 자산의 관리 · 운영 및 증식사업
7. 의료시설의 운영
8. 건강보험에 관한 교육훈련 및 홍보
9. 건강보험에 관한 조사연구 및 국제협력
10. 국민건강보험법에서 공단의 업무로 정하고 있는 사항
11. 국민연금법, 고용보험 및 산업재해보상보험의 보험료징수 등에 관한 법률, 임금채권보장법 및 석면피해구제법("징수위탁근거법")에 따라 위탁받은 업무
12. 그 밖에 국민건강보험법 또는 다른 법령에 따라 위탁받은 업무
13. 그 밖에 건강보험과 관련하여 보건복지부장관이 필요하다고 인정한 업무

② 자산의 관리 · 운영 및 증식사업 : 안정성과 수익성을 고려하여 다음 각 호의 방법에 따라야 한다.

1. 체신관서 또는 은행법에 따른 은행에의 예입 또는 신탁
2. 국가 · 지방자치단체 또는 은행법에 따른 은행이 직접 발행하거나 채무이행을 보증하는 유가증권의 매입
3. 특별법에 따라 설립된 법인이 발행하는 유가증권의 매입

4. 자본시장과 금융투자업에 관한 법률에 따른 신탁업자가 발행하거나 같은 법에 따른 집합투자업자가 발행하는 수익증권의 매입
5. 공단의 업무에 사용되는 부동산의 취득 및 일부 임대
6. 그 밖에 공단 자산의 증식을 위하여 대통령령으로 정하는 사업

③ **수수료 · 사용료의 징수** : 공단은 특정인을 위하여 업무를 제공하거나 공단 시설을 이용하게 할 경우 공단의 정관으로 정하는 바에 따라 그 업무의 제공 또는 시설의 이용에 대한 **수수료와 사용료를 징수**할 수 있다.

④ **정보의 공개** : 공단은 공공기관의 정보공개에 관한 법률에 따라 건강보험과 관련하여 보유 · 관리하고 있는 정보를 공개한다.

2. 공단의 성립

(1) 법인격 등(법 제15조)

① 공단은 법인으로 한다.

② 공단은 주된 사무소의 소재지에서 설립등기를 함으로써 성립한다.

(2) 사무소(법 제16조)

① 공단의 주된 사무소의 소재지는 정관으로 정한다.

② 공단은 필요하면 정관으로 정하는 바에 따라 **분사무소**를 둘 수 있다.

(3) 정관(법 제17조)

① **공단의 정관에 적어야 하는 사항**

1. 목적
2. 명칭
3. 사무소의 소재지
4. 임직원에 관한 사항
5. 이사회의 운영
6. 재정운영위원회에 관한 사항
7. 보험료 및 보험급여에 관한 사항
8. 예산 및 결산에 관한 사항
9. 자산 및 회계에 관한 사항
10. 업무와 그 집행
11. 정관의 변경에 관한 사항
12. 공고에 관한 사항

② 공단은 정관을 변경하려면 **보건복지부장관의 인가**를 받아야 한다.

(4) 등기(법 제18조)

공단의 설립등기에는 다음 각 호의 사항을 포함하여야 한다.

1. 목적
2. 명칭
3. 주된 사무소 및 분사무소의 소재지
4. 이사장의 성명·주소 및 주민등록번호

(5) 해산(법 제19조)

공단의 해산에 관하여는 법률로 정한다.

(6) 임원(법 제20조)

① **임원의 구성** : 공단은 임원으로서 **이사장 1명, 이사 14명** 및 **감사 1명**을 둔다. 이 경우 **이사장, 이사 중 5명** 및 **감사는 상임**으로 한다.

② **이사장의 임명** : 이사장은 공공기관의 운영에 관한 법률에 따른 **임원추천위원회**가 복수로 **추천한** 사람 중에서 **보건복지부장관의 제청**으로 **대통령이 임명**한다.

더 알아보기

임원추천위원회(공공기관의 운영에 관한 법률 제29조)

① 공기업·준정부기관의 임원 후보자를 추천하고, 공기업·준정부기관의 장("기관장") 후보자와의 계약안에 관한 사항의 협의 등을 수행하기 위하여 공기업·준정부기관에 임원추천위원회를 둔다.
② 임원추천위원회는 그 공기업·준정부기관의 비상임이사와 이사회가 선임한 위원으로 구성한다.
③ 공기업·준정부기관의 임직원과 공무원은 임원추천위원회의 위원이 될 수 없다. 다만, 그 공기업·준정부기관의 비상임이사, 교육공무원법에 따른 교원과 그 준정부기관의 주무기관 소속 공무원은 그러하지 아니하다.
④ 이사회가 선임하는 위원의 정수는 임원추천위원회 위원 정수의 2분의 1 미만으로 한다. 다만, 임원추천위원회 구성 당시 비상임이사가 1명인 경우에는 이사회가 선임하는 위원의 정수를 2분의 1로 할 수 있다.
⑤ 임원추천위원회의 위원장은 임원추천위원회 위원인 공기업·준정부기관의 비상임이사 중에서 임원추천위원회 위원의 호선으로 선출한다.
⑥ 임원추천위원회 구성 당시 비상임이사가 없는 공기업·준정부기관은 이사회가 선임한 외부위원으로 임원추천위원회를 구성하며, 위원장은 외부위원 중 호선으로 선출한다.
⑦ 임원추천위원회는 회의의 심의·의결 내용 등이 기록된 회의록을 작성·보존하고 이를 공개하여야 한다. 다만, 공공기관의 정보공개에 관한 법률 제9조 제1항 각 호의 어느 하나에 해당하는 경우에는 공개하지 아니할 수 있다.
⑧ 임원추천위원회의 구성, 운영 및 후보자 추천 기한 등에 관하여 필요한 사항은 대통령령으로 정한다.

③ **상임이사의 임명** : 상임이사는 보건복지부령으로 정하는 추천 절차를 거쳐 **이사장이 임명**한다.

④ **상임이사 후보 추천 절차 등(규칙 제8조)**

㉠ 상임이사 후보를 추천하기 위하여 공단에 **상임이사추천위원회**를 둔다.

㉡ 상임이사추천위원회는 위원장을 포함한 **5명의 위원**으로 구성한다. 이 경우 **위원장은 공단의 인사업무를 담당하는 상임이사**(인사업무를 담당하는 상임이사 후보를 추천하는 경우에는 이사장이 지명하는 이사)로 하고, **위원은 이사장이 위촉**하는 다음 각 호의 사람으로 한다.

1. 공단의 **비상임이사** 2명
2. 공단의 업무에 관한 전문지식과 경험이 풍부한 사람으로서 **공단의 임직원이 아닌 사람** 2명

㉢ ㉠과 ㉡에서 규정한 사항 외에 후보자 심사 및 추천 방법, 위원의 제척·기피·회피 등 상임이사추천위원회 운영 등에 필요한 사항은 공단의 정관 또는 내규로 정한다.

⑤ **비상임이사의 임명** : 비상임이사는 다음 각 호의 사람을 **보건복지부장관이 임명**한다.

1. 노동조합 · 사용자단체 · 시민단체 · 소비자단체 · 농어업인 단체 및 노인단체가 추천하는 **각 1명**
2. 대통령령으로 정하는 바에 따라 추천하는 **관계 공무원 3명** : 기획재정부장관, 보건복지부장관 및 인사혁신처장은 해당 기관 소속의 **3급 공무원** 또는 **고위공무원단에 속하는 일반직공무원** 중에서 **각 1명씩을 지명**하는 방법으로 공단의 비상임이사를 추천한다(영 제10조).

⑥ **감사의 임명** : 감사는 **임원추천위원회**가 복수로 **추천**한 사람 중에서 **기획재정부장관의 제청**으로 **대통령이 임명**한다.

더 알아보기

이사회의 구성

이사장(1인)	• 국민건강보험공단의 이사장
이사(14인)	• 상임이사 : 5명 • 비상임이사 : 9명 – 노동조합, 사용자단체, 시민단체, 소비자단체, 농어업인 단체, 노인단체가 각 1명씩 추천 : 6명 – 기획재정부장관, 보건복지부장관, 인사혁신처장 등이 그 소속 3급 공무원 또는 고위공무원단에 속하는 일반직공무원 중에서 각 1명씩 지명 : 3명
감사(1인)	• 임원추천위원회에서 추천하는 1명

⑦ **실비변상** : 비상임이사는 정관으로 정하는 바에 따라 실비변상을 받을 수 있다.

⑧ **임원의 임기** : 이사장의 임기는 3년, 이사(공무원인 이사는 제외한다)와 감사의 임기는 각각 2년으로 한다.

(7) 징수이사(법 제21조)

① **징수이사의 자격** : 상임이사 중 보험료와 그 밖에 국민건강보험법에 따른 징수금의 부과 · 징수 및 징수위탁근거법에 따라 위탁받은 업무를 담당하는 이사("**징수이사**")는 경영, 경제 및 사회보험에 관한 학식과 경험이 풍부한 사람으로서 보건복지부령으로 정하는 자격을 갖춘 사람 중에서 선임한다.

※ **보건복지부령으로 정하는 자격을 갖춘 사람(규칙 제9조 제1항)** : 징수이사추천위원회가 정하는 단위 부서장 이상의 경력이 있는 사람으로서 보험료와 그 밖에 국민건강보험법에 따른 징수금의 부과 · 징수 및 징수위탁근거법에 따라 위탁받은 업무에 관한 전문지식 및 경험을 갖추고 경영혁신을 추진할 수 있는 사람을 말한다.

② **추천위원회와 위원장** : 징수이사 후보를 추천하기 위하여 공단에 이사를 위원으로 하는 **징수이사추천위원회("추천위원회")**를 둔다. 이 경우 추천위원회의 위원장은 **이사장이 지명하는** 이사로 한다.

③ **후보 모집 공고와 조사** : 추천위원회는 주요 일간신문에 징수이사 후보의 **모집 공고**를 하여야 하며, 이와 별도로 적임자로 판단되는 징수이사 **후보를 조사**하거나 전문단체에 **조사를 의뢰**할 수 있다.

④ **후보 심사 및 계약 조건에 관한 협의** : 추천위원회는 모집한 사람을 보건복지부령으로 정하는 징수이사 후보 심사기준에 따라 **심사**하여야 하며, 징수이사 후보로 추천될 사람과 계약 조건에 관하여 **협의**하여야 한다.

㉠ 심사는 추천위원회가 징수이사 후보가 다음 각 호의 요소를 갖추고 있는지를 **평가**하여 이를 **점수로 환산**하는 방법으로 한다. 이 경우 각 호의 요소별 배점이나 그 밖에 심사에 필요한 사항은 추천위원회가 정한다(규칙 제9조 제2항).

1. 경영, 경제 및 사회보험에 관한 학식
2. 문제에 대한 예측 및 예방조치 능력
3. 조직관리 능력
4. 그 밖에 징수이사로서의 자질과 능력을 평가할 수 있는 것으로서 추천위원회가 정하는 요소

㉡ 추천위원회는 징수이사 후보로 추천될 사람과 다음 각 호의 계약 조건에 대하여 협의하여야 한다(규칙 제9조 제3항).

1. 국민건강보험법에 따라 징수하는 보험료, 국민연금법, 고용보험 및 산업재해보상보험의 보험료징수 등에 관한 법률, 임금채권보장법, 석면피해구제법의 위탁에 따라 징수하는 연금보험료, 고용보험료, 산업재해보상보험료, 부담금 및 분담금 등의 징수 목표 및 민원관리에 관한 사항
2. 보수와 상벌 등 근로 조건에 관한 사항
3. 해임 사유에 관한 사항
4. 그 밖에 고용관계의 성립·소멸 등에 필요한 사항

㉢ 추천위원회의 회의는 재적위원 **과반수의 출석**으로 개의하고, 출석위원 **과반수의 찬성**으로 의결한다(규칙 제9조 제4항).

⑤ **계약의 체결권자 : 이사장**은 심사와 협의 결과에 따라 징수이사 후보와 계약을 체결하여야 하며, 이 경우 상임이사의 임명으로 본다.

⑥ 계약 조건에 관한 협의, 계약 체결 등에 필요한 사항은 보건복지부령으로 정한다.

3. 공단의 조직 운영

(1) 임원의 직무(법 제22조)

① **이사장** : 공단을 대표하고 업무를 총괄하며, 임기 중 공단의 경영성과에 대하여 책임을 진다.

② **상임이사** : 이사장의 명을 받아 공단의 업무를 집행한다.

③ **직무 대행** : 이사장이 부득이한 사유로 그 직무를 수행할 수 없을 때에는 정관으로 정하는 바에 따라 **상임이사 중 1명**이 그 직무를 대행하고, 상임이사가 없거나 그 직무를 대행할 수 없을 때에는 **정관으로 정하는 임원**이 그 직무를 대행한다.

④ **감사** : 공단의 업무, 회계 및 재산 상황을 감사한다.

(2) 임원 결격사유(법 제23조)

다음 각 호의 어느 하나에 해당하는 사람은 공단의 임원이 될 수 없다.

1. 대한민국 국민이 아닌 사람
2. 국가공무원법상 **결격사유**에 해당하는 사람 또는 **해임된 날부터 3년**이 지나지 아니한 사람(공공기관의 운영에 관한 법률 제34조 제1항)

(3) 임원의 당연퇴임 및 해임(법 제24조)

① **당연퇴임 사유** : 임원이 임원 결격사유의 어느 하나에 해당하게 되거나 임명 당시 그에 해당하는 사람으로 확인되면 그 임원은 당연퇴임한다.

② **해임 사유** : 임명권자는 임원이 다음 각 호의 어느 하나에 해당하면 그 임원을 해임할 수 있다.

1. 신체장애나 정신장애로 직무를 수행할 수 없다고 인정되는 경우
2. 직무상 의무를 위반한 경우
3. 고의나 중대한 과실로 공단에 손실이 생기게 한 경우
4. 직무 여부와 관계없이 품위를 손상하는 행위를 한 경우
5. 국민건강보험법에 따른 보건복지부장관의 명령을 위반한 경우

(4) 임원의 겸직 금지 등(법 제25조)

① **겸직 금지** : 공단의 상임임원과 직원은 그 직무 외에 **영리를 목적으로 하는 사업**에 종사하지 못한다.
② **겸직 금지의 예외** : 공단의 상임임원이 임명권자 또는 제청권자의 허가를 받거나 공단의 직원이 이사장의 허가를 받은 경우에는 **비영리 목적의 업무**를 겸할 수 있다.

PART 2

(5) 이사회(법 제26조)

① **설치 목적** : 공단의 주요 사항을 심의·의결하기 위하여 공단에 이사회를 둔다.

더 말아보기

공단의 주요 사항(공공기관의 운영에 관한 법률 제17조 제1항)
1. 경영목표, 예산, 운영계획 및 중장기재무관리계획
2. 예비비의 사용과 예산의 이월
3. 결산
4. 기본재산의 취득과 처분
5. 장기차입금의 차입 및 사채의 발행과 그 상환 계획
6. 생산 제품과 서비스의 판매가격
7. 잉여금의 처분
8. 다른 기업체 등에 대한 출자·출연
9. 다른 기업체 등에 대한 채무보증. 다만, 다른 법률에 따라 보증업무를 수행하는 공기업·준정부기관의 경우 그 사업 수행을 위한 채무보증은 제외한다.
10. 정관의 변경
11. 내규의 제정과 변경
12. 임원의 보수
13. 기관장이 필요하다고 인정하여 이사회의 심의·의결을 요청하는 사항
14. 그 밖에 이사회가 특히 필요하다고 인정하는 사항

② **이사회의 구성** : 이사회는 이사장과 이사로 구성한다.
③ **감사의 발언권** : 감사는 이사회에 출석하여 발언할 수 있다.
④ 이사회의 의결 사항 및 운영 등에 필요한 사항은 대통령령으로 정한다.

㉠ 이사회의 심의·의결사항 : 다음 각 호의 사항은 이사회의 심의·의결을 거쳐야 한다. 다만, 심의위원회의 심의·의결사항 및 재정운영위원회의 심의·의결사항은 제외한다(영 제11조).

1. 사업운영계획 등 공단 운영의 기본방침에 관한 사항
2. 예산 및 결산에 관한 사항
3. 정관 변경에 관한 사항
4. 규정의 제정·개정 및 폐지에 관한 사항
5. 보험료와 그 밖의 법에 따른 징수금("보험료 등") 및 보험급여에 관한 사항

6. 차입금에 관한 사항
7. 준비금, 그 밖에 중요재산의 취득·관리 및 처분에 관한 사항
8. 그 밖에 공단 운영에 관한 중요 사항

㉡ 이사회의 회의(영 제12조)

1. 이사회의 회의는 정기회의와 임시회의로 구분한다.
2. 정기회의는 **매년 2회** 정관으로 정하는 시기에 이사회의 **의장이 소집**한다.
3. 임시회의는 재적이사(이사장을 포함한다. 이하 같다) **3분의 1 이상**이 요구할 때 또는 **이사장이 필요하다고 인정**할 때에 이사회의 의장이 소집한다.
4. 이사회의 회의는 재적이사 **과반수의 출석**으로 개의하고, 재적이사 **과반수의 찬성**으로 의결한다.
5. 이사회의 의장은 이사장이 된다.
6. 이사회의 회의 소집 절차 등 이사회 운영에 필요한 그 밖의 사항은 공단의 정관으로 정한다.

(6) 직원의 임면(법 제27조)

이사장은 정관으로 정하는 바에 따라 직원을 임면(任免)한다.

(7) 벌칙 적용 시 공무원 의제(법 제28조)

공단의 임직원은 형법 제129조부터 제132조까지의 규정을 적용할 때 공무원으로 본다.

더 말아보기

공무원의 직무에 관한 죄(형법 제129조부터 제132조)

- 수뢰, 사전수뢰(제129조)
  ① 공무원 또는 중재인이 그 직무에 관하여 뇌물을 수수, 요구 또는 약속한 때에는 5년 이하의 징역 또는 10년 이하의 자격정지에 처한다.
  ② 공무원 또는 중재인이 될 자가 그 담당할 직무에 관하여 청탁을 받고 뇌물을 수수, 요구 또는 약속한 후 공무원 또는 중재인이 된 때에는 3년 이하의 징역 또는 7년 이하의 자격정지에 처한다.
- 제3자 뇌물제공(제130조) : 공무원 또는 중재인이 그 직무에 관하여 부정한 청탁을 받고 제3자에게 뇌물을 공여하게 하거나 공여를 요구 또는 약속한 때에는 5년 이하의 징역 또는 10년 이하의 자격정지에 처한다.
- 수뢰후부정처사, 사후수뢰(제131조)
  ① 공무원 또는 중재인이 전2조의 죄를 범하여 부정한 행위를 한 때에는 1년 이상의 유기징역에 처한다.
  ② 공무원 또는 중재인이 그 직무상 부정한 행위를 한 후 뇌물을 수수, 요구 또는 약속하거나 제3자에게 이를 공여하게 하거나 공여를 요구 또는 약속한 때에도 전항의 형과 같다.
  ③ 공무원 또는 중재인이었던 자가 그 재직 중에 청탁을 받고 직무상 부정한 행위를 한 후 뇌물을 수수, 요구 또는 약속한 때에는 5년 이하의 징역 또는 10년 이하의 자격정지에 처한다.
  ④ 전3항의 경우에는 10년 이하의 자격정지를 병과할 수 있다.
- 알선수뢰(제132조) : 공무원이 그 지위를 이용하여 다른 공무원의 직무에 속한 사항의 알선에 관하여 뇌물을 수수, 요구 또는 약속한 때에는 3년 이하의 징역 또는 7년 이하의 자격정지에 처한다.

(8) 규정 등(법 제29조)

공단의 조직·인사·보수 및 회계에 관한 규정은 **이사회의 의결**을 거쳐 **보건복지부장관의 승인**을 받아 정한다.

(9) 대리인의 선임(법 제30조)

이사장은 공단 업무에 관한 모든 재판상의 행위 또는 재판 외의 행위를 대행하게 하기 위하여 공단의 이사 또는 직원 중에서 대리인을 선임할 수 있다.

(10) 대표권의 제한(법 제31조)

① 이사장은 공단의 이익과 자기의 이익이 상반되는 사항에 대하여는 공단을 대표하지 못한다. 이 경우 감사가 공단을 대표한다.

② 공단과 이사장 사이의 소송은 ①을 준용한다.

(11) 이사장 권한의 위임(법 제32조)

① 위임 기준 : 국민건강보험법에 규정된 이사장의 권한 중 급여의 제한, 보험료의 납입 고지 등 대통령령으로 정하는 사항은 정관으로 정하는 바에 따라 분사무소의 장에게 위임할 수 있다.

② 이사장 권한의 위임사항(영 제13조)

1. 자격 관리에 관한 권한
2. 사업장 관리에 관한 권한
3. 보험급여의 제한에 관한 권한
4. 보험료 등의 부과·징수, 납입 고지, 독촉 및 국세체납 처분의 예에 따른 징수에 관한 권한
5. 손해배상을 청구할 권리의 행사에 관한 권한
6. 보험료의 경감에 관한 권한
7. 분할납부 승인 및 승인취소에 관한 권한
8. 가입자 및 피부양자의 자격관리, 보험급여 제한 및 보험료의 부과·징수에 관한 권한
9. 징수위탁근거법에 따라 위탁받은 연금보험료, 고용보험료, 산업재해보상보험료, 부담금 및 분담금 등("징수위탁보험료 등")의 납입 고지 및 독촉·체납처분 등 징수에 관한 권한
10. 그 밖에 법에 따른 공단 업무의 효율적인 수행을 위하여 공단의 정관으로 정하는 권한

(12) 재정운영위원회(법 제33조)

① 설치 목적 : 요양급여비용의 계약 및 결손처분 등 보험재정에 관련된 사항을 심의·의결하기 위하여 공단에 재정운영위원회를 둔다.

② 위원장의 선발 : 재정운영위원회의 위원장은 공익을 대표하는 위원 10명 중에서 호선한다.

(13) 재정운영위원회의 구성 등(법 제34조)

① 재정운영위원회의 위원 구성(30명)

1. 직장가입자를 대표하는 위원 10명
2. 지역가입자를 대표하는 위원 10명
3. 공익을 대표하는 위원 10명

② 위원의 임명·위촉 : 다음 각 호의 사람을 보건복지부장관이 임명하거나 위촉한다.

1. 직장가입자를 대표하는 위원 : 노동조합과 사용자단체에서 추천하는 각 5명
2. 지역가입자를 대표하는 위원 : 대통령령으로 정하는 바에 따라 농어업인 단체·도시자영업자단체 및 시민단체에서 추천하는 사람(영 제14조 제1항)

• 농어업인 단체 및 도시자영업자단체 : 각각 3명씩 추천
• 시민단체 : 4명 추천

3. 공익을 대표하는 위원 : 대통령령으로 정하는 **관계 공무원** 및 건강보험에 관한 **학식과 경험**이 풍부한 사람

※ **대통령령으로 정하는 관계 공무원(영 제14조 제2항)** : 기획재정부장관 및 보건복지부장관이 해당 기관 소속의 4급 이상 공무원 또는 고위공무원단에 속하는 일반직공무원 중에서 각각 1명씩 지명하는 사람을 말한다.

③ **위원의 임기** : 재정운영위원회 위원(공무원인 위원은 제외한다)의 임기는 2년으로 한다. 다만, 위원의 사임 등으로 새로 위촉된 위원의 임기는 전임위원 임기의 남은 기간으로 한다.

④ 재정운영위원회의 운영 등에 필요한 사항은 대통령령으로 정한다.

㉠ 재정운영위원회의 운영(영 제15조)

• 재정운영위원회의 회의는 정기회의와 임시회의로 구분한다.
• 정기회의는 **매년 1회** 정관으로 정하는 시기에 재정운영위원회의 **위원장이 소집**한다.
• 임시회의는 공단 이사장 또는 재적위원 **3분의 1 이상**이 요구할 때 또는 재정운영위원회의 **위원장이 필요하다고 인정할 때**에 위원장이 소집한다.
• 재정운영위원회의 위원장은 재정운영위원회 회의의 의장이 되며, 회의는 재적위원 **과반수의 출석**으로 개의하고, 출석위원 **과반수의 찬성**으로 의결한다.
• 재정운영위원회의 회의 소집 절차 등 재정운영위원회 운영에 필요한 그 밖의 사항은 공단의 정관으로 정한다.

㉡ 재정운영위원회의 간사(영 제16조)

• 재정운영위원회의 사무를 처리하기 위하여 재정운영위원회에 **간사 1명**을 둔다.
• 간사는 공단 소속 직원 중에서 **위원장이 지명**한다.

㉢ 재정운영위원회의 회의록(영 제17조)

• 위원장은 재정운영위원회의 회의록을 작성하여 보관하여야 한다.
• 회의록에는 회의 경과, 심의사항 및 의결사항을 기록하고 위원장과 출석한 위원이 서명하거나 날인하여야 한다.

4. 공단의 회계 운영

(1) 회계(법 제35조)

① **공단의 회계연도** : 정부의 회계연도에 따른다.

② **재정의 통합 운영** : 공단은 직장가입자와 지역가입자의 **재정을 통합**하여 운영한다.

③ **회계의 구분** : 공단은 건강보험사업 및 징수위탁근거법의 위탁에 따른 국민연금사업 · 고용보험사업 · 산업재해보상보험사업 · 임금채권보장사업에 관한 회계를 공단의 다른 회계와 구분하여 각각 회계처리하여야 한다.

(2) 예산(법 제36조)

공단은 회계연도마다 예산안을 편성하여 **이사회의 의결**을 거친 후 **보건복지부장관의 승인**을 받아야 한다. 예산을 변경할 때에도 또한 같다.

(3) 차입금(법 제37조)

공단은 지출할 현금이 부족한 경우에는 차입할 수 있다. 다만, 1년 이상 장기로 차입하려면 보건복지부장관의 승인을 받아야 한다.

(4) 준비금(법 제38조)

① 준비금의 적립 : 공단은 회계연도마다 결산상의 잉여금 중에서 그 연도의 보험급여에 든 비용의 100분의 5 이상에 상당하는 금액을 그 연도에 든 비용의 100분의 50에 이를 때까지 준비금으로 적립하여야 한다.

② 준비금의 사용 : 준비금은 부족한 보험급여 비용에 충당하거나 지출할 현금이 부족할 때 외에는 사용할 수 없으며, 현금 지출에 준비금을 사용한 경우에는 해당 회계연도 중에 이를 보전(補塡)하여야 한다.

③ 준비금의 관리 및 운영 방법 등에 필요한 사항은 보건복지부장관이 정한다.

PART 2

(5) 결산(법 제39조)

① 결산의 보고 : 공단은 회계연도마다 결산보고서와 사업보고서를 작성하여 다음해 2월 말일까지 보건복지부장관에게 보고하여야 한다.

② 결산의 공고 : 공단은 결산보고서와 사업보고서를 보건복지부장관에게 보고하였을 때에는 보건복지부령으로 정하는 바에 따라 그 개요를 전국을 보급지역으로 등록한 일반일간신문, 인터넷 홈페이지나 그 밖의 효과적인 방법으로 공고해야 한다(규칙 제10조).

(6) 재난적의료비 지원사업에 대한 출연(법 제39조의2)

공단은 재난적의료비 지원에 관한 법률에 따른 재난적의료비 지원사업에 사용되는 비용에 충당하기 위하여 매년 예산의 범위에서 출연할 수 있다. 이 경우 공단이 재난적의료비 지원사업에 출연하는 금액의 상한은 전전년도 보험료 수입액의 1,000분의 1로 한다(영 제17조의2).

더 알아보기

재난적의료비

- "재난적의료비"란 재난적의료비 지원에 관한 법률에 따른 지원대상자가 속한 가구의 소득·재산 수준에 비추어 볼 때 지원대상자가 부담하기에 과도한 의료비로서 대통령령으로 정하는 기준에 따라 산정된 비용을 말한다(재난적의료비 지원에 관한 법률 제2조 제3호).
- 재난적의료비는 다음 각 호의 어느 하나에 해당하는 비용으로 한다(재난적의료비 지원에 관한 법률 시행령 제3조 제2항).
  1. 1회의 입원진료 비용과 그 진료 과정에서 발생한 의약품 또는 의료기기의 구입비용("의약품 등 구입비용")
  2. 최종 외래진료 이전 1년 이내에 동일한 질환의 치료를 위한 외래진료에서 발생한 비용과 그 진료 과정에서 발생한 의약품 등 구입비용
  3. 최종 입원진료 또는 외래진료 이전 1년 이내의 입원진료와 외래진료가 동일한 질환에 대한 일련의 치료 과정에 해당하는 것으로 인정되는 경우에는 해당 입원진료·외래진료 비용 및 각각의 진료 과정에서 발생한 의약품 등 구입비용

(7) 민법의 준용(법 제40조)

공단에 관하여 국민건강보험법과 공공기관의 운영에 관한 법률에서 정한 사항 외에는 민법 중 재단법인에 관한 규정을 준용한다.

핵심 쏙쏙! OX문제

※ 다음 문제의 진위 여부를 판단해 ○ 또는 ×를 선택하시오.

01 건강보험의 보험자는 공단으로 한다. [○|×]

02 공단은 건강보험의 가입자와 피부양자의 건강관리를 위한 전자적 건강정보시스템의 구축 · 운영 사업을 관장한다. [○|×]

03 공단은 의료시설의 운영 업무를 관장하지 않는다. [○|×]

04 공단은 법인으로 하며, 정관으로 정하는 바에 따라 분사무소를 둘 수 있다. [○|×]

05 공단의 정관을 변경하려면 대통령의 인가를 받아야 한다. [○|×]

06 공단의 설립등기에는 이사장의 주민등록번호가 포함되어야 한다. [○|×]

07 공단은 임원으로서 이사장 외에도 이사 14명 및 감사 1명을 둔다. [○|×]

08 공단의 이사장은 임원추천위원회에서 추천한 사람 중에서 보건복지부장관이 임명한다. [○|×]

09 상임이사추천위원회는 위원장을 포함한 5명의 위원으로 구성하며, 위원장은 공단의 인사업무를 담당하는 상임이사로 한다. [○|×]

10 노동조합 · 사용자단체 · 시민단체 · 소비자단체 · 농어업인 단체 및 노인단체에서 각 1명씩 추천한 비상임이사는 실비변상을 받을 수 없다. [○|×]

11 공단의 이사장과 이사, 감사의 임기는 모두 3년으로 한다. [○|×]

12 보건복지부장관이 지명하는 이사가 징수이사추천위원회의 위원장을 맡는다. [○|×]

13 징수이사추천위원회의 회의는 재적위원 3분의 2 이상의 출석으로 개의하고, 출석위원 3분의 2 이상의 찬성으로 의결한다. [○|×]

14 공단의 이사장이 직무를 수행할 수 없을 때는 상임이사 중 1명이 직무를 대행한다. [○|×]

15 공단의 이사회는 정관의 변경, 보험료와 그 밖의 국민건강보험법에 따른 징수금 및 보험급여 등에 관련된 사항을 심의·의결한다. [○|×]

16 공단의 이사회는 분기마다, 즉 매년 4회 정기회의를 소집한다. [○|×]

17 공단의 이사장은 공단 업무에 관한 재판 외의 행위를 대행하게 하기 위해 이사나 직원 중에서 대리인을 선임할 수 있다. [○|×]

18 공단의 이익과 이사장의 이익이 상반되는 사항에 대해서는 감사가 공단을 대표한다. [○|×]

19 공단 이사장의 권한 중 보험료의 납입 고지는 분사무소의 장에게 위임할 수 있다. [○|×]

20 공단의 이사장은 보험급여의 제한에 관한 권한을 분사무소의 장에게 위임할 수 없다. [○|×]

21 공단 재정운영위원회의 위원장은 위원 중에서 이사장이 임명한다. [○|×]

22 공단 재정운영위원회의에서 지역가입자를 대표하는 위원 10명은 농어업인 단체 및 도시자영업자단체가 각 4명씩을, 시민단체가 2명을 추천한다. [○|×]

23 공단 재정운영위원회 위원 중에서 공무원인 위원을 제외한 다른 위원의 임기는 2년이다. [○|×]

24 공단 재정운영위원회의 정기회의는 매년 1회 재정운영위원회의 위원장이 소집한다. [○|×]

25 공단은 직장가입자와 지역가입자의 재정을 분리해 운영한다. [○|×]

26 공단의 예산안은 보건복지부장관의 승인을 받아야 한다. [○|×]

27 공단이 현금을 1년 이상의 장기로 차입하려 할 때는 기획재정부장관의 승인을 받아야 한다. [○|×]

28 준비금은 부족한 보험급여 비용에 충당하거나 지출할 현금이 부족할 때 외에는 사용할 수 없다. [○|×]

29 현금 지출에 준비금을 사용한 경우에는 다음 회계연도까지 이를 보전하여야 한다. [○|×]

30 공단이 재난적의료비 지원사업에 출연하는 금액의 상한은 전전년도 보험료 수입액의 1,000분의 5로 한다. [○|×]

OX문제 정답

01	02	03	04	05	06	07	08	09	10	11	12	13	14	15	16	17	18	19	20
○	○	×	○	×	○	○	×	○	×	×	×	×	○	○	×	○	○	○	×
21	22	23	24	25	26	27	28	29	30										
×	×	○	○	×	○	×	○	×	×										

03 공단은 의료시설의 운영 업무를 관장한다(법 14조 제1항 제7호).

05 공단은 정관을 변경하려면 보건복지부장관의 인가를 받아야 한다(법 제17조 제2항).

08 이사장은 공공기관의 운영에 관한 법률에 따른 임원추천위원회가 복수로 추천한 사람 중에서 보건복지부장관의 제청으로 대통령이 임명한다(법 제20조 제2항).

10 비상임이사는 정관으로 정하는 바에 따라 실비변상을 받을 수 있다(법 제20조 제6항).

11 이사장의 임기는 3년, 이사(공무원인 이사는 제외한다)와 감사의 임기는 각각 2년으로 한다(법 제20조 제7항).

12 추천위원회의 위원장은 이사장이 지명하는 이사로 한다(법 제21조 제2항 후단).

13 징수이사추천위원회의 회의는 재적위원 과반수의 출석으로 개의하고, 출석위원 과반수의 찬성으로 의결한다(규칙 제9조 제4항).

16 정기회의는 매년 2회 정관으로 정하는 시기에 이사회의 의장이 소집한다(영 제12조 제2항).

20 국민건강보험법에 규정된 이사장의 권한 중 보험급여의 제한에 관한 권한은 정관으로 정하는 바에 따라 분사무소의 장에게 위임할 수 있다(법 제32조, 영 제13조 제3호).

21 재정운영위원회의 위원장은 공익을 대표하는 위원 중에서 호선한다(법 제33조 제2항).

22 지역가입자를 대표하는 10명의 위원은 농어업인 단체 및 도시자영업자단체가 각각 3명씩 추천하고, 시민단체가 4명을 추천한다(영 제14조 제1항 제1호 · 제2호).

25 공단은 직장가입자와 지역가입자의 재정을 통합하여 운영한다(법 제35조 제2항).

27 공단이 현금을 1년 이상 장기로 차입하려면 보건복지부장관의 승인을 받아야 한다(법 제37조 단서).

29 현금 지출에 준비금을 사용한 경우에는 해당 회계연도 중에 이를 보전하여야 한다(제38조 제2항 후단).

30 재난적의료비 지원에 관한 법률에 따른 재난적의료비 지원사업에 출연하는 금액의 상한은 전전년도 보험료 수입액의 1,000분의 1로 한다(영 제17조의2).

실력 쑥쑥! 적중예상문제

정답 및 해설 p.018

01 다음 <보기>에서 국민건강보험공단이 관장하는 업무로 옳은 것을 모두 고르면?

보기

㉠ 의료시설의 운영
㉡ 요양급여비용의 심사
㉢ 요양급여의 적정성 평가
㉣ 보험료와 징수금의 부과・징수
㉤ 심사기준 및 평가기준의 개발
㉥ 건강보험에 관한 교육훈련 및 홍보
㉦ 징수위탁근거법에 따라 위탁받은 업무

① ㉠, ㉡, ㉢, ㉥
② ㉠, ㉣, ㉥, ㉦
③ ㉡, ㉢, ㉥, ㉦
④ ㉡, ㉣, ㉤, ㉥, ㉦
⑤ ㉠, ㉡, ㉢, ㉤, ㉥, ㉦

02 다음 중 국민건강보험공단의 업무에 대한 설명으로 옳지 않은 것은?

① 건강보험과 관련해 보유하고 있는 정보를 공개한다.
② 자산의 관리・운영 및 증식을 위해 은행이 채무이행을 보증하는 유가증권을 매입할 수 있다.
③ 신탁업자, 집합투자업자가 발행하는 수익증권을 매입하는 방법으로 자산을 증식할 수 있다.
④ 특정인을 위해 국민건강보험공단의 시설을 이용하게 할 경우 이용에 대한 수수료와 사용료를 징수하지 못한다.
⑤ 보험급여의 관리는 국민건강보험공단이 관장하는 업무이다.

03 다음 중 국민건강보험공단의 임원에 대한 설명으로 옳지 않은 것은?

① 이사는 14명, 감사는 1명이며, 이사 중 9명은 비상임으로 한다.
② 이사장의 임기는 3년, 공무원이 아닌 이사와 감사의 임기는 각각 2년으로 한다.
③ 감사는 임원추천위원회가 복수로 추천한 사람 중에서 보건복지부장관이 임명한다.
④ 이사장은 임원추천위원회가 복수로 추천한 사람 중에서 보건복지부장관의 제청으로 대통령이 임명한다.
⑤ 상임이사는 보건복지부령으로 정하는 추천 절차를 거쳐 이사장이 임명한다.

04 **다음은 국민건강보험공단의 상임이사 후보를 추천하는 상임이사추천위원회의 구성에 대한 설명이다. 빈칸 ㉠, ㉡에 들어갈 내용이 바르게 연결된 것은?**

> 상임이사추천위원회는 위원장을 포함한 ___㉠___의 위원으로 구성된다. 이들 위원들은 국민건강보험공단의 비상임이사 2명과 국민건강보험공단의 업무에 관한 전문지식과 경험이 풍부한 사람으로서 국민건강보험공단의 임직원이 아닌 사람 ___㉡___으로 구성된다.

① ㉠ : 5명, ㉡ : 1명
② ㉠ : 5명, ㉡ : 2명
③ ㉠ : 5명, ㉡ : 3명
④ ㉠ : 6명, ㉡ : 2명
⑤ ㉠ : 6명, ㉡ : 3명

05 **다음 중 국민건강보험공단의 징수이사에 대한 설명으로 옳지 않은 것은?**

① 징수이사는 보험료의 부과·징수 및 징수위탁근거법에 따라 위탁받은 업무를 담당하며, 단위 부서장 이상의 경력이 있는 사람 중에서 선임한다.
② 징수이사추천위원회는 보건복지부에 소속되며, 위원장은 보건복지부장관이 지명하는 이사로 한다.
③ 징수이사추천위원회는 일간신문에 징수이사 후보의 모집 공고를 하여야 하며, 징수이사 후보를 조사하거나 전문단체에 조사를 의뢰할 수 있다.
④ 징수이사추천위원회와 징수이사 후보가 협의하는 계약 조건, 이사장과 징수이사 후보 사이의 계약 체결 등에 필요한 사항은 보건복지부령으로 정한다.
⑤ 이사장은 심사와 협의 결과에 따라 징수이사 후보와 계약을 체결하여야 하며, 이 경우 상임이사의 임명으로 취급된다.

06 **다음 중 국민건강보험공단의 징수이사 후보의 자격기준 및 심사기준 등에 대한 설명으로 옳지 않은 것은?**

① 징수이사로 선임되려면 징수이사추천위원회가 정하는 단위 부서장 이상의 경력이 있어야 한다.
② 징수이사추천위원회가 징수이사 후보를 심사할 때는 그가 경영, 경제 및 사회보험에 관한 학식 및 문제에 대한 예측 및 예방조치 능력을 갖추고 있는지를 평가한다.
③ 위의 ②의 경우에 평가 요소별 배점이나 그 밖에 심사에 필요한 사항은 국민건강보험공단 이사회에서 의결한다.
④ 징수이사추천위원회는 징수이사 후보로 추천될 사람과 보수와 상벌 등 근로 조건에 관한 사항 및 해임 사유에 관한 사항을 협의한다.
⑤ 징수이사추천위원회의 회의는 재적위원 과반수의 출석으로 개의하고, 출석위원 과반수의 찬성으로 의결한다.

07 다음 중 국민건강보험공단의 임원에 대한 설명으로 옳지 않은 것은?

① 대한민국의 국적을 가지지 않은 사람은 국민건강보험공단의 임원이 될 수 없다.
② 임명권자는 직무 여부와 관계없이 품위를 손상하는 행위를 한 임원을 해임할 수 있다.
③ 임원으로 임명될 당시에는 대한민국 국민이었으나 이후에 그 국적을 상실하면 당연히 퇴임해야 한다.
④ 국민건강보험공단의 임원은 직무 외에 영리를 목적으로 하는 사업에 종사할 수 없다.
⑤ 이사장이 직무를 수행할 수 없을 때에는 새로운 이사장이 임명될 때까지 보건복지부차관이 그 임무를 대행한다.

08 다음 중 국민건강보험공단의 임원이나 직원이 비영리 목적으로 겸직을 하려고 할 경우에 이를 허가할 수 없는 주체는?

① 국민건강보험공단의 이사장
② 기획재정부장관
③ 보건복지부장관
④ 보건복지부차관
⑤ 대통령

09 다음 중 국민건강보험공단 이사회의 회의에 대한 설명으로 옳은 것은?

① 정기회의는 매 분기 1회 정관으로 정하는 시기에 이사회의 의장이 소집한다.
② 재적이사 3분의 1 이상이 요구할 때는 임시회의를 소집할 수 있다.
③ 회의는 재적이사 3분의 2 이상의 출석으로 개의하고, 재적이사 3분의 2 이상의 찬성으로 의결한다.
④ 이사회의 의장은 재적이사 중에서 호선한다.
⑤ 위의 ①~④ 외에 회의 소집에 필요한 자세한 사항은 보건복지부장관이 정한다.

10 다음 〈보기〉에서 국민건강보험공단 이사장이 분사무소의 장에게 위임할 수 있는 권한으로 옳은 것을 모두 고르면?

보기

㉠ 손해배상을 청구할 권리의 행사에 관한 권한
㉡ 자격 관리에 관한 권한 및 사업장 관리에 관한 권한
㉢ 재판상의 행위를 대행하게 하기 위한 대리인의 선임권
㉣ 보험료 등의 부과·징수, 납입 고지, 독촉에 관한 권한
㉤ 징수위탁근거법에 따라 위탁받은 징수위탁보험료 등의 납입 고지 등 징수에 관한 권한

① ㉠, ㉡, ㉢
② ㉢, ㉣, ㉤
③ ㉠, ㉡, ㉣, ㉤
④ ㉠, ㉢, ㉣, ㉤
⑤ ㉡, ㉢, ㉣, ㉤

11 다음은 국민건강보험공단 재정운영위원회에서 지역가입자를 대표하는 위원에 대한 설명이다. 빈칸 ㉠, ㉡에 들어갈 내용이 바르게 연결된 것은?

재정운영위원회에서 지역가입자를 대표하는 위원들은 농어업인 단체 및 도시자영업자단체에서 각각 ___㉠___씩을, 시민단체에서 ___㉡___을 추천해 보건복지부장관이 임명하거나 위촉한다.

① ㉠ : 2명, ㉡ : 3명
② ㉠ : 2명, ㉡ : 4명
③ ㉠ : 3명, ㉡ : 2명
④ ㉠ : 3명, ㉡ : 4명
⑤ ㉠ : 3명, ㉡ : 5명

12 다음 〈보기〉에서 국민건강보험공단 재정운영위원회의 회의에 대한 설명으로 옳은 것을 모두 고르면?

보기

㉠ 정기회의는 매 분기마다 보건복지부장관이 정하는 시기에 재정운영위원회의 위원장이 소집한다.
㉡ 재적위원 3분의 1 이상이 요구할 경우에는 위원장이 임시회의를 소집한다.
㉢ 재정운영위원회의 회의는 재적위원 3분의 2 이상의 출석으로 개의하고, 출석위원 3분의 2 이상의 찬성으로 의결한다.
㉣ 재정운영위원회의 회의 소집 절차에 필요한 자세한 사항은 국민건강보험공단의 정관으로 정한다.

① ㉠, ㉡
② ㉠, ㉢
③ ㉡, ㉣
④ ㉠, ㉡, ㉢
⑤ ㉡, ㉢, ㉣

13 **다음은 재정운영위원회의 간사에 대한 설명이다. 빈칸 ㉠, ㉡에 들어갈 내용이 바르게 연결된 것은?**

> 재정운영위원회의 사무를 처리하는 간사는 ㉠ 이며, 위원장이 지명하는 ㉡ 소속 직원이 간사가 될 수 있다.

① ㉠ : 1명, ㉡ : 국민건강보험공단
② ㉠ : 1명, ㉡ : 보건복지부
③ ㉠ : 1명, ㉡ : 기획재정부
④ ㉠ : 2명, ㉡ : 국민건강보험공단
⑤ ㉠ : 2명, ㉡ : 보건복지부

04 보험급여

1. 요양급여와 선별급여

(1) 요양급여(법 제41조)

① 요양급여의 실시 : 가입자와 피부양자의 질병, 부상, 출산 등에 대하여 다음 각 호의 요양급여를 실시한다.

1. 진찰 · 검사
2. 약제 · 치료재료의 지급
3. 처치 · 수술 및 그 밖의 치료
4. 예방 · 재활
5. 입원
6. 간호
7. 이송

② 요양급여의 범위("요양급여대상")

1. ①의 각 호의 요양급여(약제는 제외한다) : 보건복지부장관이 비급여대상으로 정한 것을 제외한 일체의 것
2. 약제 : 요양급여대상으로 보건복지부장관이 결정하여 고시한 것

더 알아보기

요양급여 대상의 여부 결정에 관한 원칙(국민건강보험 요양급여의 기준에 관한 규칙 제1조의2)
보건복지부장관은 의학적 타당성, 의료적 중대성, 치료효과성 등 임상적 유용성, 비용효과성, 환자의 비용부담 정도, 사회적 편익 및 건강보험 재정상황 등을 고려하여 요양급여대상의 여부를 결정해야 한다.

③ 요양급여의 방법 · 절차 · 범위 · 상한 등의 기준은 보건복지부령으로 정한다.

④ 보건복지부장관은 요양급여의 기준을 정할 때 업무나 일상생활에 지장이 없는 질환에 대한 치료 등 보건복지부령으로 정하는 사항은 요양급여대상에서 제외되는 사항("비급여대상")으로 정할 수 있다.

〈국민건강보험 요양급여의 기준에 관한 규칙 별표 2〉 비급여대상

1. 다음 각 목의 질환으로서 업무 또는 일상생활에 지장이 없는 경우에 실시 또는 사용되는 행위 · 약제 및 치료재료
   가. 단순한 피로 또는 권태
   나. 주근깨 · 다모(多毛) · 무모(無毛) · 백모증(白毛症) · 딸기코(주사비) · 점(모반) · 사마귀 · 여드름 · 노화현상으로 인한 탈모 등 피부질환
   다. 발기부전(Impotence) · 불감증 또는 생식기 선천성기형 등의 비뇨생식기 질환
   라. 단순 코골음
   마. 질병을 동반하지 아니한 단순포경(Phimosis)
   바. 검열반 등 안과질환
   사. 기타 가목 내지 바목에 상당하는 질환으로서 보건복지부장관이 정하여 고시하는 질환
2. 다음 각 목의 진료로서 신체의 필수 기능개선 목적이 아닌 경우에 실시 또는 사용되는 행위 · 약제 및 치료재료
   가. 쌍꺼풀수술(이중검수술), 코성형수술(융비술), 유방확대 · 축소술, 지방흡인술, 주름살제거술 등 미용목적의 성형수술과 그로 인한 후유증치료
   나. 사시교정, 안와격리증의 교정 등 시각계 수술로서 시력개선의 목적이 아닌 외모개선 목적의 수술

다. 치과교정. 다만, 선천성 기형으로 저하된 씹는 기능 및 발음 기능을 개선하기 위한 치과교정으로서 보건복지부장관이 정하여 고시하는 경우는 제외한다.
라. 씹는 기능 및 발음 기능의 개선 목적이 아닌 외모개선 목적의 턱얼굴(악안면) 교정술
마. 관절운동 제한이 없는 반흔구축성형술 등 외모개선 목적의 반흔제거술
바. 안경, 콘텍트렌즈 등을 대체하기 위한 시력교정술
사. 질병 치료가 아닌 단순히 키 성장을 목적으로 하는 진료
아. 그 밖에 가목부터 사목까지에 상당하는 외모개선 목적의 진료로서 보건복지부장관이 정하여 고시하는 진료

3. 다음 각 목의 예방진료로서 질병·부상의 진료를 직접목적으로 하지 아니하는 경우에 실시 또는 사용되는 행위·약제 및 치료재료
가. 본인의 희망에 의한 건강검진[법 제52조의 규정에 의하여 공단이 가입자 또는 피부양자("가입자 등")에게 실시하는 건강검진 제외]
나. 예방접종(파상풍 혈청주사 등 치료목적으로 사용하는 예방주사 제외)
다. 구취제거, 치아 착색물질 제거, 치아 교정 및 보철을 위한 치석제거 및 구강보건증진 차원에서 정기적으로 실시하는 치석제거. 다만, 치석제거만으로 치료가 종료되는 전체 치석제거로서 보건복지부장관이 정하여 고시하는 경우는 제외한다.
라. 불소부분도포, 치면열구전색(치아홈메우기) 등 치아우식증(충치) 예방을 위한 진료. 다만, 18세 이하인 사람의 치아 중 치아우식증(충치)이 생기지 않은 순수 건전치아인 제1큰어금니 또는 제2큰어금니에 대한 치면열구전색(치아홈메우기)은 제외한다.
마. 멀미 예방, 금연 등을 위한 진료
바. 유전성질환 등 태아 또는 배아의 이상유무를 진단하기 위한 유전학적 검사
사. 장애인 진단서 등 각종 증명서 발급을 목적으로 하는 진료
아. 기타 가목 내지 마목에 상당하는 예방진료로서 보건복지부장관이 정하여 고시하는 예방진료

4. 보험급여시책상 요양급여로 인정하기 어려운 경우 및 그 밖에 건강보험급여원리에 부합하지 아니하는 경우로서 다음 각 목에서 정하는 비용·행위·약제 및 치료재료
가. 가입자 등이 다음 표에 따른 요양기관으로서 다음 각 항목 중 어느 하나의 요건을 갖춘 요양기관에서 1개의 입원실에 1인(의원급 의료기관 및 치과병원의 경우 3인 이하)이 입원할 수 있는 병상("상급병상")을 이용한 경우에는 다음 표의 구분에 따라 부담하는 비용. 다만, 격리치료 대상인 환자가 1인실에 입원하는 경우 등 보건복지부장관이 정하여 고시하는 불가피한 경우에는 비급여대상에서 제외한다.

요양기관 구분	비용
의원급 의료기관	요양급여대상인 입원료("입원료") 외에 추가로 부담하는 입원실 이용비용
치과병원	
진료과목에 소아청소년과 또는 산부인과를 둔 병원으로서 보건복지부장관이 정하여 고시하는 요건을 갖춘 병원 ("아동·분만병원")	
상급종합병원	입원실 이용비용 전액
병원급 의료기관(치과병원 및 아동·분만병원은 제외한다)	

(1) 의료법령에 따라 허가를 받거나 신고한 병상 중 입원실 이용비용을 입원료만으로 산정하는 일반병상("일반병상")을 다음의 구분에 따라 운영하는 경우. 다만, 요양기관 현황 신고서 또는 요양기관 현황 변경 신고서 상의 격리병실, 무균치료실, 특수진료실 및 중환자실과 외국인환자를 위한 전용 병실 및 병동의 병상은 일반병상 및 상급병상의 계산에서 제외한다.
(가) 의료법령에 따라 신고한 병상이 10병상을 초과하는 의원급 의료기관, 치과병원, 산부인과 또는 주산기(周産期) 전문병원 및 아동·분만병원 : 일반병상을 총 병상의 2분의 1 이상 확보할 것
(나) 병원급 의료기관(치과병원 및 아동·분만병원을 제외한다) : 일반병상을 총 병상의 5분의 3 이상 확보할 것
(다) 종합병원 및 상급종합병원 : 일반병상을 총 병상의 5분의 4 이상 확보할 것
(2) 의료법령에 의하여 신고한 병상이 10병상 이하인 경우

나. 가목에도 불구하고 다음 각 항목에 해당하는 경우에는 다음의 구분에 따른 비용

(1) 가입자 등이 요양병원(정신의료기관 중 정신병원, 장애인 의료재활시설로서 의료법 제3조의2의 요건을 갖춘 의료기관은 제외한다. 이하 같다) 중 입원실 이용비용을 입원료만으로 산정하는 일반병상(요양기관 현황 신고서 또는 요양기관 현황 변경 신고서상의 격리병실, 무균치료실, 특수진료실 및 중환자실과 외국인환자를 위한 전용 병실 및 병동의 병상은 제외한다)을 50% 이상 확보하여 운영하는 요양병원에서 1개의 입원실에 5인 이하가 입원할 수 있는 병상을 이용하는 경우 : 보건복지부장관이 고시한 입원료 외에 추가로 부담하는 입원실 이용비용

더 알아보기

병원 등(의료법 제3조의2)

병원・치과병원・한방병원 및 요양병원("병원 등")은 30개 이상의 병상(병원・한방병원만 해당한다) 또는 요양병상(요양병원만 해당하며, 장기입원이 필요한 환자를 대상으로 의료행위를 하기 위하여 설치한 병상을 말한다)을 갖추어야 한다.

(2) 가입자 등이 가목 (1)에서 정한 요건을 갖춘 상급종합병원, 종합병원, 병원 중 호스피스전문기관으로 지정된 요양기관에서 1인실 병상을 이용하여 호스피스・완화의료를 받는 경우(격리치료 대상인 환자가 1인실에 입원하는 경우, 임종실을 이용하는 경우 등 보건복지부장관이 정하여 고시하는 불가피한 경우는 제외한다) : 보건복지부장관이 고시한 호스피스・완화의료 입원실의 입원료 중 4인실 입원료 외에 추가로 부담하는 입원실 이용비용

다. 선별급여를 받는 사람이 요양급여비용 외에 추가로 부담하는 비용

라. 장애인에게 보험급여를 실시하는 보장구를 제외한 보조기・보청기・안경 또는 콘택트렌즈 등 보장구. 다만, 보청기 중 보험급여의 적용을 받게 될 수술과 관련된 치료재료인 보건복지부장관이 정하여 고시하는 보청기는 제외한다.

마. 친자확인을 위한 진단

바. 치과의 보철(보철재료 및 기공료 등을 포함한다) 및 치과임플란트를 목적으로 실시한 부가수술(골이식수술 등을 포함한다). 다만, 보건복지부장관이 정하여 고시하는 65세 이상인 사람의 틀니 및 치과임플란트는 제외한다.

사. 및 아. 삭제

자. 보건복지부장관이 고시한 약제에 관한 급여목록표에서 정한 일반의약품으로서 조제에 의하지 아니하고 지급하는 약제

차. 삭제

카. 삭제

타. 장기이식을 위하여 다른 의료기관에서 채취한 골수 등 장기의 운반에 소요되는 비용

파. 마약류중독자의 치료보호에 소요되는 비용

하. 요양급여대상 또는 비급여대상으로 결정・고시되기 전까지의 행위・치료재료(평가 유예 신의료기술을 포함하되, 서류를 송부받은 경우와 신의료기술평가 결과 안전성・유효성을 인정받지 못한 경우에는 제외한다). 다만, 소급하여 요양급여대상으로 적용되는 행위・치료재료(평가 유예 신의료기술을 포함한다)는 제외한다.

거. 제한적 의료기술(신의료기술평가에 관한 규칙 제3조 제11항 제2호) : 안전성이 인정된 의료기술로서 질환 또는 질병의 치료・검사를 위하여 신속히 임상에 도입할 필요가 있어 보건복지부장관이 따로 정하여 고시하는 사용기간, 사용목적, 사용대상 및 시술방법 등에 대한 조건을 충족하는 경우에만 임상에서 사용 가능한 의료기술

너. 자가 사용용 또는 구호용 의료기기 등 식품의약품안전처장이 정하여 고시하는 의료기기를 장기이식 또는 조직이식에 사용하는 의료행위

더. 그 밖에 요양급여를 함에 있어서 비용효과성 등 진료상의 경제성이 불분명하여 보건복지부장관이 정하여 고시하는 검사・처치・수술 기타의 치료 또는 치료재료

더 알아보기

규제의 재검토(국민건강보험 요양급여의 기준에 관한 규칙 제15조 제1항)
보건복지부장관은 별표 2 제4호 가목 및 나목에 따른 비급여대상 기준에 대하여 2014년 7월 1일을 기준으로 3년마다(매 3년이 되는 해의 기준일과 같은 날 전까지를 말한다) 그 타당성을 검토하여 개선 등의 조치를 하여야 한다.

5. 삭제
6. 보건복지부장관이 정하여 고시하는 질병군에 대한 입원진료의 경우에는 제1호 내지 제4호(제4호 하목을 제외한다), 제7호에 해당되는 행위·약제 및 치료재료. 다만, 제2호 아목, 제3호 아목 및 제4호 더목은 다음 각 목에서 정하는 경우에 한정한다.
   가. 보건복지부장관이 정하여 고시하는 행위 및 치료재료
   나. 질병군 진료 외의 목적으로 투여된 약제

6의2. 호스피스·완화의료 입원진료의 경우에는 제1호부터 제3호까지, 제4호 나목 (2)·더목에 해당되는 행위·약제 및 치료재료. 다만, 제2호 사목, 제3호 아목 및 제4호 더목은 보건복지부장관이 정하여 고시하는 행위 및 치료재료에 한정한다.

7. 건강보험제도의 여건상 요양급여로 인정하기 어려운 경우
   가. 보건복지부장관이 정하여 고시하는 한방물리요법
   나. 한약첩약 및 기상한의서의 처방 등을 근거로 한 한방생약제제
8. 약사법령에 따라 허가를 받거나 신고한 범위를 벗어나 약제를 처방·투여하려는 자가 보건복지부장관이 정하여 고시하는 절차에 따라 의학적 근거 등을 입증하여 비급여로 사용할 수 있는 경우. 다만, 중증환자에게 처방·투여하는 약제 중 보건복지부장관이 정하여 고시하는 약제는 심사평가원장의 공고에 따른다.

(2) 요양급여의 절차(국민건강보험 요양급여의 기준에 관한 규칙 제2조)

① **단계별 구분** : 요양급여는 1단계 요양급여와 2단계 요양급여로 구분하며, 가입자 등은 1단계 **요양급여를 받은 후 2단계 요양급여를 받아야** 한다.

② **단계별 구분 기준** : 1단계 요양급여는 **상급종합병원을 제외한 요양기관**에서 받는 요양급여(건강진단 또는 건강검진을 포함한다)를 말하며, 2단계 요양급여는 **상급종합병원**에서 받는 요양급여를 말한다.

더 알아보기

상급종합병원 지정(의료법 제3조의4 제1항)
보건복지부장관은 다음 각 호의 요건을 갖춘 종합병원 중에서 중증질환에 대하여 난이도가 높은 의료행위를 전문적으로 하는 종합병원을 상급종합병원으로 지정할 수 있다.
1. 보건복지부령으로 정하는 20개 이상의 진료과목을 갖추고 각 진료과목마다 전속하는 전문의를 둘 것
2. 의료법에 따라 전문의가 되려는 자를 수련시키는 기관일 것
3. 보건복지부령으로 정하는 인력·시설·장비 등을 갖출 것
4. 질병군별 환자구성 비율이 보건복지부령으로 정하는 기준에 해당할 것

③ ① 및 ②에 불구하고 가입자 등이 다음 각 호의 1에 해당하는 경우에는 **상급종합병원에서** 1단계 **요양급여**를 받을 수 있다.
1. 응급환자인 경우
2. 분만의 경우
3. 치과에서 요양급여를 받는 경우
4. 등록 장애인 또는 단순 물리치료가 아닌 작업치료·운동치료 등의 재활치료가 필요하다고 인정되는 자가 재활의학과에서 요양급여를 받는 경우

5. 가정의학과에서 요양급여를 받는 경우
6. 당해 요양기관에서 근무하는 가입자가 요양급여를 받는 경우
7. 혈우병 환자가 요양급여를 받는 경우

④ **제출 서류** : 가입자 등이 상급종합병원에서 2단계 요양급여를 받고자 하는 때에는 상급종합병원에서의 요양급여가 필요하다는 의사소견이 기재된 **건강진단 · 건강검진결과서** 또는 **요양급여의뢰서**를 건강보험증 또는 신분증명서(주민등록증, 운전면허증 및 여권을 말한다. 이하 같다)와 함께 제출하여야 한다.

⑤ **규제의 재검토** : 보건복지부장관은 요양급여의 절차에 대하여 2021년 1월 1일을 기준으로 2년마다(매 2년이 되는 해의 1월 1일 전까지를 말한다) 그 타당성을 검토하여 개선 등의 조치를 해야 한다(국민건강보험 요양급여의 기준에 관한 규칙 제15조 제2항).

(3) 요양급여의 신청(국민건강보험 요양급여의 기준에 관한 규칙 제3조)

① **건강보험증 · 신분증명서 제출** : 가입자 등이 요양기관에 요양급여를 신청하는 때에는 **건강보험증 또는 신분증명서를 제출**하여야 한다. 이 경우 가입자 등이 요양급여를 신청한 날(가입자 등이 의식불명 등 자신의 귀책사유 없이 건강보험증 또는 신분증명서를 제시하지 못한 경우에는 가입자 등임이 확인된 날로 한다)부터 **14일 이내**에 건강보험증 또는 신분증명서를 제출하는 경우에는 요양급여를 신청한 때에 건강보험증 또는 신분증명서를 제출한 것으로 본다.

② **자격확인 요청** : ①에도 불구하고 가입자 등이 건강보험증 또는 신분증명서를 **제출하지 못하는 경우**에는 가입자 등 또는 요양기관은 **공단에 자격확인을 요청**할 수 있으며, 요청을 받은 공단은 자격이 있는지의 여부를 확인하여 이를 건강보험자격확인통보서에 의하거나 전화, 팩스 또는 정보통신망을 이용하여 지체 없이 해당 가입자 등 또는 요양기관에 통보하여야 한다.

③ ②에 따라 자격확인을 통보받은 경우에는 자격확인을 요청한 때에 건강보험증 또는 신분증명서를 제출한 것으로 본다.

④ **자격확인 요청을 위한 안내 · 게시** : 요양기관은 건강보험증 또는 신분증명서를 제출하지 못하는 가입자 등이 손쉽게 공단에 자격확인을 요청할 수 있도록 **공단의 전화번호 등을 안내**하거나 요양기관의 진료접수창구에 이를 **게시**하여야 한다.

더 알아보기

요양병원 입원진료 현황의 고지(국민건강보험 요양급여의 기준에 관한 규칙 제3조의2)

① 보건복지부장관은 의료법에 따른 요양병원(장애인복지법에 따른 의료재활시설로서 의료법의 요건을 갖춘 의료기관인 요양병원은 제외한다. 이하 이 조에서 같다)의 장에게 해당 요양병원에서 입원진료를 받는 가입자 등의 입원 · 퇴원 일시 등 입원진료 현황을 공단에 알리도록 요구할 수 있다.

② ①에 따른 입원진료 현황의 내용, 고지 방법 및 절차 등에 관한 구체적인 사항은 보건복지부장관이 정하여 고시한다.

(4) 요양급여의 적용기준 및 방법(국민건강보험 요양급여의 기준에 관한 규칙 제5조)

① **요양급여의 실시 기준** : 요양기관은 가입자 등에 대한 요양급여를 별표 1의 요양급여의 적용기준 및 방법에 의하여 실시하여야 한다.

② **의견 청취** : ①에 따른 요양급여의 적용기준 및 방법에 관한 세부사항은 **의약계 · 공단 및 심사평가원의 의견**을 들어 보건복지부장관이 정하여 고시한다.

③ 조혈모세포이식 및 심실 보조장치 치료술의 요양급여의 적용기준 및 방법에 관한 세부사항은 **의약계·공단 및 심사평가원의 의견**을 들어 보건복지부장관이 따로 정하여 각각 고시한다.

④ **약제에 대한 요양급여의 적용** : 중증질환자에게 처방·투여하는 약제 중 보건복지부장관이 정하여 고시하는 **약제에 대한 요양급여의 적용**기준 및 방법에 관한 세부사항은 **중증질환심의위원회의 심의**를 거쳐 **심사평가원장이 정하여 공고**한다. 이 경우 심사평가원장은 요양기관 및 가입자 등이 해당 공고의 내용을 언제든지 열람할 수 있도록 관리하여야 한다.

더 알아보기

중증질환심의위원회(국민건강보험 요양급여의 기준에 관한 규칙 제5조의2)

① 중증환자에게 처방·투여되는 약제에 대한 요양급여 적용기준 및 방법에 대하여 심의하기 위하여 심사평가원에 중증질환심의위원회를 둔다.

② 중증질환심의위원회는 보건의료분야에 관한 학식과 경험이 풍부한 45인 이내의 위원으로 구성하되, 중증질환심의위원회의 구성 및 운영 등에 관하여 필요한 사항은 심사평가원의 정관으로 정한다.

PART 2

〈국민건강보험 요양급여의 기준에 관한 규칙 별표 1〉 요양급여의 적용기준 및 방법

1. 요양급여의 일반원칙
   가. 요양급여는 가입자 등의 연령·성별·직업 및 심신상태 등의 특성을 고려하여 진료의 필요가 있다고 인정되는 경우에 정확한 진단을 토대로 하여 환자의 건강증진을 위하여 의학적으로 인정되는 범위 안에서 최적의 방법으로 실시하여야 한다.
   나. 요양급여를 담당하는 의료인은 의학적 윤리를 견지하여 환자에게 심리적 건강효과를 주도록 노력하여야 하며, 요양상 필요한 사항이나 예방의학 및 공중보건에 관한 지식을 환자 또는 보호자에게 이해하기 쉽도록 적절하게 설명하고 지도하여야 한다.
   다. 삭제
   라. 요양기관은 가입자 등의 요양급여에 필요한 적정한 인력·시설 및 장비를 유지하여야 한다. 이 경우 보건복지부장관은 인력·시설 및 장비의 적정기준을 정하여 고시할 수 있다.
   마. 라목의 규정에 불구하고 가입자 등에 대한 최적의 요양급여를 실시하기 위하여 필요한 경우, 보건복지부장관이 정하여 고시하는 바에 따라 다른 기관에 검사를 위탁하거나, 당해 요양기관에 소속되지 아니한 전문성이 뛰어난 의료인을 초빙하거나, 다른 요양기관에서 보유하고 있는 양질의 시설·인력 및 장비를 공동 활용할 수 있다.
   바. 요양기관은 요양급여에 필요한 약제·치료재료를 직접 구입하여 가입자 등에게 지급하여야 한다. 다만, 다음의 1에 해당하는 경우에는 그러하지 아니하다.
      (1) 의사 또는 치과의사가 직접 약제를 조제할 수 없는 경우
      (2) 의사 또는 치과의사가 직접 약제를 조제할 수 있는 경우 중 보건복지부장관이 정하는 경우
   사. 개설자가 동일한 요양기관은 동일가입자 등의 동일상병에 대하여 같은 날 외래로 요양급여를 중복하여 실시하여서는 아니 된다. 이 경우 요양급여 중복의 범위는 보건복지부장관이 정하여 고시한다.
   아. 의료급여를 받는 자가 건강보험의 가입자 등으로 자격이 변동된 경우 요양급여의 기간 또는 인정개수 등을 정하고 있는 행위·약제 및 치료재료에 대하여는 건강보험의 요양급여 내용과 의료급여의 수급 내용을 연계하여 적용한다.
   자. 요양급여는 연구 또는 시험(의료연구개발기관의 임상연구에 대한 특례에 따른 임상연구는 제외한다)의 목적으로 이루어지는 의료행위 등에는 실시해서는 아니 된다. 다만, 보건복지부장관이 정하여 고시하는 기준 및 절차 등에 따라 이루어지는 임상연구 또는 임상시험과 관련하여 해당 연구 또는 시험에 참여하는 환자의 질병이나 부상 등을 위한 진료 및 치료 등의 통상적 요양급여로서 보건복지부장관이 정하는 요양급여는 그렇지 않다.

더 알아보기

의료연구개발기관의 임상연구에 대한 특례(국민건강보험 요양급여의 기준에 관한 규칙 제8조의2)

① 첨단의료복합단지 육성에 관한 특별법 제22조 제1항에 따라 보건복지부장관이 지정한 의료연구개발기관(의료기관만 해당하며, 이하 이 조에서 "지정 의료연구개발기관"이라 한다)이 의료연구개발을 위하여 의약품, 의료기기 및 의료기술을 임상연구 대상자에게 사용하는 경우에는 이 규칙이 정하는 바에 따라 다음 각 호의 요양급여를 실시한다.

1. 진찰・검사
2. 약제・치료재료의 지급
3. 처치・수술 및 그 밖의 치료
4. 재활
5. 입원
6. 간호

② ①에도 불구하고 다음 각 호의 어느 하나에 해당하는 경우에는 요양급여 대상에서 제외할 수 있다. 다만, 제1호 및 제2호에 해당하는 경우에는 요양급여 대상에서 제외하여야 한다.

1. 별표 2에 따른 비급여대상에 해당하는 경우
2. 임상연구로 인한 후유증에 해당한다고 보건복지부장관이 인정하는 경우
3. 임상연구 대상자의 질병 및 질환의 특성・상태, 그 밖에 임상연구 대상자에게 행하는 행위・약제 또는 치료재료의 성격이나 내용 등에 비추어 요양급여를 실시하는 것이 현저히 곤란하다고 보건복지부장관이 인정하는 경우

③ 보건복지부장관은 ① 및 ②에 따른 요양급여 또는 비급여의 적정성 여부 등을 판단하기 위하여 지정 의료연구개발기관이나 그 밖의 관계 기관・단체에 필요한 자료나 의견의 제출을 요청할 수 있다.

2. 진찰・검사, 처치・수술 기타의 치료
   가. 각종 검사를 포함한 진단 및 치료행위는 진료상 필요하다고 인정되는 경우에 한하여야 한다.
   나. 보건복지부장관이 정하여 고시하는 질병군에 대한 입원진료의 경우 그 입원진료 기간 동안 행하는 것이 의학적으로 타당한 검사・처치 등의 진료행위는 당해 입원진료에 포함하여 행하여야 한다.
3. 약제의 지급
   가. 처방・조제
      (1) 영양공급・안정・운동, 그 밖에 요양상 주의를 함으로써 치료효과를 얻을 수 있다고 인정되는 경우에는 의약품을 처방・투여하여서는 아니 되며, 이에 관하여 적절하게 설명하고 지도하여야 한다.
      (2) 의약품은 약사법령에 의하여 허가 또는 신고된 사항(효능・효과 및 용법・용량 등)의 범위 안에서 환자의 증상 등에 따라 필요・적절하게 처방・투여하여야 한다. 다만, 안전성・유효성 등에 관한 사항이 정하여져 있는 의약품 중 진료상 반드시 필요하다고 보건복지부장관이 정하여 고시하는 의약품의 경우에는 허가 또는 신고된 사항의 범위를 초과하여 처방・투여할 수 있으며, 중증환자에게 처방・투여하는 약제로서 보건복지부장관이 정하여 고시하는 약제의 경우에는 심사평가원장이 공고한 범위 안에서 처방・투여할 수 있다.

         ※ 동일성분 의약품의 중복 처방・조제 제한(국민건강보험 요양급여의 기준에 관한 규칙 제5조의3) : 가입자 등이 3개 이상의 요양기관을 방문하여 동일한 상병(傷病)으로 동일성분 의약품을 처방・조제받을 수 있는 일수는 6개월 동안 215일 미만으로 한다. 이 경우 구체적인 인정기준과 관리 등 필요한 사항은 보건복지부장관이 정하여 고시한다.

      (3) 요양기관은 중증환자에 대한 약제의 처방・투여 시 해당 약제 및 처방・투여의 범위가 (2)의 허용범위에는 해당하지 아니하나 해당 환자의 치료를 위하여 특히 필요한 경우에는 해당 약제의 품목명 및 처방・투여의 범위 등에 대하여 심사평가원장이 인정하는 범위 안에서 처방・투여할 수 있다. 이 경우 심사평가원장은 해당 약제의 품목명 및 처방・투여의 범위를 심의하기에 적절하다고 판단되는 관련 단체 또는 중증질환심의위원회의 심의를 거쳐 해당 약제의 품목명 및 처방・투여의 범위를 인정해야 한다.

(4) 식품의약품안전처장이 긴급한 도입이 필요하다고 인정한 품목의 경우에는 식품의약품안전처장이 인정한 범위 안에서 처방・투여하여야 한다.

(5) 항생제・스테로이드제제 등 오남용의 폐해가 우려되는 의약품은 환자의 병력・투약력 등을 고려하여 신중하게 처방・투여하여야 한다.

(6) 진료상 2품목 이상의 의약품을 병용하여 처방・투여하는 경우에는 1품목의 처방・투여로는 치료효과를 기대하기 어렵다고 의학적으로 인정되는 경우에 한한다.

나. 주사

(1) 주사는 경구투약을 할 수 없는 경우, 경구투약 시 위장장애 등의 부작용을 일으킬 염려가 있는 경우, 경구투약으로 치료효과를 기대할 수 없는 경우 또는 응급환자에게 신속한 치료효과를 기대할 필요가 있는 경우에 한한다.

(2) 동일 효능의 먹는 약과 주사제는 병용하여 처방・투여하여서는 아니 된다. 다만, 경구투약만으로는 치료효과를 기대할 수 없는 불가피한 경우에 한하여 병용하여 처방・투여할 수 있다.

(3) 혼합주사는 치료효과를 높일 수 있다고 의학적으로 인정되는 경우에 한한다.

(4) 당류제제・전해질제제・복합아미노산제제・혈액대용제・혈액 및 혈액성분제제의 주사는 의학적으로 특히 필요하다고 인정되는 경우에 한한다.

4. 치료재료의 지급 : 치료재료는 약사법 기타 다른 관계법령에 의하여 허가・신고 또는 인정된 사항(효능・효과 및 사용방법)의 범위 안에서 환자의 증상에 따라 의학적 판단에 의하여 필요・적절하게 사용한다. 다만, 안전성・유효성 등에 관한 사항이 정하여져 있는 치료재료 중 진료에 반드시 필요하다고 보건복지부장관이 정한 치료재료의 경우에는 보건복지부장관이 정하여 고시하는 바에 따라 전문평가위원회의 평가를 거쳐 허가・신고 또는 인정된 사항(효능・효과 및 사용방법)의 범위를 초과하여 사용할 수 있다.

5. 예방・재활 : 재활 및 물리치료(이학요법)는 약물투여 또는 처치 및 수술 등에 의하여 치료효과를 얻기 곤란한 경우로서 재활 및 물리치료(이학요법)가 보다 효과가 있다고 인정되는 경우에 행한다.

6. 입원

가. 입원은 진료상 필요하다고 인정되는 경우에 한하며 단순한 피로회복・통원불편 등을 이유로 입원지시를 하여서는 아니 된다.

나. 퇴원은 의학적 타당성과 퇴원계획의 충분성 등을 신중하게 고려하여 적절한 시기에 행하여져야 한다.

다. 입원환자에 대한 식사는 환자의 치료에 적합한 수준에서 의료법령 및 식품위생법령에서 정하는 기준에 맞게 위생적인 방법으로 제공하여야 한다.

7. 가정간호 : 가정간호는 진료상 퇴원 후 계속적인 치료와 관리가 필요한 경우에 의사 또는 한의사의 진단과 처방에 의하여 가정전문간호사가 실시하여야 한다.

8. 의료장비

가. 요양기관은 의료기기를 사용할 경우 식품의약품안전처장의 제조 또는 수입 허가를 받거나 신고한 것에 한하여 그 허가 또는 신고된 범위에서 사용하여야 한다.

나. 요양기관은 진단용 방사선 발생장치를 사용할 경우 시장・군수・구청장(자치구의 구청장을 말한다. 이하 같다)에게 신고한 것에 한하여 사용하여야 하며, 검사를 받지 아니하거나 검사결과 부적합 판정을 받은 진단용 방사선 발생장치를 사용하여서는 아니 된다.

다. 요양기관은 치료용 방사선 발생장치를 사용할 경우 원자력안전위원회의 사용허가를 받거나 신고 후 사용하여야 하며, 검사를 받지 아니하거나 검사결과 부적합 판정을 받은 치료용 방사선 발생장치를 사용하여서는 아니 된다.

라. 요양기관은 특수의료장비를 사용할 경우 자치구의 구청장에게 등록한 것만을 사용해야 하고, 설치인정기준에 맞게 설치・운영해야 하며, 품질관리검사를 받지 않거나 품질관리검사에서 부적합하다고 판정을 받은 특수의료장비를 사용해서는 안 된다.

마. 요양기관은 그 밖에 다른 법령에서 정하고 있는 의료장비를 사용할 경우 해당 법령에서 정하고 있는 의료장비의 사용기준에 맞게 사용하여야 한다.

바. 가목부터 라목까지의 규정에도 불구하고 안전성・유효성 등에 관한 사항이 정하여져 있는 의료장비 중 진료에 반드시 필요하다고 보건복지부장관이 정하여 고시하는 의료장비의 경우에는 관계 법령상의 허가 또는 신고된 범위를 초과하여 사용할 수 있다.

사. 의료장비의 현황을 신고받은 심사평가원장은 해당 의료장비의 제조・수입업체, 품목, 제조연월 등 의료장비의 품질 관리 및 이력 관리에 필요한 사항을 식별부호화하여 관리할 수 있다. 이 경우 식별부호화의 방법 및 절차에 필요한 사항은 보건복지부장관이 정하여 고시한다.

(5) 약제에 대한 요양급여비용 상한금액의 감액 등(법 제41조의2)

① **상한금액의 일부 감액** : 보건복지부장관은 약사법에 따른 의약품 등의 판매 질서의 위반과 관련된 약제에 대하여는 요양급여비용 상한금액(약제별 요양급여비용의 상한으로 정한 금액을 말한다. 이하 같다)의 100분의 20을 **넘지 아니하는 범위**에서 그 금액의 일부를 **감액**할 수 있다.

더 알아보기

의약품 등의 판매 질서(약사법 제47조 제2항)
의약품공급자 및 의약품공급자로부터 의약품의 판매촉진 업무를 위탁받은 자(법인의 대표자나 이사, 그 밖에 이에 종사하는 자를 포함하고, 법인이 아닌 경우 그 종사자를 포함한다)는 의약품 채택・처방유도・거래유지 등 판매촉진을 목적으로 약사・한약사(해당 약국 종사자를 포함한다)・의료인・의료기관 개설자(법인의 대표자나 이사, 그 밖에 이에 종사하는 자를 포함한다) 또는 의료기관 종사자에게 금전, 물품, 편익, 노무, 향응, 그 밖의 경제적 이익("경제적 이익 등")을 제공하거나 약사・한약사・의료인・의료기관 개설자 또는 의료기관 종사자로 하여금 약국 또는 의료기관이 경제적 이익 등을 취득하게 하여서는 아니 된다. 다만, 견본품 제공, 학술대회 지원, 임상시험 지원, 제품설명회, 대금결제조건에 따른 비용할인, 시판 후 조사 등의 행위("견본품 제공 등의 행위")로서 식품의약품안전처장과 협의하여 보건복지부령으로 정하는 범위 안의 경제적 이익 등인 경우에는 그러하지 아니하다.

② 보건복지부장관은 요양급여비용의 **상한금액이 감액된 약제가** 감액된 날부터 5년의 범위에서 대통령령으로 정하는 기간 내에 **다시 감액의 대상이 된 경우**에는 요양급여비용 상한금액의 100분의 40을 **넘지 아니하는 범위**에서 요양급여비용 상한금액의 일부를 감액할 수 있다.

더 알아보기

상한금액 감액 제외대상 약제(영 제18조의2 제3항)
보건복지부장관은 상한금액 감액의 대상이 되는 약제 중 다음 각 호의 어느 하나에 해당하는 약제에 대해서는 상한금액을 감액하지 아니할 수 있다.

1. 퇴장방지의약품(환자의 진료에 반드시 필요하나 경제성이 없어 약사법에 따른 제조업자・위탁제조판매업자・수입자가 생산 또는 수입을 기피하는 약제로서 보건복지부장관이 지정・고시하는 의약품을 말한다)
2. 희귀의약품(적절한 대체의약품이 없어 긴급히 생산 또는 수입하여야 하는 약제로서 식품의약품안전처장이 정하는 의약품을 말한다)
3. 저가의약품(상한금액이 보건복지부장관이 정하여 고시하는 기준금액 이하인 약제로서 보건복지부장관이 정하여 고시하는 의약품을 말한다)

③ **요양급여의 적용 정지** : 보건복지부장관은 요양급여비용의 상한금액이 감액된 약제가 감액된 날부터 5년의 범위에서 대통령령으로 정하는 기간 내에 다시 약사법에 따른 의약품 등의 판매 질서의 위반과 관련된 경우에는 해당 약제에 대하여 1년의 범위에서 기간을 정하여 **요양급여의 적용을 정지**할 수 있다.

④ ② 및 ③에서 "대통령령으로 정하는 기간"이란 각각 5년을 말한다(영 제18조의2 제2항).

⑤ **내역의 기록・관리** : 보건복지부장관은 약제에 대한 요양급여비용의 상한금액을 감액하거나 요양급여의 적용을 정지한 경우에는 그 사실을 **공단과 심사평가원에 통보**하여 상한금액 감액 및 요양급여의 적용 정지 **내역을 기록・관리**하도록 하여야 한다(영 제18조의2 제1항).

⑥ **규제의 재검토** : 보건복지부장관은 약제의 상한금액 감액 및 요양급여의 적용 정지 기준에 대하여 2019년 7월 1일을 기준으로 **5년마다**(매 5년이 되는 해의 기준일과 같은 날 전까지를 말한다) 그 **타당성을 검토**하여 **개선 등의 조치**를 해야 한다(영 제81조의2 제1항).

〈영 별표 4의2 제1호·제2호〉 약제에 대한 상한금액의 감액 및 요양급여의 적용 정지 기준

1. 일반기준
   가. 의약품공급자가 행정처분을 받았거나, 벌금 이상의 형(집행유예를 포함한다)을 선고받은 경우에 적용한다. 다만, 허가를 받은 의약품 도매상은 품목허가를 받은 자 또는 허가를 받거나 신고를 한 수입자와 공동으로 위반한 경우로 한정한다.
   나. 위반행위의 횟수에 따른 약제의 상한금액의 감액 및 요양급여의 적용 정지 기준은 약제의 상한금액이 감액된 날 또는 요양급여의 적용이 정지된 날(과징금이 부과된 날을 포함한다)부터 5년간 동일한 약제에 대한 위반행위로 약제의 상한금액의 감액 또는 요양급여의 적용 정지 처분이나 그에 갈음하는 과징금을 부과("상한금액 감액처분 등")받은 경우에 적용한다. 이 경우 기간의 계산은 상한금액 감액처분 등을 한 날(약제의 상한금액의 감액 및 요양급여 적용 정지 처분일 또는 과징금 부과일)과 그 상한금액 감액처분 등 후 다시 동일한 약제에 대한 위반행위를 하여 적발된 날을 기준으로 한다.
   다. 나목에 따라 상한금액 감액처분 등을 하는 경우 적용 차수는 그 위반 행위 전 상한금액 감액처분 등 차수(나목에 따른 기간 내에 상한금액 감액처분 등이 둘 이상 있었던 경우에는 높은 차수를 말한다)의 다음 차수로 한다.
   라. 동일한 약제에 대한 위반행위가 둘 이상인 경우에는 각각의 위반행위에 대한 처분기준에 따른 상한금액의 감액 및 요양급여의 적용 정지기간을 합산하여 처분한다.
2. 약제의 상한금액의 감액 및 요양급여의 적용 정지 기준

<table>
<tr><th rowspan="2">부당금액</th><th colspan="2">상한금액의 감액(%)</th><th colspan="2">요양급여의 적용 정지</th></tr>
<tr><th>1차 위반</th><th>2차 위반</th><th>3차 위반</th><th>4차 위반 이상</th></tr>
<tr><td>500만 원 미만</td><td>경고</td><td rowspan="2">2</td><td rowspan="2">15일</td><td>1개월</td></tr>
<tr><td>500만 원 이상 1,000만 원 미만</td><td>1</td><td>2개월</td></tr>
<tr><td>1,000만 원 이상 2,000만 원 미만</td><td>2</td><td>4</td><td>1개월</td><td>3개월</td></tr>
<tr><td>2,000만 원 이상 3,000만 원 미만</td><td>4</td><td>8</td><td>2개월</td><td>4개월</td></tr>
<tr><td>3,000만 원 이상 4,000만 원 미만</td><td>6</td><td>12</td><td>3개월</td><td>5개월</td></tr>
<tr><td>4,000만 원 이상 5,000만 원 미만</td><td>8</td><td>16</td><td>4개월</td><td>6개월</td></tr>
<tr><td>5,000만 원 이상 6,000만 원 미만</td><td>10</td><td>20</td><td>5개월</td><td>7개월</td></tr>
<tr><td>6,000만 원 이상 7,000만 원 미만</td><td>12</td><td>24</td><td>6개월</td><td>8개월</td></tr>
<tr><td>7,000만 원 이상 8,000만 원 미만</td><td>14</td><td>28</td><td>7개월</td><td>9개월</td></tr>
<tr><td>8,000만 원 이상 9,000만 원 미만</td><td>16</td><td>32</td><td>8개월</td><td>10개월</td></tr>
<tr><td>9,000만 원 이상 1억 원 미만</td><td>18</td><td>36</td><td>9개월</td><td>11개월</td></tr>
<tr><td>1억 원 이상</td><td>20</td><td>40</td><td>10개월</td><td>12개월</td></tr>
</table>

※ 비고
1. "부당금액"이란 약사법 제47조 제2항을 위반하여 해당 품목의 판매촉진을 목적으로 제공된 금전, 물품, 편익, 노무, 향응, 그 밖의 경제적 이익을 보건복지부장관이 정하는 방법에 따라 환산한 금액을 말한다.
2. 약사법 제47조 제2항의 위반과 관련된 약제에 대한 부당금액이 약제의 품목별로 구분되지 않고 총부당금액만 확인되는 경우 약제의 품목별 부당금액은 다음 각 목의 구분에 따라 계산한다.
   가. 위반 약제가 모두 요양급여 대상인 경우 : 총부당금액을 위반 약제의 품목 수로 나눈 금액
   나. 위반 약제에 비급여대상 약제(요양급여 대상이 아닌 약제를 말한다)가 포함되어 있는 경우 : 총부당금액에서 전체 약제의 품목 수에 대한 비급여대상 약제 품목의 비율에 해당하는 금액을 빼고 요양급여 대상 약제의 품목 수로 나눈 금액
3. 약제의 상한금액의 감액은 처분 당시 상한금액(저가의약품의 기준금액을 포함한다)을 기준으로 감액한다. 다만, 약제별 상한금액이 보건복지부장관이 정하여 고시하는 저가의약품의 기준금액 이하로 감액되는 경우 저가의약품의 기준금액까지만 감액한다.

4. 1차 위반에 대한 약제의 상한금액 감액처분 이후 1차 위반의 경우와 동일한 약제에 대하여 부당금액을 달리하는 위반 행위가 있는 경우에는 해당 약제의 부당금액에 대한 2차 위반으로 본다. 2차 위반 후의 위반행위에 대한 경우에도 같다.
5. 3차 위반에 대한 요양급여의 적용 정지 처분 이후 3차 위반의 경우와 동일한 약제에 대하여 부당금액을 달리하는 위반행위가 있는 경우에는 해당 약제의 부당금액에 대한 4차 위반으로 본다. 4차 위반 후의 위반행위에 대한 경우에도 같다.

(6) 행위 · 치료재료 및 약제에 대한 요양급여대상 여부의 결정(법 제41조의3)

① **행위 · 치료재료에 대한 결정신청** : 요양기관, 치료재료의 제조업자 · 수입업자 등 보건복지부령으로 정하는 자는 요양급여대상 또는 비급여대상으로 결정되지 아니한 진찰 · 검사, 처치 · 수술 및 그 밖의 치료, 예방 · 재활의 요양급여에 관한 행위 및 치료재료("**행위 · 치료재료**")에 대하여 요양급여대상 여부의 **결정**을 **보건복지부장관**에게 **신청**하여야 한다.

② **약제에 대한 결정 신청** : 약사법에 따른 약제의 제조업자 · 수입업자 등 보건복지부령으로 정하는 자는 요양급여대상에 포함되지 아니한 약제에 대하여 **보건복지부장관**에게 요양급여대상 여부의 결정을 **신청**할 수 있다.

더 알아보기

약사법에 따른 제조업자 · 수입업자 등 보건복지부령으로 정하는 자(국민건강보험 요양급여의 기준에 관한 규칙 제10조의2 제1항)
1. 약제의 제조업자
2. 약제의 위탁제조판매업자
3. 약제의 수입자
4. 한국희귀 · 필수의약품센터의 장(식품의약품안전처장이 환자의 치료를 위하여 긴급한 도입이 필요하다고 인정한 품목만 해당한다)

③ **결정의 통보** : 신청을 받은 보건복지부장관은 정당한 사유가 없으면 보건복지부령으로 정하는 기간 이내에 요양급여대상 또는 비급여대상의 **여부**를 **결정**하여 **신청인**에게 **통보**하여야 한다.

④ **직권으로 결정** : **보건복지부장관**은 신청이 없는 경우에도 환자의 진료상 반드시 필요하다고 보건복지부령으로 정하는 경우에는 **직권으로** 행위 · 치료재료 및 약제의 요양급여대상의 **여부**를 **결정**할 수 있다.

⑤ 요양급여대상 여부의 결정 신청의 시기, 절차, 방법 및 업무의 위탁 등에 필요한 사항과 요양급여대상 여부의 결정 절차 및 방법 등에 관한 사항은 보건복지부령으로 정한다.

더 알아보기

요양급여대상 · 비급여대상 여부 확인(국민건강보험 요양급여의 기준에 관한 규칙 제9조의2)
① 요양기관, 의료인 단체, 의료기관 단체, 대한약사회 또는 대한한약사회("의약관련 단체"), 치료재료의 제조업자 · 수입업자(치료재료가 인체조직인 경우에는 조직은행의 장을 말하며, 희소 · 긴급도입 필요 의료기기인 경우에는 한국의료기기안전정보원의 장을 말한다. 이하 같다)는 보건복지부장관에게 요양급여대상 또는 비급여대상 여부가 불분명한 행위에 대하여 신의료기술평가 및 신의료기술평가 유예 신청 전에 요양급여대상 또는 비급여대상 여부의 확인을 신청할 수 있다. 다만, 의료기기의 제조업자 · 수입업자가 신의료기술평가를 신청하는 경우에는 요양급여대상 또는 비급여대상 여부의 확인도 함께 신청할 수 있다.

② ①에 따른 확인 신청은 그 확인을 신청하려는 자가 요양급여대상·비급여대상 여부 확인 신청서에 다음 각 호의 서류를 첨부하여 건강보험심사평가원장(①의 단서에 따른 확인 신청은 식품의약품안전처장을 거쳐야 한다)에게 요양급여대상·비급여대상 여부의 확인 신청을 함으로써 이를 갈음한다.
1. 다음 각 목 중 해당 서류(제1항 본문에 따른 확인 신청만 해당한다)
가. 소요 장비·재료·약제의 제조(수입) 허가증·인증서·신고증 및 관련 자료
나. 의료기기법 시행규칙 제64조에 따라 자료 제공 협조를 요청한 경우 제조(수입)허가·인증 신청서 및 접수증
2. 요양급여대상·비급여대상 여부에 대한 의견서
3. 국내·국외의 연구논문 등 그 밖의 참고자료
③ 보건복지부장관은 ① 및 ②에 따라 확인 신청을 받은 경우에는 요양급여대상·비급여대상 여부를 확인하고, 정당한 사유가 없는 한 확인 신청을 접수한 날부터 30일 이내에 신청인(①의 단서에 따른 확인 신청에 대해서는 식품의약품안전처장을 거쳐야 한다)과 신의료기술평가위원회에 그 결과를 통보해야 한다. 다만, 기존 결정 사례 등에 근거한 확인이 곤란하여 심층적 검토가 필요한 경우에는 30일의 범위에서 그 통보기간을 한 차례 연장할 수 있다.
④ 신청인은 ③에 따른 결과에 이의가 있는 경우 통보받은 날부터 30일 이내에 보건복지부장관(①의 단서에 따른 확인 신청 결과에 대해서는 식품의약품안전처장을 거쳐야 한다)에게 이의신청을 하여야 하며, 이 경우 제3항의 절차를 준용한다.
⑤ 보건복지부장관은 요양급여대상·비급여대상의 확인 또는 이의신청의 처리를 위하여 전문적 검토가 필요하다고 인정하는 경우에는 전문평가위원회로 하여금 검토하게 할 수 있다.

(7) 행위·치료재료의 요양급여 결정신청(국민건강보험 요양급여의 기준에 관한 규칙 제10조)

① **행위·치료재료에 대한 결정신청** : 요양기관, 의약관련 단체 또는 치료재료의 제조업자·수입업자는 행위·치료재료에 대한 요양급여대상 여부의 결정신청을 하려는 경우에는 다음 각 호의 구분에 따른 날부터 **30일 이내에 보건복지부장관**에게 **신청**해야 한다.
1. **행위**의 경우에는 다음 각 목에서 정한 날
가. 신의료기술평가의 유예 고시("**평가 유예 고시**") 이후 가입자 등에게 최초로 실시한 날
나. 신의료기술의 안전성·유효성 등의 평가결과 고시("**평가결과 고시**") 이후 가입자 등에게 최초로 실시한 날
다. 혁신의료기술의 안전성 등의 평가결과 고시("**혁신의료기술 고시**") 이후 가입자 등에게 최초로 실시한 날
2. **치료재료**의 경우에는 다음 각 목에서 정한 날
가. 약사법 또는 의료기기법에 따른 품목허가·인증 또는 품목신고 대상인 치료재료인 경우에는 식품의약품안전처장으로부터 품목허가·인증을 받거나 품목신고를 한 날. 다만, 품목허가·인증 또는 품목신고 대상이 아닌 치료재료의 경우에는 해당 치료재료를 가입자 등에게 최초로 사용한 날
나. 인체조직의 경우에는 식품의약품안전처장으로부터 조직은행 설립허가를 받은 날. 다만, 다음의 어느 하나의 경우에는 그 해당하는 날
1) 수입인체조직의 경우에는 식품의약품안전처장이 정하는 바에 따라 안전성에 문제가 없다는 통지를 받은 날
2) 조직은행 설립허가 당시의 취급품목이 변경된 경우에는 식품의약품안전처장이 그 변경사실을 확인한 날
다. 희소·긴급도입 필요 의료기기의 경우에는 식품의약품안전처장으로부터 공급 결정에 관한 통보를 받은 날

라. 가목부터 다목까지의 규정에도 불구하고 신의료기술평가 대상이 되는 치료재료의 경우에는 제1호 가목부터 다목까지에 따른 고시 이후 해당 치료재료를 가입자 등에게 최초로 사용한 날
마. 가목부터 다목까지의 규정에도 불구하고 요양급여대상 또는 비급여대상 여부의 확인을 신청한 경우에는 결과를 통보받은 날

② **결정신청의 갈음** : ①에 따른 결정신청은 그 결정을 신청하려는 자가 다음 각 호의 구분에 따른 **평가신청서**에 해당 각 목의 서류를 첨부하여 **심사평가원장에게** 요양급여대상여부의 **평가신청을 함으로써 이를 갈음**한다. 다만, 치료재료에 대하여 한국의료기기안전정보원의 장이 결정신청을 하려는 경우에는 제3호 다목부터 사목까지의 서류를 첨부하지 않아도 된다.

1. **행위**의 경우 : **요양급여행위평가신청서**
   가. 신의료기술의 안전성・유효성 등의 평가 유예 고시, 평가결과 고시 또는 혁신의료기술 고시
   나. 상대가치점수의 산출근거 및 내역에 관한 자료
   다. 비용효과에 관한 자료(동일 또는 유사 행위와의 장・단점, 상대가치점수의 비교 등을 포함한다)
   라. 국내외의 실시현황에 관한 자료(최초 실시연도・실시기관명 및 실시건수 등을 포함한다)
   마. 소요장비・소요재료・약제의 제조(수입) 허가증・인증서・신고증 및 관련 자료
   바. 국내외의 연구논문 등 그 밖의 참고자료
2. 삭제
3. **치료재료**의 경우 : **치료재료평가신청서**
   가. 제조(수입) 허가증・인증서・신고증 사본(품목허가・인증을 받거나 품목신고를 한 치료재료만 해당한다)
   나. 판매예정가 산출근거 및 내역에 관한 자료
   다. 비용효과에 관한 자료(동일 또는 유사목적의 치료재료와의 장・단점, 판매가의 비교 등을 포함한다)
   라. 국내외의 사용현황에 관한 자료(최초 사용연도・사용기관명 및 사용건수 등을 포함한다)
   마. 구성 및 부품내역에 관한 자료 및 제품설명서
   바. 국내외의 연구논문 등 그 밖의 참고자료
   사. 임상적 유용성, 기술 혁신성 등을 증명할 수 있는 평가 근거 자료
   아. 희소・긴급도입 필요 의료기기에 해당하는 치료재료의 경우 의료기기의 사용목적 및 식품의약품안전처장의 공급 결정사유에 관한 자료
   자. 신의료기술평가 대상이 되는 치료재료의 경우 신의료기술의 안전성・유효성 등의 평가 유예 고시, 평가결과 고시 또는 혁신의료기술 고시
4. **인체조직의 경우** : 인체조직평가신청서
   가. 조직은행설립허가증 사본(기재사항 변경내역을 포함한다). 다만, 수입인체조직의 경우에는 식품의약품안전처장이 정하는 바에 따라 안전성에 문제가 없다는 사실을 증명하는 서류를 함께 첨부하여야 한다.
   나. 인체조직가격 산출근거 및 내역에 관한 자료
   다. 비용효과에 관한 자료(동일 또는 유사목적의 인체조직과의 장・단점, 가격 비교 등을 포함한다)
   라. 국내외의 사용현황에 관한 자료(최초 사용연도, 사용기관명 및 사용건수 등을 포함한다)

마. 인체조직에 대한 설명서
바. 국내외의 연구논문 등 그 밖의 참고자료
사. 신의료기술평가 대상이 되는 치료재료의 경우 신의료기술의 안전성·유효성 등의 평가 유예 고시, 평가결과 고시 또는 혁신의료기술 고시

③ ①에도 불구하고 신의료기술평가를 신청하려는 자가 평가신청서 및 해당 서류를 함께 제출하는 경우에는 신의료기술평가의 신청과 요양급여대상 여부의 결정신청을 함께 하는 것으로 본다. 다만, 해당 의료기술이 체외진단 검사 또는 유전자 검사가 아닌 경우에는 신의료기술평가 신청에 필요한 서류를 제출한 날부터 90일 이내에 평가신청서 및 해당 서류를 제출할 수 있다.

(8) 약제 요양급여의 결정신청 등(국민건강보험 요양급여의 기준에 관한 규칙 제10조의2 제3항부터 제6항)

① **결정신청의 갈음** : 요양급여대상 여부의 결정신청을 하려는 자는 **약제평가신청서**에 다음 각 호의 구분에 따른 해당 서류를 첨부하여 **심사평가원장에게** 해당 약제의 경제성, 요양급여의 적정성 및 기준 등에 관한 **평가신청을 함으로써 이를 갈음**한다.

1. 약제의 제조업자·위탁제조판매업자·수입자의 경우
가. 제조(수입)품목 허가증(신고서) 사본 또는 식품의약품안전처장의 안전성·유효성 검토결과 통보서(보건복지부장관이 따로 공고하는 약제만 해당한다)(품목허가를 받거나 품목신고를 한 약제만 해당한다)
나. 판매예정가 산출근거 및 내역에 관한 자료
다. 비용과 효과에 대한 자료(동일하거나 유사한 약제와의 장점·단점 및 판매가의 비교 등을 포함한다)
라. 국내외의 사용현황에 관한 자료(개발국, 허가국가, 최초 허가연도, 국내 사용건수 및 금액 등을 포함한다)
마. 해당 약제의 예상 사용량, 요양급여비용의 예상 청구금액 및 그 근거에 관한 자료
바. 국내외의 연구논문 등 그 밖의 참고자료
2. 한국희귀·필수의약품센터의 장의 경우
가. 식품의약품안전처장의 인정에 관한 서류
나. 판매예정가 산출근거 및 내역에 관한 자료

② **신청의 반려** : 심사평가원장은 요양급여비용 상한금액이 감액되거나 요양급여대상 여부 또는 상한금액이 조정된 약제의 제조업자·위탁제조판매업자·수입자의 계열회사가 그 요양급여비용이 감액되거나 요양급여대상 여부 또는 상한금액이 조정된 약제와 투여경로·성분·제형이 동일한 약제에 대하여 ①에 따른 평가신청을 한 경우에는 그 신청을 반려할 수 있다.

③ **보고 및 통보** : **심사평가원장**은 보건복지부장관이 정하여 고시하는 약제 산정기준에 따라 상한금액이 정해지는 약제(**"산정대상약제"**)에 대하여 **평가신청을 받은 경우**에는 그 신청받은 내용을 **보건복지부장관에게 보고**하고, **공단 이사장에게 통보**해야 한다.

④ **사전 협의** : **공단 이사장**은 ③에 따라 통보를 받은 경우에는 협상을 명받기 전에 해당 약제의 평가신청인과 요양급여비용의 예상 청구금액안, 해당 약제의 제조업자·위탁제조판매업자·수입자가 이행할 조건, 그 밖에 약제의 안정적인 공급 및 품질관리 등에 관한 사항을 **사전 협의**할 수 있다.

(9) 행위 · 치료재료에 대한 요양급여의 결정(국민건강보험 요양급여의 기준에 관한 규칙 제11조)

① **결정 기한** : 요양급여대상 여부의 결정신청을 받은 보건복지부장관은 정당한 사유가 없는 한 **결정신청일부터 100일**(신의료기술평가에 관한 규칙에 따라 서류를 송부받은 경우에는 평가결과 고시 이후 30일) **이내에 심의위원회의 심의**를 거쳐 요양급여대상 또는 비급여대상에의 해당 여부를 결정하여 고시해야 한다. 이 경우 요양급여대상으로 결정한 행위 · 치료재료에 대해서는 상대가치점수 또는 상한금액과 선별급여 본인부담률(선별급여의 요양급여비용 중 선별급여를 받는 사람이 부담하는 비율을 말한다)을 함께 정하여 고시해야 한다.

② **전문평가위원회의 평가** : 보건복지부장관은 행위 · 치료재료의 경제성 및 급여의 적정성 등에 대하여 **전문평가위원회의 평가**를 거쳐, 행위 · 치료재료의 요양급여대상 여부를 결정한다. 이 경우 보건복지부장관은 선별급여의 실시조건("선별급여실시조건")을 정하는 때에는 전문평가위원회의 평가 외에 **적합성평가위원회의 평가**를 거치도록 할 수 있다.

더 알아보기

적합성평가위원회의 설치 등(국민건강보험 요양급여의 기준에 관한 규칙 제14조의2)

① 선별급여의 적합성 평가 및 선별급여실시조건 등에 필요한 사항을 심의하기 위하여 보건복지부장관 소속으로 적합성평가위원회를 둔다.
② 적합성평가위원회는 위원장 1명을 포함하여 20명 이내의 위원으로 구성한다.
③ ① 및 ②에서 규정한 사항 외에 적합성평가위원회의 구성 및 운영 등에 필요한 사항은 보건복지부장관이 정하여 고시한다.

③ **통보 내용** : 심사평가원장은 ②에 따라 전문평가위원회에서 치료재료(인체조직은 제외한다)에 대하여 평가한 경우에 **평가가 끝난 날부터 15일 이내**에 다음 각 호의 사항을 신청인에게 서면 또는 전자문서로 통보해야 한다.

1. 평가결과(평가 시 원용된 전문가 의견, 학술연구 내용 등 평가근거에 관한 정보를 포함한다)
2. 평가결과에 이견이 있으면 30일 이내에 재평가 또는 독립적 검토를 거친 재평가를 신청할 수 있다는 내용

④ **재평가 신청** : ③에 따른 통보를 받은 신청인은 통보받은 날부터 **30일 이내**에 **재평가** 또는 **독립적 검토를 거친 재평가**를 심사평가원장에게 신청할 수 있다. 이 경우 재평가(독립적 검토를 거친 재평가는 제외한다)는 다음 각 호의 어느 하나에 해당하는 경우에 신청할 수 있다.

1. 치료재료에 관한 결정신청을 한 자가 전문평가위원회의 평가결과에 이견이 있는 경우로서 서류를 보완하여 제출하거나 그 밖의 자료를 제출하는 경우
2. 직권결정 대상 치료재료의 제조업자 · 수입업자가 전문평가위원회의 평가결과에 이견이 있는 경우로서 서류를 보완하여 제출하거나 그 밖의 자료를 제출하는 경우

⑤ **재평가의 심의 · 통보** : ④에 따른 **재평가의 신청**을 받은 심사평가원장은 신청받은 날부터 **60일 이내**에 전문평가위원회의 재심의를 거쳐 재평가하고 재평가가 끝난 날부터 **15일 이내**에 그 결과를 신청인에게 통보해야 한다.

⑥ **독립적 검토에 따른 재평가의 심의 · 통보** : ④에 따른 **독립적 검토를 거친 재평가의 신청**을 받은 심사평가원장은 독립적 검토에 따른 보고서와 신청인의 의견(신청인이 의견을 제출한 경우만 해당한다)을 제출받아 전문평가위원회의 재심의를 거쳐 재평가하고 재평가가 끝난 날부터 **15일 이내**에 그 결과를 신청인에게 통보해야 한다.

⑦ ②의 후단 및 ③부터 ⑥까지의 절차에 걸리는 기간은 ①의 전단에 따른 **처리기한의 산정에 포함하지 않는다.**

⑧ **전문평가위원회의 설치** : ②에 따른 행위·치료재료에 대한 평가를 효율적으로 수행하기 위하여 심사평가원에 행위 및 치료재료별로 전문평가위원회를 둔다.

⑨ **소급 적용** : ①에 따른 행위·치료재료가 요양급여대상으로 결정되어 고시된 경우에 국민건강보험 요양급여의 기준에 관한 규칙 제10조 제1항의 규정에 의한 신청기간 내에 신청하지 않은 요양기관에 대해서는 국민건강보험 요양급여의 기준에 관한 규칙 제10조 제1항 각 호의 어느 하나에 해당하는 날부터 **소급하여 요양급여대상으로 적용**한다.

⑩ ①에도 불구하고 평가 유예 신의료기술의 경우에는 신의료기술평가 결과 안전성·유효성을 고시한 이후 행위·치료재료에 대한 요양급여의 결정 절차를 진행한다.

PART 2

(10) 약제에 대한 요양급여의 결정(국민건강보험 요양급여의 기준에 관한 규칙 제11조의2)

① **평가 기한 및 통보 내용** : 약제에 대한 평가를 신청받은 심사평가원장은 150일 **이내**(진료상 필수성, 대체약제의 유무 등을 고려하여 보건복지부장관이 정하는 약제는 해당하지 않는다)에 **약제급여평가위원회의 심의**를 거쳐 평가(산정대상약제는 전문적 검토가 필요한 경우를 제외하고는 약제급여평가위원회의 심의를 거치지 않고 평가한다)하고 평가가 끝난 날부터 15일 **이내**에 다음 각 호의 사항을 신청인에게 서면 또는 전자문서로 **통보**해야 한다.

1. 평가결과(평가 시 원용된 전문가 의견, 학술연구 내용 등 평가근거에 관한 정보를 포함한다)
2. 평가결과에 이견이 있으면 30일 이내에 재평가 또는 독립적 검토를 거친 재평가를 신청할 수 있다는 내용
3. 약제급여평가위원회가 평가한 금액 이하를 경제성 있는 가격으로 하여 공단 이사장과의 협상절차를 진행할 수 있다는 내용(임상적 유용성은 있으나 판매예정가의 비용효과성을 입증하지 못한 경우만 해당한다)
4. 보건복지부장관이 정하여 고시하는 약가 협상의 생략을 위한 기준 금액(“**약가협상생략기준금액**”)을 상한금액으로 하는 것에 동의하는 경우 상한금액 협상절차를 생략하여 진행할 수 있다는 내용(임상적 유용성은 있으나 판매예정가가 약가협상생략기준금액보다 높은 경우만 해당한다)

② **재평가신청 및 통지 내용** : ①에 따른 통보를 받은 신청인은 통보받은 날부터 30일 **이내**에 심사평가원장에게 **재평가** 또는 **독립적 검토를 거친 재평가**를 신청하거나 다음 각 호의 어느 하나에 해당하는 **통지**를 할 수 있다.

1. 약제급여평가위원회가 평가한 금액 이하를 경제성 있는 가격으로 하여 공단 이사장과의 협상절차를 진행하는 것에 동의한다는 내용의 통지
2. 약가협상생략기준금액을 상한금액으로 하여 상한금액 협상절차를 생략하여 진행하는 것에 동의한다는 내용의 통지

③ **재평가의 통보** : ②에 따라 **재평가신청**을 받은 심사평가원장은 120일 **이내**에 약제급여평가위원회의 재심의를 거쳐 **재평가**(산정대상약제는 전문적 검토가 필요한 경우를 제외하고는 약제급여평가위원회의 재심의를 거치지 않고 재평가한다)하고 재평가가 끝난 날부터 15일 **이내**에 다음 각 호의 사항을 신청인에게 통보해야 한다.

1. 재평가결과
2. 약제급여평가위원회가 평가한 금액 이하를 경제성 있는 가격으로 하여 공단 이사장과의 협상절차를 진행할 수 있다는 내용(임상적 유용성은 있으나 판매예정가의 비용효과성을 입증하지 못한 경우만 해당한다)
3. 약가협상생략기준금액을 상한금액으로 하는 것에 동의하는 경우 상한금액 협상절차를 생략할 수 있다는 내용(임상적 유용성은 있으나 판매예정가가 약가협상생략기준금액보다 높은 경우만 해당한다)

④ **독립적 검토에 따른 재평가의 통보** : ②에 따라 **독립적 검토를 거친 재평가의 신청**을 받은 심사평가원장은 독립적 검토에 따른 보고서와 신청인의 의견(신청인이 의견을 제출한 경우만 해당한다)을 제출받아 약제급여평가위원회의 재심의를 거쳐 재평가하고 재평가가 끝난 날부터 **15일 이내**에 다음 각 호의 사항을 신청인에게 통보하여야 한다.

1. 재평가결과
2. 약제급여평가위원회가 평가한 금액 이하를 경제성 있는 가격으로 하여 공단 이사장과의 협상절차를 진행할 수 있다는 내용(임상적 유용성은 있으나 판매예정가의 비용효과성을 입증하지 못한 경우만 해당한다)
3. 약가협상생략기준금액을 상한금액으로 하는 것에 동의하는 경우 상한금액 협상절차를 생략할 수 있다는 내용(임상적 유용성은 있으나 판매예정가가 약가협상생략기준금액보다 높은 경우만 해당한다)

⑤ **동의 내용의 통지** : ③의 제2호·제3호 또는 ④의 제2호·제3호에 따른 통보를 받은 신청인은 통보받은 날부터 **7일 이내**에 심사평가원장에게 다음 각 호의 어느 하나에 해당하는 통지를 할 수 있다.

1. 약제급여평가위원회가 평가한 금액 이하를 경제성 있는 가격으로 하여 공단 이사장과의 협상절차를 진행하는 것에 동의한다는 내용의 통지
2. 약가협상생략기준금액을 상한금액으로 하여 상한금액 협상절차를 생략하여 진행하는 것에 동의한다는 내용의 통지

⑥ **보고 및 통보** : 심사평가원장은 ①의 제1호에 따른 평가결과, ③의 제1호 또는 ④의 제1호에 따른 재평가결과 및 ② 또는 ⑤에 따른 통지 사실을 **보건복지부장관에게 보고**하고, **공단 이사장에게 통보**해야 한다. 이 경우 다음 각 호의 어느 하나에 해당하는 때에는 해당 약제에 대하여 ①에 따라 약제급여평가위원회의 심의를 거쳐 평가를 마친 후 지체 없이 그 평가결과를 보건복지부장관에게 보고하고, 공단 이사장에게 통보해야 한다.

1. 신청인이 ②의 제2호 또는 ⑤의 제2호에 따른 통지를 하기 전에 약가협상생략기준금액을 상한금액으로 하여 상한금액 협상절차를 생략하는 것에 동의한 경우
2. 신청인의 판매예정가가 약가협상생략기준금액 이하인 경우

⑦ **협상 명령** : 보건복지부장관은 ⑥에 따라 보고받은 약제 중 요양급여대상으로 하는 것이 적정하다고 평가 또는 재평가된 약제에 대하여 **공단 이사장**에게 다음 각 호의 어느 하나에 해당하는 사항을 해당 약제의 평가 또는 재평가 신청인과 **60일의 범위에서 협상하도록 명해야 한다**. 이 경우 협상이 지연되는 등의 사유로 공단 이사장이 요청할 때에는 **추가로 60일**의 범위에서 협상 기한을 연기하거나 협상을 일시적으로 정지하도록 명할 수 있다.

1. 약제의 상한금액안(산정대상약제는 제외한다)
2. 요양급여비용의 예상 청구금액안
3. 해당 약제의 제조업자·위탁제조판매업자·수입자가 이행할 조건
4. 그 밖에 약제의 안정적인 공급 및 품질관리 등에 관한 사항

⑧ **협상 및 결과 보고** : ⑦에 따라 협상을 명받은 공단 이사장은 건강보험 재정에 미치는 영향 및 약제급여평가위원회의 평가결과·재평가결과 등을 고려하여 약제의 평가 또는 재평가 **신청인과 협상**하고, 그 **협상결과를 보건복지부장관에게 보고**해야 한다. 이 경우 공단 이사장은 신청인별로 협상할 수 있다.

⑨ **보건복지부장관의 조치** : 보건복지부장관은 ⑧에 따라 보고받은 사항에 대하여 다음 각 호에 정하는 바에 따라 조치해야 한다.

1. ⑧에 따른 협상 결과 **합의가 이루어진 약제**는 **30일 이내**에 심의위원회의 심의를 거쳐 요양급여대상여부 및 약제의 상한금액을 결정하여 고시해야 한다. 이 경우 심의위원회 심의 사항·예정일 등 심의 관련 사항 및 고시 예정일·시행일 등을 신청인에게 서면 또는 전자문서로 통보할 수 있다.
2. ⑧에 따른 협상 결과 **합의가 이루어지지 않은 약제** 중 환자의 진료에 반드시 필요하다고 인정되는 약제는 협상결과를 보고받은 날부터 **60일 이내**에 약제급여조정위원회의 조정을 거친 후 심의위원회의 심의를 거쳐 요양급여대상 여부 및 약제의 상한금액을 결정하여 고시해야 한다.

⑩ **신청인에 대한 통보** : 보건복지부장관은 약제급여조정위원회에서 조정한 경우에 조정이 끝난 날부터 **15일 이내**에 다음 각 호의 사항을 신청인에게 서면 또는 전자문서로 통보하여야 한다.

1. 조정결과 및 그 근거
2. 조정결과에 이견이 있으면 30일 이내에 독립적 검토를 거친 재조정을 신청할 수 있다는 내용

⑪ **독립적 검토를 거친 재조정 신청** : ⑩에 따른 통보를 받은 신청인은 통보받은 날부터 **30일 이내**에 독립적 검토를 거친 재조정을 보건복지부장관에게 신청할 수 있다.

⑫ ⑪에 따른 신청을 받은 보건복지부장관은 독립적 검토에 따른 보고서와 신청인의 의견(신청인이 의견을 제출한 경우만 해당한다)을 제출받아 **약제급여조정위원회의 재조정**을 거쳐야 한다.

⑬ ⑩부터 ⑫까지의 절차에 걸리는 기간은 ⑨의 제2호에 따른 **처리기한의 산정**에 **포함하지 아니한다.**

⑭ 약제에 대한 요양급여의 적정성 등을 효율적으로 평가하기 위하여 **심사평가원에 약제급여평가위원회**를 둔다. 이 경우 약제급여평가위원회의 구성, 운영, 평가기준 및 절차 등에 관하여 필요한 사항은 심사평가원장이 정한다.

⑮ 약제에 대한 요양급여의 결정, 상한금액의 조정에 관한 사항을 심의하기 위하여 **보건복지부에 약제급여조정위원회**를 둔다. 이 경우 약제급여조정위원회의 구성, 운영, 그 밖에 필요한 사항은 보건복지부장관이 정한다.

(11) 직권결정 및 조정 등(국민건강보험 요양급여의 기준에 관한 규칙 제13조)

① **행위·치료재료에 대한 직권** : **보건복지부장관**은 다음 각 호의 어느 하나에 해당하는 **행위·치료재료**에 대해서는 **직권으로** 행위·치료재료에 대한 요양급여의 결정 절차를 준용하여 **요양급여대상 또는 비급여대상으로 결정**하여 고시하며, 요양급여대상으로 결정한 경우에는 상대가치점수 또는 상한금액과 선별급여 본인부담률을 함께 정하여 고시해야 한다. 이 경우 결정·고시된 요양급여대상은 국민건강보험 요양급여의 기준에 관한 규칙 제10조 제1항 각 호의 어느 하나에 해당되는 날부터 소급하여 **요양급여대상으로 적용**한다.

1. 대체가능한 진료·치료 방법이 없는 경우
2. 환자의 진료·치료를 위하여 긴급한 도입이 필요한 경우
3. 의료기기 중 보건복지부장관이 필요하다고 인정하는 의료기기
4. 그 밖에 행위·치료재료의 내용·금액과 환자에 대한 진료·치료의 성격·경위 등에 비추어 보건복지부장관이 직권으로 요양급여대상 여부를 결정하는 것이 필요하다고 인정하는 경우

② **약제에 대한 직권 : 보건복지부장관**은 다음 각 호의 어느 하나에 해당하는 **약제**에 대해서는 직권으로 행위·치료재료에 대한 요양급여의 결정 절차를 준용하여 **요양급여대상 여부 및 약제의 상한금액을 결정**하고 고시한다.

1. 다음 각 목의 요건을 모두 충족하는 경우
   가. 대체가능한 다른 약제 또는 치료법이 없는 경우
   나. 생명에 심각한 위해를 초래하는 질환에 사용되는 경우
   다. 임상적으로 유의미한 치료효과가 입증된 경우
2. 심사평가원장이 환자의 진료상 반드시 필요하다고 보건복지부장관에게 요청하는 경우

③ 보건복지부장관은 이미 고시된 행위 및 치료재료에 대한 **상대가치점수·상한금액·선별급여 본인부담률, 요양급여대상·비급여대상**에 대해서는 **직권**으로 행위·치료재료에 대한 요양급여의 **결정 절차를 준용하여 조정**하여 고시할 수 있다.

더 알아보기

상대가치점수 등의 조정 등(국민건강보험 요양급여의 기준에 관한 규칙 제12조)

① 요양기관, 의약관련 단체, 약제·치료재료의 제조업자·위탁제조판매업자(약제의 경우만 해당한다)·수입자(치료재료가 인체조직인 경우에는 인체조직 안전 및 관리 등에 관한 법률 제13조에 따른 조직은행의 장을 말한다) 또는 가입자 등은 이미 고시된 요양급여대상의 상대가치점수·상한금액, 요양급여대상·비급여대상의 조정을 보건복지부장관이 정하여 고시하는 바에 따라 보건복지부장관에게 신청할 수 있다.

② ①에 따라 조정신청을 받은 보건복지부장관은 행위 및 치료재료의 경우에는 동 규칙 제11조(행위 및 인체조직의 경우에는 제11조 제3항부터 제6항까지의 규정은 제외한다)의 절차를 준용하고, 약제의 경우에는 동 규칙 제11조의2의 절차를 준용하여 상대가치점수·상한금액, 요양급여대상·비급여대상을 조정하여 고시할 수 있다.

④ 보건복지부장관은 다음 각 호의 어느 하나에 해당하면 **이미 고시된 약제의 요양급여대상 여부 및 상한금액을 직권으로 조정**하여 고시할 수 있다.

1. 협상 결과 합의된 요양급여비용 예상 청구금액을 초과하여 사용된 경우
2. 직전년도 요양급여비용 청구금액과 비교하여 보건복지부장관이 정하는 비율이나 금액 이상 증가된 경우
3. 요양급여의 적용기준 및 방법에 관한 세부사항의 개정 등으로 약제의 사용범위의 확대가 예상되는 경우
4. 보건복지부장관이 정하여 고시하는 약제 상한금액의 결정·조정 기준이 변경됨에 따라 보건복지부장관이 상한금액을 재평가할 필요가 있다고 인정하는 경우
5. 요양급여대상으로 결정된 약제와 투여경로·성분·제형이 동일한 약제가 결정신청된 경우

5의2. 요양급여대상으로 결정된 복합제(해당 복합제와 조성이 유사한 복합제로서 보건복지부장관이 고시하는 약제도 포함한다)의 가격산정의 기준이 되었던 품목(기준이 되었던 품목이 복합제인 경우에는 해당 복합제를 구성하는 개별 약제를 포함한다)과 투여경로·성분·제형이 동일한 약제가 결정신청된 경우

6. 요양급여대상으로 결정된 약제에 대한 개발목표제품(해당 약제의 품목허가를 위한 시험에서 비교대상으로 선택된 제품 중 주 약리작용을 나타내는 성분이 해당 약제와 같은 제품으로서 그 제품과 투여경로 · 성분 · 제형이 동일한 제제 중 가격산정의 기준이 되었던 품목을 말한다)과 투여경로 · 성분 · 제형이 동일한 약제가 결정신청된 경우
7. 환자의 진료에 반드시 필요하나 경제성이 없어 약제의 제조업자 · 위탁제조판매업자 · 수입자가 생산 또는 수입을 기피하는 약제로서 생산 또는 수입 원가의 보전이 필요한 경우
8. 최근 2년간 보험급여 청구실적이 없는 약제

8의2. 최근 3년간 생산실적 또는 수입실적이 없는 약제로서 그 유효기한 또는 사용기한이 도과된 경우

9. 심사평가원장이 경제성 또는 요양급여 적정성이 없거나 현저히 낮은 것으로 평가한 약제에 대하여 보건복지부장관에게 요청하는 경우
10. 약제의 제조업자 · 위탁제조판매업자 · 수입자 또는 한국희귀 · 필수의약품센터의 장이 급여목록표에서 삭제되기를 희망하는 약제. 다만, 보건복지부장관이 환자의 진료상 반드시 필요하다고 판단하는 약제는 예외로 한다.
11. 보건복지부장관이 정하여 고시한 바에 따른 약제 실거래가 조사결과 약제 상한금액 조정 대상이 된 약제
12. 의약품의 품목허가 또는 품목신고를 받은 자가 보건복지부장관이 정하여 고시하는 행정처분을 받은 경우

12의2. 의약품의 품목허가 또는 품목신고를 받은 자가 스스로 그 허가증 또는 신고증을 반납한 경우

13. 약사법령에 따른 일반의약품으로서 건강증진, 건강유지 및 치료를 목적으로 하며, 의사 또는 치과의사의 처방에 의하지 아니하더라도 인체에 미치는 부작용이 적어 안전성 및 유효성을 기대할 수 있는 약제
14. 약제의 제조업자 · 위탁제조판매업자 · 수입자가 공단 이사장과 협상한 조건을 이행하지 아니하는 경우나 협상한 조건에서 정한 조정사유에 해당하는 경우
15. 약제의 주성분 등 약사법에 따라 품목허가를 받은 사항이 변경되어 보건복지부장관이 요양급여대상 여부 또는 상한금액을 조정할 필요가 있다고 인정하는 경우
16. 약사법에 따른 변경허가 또는 변경신고, 같은 법에 따른 의약품 판매금지와 관련하여 보건복지부장관이 요양급여대상 여부 및 상한금액을 조정할 필요가 있다고 인정하는 경우
17. 그 밖에 외국의 의약품 허가사항 및 보험등재 현황, 임상연구 관련 자료 등을 고려하여 보건복지부장관이 요양급여대상 여부 및 상한금액을 조정할 필요가 있다고 인정하는 경우

⑤ ④에 따른 직권 조정에는 다음 각 호의 구분에 따른 **절차를 준용**한다.

1. ④의 제1호 및 제2호의 경우 : 국민건강보험 요양급여의 기준에 관한 규칙 제11조의2 제7항부터 제9항까지의 절차
2. ④의 제3호 및 제4호의 경우 : 국민건강보험 요양급여의 기준에 관한 규칙 제11조의2 제1항부터 제3항까지, 제6항부터 제9항까지의 절차. 다만, ④의 제3호의 경우로서 다음 각 목의 어느 하나에 해당하는 경우에는 국민건강보험 요양급여의 기준에 관한 규칙 제11조의2 제1항부터 제9항까지의 절차를 준용한다.
   가. 국민건강보험 요양급여의 기준에 관한 규칙 제11조의2 제8항에 따라 약제의 제조업자 · 위탁제조판매업자 · 수입자가 이행할 조건을 고려하여 상한 금액이 정해진 약제로서 해당 약제의 사용범위가 확대될 것으로 충분히 예상되는 경우

나. ④의 제3호에 따른 약제의 사용범위 확대 예상에 따른 요양급여비용 예상 청구금액이 그 사용범위 확대 예상 이전의 요양급여비용 예상 청구금액보다 100억 원 이상 증가할 것으로 예상되는 경우

2의2. ④의 제5호, 제5호의2 및 제6호의 경우 : 국민건강보험 요양급여의 기준에 관한 규칙 제11조의2 제1항부터 제3항까지, 제6항부터 제9항까지의 절차. 이 경우 제11조의2 제7항 각 호 외의 부분 전단 및 후단 중 "60일"은 각각 "20일"로 본다.

3. ④의 제7호의 경우 : 국민건강보험 요양급여의 기준에 관한 규칙 제11조의2 제1항부터 제9항까지의 절차

4. ④의 제8호, 제8호의2, 제10호부터 제12호까지 및 제12호의2의 경우 : 국민건강보험 요양급여의 기준에 관한 규칙 제11조의2 제1항부터 제3항까지, 제6항 및 같은 조 제9항 제1호의 절차

5. ④의 제9호 및 제13호의 경우 : 국민건강보험 요양급여의 기준에 관한 규칙 제11조의2 제1항부터 제6항까지 및 같은 조 제9항 제1호의 절차

6. ④의 제14호의 경우 : 다음 각 목의 구분에 따른 절차

가. 국민건강보험 요양급여의 기준에 관한 규칙 제11조의2 제8항에 따라 약제의 제조업자·위탁제조판매업자·수입자가 공단 이사장과 협상한 조건을 이행하지 않은 경우 : 국민건강보험 요양급여의 기준에 관한 규칙 제11조의2 제1항부터 제3항까지, 제6항 및 같은 조 제9항 제1호의 절차

나. 국민건강보험 요양급여의 기준에 관한 규칙 제11조의2 제8항에 따라 약제의 제조업자·위탁제조판매업자·수입자가 공단 이사장과 협상한 조건에서 정한 조정사유에 해당하는 경우 : 국민건강보험 요양급여의 기준에 관한 규칙 제11조의2 제1항부터 제3항까지 및 제6항부터 제9항까지의 절차

7. ④의 제15호 및 제17호의 경우 : 국민건강보험 요양급여의 기준에 관한 규칙 제11조의2 제1항부터 제3항까지 및 제6항부터 제9항까지의 절차. 다만, 보건복지부장관이 직권 조정을 하기 위하여 필요하다고 인정하는 경우에는 국민건강보험 요양급여의 기준에 관한 규칙 제11조의2 제1항부터 제3항까지, 제6항 및 같은 조 제9항 제1호의 절차를 준용한다.

⑥ ⑤(같은 항 제4호, 제5호 및 제6호 가목은 제외한다)에 따라 준용되는 국민건강보험 요양급여의 기준에 관한 규칙 제11조의2 제6항에 따라 심사평가원장으로부터 평가결과 또는 재평가결과를 통보받은 공단 이사장은 보건복지부장관으로부터 같은 조 제7항에 따른 협상 명령을 받기 전부터 미리 조정 대상 약제의 제조업자·위탁제조판매업자·수입자 또는 한국희귀·필수의약품센터의 장과 같은 항 제4호의 사항에 관하여 협상에 필요한 사항을 협의할 수 있다.

⑦ 보건복지부장관은 이미 요양급여대상 여부 및 상한금액이 고시된 약제의 안정적인 공급 등을 위해 필요하다고 인정하는 경우에는 공단 이사장에게 해당 약제의 제조업자·위탁제조판매업자·수입자와 국민건강보험 요양급여의 기준에 관한 규칙 제11조의2 제7항 제4호의 사항에 대하여 협상하도록 명할 수 있다. 이 경우 국민건강보험 요양급여의 기준에 관한 규칙 제11조의2 제7항부터 제9항까지를 준용한다.

⑧ 보건복지부장관은 국민건강보험 요양급여의 기준에 관한 규칙 제11조의2 제7항 제4호의 사항에 관한 협상이 필요한 경우로서 공단 이사장이 조정 대상 약제의 제조업자·위탁제조판매업자·수입자 또는 한국희귀·필수의약품센터의 장과 이미 같은 호의 사항에 관한 합의가 이루어져 있는 경우에는 ⑤ 및 ⑦에도 불구하고 국민건강보험 요양급여의 기준에 관한 규칙 제11조의2 제7항 및 제8항의 절차를 생략할 수 있다. 이 경우 국민건강보험 요양급여의 기준에 관한 규칙 제11조의2 제9항 제1호

를 준용한다.

⑨ 보건복지부장관은 ⑤(④의 제3호, 제5호, 제5호의2, 제6호 및 제7호는 제외한다) 또는 ⑦에 따라 준용되는 국민건강보험 요양급여의 기준에 관한 규칙 제11조의2 제9항에 따른 조치를 하기 전에 필요하다고 인정되는 경우 **1회에 한정**하여 공단 이사장에게 같은 조 제7항 및 제8항에 따라 **재협상**을 하게 할 수 있다.

⑩ 보건복지부장관은 ⑨에 따라 재협상을 하게 하기 전에 재협상의 필요 여부에 관하여 **약제급여평가위원회의 심의**를 거칠 수 있다. 이 경우 심사평가원장은 약제급여평가위원회의 **심의 결과를 보건복지부장관에게 보고**해야 한다.

⑪ 보건복지부장관은 ⑤ 또는 ⑦에 따라 준용되는 국민건강보험 요양급여의 기준에 관한 규칙 제11조의 2 제8항에 따른 협상(⑨에 따른 재협상을 한 경우에는 재협상을 말한다)의 결과 합의가 이루어지지 않은 약제 중 **환자의 진료에 반드시 필요하다고 인정되는 약제가 아닌 약제**에 대해서는 심의위원회의 심의를 거쳐 **요양급여대상에서 제외**할 수 있다.

(12) 독립적 검토절차(국민건강보험 요양급여의 기준에 관한 규칙 제13조의2)

① **독립적 검토절차 마련 :** 보건복지부장관은 치료재료(인체조직은 제외한다. 이하 이 조와 규칙 제13조의3에서 같다) 및 약제의 요양급여대상 여부 및 상한금액에 관하여 보건복지부, 공단 및 심사평가원으로부터 **독립적으로 검토할 수 있는 절차를 마련**하여야 한다.

② **검토자 위촉 :** 보건복지부장관은 독립적 검토를 수행하게 하기 위하여 검토 절차를 총괄하는 **1명**의 **책임자**와 검토를 담당하는 **30명 이내의 검토자**를 위촉하여야 한다.

③ **책임자 · 검토자의 자격 :** 책임자와 검토자는 치료재료 및 약제 분야의 학식과 경험이 풍부하고 보건복지부, 공단 및 심사평가원으로부터 독립적으로 검토를 할 수 있는 사람 중에서 위촉한다.

④ 책임자와 검토자의 자격, 임기, 위촉방법 등에 관한 사항은 보건복지부장관이 정한다.

(13) 독립적 검토(국민건강보험 요양급여의 기준에 관한 규칙 제13조의3)

① **독립적 검토의 신청 :** 독립적 검토는 다음 각 호의 경우에 신청할 수 있다.

1. 치료재료에 관한 결정신청을 한 자가 전문평가위원회의 평가결과에 이견이 있는 경우
2. 약제에 관한 결정신청을 한 자가 다음 각 목의 어느 하나의 결과에 이견이 있는 경우
   가. 약제급여평가위원회의 심의에 따른 평가결과
   나. 약제급여조정위원회의 조정결과
3. 치료재료에 관한 조정신청을 한 자가 전문평가위원회의 평가결과에 이견이 있는 경우
4. 약제에 관한 조정신청을 한 자가 다음 각 목의 어느 하나의 결과에 이견이 있는 경우
   가. 약제급여평가위원회의 심의에 따른 평가결과
   나. 약제급여조정위원회의 조정결과
5. 직권결정 대상 치료재료의 제조업자 · 수입업자가 전문평가위원회의 평가결과에 이견이 있는 경우
6. 직권결정 대상 약제의 제조업자 · 위탁제조판매업자 · 수입자가 다음 각 목의 어느 하나의 결과에 이견이 있는 경우
   가. 약제급여평가위원회의 심의에 따른 평가결과
   나. 약제급여조정위원회의 조정결과

7. 직권조정 대상 치료재료의 제조업자 · 수입업자가 전문평가위원회의 평가결과에 이견이 있는 경우
8. 직권조정 대상 약제(국민건강보험 요양급여의 기준에 관한 규칙 제13조 제4항 제7호 · 제9호 · 제10호 및 제13호의 경우만 해당한다)의 제조업자 · 위탁제조판매업자 · 수입자가 약제급여평가위원회의 심의에 따른 평가결과에 이견이 있는 경우

② **자료의 송부** : 보건복지부장관 또는 심사평가원장은 신청을 받으면 지체 없이 다음 각 호의 구분에 따른 **자료를 책임자에게 송부**하여야 한다.

1. ①의 제1호 및 제2호의 경우 : 결정신청 시 제출된 자료(①의 제2호 나목의 경우에는 약제급여조정위원회의 조정 시 검토된 자료를 포함한다)
2. ①의 제3호 및 제4호의 경우 : 조정신청 시 제출된 자료(①의 제4호 나목의 경우에는 약제급여조정위원회의 조정 시 검토된 자료를 포함한다)
3. ①의 제5호부터 제8호까지의 경우 : 직권 결정 · 조정을 위하여 검토된 자료(①의 제6호 나목의 경우에는 약제급여조정위원회의 조정 시 검토된 자료를 포함한다)

③ **검토 의뢰** : ②에 따라 자료를 송부받은 책임자는 검토자 중 1명을 선정하여 **검토를 의뢰**하고 지체 없이 검토자를 **보건복지부장관** 또는 **심사평가원장**에게 **알려야** 한다.

④ **검토 결과 제출** : ③에 따라 검토를 의뢰받은 검토자는 ②에 따른 자료의 범위에서 검토를 수행하여야 하고, 그 결과를 **보고서**로 작성하여 **책임자에게 제출**하여야 한다.

⑤ **보고서 제출** : ④에 따라 보고서를 제출받은 책임자는 이를 지체 없이 **보건복지부장관** 또는 **심사평가원장에게 제출**하여야 한다.

⑥ **제출 기한** : ①에 따른 신청부터 ⑤에 따른 보고서 제출에 걸리는 기간은 다음 각 호의 구분에 따른 기간을 넘어서는 아니 된다.

1. ①의 제1호, 제3호 및 제5호의 경우 : 100일
2. ①의 제2호, 제4호 및 제6호의 경우 : 150일
3. ①의 제7호 및 제8호의 경우 : 45일

(14) 신청인의 의견 제출 및 재평가 등(국민건강보험 요양급여의 기준에 관한 규칙 제13조의4 · 제13조의5)

① **보고서 송부** : 보고서를 제출받은 보건복지부장관 또는 심사평가원장은 제출받은 날부터 **7일 이내**에 보고서를 **신청인에게 송부**하여야 한다.

② **의견 제출 기한** : ①에 따라 보고서를 송부받은 신청인은 보고서의 내용에 의견이 있으면 송부받은 날부터 **30일 이내**에 보건복지부장관 또는 심사평가원장에게 의견을 제출할 수 있다.

③ **재평가 등의 기한** : ②에 따른 의견을 제출받거나 의견이 없음을 확인한 보건복지부장관 또는 심사평가원장은 **50일 이내**에 전문평가위원회의 **재평가**, 약제급여평가위원회의 **재심의를 거친 재평가** 또는 약제급여조정위원회의 **재조정**을 거쳐야 한다.

④ 전문평가위원회, 약제급여평가위원회 또는 약제급여조정위원회는 재평가, 재심의 또는 재조정할 때에 독립적 검토에 따른 보고서와 신청인의 의견에 구속되지 아니한다.

⑤ 이 규칙에서 정한 사항 외에 독립적 검토절차의 운영에 필요한 사항은 보건복지부장관이 정한다.

(15) 선별급여(법 제41조의4)

① 선별급여의 지정 : 요양급여를 결정함에 있어 경제성 또는 치료효과성 등이 불확실하여 그 검증을 위하여 **추가적인 근거가 필요**하거나, 경제성이 낮아도 가입자와 피부양자의 **건강회복에 잠재적 이득**이 있는 등 대통령령으로 정하는 경우에는 **예비적인 요양급여인 선별급여로 지정**하여 실시할 수 있다.

더 알아보기

선별급여를 실시할 수 있는 경우(영 제18조의4 제1항)

1. 경제성 또는 치료효과성 등이 불확실하여 그 검증을 위하여 추가적인 근거가 필요한 경우
2. 경제성이 낮아도 가입자와 피부양자의 건강회복에 잠재적 이득이 있는 경우
3. 제1호 또는 제2호에 준하는 경우로서 요양급여에 대한 사회적 요구가 있거나 국민건강 증진의 강화를 위하여 보건복지부장관이 특히 필요하다고 인정하는 경우

PART 2

② **요양급여 적합성평가** : 보건복지부장관은 대통령령으로 정하는 절차와 방법에 따라 선별급여에 대하여 주기적으로 **요양급여의 적합성을 평가**하여 요양급여 여부를 다시 결정하고, 요양급여의 기준을 조정하여야 한다.

③ 선별급여의 적합성평가(영 제18조의4 제2항)

1. 평가주기 : 선별급여를 실시한 날부터 **5년마다** 평가할 것. 다만, 보건복지부장관은 해당 선별급여의 내용·성격 또는 효과 등을 고려하여 신속한 평가가 필요하다고 인정하는 경우에는 그 평가주기를 달리 정할 수 있다.
2. 평가항목 : 다음 각 목의 사항을 평가할 것
   가. 치료 효과 및 치료 과정의 개선에 관한 사항
   나. 비용 효과에 관한 사항
   다. 다른 요양급여와의 대체가능성에 관한 사항
   라. 국민건강에 대한 잠재적 이득에 관한 사항
   마. 그 밖에 가목부터 라목까지의 규정에 준하는 사항으로서 보건복지부장관이 적합성평가를 위하여 특히 필요하다고 인정하는 사항
3. 평가방법 : 서면평가의 방법으로 실시할 것. 다만, 보건복지부장관이 필요하다고 인정하는 경우에는 현장조사·문헌조사 또는 설문조사 등의 방법을 추가하여 실시할 수 있다.

④ **평가 의뢰** : 보건복지부장관은 적합성평가와 관련하여 전문적·심층적 검토가 필요하다고 인정하는 경우에는 보건의료 관련 연구기관·단체 또는 전문가 등에게 그 **평가를 의뢰**하여 실시할 수 있다(영 제18조의4 제3항).

⑤ **제출 요청** : 보건복지부장관은 적합성평가를 위하여 필요하다고 인정하는 경우에는 관계 중앙행정기관, 지방자치단체, 공공기관 또는 보건의료 관련 법인·단체·전문가 등에게 필요한 **자료 또는 의견의 제출을 요청**할 수 있다(영 제18조의4 제4항).

⑥ ③부터 ⑤까지에서 규정한 사항 외에 적합성평가의 절차 및 방법 등에 필요한 사항은 보건복지부장관이 정하여 고시한다(영 제18조의4 제5항).

(16) 방문요양급여(법 제41조의5)

① 가입자 등이 질병이나 부상으로 **거동이 불편**한 경우 등 보건복지부령으로 정하는 사유에 해당하는 경우에는 가입자 등을 **직접 방문하여 요양급여를 실시**할 수 있다.

② **방문요양급여 실시 사유** : 질병이나 부상으로 거동이 불편한 경우 등 보건복지부령으로 정하는 사유에 해당하는 경우란 다음 각 호의 어느 하나에 해당하여 **의료기관을 방문하기 어려운 경우**를 말한다(국민건강보험 요양급여의 기준에 관한 규칙 제8조의3).

1. 장애인 건강권 및 의료접근성 보장에 관한 법률에 따른 장애인 건강 주치의 제도의 대상이 되는 중증장애인
2. 호스피스·완화의료 및 임종과정에 있는 환자의 연명의료결정에 관한 법률에 따른 말기환자(末期患者)
3. 가정형 인공호흡기를 사용하는 등 일정 수준 이상의 의료적 요구가 있어 방문요양급여를 제공받을 필요가 있는 18세 미만 환자
4. 그 밖에 질병, 부상, 출산 등으로 거동이 불편하여 방문요양급여가 필요하다고 보건복지부장관이 정하여 고시하는 경우에 해당하는 사람

2. 요양기관과 요양급여비용

(1) 요양기관(법 제42조)

① **요양기관의 범위** : 요양급여(**간호와 이송은 제외**한다)는 다음 각 호의 요양기관에서 실시한다. 이 경우 보건복지부장관은 공익이나 국가정책에 비추어 요양기관으로 적합하지 아니한 대통령령으로 정하는 의료기관 등은 요양기관에서 제외할 수 있다.

1. 의료법에 따라 개설된 **의료기관**

더 알아보기

의료기관(의료법 제3조 제1항·제2항)

① 의료기관 : 의료인이 공중 또는 특정 다수인을 위하여 의료·조산의 업("의료업")을 하는 곳

② 의료기관의 구분

1. 의원급 의료기관 : 의사, 치과의사 또는 한의사가 주로 외래환자를 대상으로 각각 그 의료행위를 하는 의료기관(의원, 치과의원, 한의원)
2. 조산원 : 조산사가 조산과 임산부 및 신생아를 대상으로 보건활동과 교육·상담을 하는 의료기관
3. 병원급 의료기관 : 의사, 치과의사 또는 한의사가 주로 입원환자를 대상으로 의료행위를 하는 의료기관(병원, 치과병원, 한방병원, 요양병원, 정신병원, 종합병원)

2. 약사법에 따라 등록된 **약국**
3. 약사법에 따라 설립된 **한국희귀·필수의약품센터**

더 알아보기

한국희귀·필수의약품센터의 설립(약사법 제91조 제1항)

다음 각 호의 의약품에 대한 각종 정보 제공 및 공급(조제 및 투약 업무를 포함한다) 등에 관한 업무를 하기 위하여 한국희귀·필수의약품센터를 둔다.

1. 희귀의약품
2. 국가필수의약품
3. 그 밖에 국민 보건상 긴급하게 도입할 필요가 있거나 안정적 공급 지원이 필요한 의약품으로서 식품의약품안전처장이 필요하다고 인정하는 의약품

4. 지역보건법에 따른 **보건소 · 보건의료원** 및 **보건지소**
5. 농어촌 등 보건의료를 위한 특별조치법에 따라 설치된 **보건진료소**

② **요양기관에서 제외되는 의료기관 등(영 제18조)**

㉠ ①의 각 호 외의 부분 후단에서 "대통령령으로 정하는 의료기관 등"이란 다음 각 호의 의료기관 또는 약국을 말한다.

1. 의료법에 따라 개설된 부속 의료기관
2. 사회복지시설에 수용된 사람의 진료를 주된 목적으로 개설된 의료기관
3. 본인일부부담금을 받지 아니하거나 경감하여 받는 등의 방법으로 가입자나 피부양자를 유인하는 행위 또는 이와 관련하여 과잉 진료행위를 하거나 부당하게 많은 진료비를 요구하는 행위를 하여 다음 각 목의 어느 하나에 해당하는 업무정지 처분 등을 받은 의료기관
   가. 업무정지 또는 과징금 처분을 5년 동안 2회 이상 받은 의료기관
   나. 면허자격정지 처분을 5년 동안 2회 이상 받은 의료인이 개설 · 운영하는 의료기관
4. 업무정지 처분 절차가 진행 중이거나 업무정지 처분을 받은 요양기관의 개설자가 개설한 의료기관 또는 약국

㉡ ㉠의 제1호 및 제2호에 따른 의료기관은 요양기관에서 제외되려면 보건복지부장관이 정하는 바에 따라 **요양기관 제외신청**을 하여야 한다.

㉢ 의료기관 등이 요양기관에서 제외되는 기간은 ㉠의 제3호의 경우에는 **1년 이하**로 하고, ㉠의 제4호의 경우에는 해당 **업무정지기간이 끝나는 날까지**로 한다.

③ **전문요양기관의 인정** : 보건복지부장관은 효율적인 요양급여를 위하여 필요하면 보건복지부령으로 정하는 바에 따라 시설 · 장비 · 인력 및 진료과목 등 보건복지부령으로 정하는 기준에 해당하는 요양기관을 **전문요양기관으로 인정**할 수 있다. 이 경우 해당 전문요양기관에 인정서를 발급하여야 한다.

④ **요양기관의 인정 등(규칙 제11조)**

㉠ 전문요양기관의 인정기준(규칙 별표 2) : 전문요양기관은 다음 각 호의 어느 하나에 해당하는 요건을 갖추어야 한다.

1. **병원급 이상**의 시설 · 장비 · 인력 등을 갖추고 결핵, 한센병, 정신질환, 심장질환, 재활치료, 그 밖에 보건복지부장관이 정하는 감염성 질환 및 만성질환 중 **1개의 질환을 전문적으로 진료하는 의료기관**으로서 해당 특정질환의 진료실적이 **총 진료실적의 100분의 80 이상**(심장질환을 전문적으로 진료하는 의료기관의 경우에는 심장수술 실적이 연간 300건 이상)이어야 한다.
2. **인턴 수련병원** 지정기준 또는 **레지던트 수련병원** 지정기준을 충족하는 의료기관으로서 해당 과목의 진료실적이 **총 진료실적의 100분의 50 이상**이어야 한다.

㉡ ③에 따라 전문요양기관으로 인정받으려는 요양기관은 전문요양기관 인정신청서에 다음 각 호의 서류를 첨부하여 보건복지부장관에게 제출하여야 한다.

1. 시설, 장비 및 진료과목별 인력 현황 1부
2. 최근 6개월 동안의 입원환자 진료실적 1부

㉢ 보건복지부장관은 요양기관을 전문요양기관으로 인정한 경우에는 전문요양기관 인정서를 발급하여야 한다.

㉣ ㉠부터 ㉢까지의 규정에 따른 인정기준의 세부 내용, 그 밖에 전문요양기관의 인정에 필요한 사항은 보건복지부장관이 정하여 고시한다.

⑤ **전문요양기관 인정의 취소** : 보건복지부장관은 전문요양기관으로 인정받은 요양기관이 다음 각 호의 어느 하나에 해당하는 경우에는 그 **인정을 취소**한다.
1. ③의 전단에 따른 **인정기준에 미달**하게 된 경우
2. ③의 후단에 따라 발급받은 **인정서를 반납**한 경우

⑥ ③에 따라 **전문요양기관**으로 인정된 요양기관 또는 의료법에 따른 **상급종합병원**에 대하여는 요양급여의 절차 및 요양급여비용을 **다른 요양기관과 달리** 할 수 있다.

⑦ ①·③ 및 ⑥에 따른 요양기관은 정당한 이유 없이 **요양급여를 거부하지 못한다.**

(2) 요양기관의 선별급여 실시에 대한 관리(법 제42조의2)

① **선별급여실시조건의 충족** : 선별급여 중 자료의 축적 또는 의료 이용의 관리가 필요한 경우에는 보건복지부장관이 해당 선별급여의 실시조건을 사전에 정하여 이를 **충족하는 요양기관만**이 해당 선별급여를 **실시**할 수 있다.

② **자료의 제출** : 선별급여를 실시하는 요양기관은 선별급여의 평가를 위하여 필요한 자료를 제출하여야 한다.

③ **선별급여 실시의 제한** : 보건복지부장관은 요양기관이 선별급여의 실시 **조건을 충족하지 못하거나 자료를 제출하지 아니할 경우**에는 해당 선별급여의 실시를 제한할 수 있다.

④ 선별급여의 실시 조건, 자료의 제출, 선별급여의 실시 제한 등에 필요한 사항은 보건복지부령으로 정한다.

(3) 선별급여의 실시조건(국민건강보험 요양급여의 기준에 관한 규칙 제14조의3)

① **선별급여실시조건의 내용** : 다음 각 호의 사항을 고려하여 **보건복지부장관**이 정한다.
1. 진료과목의 범위 및 종류 등에 관한 사항
2. 의료인의 정원 및 자격 등에 관한 사항
3. 의료시설 및 의료장비 등에 관한 사항
4. 환자의 요건 및 기준 등에 관한 사항
5. 선별급여의 실시에 따른 요양기관의 준수사항
6. 선별급여를 받는 사람이 요양급여비용 외에 추가로 부담하는 비용
7. 그 밖에 제1호부터 제6호까지의 규정에 준하는 사항으로서 선별급여의 실시를 위하여 보건복지부장관이 특히 필요하다고 인정하는 사항

② **제출 요청** : 보건복지부장관은 선별급여실시조건을 정하거나 변경하기 위하여 필요하다고 인정하는 경우에는 보건의료 관련 법인·단체 또는 전문가 등에게 자료 또는 의견의 제출을 요청할 수 있다.

③ **실시조건의 공개** : 보건복지부장관은 선별급여실시조건을 정하거나 변경한 경우에는 보건복지부 인터넷 홈페이지에 게재하고, 의약관련 단체에 그 내용을 통보해야 한다.

④ **실시조건 충족 여부 입증** : 선별급여를 실시하려는 요양기관은 해당 선별급여를 실시하기 전에 선별급여실시조건의 충족 여부를 입증하는 서류를 심사평가원장을 거쳐 보건복지부장관에게 제출해야 한다.

⑤ ①부터 ④까지의 규정에 따른 선별급여실시조건의 내용, 협조 요청, 내용 통보 또는 입증서류 제출 등에 필요한 세부사항은 보건복지부장관이 정하여 고시한다.

(4) 선별급여의 적합성평가를 위한 자료 제출(국민건강보험 요양급여의 기준에 관한 규칙 제14조의4)

① **제출 자료의 범위** : 선별급여를 실시하는 요양기관("선별급여 실시기관")이 제출하는 자료의 범위는 다음 각 호와 같다.

1. 선별급여의 실시 현황에 관한 자료
2. 해당 선별급여와 대체가능한 요양급여로서 보건복지부장관이 정하여 고시하는 요양급여의 실시 현황에 관한 자료
3. 선별급여의 실시에 따른 요양급여비용의 청구에 관한 자료
4. 선별급여실시조건에 대한 현황자료 및 변경자료(변경자료는 변경이 있는 경우만 해당한다)
5. 그 밖에 제1호부터 제4호까지의 규정에 준하는 자료로서 보건복지부장관이 선별급여의 적합성평가를 위하여 특히 필요하다고 인정하는 자료

② 선별급여 실시기관이 관련 자료를 제출하는 경우에는 보건복지부장관이 정하는 기준 및 절차에 따라 **연 1회 이상 제출**하여야 한다. 이 경우 선별급여 실시기관은 **심사평가원장을 거쳐 보건복지부장관에게 제출**하여야 한다.

③ 보건복지부장관은 선별급여의 적합성평가를 위하여 필요하다고 인정하는 경우에는 선별급여 실시기관에 대하여 **자료의 보완 또는 추가 자료의 제출** 등을 요청할 수 있다.

④ ①부터 ③까지의 규정에 따른 자료의 범위, 작성 방법, 제출 방법 또는 보완 요청 등에 필요한 세부사항은 보건복지부장관이 정하여 고시한다.

(5) 선별급여의 실시 제한(국민건강보험 요양급여의 기준에 관한 규칙 제14조의5)

① **선별급여의 실시 현황 확인** : 보건복지부장관은 선별급여의 실시 제한을 위하여 필요하다고 인정하는 경우에는 선별급여 실시기관에 대하여 관련 **자료를 요구**하거나 **선별급여의 실시 현황을 확인·점검**할 수 있다.

② **시정 명령** : 보건복지부장관은 선별급여 실시기관이 **선별급여의 실시 제한사유**에 해당하는 경우에는 보건복지부장관이 정하는 바에 따라 일정한 기간을 정하여 그 **시정을 명**할 수 있다.

③ **제한 기간** : 보건복지부장관은 선별급여 실시기관이 시정명령을 이행하지 않는 경우에는 **3개월의 범위**에서 **선별급여의 실시를 제한**할 수 있다. 이 경우 위반행위의 내용·성격·결과 및 환자의 보호 등에 관한 사항을 종합적으로 고려하여 선별급여의 실시 제한기간을 정해야 한다.

④ **서류 제출** : 선별급여 실시기관이 선별급여 실시 제한기간이 끝난 후에 다시 선별급여를 실시하려는 경우에는 선별급여실시조건의 충족 여부를 입증하는 **서류를 심사평가원장을 거쳐 보건복지부장관에게 제출**해야 한다.

⑤ ①부터 ④까지의 규정에 따른 자료요구, 확인·점검, 시정명령, 선별급여 실시 제한의 절차 및 방법 등에 필요한 세부사항은 보건복지부장관이 정하여 고시한다.

(6) 요양기관 현황에 대한 신고(법 제43조)

① **신고사항** : 요양기관은 요양급여비용을 최초로 청구하는 때에 **요양기관의 시설·장비 및 인력** 등에 대한 현황을 **심사평가원**에 **신고**하여야 한다.

② **요양기관 현황 신고 등** : 요양기관은 시설 · 장비 및 인력 등에 대한 현황을 신고하려면 **요양기관 현황 신고서**[한국희귀 · 필수의약품센터의 경우에는 요양기관 현황 신고서(약국 및 한국희귀 · 필수의약품센터용)를 말한다] 및 **의료장비 현황(변경) 신고서**에 다음 각 호의 구분에 따른 **서류를 첨부**하여 **심사평가원에 제출**하여야 한다. 다만, 지역보건법에 따른 보건소 · 보건의료원 및 보건지소와 농어촌 등 보건의료를 위한 특별조치법에 따라 설치된 보건진료소는 다음 각 호의 구분에 따른 서류를 첨부하지 아니한다(규칙 제12조 제1항).

1. 요양기관 현황 신고서의 경우에는 다음 각 목의 서류
   가. 의료기관 개설신고증, 의료기관 개설허가증, 약국 개설등록증 또는 한국희귀의약품센터 설립허가증 사본 1부
   나. 삭제
   다. 요양기관의 인력에 관한 면허나 자격을 확인할 수 있는 서류
   라. 통장 사본 1부
2. 의료장비 현황 신고서의 경우에는 다음 각 목의 서류
   가. 장비의 허가 · 신고 · 등록을 확인할 수 있는 서류
   나. 장비의 검사나 검사면제에 관한 사항을 확인할 수 있는 서류
   다. 장비를 구입하였거나 임차한 사실을 확인할 수 있는 서류

③ **신고기한** : 요양기관은 신고한 내용(**요양급여비용의 증감에 관련된 사항**만 해당한다)이 변경된 경우에는 그 변경된 날부터 **15일 이내**에 보건복지부령으로 정하는 바에 따라 심사평가원에 신고하여야 한다.

④ **제출 서류** : 요양기관은 요양기관의 인력 · 시설 · 장비 등의 내용이 변경된 경우에는 **의료장비 현황(변경) 신고서** 및 **요양기관 현황 변경 신고서**에 변경된 사항을 증명하는 **서류를 첨부**하여 **심사평가원에 제출**하여야 한다. 다만, 요양급여비용 수령 계좌를 변경하려는 경우에는 개설자나 대표자의 인감증명서(법인인 경우에는 법인 인감증명서를 말한다) 또는 본인서명사실확인서를 첨부하여야 하며, 요양기관 현황 변경 신고서에 그 등록된 인감을 날인하거나 본인서명사실확인서와 동일한 서명을 하여야 한다(규칙 제12조 제2항).

⑤ **확인 서류** : 신고서를 제출받은 심사평가원은 행정정보의 공동이용을 통하여 **사업자등록증**(신고인이 지역보건법에 따른 보건소 · 보건의료원 및 보건지소와 농어촌 등 보건의료를 위한 특별조치법에 따라 설치된 보건진료소인 경우는 제외한다) 및 **법인 등기사항증명서**(법인인 경우만 해당한다)를 확인하여야 하며, 신고인이 사업자등록증을 확인하는 것에 동의하지 아니하는 경우에는 그 **사본을 첨부**하도록 하여야 한다(규칙 제12조 제3항).

⑥ 심사평가원은 특별시장 · 광역시장 · 특별자치시장 · 도지사 · 특별자치도지사("시 · 도지사") 또는 시장 · 군수 · 구청장(자치구의 구청장을 말한다. 이하 같다)으로부터 다음 각 호의 사항을 통보받은 경우에는 요양기관이 규칙 별표 2의2 각 호의 구분에 따라 요양기관 현황(변경) 신고서 또는 의료장비 현황(변경) 신고서 및 첨부 서류를 **심사평가원에 제출한 것으로 본다**(규칙 제12조 제4항).

1. 의료법 시행규칙 제30조의2 제2항에 따라 처리한 사항 : 시 · 도지사 및 시장 · 군수 · 구청장은 전자민원창구를 통하여 처리한 의료기관 개설(변경)신고 · 개설(변경)허가 및 폐업 · 휴업의 신고 등에 관한 사항(서면으로 신고받거나 허가 신청 받아 처리한 사항을 포함한다)을 심사평가원에 통보하여야 한다. 이 경우 시 · 도지사 또는 시장 · 군수 · 구청장은 보건복지부장관에게 보고한 것으로 본다.

2. 약사법 시행규칙 제9조의2 제2항에 따라 처리한 사항 : 시장·군수·구청장은 전자민원창구를 통하여 처리한 등록신청·변경등록신청, 지위 승계 신고 및 폐업 등의 신고에 관한 사항(서면으로 신청받거나 신고받아 처리한 사항을 포함한다)을 심사평가원에 통보하여야 한다.
3. 진단용 방사선 발생장치의 안전관리에 관한 규칙 제3조의2 제2항에 따라 처리한 사항 : 시장·군수·구청장은 전자민원창구를 통하여 진단용 방사선 발생장치의 설치·사용 중지·사용 중지 후 다시 사용하려는 경우, 진단용 방사선 발생장치를 설치·운영하는 의료기관의 개설자 또는 의료기관의 명칭을 변경하려는 경우, 소속 방사선 관계 종사자의 변동에 따른 신고에 관한 사항(서면으로 신고 받아 처리한 사항을 포함한다)을 심사평가원에 통보하여야 한다.
4. 특수의료장비의 설치 및 운영에 관한 규칙 제4조의2 제2항에 따라 처리한 사항 : 시장·군수·구청장은 전자민원창구를 통하여 등록 신청, 등록사항의 변경 통보에 관한 사항(서면으로 신고받아 처리한 사항을 포함한다)을 심사평가원에 통보하여야 한다.
5. 보건복지부장관이 정하는 의료기관이 없는 지역 또는 약국이 없는 지역에 해당한다는 사실

PART 2

〈규칙 별표 2의2〉 요양기관 및 의료장비 현황(변경) 신고 관련 신고서 및 서류를 제출한 것으로 보는 기준

1. 요양기관이 의료기관(또는 부속 의료기관) 개설신고증, 의료기관(또는 부속 의료기관) 개설허가증 또는 약국 개설등록증을 심사평가원에 제출한 것으로 보는 경우는 다음 각 목과 같다.
   가. 의료기관 개설신고증을 제출한 것으로 보는 경우 : 심사평가원이 시장·군수·구청장으로부터 의료기관 개설신고서와 의료기관 개설신고증명서를 통보받은 경우
   나. 의료기관 개설허가증을 제출한 것으로 보는 경우 : 심사평가원이 시·도지사로부터 의료기관 개설허가신청서와 의료기관 개설허가증을 통보받은 경우
   다. 부속 의료기관 개설신고증을 제출한 것으로 보는 경우 : 심사평가원이 시장·군수·구청장으로부터 부속 의료기관 개설신고서와 부속 의료기관 개설신고증명서를 통보받은 경우
   라. 부속 의료기관 개설허가증을 제출한 것으로 보는 경우 : 심사평가원이 시·도지사로부터 부속 의료기관 개설허가신청서와 부속 의료기관 개설허가증을 통보받은 경우
   마. 약국 개설등록증을 제출한 것으로 보는 경우 : 심사평가원이 시장·군수·구청장으로부터 약국개설등록 신청서(신규등록인 경우에 한정한다)와 약국개설등록증을 통보받은 경우
2. 요양기관이 요양기관 현황 변경 신고서 및 변경된 사항을 증명하는 서류(개설 장소의 이전, 의료기관의 종류 또는 개설자 변경의 경우에는 요양기관 현황 신고서를 포함한다)를 심사평가원에 제출한 것으로 보는 경우는 다음 각 목과 같다.
   가. 심사평가원이 시장·군수·구청장으로부터 신고사항 변경 신고서(의료법 시행규칙 제26조 제1항 각 호 외의 부분에 따른 개설 장소의 이전 또는 같은 항 제1호·제3호·제4호 및 제5호 중 하나 이상에 해당하는 개설신고사항에 대하여 변경 사항이 있는 경우에 한정한다)와 의료기관 개설신고증명서를 통보받은 경우

더 알아보기

의료기관 개설신고 사항의 변경신고(의료법 시행규칙 제26조 제1항 각 호)
1. 의료기관 개설자의 변경 사항
2. 의료기관 개설자가 입원, 해외 출장 등으로 다른 의사·치과의사·한의사 또는 조산사에게 진료하게 할 경우 그 기간 및 해당 의사 등의 인적 사항
3. 의료기관의 진료과목의 변동 사항
4. 진료과목 증감이나 입원실 등 주요 시설의 변경에 따른 시설 변동 내용
5. 의료기관의 명칭 변경 사항
6. 의료기관의 의료인 수

나. 심사평가원이 시・도지사로부터 허가사항 변경신청서(의료법 시행규칙 제28조 제1항 각 호 외의 부분에 따른 개설 장소의 이전 또는 같은 항 제1호・제2호・제3호 및 제4호 중 하나 이상에 해당하는 개설허가 사항에 대하여 변경 사항이 있는 경우에 한정한다)와 의료기관 개설허가증을 통보받은 경우

더 알아보기

의료기관 개설허가 사항의 변경허가(의료법 시행규칙 제28조 제1항 각 호)

1. 의료기관 개설자의 변경 사항
2. 의료기관의 종류 변경 또는 진료과목의 변동 사항
3. 진료과목 증감이나 입원실 등 주요시설 변경에 따른 시설 변동 내용
4. 의료기관의 명칭 변경 사항
5. 의료기관의 의료인 수

다. 심사평가원이 시장・군수・구청장으로부터 부속 의료기관(부속 의료기관 중 요양기관에서 제외되지 아니한 것을 말한다. 이하 같다) 개설 변경 신고서와 부속 의료기관 개설신고증명서를 통보받은 경우. 이 경우 개설신고사항에 대한 변경사항에 대해서는 가목을 준용한다.

라. 심사평가원이 시・도지사로부터 부속 의료기관 개설 변경허가신청과 부속 의료기관 개설허가증을 통보받은 경우. 이 경우 개설허가사항에 대한 변경사항에 대해서는 나목을 준용한다.

마. 심사평가원이 시장・군수・구청장으로부터 약국개설등록 신청서(개설자 변경인 경우에 한정한다)와 약국개설등록증을 통보받은 경우

바. 심사평가원이 시장・군수・구청장으로부터 약국등록사항 변경신청서(약국의 명칭 또는 약국의 소재지를 변경등록하는 경우에 한정한다)와 약국개설등록증을 통보받은 경우

사. 심사평가원이 시장・군수・구청장으로부터 의료기관 폐업 또는 휴업 신고서를 통보받은 경우

아. 심사평가원이 시장・군수・구청장으로부터 약국 폐업, 휴업 또는 업무재개 신고서를 통보받은 경우

자. 심사평가원이 시장・군수・구청장으로부터 보건복지부장관이 정하는 의료기관이 없는 지역 또는 약국이 없는 지역에 해당한다는 사실을 통보받은 경우

3. 요양기관이 의료장비 현황(변경) 신고서 및 장비의 허가・신고・등록을 확인할 수 있는 서류, 장비의 검사나 검사면제에 관한 사항을 확인할 수 있는 서류, 장비를 구입하였거나 임차한 사실을 확인할 수 있는 서류(원자력안전법에 따른 검사 결과는 제외한다)를 심사평가원에 제출한 것으로 보는 경우는 다음 각 목과 같다.
   가. 심사평가원이 시장・군수・구청장으로부터 설치, 사용 또는 재사용 신고서와 신고증명서를 통보받은 경우
   나. 특수의료장비 등록신청서와 특수의료장비 등록증명서를 통보받은 경우
4. 요양기관이 의료장비 현황(변경) 신고서 및 변경된 사항을 증명하는 서류를 심사평가원에 제출한 것으로 보는 경우는 다음 각 목과 같다.
   가. 심사평가원이 시장・군수・구청장으로부터 사용중지, 양도, 이전 또는 폐기 신고서와 신고증명서를 통보받은 경우
   나. 심사평가원이 시장・군수・구청장으로부터 진단용 방사선 발생장치의 신고사항 변경 신고서와 신고증명서를 통보받은 경우
   다. 심사평가원이 시장・군수・구청장으로부터 특수의료장비 시설등록사항, 개설자 / 의료기관명칭 또는 용도 / 설치장소(주소) 변경통보서, 특수의료장비 등록증명서를 통보받은 경우
   라. 심사평가원이 시장・군수・구청장으로부터 특수의료장비 양도, 폐기 또는 사용중지 통보서를 통보받은 경우

⑦ **시・도지사 등에 대한 통보** : 심사평가원은 ④에 따라 제출받은 요양기관 현황 변경 신고사항 중 다음 각 호의 사항을 소관 **시・도지사** 또는 **시장・군수・구청장에게 통보**하여야 한다(규칙 제12조 제5항).

1. 의료기관 개설자가 입원, 해외 출장 등으로 다른 의사・치과의사・한의사 또는 조산사에게 진료하게 할 경우 그 기간 및 해당 의사 등의 인적 사항
2. 의료법 제33조 제5항 및 같은 법 시행규칙 제26조 제1항 제6호에 따른 의료기관의 의료인 수 : 의원・치과의원・한의원 또는 조산원 개설자가 개설신고사항의 변경신고를 할 때에 따른 의료기관의 의료인 수

3. 의료법 제33조 제5항 및 같은 법 시행규칙 제28조 제1항 제5호에 따른 의료기관의 의료인 수 : 의원 · 치과의원 · 한의원 또는 조산원, 종합병원 · 병원 · 치과병원 · 한방병원 · 요양병원 또는 정신병원의 개설허가를 받은 자가 개설허가사항의 변경허가를 받으려고 할 때에 따른 의료기관의 의료인 수

⑧ **공단에 대한 통보** : 심사평가원은 신고받은 사항 중 요양급여비용 지급을 위하여 필요한 다음 각 호의 사항을 **공단에 통보**하여야 한다(규칙 제12조 제6항).

1. 요양기관의 명칭, 기호 및 소재지
2. 대표자의 성명 및 주민등록번호
3. 개설 신고(허가 · 등록)일, 폐업일
4. 사업자등록번호
5. 금융기관의 계좌명세 등

⑨ 요양기관이 ② 및 ④에 따라 심사평가원에 신고하여야 하는 장비 등 요양기관의 현황을 관리하는 데 필요한 사항은 보건복지부장관이 정하여 고시한다(규칙 제12조 제7항).

⑩ ① 및 ③에 따른 신고의 범위, 대상, 방법 및 절차 등에 필요한 사항은 보건복지부령으로 정한다.

(7) 보건의료자원 통합신고포털의 설치 · 운영(규칙 제12조의2)

① 심사평가원은 요양기관 현황 신고 등과 관련된 업무를 처리하기 위하여 전자정부법 제9조 제2항에 따른 **전자민원창구("보건의료자원 통합신고포털")**를 설치하여 운영할 수 있다.

② 요양기관은 보건의료자원 통합신고포털을 통하여 **요양기관 현황 등에 대하여 신고**하거나 그 **내역 등을 확인**할 수 있다.

③ 보건복지부장관, 시 · 도지사, 시장 · 군수 · 구청장 및 심사평가원은 **보건의료자원 통합신고포털**과 보건복지부장관 및 각 지방자치단체가 운영하는 **정보시스템을 연계**하여 다음 각 호의 업무를 처리할 수 있다.

1. 시 · 도지사 및 시장 · 군수 · 구청장이 규칙 제12조 제4항에 따라 심사평가원에 하는 통보
2. 심사평가원이 규칙 제12조 제5항에 따라 시 · 도지사 및 시장 · 군수 · 구청장에 하는 통보
3. 심사평가원이 법 제96조 제2항 및 영 제69조의2에 따라 요청하는 영 별표 4의3 제2호 마목 · 카목 및 타목에 해당하는 자료의 제공
   마. 요양기관의 현황과 관련한 사실을 확인하기 위해 필요한 자료
   카. 다음 각 목의 자에 대한 면허, 자격 및 행정처분 등에 대한 자료
      1) 의료법에 따른 의사, 치과의사, 한의사, 조산사, 간호사 및 간호조무사
      2) 약사법에 따른 약사 및 한약사
      3) 의료기사 등에 관한 법률에 따른 임상병리사, 방사선사, 물리치료사, 작업치료사, 치과기공사, 치과위생사 및 보건의료정보관리사
      4) 사회복지사업법에 따른 사회복지사
      5) 국민영양관리법에 따른 영양사
      6) 식품위생법에 따른 조리사
      7) 정신건강증진 및 정신질환자 복지서비스 지원에 관한 법률에 따른 정신건강전문요원
      8) 원자력안전법에 따른 방사성동위원소취급자 및 방사선취급감독자
      9) 그 밖에 다른 법령에 따라 면허를 받거나 자격을 인정받은 자로서 요양급여 관련 업무에 종사하는 자

타. 요양기관, 의료급여법에 따른 의료급여기관, 의료법에 따른 의료기관, 약사법에 따른 의약품 도매상, 의약품·의약외품의 제조업자·품목허가를 받은 자·수입자·판매업자, 의료기기법에 따른 의료기기취급자, 식품위생법에 따른 집단급식소 운영자, 마약류 관리에 관한 법률에 따른 마약류취급자 등에 대한 업무정지·허가취소 등 처분에 대한 자료

4. 그 밖에 요양기관의 시설·장비 및 인력 등 보건의료자원의 통합신고를 위하여 필요하다고 심사평가원이 보건복지부장관의 승인을 받아 정한 사항

④ 보건복지부장관, 시·도지사, 시장·군수·구청장 및 심사평가원은 ③의 각 호의 업무를 위하여 불가피한 경우 **주민등록번호** 또는 **외국인등록번호가 포함된 자료를 처리**할 수 있다.

⑤ 보건의료자원 통합신고포털의 설치·운영 방법, 정보시스템의 연계 운영 방법, 그 밖에 보건의료자원 통합신고포털을 관리하는 데 필요한 사항은 보건복지부장관이 정하여 고시한다.

(8) 비용의 일부부담(법 제44조)

① **본인일부부담금** : 요양급여를 받는 자는 대통령령으로 정하는 바에 따라 **비용의 일부**(“**본인일부부담금**”)를 본인이 부담한다. 이 경우 **선별급여에 대해서는** 다른 요양급여에 비하여 본인일부부담금을 **상향 조정**할 수 있다.

1. 본인일부부담금의 부담률 및 부담액은 영 별표 2와 같다(영 제19조 제1항).
2. 본인일부부담금은 요양기관의 청구에 따라 **요양급여를 받는 사람이 요양기관에 납부**한다. 이 경우 요양기관은 보건복지부령으로 정하는 요양급여사항 또는 비급여사항 외에 입원보증금 등 다른 명목으로 비용을 청구해서는 아니 된다(영 제19조 제2항).

② **규제의 재검토** : 보건복지부장관은 본인일부부담금의 부담률 및 부담액에 대하여 2022년 1월 1일을 기준으로 **3년마다**(매 3년이 되는 해의 1월 1일 전까지를 말한다) 그 **타당성을 검토하여 개선 등의 조치**를 해야 한다(영 제81조의2 제2항).

③ **본인부담상한액 초과액의 부담** : ①에 따라 본인이 연간 부담하는 본인일부부담금의 총액이 대통령령으로 정하는 금액(“**본인부담상한액**”)을 초과한 경우에는 **공단이 그 초과 금액을 부담**하여야 한다.

㉠ 본인일부부담금의 총액은 요양급여를 받는 사람이 **연간 부담하는 본인일부부담금을 모두 더한 금액**으로 한다. 다만, 다음 각 호의 어느 하나에 해당하는 본인일부부담금은 더하지 않는다(영 제19조 제3항).

1. 영 별표 2 제1호 가목 1)에 따라 상급종합병원·종합병원·병원·한방병원·요양병원(장애인 의료재활시설로서 요건을 갖춘 의료기관인 요양병원으로 한정한다)·정신병원 일반입원실의 2인실·3인실 및 정신과 입원실의 2인실·3인실을 이용한 경우 그 입원료로 부담한 금액

1의2. 별표 2 제1호 다목 3)에 따라 보건복지부장관이 정하여 고시하는 질병을 주 질병·부상으로 상급종합병원에서 받은 외래진료에 대해 같은 표 제1호 나목 또는 제3호 너목에 따라 부담한 금액. 다만, 다음 각 목의 어느 하나에 해당하는 사람이 부담한 금액은 제외한다.

가. 임신부
나. 6세 미만의 사람
다. 별표 2 제1호 나목에 따른 의약분업 예외환자
라. 별표 2 제3호 카목에 따라 보건복지부장관이 정하여 고시하는 난임진료를 받은 사람
마. 다음 법률 규정에 따라 의료지원을 받는 의료지원 대상자

1) 5 · 18 민주유공자예우 및 단체설립에 관한 법률 제33조
2) 고엽제후유의증 등 환자지원 및 단체설립에 관한 법률 제6조제2항
3) 국가유공자 등 예우 및 지원에 관한 법률 제41조
4) 독립유공자예우에 관한 법률 제17조
5) 보훈보상대상자 지원에 관한 법률 제50조
6) 제대군인지원에 관한 법률 제20조
7) 참전유공자 예우 및 단체설립에 관한 법률 제7조
8) 특수임무유공자 예우 및 단체설립에 관한 법률 제32조

2. 영 별표 2 제3호 라목 5) · 6) · 9) 및 10)에 따라 부담한 금액
3. 영 별표 2 제3호 사목, 거목 및 너목에 따라 부담한 금액
4. 영 별표 2 제4호에 따라 부담한 금액
5. 영 별표 2 제6호에 따라 부담한 금액

㉡ 본인부담상한액은 영 별표 3의 산정방법에 따라 산정된 금액을 말한다(영 제19조 제4항).

㉢ 공단이 본인부담상한액을 넘는 금액을 지급하는 경우에는 요양급여를 받은 사람이 지정하는 **예금계좌**(체신관서 및 은행에서 개설된 예금계좌 등 보건복지부장관이 정하는 예금계좌를 말한다)로 지급해야 한다. 다만, 해당 예금계좌로 입금할 수 없는 불가피한 사유가 있는 경우에는 보건복지부장관이 정하는 방법으로 지급할 수 있다(영 제19조 제5항).

④ ③에 따른 본인부담상한액은 **가입자의 소득수준** 등에 따라 정한다.

⑤ ③에 따른 본인일부부담금 총액 산정 방법, 본인부담상한액을 넘는 금액의 지급 방법 및 가입자의 소득수준 등에 따른 본인부담상한액 설정 등에 필요한 사항은 대통령령으로 정한다.

〈영 별표 2〉 본인일부부담금의 부담률 및 부담액

1. 가입자 등은 요양급여비용 중 다음 각 목의 어느 하나에 해당하는 금액(100원 미만은 제외한다)을 부담한다. 다만, 입원진료의 경우에는 100원 미만의 금액도 부담한다.
   가. 입원진료(나목의 표 중 보건복지부장관이 정하는 의료장비를 이용한 진료의 경우는 제외한다) 및 보건복지부장관이 정하는 요양급여를 받은 경우(약국 또는 한국희귀 · 필수의약품센터인 요양기관에서 처방전에 따라 의약품을 조제받는 경우를 포함한다)는 다음의 구분에 따라 계산한 금액
      1) 요양급여비용 총액(보건복지부장관이 정하여 고시하는 식대와 장애인 치과진료에 대한 가산금액은 제외한다)의 100분의 20에 입원기간 중 식대[입원환자의 식사의 질과 서비스에 영향을 미치는 부가적 요소에 드는 비용에 해당하는 가산금액("식대가산금액")을 포함한다. 이하 이 호, 제2호 및 제3호 가목 · 나목 · 아목에서 같다]의 100분의 50을 더한 금액. 다만, 상급종합병원에서 법 제43조에 따라 신고한 입원병실 중 일반입원실의 2인실 · 3인실 · 4인실 및 정신과 입원실의 2인실 · 3인실 · 4인실을 이용한 경우에는 그 입원료에 한정하여 각각 100분의 50 · 100분의 40 · 100분의 30으로 하고, 종합병원 · 병원 · 한방병원 · 요양병원(장애인 의료재활시설로서 요건을 갖춘 의료기관인 요양병원으로 한정한다) · 정신병원에서 법 제43조에 따라 신고한 입원병실 중 일반입원실의 2인실 · 3인실 및 정신과 입원실의 2인실 · 3인실을 이용한 경우에는 그 입원료에 한정하여 각각 100분의 40 · 100분의 30으로 하며, 보건복지부장관이 정하여 고시하는 격리 입원에 대해서는 그 입원료에 한정하여 100분의 10으로 한다.
      2) 요양병원(장애인 의료재활시설로서 요건을 갖춘 의료기관인 요양병원은 제외한다)에서 입원진료를 받는 사람 중 입원치료보다는 요양시설이나 외래진료를 받는 것이 적합한 환자로서 보건복지부장관이 정하여 고시하는 환자군에 해당하는 경우에는 요양급여비용 총액의 100분의 40에 입원기간 중 식대의 100분의 50을 더한 금액

나. 외래진료의 경우 및 보건복지부장관이 정하는 의료장비 · 치료재료를 이용한 진료의 경우에는 다음 표의 구분에 따라 계산한 금액

기관 종류	소재지	환자 구분	본인일부부담금
상급 종합병원	모든 지역	일반 환자	(진찰료 총액)+[(요양급여비용 총액)−(진찰료 총액)]×$\frac{60}{100}$ 다만, 임신부 외래진료의 경우에는 요양급여비용 총액의 $\frac{40}{100}$, 1세 미만 영유아 외래진료의 경우에는 요양급여비용 총액의 $\frac{20}{100}$으로 한다.
		의약 분업 예외 환자	(진찰료 총액)+[(요양급여비용 총액)−(약값 총액)−(진찰료 총액)]×$\frac{60}{100}$+(약값 총액)×$\frac{30}{100}$ 다만, 임신부 외래진료의 경우에는 [(요양급여비용 총액)−(약값 총액)]×$\frac{40}{100}$+(약값 총액)×$\frac{30}{100}$, 1세 미만 영유아 외래진료의 경우에는 [(요양급여비용 총액)−(약값 총액)]×$\frac{20}{100}$+(약값 총액)×$\frac{21}{100}$로 한다.
종합 병원	동 지역	일반 환자	(요양급여비용 총액)×$\frac{50}{100}$(다만, 임신부 외래진료의 경우에는 $\frac{30}{100}$, 1세 미만 영유아 외래진료의 경우에는 $\frac{15}{100}$)
종합 병원	동 지역	의약 분업 예외 환자	[(요양급여비용 총액)−(약값 총액)]×$\frac{50}{100}$(다만, 임신부 외래진료의 경우에는 $\frac{30}{100}$, 1세 미만 영유아 외래진료의 경우에는 $\frac{15}{100}$)+(약값 총액)×$\frac{30}{100}$(다만, 1세 미만 영유아의 경우에는 $\frac{21}{100}$)
	읍 · 면 지역	일반 환자	(요양급여비용 총액)×$\frac{45}{100}$(다만, 임신부 외래진료의 경우에는 $\frac{30}{100}$, 1세 미만 영유아 외래진료의 경우에는 $\frac{15}{100}$)
		의약 분업 예외 환자	[(요양급여비용 총액)−(약값 총액)]×$\frac{45}{100}$(다만, 임신부 외래진료의 경우에는 $\frac{30}{100}$, 1세 미만 영유아 외래진료의 경우에는 $\frac{15}{100}$)+(약값 총액)×$\frac{30}{100}$(다만, 1세 미만 영유아의 경우에는 $\frac{21}{100}$)

병원, 치과병원, 한방병원, 요양병원, 정신병원	동 지역	일반환자	(요양급여비용 총액)×$\frac{40}{100}$(다만, 임신부 외래진료의 경우에는 $\frac{20}{100}$, 1세 미만 영유아 외래진료의 경우에는 $\frac{10}{100}$)
		의약분업 예외환자	[(요양급여비용 총액)−(약값 총액)]×$\frac{40}{100}$(다만, 임신부 외래진료의 경우에는 $\frac{20}{100}$, 1세 미만 영유아 외래진료의 경우에는 $\frac{10}{100}$)+(약값 총액)×$\frac{30}{100}$(다만, 1세 미만 영유아의 경우에는 $\frac{21}{100}$)
	읍·면 지역	일반환자	(요양급여비용 총액)×$\frac{35}{100}$(다만, 임신부 외래진료의 경우에는 $\frac{20}{100}$, 1세 미만 영유아 외래진료의 경우에는 $\frac{10}{100}$)
		의약분업 예외환자	[(요양급여비용 총액)−(약값 총액)]×$\frac{35}{100}$(다만, 임신부 외래진료의 경우에는 $\frac{20}{100}$, 1세 미만 영유아 외래진료의 경우에는 $\frac{10}{100}$)+(약값 총액)×$\frac{30}{100}$(다만, 1세 미만 영유아의 경우에는 $\frac{21}{100}$)
의원, 치과의원, 한의원, 보건의료원	모든 지역	일반환자	(요양급여비용 총액)×$\frac{30}{100}$(다만, 임신부 외래진료의 경우에는 $\frac{10}{100}$, 1세 미만 영유아 외래진료의 경우에는 $\frac{5}{100}$) 다만, 요양급여를 받는 사람이 65세 이상이면서 해당 요양급여비용 총액이 보건복지부령으로 정하는 금액을 넘지 않으면 보건복지부령으로 정하는 금액을 본인일부부담금으로 한다.
		의약분업 예외환자	[(요양급여비용 총액)−(약값 총액)]×$\frac{30}{100}$(다만, 임신부 외래진료의 경우에는 $\frac{10}{100}$, 1세 미만 영유아 외래진료의 경우에는 $\frac{5}{100}$)+(약값 총액)×$\frac{30}{100}$(다만, 1세 미만 영유아의 경우에는 $\frac{21}{100}$) 다만, 요양급여를 받는 사람이 65세 이상이면서 해당 요양급여비용 총액이 보건복지부령으로 정하는 금액을 넘지 않으면 보건복지부령으로 정하는 금액을 본인일부부담금으로 한다.
보건소, 보건지소, 보건진료소	모든 지역	−	(요양급여비용 총액)×$\frac{30}{100}$ 다만, 요양급여비용 총액이 보건복지부령으로 정하는 금액을 넘지 않으면 보건복지부령으로 정하는 금액을 본인일부부담금으로 한다.

※ 비고

1. 위 표에서 "의약분업 예외환자"란 약사법 제23조 제4항 제3호 중 조현병(調絃病) 또는 조울증 등으로 자신 또는 타인을 해칠 우려가 있는 정신질환자, 같은 항 제4호 중 감염병의 예방 및 관리에 관한 법률에 따른 제1군감염병환자 및 같은 항 제8호·제9호에 해당하는 환자를 말한다. 다만, 제1호 가목에 따라 요양급여비용 총액의 100분의 20을 적용받는 사람은 제외한다.
2. 위 표에서 "약값 총액"이란 요양기관이 해당 약제를 구입한 금액의 총액을 말한다.
3. 보건복지부장관이 정하는 의료장비를 이용한 입원진료인 경우의 요양급여비용 총액은 의료장비를 이용한 비용의 총액으로 한정한다.

4. 요양기관의 외래진료를 통하여 주기적으로 의사의 처방에 따라 구입(사용)하여야 하는 치료재료 중 보건복지부장관이 정하여 고시하는 치료재료의 경우에는 해당 치료재료 비용 및 관련 행위(교체를 위한 직접적 행위에 한정한다. 이하 같다) 비용을 제외한 요양급여비용 총액을 위 표의 요양급여비용 총액으로 하여 위 표에 따라 산정한 금액에 해당 치료재료 비용 및 관련 행위 비용의 100분의 20$\left(1세 미만 영유아의 경우에는 \frac{14}{100}\right)$을 더한 금액을 본인일부부담금으로 한다. 다만, 제3호 마목이 적용되는 중증질환자는 제외한다.
5. 보건복지부장관이 정하는 질병의 환자가 요양기관(의원으로 한정한다)에 보건복지부장관이 정하는 절차 또는 방법에 따라 외래진료를 지속적으로 받겠다는 의사를 표시한 경우에는 해당 질병에 대하여 그 다음 진료부터 $\left[(진찰료\ 총액)\times\frac{20}{100}\right]+\left\{[(요양급여비용\ 총액)-(진찰료\ 총액)]\times\frac{30}{100}\right\}$에 해당하는 금액을 본인일부부담금으로 한다. 다만, 요양급여를 받는 사람이 65세 이상인 경우에는 요양급여비용 총액이 보건복지부령으로 정하는 금액을 넘지 않으면 보건복지부령으로 정하는 금액을 본인일부부담금으로 한다.
6. 임신부가 유산 또는 사산을 한 경우 해당 유산 또는 사산에 따른 외래진료는 위 표에 따른 임신부 외래진료에 포함한다.

다. 약국 또는 한국희귀·필수의약품센터의 경우
1) 진료를 담당한 의사 또는 치과의사가 발행한 처방전에 따라 의약품을 조제받은 경우에는 요양급여비용 총액의 100분의 30(요양급여를 받는 사람이 65세 이상인 경우 요양급여비용 총액이 보건복지부령으로 정하는 금액을 넘지 않으면 보건복지부령으로 정하는 금액). 다만, 제1호 가목 중 보건복지부장관이 정하는 요양급여를 받은 경우(약국 또는 한국희귀·필수의약품센터인 요양기관에서 처방전에 따라 의약품을 조제받는 경우를 포함한다)는 제외한다.
2) 의료기관이 없는 지역에서 조제하는 경우로서 진료를 담당한 의사 또는 치과의사가 발행한 처방전에 따르지 않고 의약품을 조제받은 경우에는 다음의 구분에 따라 산정한 금액
   가) 요양급여비용 총액이 보건복지부령으로 정하는 금액을 넘는 경우에는 요양급여비용 총액의 100분의 40
   나) 요양급여비용 총액이 보건복지부령으로 정하는 금액을 넘지 않는 경우에는 보건복지부령으로 정하는 금액
3) 1)에도 불구하고 상급종합병원 또는 종합병원의 의사가 발행한 처방전에 따라 질병의 중증도를 고려하여 보건복지부장관이 정하여 고시하는 질병에 대한 의약품을 조제받은 경우[읍·면 지역 소재 종합병원의 의사가 발행한 처방전에 따라 의약품을 조제받거나 보훈병원의 의사나 국가보훈부장관이 진료를 위탁한 상급종합병원 또는 종합병원의 의사가 해당 법률에서 정한 의료지원대상자에게 발행한 처방전에 따라 의약품을 조제받은 경우는 제외한다]에는 다음의 금액
   가) 상급종합병원의 의사가 발행한 처방전에 따라 의약품을 조제받은 경우 : 요양급여비용 총액의 100분의 50
   나) 종합병원의 의사가 발행한 처방전에 따라 의약품을 조제받은 경우 : 요양급여비용 총액의 100분의 40

약국 또는 한국희귀 · 필수의약품센터를 이용한 경우의
요양급여비용 총액에 관한 조건 및 본인부담액(규칙 제13조 제2항, 규칙 별표 4)

<table>
<tr><th colspan="3">요양급여비용 총액에 관한 조건</th><th>본인부담액</th></tr>
<tr><td rowspan="2">1. 65세 이상인 가입자 등이 처방전에 따라 의약품을 조제받는 경우</td><td colspan="2">요양급여비용 총액이 10,000원을 넘지 않는 경우</td><td>1,000원</td></tr>
<tr><td colspan="2">요양급여비용 총액이 10,000원을 넘고 12,000원을 넘지 않는 경우</td><td>(요양급여비용 총액)×$\frac{20}{100}$</td></tr>
<tr><td rowspan="4">2. 처방전 없이 의약품을 조제받는 경우</td><td colspan="2">요양급여비용 총액이 4,000원을 넘는 경우</td><td>(요양급여비용 총액)×$\frac{40}{100}$</td></tr>
<tr><td rowspan="3">요양급여비용 총액이 4,000원을 넘지 않는 경우</td><td>투약일수 1일</td><td>1,400원</td></tr>
<tr><td>투약일수 2일</td><td>1,600원</td></tr>
<tr><td>투약일수 3일 이상</td><td>2,000원</td></tr>
</table>

2. 제1호에도 불구하고 보건복지부장관이 정하여 고시하는 질병군에 대하여 입원진료를 받는 경우에는 다음 각 목의 구분에 따라 계산한 금액에 입원기간 중 식대의 100분의 50을 더한 금액을 부담한다. 이 경우 질병군 분류번호 결정 요령, 평균 입원 일수, 입원실 이용 비용 등 해당 질병군의 본인일부부담금 산정에 필요한 사항은 보건복지부장관이 정하여 고시한다.
   가. 다음 계산식에 따라 계산한 금액과 보건복지부장관이 정하여 고시하는 추가 산정액을 합한 금액의 100분의 20

   > {(질병군별 기준 상대가치점수)+[(입원 일수)−(질병군별 평균 입원 일수)]×(질병군별 일당 상대가치점수)}×(영 제21조 제1항에 따라 정해진 상대가치점수의 점수당 단가)

   ※ 비고
   1. 위 표에서 "질병군별 기준 상대가치점수"란 질병군별 평균 입원 일수만큼 입원했을 때 발생하는 입원 건당 상대가치점수를 말한다.
   2. 위 표에서 "질병군별 일당 상대가치점수"란 입원 일수가 1일 증가함에 따라 추가되는 질병군별 상대가치점수를 말한다.

   나. 가목에도 불구하고 보건복지부장관이 정하여 고시하는 입원실을 이용한 경우에는 가목에 따라 계산한 금액에 보건복지부장관이 정하여 고시하는 입원료 계산식에 따라 계산한 금액을 더한 금액
   다. 삭제
   라. 가목 및 나목에도 불구하고 제1호 나목에 따라 보건복지부장관이 정하는 의료장비를 이용한 진료의 경우에는 가목 또는 나목에 따라 계산한 금액에 제1호 나목 표의 구분에 따라 계산한 금액을 더한 금액
3. 제1호와 제2호에도 불구하고 다음 각 목의 어느 하나에 해당하는 경우에는 그 각 목에서 정하는 금액을 부담한다. 다만, 상급종합병원 · 종합병원 · 병원 · 한방병원 · 요양병원(장애인 의료재활시설로서 요건을 갖춘 의료기관인 요양병원으로 한정한다) · 정신병원에서 신고한 입원병실 중 일반입원실의 2인실 · 3인실 및 정신과 입원실의 2인실 · 3인실을 이용한 경우는 그 입원료에 한정하여 제1호 가목 1) 단서에서 정하는 금액을 부담한다.
   가. 다음의 경우에는 입원기간 중 식대의 100분의 50
      1) 자연분만에 대한 요양급여
      2) 신생아 및 보건복지부장관이 정하는 기준에 해당하는 영유아에 대한 입원진료로서 보건복지부장관이 정하는 요양급여
      3) 보건복지부장관이 정하여 고시하는 결핵 질환을 가진 사람에 대하여 보건복지부장관이 정하는 요양급여
      4) 장기 등 기증자(뇌사자 또는 사망한 사람만 해당한다)의 장기 등 적출에 대하여 보건복지부장관이 정하는 요양급여
   나. 다음의 경우(라목에 해당하는 사람에 대한 요양급여는 제외한다)에는 요양급여비용 총액의 100분의 10에 입원기간 중 식대의 100분의 50을 더한 금액
      1) 삭제
      2) 보건복지부장관이 정하여 고시하는 희귀난치성 질환을 가진 사람에 대하여 보건복지부장관이 정하는 요양급여
      3) 보건복지부장관이 정하여 고시하는 고위험 임신부에 대한 입원진료로서 보건복지부장관이 정하는 요양급여

다. 다음의 경우에는 본인이 부담할 비용의 부담률의 100분의 70에 해당하는 금액
  1) 1세 이상 6세 미만인 가입자 등이 상급종합병원, 종합병원, 병원, 치과병원, 한방병원, 요양병원, 정신병원, 의원, 치과의원, 한의원 및 보건의료원에서 외래진료를 받는 경우
  2) 6세 미만인 가입자 등이 보건소, 보건지소 및 보건진료소에서 외래진료를 받는 경우로서 요양급여비용 총액이 보건복지부령으로 정하는 금액을 넘는 경우. 다만, 요양급여비용 총액이 보건복지부령으로 정하는 금액을 넘지 않는 경우에는 제1호 나목 표에 따른 금액을 부담한다.
  3) 6세 미만인 가입자 등이 약국 또는 한국희귀・필수의약품센터인 요양기관에서 처방전에 따라 의약품을 조제받는 경우

라. 보건복지부장관이 정하여 고시하는 희귀난치성질환 또는 중증질환("희귀난치성질환 등")을 가진 사람, 희귀난치성질환 등 외의 질환으로 6개월 이상 치료를 받고 있거나 6개월 이상 치료가 필요한 사람 또는 18세 미만의 아동("희귀난치성질환자 등") 중 희귀난치성질환자 등이 속한 세대(배우자를 포함한다)의 소득 및 재산을 더하여 계산한 가액("소득인정액")이 기준 중위소득의 100분의 50 이하이고, 희귀난치성질환자 등의 1촌의 직계혈족 및 그 배우자("부양의무자")가 없거나 부양의무자가 있어도 부양능력이 없거나 부양을 받을 수 없는 사람으로서 보건복지부령으로 정하는 바에 따라 공단의 본인일부부담금 경감 인정 신청("경감인정신청")을 하여 그 경감 인정을 받은 사람 또는 희귀난치성질환자 등 중 본인일부부담금의 경감이 필요하다고 보건복지부장관이 정하는 사람으로서 경감인정신청을 한 사람에 대한 요양급여의 경우에는 다음의 구분에 따라 계산한 금액. 이 경우 소득인정액 산정의 기준이 되는 세대의 범위, 소득 및 재산의 범위, 소득인정액 산정방법 등 소득인정액의 산정에 필요한 사항 및 부양의무자가 부양능력이 없거나 부양을 받을 수 없는 경우의 구체적인 기준은 보건복지부령으로 정한다.
  1) 희귀난치성질환 등을 가진 사람인 경우에는 입원기간 중 식대(식대가산금액은 제외한다. 이하 이 목에서 같다)의 100분의 20
  2) 희귀난치성질환 등 외의 질환으로 6개월 이상 치료를 받고 있거나 6개월 이상 치료가 필요한 사람 또는 18세 미만의 아동인 경우에는 다음 표에 해당하는 금액에 입원기간 중 식대의 100분의 20을 더한 금액. 다만, 가목에 해당하거나 6세 미만 아동의 입원진료 또는 보건복지부장관이 정하여 고시하는 중증질환으로 요양급여를 받는 경우에는 입원기간 중 식대의 100분의 20만을 부담한다.

기관 종류	구분	본인일부부담금
상급종합병원	외래진료 및 입원진료	요양급여비용 총액의 100분의 14에 해당하는 금액. 다만, 다음의 어느 하나에 해당하는 경우에는 그 다음의 구분에 따라 계산한 금액을 부담한다. 가) 정신건강의학과 입원진료 또는 나목 2)(치매는 제외한다)에 따라 보건복지부장관이 정하는 요양급여를 받는 경우에는 해당 요양급여비용 총액의 100분의 10 나) 제1호 나목(임신부 외래진료만 해당한다), 이 호 나목 2)(치매만 해당한다)・3), 마목, 차목 또는 하목에 따라 보건복지부장관이 정하는 요양급여를 받는 경우에는 해당 요양급여비용 총액의 100분의 5 다) 자목(6세 이상 15세 이하 아동의 입원진료만 해당한다)에 따라 보건복지부장관이 정하는 요양급여를 받는 경우에는 해당 요양급여비용 총액의 100분의 3 라) 1세 미만 영유아 외래진료의 경우에는 요양급여비용 총액의 100분의 5

<table>
<tr><td rowspan="3">종합병원,
병원,
치과병원,
한방병원,
요양병원,
정신병원</td><td rowspan="2">의료급여법 시행령 별표 1 제2호 가목 2) 가)에 따른 만성질환자에 해당하는 사람이 그 만성질환에 대하여 외래진료를 받거나 해당 만성질환자가 나목 2)(치매를 제외한다) 또는 마목에 따른 외래진료에 대하여 보건복지부장관이 정하는 요양급여를 받는 경우</td><td>약사법 제23조 제4항에 따라 의사 또는 치과의사가 의약품을 직접 조제하는 경우와 법률 제8365호 약사법 전부개정법률 부칙 제8조에 따라 한의사가 한약 및 한약제제를 직접 조제하는 경우</td><td>1,500원. 다만, 1세 미만 영유아 외래진료의 경우에는 본인일부부담금 없음</td></tr>
<tr><td>그 밖의 외래진료</td><td>1,000원. 다만, 1세 미만 영유아 외래진료의 경우에는 본인일부부담금 없음</td></tr>
<tr><td colspan="2">그 밖의 외래진료 및 입원진료</td><td>요양급여비용 총액의 100분의 14에 해당하는 금액. 다만, 다음의 어느 하나에 해당하는 경우에는 그 다음의 구분에 따라 계산한 금액을 부담한다.
가) 정신건강의학과 입원진료 또는 나목 2)(치매는 제외한다)에 따라 보건복지부장관이 정하는 요양급여를 받는 경우에는 해당 요양급여비용 총액의 100분의 10
나) 제1호 나목(임신부 외래진료만 해당한다), 이 호 나목 2)(치매만 해당한다)·3), 마목, 차목 또는 하목에 따라 보건복지부장관이 정하는 요양급여를 받는 경우에는 해당 요양급여비용 총액의 100분의 5
다) 자목(6세 이상 15세 이하 아동의 입원진료만 해당한다)에 따라 보건복지부장관이 정하는 요양급여를 받는 경우에는 해당 요양급여비용 총액의 100분의 3
라) 1세 미만 영유아 외래진료의 경우에는 요양급여비용 총액의 100분의 5</td></tr>
<tr><td rowspan="3">의원,
치과의원,
한의원,
보건
의료원</td><td rowspan="2">외래진료</td><td>약사법 제23조 제4항에 따라 의사 또는 치과의사가 의약품을 직접 조제하는 경우와 법률 제8365호 약사법 전부개정법률 부칙 제8조에 따라 한의사가 한약 및 한약제제를 직접 조제하는 경우</td><td>1,500원. 다만, 1세 미만 영유아 외래진료의 경우에는 본인일부부담금 없음</td></tr>
<tr><td>그 밖의 외래진료</td><td>1,000원. 다만, 1세 미만 영유아 외래진료의 경우에는 본인일부부담금 없음</td></tr>
<tr><td colspan="2">입원진료</td><td>요양급여비용 총액의 100분의 14에 해당하는 금액. 다만, 다음의 어느 하나에 해당하는 경우에는 그 다음의 구분에 따라 계산한 금액을 부담한다.
가) 정신건강의학과 입원진료 또는 나목 2)(치매는 제외한다)에 따라 보건복지부장관이 정하는 요양급여를 받는 경우에는 해당 요양급여비용 총액의 100분의 10
나) 나목 2)(치매만 해당한다)·3), 마목 또는 차목(입원진료만 해당한다)에 따라 보건복지부장관이 정하는 요양급여를 받는 경우에는 해당 요양급여비용 총액의 100분의 5</td></tr>
</table>

의원, 치과의원, 한의원, 보건 의료원	입원진료	다) 자목(6세 이상 15세 이하 아동의 입원진료만 해당한다)에 따라 보건복지부장관이 정하는 요양급여를 받는 경우에는 해당 요양급여비용 총액의 100분의 3
보건소, 보건지소, 보건 진료소	외래진료 및 입원진료	없음
약국, 한국희귀·필수의약품센터	약사법 제23조 제3항 단서에 따라 처방전에 따르지 않고 직접 조제한 경우	900원
	보건소, 보건지소 및 보건진료소를 제외한 요양기관에서 발급한 처방전에 따라 조제한 경우	500원
	보건소, 보건지소 및 보건진료소에서 발급한 처방전에 따라 조제한 경우	없음

※ 비고

1. 약사법 제23조 제4항에 따라 의사 또는 치과의사가 의약품을 직접 조제하거나 법률 제8365호 약사법 전부개정법률 부칙 제8조에 따라 한의사가 한약 및 한약제제를 직접 조제하고 처방전을 함께 발급하는 경우에는 1,000원을 부담한다.
2. 외래진료로서 전산화단층촬영(CT), 자기공명영상진단(MRI) 등 보건복지부장관이 정하여 고시하는 장비를 이용한 진료에 대해서는 그 의료장비를 이용한 비용 총액의 100분의 14[나목 2)(치매는 제외한다)에 따른 환자의 경우에는 100분의 10, 나목 2)(치매만 해당한다), 마목, 하목 또는 제1호 나목(임신부 외래진료만 해당한다)에 따른 환자 및 1세 미만 영유아 외래진료의 경우에는 100분의 5]를 부담한다.
3. 영 제21조 제3항 제2호에 따른 질병군에 대한 입원 진료의 경우 본인일부부담금은 제2호 가목, 나목 또는 라목에 따라 계산한 금액에 위 표의 해당 기관 종류별 입원진료에 해당하는 본인부담률을 곱한 금액으로 한다.
4. 보건복지부장관이 정하여 고시하는 격리 입원에 대해서는 그 입원료에 한정하여 해당 입원료의 100분의 5를 부담한다.
5. 임신부가 유산 또는 사산을 한 경우 해당 유산 또는 사산에 따른 외래진료는 위 표에 따른 임신부 외래진료에 포함한다.

3) 희귀난치성질환 등을 가진 사람 중 65세 이상인 사람이 틀니 요양급여를 받는 경우에는 해당 요양급여비용 총액의 100분의 5
4) 희귀난치성질환 등 외의 질환으로 6개월 이상 치료를 받고 있거나 6개월 이상 치료가 필요한 사람 중 65세 이상인 사람이 틀니 요양급여를 받는 경우에는 해당 요양급여비용 총액의 100분의 15
5) 희귀난치성질환 등을 가진 사람 중 65세 이상인 사람이 치과임플란트 요양급여를 받는 경우에는 해당 요양급여비용 총액의 100분의 10
6) 희귀난치성질환 등 외의 질환으로 6개월 이상 치료를 받고 있거나 6개월 이상 치료가 필요한 사람 중 65세 이상인 사람이 치과임플란트 요양급여를 받는 경우에는 해당 요양급여비용 총액의 100분의 20
7) 2)에도 불구하고 희귀난치성질환 등 외의 질환으로 6개월 이상 치료를 받고 있거나 6개월 이상 치료가 필요한 사람 또는 18세 미만의 아동이 상급종합병원 또는 종합병원의 의사가 발행한 처방전에 따라 질병의 중증도를 고려하여 보건복지부장관이 정하여 고시하는 질병에 대한 의약품을 조제받은 경우[읍·면 지역 소재 종합병원의 의사가 발행한 처방전에 따라 의약품을 조제받거나 보훈병원의 의사나 국가보훈부장관이 진료를 위탁한 상급종합병원 또는 종합병원의 의사가 해당 법률에서 정한 의료지원대상자에게 발행한 처방전에 따라 의약품을 조제받은 경우는 제외한다]에는 요양급여비용 총액의 100분의 3. 다만, 본인일부부담금이 500원 미만이 되는 경우에는 500원을 본인일부부담금으로 한다.
8) 2)에도 불구하고 희귀난치성질환 등 외의 질환으로 6개월 이상 치료를 받고 있거나 6개월 이상 치료가 필요한 사람 또는 18세 미만 아동의 입원진료로서 제왕절개분만에 대한 요양급여를 받는 경우에는 입원기간 중 식대의 100분의 20

9) 희귀난치성질환등을 가진 사람이 보건복지부장관이 정하여 고시하는 추나요법에 대하여 보건복지부장관이 정하는 요양급여를 받는 경우에는 해당 요양급여비용의 100분의 30. 다만, 보건복지부장관이 따로 정하여 고시하는 추나요법에 대하여 요양급여를 받는 경우에는 해당 요양급여비용의 100분의 80으로 한다.

10) 희귀난치성질환 등 외의 질환으로 6개월 이상 치료를 받고 있거나 6개월 이상 치료가 필요한 사람 또는 18세 미만 아동이 보건복지부장관이 정하여 고시하는 추나요법에 대하여 보건복지부장관이 정하는 요양급여를 받는 경우에는 해당 요양급여비용의 100분의 40. 다만, 보건복지부장관이 따로 정하여 고시하는 추나요법에 대하여 요양급여를 받는 경우에는 해당 요양급여비용의 100분의 80으로 한다.

더 알아보기

본인부담액 경감 인정(규칙 제14조)

① 영 별표 2 제3호 라목에 따라 본인부담액을 경감받을 수 있는 요건을 갖춘 희귀난치성질환자 등은 본인부담액 경감 인정을 받으려면 경감 인정 신청서(전자문서를 포함한다)에 다음 각 호의 서류(전자문서를 포함한다)를 첨부하여 특별자치도지사·시장·군수·구청장에게 제출하여야 한다.

1. 영 별표 2 제3호 라목에 따른 부양의무자와의 관계를 확인할 수 있는 가족관계등록부의 증명서(세대별 주민등록표 등본으로 부양의무자와의 관계를 확인할 수 없는 경우만 해당한다)
2. 임대차계약서(주택을 임대하거나 임차하고 있는 사람만 해당한다)
3. 요양기관이 발급한 진단서 1부(6개월 이상 치료를 받고 있거나 6개월 이상 치료가 필요한 사람만 해당한다)

② ①에 따른 신청인의 가족, 친족, 이해관계인 또는 사회복지 전담공무원은 신청인이 신체적·정신적인 이유로 신청을 할 수 없는 경우에는 신청인을 대신하여 ①에 따른 신청을 할 수 있다. 이 경우 다음 각 호의 구분에 따른 서류를 제시하거나 제출하여야 한다.

1. 신청인의 가족·친족 또는 이해관계인 : 신청인과의 관계를 증명하는 서류
2. 사회복지 전담공무원 : 공무원임을 증명하는 신분증

③ ①과 ②에 따른 신청을 받은 특별자치도지사·시장·군수·구청장은 신청인이 규칙 제15조(본인부담액 경감 대상자 기준)에 따른 기준에 해당하는지를 확인하여 부득이한 사유가 없으면 그 결과를 신청일부터 30일 이내에 공단에 통보하여야 한다. 다만, 다음 각 호의 어느 하나에 해당하는 경우에는 신청일부터 60일 이내에 통보할 수 있다.

1. 부양의무자의 소득 조사에 시간이 걸리는 특별한 사유가 있는 경우
2. ①에 따른 경감 인정 신청서를 제출한 희귀난치성질환자 등 또는 부양의무자가 같은 항 또는 관계 법령에 따른 조사나 자료제출 요구를 거부·방해 또는 기피하는 경우

④ 공단은 ③에 따른 확인 결과를 통보받았을 때에는 부득이한 사유가 없으면 통보를 받은 날부터 7일 이내에 영 별표 2 제3호 라목에 따른 인정 여부를 결정하여 그 결과를 신청인에게 통보하여야 한다.

⑤ ①부터 ④까지에서 규정한 사항 외에 본인부담액의 경감 인정 절차 등에 관하여 필요한 사항은 보건복지부장관이 정한다.

※ 본인부담액 경감 적용 시기(규칙 제17조) : 공단은 ④에 따라 본인부담액 경감 인정 결정을 한 사람에 대해서는 경감 인정 결정을 한 날부터 발생하는 본인부담액부터 경감한다.

마. 보건복지부장관이 정하여 고시하는 중증질환자에 대하여 보건복지부장관이 정하는 요양급여(라목에 해당하는 사람에 대한 요양급여는 제외한다)의 경우에는 요양급여비용 총액의 100분의 5에 입원기간 중 식대의 100분의 50을 더한 금액

바. 65세 이상인 사람이 틀니 요양급여(라목에 해당하는 사람에 대한 요양급여는 제외한다)를 받는 경우에는 그 요양급여비용 총액의 100분의 30

사. 65세 이상인 사람이 치과임플란트 요양급여(라목에 해당하는 사람에 대한 요양급여는 제외한다)를 받는 경우에는 해당 요양급여비용 총액의 100분의 30

아. 제왕절개분만을 위한 입원진료에 대하여 요양급여[라목 8)에 해당하는 사람에 대한 요양급여는 제외한다]를 받는 경우에는 요양급여비용 총액의 100분의 5에 입원기간 중 식대의 100분의 50을 더한 금액

자. 15세 이하 아동의 입원진료에 대하여 보건복지부장관이 정하는 요양급여[가목 2) 및 라목에 해당하는 사람에 대한 요양급여는 제외한다]를 받는 경우에는 해당 요양급여비용 총액의 100분의 5에 입원기간 중 식대의 100분의 50을 더한 금액

차. 18세 이하 아동의 치아홈메우기 외래진료 또는 16세 이상 18세 이하 아동의 치아홈메우기 입원진료에 대하여 보건복지부장관이 정하는 요양급여(라목에 해당하는 사람에 대한 요양급여는 제외한다)를 받는 경우에는 해당 요양급여비용 총액의 100분의 10

카. 보건복지부장관이 정하여 고시하는 난임진료(인공수정 및 체외수정시술을 포함한다)에 대하여 보건복지부장관이 정하는 요양급여(라목에 해당하는 사람에 대한 요양급여는 제외한다)를 받는 경우에는 해당 요양급여비용 총액의 100분의 30

타. 다음의 경우에는 본인일부부담금은 없는 것으로 한다.

1) 영 제25조 제3항 제1호에 따른 일반건강검진 결과에 따라 보건복지부장관이 정하여 고시하는 질환이나 질병에 대하여 추가적인 진료 또는 검사의 필요성이 인정되는 사람이 그 질환이나 질병에 대하여 일반건강검진을 받은 날이 속하는 연도의 다음 연도 1월 31일까지 보건복지부장관이 정하여 고시하는 요양급여(의원 및 병원만 해당하되, 결핵에 대한 진료 또는 검사의 경우에는 종합병원 및 상급종합병원도 해당한다)를 받는 경우
2) 의료법 제34조에 따른 원격의료에 대하여 보건복지부장관이 정하여 고시하는 요양급여를 받는 경우
3) 요양급여를 의뢰받은 요양기관이 환자의 상태가 호전됨에 따라 요양급여를 의뢰한 요양기관 등으로 환자를 회송하는 경우로서 해당 환자가 회송과 관련하여 보건복지부장관이 정하여 고시하는 요양급여를 받는 경우

더 알아보기

요양급여의 의뢰 및 가입자 등의 회송 등(국민건강보험 요양급여의 기준에 관한 규칙 제6조)

① 요양기관은 가입자 등에게 적절한 요양급여를 행하기 위하여 필요한 경우에는 다른 요양기관에게 요양급여를 의뢰할 수 있다.

② ①의 규정에 의하여 요양급여를 의뢰받은 요양기관은 가입자 등의 상태가 호전되었을 때에는 요양급여를 의뢰한 요양기관이나 1단계 요양급여를 담당하는 요양기관으로 가입자 등을 회송할 수 있다.

③ 요양기관이 ①에 따라 요양급여를 의뢰하는 경우에는 요양급여의뢰서를, ②에 따라 가입자 등을 회송하는 경우에는 요양급여회송서를 가입자 등에게 발급해야 한다. 이 경우 요양급여를 의뢰하거나 가입자 등을 회송하는 요양기관은 가입자 등의 동의를 받아 진료기록의 사본 등 요양급여에 관한 자료를 요양급여를 의뢰받거나 가입자 등을 회송 받는 요양기관에 제공해야 한다.

④ 심사평가원은 요양급여의 의뢰 및 가입자 등의 회송이 효율적으로 이루어질 수 있도록 진료 의뢰・회송 중계시스템을 설치하여 운영할 수 있다.

⑤ ①부터 ④까지에서 규정한 사항 외에 요양급여의 의뢰, 가입자 등의 회송, 진료 의뢰・회송 중계시스템의 운영 방법 등에 필요한 사항은 보건복지부장관이 정하여 고시한다.

파. 보건복지부장관어 정하여 고시하는 항목에 대해 정신건강의학과 외래진료를 받은 경우(라목에 해당하는 사람에 대한 요양급여는 제외한다)에는 다음 표에 따라 계산한 금액에 제1호 나목에 따라 계산한 금액(다음 표에 따라 보건복지부장관이 정하여 고시하는 항목에 대한 요양급여비용을 계산한 금액은 제외한다)을 더한 금액. 다만, 6세 미만의 경우에는 본인이 부담할 비용의 부담률(제1호 나목 및 다음 표에 따른 부담률을 말한다)의 100분의 70에 해당하는 금액으로 하고, 65세 이상인 경우에는 요양급여비용 총액이 보건복지부령으로 정하는 금액을 넘지 않으면 보건복지부령으로 정하는 금액으로 한다.

기관 종류	본인일부부담금
상급종합병원	(보건복지부장관이 정하여 고시하는 항목에 대한 요양급여비용)$\times\frac{40}{100}$
종합병원	(보건복지부장관이 정하여 고시하는 항목에 대한 요양급여비용)$\times\frac{30}{100}$
병원, 치과병원, 한방병원, 요양병원, 정신병원	(보건복지부장관이 정하여 고시하는 항목에 대한 요양급여비용)$\times\frac{20}{100}$
의원, 치과의원, 한의원, 보건의료원	(보건복지부장관이 정하여 고시하는 항목에 대한 요양급여비용)$\times\frac{10}{100}$

하. 보건복지부장관이 정하여 고시하는 조산아와 저체중 출생아의 외래진료(출생일부터 5년이 되는 날까지의 외래진료를 말한다)에 대한 요양급여로서 보건복지부장관이 정하는 요양급여의 경우에는 요양급여비용 총액의 100분의 5

거. 가목 1)·2)·3), 나목, 다목 1), 마목, 자목 및 하목에도 불구하고 보건복지부장관이 정하여 고시하는 추나요법에 대하여 보건복지부장관이 정하는 요양급여를 받는 경우에는 해당 요양급여비용의 100분의 50. 다만, 보건복지부장관이 따로 정하여 고시하는 추나요법에 대하여 요양급여를 받는 경우에는 해당 요양급여비용의 100분의 80으로 한다.

너. 보건복지부장관이 정하여 고시하는 경증질환자가 상급종합병원에서 외래진료를 받는 경우에는 요양급여비용 총액에 보건복지부장관이 정하여 고시하는 본인부담률을 곱한 금액

더. 외래진료 및 고가(高價)의 특수 의료장비를 이용한 진료의 경우에 제1호 나목 및 제3호 파목에 따라 65세 이상인 가입자 및 피부양자가 의원, 치과의원, 한의원 및 보건의료원에서 요양급여를 받는 경우의 본인부담액은 다음과 같다(규칙 제13조 제1항, 규칙 별표 3 제1호).

<table>
<tr><th>기관 종류</th><th colspan="2">요양급여비용 총액에 관한 조건</th><th>본인부담액</th></tr>
<tr><td rowspan="3">의원·치과의원(의약분업 예외지역은 제외한다) 및 보건의료원(한방과는 제외한다)</td><td colspan="2">요양급여비용 총액이 15,000원을 넘지 않는 경우</td><td>1,500원</td></tr>
<tr><td colspan="2">요양급여비용 총액이 15,000원을 넘고 20,000원을 넘지 않는 경우</td><td>(요양급여비용 총액)×$\frac{10}{100}$</td></tr>
<tr><td colspan="2">요양급여비용 총액이 20,000원을 넘고 25,000원을 넘지 않는 경우</td><td>(요양급여비용 총액)×$\frac{20}{100}$</td></tr>
<tr><td rowspan="6">의원·치과의원(의약분업 예외지역만 해당한다), 보건의료원(한방과만 해당한다) 및 한의원</td><td rowspan="3">투약 처방을 하는 경우</td><td>요양급여비용 총액이 15,000원을 넘지 않는 경우</td><td>1,500원</td></tr>
<tr><td>요양급여비용 총액이 15,000원을 넘고 25,000원을 넘지 않는 경우</td><td>(요양급여비용 총액)×$\frac{10}{100}$</td></tr>
<tr><td>요양급여비용 총액이 25,000원을 넘고 30,000원을 넘지 않는 경우</td><td>(요양급여비용 총액)×$\frac{20}{100}$</td></tr>
<tr><td rowspan="3">투약 처방을 하지 않는 경우</td><td>요양급여비용 총액이 15,000원을 넘지 않는 경우</td><td>1,500원</td></tr>
<tr><td>요양급여비용 총액이 15,000원을 넘고 20,000원을 넘지 않는 경우</td><td>(요양급여비용 총액)×$\frac{10}{100}$</td></tr>
<tr><td>요양급여비용 총액이 20,000원을 넘고 25,000원을 넘지 않는 경우</td><td>(요양급여비용 총액)×$\frac{20}{100}$</td></tr>
</table>

※ 비고

위 표 중 본인부담액이 "(요양급여비용 총액)×$\frac{20}{100}$"에 해당하는 경우로서, 영 별표 2 제3호 파목에 따라 보건복지부장관이 정하여 고시하는 항목("고시항목")에 대해 요양급여를 하는 경우 본인부담액은 [(요양급여비용 총액)－(고시항목에 대한 요양급여비용)]×$\frac{20}{100}$＋(고시항목에 대한 요양급여비용)×$\frac{10}{100}$으로 한다.

4. 제1호부터 제3호까지의 규정에도 불구하고 법 제41조의4 및 이 영 제18조의4에 따른 선별급여 항목의 경우에는 요양급여비용의 100분의 100의 범위에서 보건복지부장관이 정하여 고시하는 금액을 부담한다.
5. 제1호 및 제3호에도 불구하고 의료법 제3조 제2항 제3호 라목에 따른 요양병원 및 같은 호 마목에 따른 정신병원 외의 요양기관에서 입원진료를 받는 경우로서 법 제43조에 따라 신고한 입원병실 중 일반입원실에 16일 이상 연속하여 입원하는 환자의 경우에는 요양급여비용 총액 중 입원료에 한정하여 다음 표의 구분에 따라 계산한 금액을 부담한다. 다만, 영 제21조 제3항 제2호에 따라 보건복지부장관이 정하여 고시하는 질병군에 대하여 입원진료를 받는 경우 및 질병 또는 환자 특성상 16일 이상 장기입원이 불가피한 경우로 보건복지부장관이 정하여 고시하는 경우는 제외한다.

구분	본인일부부담금	
	입원일수 16일 이상 30일 이하	입원일수 31일 이상
가. 상급종합병원의 5인실 이상, 요양기관의 4인실 이상	(16일째 입원일부터 30일째 입원일까지의 입원료)× $\frac{25}{100}$	(31일째 입원일부터의 입원료)× $\frac{30}{100}$
나. 상급종합병원의 4인실, 종합병원·병원·한방병원의 3인실	(16일째 입원일부터 30일째 입원일까지의 입원료)× $\frac{35}{100}$	(31일째 입원일부터의 입원료)× $\frac{40}{100}$
다. 상급종합병원의 3인실, 종합병원·병원·한방병원의 2인실	(16일째 입원일부터 30일째 입원일까지의 입원료)× $\frac{45}{100}$	(31일째 입원일부터의 입원료)× $\frac{50}{100}$
라. 상급종합병원의 2인실	(16일째 입원일부터 30일째 입원일까지의 입원료)× $\frac{55}{100}$	(31일째 입원일부터의 입원료)× $\frac{60}{100}$

6. 제1호부터 제5호까지의 규정에도 불구하고 다음 각 목의 어느 하나에 해당하는 경우에는 보건복지부령으로 정하는 항목의 요양급여비용의 100분의 100의 범위에서 보건복지부령으로 정하는 금액을 부담한다.
   가. 법 제53조 제3항에 따라 급여가 제한되는 경우
   나. 법 제54조 제3호 및 제4호에 따라 급여가 정지되는 경우
   다. 법 제109조 제10항에 따라 공단이 보험급여를 하지 않는 경우
   라. 학교폭력 중 학생 간의 폭행에 의한 경우
   마. 보험재정에 상당한 부담을 준다고 인정되는 경우
   바. 그 밖에 보건복지부령으로 정하는 경우

더 알아보기

요양급여비용의 본인부담 항목 및 부담률(규칙 제16조, 규칙 별표 6)

1. 요양급여비용의 본인부담 항목
   가. 다음에 해당하는 경우에는 그에 든 비용 총액(나목 및 라목부터 사목까지의 규정에 해당하는 비용이 있는 경우에는 그 비용을 포함한다)
      1) 가입자 등이 요양급여의 절차에 따르지 않고 요양기관을 이용한 경우
      2) 병역법에 따른 현역병(지원에 의하지 않고 임용된 하사를 포함한다), 전환복무된 사람 또는 무관후보생으로 군에 복무 중인 가입자 등 및 교도소 또는 그 밖에 이에 준하는 시설에 수용되어 있는 가입자 등이 요양기관을 이용한 경우
      3) 가입자 등이 보험료 체납으로 급여제한을 받은 기간에 요양기관을 이용한 경우
      4) 학교폭력 중 학생 간의 폭행에 의한 부상 또는 질병으로 요양기관을 이용한 경우
      5) 요양병원 중 장애인 의료재활시설을 제외한 요양병원에서 입원진료를 받는 가입자 등이 요양급여를 의뢰하지 않고 다른 요양기관에서 진료를 받는 경우
      6) 보험급여를 하지 않는 기간에 요양기관을 이용한 경우
   나. 다음에 해당하는 경우에는 보건복지부장관이 정하여 고시하는 공단이 부담하는 요양급여비용의 상한금액을 초과하는 비용
      1) 요양급여의 필요성이 의학적으로 인정되는 약제·치료재료로서 해당 약제·치료재료의 상한금액이 대체 가능한 약제·치료재료의 상한금액의 2배 이상인 경우
      2) 약제·치료재료에 대한 요양급여비용이 연간 200억 원 이상 들어 보험재정에 상당한 부담을 줄 우려가 있는 약제·치료재료의 경우
   다. 다음의 어느 하나에 해당하는 보험급여 항목의 경우에는 해당 보험급여 항목의 성격, 유형 및 빈도 등을 고려하여 보건복지부장관이 정하여 고시하는 비용
      1) 보건복지부장관이 정하여 고시하는 고가의 의료장비 또는 의료용품 등을 사용하는 보험급여 항목으로서 해당 항목의 요양급여 비용이 보험재정에 상당한 부담을 준다고 인정되는 경우
      2) 대체가능한 다른 요양급여 항목에 비하여 상대적으로 보험급여 비용이 높아 보험재정에 상당한 부담을 준다고 인정되는 경우

라. 삭제
마. 혈액성분 채집술을 위한 혈액 제공 적합성 검사에서 부적합으로 판정되어 혈액성분 채집술을 하지 않은 경우 든 검사비용
바. 요양기관의 과실이 없는 상태에서 가입자 등이 기피하여 준비된 혈액을 폐기하였을 경우의 혈액비용과 미리 채혈한 자기혈소판을 수혈하지 못한 경우 이에 든 비용
사. 요양기관의 구급차를 이용하여 이송되었을 경우의 이송처치료 및 응급의료수가 기준에서 정한 응급의료관리료 산정 대상이 아닌 환자의 응급의료관리료. 다만, 본문에 따른 응급의료관리료 산정 대상이 아닌 환자가 보건복지부장관이 정하여 고시하는 의료취약지에 위치한 지역응급의료기관에 내원하는 경우에는 요양급여비용 중 본인일부부담금을 말한다.
아. 삭제
자. 영 별표 2 제2호에 따라 보건복지부장관이 정하여 고시하는 질병군에 대한 입원진료의 경우에는 가목에 해당하는 비용 및 사목 중 이송처치료에 해당하는 비용
차. 호스피스전문기관으로 지정된 요양기관에서 호스피스·완화의료의 입원진료를 받는 경우에는 가목에 해당하는 비용 및 사목 중 이송처치료에 해당하는 비용

2. 요양급여비용의 본인부담률 : 요양급여비용의 100분의 100. 다만, 제1호 다목의 경우에는 100분의 70에서 100분의 100 범위에서 보건복지부장관이 정하여 고시하는 부담률을 적용한다.

〈규칙 별표 5〉 본인부담액 경감 대상자 기준(규칙 제15조 관련)

1. 소득인정액 기준

영 별표 2 제3호 라목에 따른 소득인정액은 영 별표 2 제3호 라목에 따른 희귀난치성질환자 등이 속한 세대("소득인정액 산정기준세대")의 소득평가액과 재산의 소득환산액을 더하여 산정한다.

가. 소득인정액 산정기준세대의 범위

구분	구체적 범위
소득인정액 산정기준세대에 포함되는 사람	1) 거주자 중 세대별 주민등록표에 기재된 사람(동거인은 제외한다) 2) 1) 외의 사람으로서 다음 각 항목의 어느 하나에 해당하는 사람 가) 1)에 해당하는 사람의 배우자(사실상 혼인관계에 있는 사람을 포함한다) 나) 1)에 해당하는 사람의 미혼자녀 중 30세 미만인 사람
소득인정액 산정기준세대에서 제외되는 사람	1) 현역군인 등 법률상 의무를 이행하기 위하여 다른 곳에서 거주하면서 의무 이행과 관련하여 생계를 보장받고 있는 사람 2) 외국에 3개월 이상 체류하는 사람 3) 교도소 · 구치소 · 치료감호시설 등에 수용 중인 사람 4) 국민기초생활 보장법에 따른 보장시설에서 급여를 받고 있는 사람 5) 실종선고 절차가 진행 중인 사람 6) 가출 또는 행방불명의 사유로 경찰서 등 행정관청에 신고되어 1개월이 지난 사람

나. 소득평가액의 범위 및 산정기준은 국민기초생활 보장법 시행령 제5조의2를 준용한다. 이 경우 실제소득의 구체적인 범위는 같은 법 시행령 제5조에서 정하는 바에 따르되, 같은 조 제1항 제4호 나목에 해당하는 금액은 포함하지 아니한다.

다. 재산의 소득환산액은 지원세대의 재산(일반재산, 금융재산, 자동차) 가액(價額)에 소득환산율을 곱하여 산정하되, 소득환산의 대상이 되는 재산의 구체적인 범위, 소득환산액 산정방법, 재산가액 산정기준 및 소득환산율은 각각 다음 항목과 같다.

1) 소득환산의 대상이 되는 재산의 구체적인 범위는 국민기초생활 보장법 시행령 제5조의3 제1항 각 호에서 정하는 바에 따른다. 다만, 지방세법 제124조에 따른 자동차 중 배기량 2,000cc 미만인 차령(車齡) 10년 이상의 자동차는 국민기초생활 보장법 시행령 제5조의3 제1항 제1호에 따른 일반재산에 포함시키고, 제1호 가목의 소득인정액 산정기준세대에서 제외되는 사람의 재산을 소득인정액 산정기준세대에 포함되는 사람이 사용 · 수익하는 경우에는 이를 그 소득인정액 산정기준세대의 재산으로 본다.

2) 재산의 종류에 따른 구체적인 소득환산액 산정방법은 국민기초생활 보장법 시행령 제5조의4 제1항에서 정하는 바에 따른다. 다만, 일반재산의 소득환산액을 산정하는 경우 같은 항 제1호 가목의 경우에는 그 금액의 100분의 250에 해당하는 금액을 뺀다.

3) 재산가액 산정기준 및 소득환산율은 국민기초생활 보장법 시행령 제5조의3 제3항 및 제5조의4 제2항에서 정하는 바에 따른다.

2. 부양의무자 기준

가. 부양의무자가 있어도 부양능력이 없는 경우

1) 부양의무자가 부양해야 하는 본인부담액 경감 대상자가 1명인 경우 : 부양의무자의 제1호 나목에 따른 실제소득이 국민기초생활 보장법 제2조 제11호에 따른 기준 중위소득의 100분의 120에 해당하는 금액 미만일 것

2) 부양의무자가 부양해야 하는 본인부담액 경감 대상자가 2명 이상인 경우 : 부양의무자의 제1호 나목에 따른 실제소득이 국민기초생활 보장법 제2조 제11호에 따른 기준 중위소득의 100분의 120에 해당하는 금액에 본인부담액 경감 대상자 1명을 초과하는 인원당 기준 중위소득의 100분의 10에 해당하는 금액을 합한 금액 미만일 것

나. 부양의무자가 있어도 부양을 받을 수 없는 경우

1) 병역법에 따라 징집되거나 소집된 경우

2) 해외이주법에 따른 해외이주자에 해당하는 경우

3) 제1호 가목의 소득인정액 산정기준세대에서 제외되는 자에 해당하는 경우

〈영 별표 3〉 본인부담상한액의 산정방법

1. 본인부담상한액은 지역가입자의 세대별 보험료 부담수준 또는 직장가입자의 개인별 보험료 부담수준("상한액기준보험료")에 따라 그 금액을 달리한다. 이 경우 상한액기준보험료의 구체적인 산정 기준·방법 등에 관하여 필요한 사항은 보건복지부장관이 정하여 고시한다.
2. 가입자 등의 본인부담상한액은 나목에 따른 상한액기준보험료의 구간별로 가목의 산정 방법에 따라 산정한다.
   가. 본인부담상한액 산정 방법
      1) 계산식

(해당 연도 본인부담상한액)=(전년도 본인부담상한액)×[1+(전국소비자물가변동률)]

      2) 전국소비자물가변동률은 통계청장이 매년 고시하는 전전년도와 대비한 전년도 전국소비자물가변동률을 적용하되, 그 전국소비자물가변동률이 100분의 5를 넘는 경우에는 100분의 5를 적용한다.
      3) 1)의 계산식에 따라 해당 연도 본인부담상한액을 산정한 경우에 1만 원 미만의 금액은 버린다.
   나. 본인부담상한액 산정 단위 상한액기준보험료의 구간
      1) 지역가입자인 경우. 이 경우 상한액기준보험료가 월별 보험료액의 하한과 같은 경우에는 가)에 해당하는 것으로 본다.
         가) 상한액기준보험료가 전체 지역가입자의 하위 100분의 10에 상당하는 금액으로서 보건복지부장관이 정하여 고시하는 금액을 넘지 않는 경우
         나) 상한액기준보험료가 전체 지역가입자의 하위 100분의 10에 상당하는 금액으로서 보건복지부장관이 정하여 고시하는 금액을 넘고 하위 100분의 30에 상당하는 금액으로서 보건복지부장관이 고시하는 금액을 넘지 않는 경우
         다) 상한액기준보험료가 전체 지역가입자의 하위 100분의 30에 상당하는 금액으로서 보건복지부장관이 정하여 고시하는 금액을 넘고 하위 100분의 50에 상당하는 금액으로서 보건복지부장관이 고시하는 금액을 넘지 않는 경우
         라) 상한액기준보험료가 전체 지역가입자의 하위 100분의 50에 상당하는 금액으로서 보건복지부장관이 정하여 고시하는 금액을 넘고 하위 100분의 70에 상당하는 금액으로서 보건복지부장관이 고시하는 금액을 넘지 않는 경우
         마) 상한액기준보험료가 전체 지역가입자의 하위 100분의 70에 상당하는 금액으로서 보건복지부장관이 정하여 고시하는 금액을 넘고 하위 100분의 80에 상당하는 금액으로서 보건복지부장관이 고시하는 금액을 넘지 않는 경우
         바) 상한액기준보험료가 전체 지역가입자의 하위 100분의 80에 상당하는 금액으로서 보건복지부장관이 정하여 고시하는 금액을 넘고 하위 100분의 90에 상당하는 금액으로서 보건복지부장관이 고시하는 금액을 넘지 않는 경우
         사) 상한액기준보험료가 전체 지역가입자의 하위 100분의 90에 상당하는 금액으로서 보건복지부장관이 정하여 고시하는 금액을 넘는 경우
      2) 직장가입자 또는 피부양자인 경우
         가) 상한액기준보험료가 전체 직장가입자의 하위 100분의 10에 상당하는 금액으로서 보건복지부장관이 정하여 고시하는 금액을 넘지 않는 경우
         나) 상한액기준보험료가 전체 직장가입자의 하위 100분의 10에 상당하는 금액으로서 보건복지부장관이 정하여 고시하는 금액을 넘고 하위 100분의 30에 상당하는 금액으로서 보건복지부장관이 고시하는 금액을 넘지 않는 경우
         다) 상한액기준보험료가 전체 직장가입자의 하위 100분의 30에 상당하는 금액으로서 보건복지부장관이 정하여 고시하는 금액을 넘고 하위 100분의 50에 상당하는 금액으로서 보건복지부장관이 고시하는 금액을 넘지 않는 경우
         라) 상한액기준보험료가 전체 직장가입자의 하위 100분의 50에 상당하는 금액으로서 보건복지부장관이 정하여 고시하는 금액을 넘고 하위 100분의 70에 상당하는 금액으로서 보건복지부장관이 고시하는 금액을 넘지 않는 경우

마) 상한액기준보험료가 전체 직장가입자의 하위 100분의 70에 상당하는 금액으로서 보건복지부장관이 정하여 고시하는 금액을 넘고 하위 100분의 80에 상당하는 금액으로서 보건복지부장관이 고시하는 금액을 넘지 않는 경우

바) 상한액기준보험료가 전체 직장가입자의 하위 100분의 80에 상당하는 금액으로서 보건복지부장관이 정하여 고시하는 금액을 넘고 하위 100분의 90에 상당하는 금액으로서 보건복지부장관이 고시하는 금액을 넘지 않는 경우

사) 상한액기준보험료가 전체 직장가입자의 하위 100분의 90에 상당하는 금액으로서 보건복지부장관이 정하여 고시하는 금액을 넘는 경우

3. 본인부담상한액은 요양병원(장애인 의료재활시설로서 요건을 갖춘 의료기관인 요양병원은 제외한다)에 120일을 초과하여 입원한 경우("120일 초과 입원")와 그 밖의 경우로 나누어 다음 각 목에 따라 적용한다.

가. 지역가입자인 경우

구분	본인부담상한액	
	120일 초과 입원	그 밖의 경우
제2호 나목 1) 가)의 경우	125만 원	81만 원
제2호 나목 1) 나)의 경우	157만 원	101만 원
제2호 나목 1) 다)의 경우	211만 원	152만 원
제2호 나목 1) 라)의 경우	280만 원	
제2호 나목 1) 마)의 경우	350만 원	
제2호 나목 1) 바)의 경우	430만 원	
제2호 나목 1) 사)의 경우	580만 원	

나. 직장가입자 또는 피부양자인 경우

구분	본인부담상한액	
	120일 초과 입원	그 밖의 경우
제2호 나목 2) 가)의 경우	125만 원	81만 원
제2호 나목 2) 나)의 경우	157만 원	101만 원
제2호 나목 2) 다)의 경우	211만 원	152만 원
제2호 나목 2) 라)의 경우	280만 원	
제2호 나목 2) 마)의 경우	350만 원	
제2호 나목 2) 바)의 경우	430만 원	
제2호 나목 2) 사)의 경우	580만 원	

(9) 요양급여비용의 산정 등(법 제45조)

① 계약의 당사자 : 요양급여비용은 공단의 이사장과 대통령령으로 정하는 의약계를 대표하는 사람들의 계약으로 정한다. 이 경우 계약기간은 1년으로 한다.

② 계약이 체결되면 그 계약은 공단과 각 요양기관 사이에 체결된 것으로 본다.

③ 계약의 체결 기한 : 계약은 그 직전 계약기간 만료일이 속하는 연도의 5월 31일까지 체결하여야 하며, 그 기한까지 계약이 체결되지 아니하는 경우 보건복지부장관이 그 직전 계약기간 만료일이 속하는 연도의 6월 30일까지 심의위원회의 의결을 거쳐 요양급여비용을 정한다. 이 경우 보건복지부장관이 정하는 요양급여비용은 계약으로 정한 요양급여비용으로 본다.

④ 요양급여비용이 정해지면 보건복지부장관은 그 요양급여비용의 명세를 지체 없이 고시하여야 한다.

⑤ 계약의 심의·의결 : 공단의 이사장은 재정운영위원회의 심의·의결을 거쳐 계약을 체결하여야 한다.

⑥ 자료의 요청 : 심사평가원은 공단의 이사장이 계약을 체결하기 위하여 필요한 자료를 요청하면 그 요청에 성실히 따라야 한다.

⑦ 계약의 내용과 그 밖에 필요한 사항은 대통령령으로 정한다.

PART 2

(10) 요양급여비용계약의 당사자 및 계약의 내용 등(영 제20조·제21조)

① 요양급여비용계약의 당사자 : 요양급여비용의 계약 당사자인 의약계를 대표하는 사람은 다음 각 호와 같다.

1. 의원에 대한 요양급여비용 : 의사회의 장
2. 치과의원 및 치과병원에 대한 요양급여비용 : 치과의사회의 장
3. 한의원 및 한방병원에 대한 요양급여비용 : 한의사회의 장
4. 조산원에 대한 요양급여비용 : 조산사회 또는 간호사회의 장 중 1명
5. 병원·요양병원·정신병원 및 종합병원에 대한 요양급여비용 : 의료기관단체의 장
6. 약국 및 한국희귀·필수의약품센터에 대한 요양급여비용 : 대한약사회의 장
7. 보건소·보건의료원 및 보건지소와 보건진료소에 대한 요양급여비용 : 보건복지부장관이 지정하는 사람

② 요양급여비용계약의 내용 등

㉠ 요양급여비용계약은 공단의 이사장과 요양급여비용계약의 당사자가 유형별 요양기관을 대표하여 체결하며, 계약의 내용은 요양급여의 각 항목에 대한 상대가치점수의 점수당 단가를 정하는 것으로 한다.

㉡ ㉠에 따른 요양급여 각 항목에 대한 상대가치점수는 요양급여에 드는 시간·노력 등 업무량, 인력·시설·장비 등 자원의 양, 요양급여의 위험도 및 요양급여에 따른 사회적 편익 등을 고려하여 산정한 요양급여의 가치를 각 항목 사이에 상대적인 점수로 나타낸 것으로 하며, 보건복지부장관이 심의위원회의 심의·의결을 거쳐 보건복지부령으로 정하는 바에 따라 고시한다.

더 알아보기

요양급여대상의 고시(국민건강보험 요양급여의 기준에 관한 규칙 제8조 제2항부터 제5항)

② 보건복지부장관은 요양급여대상을 급여목록표로 정하여 고시하되, 요양급여행위("행위"), 약제 및 치료재료로 구분하여 고시한다. 다만, 보건복지부장관이 정하여 고시하는 요양기관의 진료에 대하여는 행위·약제 및 치료재료를 묶어 1회 방문에 따른 행위로 정하여 고시할 수 있다.

③ 보건복지부장관은 ②에도 불구하고 보건복지부장관이 정하여 고시하는 질병군에 대한 입원진료의 경우에는 해당 질병군별로 비급여대상, 요양급여비용의 본인부담 항목 및 이송처치료를 제외한 모든 행위·약제 및 치료재료를 묶어 하나의 포괄적인 행위로 정하여 고시할 수 있다. 이 경우 하나의 포괄적인 행위에서 제외되는 항목은 보건복지부장관이 정하여 고시할 수 있다.

④ 보건복지부장관은 ②에도 불구하고 요양병원의 입원진료나 호스피스·완화의료의 입원진료의 경우에는 ②의 행위·약제 및 치료재료를 묶어 1일당 행위로 정하여 고시할 수 있다. 이 경우 1일당 행위에서 제외되는 항목은 보건복지부장관이 정하여 고시할 수 있다.

⑤ 보건복지부장관은 위 규정에 따라 요양급여대상을 고시함에 있어 행위 또는 하나의 포괄적인 행위의 경우에는 요양급여의 상대가치점수를 함께 정하여 고시해야 한다.

ⓒ ⓛ에도 불구하고 다음 각 호의 경우에는 다음의 구분에 따른 방법으로 요양급여의 상대가치점수를 산정할 수 있다.

1. 요양병원(장애인 의료재활시설로서 요건을 갖춘 의료기관인 요양병원을 포함한다)에서 입원진료를 받는 경우 : 해당 진료에 필요한 요양급여 각 항목의 점수와 약제·치료재료의 비용을 합산하여 증세의 경중도(輕重度)의 구분에 따른 1일당 상대가치점수로 산정
2. 의원, 병원·요양병원·정신병원·종합병원, 상급종합병원 또는 보건의료원에서 보건복지부장관이 정하여 고시하는 질병군[진단명, 시술명, 중증도(重症度), 나이 등을 기준으로 분류한 환자집단을 말한다]에 대하여 입원진료를 받는 경우 : 해당 진료에 필요한 요양급여 각 항목의 점수와 약제·치료재료의 비용을 포괄하여 입원 건당 하나의 상대가치점수로 산정
3. 호스피스·완화의료를 받는 경우 : 해당 진료에 필요한 요양급여 각 항목의 점수와 약제·치료재료의 비용을 합산하여 1일당 상대가치점수로 산정

ⓓ ㉠에 따라 계약을 체결할 때 상대가치점수가 고시되지 아니한 새로운 요양급여 항목의 비용에 대한 계약은 보건복지부장관이 같은 항목의 상대가치점수를 고시하는 날에 체결된 것으로 본다. 이 경우 그 계약은 그 고시일 이후 최초로 실시된 해당 항목의 요양급여부터 적용한다.

(11) 약제·치료재료에 대한 요양급여비용의 산정(법 제46조)

약제·치료재료에 대한 요양급여비용은 **요양기관의 약제·치료재료 구입금액 등을 고려**하여 대통령령으로 정하는 바에 따라 **달리 산정할 수 있다.**

① **약제·치료재료의 요양급여비용** : 약제·치료재료(상대가치점수가 적용되는 약제·치료재료는 제외한다. 이하 이 조에서 같다)에 대한 요양급여비용은 다음 각 호의 구분에 따라 결정한다. 이 경우 구입금액(요양기관이 해당 약제 및 치료재료를 구입한 금액을 말한다. 이하 이 조에서 같다)이 상한금액(보건복지부장관이 심의위원회의 심의를 거쳐 해당 약제 및 치료재료별 요양급여비용의 상한으로 고시하는 금액을 말한다. 이하 같다)보다 많을 때에는 구입금액은 상한금액과 같은 금액으로 한다(영 제22조 제1항).

1. 한약제 : 상한금액
2. 한약제 외의 약제 : 구입금액
3. 삭제
4. 치료재료 : 구입금액

② ①에 따른 약제 및 치료재료에 대한 요양급여비용의 결정 기준・절차, 그 밖에 필요한 사항은 보건복지부장관이 정하여 고시한다(영 제22조 제2항).

(12) 요양급여비용의 청구와 지급 등(법 제47조)

① **지급청구** : 요양기관은 **공단에 요양급여비용의 지급을 청구**할 수 있다. 이 경우 요양급여비용에 대한 심사청구는 공단에 대한 요양급여비용의 청구로 본다.

② **심사청구** : 요양급여비용을 청구하려는 요양기관은 **심사평가원에 요양급여비용의 심사청구**를 하여야 하며, 심사청구를 받은 심사평가원은 이를 심사한 후 지체 없이 그 내용을 공단과 요양기관에 알려야 한다.

③ **요양급여비용의 지급** : 심사 내용을 통보받은 공단은 지체 없이 그 내용에 따라 **요양급여비용을 요양기관에 지급**한다. 이 경우 이미 낸 본인일부부담금이 통보된 금액보다 더 많으면 요양기관에 지급할 금액에서 더 많이 낸 금액을 **공제하여 해당 가입자에게 지급**하여야 한다.

④ **요양급여비용의 공제** : 공단은 요양급여비용을 요양기관에 지급하는 경우 해당 요양기관이 공단에 납부하여야 하는 보험료 또는 그 밖에 국민건강보험법에 따른 징수금을 체납한 때에는 요양급여비용에서 이를 공제하고 지급할 수 있다.

⑤ **상계** : 공단은 가입자에게 지급하여야 하는 금액을 그 가입자가 내야 하는 **보험료 등과 상계**할 수 있다.

⑥ **요양급여비용의 조정** : 공단은 심사평가원이 요양급여의 적정성을 평가하여 공단에 통보하면 그 평가 결과에 따라 요양급여비용을 **가산하거나 감액 조정**하여 지급한다. 이 경우 평가 결과에 따라 요양급여비용을 가산하거나 감액하여 지급하는 기준은 보건복지부령으로 정한다.

※ **요양급여비용의 가감지급 기준(규칙 제18조)** : 평가대상 요양기관의 평가대상기간에 대한 심사결정 공단부담액의 **100분의 10 범위**에서 보건복지부장관이 정하여 고시한 기준에 따라 산정한 금액으로 한다.

⑦ **심사청구 대행기관** : 요양기관은 심사청구를 다음 각 호의 단체가 **대행**하게 할 수 있다.

1. 의료법에 따른 **의사회・치과의사회・한의사회・조산사회** 또는 신고한 각각의 지부 및 분회

더 알아보기

중앙회와 지부(의료법 제28조 제1항)
의사・치과의사・한의사・조산사 및 간호사는 대통령령으로 정하는 바에 따라 각각 전국적 조직을 두는 의사회・치과의사회・한의사회・조산사회 및 간호사회("중앙회")를 각각 설립하여야 한다.

2. 의료법에 따른 **의료기관 단체**

더 알아보기

의료기관 단체의 설립(의료법 제52조 제1항)
병원급 의료기관의 장은 의료기관의 건전한 발전과 국민보건 향상에 기여하기 위하여 전국 조직을 두는 단체를 설립할 수 있다.

3. 약사법에 따른 약사회 또는 **약사회** 및 **한약사회**가 설치 후 신고한 지부 및 분회

더 알아보기

> 의료기관 단체의 설립(약사법 제11조 제1항)
> 약사(藥師)는 약사(藥事)에 관한 연구와 약사윤리 확립, 약사의 권익 증진 및 자질 향상을 위하여 대통령령으로 정하는 바에 따라 대한약사회("약사회")를 설립하여야 한다.
>
> 약사회 및 한약사회의 지부 등(약사법 제14조 제1항)
> 약사회 및 한약사회는 대통령령으로 정하는 바에 따라 특별시 · 광역시 · 특별자치시 · 도 · 특별자치도("시 · 도")에 지부를 설치하여야 하며, 특별시 · 광역시의 구와 시(특별자치도의 경우에는 행정시를 말한다. 이하 같다) · 군에 분회를 설치할 수 있다.

⑧ 요양급여비용의 청구 · 심사 · 지급 등의 방법과 절차에 필요한 사항은 보건복지부령으로 정한다.

(13) 요양급여비용의 청구(규칙 제19조)

① **제출 서류 :** 요양기관 또는 대행청구단체가 요양급여비용을 청구하려면 요양급여비용 **심사청구서**에 급여를 받은 사람에 대한 요양급여비용 **명세서**를 첨부하여 **심사평가원**에 **제출**하여야 한다.

② **명세서 기재 사항 :** 요양기관 또는 대행청구단체는 요양급여비용 명세서에 다음 각 호의 사항을 적어야 한다.

1. 가입자(지역가입자의 경우에는 세대주를 말한다)의 성명 및 건강보험증 번호
2. 요양급여를 받은 사람의 성명 및 주민등록번호
3. 질병명 또는 부상명
4. 요양 개시 연월일 및 요양 일수
5. 요양급여비용의 내용
6. 본인부담금 및 비용청구액
7. 처방전 내용 등

③ 요양급여비용의 청구방법, 요양급여비용 심사청구서 및 요양급여비용 명세서의 서식 · 작성요령, 그 밖에 요양급여비용의 청구에 필요한 사항은 보건복지부장관이 정하여 고시한다.

(14) 요양급여비용의 심사 · 지급(규칙 제20조)

① **요양급여비용의 심사 :** 심사평가원은 요양급여비용에 대한 심사청구를 받으면 그 심사청구 내용이 요양급여의 기준 및 요양급여비용의 명세에 적합한지를 보건복지부장관이 정하여 고시한 바에 따라 심사한다. 이 경우 심사평가원의 원장은 제공받은 자료의 사실 여부를 확인할 필요가 있으면 소속 직원으로 하여금 현장 조사를 통하여 해당 사항을 확인하게 할 수 있다.

② **요양급여비용의 지급 :** 심사평가원의 원장은 심사를 하는 경우에는 요양급여비용에 대한 심사청구를 받은 날부터 40일(정보통신망을 통하여 통보하는 경우에는 15일) **이내에 심사**하여 그 내용이 기재된 **요양급여비용 심사결과통보서를 공단 및 해당 요양기관에 각각 송부**해야 하며, 요양급여비용 심사결과통보서를 받은 공단은 지체 없이 요양급여비용 지급명세가 기재된 요양급여비용 지급통보서에 따른 **요양급여비용을 해당 요양기관에 지급**해야 한다. 이 경우 심사기간을 산정할 때 심사평가원의 원장이 요양급여비용에 대한 심사를 청구한 요양기관에 심사에 필요한 자료를 요청한 경우 등 특별한 사유가 있는 경우에는 그에 걸리는 기간은 제외한다.

③ **공제 내용의 통보** : 공단은 요양기관에 지급할 요양급여비용에서 과다하게 납부된 본인부담액을 공제한 경우에는 그 **공제 내용을 요양기관에 통보**하여야 한다.

④ 요양급여비용 심사결과통보서 및 요양급여비용 지급통보서의 서식과 요양급여비용의 심사·지급에 필요한 사항은 보건복지부장관이 정하여 고시한다.

(15) 요양급여비용 지급 등의 특례(규칙 제21조)

① 보건복지부장관은 요양기관 또는 대행청구단체의 요양급여비용 청구가 있음에도 불구하고 천재지변·파업 등 특별한 사유로 **심사평가원이 기간 내에 요양급여비용 심사를 하는 것이 불가능하거나 현저히 곤란**하다고 판단하는 경우에는 **공단으로 하여금** 요양급여비용의 전부 또는 일부를 **요양기관에 우선 지급**하게 할 수 있다.

② 심사평가원은 공단이 요양급여비용을 요양기관에 우선 지급한 후 그 요양급여비용에 대하여 심사한 경우에는 요양급여비용 심사결과통보서를 공단 및 해당 요양기관에 각각 송부하여야 한다. 이 경우 공단은 심사평가원의 심사결과에 따라 **요양기관에 지급한 요양급여비용을 정산**하여야 한다.

③ ①과 ②에 따른 요양급여비용의 청구, 지급 및 정산의 방법·절차 등에 관하여 필요한 사항은 보건복지부장관이 정하여 고시한다.

(16) 정보통신망 등에 의한 통보(규칙 제22조)

① 요양기관은 요양급여비용 심사청구서 및 명세서 등의 서류를 **전산매체 또는 정보통신망**을 통하여 **공단 또는 심사평가원에 제출**할 수 있다. 이 경우 전산 관리에 관하여 보건복지부장관이 고시한 기준에 따라 적정하다고 결정된 소프트웨어를 사용해야 한다.

② 심사평가원은 요양급여비용 심사결과통보서 등을, 공단은 요양급여비용 지급통보서 등을 **전산매체 또는 정보통신망**을 이용하여 **요양기관에 송부**할 수 있다.

(17) 요양급여비용의 지급 보류(법 제47조의2)

① **요양급여비용의 지급을 보류하는 경우** : 공단은 요양급여비용의 지급을 청구한 요양기관이 의료법에 따른 의료기관 개설 또는 약사법에 따른 약국 개설등록을 위반하였다는 사실을 **수사기관의 수사결과로 확인**한 경우에는 해당 요양기관이 청구한 **요양급여비용의 지급을 보류**할 수 있다. 이 경우 요양급여비용 지급 보류 처분의 효력은 해당 요양기관이 그 처분 이후 청구하는 요양급여비용에 대해서도 미친다.

㉠ 공단은 요양급여비용의 지급을 보류하려는 경우에는 해당 요양기관에 미리 다음 각 호의 사항을 적은 문서로 통지해야 한다(영 제22조의2 제1항).

1. 해당 요양기관의 명칭, 대표자 및 주소
2. 지급 보류의 원인이 되는 사실과 지급 보류의 대상이 되는 요양급여비용 및 법적 근거
3. 제2호의 사항에 대하여 의견을 제출할 수 있다는 뜻과 의견을 제출하지 아니하는 경우의 처리방법

㉡ 요양급여비용의 지급 보류 결정을 받은 요양기관은 무죄 판결이나 불송치 또는 불기소를 받은 경우 그 사실을 공단에 통지해야 한다(영 제22조의2 제5항).

더 알아보기

의료인과 의료기관의 장의 의무(의료법 제4조 제2항)
의료인은 다른 의료인 또는 의료법인 등의 명의로 의료기관을 개설하거나 운영할 수 없다.

의료기관의 개설(의료법 제33조 제2항 · 제8항)
② 다음 각 호의 어느 하나에 해당하는 자가 아니면 의료기관을 개설할 수 없다. 이 경우 의사는 종합병원 · 병원 · 요양병원 · 정신병원 또는 의원을, 치과의사는 치과병원 또는 치과의원을, 한의사는 한방병원 · 요양병원 또는 한의원을, 조산사는 조산원만을 개설할 수 있다.
1. 의사, 치과의사, 한의사 또는 조산사
2. 국가나 지방자치단체
3. 의료업을 목적으로 설립된 법인("의료법인")
4. 민법이나 특별법에 따라 설립된 비영리법인
5. 준정부기관, 지방의료원, 한국보훈복지의료공단

⑧ ②의 제1호의 의료인은 어떠한 명목으로도 둘 이상의 의료기관을 개설 · 운영할 수 없다. 다만, 2 이상의 의료인 면허를 소지한 자가 의원급 의료기관을 개설하려는 경우에는 하나의 장소에 한하여 면허 종별에 따른 의료기관을 함께 개설할 수 있다.

약국 개설등록(약사법 제20조 제1항)
약사 또는 한약사가 아니면 약국을 개설할 수 없다.

약국의 관리의무(약사법 제21조 제1항)
약사 또는 한약사는 하나의 약국만을 개설할 수 있다.

② 의견 제출 : 공단은 요양급여비용의 지급을 보류하기 전에 해당 요양기관에 의견 제출의 기회를 주어야 한다.
 ㉠ 통지를 받은 요양기관은 지급 보류에 이의가 있는 경우에는 통지를 받은 날부터 7일 이내에 요양급여비용의 지급 보류에 대한 의견서에 이의 신청의 취지와 이유를 적고 필요한 자료를 첨부하여 공단에 제출하여야 한다(영 제22조의2 제2항).
 ㉡ 공단은 요양기관이 제출한 의견서를 검토한 후 그 결과를 문서로 통보하여야 한다(영 제22조의2 제3항).

③ 이자의 가산 : 법원의 무죄 판결이 확정되는 등 대통령령으로 정하는 사유로 요양기관이 의료법에 따른 의료기관 개설 또는 약사법에 따른 약국 개설등록을 위반한 혐의가 입증되지 아니한 경우에는 공단은 지급 보류된 요양급여비용에 지급 보류된 기간 동안의 이자를 가산하여 해당 요양기관에 지급하여야 한다. 이 경우 이자는 지급 보류된 요양급여비용에 지급 보류한 날부터 지급하는 날까지의 기간에 대한 국세환급가산금의 이자율을 곱하여 산정한 금액으로 한다(영 제22조의2 제6항 후단).

더 알아보기

요양급여비용의 비급 보류 등(영 제22조의2 제4항)
"법원의 무죄 판결이 확정되는 등 대통령령으로 정하는 사유"란 다음 각 호의 어느 하나에 해당하는 사유를 말한다. 다만, 제2호 또는 제3호의 경우 불송치 또는 불기소를 받은 이후 해당 사건이 다시 수사 및 기소되어 법원의 판결에 따라 유죄가 확정된 경우는 제외한다.
1. 무죄 판결의 확정
2. 불송치(혐의 없음 또는 죄가 안 됨으로 한정한다)
3. 불기소(혐의 없음 또는 죄가 안 됨으로 한정한다)

④ 지급 보류 절차 및 의견 제출의 절차 등에 필요한 사항, 지급 보류된 요양급여비용 및 이자의 지급 절차와 이자의 산정 등에 필요한 사항은 대통령령으로 정한다. 이 경우 요양급여비용의 지급 보류 등에 필요한 해당 요양기관에 통지할 의견서 서식과 의견이 제출된 경우의 처리방법 등 세부사항은 공단이 정한다(영 제22조의2 제7항).

(18) 요양급여의 차등 지급(법 제47조의3)

지역별 의료자원의 불균형 및 의료서비스 격차의 해소 등을 위하여 **지역별로 요양급여비용을 달리 정하여 지급**할 수 있다.

(19) 요양급여의 적정성 평가(법 제47조의4)

① **평가의 실시** : 심사평가원은 요양급여에 대한 의료의 질을 향상시키기 위하여 **요양급여의 적정성 평가**("평가")를 실시할 수 있다.

② **평가 사항** : 심사평가원은 요양기관의 인력·시설·장비, 환자안전 등 요양급여와 관련된 사항을 포함하여 평가할 수 있다.

③ **평가 결과의 통보** : 심사평가원은 평가 결과를 평가대상 요양기관에 통보하여야 하며, 평가 결과에 따라 요양급여비용을 가산 또는 감산할 경우에는 그 결정사항이 포함된 평가 결과를 가감대상 요양기관 및 공단에 통보하여야 한다.

④ ①부터 ③까지에 따른 평가의 기준·범위·절차·방법 등에 필요한 사항은 보건복지부령으로 정한다.

더 알아보기

요양급여의 적정성 평가 기준 등(규칙 제22조의2)

① 요양급여의 적정성 평가는 의료의 안전성·효과성·효율성·환자중심성 등을 기준으로 하며, 세부적인 기준은 의약학적 타당성 및 계량화 가능성 등을 고려하여 심사평가원이 정하여 인터넷 홈페이지에 공개한다.
② 심사평가원은 요양기관별, 진료과목별, 지역별 및 질병·부상별로 구분하여 적정성 평가를 실시한다.
③ 심사평가원은 매년 진료심사평가위원회의 심의를 거쳐 다음 해의 적정성평가 계획을 수립해야 한다.
④ ①부터 ③까지에서 규정한 사항 외에 적정성 평가에 필요한 세부적인 사항은 보건복지부장관이 정하여 고시한다.

(20) 요양급여 대상 여부의 확인 등(법 제48조)

① 가입자나 피부양자는 본인일부부담금 외에 자신이 부담한 비용이 요양급여 대상에서 제외되는 비용인지 여부에 대하여 심사평가원에 확인을 요청할 수 있다.

② 확인 요청을 받은 심사평가원은 그 결과를 요청한 사람에게 알려야 한다. 이 경우 확인을 요청한 비용이 요양급여 대상에 해당되는 비용으로 확인되면 그 내용을 공단 및 관련 요양기관에 알려야 한다.

③ 통보받은 요양기관은 받아야 할 금액보다 더 많이 징수한 금액("과다본인부담금")을 지체 없이 확인을 요청한 사람에게 지급하여야 한다. 다만, 공단은 해당 요양기관이 과다본인부담금을 지급하지 아니하면 해당 요양기관에 지급할 요양급여비용에서 과다본인부담금을 공제하여 확인을 요청한 사람에게 지급할 수 있다.

④ ①부터 ③까지에 따른 확인 요청의 범위, 방법, 절차, 처리기간 등 필요한 사항은 보건복지부령으로 정한다.

(21) 요양비(법 제49조)

① **요양비의 지급** : 공단은 가입자나 피부양자가 보건복지부령으로 정하는 **긴급하거나 그 밖의 부득이한 사유로 요양기관과 비슷한 기능을 하는 기관**으로서 보건복지부령으로 정하는 기관(업무정지기간 중인 요양기관을 포함한다. 이하 "**준요양기관**"이라 한다)에서 **질병 · 부상 · 출산** 등에 대하여 요양을 받거나 **요양기관이 아닌 장소에서 출산**한 경우에는 그 요양급여에 상당하는 금액을 보건복지부령으로 정하는 바에 따라 가입자나 피부양자에게 요양비로 지급한다.

㉠ 보건복지부령으로 정하는 긴급하거나 그 밖의 부득이한 사유 : 다음 각 호의 어느 하나에 해당하는 경우를 말한다(규칙 제23조 제1항).

1. 요양기관을 이용할 수 없거나 요양기관이 없는 경우
2. 만성신부전증 환자가 의사의 요양비처방전(의사의 소견이나 처방기간 등을 적은 서류로서 보건복지부장관이 정하여 고시하는 서류를 말한다. 이하 같다)에 따라 복막관류액 또는 자동복막투석에 사용되는 소모성 재료를 요양기관 외의 의약품판매업소에서 구입 · 사용한 경우
3. 산소치료를 필요로 하는 환자가 의사의 산소치료 요양비처방전에 따라 보건복지부장관이 정하여 고시하는 방법으로 산소치료를 받는 경우
4. 당뇨병 환자가 의사의 요양비처방전에 따라 혈당검사 또는 인슐린주사에 사용되는 소모성 재료나 당뇨병 관리기기를 요양기관 외의 의료기기판매업소에서 구입 · 사용한 경우
5. 신경인성 방광환자가 의사의 요양비처방전에 따라 자가도뇨에 사용되는 소모성 재료를 요양기관 외의 의료기기판매업소에서 구입 · 사용한 경우
6. 보건복지부장관이 정하여 고시하는 질환이 있는 사람으로서 인공호흡기 또는 기침유발기를 필요로 하는 환자가 의사의 요양비처방전에 따라 인공호흡기 또는 기침유발기를 대여받아 사용하는 경우
7. 수면무호흡증 환자가 의사의 요양비처방전에 따라 양압기(수면 중 좁아진 기도에 지속적으로 공기를 불어 넣어 기도를 확보해 주는 기구를 말한다)를 대여받아 사용하는 경우

㉡ 가입자나 피부양자가 요양비를 지급받으려면 다음 각 호의 서류를 공단에 제출해야 한다(규칙 제23조 제3항).

1. 규칙 제23조 제1항 제1호에 해당하는 사유로 질병 · 부상 · 출산[사산(死産)의 경우에는 임신 16주 이상인 경우를 말한다]에 대하여 요양을 받은 경우에는 요양비 지급청구서와 다음 각 목의 서류
   가. 요양비 명세서 또는 세금계산서(약국의 경우에는 요양비처방전과 세금계산서를 말한다) 사본 1부
   나. 요양기관에서 요양을 받을 수 없었던 사유를 증명할 수 있는 서류 1부
2. 규칙 제23조 제1항 제2호 또는 제5호에 해당하는 경우에는 요양비 지급청구서와 다음 각 목의 서류
   가. 의사의 요양비처방전 1부
   나. 세금계산서, 현금영수증 등 가입자나 피부양자가 지출한 금액 명세를 확인할 수 있는 서류 각 1부
3. 규칙 제23조 제1항 제3호에 해당하는 경우에는 요양비 지급청구서와 다음 각 목의 서류
   가. 의사의 요양비처방전 1부
   나. 산소치료를 하였음을 증명할 수 있는 서류 1부

다. 세금계산서, 현금영수증 등 가입자나 피부양자가 지출한 금액 명세를 확인할 수 있는 서류 각 1부

4. 규칙 제23조 제1항 제4호에 해당하는 경우에는 요양비 지급청구서와 다음 각 목의 서류
   가. 의사의 요양비처방전 1부
   나. 세금계산서, 현금영수증 등 가입자나 피부양자가 지출한 금액 명세를 확인할 수 있는 서류 각 1부
   다. 연속혈당측정용 전극을 구입한 경우에는 해당 전극의 고유식별번호를 확인할 수 있는 서류 각 1부
5. 규칙 제23조 제1항 제6호에 해당하는 경우에는 요양비 지급청구서와 다음 각 목의 서류
   가. 의사의 요양비처방전 1부
   나. 인공호흡기 또는 기침유발기를 대여하였음을 증명할 수 있는 서류 1부
   다. 세금계산서, 현금영수증 등 가입자나 피부양자가 지출한 금액 명세를 확인할 수 있는 서류 각 1부
6. 규칙 제23조 제1항 제7호에 해당하는 경우에는 요양비 지급청구서와 다음 각 목의 서류
   가. 의사의 요양비처방전 1부
   나. 양압기를 대여하였음을 증명할 수 있는 서류 1부
   다. 세금계산서, 현금영수증 등 가입자나 피부양자가 지출한 금액 명세를 확인할 수 있는 서류 각 1부
7. 요양기관 외의 장소에서 출산한 경우에는 요양비 지급청구서와 출산 사실을 증명할 수 있는 서류 1부

더 알아보기

요양기관과 비슷한 기능을 하는 기관으로서 보건복지부령으로 정하는 기관(준요양기관)(규칙 제23조 제2항)

1. 요양기관에서 제외된 의료기관 등
2. 만성신부전증 환자 중 복막투석으로 요양급여를 받고 있는 사람에게 다음 각 목의 물품을 판매하는 요양기관 외의 의약품판매업소(나목의 경우 공단에 등록한 의약품판매업소만 해당한다)
   가. 복막관류액
   나. 자동복막투석에 사용되는 소모성 재료
3. 산소치료를 필요로 하는 환자에게 의료용 산소발생기 등으로 산소치료 서비스를 제공하는 요양기관 외의 기관으로서 공단에 등록한 기관(해당 환자가 제공받는 경우만 해당한다)
4. 당뇨병 환자에게 혈당검사 또는 인슐린주사에 사용되는 소모성 재료나 당뇨병 관리기기를 판매하는 요양기관 외의 의료기기판매업소로서 공단에 등록한 업소
5. 신경인성 방광환자에게 자가도뇨에 사용되는 소모성 재료를 판매하는 요양기관 외의 의료기기판매업소로서 공단에 등록한 업소
6. 인공호흡기 또는 기침유발기를 필요로 하는 환자에게 이를 대여하는 요양기관 외의 기관으로서 공단에 등록한 기관
7. 양압기를 필요로 하는 환자에게 이를 대여하는 요양기관 외의 기관으로서 공단에 등록한 기관

② **명세서 · 영수증 발급** : 준요양기관은 보건복지부장관이 정하는 **요양비 명세서**나 요양 명세를 적은 **영수증**을 요양을 받은 사람에게 내주어야 하며, 요양을 받은 사람은 그 명세서나 영수증을 공단에 제출하여야 한다.

③ **요양비 지급청구의 위임** : ① 및 ②에도 불구하고 준요양기관은 요양을 받은 가입자나 피부양자의 위임이 있는 경우 공단에 요양비의 지급을 직접 청구할 수 있다. 이 경우 공단은 지급이 청구된 내용의 적정성을 심사하여 준요양기관에 요양비를 지급할 수 있다.

㉠ 준요양기관이 공단에 요양비의 지급을 직접 청구하는 경우에는 다음 각 호의 서류를 공단에 제출해야 한다(규칙 제23조 제4항).

1. 규칙 제23조 제3항 각 호의 구분에 따른 서류
2. 요양비 지급청구 위임장 1부
3. 가입자나 피부양자의 신분증 사본 1부

㉡ 규칙 제23조 제3항 및 제4항에도 불구하고 다음 각 호의 어느 하나에 해당하는 경우에는 요양비 처방전의 제출을 생략한다(규칙 제23조 제5항).

1. 요양비처방전을 발행한 의사가 그 요양비처방전을 요양비 관련 정보통신망(요양비 지급 청구 업무를 수행하기 위하여 공단이 관리·운영하는 정보통신망을 말한다. 이하 같다)을 통해 전송한 경우. 다만, 규칙 제23조 제1항 제1호 및 제2호에 해당하는 경우는 제외한다.
2. 규칙 제23조 제1항 제3호, 제6호 또는 제7호에 해당하여 요양비를 지급받은 가입자나 피부양자가 같은 종류의 요양비를 지급받으려는 경우로서 이미 제출한 요양비처방전의 처방기간이 지나지 않은 경우

㉢ 공단은 규칙 제23조 제3항 또는 제4항에 따라 요양비의 지급청구를 받은 경우에는 청구를 받은 날부터 40일(요양비 관련 정보통신망을 통하여 제출받은 경우에는 15일) 이내에 그 내용의 적정성을 확인한 후 요양비를 지급해야 한다. 다만, 부득이한 사유가 있는 경우에는 30일의 범위에서 그 기한을 연장할 수 있다(규칙 제23조 제6항).

㉣ ㉢에도 불구하고 공단은 규칙 제23조 제2항 제1호에 해당하는 요양기관 등 또는 법 제98조 제1항에 따라 업무정지 중인 요양기관에서 요양을 받은 경우의 요양비 지급청구에 대해서는 심사평가원의 심사를 거쳐 요양비를 지급해야 한다(규칙 제23조 제7항).

㉤ 요양비의 지급금액은 보건복지부장관이 정하여 고시하는 금액으로 한다(규칙 제23조 제8항).

㉥ 규칙 제23조 제1항부터 제8항까지에서 규정한 사항 외에 요양비의 지급 기준·절차·방법 및 의약품판매업소 등의 등록 기준·절차·취소와 그 밖에 요양비 지급청구 등에 관하여 필요한 사항은 보건복지부장관이 정하여 고시한다(규칙 제23조 제9항).

④ ③에 따른 준요양기관의 요양비 지급 청구, 공단의 적정성 심사 등에 필요한 사항은 보건복지부령으로 정한다.

(22) 요양급여비용 계산서·영수증의 발급 및 보존(국민건강보험 요양급여의 기준에 관한 규칙 제7조)

① **계산서·영수증 발급** : 요양기관이 요양급여를 실시한 때에는 가입자 등에게 다음 각 호의 구분에 의한 계산서·영수증을 발급하여야 한다. 다만, 요양기관 중 종합병원·병원·치과병원·한방병원 및 요양병원을 제외한 요양기관이 외래진료를 한 경우에는 간이 외래 진료비계산서·영수증을 발급할 수 있다.

1. 입원 및 외래진료의 경우(한방의 경우를 제외한다) : 진료비 계산서·영수증
2. 한방입원 및 한방외래진료의 경우 : 한방진료비 계산서·영수증
3. 약국 및 한국희귀의약품센터의 경우 : 약제비 계산서·영수증

② **납입확인서 발급** : 요양기관은 가입자 등이 의료비공제를 받기 위하여 당해 연도의 진료비 또는 약제비 납입내역의 확인을 요청한 경우에는 **진료비(약제비) 납입확인서를 발급**하여야 한다.

③ **세부산정내역 제공** : 요양기관은 가입자 등이 계산서·영수증에 대하여 **세부산정내역을 요구하는 경우에는 이를 제공**하여야 한다. 이 경우 요양기관은 보건복지부장관이 정하여 고시하는 바에 따라 급여대상 및 비급여대상의 세부 항목별로 비용 단가, 실시·사용 횟수, 실시·사용기간 및 비용 총액 등을 산정하여 제공하되, 급여대상의 경우에는 세부 항목별로 본인부담금액과 공단부담금액을 구분하여 제공하여야 한다.

④ **세부내역 제공** : 요양기관은 가입자 등이 질병군별로 하나의 포괄적인 행위로 고시된 요양급여를 받거나 1일당 행위로 고시된 요양급여를 받는 경우에는 다음 각 호에 한정하여 **세부내역을 제공**하여야 한다. 이 경우 세부내역의 제공 방법에 관하여는 ③의 후단을 준용한다.

1. 비급여대상
2. 요양급여비용의 본인부담항목
3. 보건복지부장관이 정하여 고시하는 포괄적인 행위 또는 1일당 행위에서 제외되는 항목

⑤ **보존기간** : 요양기관이 요양급여를 행한 경우에는 계산서·영수증 부본을 당해 요양급여가 종료된 날부터 **5년간 보존**하여야 한다. 다만, 요양기관이 본인부담금수납대장을 작성하여 보존하는 경우에는 이를 계산서·영수증 부본에 갈음한다.

⑥ **전자문서로 기록** : 계산서·영수증 부본 및 본인부담금수납대장은 전자문서로 작성·보존할 수 있다.

3. 부가급여, 장애인에 대한 특례, 건강검진

(1) 부가급여(법 제50조)

공단은 국민건강보험법에서 정한 요양급여 외에 대통령령으로 정하는 바에 따라 **임신·출산 진료비, 장제비, 상병수당, 그 밖의 급여**를 실시할 수 있다.

① 부가급여는 **임신·출산(유산 및 사산을 포함**한다. 이하 같다) 진료비로 한다(영 제23조 제1항).

② **임신·출산 진료비 지원 대상**(영 제23조 제2항)

1. 임신·출산한 가입자 등
2. 2세 미만인 가입자 또는 피부양자("2세 미만 영유아")의 법정대리인(출산한 가입자 또는 피부양자가 사망한 경우에 한정한다)

③ **이용권 발급** : 공단은 임신·출산 진료비 지원 대상자에게 다음 각 호의 구분에 따른 비용을 결제할 수 있는 **임신·출산 진료비 이용권("이용권")**을 발급할 수 있다(영 제23조 제3항).

1. 임신·출산한 가입자 등의 진료에 드는 비용
2. 임신·출산한 가입자 등의 약제·치료재료의 구입에 드는 비용
3. 2세 미만 영유아의 진료에 드는 비용
4. 2세 미만 영유아에게 처방된 약제·치료재료의 구입에 드는 비용

④ **제출 서류** : 이용권을 발급받으려는 사람("신청인")은 보건복지부령으로 정하는 발급 신청서에 임신·출산 진료비 지원 대상자에 해당한다는 사실을 확인할 수 있는 증명서(산부인과전문의 또는 조산사가 임신·출산 사실을 확인한 신청서, 이 경우 임신 사실은 산부인과전문의만 확인할 수 있다)를 첨부해 공단에 제출해야 한다(영 제23조 제4항, 규칙 제24조 제1항).

⑤ ④에 따라 이용권 발급 신청을 받은 공단은 신청인이 임신·출산 진료비 지원 대상에 해당하는지를 확인한 후 **신청인에게 이용권을 발급**해야 한다(영 제23조 제5항).

1. 이용권을 발급받은 사람은 비용을 결제하려는 경우 요양기관에 이용권을 제시해야 한다(규칙 제24조 제2항).
2. 공단은 임신·출산과 관련된 진료 등의 사실을 확인한 후 지체 없이 요양기관에게 결제된 비용을 지급해야 한다(규칙 제24조 제3항).

⑥ **이용권 사용 기간** : 이용권을 사용할 수 있는 기간은 ⑤에 따라 이용권을 발급받은 날부터 다음 각 호의 구분에 따른 날까지로 한다(영 제23조 제6항).

1. 임신·출산한 가입자 등 : 출산일(유산 및 사산의 경우 그 해당일)부터 2년이 되는 날
2. 2세 미만 영유아의 법정대리인 : 2세 미만 영유아의 출생일부터 2년이 되는 날

⑦ **결제 상한** : 이용권으로 결제할 수 있는 **금액의 상한**은 다음 각 호의 구분에 따른다. 다만, 보건복지부장관이 필요하다고 인정하여 고시하는 경우에는 다음 각 호의 상한을 초과하여 결제할 수 있다(영 제23조 제7항).

1. 하나의 태아를 임신·출산한 경우 : 100만 원
2. 둘 이상의 태아를 임신·출산한 경우 : 140만 원

⑧ ②부터 ⑦까지에서 규정한 사항 외에 임신·출산 진료비의 지급 절차와 방법, 이용권의 발급과 사용 등에 필요한 사항은 보건복지부령으로 정한다(영 제23조 제8항).

(2) 장애인에 대한 특례(법 제51조)

① **보조기기에 대한 보험급여** : 공단은 장애인복지법에 따라 등록한 **장애인**인 가입자 및 피부양자에게는 장애인·노인 등을 위한 보조기기 지원 및 활용촉진에 관한 법률에 따른 **보조기기에 대하여 보험급여**를 할 수 있다.

더 알아보기

보조기기(장애인·노인 등을 위한 보조기기 지원 및 활용촉진에 관한 법률 제3조 제2호 및 동법 시행규칙 제2조 제1항)
"보조기기"란 장애인 등의 신체적·정신적 기능을 향상·보완하고 일상 활동의 편의를 돕기 위하여 사용하는 각종 기계·기구·장비로서 보건복지부령으로 정하는 다음 각 호의 어느 하나에 해당하는 것을 말한다.

1. 개인 치료용 보조기기
2. 기술 훈련용 보조기기
3. 보조기 및 의지(義肢)
4. 개인 관리 및 보호용 보조기기
5. 개인 이동용 보조기기
6. 가사용 보조기기
7. 가정·주택용 가구 및 개조용품
8. 의사소통 및 정보전달용 보조기기
9. 물건 및 기구 조작용 보조기기
10. 환경 개선 및 측정용 보조기기
11. 고용 및 직업훈련용 보조기기
12. 레크리에이션용 보조기기
13. 그 밖에 다른 법령에 따른 장애인 등을 위한 기계·기구·장비로서 보건복지부장관이 정하는 보조기기

② **보험급여 지급청구의 위임** : 장애인인 가입자 등에게 보조기기를 판매한 자는 가입자나 피부양자의 **위임이 있는 경우 공단에 보험급여를 직접 청구**할 수 있다. 이 경우 공단은 지급이 청구된 내용의 적정성을 심사하여 보조기기를 판매한 자에게 보조기기에 대한 보험급여를 지급할 수 있다.

③ ①에 따른 보조기기에 대한 보험급여의 범위·방법·절차, ②에 따른 보조기기 판매업자의 보험급여 청구, 공단의 적정성 심사 및 그 밖에 필요한 사항은 보건복지부령으로 정한다.

④ **보조기기 급여 지급청구** : 보조기기[활동형 수동휠체어, 틸팅형 수동휠체어(등받이 및 좌석 경사 조절형 수동휠체어를 말한다), 리클라이닝형 수동휠체어(등받이 경사 조절형 수동휠체어를 말한다), 전동휠체어, 전동스쿠터, 자세보조용구 및 이동식전동리프트는 제외한다]에 대한 보험급여를 받으려는 사람은 **보조기기 급여 지급청구서**에 다음 각 호의 **서류를 첨부**하여 **공단에 제출**해야 한다(규칙 제26조 제2항).

1. 전문과목 중 보조기기 유형별로 보건복지부장관이 정하여 고시하는 과목의 전문의가 발행한 보조기기 처방전과 해당 검사 결과 관련 서류 1부. 다만, 지팡이·목발·휜지팡이 또는 보조기기의 소모품[전동휠체어 및 전동스쿠터용 전지(電池)로 한정한다]에 대한 보험급여를 받으려는 경우에는 제외한다.

1의2. 보조기기 검수확인서 1부. 다만, 지팡이·목발·흰지팡이 또는 보조기기의 소모품(전동휠체어 및 전동스쿠터용 전지로 한정한다), 일반형 수동휠체어, 욕창예방방석, 욕창예방매트리스, 전·후방보행차, 돋보기 또는 망원경에 대한 보험급여를 받으려는 경우에는 제외한다.

2. 요양기관 또는 보조기기 제조·판매자가 발행한 세금계산서, 현금영수증 등 가입자나 피부양자가 지출한 금액 명세를 확인할 수 있는 서류 각 1부

3. 수동휠체어, 보청기, 전동휠체어, 전동스쿠터, 자세보조용구, 욕창예방방석, 욕창예방매트리스, 이동식전동리프트 및 전·후방보행차에 대한 보험급여를 받으려는 경우에는 표준코드와 바코드를 확인할 수 있는 보조기기 사진 1장

⑤ **보조기기 급여 사전 승인 신청** : 보조기기 중 활동형 수동휠체어, 틸팅형 수동휠체어, 리클라이닝형 수동휠체어, 전동휠체어, 전동스쿠터, 자세보조용구 및 이동식전동리프트에 대한 보험급여를 받으려는 사람은 **보조기기 급여 사전 승인 신청서**에 **보조기기 처방전**과 해당 **검사 결과 관련 서류**를 첨부하여 공단에 보조기기 급여 사전 승인을 신청해야 한다(규칙 제26조 제3항).

⑥ **보조기기 급여비 지급청구** : 공단은 ⑤에 따른 신청을 받으면 해당 처방전에 적힌 장애상태 등을 확인하여 신청인이 급여 대상에 해당하는지를 결정·통보해야 하고, 급여 대상으로 통보받은 신청인은 **보조기기 급여비 지급청구서**에 다음 각 호의 서류를 첨부하여 공단에 제출해야 한다(규칙 제26조 제4항).

1. 보조기기 검수확인서(자세보조용구만 해당한다)
2. 수동휠체어, 보청기, 전동휠체어, 전동스쿠터, 자세보조용구, 욕창예방방석, 욕창예방매트리스, 이동식전동리프트 및 전·후방보행차에 대한 보험급여를 받으려는 경우에는 표준코드와 바코드를 확인할 수 있는 보조기기 사진 1장
3. 공단에 등록한 보조기기 업소에서 발행한 세금계산서, 현금영수증 등 가입자나 피부양자가 지출한 금액 명세를 확인할 수 있는 서류 각 1부

⑦ 보조기기 판매업자가 공단에 **보조기기 보험급여의 지급을 직접 청구하는 경우**에는 다음 각 호의 서류를 공단에 제출해야 한다(규칙 제26조 제5항).

1. ④의 각 호의 서류 또는 ⑥의 각 호의 서류 1부
2. 보조기기 급여 지급청구 위임장 1부
3. 가입자나 피부양자의 신분증 사본 1부
4. 삭제
5. 장애인복지법에 따라 개설된 의지(義肢)·보조기 제조·수리업자이거나 의료기기법에 따라 허가받은 수입·제조·판매업자(보조기기 소모품 중 전동휠체어 및 전동스쿠터용 전지의 경우는 의료기기법에 따라 신고한 수리업자를 말한다)임을 증명하는 서류 1부. 다만, 다음 각 목의 어느 하나에 해당하는 경우에는 제외한다.
   가. 공단에 등록한 보조기기 판매업자
   나. 지팡이, 목발 또는 흰지팡이를 판매한 경우
   다. 보조기기를 제조·수입한 자로서 해당 보조기기의 소모품 중 전동휠체어 및 전동스쿠터용 전지를 판매한 경우

⑧ **공단 부담금액의 지급** : 공단은 ④, ⑥ 및 ⑦에 따른 지급청구를 받으면 청구된 내용의 적정성을 지체 없이 확인한 후 지급청구를 한 사람 또는 보조기기 판매업자에게 **공단의 부담금액을 지급**해야 한다(규칙 제26조 제6항).

⑨ 보조기기에 대한 보험급여 지급기준금액 및 그 밖의 사항(규칙 별표 7 제3호·제4호)
1. 보조기기에 대한 보험급여는 다음 각 목의 금액 중 가장 낮은 금액("지급기준금액")의 100분의 90에 해당하는 금액을 가입자 등에게 지급하는 방식으로 실시한다. 다만, 영 별표 2 제3호 라목에 해당하는 사람이 구입한 보조기기에 대해서는 지급기준금액의 100분의 100에 해당하는 금액을 지급한다.
   가. 보조기기의 유형 및 구분 항목별로 보건복지부장관이 정하여 고시하는 금액
   나. 보건복지부장관이 급여평가 결과를 고려하여 제품별로 고시하는 금액(제1호 나목 후단에 따라 급여평가를 거쳐야 하는 보조기기에 대하여 보험급여를 실시하는 경우에 한정한다)
   다. 가입자·피부양자가 해당 보조기기를 구입한 금액
2. 그 밖의 사항
   가. 보조기기의 제작 또는 장착 등을 위하여 요양기관에서 한 진찰·검사·처치 등은 요양급여로 본다.
   나. 의료급여 수급권자였던 가입자 등에게 보조기기에 대한 보험급여를 하는 경우 내구연한은 지급받은 보조기기의 급여내용과 연계하여 산정한다.

⑩ 위에서 규정한 사항 외에 보조기기의 급여 기준 및 방법에 관한 세부적인 사항은 보건복지부장관이 정하여 고시한다(규칙 제26조 제7항).

(3) 건강검진(법 제52조)

① **건강검진의 실시** : 공단은 가입자와 피부양자에 대하여 질병의 조기 발견과 그에 따른 요양급여를 하기 위하여 건강검진을 실시한다.

② **건강검진의 종류 및 대상**
1. 일반건강검진 : 직장가입자, 세대주인 지역가입자, 20세 이상인 지역가입자 및 20세 이상인 피부양자
2. 암검진 : 암관리법에 따른 암의 종류별 검진주기와 연령 기준 등에 해당하는 사람

더 알아보기

암검진사업

- 암검진사업의 범위, 대상자, 암의 종류 · 검진주기, 연령 기준 등에 관하여 필요한 사항은 대통령령으로 정한다. 이 경우 보건복지부장관은 암의 발생률, 생존율, 사망률 등 암 통계 및 치료에 관한 자료를 고려하여 암검진사업의 대상자, 암의 종류 · 검진주기 등을 정하여야 한다(암관리법 제11조 제2항).
- 암검진사업의 대상이 되는 암의 종류 : 위암, 간암, 대장암, 유방암, 자궁경부암, 폐암(암관리법 시행령 제8조 제1항)
- 암의 종류별 검진주기와 연령 기준 등(암관리법 시행령 별표 1)

암의 종류	검진주기	연령 기준 등
위암	2년	40세 이상의 남녀
간암	6개월	40세 이상의 남녀 중 간암 발생 고위험군
대장암	1년	50세 이상의 남녀
유방암	2년	40세 이상의 여성
자궁경부암	2년	20세 이상의 여성
폐암	2년	54세 이상 74세 이하의 남녀 중 폐암 발생 고위험군

1. "간암 발생 고위험군"이란 간경변증, B형간염 항원 양성, C형간염 항체 양성, B형 또는 C형 간염 바이러스에 의한 만성 간질환 환자를 말한다.
2. "폐암 발생 고위험군"이란 30갑년[하루 평균 담배소비량(갑)×흡연기간(년)] 이상의 흡연력을 가진 현재 흡연자와 폐암 검진의 필요성이 높아 보건복지부장관이 정하여 고시하는 사람을 말한다.

3. 영유아건강검진 : 6세 미만의 가입자 및 피부양자

③ **건강검진 항목의 설계** : 건강검진의 검진항목은 **성별, 연령 등의 특성 및 생애 주기**에 맞게 설계되어야 한다.

④ 건강검진의 횟수 · 절차와 그 밖에 필요한 사항(영 제25조)

1. 건강검진은 2년마다 1회 이상 실시하되, **사무직에 종사하지 않는 직장가입자**에 대해서는 1년에 1회 실시한다. 다만, 암검진은 암관리법 시행령에서 정한 바에 따르며, 영유아건강검진은 영유아의 나이 등을 고려하여 보건복지부장관이 정하여 고시하는 바에 따라 검진주기와 검진횟수를 다르게 할 수 있다.
2. 건강검진은 지정된 건강검진기관("검진기관")에서 실시해야 한다.
3. 공단은 건강검진을 실시하려면 건강검진의 실시에 관한 사항을 다음의 구분에 따라 통보해야 한다.
   가. 일반건강검진 및 암검진 : 직장가입자에게 실시하는 건강검진의 경우에는 해당 **사용자**에게, 직장가입자의 피부양자 및 지역가입자에게 실시하는 건강검진의 경우에는 **검진을 받는 사람**에게 통보
   나. 영유아건강검진 : 직장가입자의 피부양자인 영유아에게 실시하는 건강검진의 경우에는 그 **직장가입자**에게, 지역가입자인 영유아에게 실시하는 건강검진의 경우에는 해당 **세대주**에게 통보
4. 건강검진을 실시한 검진기관은 공단에 건강검진의 결과를 통보해야 하며, 공단은 이를 건강검진을 받은 사람에게 통보해야 한다. 다만, 검진기관이 건강검진을 받은 사람에게 직접 통보한 경우에는 공단은 그 통보를 생략할 수 있다.
5. 건강검진의 검사항목, 방법, 그에 드는 비용, 건강검진 결과 등의 통보 절차, 그 밖에 건강검진을 실시하는 데 필요한 사항은 보건복지부장관이 정하여 고시한다.

4. 보험급여

(1) 급여의 제한(법 제53조)

① **보험급여를 하지 않는 경우** : 공단은 보험급여를 받을 수 있는 사람이 다음 각 호의 어느 하나에 해당하면 보험급여를 하지 아니한다.

1. 고의 또는 중대한 과실로 인한 범죄행위에 그 원인이 있거나 고의로 사고를 일으킨 경우
2. 고의 또는 중대한 과실로 공단이나 요양기관의 요양에 관한 지시에 따르지 아니한 경우
3. 고의 또는 중대한 과실로 공단이 보험급여를 할 때 필요하다고 인정해 보험급여를 받는 사람에게 요구한 보험급여를 확인하는 문서와 그 밖의 물건의 제출을 거부하거나 질문 또는 진단을 기피한 경우
4. 업무 또는 공무로 생긴 질병·부상·재해로 다른 법령에 따른 보험급여나 보상(報償) 또는 보상(補償)을 받게 되는 경우

② 공단은 보험급여를 받을 수 있는 사람이 다른 법령에 따라 국가나 지방자치단체로부터 **보험급여에 상당하는 급여**를 받거나 보험급여에 상당하는 **비용을 지급**받게 되는 경우에는 그 한도에서 보험급여를 하지 아니한다.

③ 공단은 가입자가 **1개월 이상** 다음 각 호의 **보험료를 체납**한 경우 그 **체납한 보험료를 완납할 때까지** 그 가입자 및 피부양자에 대하여 보험급여를 실시하지 아니할 수 있다. 다만, 월별 보험료의 총체납횟수(이미 납부된 체납보험료는 총체납횟수에서 제외하며, 보험료의 체납기간은 고려하지 아니한다)가 **6회 미만**이거나 가입자 및 피부양자의 소득·재산 등이 대통령령으로 정하는 기준 미만인 경우에는 그러하지 아니하다(영 제26조 참조).

1. 소득월액보험료[(소득월액)×(보험료율)]
2. 세대단위의 보험료[(지역가입자가 속한 세대의 월별 보험료액)=(보험료부과점수)×(보험료부과점수당 금액)]

더 알아보기

피부양자의 소득·재산 등이 대통령령으로 정하는 기준 미만인 경우(영 제26조 제3항)

다음 각 호의 요건을 모두 충족한 경우를 말한다.

1. 법 제53조 제3항 제2호의 보험료(소득월액보험료)를 체납한 가입자가 속한 세대의 소득이 100만 원 미만이고, 그 세대의 재산에 대한 과세표준이 100만 원 미만일 것. 다만, 가입자가 미성년자, 65세 이상인 사람 또는 장애인복지법에 따라 등록한 장애인인 경우에는 그 소득 및 재산에 대한 과세표준이 각각 공단이 정하는 금액 미만일 것
2. 보험료를 체납한 가입자가 사업자등록을 한 사업에서 발생하는 소득이 없을 것

④ 공단은 보수월액보험료 납부의무를 부담하는 **사용자가 보수월액보험료를 체납한 경우**에는 그 체납에 대하여 **직장가입자 본인에게 귀책사유가 있는 경우에 한하여** ③의 규정을 적용한다. 이 경우 해당 직장가입자의 피부양자에게도 ③의 규정을 적용한다.

⑤ ③ 및 ④에도 불구하고 공단으로부터 분할납부 승인을 받고 그 **승인된 보험료를 1회 이상 낸 경우에는 보험급여를 할 수 있다**. 다만, 분할납부 승인을 받은 사람이 정당한 사유 없이 5회(승인받은 분할납부 횟수가 5회 미만인 경우에는 해당 분할납부 횟수를 말한다) 이상 그 승인된 보험료를 내지 아니한 경우에는 그러하지 아니하다.

⑥ ③ 및 ④에 따라 보험급여를 하지 아니하는 기간("급여제한기간")에 받은 보험급여는 다음 각 호의 어느 하나에 해당하는 경우에만 보험급여로 인정한다.

1. 공단이 급여제한기간에 보험급여를 받은 사실이 있음을 가입자에게 통지한 날부터 2개월이 지난 날이 속한 달의 납부기한 이내에 체납된 보험료를 완납한 경우
2. 공단이 급여제한기간에 보험급여를 받은 사실이 있음을 가입자에게 통지한 날부터 2개월이 지난 날이 속한 달의 납부기한 이내에 분할납부 승인을 받은 체납보험료를 1회 이상 낸 경우. 다만, 분할납부 승인을 받은 사람이 정당한 사유 없이 5회 이상 그 승인된 보험료를 내지 아니한 경우에는 그러하지 아니하다.

⑦ **급여 제한에 관한 통지(규칙 제27조 제1항)** : 공단은 보험급여를 제한하는 경우에는 문서로 그 내용과 사유를 가입자에게 알려야 한다.

(2) 급여의 제한여부의 조회 등(국민건강보험 요양급여의 기준에 관한 규칙 제4조)

① 요양기관은 가입자 등이 급여의 제한 사유에 해당되는 것으로 판단되는 경우에도 **요양급여를 실시하**되, 지체 없이 급여제한여부조회서에 의하여 **공단에 급여제한 여부를 조회**하여야 한다.

② ①에 따라 조회 요청을 받은 공단은 7일(공휴일을 제외한다. 이하 같다) 이내에 급여제한 여부를 결정한 후 요양기관에 급여제한 여부 결정통보서로 회신하여야 하며, 회신을 받은 요양기관은 공단의 결정내용을 요양급여를 개시한 날부터 **소급하여 적용**하여야 한다.

③ ②의 규정에 불구하고 회신이 있기 전에 **요양급여가 종료**되거나 **회신 없이 7일이 경과**된 때에는 공단이 당해 요양기관에 대하여 **요양급여를 인정**한 것으로 본다. 다만, 공단이 7일이 경과된 후에 급여제한을 결정하여 회신한 때에는 요양기관은 회신을 받은 날부터 공단의 결정에 따라야 한다.

④ 공단은 급여의 제한 사유에 따라 요양급여를 제한하여야 함에도 불구하고 ③의 규정에 의하여 요양급여를 받은 가입자 등에 대하여는 **부당이득에 해당되는 금액을 징수**한다.

⑤ 요양기관은 (1)의 ②의 **한도를 초과하여 요양급여를 행한 경우**에는 그날부터 **7일 이내**에 요양급여적용통보서에 의하여 그 사실을 공단에 알려야 한다.

(3) 급여의 정지(법 제54조)

보험급여를 받을 수 있는 사람이 다음 각 호의 어느 하나에 해당하면 그 기간에는 **보험급여를 하지 아니**한다. 다만, 제3호 및 제4호의 경우에는 **요양급여를 실시**한다.

1. 삭제
2. 국외에 체류하는 경우
3. 병역법에 따른 현역병(지원에 의하지 아니하고 임용된 하사를 포함한다), 전환복무된 사람 및 군간부후보생에 해당하게 된 경우
4. 교도소, 그 밖에 이에 준하는 시설에 수용되어 있는 경우

(4) 급여의 확인(법 제55조)

공단은 보험급여를 할 때 필요하다고 인정되면 보험급여를 받는 사람에게 문서와 그 밖의 물건을 제출하도록 요구하거나 관계인을 시켜 **질문 또는 진단**하게 할 수 있다.

5. 요양비 등

(1) 요양비 등의 지급(법 제56조)

공단은 국민건강보험법에 따라 지급의무가 있는 요양비 또는 부가급여의 청구를 받으면 지체 없이 이를 지급하여야 한다.

(2) 요양비 등 수급계좌(법 제56조의2)

① **요양비 등의 지급 방법** : 공단은 국민건강보험법에 따른 **보험급여로 지급되는 현금**("요양비 등")을 받는 수급자의 신청이 있는 경우에는 **요양비 등을 수급자 명의의 지정된 계좌**("요양비 등 수급계좌")로 입금하여야 한다. 다만, 정보통신장애나 그 밖에 대통령령으로 정하는 불가피한 사유로 요양비 등 수급계좌로 이체할 수 없을 때에는 직접 현금으로 지급하는 등 대통령령으로 정하는 바에 따라 요양비 등을 지급할 수 있다.

1. 요양비 등을 요양비 등 수급계좌로 받으려는 사람은 요양비 지급청구서와 보조기기 급여 지급청구서 등에 요양비 등 수급계좌의 계좌번호를 기재하고, 예금통장(계좌번호가 기록되어 있는 면을 말한다) 사본을 첨부하여 공단에 제출해야 한다. 요양비 등 수급계좌를 변경하는 경우에도 또한 같다(영 제26조의2 제1항).
2. 공단은 수급자가 요양비 등 수급계좌를 개설한 금융기관이 폐업 또는 업무정지나 정보통신장애 등으로 정상영업이 불가능하거나 이에 준하는 불가피한 사유로 이체할 수 없을 때에는 직접 현금으로 지급한다(영 제26조의2 제2항).

② 요양비 등 수급계좌가 개설된 금융기관은 요양비 등 수급계좌에 **요양비 등만이 입금**되도록 하고, 이를 관리하여야 한다.

③ 요양비 등 수급계좌의 신청 방법·절차와 관리에 필요한 사항은 대통령령으로 정한다.

(3) 부당이득의 징수(법 제57조)

① **부당이득의 징수** : 공단은 **속임수**나 그 밖의 **부당한 방법**으로 보험급여를 받은 사람·준요양기관 및 보조기기 판매업자나 보험급여 비용을 받은 요양기관에 대하여 그 보험급여나 보험급여 비용에 상당하는 **금액을 징수**한다.

② **요양기관 개설자의 징수금 연대 납부** : 공단은 ①에 따라 속임수나 그 밖의 부당한 방법으로 보험급여 비용을 받은 요양기관이 다음 각 호의 어느 하나에 해당하는 경우에는 해당 **요양기관을 개설한 자**에게 그 **요양기관과 연대**하여 ①에 따른 **징수금을 납부**하게 할 수 있다.

1. 의료법을 위반하여 의료기관을 개설할 수 없는 자가 의료인의 면허나 의료법인 등의 명의를 대여받아 개설·운영하는 의료기관
2. 약사법을 위반하여 약국을 개설할 수 없는 자가 약사 등의 면허를 대여받아 개설·운영하는 약국
3. 의료법을 위반하여 개설·운영하는 의료기관
4. 약사법을 위반하여 개설·운영하는 약국

③ 사용자나 가입자의 거짓 보고나 거짓 증명(건강보험증이나 신분증명서를 양도·대여하여 다른 사람이 보험급여를 받게 하는 것을 포함한다), 요양기관의 거짓 진단 또는 준요양기관이나 보조기기를 판매한 자의 속임수 및 그 밖의 부당한 방법으로 보험급여가 실시된 경우 공단은 이들에게 **보험급여를 받은 사람과 연대하여** ①에 따른 징수금을 내게 할 수 있다.

④ 공단은 속임수나 그 밖의 부당한 방법으로 보험급여를 받은 사람과 같은 세대에 속한 **가입자**(속임수나 그 밖의 부당한 방법으로 보험급여를 받은 사람이 피부양자인 경우에는 그 **직장가입자**를 말한다)에게 속임수나 그 밖의 부당한 방법으로 **보험급여를 받은 사람과 연대**하여 ①에 따른 징수금을 내게 할 수 있다.

⑤ 요양기관이 가입자나 피부양자로부터 속임수나 그 밖의 부당한 방법으로 요양급여비용을 받은 경우 공단은 해당 **요양기관으로부터 이를 징수**하여 **가입자나 피부양자에게 지체 없이 지급**하여야 한다. 이 경우 공단은 가입자나 피부양자에게 지급하여야 하는 금액을 그 가입자 및 피부양자가 내야 하는 보험료 등과 상계할 수 있다.

(4) 부당이득 징수금 체납자의 인적사항 등 공개(법 제57조의2)

① 공단은 징수금을 납부할 의무가 있는 요양기관 또는 요양기관을 개설한 자가 납입 고지 문서에 기재된 **납부기한의 다음 날부터 1년이 경과한 징수금을 1억 원 이상 체납**한 경우 징수금 발생의 원인이 되는 **위반행위, 체납자의 인적사항 및 체납액 등 대통령령으로 정하는 사항("인적사항 등")**을 공개할 수 있다. 다만, 체납된 징수금과 관련하여 이의신청, 심판청구가 제기되거나 행정소송이 계류 중인 경우 또는 그 밖에 체납된 금액의 일부 납부 등 대통령령으로 정하는 사유가 있는 경우에는 그러하지 아니하다.

㉠ 인적사항 등 : 징수금 발생의 원인이 되는 위반행위, 체납자의 성명(법인의 대표자 성명을 포함한다), 상호(법인의 명칭을 포함한다), 나이, 주소, 체납액(체납된 징수금, 연체금 및 체납처분비를 말한다)의 종류·납부기한·금액 및 체납요지 등을 말한다(영 제26조의3 제1항).

㉡ 체납된 금액의 일부 납부 등 대통령령으로 정하는 사유가 있는 경우(영 제26조의3 제2항) : 각 호의 어느 하나에 해당하는 경우를 말한다.

1. 통지 당시 체납액의 100분의 10 이상을 그 통지일부터 6개월 이내에 납부한 경우
2. 회생계획인가의 결정에 따라 체납액의 징수를 유예받고 그 유예기간 중에 있거나 체납액을 회생계획의 납부일정에 따라 납부하고 있는 경우
3. 징수금 발생의 원인이 되는 위반행위로 인하여 수사가 진행 중이거나 형사재판이 계속 중인 경우
4. 재해 등으로 재산에 심한 손실을 입은 경우 등으로서 부당이득징수금체납정보공개심의위원회가 인적사항 등을 공개할 실익이 없다고 인정하는 경우

② 인적사항 등의 공개 여부를 심의하기 위하여 공단에 **부당이득징수금체납정보공개심의위원회**를 둔다.

더 알아보기

부당이득징수금체납정보공개심의위원회의 구성 및 운영(영 제26조의4)

① 부당이득징수금체납정보공개심의위원회는 위원장 1명을 포함한 9명의 위원으로 구성한다.

② 부당이득징수금체납정보공개심의위원회의 위원장은 공단의 임원 중 해당 업무를 담당하는 상임이사가 되고, 위원은 공단의 이사장이 임명하거나 위촉하는 다음 각 호의 사람으로 한다.

1. 공단 소속 직원 3명
2. 보험급여 비용의 부당이득 징수에 관한 사무를 담당하는 보건복지부 소속 4급 또는 5급 공무원 1명
3. 법률, 회계 또는 사회보험에 관한 학식과 경험이 풍부한 사람 4명

③ ②의 제3호에 따른 위원의 임기는 2년으로 하며, 한 차례만 연임할 수 있다.

④ 부당이득징수금체납정보공개심의위원회의 회의는 위원장을 포함한 재적위원 과반수의 출석으로 개의하고, 출석위원 과반수의 찬성으로 의결한다.

⑤ ①부터 ④까지에서 규정한 사항 외에 부당이득징수금체납정보공개심의위원회의 구성 및 운영에 필요한 사항은 공단이 정한다.

③ 공단은 부당이득징수금체납정보공개심의위원회의 심의를 거친 인적사항 등의 공개대상자에게 공개대상자임을 서면으로 통지하여 **소명의 기회를 부여**하여야 하며, **통지일부터 6개월이 경과**한 후 체납자의 납부이행 등을 고려하여 **공개대상자를 선정**한다.

④ 공단은 ③에 따른 통지를 할 때에는 체납액의 납부를 촉구하고, 체납된 징수금과 관련하여 이의신청, 심판청구가 제기되거나 행정소송이 계류 중인 경우 또는 그 밖에 체납된 금액의 일부 납부 등 대통령령으로 정하는 사유가 있는 경우에 해당하면 그에 관한 소명자료를 제출하도록 안내해야 한다(영 제26조의3 제3항).

⑤ ①에 따른 인적사항 등의 공개는 관보에 게재하거나 공단 인터넷 홈페이지에 게시하는 방법으로 한다.

(5) 구상권(법 제58조)

① **손해배상 청구권** : 공단은 제3자의 행위로 보험급여사유가 생겨 가입자 등에게 보험급여를 한 경우에는 그 급여에 들어간 비용 한도에서 그 **제3자에게 손해배상을 청구할 권리**를 얻는다.

② **보험급여의 제한** : ①에 따라 보험급여를 받은 사람이 제3자로부터 이미 손해배상을 받은 경우에는 공단은 그 **배상액 한도에서 보험급여를 하지 아니한다**.

③ 가입자(지역가입자의 경우에는 세대주를 포함한다)는 자신이나 피부양자에 대한 보험급여 사유가 제3자의 행위로 인한 것인 경우에는 제3자의 행위로 인한 급여 통보서를 지체 없이 공단에 제출하여야 한다(규칙 제28조).

(6) 수급권 보호(법 제59조)

① 보험급여를 받을 권리는 양도하거나 압류할 수 없다.

② 요양비 등 수급계좌에 입금된 요양비 등은 압류할 수 없다.

(7) 현역병 등에 대한 요양급여비용 등의 지급(법 제60조)

① **요양급여비용과 요양비의 예탁** : 공단은 병역법에 따른 현역병(지원에 의하지 아니하고 임용된 하사를 포함), 전환복무된 사람 및 군간부후보생 및 교도소, 그 밖에 이에 준하는 시설에 수용되어 있는 사람이 요양기관에서 **대통령령으로 정하는 치료 등("요양급여")**을 받은 경우 그에 따라 **공단이 부담하는 비용("요양급여비용")**과 **요양비**를 법무부장관 · 국방부장관 · 경찰청장 · 소방청장 또는 해양경찰청장으로부터 **예탁받아 지급**할 수 있다. 이 경우 법무부장관 · 국방부장관 · 경찰청장 · 소방청장 또는 해양경찰청장은 예산상 불가피한 경우 외에는 연간 들어갈 것으로 예상되는 요양급여비용과 요양비를 대통령령으로 정하는 바에 따라 **미리 공단에 예탁**하여야 한다.

㉠ 대통령령으로 정하는 치료 등이란 **진찰 · 검사, 약제 · 치료재료의 지급, 처치 · 수술 및 그 밖의 치료 및 입원**에 따른 요양급여를 말한다(영 제27조 제1항).

㉡ 법무부장관 · 국방부장관 · 경찰청장 · 소방청장 또는 해양경찰청장("기관장")은 해당 기관에서 연간 들어갈 것으로 예상되는 요양급여비용과 요양비를 공단이 지정한 계좌에 예탁해야 한다(영 제27조 제2항).

㉢ 공단은 예탁금 집행 현황을 분기별로 보건복지부장관 및 해당 기관장에게 통보하여야 한다(영 제27조 제3항).

㉣ 공단은 ㉡에 따라 기관장이 예탁한 요양급여비용과 요양비가 공단이 부담해야 할 요양급여비용과 요양비에 미치지 못할 때에는 기관장에게 이를 즉시 청구하고, 기관장은 공단의 청구에 따라 요양급여비용과 요양비를 공단에 지급해야 한다(영 제27조 제4항).

㉤ 공단은 ㉡에 따라 기관장이 예탁한 요양급여비용과 요양비에서 발생한 이자를 공단이 부담해야 할 요양급여비용에 사용할 수 있다(영 제27조 제5항).

② 요양급여, 요양급여비용 및 요양비 등에 관한 사항은 법 제41조(요양급여), 제41조의4(선별급여), 제42조(요양기관), 제42조의2(요양기관의 선별급여 실시에 대한 관리), 제44조부터 제47조까지(비용의 일부부담, 요양급여비용의 산정 등, 약제·치료재료에 대한 요양급여비용의 산정, 요양급여비용의 청구와 지급 등), 제47조의2(요양급여비용의 지급 보류), 제48조(요양급여 대상 여부의 확인 등), 제49조(요양비), 제55조(급여의 확인), 제56조(요양비 등의 지급), 제56조의2(요양비 등 수급계좌) 및 제59조(수급권 보호) 제2항을 준용한다.

PART 2

(8) 요양급여비용의 정산(법 제61조)

공단은 산업재해보상보험법에 따른 근로복지공단이 국민건강보험법에 따라 요양급여를 받을 수 있는 사람에게 산업재해보상보험법에 따른 요양급여를 지급한 후 그 지급결정이 취소되어 해당 요양급여의 비용을 청구하는 경우에는 그 요양급여가 국민건강보험법에 따라 실시할 수 있는 요양급여에 상당한 것으로 인정되면 그 요양급여에 해당하는 금액을 지급할 수 있다.

핵심 쏙쏙! OX문제

※ 다음 문제의 진위 여부를 판단해 ○ 또는 ×를 선택하시오.

01 요양급여대상의 범위는 보건복지부장관이 결정하며, 요양급여의 방법・절차・범위・상한 등의 기준은 보건복지부령으로 정한다. [○|×]

02 보건복지부장관은 의약품 등의 판매 질서 위반과 관련된 약제에 대하여는 요양급여비용 상한금액의 100분의 40을 넘지 않는 범위에서 그 금액의 일부를 감액할 수 있다. [○|×]

03 보건복지부장관은 상한금액 감액의 대상이 되는 약제 중 퇴장방지의약품, 희귀의약품, 저가의약품에 해당하는 약제에 대해서는 상한금액을 감액하지 않을 수 있다. [○|×]

04 요양급여를 결정할 때는 경제성, 치료효과성 등이 불확실해 그 검증을 위해 추가적인 근거가 필요한 경우에는 예비적인 요양급여인 선별급여로 지정해 실시할 수 있다. [○|×]

05 선별급여의 적합성평가의 평가주기는 원칙적으로 선별급여를 실시한 날부터 3년마다이다. [○|×]

06 가입자 또는 피부양자가 질병이나 부상으로 거동이 불편한 경우에는 가입자 또는 피부양자를 직접 방문해 요양급여를 실시할 수 있다. [○|×]

07 한국희귀・필수의약품센터는 요양급여를 실시할 수 있는 요양기관에 포함되지 않는다. [○|×]

08 본인일부부담금을 받지 않는 방법으로, 가입자를 유인하는 행위로 업무정지 처분을 5년 동안 2회 이상 받은 의료기관은 요양급여를 실시하는 요양기관에서 제외될 수 있다. [○|×]

09 선별급여 중 자료의 축적 또는 의료 이용의 관리가 필요한 경우에는 보건복지부장관이 사전에 정한 해당 선별급여의 실시조건을 충족한 요양기관만이 해당 선별급여를 실시할 수 있다. [○|×]

10 요양기관은 요양급여비용을 최초로 청구하는 때에 요양기관의 시설・장비 및 인력 등에 대한 현황을 공단에 신고해야 한다. [○|×]

11 요양기관은 요양기관의 인력・시설・장비 등의 내용이 변경된 경우에는 의료장비 현황(변경) 신고서 및 요양기관 현황 변경 신고서에 변경된 사항을 증명하는 서류를 첨부해 심사평가원에 제출해야 한다. [○|×]

12 본인부담액을 경감받을 수 있는 요건을 갖춘 희귀난치성질환자로서 6개월 이상 치료를 받고 있거나 6개월 이상 치료가 필요한 사람이 본인부담액 경감 인정을 받으려면 경감 인정 신청서에 요양기관이 발급한 진단서를 첨부해 특별자치도지사・시장・군수・구청장에게 제출해야 한다. [O|X]

13 요양급여비용은 보건복지부장관과 의약계를 대표하는 사람들의 계약으로 정하며, 계약기간은 3년으로 한다. [O|X]

14 의사회의 장, 치과의사회의 장, 한의사회의 장, 간호사회의 장, 대한약사회의 장 등은 의약계를 대표하는 사람으로서 공단의 이사장과 함께 요양급여비용 계약의 당사자가 된다. [O|X]

15 요양급여비용을 산정하는 계약은 그 직전 계약기간 만료일이 속하는 연도의 3월 1일까지 체결해야 하며, 그 기한까지 계약이 체결되지 않는 경우 보건복지부장관이 그 직전 계약기간 만료일이 속하는 연도의 3월 31일까지 정한다. [O|X]

16 요양기관 또는 대행청구단체가 요양급여비용을 청구하려면 요양급여비용 심사청구서에 급여를 받은 사람에 대한 요양급여비용 명세서를 첨부해 공단에 제출해야 한다. [O|X]

17 보건복지부장관은 요양기관 또는 대행청구단체의 요양급여비용 청구가 있음에도 불구하고 천재지변・파업 등으로 심사평가원이 기간 내에 요양급여비용 심사를 하는 것이 불가능할 경우에는 공단으로 하여금 요양급여비용의 일부만을 요양기관에 우선 지급하게 할 수 있다. [O|X]

18 심사평가원은 요양급여의 적정성 평가 결과에 따라 요양급여비용을 가산 또는 감산할 경우에는 그 결정사항이 포함된 평가 결과를 공단에만 통보한다. [O|X]

19 가입자는 본인일부부담금 외에 자신이 부담한 비용이 요양급여 대상에서 제외되는 비용인지 여부에 대하여 심사평가원에 확인을 요청할 수 있다. [O|X]

20 질병・부상・출산에 대해 요양을 받은 가입자나 피부양자가 요양비를 지급받으려면 요양비 지급청구서와 요양비 명세서 또는 세금계산서 사본, 요양기관에서 요양을 받을 수 없었던 사유를 증명할 수 있는 서류를 공단에 제출해야 한다. [O|X]

21 공단은 요양급여 외에 임신・출산 진료비, 장제비, 상병수당의 급여를 실시할 수 없다. [O|X]

22 건강검진은 1년마다 1회 이상 실시하되, 사무직에 종사하지 않는 직장가입자에 대해서는 1년에 2회 실시한다. [O|X]

23 보험급여를 받을 수 있는 사람이 업무·공무로 생긴 질병으로 인해 다른 법령으로 정하는 보험급여나 보상을 받게 되는 경우에는 공단은 보험급여를 하지 않는다. [○|×]

24 공단은 가입자가 1개월 이상 보험료를 체납한 경우에 그 체납한 보험료를 완납할 때까지 그 가입자 및 피부양자에 대해 보험급여를 실시하지 않을 수 있다. [○|×]

25 보험급여를 받을 수 있는 사람이 군간부후보생이 되거나 교도소에 수용되는 경우에는 그 기간 동안 공단은 요양급여를 하지 않는다. [○|×]

26 공단은 제3자의 행위로 보험급여사유가 생겨 가입자에게 보험급여를 한 경우에 그 급여에 들어간 비용 한도에서 그 제3자에게 손해배상을 청구할 권리가 있다. [○|×]

27 공단은 근로복지공단이 요양급여를 받을 수 있는 사람에게 요양급여를 지급한 후 그 지급결정이 취소되어 해당 요양급여의 비용을 청구하는 경우에는 그 요양급여가 국민건강보험법에 따라 실시할 수 있는 요양급여에 상당한 것으로 인정되면 그 요양급여에 해당하는 금액을 지급할 수 있다. [○|×]

28 1단계 요양급여는 상급종합병원을 제외한 요양기관에서 받는 요양급여를 말하며, 2단계 요양급여는 상급종합병원에서 받는 요양급여를 말한다. [○|×]

29 요양기관은 가입자 등이 급여의 제한 사유에 해당되는 것으로 판단되는 경우에도 요양급여를 실시하되, 지체 없이 급여제한여부조회서에 의해 공단에 급여제한 여부를 조회해야 한다. [○|×]

30 요양기관, 의약관련 단체, 치료재료의 제조업자·수입업자는 행위·치료재료에 대한 요양급여대상 여부의 결정신청을 하려는 경우에는 신의료기술평가의 유예 고시 이후 가입자 등에게 요양급여에 관한 행위를 최초로 실시한 날부터 60일 이내에 보건복지부장관에게 신청해야 한다. [○|×]

31 약제에 대한 평가를 신청 받은 심사평가원장은 150일 이내에 약제급여평가위원회의 심의를 거쳐 평가하고, 평가가 끝난 날부터 15일 이내에 평가한 결과를 신청인에게 통보해야 한다. [○|×]

32 보건복지부장관은 직전년도 요양급여비용 청구금액과 비교하여 보건복지부장관이 정하는 비율이나 금액 이상 증가된 경우에는 이미 고시된 약제의 요양급여대상 여부 및 상한금액을 직권으로 조정할 수 있다. [○|×]

33 선별급여의 적합성평가 및 선별급여실시조건 등에 필요한 사항을 심의하기 위해 심사평가원에 적합성평가위원회를 둔다. [○|×]

34 선별급여를 실시하려는 요양기관은 해당 선별급여를 실시하기 전에 선별급여실시조건의 충족 여부를 입증하는 서류를 공단 이사장을 거쳐 보건복지부장관에게 제출해야 한다. [O|X]

35 보건복지부장관은 선별급여 실시기관이 시정명령을 이행하지 않는 경우에는 3개월의 범위에서 선별급여의 실시를 제한할 수 있다. [O|X]

OX문제 정답

01	02	03	04	05	06	07	08	09	10	11	12	13	14	15	16	17	18	19	20
○	×	○	○	×	○	×	○	○	×	○	○	×	○	×	×	×	×	○	○
21	22	23	24	25	26	27	28	29	30	31	32	33	34	35					
×	×	○	○	×	○	○	○	○	×	○	○	×	×	○					

02 보건복지부장관은 의약품 등의 판매 질서 위반과 약제에 대하여는 요양급여비용 상한금액의 100분의 20을 넘지 아니하는 범위에서 그 금액의 일부를 감액할 수 있다(법 제41조의2 제1항).

05 선별급여의 적합성평가의 평가주기는 선별급여를 실시한 날부터 5년마다이다(영 제18조의4 제2항 제1호).

07 요양급여(간호와 이송은 제외한다)는 의료기관, 약국, 한국희귀·필수의약품센터, 보건소·보건의료원 및 보건지소, 보건진료소에서 실시한다(법 제42조 제1항 제1호부터 제5호).

10 요양기관은 요양급여비용을 최초로 청구하는 때에 요양기관의 시설·장비 및 인력 등에 대한 현황을 심사평가원에 신고하여야 한다(법 제43조 제1항).

13 요양급여비용은 공단의 이사장과 대통령령으로 정하는 의약계를 대표하는 사람들의 계약으로 정한다. 이 경우 계약기간은 1년으로 한다(법 제45조 제1항).

15 요양급여비용을 산정하는 계약은 그 직전 계약기간 만료일이 속하는 연도의 5월 31일까지 체결하여야 하며, 그 기한까지 계약이 체결되지 아니하는 경우 보건복지부장관이 그 직전 계약기간 만료일이 속하는 연도의 6월 30일까지 심의위원회의 의결을 거쳐 요양급여비용을 정한다(법 제45조 제3항 전단).

16 요양기관 또는 대행청구단체가 요양급여비용을 청구하려면 요양급여비용 심사청구서에 급여를 받은 사람에 대한 요양급여비용 명세서를 첨부하여 심사평가원에 제출하여야 한다(규칙 제19조 제1항).

17 보건복지부장관은 요양기관 또는 대행청구단체의 요양급여비용 청구가 있음에도 불구하고 천재지변·파업 등 특별한 사유로 심사평가원이 기간 내에 요양급여비용 심사를 하는 것이 불가능하거나 현저히 곤란하다고 판단하는 경우에는 공단으로 하여금 요양급여비용의 전부 또는 일부를 요양기관에 우선 지급하게 할 수 있다(규칙 제21조 제1항).

18 심사평가원은 평가 결과에 따라 요양급여비용을 가산 또는 감산할 경우에는 그 결정사항이 포함된 평가 결과를 가감대상 요양기관 및 공단에 통보하여야 한다(법 제47조의4 제3항 후단).

21 공단은 이 법에서 정한 요양급여 외에 대통령령으로 정하는 바에 따라 임신·출산 진료비, 장제비, 상병수당, 그 밖의 급여를 실시할 수 있다(법 제50조).

22 건강검진은 2년마다 1회 이상 실시하되, 사무직에 종사하지 않는 직장가입자에 대해서는 1년에 1회 실시한다(영 제25조 제1항 전단).

25 보험급여를 받을 수 있는 사람이 현역병, 전환복무된 사람 및 군간부후보생에 해당하게 된 경우, 교도소, 그 밖에 이에 준하는 시설에 수용되어 있는 경우에는 요양급여를 실시한다(법 제54조 단서 및 제3호·제4호).

30 요양기관, 의약관련 단체 또는 치료재료의 제조업자·수입업자는 행위·치료재료에 대한 요양급여대상 여부의 결정 신청을 하려는 경우에는 신의료기술평가의 유예 고시 이후 가입자 등에게 요양급여에 관한 행위를 최초로 실시한 날부터 30일 이내에 보건복지부장관에게 신청해야 한다(요양급여 규칙 제10조 제1항 제1호 가목).

33 선별급여의 적합성 평가 및 선별급여실시조건 등에 필요한 사항을 심의하기 위하여 보건복지부장관 소속으로 적합성 평가위원회를 둔다(요양급여 규칙 제14조의2 제1항).

34 선별급여를 실시하려는 요양기관은 해당 선별급여를 실시하기 전에 선별급여실시조건의 충족 여부를 입증하는 서류를 심사평가원장을 거쳐 보건복지부장관에게 제출해야 한다(요양급여 규칙 제14조의3 제4항).

PART 2

실력 쑥쑥! 적중예상문제

정답 및 해설 p.021

01 **다음 중 요양급여의 범위, 즉 요양급여대상을 결정해 고시하는 주체는?**

① 대통령
② 보건복지부차관
③ 건강보험심사평가원장
④ 국민건강보험공단 이사장
⑤ 보건복지부장관

02 **다음은 요양급여의 신청에 대한 설명이다. 빈칸에 들어갈 기간으로 옳은 것은?**

> 가입자 등이 요양급여를 신청하려고 건강보험증 또는 신분증명서를 요양기관에 제출하는 경우로서 가입자 등이 요양급여를 신청한 날부터 _______ 이내에 건강보험증 또는 신분증명서를 제출하는 경우에는 요양급여를 신청한 때에 건강보험증 또는 신분증명서를 제출한 것으로 본다.

① 14일
② 20일
③ 30일
④ 45일
⑤ 60일

03 **다음 〈보기〉에서 요양급여의 적용기준 및 방법에 대한 설명으로 옳은 것을 모두 고르면?**

> 보기
>
> ㉠ 요양급여의 적용기준 및 방법에 관한 세부사항은 의약계·국민건강보험공단의 의견을 들어 건강보험심사평가원장이 정한다.
> ㉡ 심실 보조장치 치료술의 요양급여의 적용기준 및 방법에 관한 세부사항은 의약계·국민건강보험공단 및 건강보험심사평가원의 의견을 들어 보건복지부장관이 정해 고시한다.
> ㉢ 중증질환자에게 처방·투여하는 약제 중 보건복지부장관이 정하여 고시하는 약제에 대한 요양급여의 적용기준 및 방법에 관한 세부사항은 중증질환심의위원회의 심의를 거쳐 보건복지부장관이 정해 고시한다.

① ㉠
② ㉡
③ ㉢
④ ㉠, ㉢
⑤ ㉡, ㉢

04 **다음은 동일성분 의약품의 중복 처방 · 조제 제한에 대한 설명이다. 빈칸 ㉠, ㉡에 들어갈 내용이 바르게 연결된 것은?**

> 가입자 등이 3개 이상의 요양기관을 방문해 동일한 상병으로 동일성분 의약품을 처방 · 조제받을 수 있는 일수는 ___㉠___ 동안 ___㉡___ 미만으로 한다.

① ㉠ : 6개월, ㉡ : 170일
② ㉠ : 6개월, ㉡ : 215일
③ ㉠ : 6개월, ㉡ : 230일
④ ㉠ : 12개월, ㉡ : 295일
⑤ ㉠ : 12개월, ㉡ : 320일

PART 2

05 **다음 〈보기〉에서 요양급여의 의뢰 및 가입자 등의 회송 등에 대한 설명으로 옳은 것을 모두 고르면?**

보기

㉠ 적절한 요양급여를 행하기 위해 다른 요양기관으로부터 요양급여를 의뢰받은 요양기관은 가입자 등의 상태가 호전되었을 때에는 2단계 요양급여를 담당하는 요양기관으로 가입자 등을 회송할 수 있다.
㉡ 요양기관이 다른 요양기관에게 요양급여를 의뢰하는 때에는 요양급여의뢰서를, 가입자 등을 회송하는 때에는 요양급여회송서를 가입자 등에게 발급해야 한다.
㉢ 국민건강보험공단은 요양급여의 의뢰 및 가입자 등의 회송이 효율적으로 이루어질 수 있도록 진료 의뢰 · 회송 중계시스템을 운영해야 한다.
㉣ 위에서 규정한 사항 외에 요양급여의 의뢰, 가입자 등의 회송 등에 필요한 사항은 보건복지부장관이 정하여 고시한다.

① ㉠, ㉡
② ㉠, ㉢
③ ㉡, ㉣
④ ㉠, ㉢, ㉣
⑤ ㉡, ㉢, ㉣

06 **다음은 요양급여비용 계산서 · 영수증의 보존에 대한 설명이다. 빈칸에 들어갈 기간으로 옳은 것은?**

> 요양기관이 요양급여를 행한 경우에는 요양급여비용 계산서 · 영수증 부본을 당해 요양급여가 종료된 날부터 _______ 동안 보존해야 한다.

① 2년
② 3년
③ 5년
④ 7년
⑤ 10년

07 **다음은 요양급여대상의 고시에 대한 설명이다. 빈칸 ㉠, ㉡에 들어갈 내용이 바르게 연결된 것은?**

> __㉠__은 요양급여대상을 급여목록표로 정하여 고시하되, 요양급여행위, 약제 및 치료재료로 구분하여 고시한다. 다만, __㉠__이 정해 고시하는 요양기관의 진료에 대하여는 행위·약제 및 치료재료를 묶어 __㉡__ 방문에 따른 행위로 정해 고시할 수 있다.

① ㉠ : 국민건강보험공단 이사장, ㉡ : 1회
② ㉠ : 국민건강보험공단 이사장, ㉡ : 2회
③ ㉠ : 보건복지부장관, ㉡ : 1회
④ ㉠ : 보건복지부장관, ㉡ : 2회
⑤ ㉠ : 보건복지부장관, ㉡ : 3회

08 **다음은 의료연구개발기관의 임상연구에 대한 특례에 대한 설명이다. 빈칸에 들어갈 내용으로 옳지 않은 것은?**

> 보건복지부장관이 지정한 의료연구개발기관이 의료연구개발을 위해 의약품, 의료기기 및 의료기술을 임상연구 대상자에게 사용하는 경우에는 ______의 요양급여를 실시한다.

① 재활
② 입원
③ 간호
④ 진찰·검사
⑤ 예방·이송

09 **다음은 요양급여대상·비급여대상 여부 확인에 대한 설명이다. 빈칸에 들어갈 내용으로 옳지 않은 것은?**

> ______은/는 보건복지부장관에게 요양급여대상 또는 비급여대상 여부가 불분명한 행위에 대하여 신의료기술평가 및 신의료기술평가 유예 신청 전에 요양급여대상 또는 비급여대상 여부의 확인을 신청할 수 있다.

① 요양기관
② 대한약사회
③ 의료기관 단체
④ 치료재료의 제조업자·수입업자
⑤ 특별시·광역시·특별자치시·도·특별자치도

10 **다음은 요양급여대상 · 비급여대상 여부 확인에 대한 설명이다. 빈칸에 들어갈 기간으로 옳은 것은?**

> 보건복지부장관으로부터 요양급여대상 · 비급여대상 여부 확인 신청 결과를 통보받은 신청인은 결과에 이의가 있는 경우 통보받은 날부터 ______ 이내에 보건복지부장관에게 이의신청을 해야 한다.

① 15일
② 30일
③ 45일
④ 60일
⑤ 90일

PART 2

11 **다음은 행위 · 치료재료에 대한 요양급여의 결정에 대한 설명이다. 빈칸 ㉠, ㉡에 들어갈 내용이 바르게 연결된 것은?**

> 요양급여대상 여부의 결정신청을 받은 보건복지부장관은 정당한 사유가 없는 한 결정신청일부터 __㉠__ 이내에 __㉡__의 심의를 거쳐 요양급여대상 또는 비급여대상에의 해당 여부를 결정하여 고시해야 한다.

① ㉠ : 30일, ㉡ : 심의위원회
② ㉠ : 50일, ㉡ : 심의위원회
③ ㉠ : 60일, ㉡ : 국민건강보험공단 이사회
④ ㉠ : 100일, ㉡ : 심의위원회
⑤ ㉠ : 100일, ㉡ : 국민건강보험공단 이사회

12 **다음은 전문평가위원회에 대한 설명이다. 빈칸 ㉠, ㉡에 들어갈 기간이 바르게 연결된 것은?**

> 건강보험심사평가원장은 전문평가위원회에서 치료재료(인체조직은 제외한다)에 대하여 평가한 경우에 평가가 끝난 날부터 __㉠__ 이내에 평가결과, 평가결과에 이견이 있으면 __㉡__ 이내에 재평가 또는 독립적 검토를 거친 재평가를 신청할 수 있다는 내용을 신청인에게 통보해야 한다.

① ㉠ : 15일, ㉡ : 15일
② ㉠ : 15일, ㉡ : 30일
③ ㉠ : 30일, ㉡ : 15일
④ ㉠ : 30일, ㉡ : 30일
⑤ ㉠ : 30일, ㉡ : 60일

13 12번 문제에서 건강보험심사평가원장으로부터 통보를 받은 신청인은 며칠 이내에 재평가 또는 독립적 검토를 거친 재평가를 건강보험심사평가원장에게 신청할 수 있는가?

① 15일
② 30일
③ 45일
④ 60일
⑤ 90일

14 다음은 행위 · 치료재료에 대한 요양급여의 결정에 대한 설명이다. 빈칸 ㉠, ㉡에 들어갈 기간이 바르게 연결된 것은?

> 전문평가위원회에서 치료재료에 대해 평가한 경우에는 건강보험심사평가원장은 평가결과를 신청인에게 통보해야 한다. 이 경우에 통보를 받은 신청인은 평가결과에 이견이 있으면 재평가를 건강보험심사평가원장에게 신청할 수 있다. 또한 신청인으로부터 재평가의 신청을 받은 건강보험심사평가원장은 당해 신청을 받은 날부터 __㉠__ 이내에 전문평가위원회의 재심의를 거쳐 재평가하고 재평가가 끝난 날부터 __㉡__ 이내에 그 결과를 신청인에게 통보해야 한다.

① ㉠ : 30일, ㉡ : 15일
② ㉠ : 30일, ㉡ : 30일
③ ㉠ : 60일, ㉡ : 15일
④ ㉠ : 60일, ㉡ : 30일
⑤ ㉠ : 60일, ㉡ : 60일

15 다음은 약제에 대한 요양급여의 결정에 대한 설명이다. 빈칸 ㉠, ㉡에 들어갈 숫자를 합산하면 얼마인가?

> 요양급여대상 여부의 결정신청을 하려는 자로부터 약제에 대한 평가를 신청받은 건강보험심사평가원장은 __㉠__일 이내에 약제급여평가위원회의 심의를 거쳐 평가하고 평가가 끝난 날부터 __㉡__일 이내에 평가결과 등을 신청인에게 통보해야 한다.

① 115
② 130
③ 165
④ 180
⑤ 195

16 **15번 문제에서 건강보험심사평가원장으로부터 평가결과 등을 통보받은 신청인은 며칠 이내에 재평가 또는 독립적 검토를 거친 재평가를 건강보험심사평가원장에게 신청할 수 있는가?**

① 15일
② 30일
③ 45일
④ 60일
⑤ 90일

17 **다음은 상대가치점수 등의 조정 등에 대한 설명이다. 빈칸 ㉠, ㉡에 들어갈 내용이 바르게 연결된 것은?**

> 요양기관, 의약관련 단체, 약제·치료재료의 제조업자·위탁제조판매업자·수입자 또는 가입자 등은 이미 고시된 요양급여대상의 상대가치점수·상한금액, 요양급여대상·비급여대상의 조정을 ___㉠___이 정해 고시하는 바에 따라 ___㉡___에게 신청할 수 있다.

① ㉠ : 보건복지부장관, ㉡ : 보건복지부장관
② ㉠ : 보건복지부장관, ㉡ : 국민건강보험공단의 이사장
③ ㉠ : 보건복지부장관, ㉡ : 건강보험심사평가원의 원장
④ ㉠ : 국민건강보험공단의 이사장, ㉡ : 보건복지부장관
⑤ ㉠ : 국민건강보험공단의 이사장, ㉡ : 국민건강보험공단의 이사장

18 **다음은 독립적 검토에 대한 설명이다. 빈칸에 들어갈 기간으로 옳은 것은?**

> 약제에 관한 결정신청을 한 자가 결과에 이견이 있는 경우에 독립적 검토 신청부터 보고서 제출에 걸리는 기간은 ______을 넘을 수 없다.

① 100일
② 150일
③ 200일
④ 250일
⑤ 300일

19 다음은 신청인의 의견 제출에 대한 설명이다. 빈칸 ㉠, ㉡에 들어갈 기간이 바르게 연결된 것은?

> 독립적 검토를 위해 보건복지부장관 또는 건강보험심사평가원장으로부터 필요한 자료를 송부받은 책임자로부터 보고서를 제출받은 보건복지부장관 또는 건강보험심사평가원장은 제출받은 날부터 ___㉠___ 이내에 보고서를 신청인에게 송부해야 한다. 이때 보고서를 송부받은 신청인은 보고서의 내용에 의견이 있으면 송부받은 날부터 ___㉡___ 이내에 보건복지부장관 또는 건강보험심사평가원장에게 의견을 제출할 수 있다.

① ㉠ : 7일, ㉡ : 30일
② ㉠ : 7일, ㉡ : 45일
③ ㉠ : 7일, ㉡ : 60일
④ ㉠ : 14일, ㉡ : 30일
⑤ ㉠ : 14일, ㉡ : 45일

20 다음은 재평가 등에 대한 설명이다. 빈칸에 들어갈 기간으로 옳은 것은?

> 신청인의 의견을 제출받거나 의견이 없음을 확인한 보건복지부장관 또는 건강보험심사평가원장은 ______ 이내에 전문평가위원회의 재평가, 약제급여평가위원회의 재심의를 거친 재평가 또는 약제급여조정위원회의 재조정을 거쳐야 한다.

① 10일
② 20일
③ 30일
④ 40일
⑤ 50일

21 다음은 적합성평가위원회의 설치 등에 대한 설명이다. 빈칸 ㉠, ㉡에 들어갈 내용이 바르게 연결된 것은?

> 적합성평가위원회는 ___㉠___ 소속으로서 선별급여의 적합성 평가 및 선별급여실시조건에 필요한 사항을 심의하는 역할을 한다. 또한 적합성평가위원회는 위원장 1명을 포함해 ___㉡___ 이내의 위원으로 구성된다.

① ㉠ : 보건복지부장관, ㉡ : 20명
② ㉠ : 보건복지부장관, ㉡ : 30명
③ ㉠ : 보건복지부장관, ㉡ : 40명
④ ㉠ : 식품의약품안전처, ㉡ : 20명
⑤ ㉠ : 식품의약품안전처, ㉡ : 30명

22 다음은 규제의 재검토에 대한 설명이다. 빈칸 ㉠, ㉡에 들어갈 기간이 바르게 연결된 것은?

> 보건복지부장관은 비급여대상 기준에 대해 ___㉠___마다 그 타당성을 검토하여 개선 조치를 해야 한다. 또한 요양급여의 절차에 대해서도 ___㉡___마다 그 타당성을 검토하여 개선 조치를 해야 한다.

① ㉠ : 2년, ㉡ : 2년
② ㉠ : 2년, ㉡ : 3년
③ ㉠ : 3년, ㉡ : 1년
④ ㉠ : 3년, ㉡ : 2년
⑤ ㉠ : 4년, ㉡ : 3년

23 다음 중 약제에 대한 요양급여비용 상한금액의 감액 및 요양급여의 적용 정지 기준 등에 대한 설명으로 옳지 않은 것은?

① 보건복지부장관은 약제에 대한 요양급여비용의 상한금액을 감액한 경우에는 그 사실을 국민건강보험공단과 건강보험심사평가원에 통보해야 한다.
② 보건복지부장관은 요양급여비용의 상한금액이 감액된 약제가 감액된 날부터 3년의 범위에서 2년 내에 다시 감액의 대상이 된 경우에는 요양급여비용 상한금액의 100분의 60을 넘지 않는 범위에서 요양급여비용 상한금액의 일부를 감액할 수 있다.
③ 보건복지부장관은 상한금액 감액의 대상이 되는 약제 중 퇴장방지의약품에 해당하는 약제에 대해서는 상한금액을 감액하지 않을 수 있다.
④ 부당금액이 500만 원 이상 1,000만 원 미만인 경우에 3차와 4차 위반 시에는 요양급여의 적용이 각각 15일과 2개월 동안 정지된다.
⑤ 부당금액이 5,000만 원 이상 6,000만 원 미만인 경우에 1차와 2차 위반 시에는 상한금액이 각각 10%와 20% 감액된다.

24 다음은 약제 요양급여의 결정신청 등에 대한 설명이다. 빈칸에 들어갈 내용으로 옳은 것을 〈보기〉에서 모두 고르면?

> ______은/는 요양급여대상에 포함되지 않은 약제에 대해 보건복지부장관에게 요양급여대상 여부의 결정을 신청할 수 있다.

보기

㉠ 약제의 수입자
㉡ 약제의 제조업자
㉢ 약제의 위탁제조판매업자
㉣ 한국희귀・필수의약품센터의 장

① ㉠, ㉡
② ㉡, ㉢
③ ㉠, ㉢, ㉣
④ ㉡, ㉢, ㉣
⑤ ㉠, ㉡, ㉢, ㉣

25 다음 〈보기〉에서 보건복지부장관의 직권결정 및 조정 등에 대한 설명으로 옳은 것을 모두 고르면?

보기

㉠ 보건복지부장관은 대체가능한 다른 약제 또는 치료법이 없는 경우, 생명에 심각한 위해를 초래하는 질환에 사용되는 경우, 임상적으로 유의미한 치료효과가 입증된 경우의 어느 하나에 해당하는 약제에 대해서는 직권으로 행위・치료재료에 대한 요양급여의 결정의 절차를 준용해 요양급여대상 여부 및 약제의 상한금액을 결정한다.
㉡ 보건복지부장관은 이미 고시된 행위 및 치료재료에 대한 상대가치점수・상한금액・선별급여 본인부담률, 요양급여대상・비급여대상에 대해서는 직권으로 행위・치료재료에 대한 요양급여의 결정 절차를 준용하여 조정할 수 없다.
㉢ 보건복지부장관은 협상 결과 합의된 요양급여비용 예상 청구금액을 초과해 사용된 경우에는 이미 고시된 약제의 요양급여대상 여부 및 상한금액을 직권으로 조정할 수 없다.
㉣ 보건복지부장관은 이미 요양급여대상 여부 및 상한금액이 고시된 약제의 안정적 공급 등을 위해 필요할 경우에는 국민건강보험공단 이사장에게 해당 약제의 제조업자・위탁제조판매업자・수입자와 협상하도록 명할 수 있다.

① ㉠, ㉢
② ㉠, ㉣
③ ㉡, ㉣
④ ㉠, ㉢, ㉣
⑤ ㉡, ㉢, ㉣

26 다음 중 예비적인 요양급여인 선별급여를 결정해 고시하는 주체는?

① 대통령
② 보건복지부차관
③ 보건복지부장관
④ 국민건강보험공단 이사장
⑤ 건강보험심사평가원 원장

27 다음 〈보기〉에서 예비적인 요양급여인 선별급여에 대한 설명으로 옳은 것을 모두 고르면?

보기

㉠ 치료효과성 등이 불확실해 그 검증을 위해 추가적인 근거가 필요한 경우에 선별급여로 지정해 실시할 수 있다.
㉡ 경제성이 낮아도 가입자와 피부양자의 건강회복에 잠재적 이득이 있는 경우에 선별급여로 지정해 실시할 수 있다.
㉢ 국민건강 증진의 강화를 위해 보건복지부장관이 필요하다고 인정하는 경우에 선별급여로 지정해 실시할 수 있다.
㉣ 선별급여의 적합성평가는 원칙적으로 3년마다 평가하며, 대통령이 인정하는 경우에는 그 평가주기를 달리할 수 있다.
㉤ 보건복지부장관은 보건의료 관련 연구기관・단체 또는 전문가 등에게 적합성평가를 의뢰해 실시할 수 없다.

① ㉠, ㉡, ㉢
② ㉠, ㉢, ㉤
③ ㉡, ㉣, ㉤
④ ㉠, ㉢, ㉣, ㉤
⑤ ㉡, ㉢, ㉣, ㉤

28 다음 〈보기〉에서 적합성평가에 대한 설명으로 옳은 것을 모두 고르면?

보기

㉠ 비용 효과에 관한 사항은 적합성평가의 평가항목에 포함된다.
㉡ 국민건강에 대한 잠재적 이득에 관한 사항은 적합성평가의 평가항목에 포함된다.
㉢ 다른 요양급여와의 대체가능성에 관한 사항은 적합성평가의 평가항목 중 하나이다.
㉣ 치료 효과 및 치료 과정의 개선에 관한 사항은 적합성평가의 평가항목 중 하나이다.
㉤ 건강보험심사평가원장이 적합성평가를 위하여 특히 필요하다고 인정하는 사항은 적합성평가의 평가항목에 포함될 수 있다.
㉥ 적합성평가의 절차 및 방법 등에 필요한 사항은 건강보험심사평가원장이 정하여 고시한다.

① ㉠, ㉡, ㉢
② ㉡, ㉣, ㉤
③ ㉠, ㉡, ㉢, ㉣
④ ㉢, ㉣, ㉤, ㉥
⑤ ㉠, ㉡, ㉢, ㉣, ㉤

29 **다음 〈보기〉에서 국민건강보험법상 요양급여를 실시하는 요양기관으로 옳은 것을 모두 고르면?**

보기

㉠ 약사법에 따라 등록된 약국
㉡ 의료법에 따라 개설된 의료기관
㉢ 약사법에 따라 설립된 한국희귀 · 필수의약품센터
㉣ 지역보건법에 따른 보건소 · 보건의료원 및 보건지소
㉤ 농어촌 등 보건의료를 위한 특별조치법에 따라 설치된 보건진료소
㉥ 사회복지사업법에 따른 사회복지시설에 수용된 사람의 진료를 주된 목적으로 개설된 의료기관

① ㉠, ㉡, ㉤, ㉥
② ㉡, ㉢, ㉣, ㉥
③ ㉡, ㉣, ㉤, ㉥
④ ㉠, ㉡, ㉢, ㉣, ㉤
⑤ ㉠, ㉡, ㉢, ㉣, ㉥

30 **다음은 요양기관에서 제외되는 의료기관에 대한 설명이다. 빈칸에 들어갈 기간으로 옳은 것은?**

업무정지 처분 절차가 진행 중이거나 업무정지 처분을 받은 요양기관의 개설자가 개설한 의료기관 또는 약국은 ______ 요양기관에서 제외된다.

① 2년 동안
② 3년 동안
③ 4년 동안
④ 해당 업무정지기간이 끝나는 날까지
⑤ 해당 업무정지기간의 1.5배의 기간이 끝나는 날까지

31 **다음은 전문요양기관의 인정기준에 대한 설명이다. 빈칸 ㉠, ㉡에 들어갈 내용이 바르게 연결된 것은?**

전문요양기관은 다음 ㉮, ㉯의 어느 하나에 해당하는 요건을 갖추어야 한다.
㉮ 병원급 이상의 시설 · 장비 · 인력 등을 갖추고 결핵, 한센병, 정신질환, 심장질환, 재활치료, 그 밖에 보건복지부장관이 정하는 감염성 질환 및 만성질환 중 1개의 질환을 전문적으로 진료하는 의료기관으로서 해당 특정질환의 진료실적이 총 진료실적의 __㉠__ 이상이어야 한다.
㉯ 인턴 수련병원 지정기준 또는 레지던트 수련병원 지정기준을 충족하는 의료기관으로서 해당 과목의 진료실적이 총 진료실적의 __㉡__ 이상이어야 한다.

① ㉠ : 100분의 60, ㉡ : 100분의 50
② ㉠ : 100분의 60, ㉡ : 100분의 70
③ ㉠ : 100분의 80, ㉡ : 100분의 50
④ ㉠ : 100분의 80, ㉡ : 100분의 60
⑤ ㉠ : 100분의 80, ㉡ : 100분의 70

32 **다음 〈보기〉에서 선별급여의 실시조건에 대한 설명으로 옳은 것을 모두 고르면?**

보기

㉠ 선별급여실시조건의 내용을 정할 때는 의료시설 및 의료장비, 환자의 요건 및 기준 등에 관한 사항을 고려한다.
㉡ 선별급여실시조건의 결정 또는 변경을 위해 보건의료 관련 법인·단체 또는 전문가 등에게 자료 제출을 요청할 수 있다.
㉢ 선별급여실시조건이 변경된 경우에는 그 변경 내용이 의약관련 단체에 통보되지 않는다.
㉣ 요양기관은 선별급여를 실시한 후에 선별급여실시조건의 충족 여부를 입증하는 서류를 보건복지부장관에게 제출해야 한다.
㉤ 선별급여실시조건의 내용 통보 또는 입증서류 제출 등에 필요한 자세한 사항은 보건복지부장관이 정한다.

① ㉠, ㉤
② ㉡, ㉢
③ ㉠, ㉡, ㉤
④ ㉡, ㉣, ㉤
⑤ ㉢, ㉣, ㉤

33 **다음은 선별급여의 적합성 평가를 위한 자료 제출에 대한 설명이다. 빈칸 ㉠, ㉡에 들어갈 내용이 바르게 연결된 것은?**

선별급여 실시기관이 관련 자료를 제출하는 때에는 보건복지부장관이 정하는 바에 따라 연 __㉠__ 이상 제출해야 한다. 이 경우 선별급여 실시기관은 __㉡__을 거쳐 보건복지부장관에게 제출해야 한다.

① ㉠ : 1회, ㉡ : 건강보험심사평가원장
② ㉠ : 1회, ㉡ : 국민건강보험공단 이사장
③ ㉠ : 2회, ㉡ : 국민건강보험공단 이사장
④ ㉠ : 4회, ㉡ : 건강보험심사평가원장
⑤ ㉠ : 4회, ㉡ : 국민건강보험공단 이사장

34 다음은 선별급여의 실시 제한에 대한 설명이다. 빈칸 ㉠, ㉡에 들어갈 내용이 바르게 연결된 것은?

> ㉮ 보건복지부장관은 선별급여 실시기관이 선별급여의 실시 제한사유에 해당하는 경우에는 일정한 기간을 정하여 그 시정을 명령할 수 있다. 그러나 선별급여 실시기관이 시정명령을 이행하지 않으면 보건복지부장관은 ___㉠___의 범위에서 선별급여의 실시를 제한할 수 있다.
> ㉯ 위의 ㉮에서 선별급여 실시기관이 선별급여 실시 제한기간이 끝난 후에 다시 선별급여 실시를 하려면 선별급여실시조건의 충족 여부를 입증하는 서류를 ___㉡___을 거쳐 보건복지부장관에게 제출해야 한다.

① ㉠ : 1개월, ㉡ : 국민건강보험공단 이사장
② ㉠ : 1개월, ㉡ : 건강보험심사평가원장
③ ㉠ : 2개월, ㉡ : 건강보험심사평가원장
④ ㉠ : 3개월, ㉡ : 국민건강보험공단 이사장
⑤ ㉠ : 3개월, ㉡ : 건강보험심사평가원장

35 다음은 요양기관 현황의 신고에 대한 설명이다. 빈칸 ㉠～㉢에 들어갈 내용이 바르게 연결된 것은?

> ㉮ 요양기관은 요양급여비용을 최초로 청구하는 때에 요양기관의 시설·장비 및 인력 등에 대한 현황을 ___㉠___에 신고하여야 한다.
> ㉯ 요양기관은 신고한 내용(요양급여비용의 증감에 관련된 사항만 해당한다)이 변경된 경우에는 그 변경된 날부터 ___㉡___ 이내에 ___㉠___에 신고해야 한다.
> ㉰ 위의 ㉮ 및 ㉯에 따른 신고의 범위, 대상, 방법 및 절차 등에 필요한 사항은 ___㉢___으로 정한다.

① ㉠ : 국민건강보험공단, ㉡ : 14일, ㉢ : 보건복지부령
② ㉠ : 국민건강보험공단, ㉡ : 15일, ㉢ : 보건복지부령
③ ㉠ : 국민건강보험공단, ㉡ : 30일, ㉢ : 대통령령
④ ㉠ : 건강보험심사평가원, ㉡ : 15일, ㉢ : 보건복지부령
⑤ ㉠ : 건강보험심사평가원, ㉡ : 30일, ㉢ : 대통령령

36 다음 중 보건의료자원 통합신고포털을 설치해 운영할 수 있는 주체는?

① 국민건강보험공단
② 건강보험심사평가원
③ 기획재정부
④ 보건복지부
⑤ 과학기술정보통신부

37 **다음은 요양기관의 시설 · 장비 및 인력 등에 대한 현황 신고에 대한 설명이다. 빈칸에 들어갈 내용으로 옳은 것은?**

> 요양기관은 시설 · 장비 및 인력 등에 대한 현황을 신고하려면 요양기관 현황 신고서 및 의료장비 현황(변경) 신고서를 ______에(게) 제출해야 한다.

① 대통령
② 보건복지부
③ 국민건강보험공단
④ 건강보험심사평가원
⑤ 관할 특별시 · 광역시 · 특별자치시 · 도 · 특별자치도

PART 2

38 **다음은 약국 또는 한국희귀 · 필수의약품센터를 이용한 경우의 요양급여비용 총액에 관한 조건 및 본인부담액에 대한 자료이다. 빈칸 ㉠, ㉡에 들어갈 계산식이 바르게 연결된 것은?**

요양급여비용 총액에 관한 조건			본인부담액
65세 이상인 가입자 등이 처방전에 따라 의약품을 조제받는 경우	요양급여비용 총액이 10,000원을 넘지 않는 경우		1,000원
	요양급여비용 총액이 10,000원을 넘고 12,000원을 넘지 않는 경우		㉠
처방전 없이 의약품을 조제받는 경우	요양급여비용 총액이 4,000원을 넘는 경우		㉡
	요양급여비용 총액이 4,000원을 넘지 않는 경우	투약일수 1일	1,400원
		투약일수 2일	1,600원
		투약일수 3일 이상	2,000원

① ㉠ : (요양급여비용 총액)$\times\frac{20}{100}$, ㉡ : (요양급여비용 총액)$\times\frac{30}{100}$

② ㉠ : (요양급여비용 총액)$\times\frac{20}{100}$, ㉡ : (요양급여비용 총액)$\times\frac{40}{100}$

③ ㉠ : (요양급여비용 총액)$\times\frac{20}{100}$, ㉡ : (요양급여비용 총액)$\times\frac{50}{100}$

④ ㉠ : (요양급여비용 총액)$\times\frac{40}{100}$, ㉡ : (요양급여비용 총액)$\times\frac{30}{100}$

⑤ ㉠ : (요양급여비용 총액)$\times\frac{40}{100}$, ㉡ : (요양급여비용 총액)$\times\frac{40}{100}$

39 **다음은 본인부담액 경감 대상자 기준으로서 소득인정액 산정의 기준이 되는 세대의 범위에 대한 자료이다. 빈칸 ㉠~㉢에 들어갈 숫자를 합산하면 얼마인가?**

구분	구체적 범위
소득인정액 산정 기준세대에 포함되는 사람	㉮ 거주자 중 세대별 주민등록표에 기재된 사람(동거인은 제외) ㉯ ㉮ 외의 사람으로서 다음 ⓐ~ⓑ의 어느 하나에 해당하는 사람 ⓐ ㉮에 해당하는 사람의 배우자(사실상 혼인관계에 있는 사람을 포함) ⓑ ㉮에 해당하는 사람의 미혼자녀 중 __㉠__세 미만인 사람
소득인정액 산정 기준세대에서 제외되는 사람	㉮ 현역군인 등 법률상 의무를 이행하기 위하여 다른 곳에서 거주하면서 의무 이행과 관련하여 생계를 보장받고 있는 사람 ㉯ 외국에 __㉡__개월 이상 체류하는 사람 ㉰ 교도소·구치소·치료감호시설 등에 수용 중인 사람 ㉱ 국민기초생활 보장법에 따른 보장시설에서 급여를 받고 있는 사람 ㉲ 실종선고 절차가 진행 중인 사람 ㉳ 가출 또는 행방불명의 사유로 경찰서 등 행정관청에 신고되어 __㉢__개월이 지난 사람

① 29
② 32
③ 34
④ 36
⑤ 38

40 **다음은 비용의 본인일부부담금에 대한 설명이다. 빈칸 ㉠, ㉡에 들어갈 내용이 바르게 연결된 것은?**

㉮ 요양급여를 받는 자는 비용의 일부를 본인이 부담한다. 이때 선별급여에 대해서는 다른 요양급여에 비해 본인일부부담금을 __㉠__ 조정할 수 있다.
㉯ 위의 ㉮에 따라 본인이 연간 부담하는 본인일부부담금의 총액이 대통령령으로 정하는 금액(본인부담상한액)을 초과한 경우에는 __㉡__이/가 그 초과 금액을 부담하여야 한다.

① ㉠ : 상향, ㉡ : 보건복지부
② ㉠ : 하향, ㉡ : 보건복지부
③ ㉠ : 상향, ㉡ : 국민건강보험공단
④ ㉠ : 하향, ㉡ : 국민건강보험공단
⑤ ㉠ : 상향, ㉡ : 전문요양기관

41 **다음은 비용의 본인부담상한액에 대한 설명이다. 빈칸 ㉠, ㉡에 들어갈 내용이 바르게 연결된 것은?**

> ㉮ 본인부담상한액은 가입자의 ___㉠___ 등에 따라 정한다.
> ㉯ 본인일부부담금 총액 산정 방법, 본인부담상한액을 넘는 금액의 지급 방법 및 위의 ㉮에 따른 가입자의 ___㉠___ 등에 따른 본인부담상한액 설정 등에 필요한 사항은 ___㉡___으로 정한다.

① ㉠ : 연령, ㉡ : 대통령령
② ㉠ : 소득수준, ㉡ : 대통령령
③ ㉠ : 연령, ㉡ : 보건복지부령
④ ㉠ : 소득수준, ㉡ : 보건복지부령
⑤ ㉠ : 연령, ㉡ : 법무부령

PART 2

42 **다음 중 비용의 본인부담에 대한 설명으로 옳지 않은 것은?**

① 본인일부부담금은 요양기관의 청구에 따라 요양급여를 받는 사람이 요양기관에 납부한다.
② 본인일부부담금의 총액은 요양급여를 받는 사람이 연간 부담하는 본인일부부담금을 모두 더한 금액으로 한다.
③ 위의 ②의 경우에 상급종합병원・종합병원 일반입원실의 2인실・3인실을 이용한 경우 그 입원료로 부담한 금액에 해당하는 본인일부부담금은 더하지 않는다.
④ 국민건강보험공단이 본인부담상한액을 넘는 금액을 지급하는 경우에는 요양급여를 받은 사람이 지정하는 예금계좌로 지급해야 한다.
⑤ 위의 ④의 경우에 해당 예금계좌로 입금할 수 없는 불가피한 사유가 있는 경우에는 국민건강보험공단에서 정하는 방법으로 지급할 수 있다.

43 **다음 중 외래환자로서 임신부가 아닌 일반환자의 본인일부부담금을 산출하는 계산식으로 옳은 것은?**

	기관 종류	소재지	본인일부부담금
①	상급종합병원	모든 지역	(진찰료 총액)+[(요양급여비용 총액)−(진찰료 총액)]× $\frac{50}{100}$
②	종합병원	동 지역	(요양급여비용 총액)× $\frac{40}{100}$
③	병원	읍・면 지역	(요양급여비용 총액)× $\frac{25}{100}$
④	의원	모든 지역	(요양급여비용 총액)× $\frac{30}{100}$
⑤	보건소	모든 지역	(요양급여비용 총액)× $\frac{20}{100}$

44 **다음 〈보기〉에서 요양급여비용의 계약을 할 때 국민건강보험공단 이사장과 함께 계약 당사자가 될 수 있는 주체로 옳은 것을 모두 고르면?**

보기

㉠ 의원에 대한 요양급여비용 : 의사회의 장
㉡ 치과의원 및 치과병원에 대한 요양급여비용 : 치과의사회의 장
㉢ 한의원 및 한방병원에 대한 요양급여비용 : 한의사회의 장
㉣ 조산원에 대한 요양급여비용 : 의사회의 장
㉤ 병원 · 요양병원 · 정신병원 및 종합병원에 대한 요양급여비용 : 의료기관단체의 장
㉥ 한국희귀 · 필수의약품센터에 대한 요양급여비용 : 식품의약품안전처장

① ㉠, ㉡, ㉣
② ㉠, ㉢, ㉥
③ ㉡, ㉣, ㉥
④ ㉠, ㉡, ㉢, ㉤
⑤ ㉡, ㉢, ㉣, ㉤

45 **다음 중 요양급여비용의 산정 · 청구 · 지급 등에 대한 설명으로 옳은 것은?**

① 심사청구는 반드시 요양기관이 실행해야 한다.
② 요양기관은 국민건강보험공단에 요양급여비용의 지급을 청구할 수 있으며, 이 경우 요양급여비용에 대한 심사청구는 국민건강보험공단에 대한 요양급여비용의 청구로 본다.
③ 요양급여비용을 청구하려는 요양기관은 국민건강보험공단에 요양급여비용의 심사청구를 해야 하며, 심사청구를 받은 국민건강보험공단은 이를 심사한 내용을 건강보험심사평가원과 요양기관에 알려야 한다.
④ 약제 · 치료재료에 대한 요양급여비용은 요양기관의 약제 · 치료재료 구입금액 등을 고려해 달리 산정할 수 없다.
⑤ 심사 내용을 통보받은 국민건강보험공단이 내용에 따라 요양급여비용을 요양기관에 지급할 경우에 이미 낸 본인일부부담금이 통보된 금액보다 더 많더라도 요양기관에 지급할 금액에서 더 많이 낸 금액을 공제해 해당 가입자에게 지급하지는 않는다.

46 **다음은 요양급여비용의 청구에 대한 설명이다. 빈칸에 들어갈 내용으로 옳은 것은?**

대행청구단체가 요양급여비용을 청구하려면 요양급여비용 심사청구서와 급여를 받은 사람에 대한 요양급여비용 명세서를 ______에 제출해야 한다.

① 보건복지부
② 기획재정부
③ 국민건강보험공단
④ 건강보험심사평가원
⑤ 관할 특별자치도 · 시 · 군 · 구청

47 **다음 〈보기〉에서 요양기관이 요양급여비용을 청구할 때 제출해야 하는 요양급여비용 명세서에 기재해야 할 사항으로 옳은 것을 모두 고르면?**

보기

㉠ 처방전 내용 등
㉡ 질병명 또는 부상명
㉢ 본인부담금 및 비용청구액
㉣ 요양 개시 연월일 및 요양 일수
㉤ 가입자(세대주)의 성명 및 건강보험증 번호

① ㉠, ㉡, ㉢
② ㉡, ㉢, ㉣
③ ㉡, ㉣, ㉤
④ ㉡, ㉢, ㉣, ㉤
⑤ ㉠, ㉡, ㉢, ㉣, ㉤

PART 2

48 **다음 중 요양급여비용의 청구와 지급에 대한 설명으로 옳은 것은?**

① 요양급여비용의 청구・심사・지급 등의 방법과 절차에 필요한 사항은 대통령령으로 정한다.
② 요양기관은 요양급여비용의 심사청구를 의사회・조산사회, 약사회 또는 신고한 지부・분회가 대행하게 할 수 있다.
③ 요양급여의 적정성에 대한 건강보험심사평가원의 평가 결과에 따라 국민건강보험공단이 요양급여비용을 가산 또는 감액 조정해 지급할 때 그 기준은 대통령령으로 정한다.
④ 가입자가 이미 낸 본인일부부담금이 건강보험심사평가원에서 심사한 금액보다 더 많아서 국민건강보험공단이 요양기관에 지급할 금액에서 더 많이 낸 금액을 공제해 해당 가입자에게 지급할 경우에 가입자에게 지급하여야 하는 금액을 그 가입자가 내야 하는 보험료 등과 상계할 수 없다.
⑤ 국민건강보험공단은 심사 내용이 통보된 후에도 국민건강보험공단 차원의 재검토를 거치기 위해 요양급여비용 지급을 보류할 수 있다.

49 **다음은 요양급여비용의 가감지급 기준에 대한 설명이다. 빈칸에 들어갈 내용으로 옳은 것은?**

국민건강보험공단은 건강보험심사평가원으로부터 통보받은 요양급여의 적정성 평가 결과에 따라 요양급여비용을 가산하거나 감액 조정하여 지급하는데, 이때 요양급여비용을 가산 또는 감액해 지급하는 금액은 평가대상 요양기관의 평가대상기간에 대한 심사결정 공단부담액의 ______ 범위에서 보건복지부장관이 정하여 고시한 기준에 따라 산정한 금액으로 한다.

① 100분의 10
② 100분의 20
③ 100분의 30
④ 100분의 40
⑤ 100분의 50

50 **다음 〈보기〉에서 요양급여비용의 지급 보류 등에 대한 설명으로 옳지 않은 것을 모두 고르면?**

보기

㉠ 국민건강보험공단이 요양급여비용의 지급을 보류하려면 해당 요양기관에 미리 지급 보류의 원인이 되는 사실에 대하여 의견을 제출할 수 있다는 뜻과 의견을 제출하지 않을 경우의 처리방법을 문서로 통지해야 한다.
㉡ 위의 ㉠에 따라 통지를 받은 요양기관은 지급 보류에 이의가 있는 경우에는 통지를 받은 날부터 30일 이내에 요양급여비용의 지급 보류에 대한 의견서와 필요한 자료를 국민건강보험공단에 제출해야 한다.
㉢ 요양기관이 법원으로부터 무죄 판결의 확정을 받아 혐의가 입증되지 않은 경우에는 국민건강보험공단은 지급 보류된 요양급여비용에 지급 보류된 기간 동안의 이자를 가산하여 해당 요양기관에 지급해야 한다.
㉣ 요양급여비용의 지급 보류에 대해 요양기관의 의견이 제출된 경우의 처리방법에 관한 세부사항은 보건복지부장관이 정한다.

① ㉠, ㉢
② ㉠, ㉡
③ ㉡, ㉣
④ ㉠, ㉢, ㉣
⑤ ㉡, ㉢, ㉣

51 **다음은 요양급여비용 지급 등의 특례에 대한 설명이다. 빈칸 ㉠, ㉡에 들어갈 내용이 바르게 연결된 것은?**

요양기관 또는 대행청구단체의 요양급여비용 청구가 있음에도 불구하고 천재지변 등 특별한 사유로 ___㉠___이 기간 내에 요양급여비용 심사를 하는 것이 불가능하거나 현저히 곤란할 때는 ___㉡___이/가 요양급여비용의 전부 또는 일부를 요양기관에 우선 지급할 수 있다.

① ㉠ : 건강보험심사평가원, ㉡ : 국민건강보험공단
② ㉠ : 건강보험심사평가원, ㉡ : 보건복지부
③ ㉠ : 국민건강보험공단, ㉡ : 보건복지부
④ ㉠ : 국민건강보험공단, ㉡ : 건강보험심사평가원
⑤ ㉠ : 국민건강보험공단, ㉡ : 관할 특별자치도・시・군・구청

52 다음 중 요양급여비용의 차등 지급 및 지급 보류에 대한 설명으로 옳은 것은?

① 지역별 의료자원의 불균형 해소를 위해 지역별로 요양급여비용을 달리 정하여 지급할 수 있다.
② 지급 보류된 요양급여비용 및 이자의 지급 절차와 이자의 산정에 필요한 사항은 보건복지부령으로 정한다.
③ 다른 의료법인의 명의로 개설되었다는 사실이 수사기관의 수사 결과로 확인된 요양기관이 요양급여비용의 지급을 청구하면 국민건강보험공단은 그 지급을 당연히 보류해야 하며, 이때 해당 요양기관에 의견 제출의 기회를 주지 않을 수 있다.
④ 다른 의료법인의 명의로 개설되었다는 혐의가 입증되지 않아 법원의 무죄 판결이 확정된 요양기관에 대해 국민건강보험공단이 그 확정 판결 전까지 요양급여비용의 지급을 보류했다면, 지급 보류된 금액만을 지급하며 그 보류된 기간 동안의 이자는 가산하지 않는다.
⑤ 국민건강보험공단은 요양기관이 위법했다는 것을 알고 요양급여비용 지급을 보류했더라도, 그 이후에 해당 요양기관이 요양급여비용을 다시 청구하더라도 처분의 효력이 미치지 않는다.

53 다음 중 요양급여의 적정성 평가를 할 수 있는 주체는 누구인가?

① 대통령
② 보건복지부
③ 기획재정부
④ 국민건강보험공단
⑤ 건강보험심사평가원

54 다음 밑줄 친 ㉮에 해당하는 경우로 옳은 것을 〈보기〉에서 고르면 모두 몇 개인가?

> 국민건강보험공단은 가입자나 피부양자가 ㉮ 보건복지부령으로 정하는 긴급하거나 그 밖의 부득이한 사유로 요양기관과 비슷한 기능을 하는 기관에서 질병·부상·출산 등에 대해 요양을 받거나 요양기관이 아닌 장소에서 출산한 경우에는 그 요양급여에 상당하는 금액을 가입자나 피부양자에게 요양비로 지급한다.

보기

㉠ 수면무호흡증 환자가 의사의 요양비처방전에 따라 양압기를 대여받아 사용하는 경우
㉡ 산소치료를 필요로 하는 환자가 의사의 산소치료 요양비처방전에 따라 산소치료를 받는 경우
㉢ 신경인성 방광환자가 의사의 요양비처방전에 따라 자가도뇨에 사용되는 소모성 재료를 요양기관 외의 의료기기판매업소에서 구입·사용한 경우
㉣ 만성신부전증 환자가 의사의 요양비처방전에 따라 복막관류액 또는 자동복막투석에 사용되는 소모성 재료를 요양기관 외의 의약품판매업소에서 구입·사용한 경우
㉤ 당뇨병 환자가 의사의 요양비처방전에 따라 혈당검사 또는 인슐린주사에 사용되는 소모성 재료나 당뇨병 관리기기를 요양기관 외의 의료기기판매업소에서 구입·사용한 경우

① 1개
② 2개
③ 3개
④ 4개
⑤ 5개

55 **다음 중 요양비에 대한 설명으로 옳지 않은 것은?**

① 준요양기관은 요양을 받은 피부양자가 위임할 때는 국민건강보험공단에 요양비의 지급을 직접 청구할 수 있다.

② 위의 ①의 경우 준요양기관의 요양비 지급 청구, 국민건강보험공단의 적정성 심사 등에 필요한 사항은 보건복지부령으로 정한다.

③ 부득이하게 업무정지기간 중인 준요양기관에서 출산에 대한 요양을 받은 가입자는 요양급여에 상당하는 금액을 지급받을 수 없다.

④ 준요양기관에서 요양을 받은 사람은 해당 준요양기관에서 발급한 요양비 명세서나 요양 명세를 적은 영수증을 국민건강보험공단에 제출해야 한다.

⑤ 준요양기관에서 질병·부상 등에 대한 요양을 받은 경우에는 그 요양급여에 상당하는 금액을 요양비로 지급받을 수 있다.

56 **다음은 요양비의 지급에 대한 설명이다. 빈칸에 들어갈 기간으로 옳은 것은?**

> 가입자나 피부양자가 부득이하게 요양기관을 이용할 수 없는 경우로서 사산(임신 ______ 이상인 경우를 말한다)에 대해 요양을 받은 때에 요양비를 지급받으려면 요양비 지급청구서와 요양비 명세서 또는 세금계산서 사본, 요양기관에서 요양을 받을 수 없었던 사유를 증명할 수 있는 서류를 국민건강보험공단에 제출해야 한다.

① 4주
② 8주
③ 12주
④ 16주
⑤ 20주

57 **다음 중 국민건강보험공단의 장애인에 대한 특례 및 부가급여에 대한 설명으로 옳지 않은 것은?**

① 국민건강보험공단은 장애인인 피부양자에게 보조기기에 대하여 보험급여를 할 수 있다.

② 장애인인 가입자에게 보조기기를 판매한 자는 어떠한 경우라도 국민건강보험공단에 보험급여를 직접 청구할 수 없다.

③ 국민건강보험공단이 보험급여를 실시하는 보조기기에 대한 보험급여의 범위·방법·절차 등에 필요한 사항은 보건복지부령으로 정한다.

④ 국민건강보험공단은 국민건강보험법에서 정한 요양급여 외에도 임신·출산 진료비, 장제비, 상병수당을 실시할 수 있다.

⑤ 가입자 또는 피부양자가 유산이나 사산을 한 경우에도 부가급여를 실시할 수 있다.

58 **다음 중 부가급여에 대한 설명으로 옳지 않은 것은?**

① 임신·출산한 가입자는 부가급여 지원 대상자에 포함된다.

② 위의 ①의 경우에 그 지원 대상자에게는 임신·출산한 가입자의 진료에 드는 비용을 결제할 수 있는 임신·출산 진료비 이용권을 발급할 수 있다.

③ 2세 미만인 영유아의 법정대리인이 이용권을 사용할 수 있는 기간은 이용권을 발급받은 날부터 2세 미만 영유아의 출생일부터 5년이 되는 날까지이다.

④ 1명의 태아를 임신·출산한 경우에는 100만 원까지 이용권으로 결제할 수 있다.

⑤ 2명 이상의 태아를 임신·출산한 경우에는 140만 원까지 이용권으로 결제할 수 있다.

PART 2

59 **다음 〈보기〉에서 건강검진에 대한 설명으로 옳은 것을 모두 고르면?**

보기

㉠ 직장가입자에 대해서는 사무직이든 사무직이 아니든 2년에 1회 이상 건강검진을 실시한다.

㉡ 영유아건강검진은 영유아의 나이 등을 고려해 검진주기와 검진횟수를 다르게 할 수 있다.

㉢ 직장가입자에게 실시하는 일반건강검진의 경우에는 해당 사용자에게 건강검진의 실시에 관한 사항을 통보한다.

㉣ 직장가입자의 피부양자에게 실시하는 암검진의 경우에는 검진을 받는 사람에게 건강검진의 실시에 관한 사항을 통보한다.

㉤ 직장가입자의 피부양자인 영유아에게 실시하는 영유아건강검진의 경우에는 해당 세대주에게 건강검진의 실시에 관한 사항을 통보한다.

① ㉠, ㉡, ㉢

② ㉡, ㉢, ㉣

③ ㉡, ㉣, ㉤

④ ㉠, ㉢, ㉣, ㉤

⑤ ㉡, ㉢, ㉣, ㉤

60 **다음 중 보험급여의 제한에 대한 설명으로 옳지 않은 것은?**

① 공무로 생긴 질병 때문에 국민건강보험법이 아닌 다른 법령에 따른 보험급여를 받더라도 국민건강보험공단은 보험급여를 해야 한다.

② 가입자가 1개월 이상 소득월액보험료를 체납한 경우에는 완납할 때까지 국민건강보험공단은 그 가입자 및 피부양자에 대하여 보험급여를 실시하지 않을 수 있다.

③ 보험급여를 받을 수 있는 사람이 지방자치단체로부터 보험급여에 상당하는 비용을 지급받는 경우에 국민건강보험공단은 그 한도에서 보험급여를 하지 않는다.

④ 납부의무를 부담하는 사용자가 보수월액보험료를 체납했을 때 직장가입자 본인에게 그 체납에 대한 귀책사유가 있는 경우에는 체납한 보험료를 완납할 때까지 국민건강보험공단은 그 가입자에게 보험급여를 실시하지 않을 수 있다.

⑤ 국민건강보험공단으로부터 분할납부 승인을 받고 그 승인된 보험료를 5회 미만으로 내지 않았으며, 3회 이상 낸 사람의 경우 보험급여를 할 수 있다.

61 **다음은 보험급여의 제한에 대한 설명이다. 빈칸 ㉠, ㉡에 들어갈 내용이 바르게 연결된 것은?**

> 국민건강보험공단은 가입자가 1개월 이상 보험료를 체납한 경우 그 체납한 보험료를 완납할 때까지 그 가입자 및 피부양자에게 보험급여를 실시하지 않을 수 있다. 다만, 가입자 및 피부양자의 소득·재산 등이 대통령령으로 정하는 기준 미만인 경우에는 그렇지 않다. 이때 "대통령령으로 정하는 기준 미만인 경우"란 다음 ㉮와 ㉯의 요건을 모두 충족한 경우를 말한다.
>
> ㉮ 보험료를 체납한 가입자가 속한 세대의 소득이 __㉠__ 미만이고, 그 세대의 재산에 대한 과세표준이 100만 원 미만일 것. 다만, 가입자가 미성년자, __㉡__ 이상인 사람 또는 등록한 장애인인 경우에는 그 소득 및 재산에 대한 과세표준이 각각 국민건강보험공단이 정하는 금액 미만일 것
>
> ㉯ 보험료를 체납한 가입자가 사업자등록을 한 사업에서 발생하는 소득이 없을 것

① ㉠ : 100만 원, ㉡ : 60세

② ㉠ : 100만 원, ㉡ : 65세

③ ㉠ : 100만 원, ㉡ : 70세

④ ㉠ : 150만 원, ㉡ : 60세

⑤ ㉠ : 150만 원, ㉡ : 65세

62 다음 〈보기〉에서 급여의 제한여부의 조회 등에 대한 설명으로 옳은 것을 모두 고르면?

> 보기
>
> ㉠ 요양기관은 가입자 등이 고의 또는 중대한 과실로 인한 범죄행위에 그 원인이 있거나 고의로 사고를 일으킨 경우에도 요양급여를 실시한다.
> ㉡ 요양기관은 가입자 등이 고의 또는 중대한 과실로 국민건강보험공단이나 요양기관의 요양에 관한 지시에 따르지 않은 경우에도 요양급여를 실시한다.
> ㉢ 위의 ㉠과 ㉡의 경우에 요양기관은 지체 없이 급여제한여부조회서에 의하여 국민건강보험공단에 급여제한 여부를 조회해야 한다.
> ㉣ 급여제한 여부 조회 요청을 받은 국민건강보험공단은 30일(공휴일을 포함한다) 이내에 급여제한 여부를 결정한 후 요양기관에 급여제한 여부 결정통보서로 회신해야 한다.
> ㉤ 위의 ㉣의 국민건강보험공단의 회신이 있기 전에 요양급여가 종료되거나 회신 없이 15일이 경과된 때에는 국민건강보험공단이 당해 요양기관에 대하여 요양급여를 인정한 것으로 본다.
> ㉥ 요양기관은 급여의 제한 한도를 초과해 요양급여를 행한 경우에는 그날부터 15일 이내에 요양급여적용통보서에 의해 그 사실을 국민건강보험공단에 알릴 수 있다.

① ㉠, ㉡, ㉢
② ㉡, ㉢, ㉣
③ ㉡, ㉣, ㉥
④ ㉠, ㉢, ㉣, ㉥
⑤ ㉡, ㉢, ㉣, ㉤

63 다음 〈보기〉에서 보험급여의 제한에 대한 설명으로 옳은 것을 모두 고르면?

> 보기
>
> ㉠ 보험료를 체납한 가입자가 국민건강보험공단으로부터 분할납부 승인을 받고 그 승인된 보험료를 1회 이상 낸 경우에는 보험급여를 할 수 있다.
> ㉡ 위의 ㉠의 경우에 분할납부 승인을 받은 사람이 정당한 사유 없이 5회 이상 그 승인된 보험료를 내지 아니한 때에는 국민건강보험공단은 보험급여를 하지 않을 수 있다.
> ㉢ 국민건강보험공단이 보험급여를 하지 않는 급여제한기간에 보험급여를 받은 사실이 있음을 가입자에게 통지한 날부터 2개월이 지난 날이 속한 달의 납부기한 이내에 체납된 보험료를 완납한 경우에는 급여제한기간에 받은 보험급여를 보험급여로 인정한다.

① ㉠
② ㉠, ㉡
③ ㉠, ㉢
④ ㉡, ㉢
⑤ ㉠, ㉡, ㉢

64 **다음 〈보기〉에서 보험급여를 받을 수 있는 사람에 대한 급여를 정지하는 경우로 옳은 것을 모두 고르면?**

보기

㉠ 국외에 체류하는 경우
㉡ 현역병 및 군간부후보생에 해당하게 된 경우
㉢ 교도소 또는 교도소에 준하는 시설에 수용되어 있는 경우

① ㉡
② ㉠, ㉡
③ ㉠, ㉢
④ ㉡, ㉢
⑤ ㉠, ㉡, ㉢

65 **다음 중 요양비 등 수급계좌에 대한 설명으로 옳지 않은 것은?**

① 수급자가 신청할 때는 보험급여로 지급되는 현금(요양비 등)을 수급자 명의의 지정된 계좌(요양비 등 수급계좌)로 입금해야 한다.
② 요양비 등을 요양비 등 수급계좌로 받으려는 사람은 요양비 지급청구서와 보조기기 급여 지급청구서 등에 요양비 등 수급계좌의 계좌번호를 기재하고, 예금통장 사본을 첨부하여 공단에 제출해야 한다.
③ 요양비 등을 요양비 등 수급계좌에 이체할 수 없을 때는 직접 현금으로 지급할 수 있다.
④ 요양비 등 수급계좌가 개설된 금융기관은 요양비 등 수급계좌에 요양비 등뿐만 아니라 다른 현금의 입출금이 가능하도록 해야 한다.
⑤ 요양비 등 수급계좌의 신청 방법·절차와 관리에 필요한 사항은 대통령령으로 정한다.

66 **다음은 현역병 등에 대한 요양급여비용 등의 지급에 대한 설명이다. 빈칸에 들어갈 내용으로 옳지 않은 것은?**

국민건강보험공단은 현역병이 요양기관에서 ______ 등의 치료 등을 받은 경우에 그에 따라 국민건강보험공단이 부담하는 요양급여비용과 요양비를 국방부장관으로부터 예탁받아 지급할 수 있다.

① 입원
② 예방·재활
③ 처치·수술
④ 진찰·검사
⑤ 약제·치료재료의 지급

05 건강보험심사평가원

1. 건강보험심사평가원의 업무

(1) 건강보험심사평가원의 설립(법 제62조)

요양급여비용을 심사하고 요양급여의 적정성을 평가하기 위하여 심사평가원을 설립한다.

(2) 심사평가원의 업무 등(법 제63조)

① 심사평가원이 관장하는 업무

1. 요양급여비용의 심사
2. 요양급여의 적정성 평가
3. 심사기준 및 평가기준의 개발
4. 제1호부터 제3호까지의 규정에 따른 업무와 관련된 조사연구 및 국제협력
5. 다른 법률에 따라 지급되는 급여비용의 심사 또는 의료의 적정성 평가에 관하여 위탁받은 업무
6. 그 밖에 국민건강보험법 또는 다른 법령에 따라 위탁받은 업무
7. 건강보험과 관련하여 보건복지부장관이 필요하다고 인정한 업무
8. 그 밖에 보험급여 비용의 심사와 보험급여의 적정성 평가와 관련하여 대통령령으로 정하는 업무 (영 제28조 제1항)

㉠ 요양급여비용의 심사청구와 관련된 소프트웨어의 개발·공급·검사 등 전산 관리

㉡ 요양급여의 적정성 평가 결과의 공개

㉢ 지급되는 요양비 중 업무정지 중인 요양기관 및 요양기관에서 제외된 의료기관(규칙 제30조)에서 받은 요양비에 대한 심사

㉣ ①의 제1호부터 제7호까지 및 ㉠부터 ㉢까지의 업무를 수행하기 위한 환자 분류체계 및 요양급여 관련 질병·부상 분류체계의 개발·관리

㉤ ①의 제1호부터 제7호까지 및 ㉠부터 ㉣까지의 업무와 관련된 교육·홍보

② ①의 제8호에 따른 보험급여의 적정성 평가의 기준·절차·방법 등에 필요한 사항은 **보건복지부장관이 정하여 고시한다.**

2. 건강보험심사평가원의 성립

(1) 법인격 등(법 제64조)

① 심사평가원은 법인으로 한다.

② 심사평가원은 주된 사무소의 소재지에서 설립등기를 함으로써 성립한다.

(2) 임원(법 제65조)

① **임원의 구성** : 심사평가원에 임원으로서 **원장, 이사 15명 및 감사 1명**을 둔다. 이 경우 **원장, 이사 중 4명 및 감사는 상임**으로 한다.

② **원장** : 임원추천위원회가 복수로 추천한 사람 중에서 **보건복지부장관의 제청**으로 **대통령이 임명**한다.

③ **상임이사** : 보건복지부령으로 정하는 추천 절차를 거쳐 **원장이 임명**한다. 심사평가원의 상임이사 추천 등에 관하여는 규칙 제8조(상임이사 후보 추천 절차 등)를 준용한다. 이 경우 "공단"은 "심사평가원"으로, "이사장"은 "원장"으로 본다(규칙 제31조).

④ **비상임이사** : 다음 각 호의 사람 중에서 10명과 대통령령으로 정하는 바에 따라 추천한 **관계 공무원 1명**을 **보건복지부장관**이 임명한다.

1. 공단이 추천하는 1명
2. 의약관계단체가 추천하는 5명
3. 노동조합・사용자단체・소비자단체 및 농어업인 단체가 추천하는 각 1명

더 알아보기

공무원인 임원(영 제29조)
보건복지부장관은 보건복지부의 3급 공무원 또는 고위공무원단에 속하는 공무원 중에서 1명을 지명하는 방법으로 심사평가원의 비상임이사를 추천한다.

⑤ **감사** : 임원추천위원회가 복수로 추천한 사람 중에서 **기획재정부장관의 제청**으로 **대통령이 임명**한다.

⑥ **실비변상** : 비상임이사는 정관으로 정하는 바에 따라 실비변상을 받을 수 있다.

⑦ **임기** : 원장의 임기는 3년, 이사(공무원인 이사는 제외한다)와 감사의 임기는 각각 2년으로 한다.

더 알아보기

준용 규정(영 제31조)
심사평가원 이사회의 심의・의결사항 및 회의에 관하여는 제11조(제5호는 제외한다) 및 제12조를 준용한다. 이 경우 "공단"은 "심사평가원"으로, "이사장"은 "원장"으로 본다.

3. 진료심사평가위원회와 자금의 조달

(1) 진료심사평가위원회(법 제66조)

① **심사위원회의 설치** : 심사평가원의 업무를 효율적으로 수행하기 위하여 심사평가원에 진료심사평가위원회("**심사위원회**")를 둔다.

② **심사위원회의 구성** : 심사위원회는 위원장을 포함하여 **90명 이내의 상근 심사위원**과 **1,000명 이내의 비상근 심사위원**으로 구성하며, **진료과목별 분과위원회**를 둘 수 있다.

③ **상근 심사위원** : **심사평가원의 원장**이 보건복지부령으로 정하는 사람(공개경쟁의 방법으로 선발한 사람, 공단 또는 의약계단체가 추천한 사람) 중에서 임명한다(규칙 제33조 제1항 제1호・제2호).

④ **비상근 심사위원** : **심사평가원의 원장**이 보건복지부령으로 정하는 사람(관련 의약분야별 전문학회 또는 의약계단체, 공단, 소비자단체 및 심사평가원 이사회가 추천하는 사람) 중에서 위촉한다(규칙 제33조 제2항).

⑤ **심사위원의 해임・해촉** : 심사평가원의 원장은 심사위원이 다음 각 호의 어느 하나에 해당하면 그 심사위원을 해임 또는 해촉할 수 있다.

1. 신체장애나 정신장애로 직무를 수행할 수 없다고 인정되는 경우
2. 직무상 의무를 위반하거나 직무를 게을리한 경우
3. 고의나 중대한 과실로 심사평가원에 손실이 생기게 한 경우
4. 직무 여부와 관계없이 품위를 손상하는 행위를 한 경우

⑥ **심사위원회 위원의 자격** : 심사위원회의 위원은 임원 결격사유(법 제23조)에 해당하지 아니하는 사람으로서 다음 각 호의 어느 하나에 해당하는 사람이어야 한다(규칙 제32조).

1. 의사 면허를 취득한 후 10년이 지난 사람으로서 의과대학 또는 의료기관에서 종사한 사람
2. 치과의사 면허를 취득한 후 10년이 지난 사람으로서 치과대학 또는 의료기관에서 종사한 사람
3. 한의사 면허를 취득한 후 10년이 지난 사람으로서 한의과대학 또는 의료기관에서 종사한 사람
4. 약사 면허를 취득한 후 10년이 지난 사람으로서 약학대학・의료기관・약국 또는 한국희귀・필수의약품센터에서 종사한 사람
5. 대학, 산업대학, 교육대학에서 전임강사 이상의 경력을 가진 사람으로서 보건의약관련 분야에 10년 이상 종사한 사람
6. 보건의약 또는 건강보험과 관련된 분야에 10년 이상 종사한 사람 중 보건복지부장관이 심사위원 자격이 있다고 인정하는 사람

⑦ 심사위원의 임기는 2년으로 한다(규칙 제34조).

⑧ **심사위원회의 위원장(규칙 제35조)**

1. 심사위원회에는 위원장 1명을 둔다.
2. 심사위원회의 위원장은 **심사평가원의 원장이 임명**한다.
3. 심사위원회의 위원장이 부득이한 사유로 그 직무를 수행할 수 없을 때에는 **심사평가원의 원장이 지명하는 위원이 그 직무를 대행**한다.
4. 심사위원회 위원장의 임기는 2년으로 한다.

⑨ **심사위원회의 회의 등(규칙 제36조)**

1. 심사위원회와 진료과목별 분과위원회의 회의는 **재적위원 3분의 1 이상**이 요구할 때 또는 **심사평가원 원장이나 심사위원회 위원장이 요구**할 때에 소집한다.
2. 위원장 및 분과위원회의 위원장은 각 회의의 의장이 되며, 각 회의는 재적위원 **과반수의 출석**으로 개의하고, 출석위원 **과반수의 찬성**으로 의결한다.
3. 위에서 규정한 사항 외에 심사위원회와 분과위원회의 구성・운영 등에 필요한 사항은 심사평가원의 정관으로 정한다.

⑩ 심사위원에게는 예산의 범위에서 보수・수당・여비, 그 밖에 필요한 경비를 지급할 수 있다(규칙 제37조).

(2) 자금의 조달 등(법 제67조)

① **부담금의 징수** : 심사평가원은 요양급여비용의 심사, 요양급여의 적정성 평가, 심사기준 및 평가기준의 개발 및 이러한 업무와 관련된 조사연구 및 국제협력, 그 밖에 국민건강보험법 또는 다른 법령에 따라 위탁받은 업무, 건강보험과 관련하여 보건복지부장관이 필요하다고 인정한 업무, 그 밖에 보험급여 비용의 심사와 보험급여의 적정성 평가와 관련하여 대통령령으로 정하는 업무를 하기 위하여 **공단으로부터 부담금을 징수**할 수 있다.

② **수수료** : 심사평가원은 다른 법률에 따라 지급되는 급여비용의 심사 또는 의료의 적정성 평가에 관한 업무를 위탁받은 경우에는 **위탁자로부터 수수료**를 받을 수 있다.

③ 부담금 및 수수료의 금액·징수 방법 등에 필요한 사항(규칙 제38조)

1. 부담금은 보건복지부장관이 승인한 심사평가원의 예산에 계상된 금액으로 하되, 공단의 전전년도 보험료 수입의 1,000분의 30을 넘을 수 없다.
2. 수수료는 심사평가원 원장이 업무를 위탁한 자와 계약으로 정하는 금액으로 하되, 의료급여비용 심사에 관한 비용은 보건복지부장관이 정하는 바에 따른다.
3. 심사평가원은 부담금이 회계연도가 시작되기 전까지 확정되지 아니한 경우에는 전년도 부담금에 준하여 해당 연도 부담금을 징수하고 부담금 확정 후 정산한다.
4. 심사평가원은 부담금을 분기별로 징수하고, 수수료는 월별로 징수한다.
5. 부담금 및 수수료의 징수·납부 절차 및 방법 등에 관하여 필요한 사항은 보건복지부장관이 정하는 바에 따른다.

(3) 준용 규정(법 제68조)

심사평가원에 관하여 법 제14조 제3항·제4항, 제16조, 제17조(같은 조 제1항 제6호 및 제7호는 제외한다), 제18조, 제19조, 제22조부터 제32조까지, 제35조 제1항, 제36조, 제37조, 제39조 및 제40조를 준용한다. 이 경우 "공단"은 "심사평가원"으로, "이사장"은 "원장"으로 본다.

더 말아보기

심사평가원장 권한의 위임(영 제30조)

법 제68조에 따라 준용되는 법 제32조에 따라 심사평가원의 원장이 분사무소의 장에게 위임할 수 있는 사항은 다음 각 호의 요양기관을 제외한 요양기관의 요양급여비용에 대한 심사 권한과 이의신청에 대한 결정 권한으로 한다.

1. 상급종합병원
2. 그 밖에 심사평가원의 정관으로 정하는 요양기관

핵심 쏙쏙! OX문제

※ 다음 문제의 진위 여부를 판단해 ○ 또는 ×를 선택하시오.

01 요양급여비용을 심사하고 요양급여의 적정성을 평가하는 주체는 심사평가원이다. [○|×]

02 심사평가원은 요양급여비용의 심사에 따른 업무와 관련된 국제협력의 업무를 관장하지 않는다. [○|×]

03 심사평가원은 요양비 중 업무정지 중인 요양기관 및 요양기관에서 제외된 의료기관에서 받은 요양비에 대한 심사 업무를 관장한다. [○|×]

04 심사평가원은 요양급여의 적정성 평가 결과의 공개 업무를 관장하지 않는다. [○|×]

05 심사평가원의 임원은 원장을 비롯해 각 5명씩의 상임·비상임이사와 감사 1명 등 모두 12명으로 구성된다. [○|×]

06 심사평가원장은 정책심의위원회에서 추천하는 후보 중에서 보건복지부장관이 임명한다. [○|×]

07 심사평가원의 상임이사 추천 등에 관하여는 공단의 상임이사 후보 추천 절차 등을 준용한다. [○|×]

08 보건복지부장관은 보건복지부 소속 3급 공무원 1명과 고위공무원단에 속하는 공무원 중에서 1명을 심사평가원의 비상임이사로 추천한다. [○|×]

09 심사평가원의 원장, 이사(공무원인 이사는 제외), 감사 등의 임기는 모두 3년으로 동일하다. [○|×]

10 진료심사평가위원회의 심사위원은 90명 이내의 상근 심사위원과 1,000명 이내의 비상근 심사위원으로 구성된다. [○|×]

11 약사 면허를 취득한 후 10년이 지나지 않았지만 약학대학·의료기관·약국 또는 한국희귀·필수의약품센터에서 종사한 사람은 심사위원회의 위원이 될 수 있다. [○|×]

12 심사평가원장은 공개경쟁의 방법으로 선발한 사람, 공단 또는 의약계단체가 추천한 사람 중에서 심사위원회 상근 심사위원을 임명한다. [○|×]

13 심사위원회의 심사위원을 해임・해촉할 수 있는 주체는 심사평가원의 원장이며, 심사위원의 임기는 2년이다. [○|×]

14 심사위원회의 위원장이 부득이한 사유로 그 직무를 수행할 수 없을 때에는 심사위원 중에서 호선으로 위원장의 직무를 대행할 사람을 정한다. [○|×]

15 심사위원회의 위원장은 보건복지부장관이 임명하며, 그의 임기는 3년으로 한다. [○|×]

16 심사위원회 진료과목별 분과위원회의 회의는 재적위원 3분의 1 이상이 요구할 때 또는 심사평가원 원장이나 심사위원회 위원장이 요구할 때에 소집한다. [○|×]

17 심사위원회의 심사위원에게는 예산의 범위에서 보수・수당・여비, 그 밖에 필요한 경비를 지급할 수 있다. [○|×]

18 심사평가원은 다른 법률에 따라 지급되는 급여비용의 심사에 관해 위탁받은 업무를 하기 위해 공단으로부터 부담금을 징수할 수 있다. [○|×]

19 심사평가원이 공단으로부터 징수하는 부담금은 보건복지부장관이 승인한 심사평가원의 예산에 계상된 금액으로 하되, 공단의 전전년도 보험료 수입의 1,000분의 30을 넘을 수 없다. [○|×]

20 심사평가원은 부담금을 매년 6월과 12월 등 2회 징수하고, 다른 법률에 따라 지급되는 급여비용의 심사 또는 의료의 적정성 평가에 관한 업무를 위탁한 위탁자로부터 받는 수수료는 분기별로 징수한다. [○|×]

OX문제 정답

01	02	03	04	05	06	07	08	09	10	11	12	13	14	15	16	17	18	19	20
○	×	○	×	×	×	○	×	×	○	×	○	○	×	×	○	○	×	○	×

02 심사평가원은 요양급여비용의 심사 업무를 관장한다(법 제63조 제1항 제1호). 또한 이와 관련된 조사연구 및 국제협력 업무를 관장한다(동항 제4호).

04 심사평가원은 요양급여의 적정성 평가 결과의 공개 업무를 관장한다(법 제63조 제1항 제8호, 영 제28조 제1항 제2호).

05 심사평가원에 임원으로서 원장, 이사 15명 및 감사 1명을 둔다. 이 경우 원장, 이사 중 4명 및 감사는 상임으로 한다(제65조 제1항).

06 심사평가원 원장은 임원추천위원회가 복수로 추천한 사람 중에서 보건복지부장관의 제청으로 대통령이 임명한다(법 제65조 제2항).

08 보건복지부장관은 보건복지부의 3급 공무원 또는 고위공무원단에 속하는 공무원 중에서 1명을 지명하는 방법으로 심사평가원의 비상임이사를 추천한다(영 제29조).

09 심사평가원 원장의 임기는 3년, 이사(공무원인 이사는 제외한다)와 감사의 임기는 각각 2년으로 한다(법 제65조 제7항).

11 약사 면허를 취득한 후 10년이 지난 사람으로서 약학대학・의료기관・약국 또는 한국희귀・필수의약품센터에서 종사한 사람은 심사위원회의 위원이 될 수 있다(규칙 제32조 제4호).

14 심사위원회의 위원장이 부득이한 사유로 그 직무를 수행할 수 없을 때에는 심사평가원의 원장이 지명하는 위원이 그 직무를 대행한다(규칙 제35조 제3항).

15 심사위원회의 위원장은 심사평가원의 원장이 임명하며(규칙 제35조 제2항), 심사위원회 위원장의 임기는 2년으로 한다(동조 제4항).

18 심사평가원이 다른 법률에 따라 지급되는 급여비용의 심사 또는 의료의 적정성 평가에 관하여 위탁받은 업무는 공단으로부터 부담금을 징수할 수 있는 업무에서 제외한다(법 제67조 제1항).

20 심사평가원은 부담금을 분기별로 징수하고, 다른 법률에 따라 지급되는 급여비용의 심사 또는 의료의 적정성 평가에 관한 업무를 위탁받은 경우에 위탁자로부터 받는 수수료는 월별로 징수한다(규칙 제38조 제4항).

실력 쑥쑥! 적중예상문제

정답 및 해설 p.032

01 다음 〈보기〉에서 건강보험심사평가원이 관장하는 업무로 옳은 것을 모두 고르면?

보기
㉠ 보험급여의 관리
㉡ 요양급여비용의 심사
㉢ 보험급여 비용의 지급
㉣ 요양급여의 적정성 평가
㉤ 심사기준 및 평가기준의 개발

① ㉠, ㉡, ㉣
② ㉠, ㉢, ㉣
③ ㉡, ㉢, ㉤
④ ㉡, ㉣, ㉤
⑤ ㉢, ㉣, ㉤

02 다음 〈보기〉에서 건강보험심사평가원의 업무로 옳은 것을 모두 고르면?

보기
㉠ 환자 분류체계의 개발·관리
㉡ 요양급여의 적정성 평가 결과의 공개
㉢ 고혈압·당뇨 등 주요 만성질환에 대한 정보 제공 및 건강관리 지원
㉣ 가입자 및 피부양자의 건강관리를 위한 전자적 건강정보시스템의 구축·운영
㉤ 요양급여비용의 심사청구와 관련된 소프트웨어의 개발·공급·검사 등 전산 관리
㉥ 요양비 중 업무정지 중인 요양기관 및 요양기관에서 제외된 의료기관에서 받은 요양비에 대한 심사

① ㉠, ㉡, ㉢
② ㉠, ㉢, ㉤
③ ㉡, ㉣, ㉥
④ ㉠, ㉡, ㉤, ㉥
⑤ ㉡, ㉢, ㉣, ㉤

03 다음 중 건강보험심사평가원의 임원에 대한 설명으로 옳은 것은?

① 감사는 상임으로 하며, 이사는 각 5명씩 동수의 상임·비상임이사로 이루어진다.
② 상임이사는 건강보험심사평가원장이, 비상임이사는 보건복지부장관이 각각 임명한다.
③ 원장은 건강보험정책심의위원회에서 추천한 사람 중에서 보건복지부장관이 임명한다.
④ 감사는 진료심사평가위원회에서 추천한 사람 중에서 원장의 제청으로 보건복지부장관이 임명한다.
⑤ 비상임이사는 실비변상을 받을 수 없다.

04 **다음은 건강보험심사평가원의 공무원인 임원의 추천에 대한 설명이다. 빈칸 ㉠, ㉡에 들어갈 내용이 바르게 연결된 것은?**

> 보건복지부장관은 건강보험심사평가원의 ___㉠___ 가운데 ___㉡___을 보건복지부의 3급 공무원 또는 고위공무원단에 속하는 공무원 중에서 추천한다.

① ㉠ : 상임이사, ㉡ : 1명
② ㉠ : 상임이사, ㉡ : 2명
③ ㉠ : 비상임이사, ㉡ : 1명
④ ㉠ : 비상임이사, ㉡ : 2명
⑤ ㉠ : 비상임이사, ㉡ : 3명

05 **다음 〈보기〉에서 건강보험심사평가원 이사회의 심의·의결사항 및 회의에 대한 설명으로 옳은 것을 모두 고르면?**

> 보기
>
> ㉠ 규정의 제정·개정 및 폐지에 관한 사항은 건강보험심사평가원 이사회의 심의·의결을 거쳐야 한다.
> ㉡ 차입금에 관한 사항, 준비금, 그 밖에 중요재산의 취득·관리 및 처분에 관한 사항은 건강보험심사평가원 이사회의 심의·의결을 거쳐야 한다.
> ㉢ 보험료와 보험급여에 관한 사항은 건강보험심사평가원 이사회의 심의·의결을 거쳐야 한다.
> ㉣ 정기회의는 매년 2회 정관으로 정하는 시기에 이사회의 의장이 소집한다.
> ㉤ 임시회의는 원장을 포함한 재적이사 과반수가 요구할 때에 이사회의 의장이 소집한다.

① ㉠, ㉡, ㉢
② ㉠, ㉡, ㉣
③ ㉡, ㉢, ㉣
④ ㉠, ㉢, ㉣, ㉤
⑤ ㉡, ㉢, ㉣, ㉤

06 **다음 〈보기〉에서 건강보험심사평가원의 상임이사 후보의 추천 절차에 대한 설명으로 옳은 것을 모두 고르면?**

> 보기
>
> ㉠ 상임이사추천위원회는 위원장을 포함한 5명의 위원으로 구성된다.
> ㉡ 상임이사추천위원회의 위원장은 인사업무를 담당하는 상임이사로 한다.
> ㉢ 상임이사추천위원회의 위원 중 건강보험심사평가원의 비상임이사인 사람은 3명이다.
> ㉣ 상임이사추천위원회의 위원 중 건강보험심사평가원의 임직원이 아닌 사람은 1명이다.
> ㉤ 상임이사 후보자 심사 및 추천 방법, 위원의 제척·기피·회피 등에 필요한 사항은 건강보험심사평가원의 정관 또는 내규로 정한다.

① ㉠, ㉡, ㉢
② ㉠, ㉡, ㉤
③ ㉡, ㉢, ㉣
④ ㉠, ㉢, ㉣, ㉤
⑤ ㉡, ㉢, ㉣, ㉤

07 다음 중 진료심사평가위원회에 대한 설명으로 옳은 것은?

① 100명 이내의 상근 심사위원과 500명 이내의 비상근 심사위원으로 구성된다.
② 상근 심사위원은 건강보험심사평가원장의 제청으로 보건복지부장관이 임명한다.
③ 비상근 심사위원을 위촉할 수 있는 권한을 가진 주체는 건강보험심사평가원장이다.
④ 상근·비상근 심사위원을 해임하거나 해촉할 수 있는 권한을 가진 주체는 보건복지부장관이다.
⑤ 진료심사평가위원회 위원의 임기는 3년이다.

08 다음 중 진료심사평가위원회의 위원이 될 수 있는 자격을 갖추지 못한 사람은?

① 의사 면허를 취득한 한 후 12년이 지났으며, 의과대학에서 종사한 A씨
② 치과의사 면허를 취득한 한 후 15년이 지났으며, 의료기관에서 종사한 B씨
③ 한의사 면허를 취득한 한 후 10년이 지났으며, 한의과대학에서 종사한 C씨
④ 약사 면허를 취득한 한 후 7년이 지났으며, 약국에서 종사한 D씨
⑤ 교육대학에서 정교수로 재직한 경력이 있으며, 보건의약관련 분야에 12년 종사한 E씨

09 다음 〈보기〉에서 진료심사평가위원회의 위원장에 대한 설명으로 옳은 것을 모두 고르면?

보기

㉠ 진료심사평가위원회의 위원장은 보건복지부장관이 임명한다.
㉡ 진료심사평가위원회 위원장의 임기는 3년으로 한다.
㉢ 진료심사평가위원회의 위원장이 부득이한 사유로 그 직무를 수행할 수 없을 경우에는 건강보험심사평가원장이 지명하는 위원이 그 직무를 대행한다.

① ㉠
② ㉡
③ ㉢
④ ㉠, ㉢
⑤ ㉡, ㉢

10 **다음은 진료심사평가위원회의 회의에 대한 설명이다. 빈칸 ㉠, ㉡에 들어갈 내용이 바르게 연결된 것은?**

> 진료심사평가위원회와 진료과목별 분과위원회의 회의는 재적위원 ㉠ 이/가 요구할 때 또는 건강보험심사평가원장이나 진료심사평가위원회 위원장이 요구할 때에 소집한다. 또한 위원장 및 분과위원회의 위원장은 진료심사평가위원회와 진료과목별 분과위원회의 회의의 의장이 되며, 각 회의는 재적위원 ㉡ 의 출석으로 개의하고, 출석위원 과반수의 찬성으로 의결한다.

① ㉠ : 과반수, ㉡ : 과반수
② ㉠ : 과반수, ㉡ : 3분의 2 이상
③ ㉠ : 3분의 1 이상, ㉡ : 과반수
④ ㉠ : 3분의 1 이상, ㉡ : 3분의 2 이상
⑤ ㉠ : 3분의 1 이상, ㉡ : 4분의 3 이상

11 **다음 중 건강보험심사평가원의 자금의 조달에 대한 설명으로 옳지 않은 것은?**

① 건강보험심사평가원은 심사기준의 개발 업무를 하기 위해 국민건강보험공단으로부터 부담금을 징수할 수 있다.
② 건강보험심사평가원은 요양급여의 적정성 평가 업무를 하기 위해 국민건강보험공단으로부터 부담금을 징수할 수 있다.
③ 건강보험심사평가원은 국민건강보험법이 아닌 다른 법률에 따라 의료의 적정성 평가에 관한 업무를 위탁받은 경우에는 위탁자로부터 수수료를 받을 수 있다.
④ 건강보험심사평가원이 징수하거나 받을 수 있는 부담금 및 수수료의 금액에 필요한 사항은 보건복지부령으로 정한다.
⑤ 건강보험심사평가원은 국민건강보험법이 아닌 다른 법률에 따라 지급되는 급여비용의 심사에 관한 업무를 위탁받은 경우 국민건강보험공단으로부터 부담금을 징수할 수 있다.

12 **다음은 부담금에 대한 설명이다. 빈칸 ㉠, ㉡에 들어갈 내용이 바르게 연결된 것은?**

> ㉮ 건강보험심사평가원은 다른 법률에 따라 지급되는 급여비용의 심사 또는 의료의 적정성 평가에 관해 위탁받은 업무를 제외한 업무를 하기 위해 국민건강보험공단으로부터 부담금을 징수할 수 있다. 이때 국민건강보험공단으로부터 징수하는 부담금은 국민건강보험공단의 전전년도 보험료 수입의 ㉠ 을 넘을 수 없다.
> ㉯ 건강보험심사평가원은 부담금을 분기별로 징수하고, 수수료는 ㉡ 로 징수한다.

① ㉠ : 1,000분의 30, ㉡ : 월별
② ㉠ : 1,000분의 30, ㉡ : 분기별
③ ㉠ : 1,000분의 30, ㉡ : 반기별
④ ㉠ : 1,000분의 50, ㉡ : 월별
⑤ ㉠ : 1,000분의 50, ㉡ : 분기별

06 보험료

1. 보험료의 부과

(1) 보험료(법 제69조)

① 징수 대상 : 공단은 건강보험사업에 드는 비용에 충당하기 위하여 보험료의 납부의무자로부터 보험료를 징수한다.

② 징수 기간 : 보험료는 가입자의 자격을 취득한 날이 속하는 달의 다음 달부터 가입자의 자격을 잃은 날의 전날이 속하는 달까지 징수한다. 다만, 가입자의 자격을 매월 1일에 취득한 경우 또는 법 제5조 제1항 제2호 가목(유공자 등 의료보호대상자 중 건강보험의 적용을 보험자에게 신청한 사람)에 따른 건강보험 적용 신청으로 가입자의 자격을 취득하는 경우에는 그 달부터 징수한다.

③ 자격 변동 시 징수 기준 : 보험료를 징수할 때 가입자의 자격이 변동된 경우에는 변동된 날이 속하는 달의 보험료는 변동되기 전의 자격을 기준으로 징수한다. 다만, 가입자의 자격이 매월 1일에 변동된 경우에는 변동된 자격을 기준으로 징수한다.

④ 직장가입자의 월별 보험료액 : 다음 각 호에 따라 산정한 금액으로 한다.

1. 보수월액보험료 : 보수월액에 보험료율을 곱하여 얻은 금액
2. 소득월액보험료 : 소득월액에 보험료율을 곱하여 얻은 금액

⑤ 지역가입자의 월별 보험료액 : 세대단위로 산정하되, 지역가입자가 속한 세대의 월별 보험료액은 보험료부과점수에 보험료부과점수당 금액을 곱한 금액으로 한다.

⑥ 월별 보험료액을 정하는 기준 : 가입자의 보험료 평균액의 일정 비율에 해당하는 금액을 고려하여 대통령령으로 정하는 기준에 따라 상한 및 하한을 정한다.

더 알아보기

월별 보험료액의 상한과 하한(영 제32조, 월별 건강보험료액의 상한과 하한에 관한 고시 제2조 · 제3조)

1. 월별 보험료액의 상한
   가. 직장가입자의 보수월액보험료 : 보험료가 부과되는 연도의 전전년도 직장가입자 평균 보수월액보험료("전전년도 평균 보수월액보험료")의 30배에 해당하는 금액을 고려하여 보건복지부장관이 정하여 고시하는 금액(7,822,560원)
   나. 직장가입자의 소득월액보험료 및 지역가입자의 월별 보험료액 : 보험료가 부과되는 연도의 전전년도 평균 보수월액보험료의 15배에 해당하는 금액을 고려하여 보건복지부장관이 정하여 고시하는 금액(3,911,280원)
2. 월별 보험료액의 하한
   가. 직장가입자의 보수월액보험료 : 보험료가 부과되는 연도의 전전년도 평균 보수월액보험료의 1,000분의 75 이상 1,000분의 85 미만의 범위에서 보건복지부장관이 정하여 고시하는 금액(19,780원)
   나. 지역가입자의 월별 보험료액 : 가목에 따른 보수월액보험료의 100분의 90 이상 100분의 100 이하의 범위에서 보건복지부장관이 정하여 고시하는 금액(19,780원)

(2) 보수월액(법 제70조)

① 직장가입자의 보수월액의 산정 기준 : 직장가입자가 지급받는 보수를 기준으로 하여 산정한다.

② 휴직자 등의 보수월액보험료 산정 기준 : 휴직이나 그 밖의 사유로 보수의 전부 또는 일부가 지급되지 아니하는 가입자("휴직자 등")의 보수월액보험료는 해당 사유가 생기기 전 달의 보수월액을 기준으로 산정한다.

③ **보수의 정의** : 근로자 등이 근로를 제공하고 사용자·국가 또는 지방자치단체로부터 지급받는 금품(실비변상적인 성격을 갖는 금품은 제외)으로서 대통령령으로 정하는 것을 말한다. 이 경우 보수 관련 자료가 없거나 불명확한 경우 등 대통령령으로 정하는 사유에 해당하면 보건복지부장관이 정하여 고시하는 금액을 보수로 본다.

㉠ 보수에 포함되는 금품 : 근로의 대가로 받은 **봉급, 급료, 보수, 세비(歲費), 임금, 상여, 수당,** 그 밖에 이와 유사한 성질의 금품으로서 **다음 각 호의 것을 제외**한 것을 말한다(영 제33조 제1항).

1. 퇴직금
2. 현상금, 번역료 및 원고료
3. 소득세법에 따른 비과세근로소득. 다만, 소득세법 제12조 제3호 차목·파목 및 거목에 따라 비과세되는 소득은 제외한다.
   차. 외국정부(외국의 지방자치단체와 연방국가인 외국의 지방정부를 포함한다. 이하 같다) 또는 대통령령으로 정하는 국제기관에서 근무하는 사람으로서 대통령령으로 정하는 사람이 받는 급여. 다만, 그 외국정부가 그 나라에서 근무하는 우리나라 공무원의 급여에 대하여 소득세를 과세하지 아니하는 경우만 해당한다.
   파. 작전임무를 수행하기 위하여 외국에 주둔 중인 군인·군무원이 받는 급여
   거. 국외 또는 남북교류협력에 관한 법률에 따른 북한지역에서 근로를 제공하고 받는 대통령령으로 정하는 급여

㉡ 보수 관련 자료가 없거나 불명확한 경우 등 대통령령으로 정하는 사유 : 다음 각 호의 어느 하나에 해당하는 경우를 말한다(영 제33조 제2항).

1. 보수 관련 자료가 없거나 불명확한 경우
2. 최저임금액 등을 고려할 때 보수 관련 자료의 신뢰성이 없다고 공단이 인정하는 경우

㉢ 보수의 전부 또는 일부가 현물로 지급되는 경우에는 그 지역의 시가를 기준으로 공단이 정하는 가액을 그에 해당하는 보수로 본다(영 제33조 제3항).

㉣ ③의 후단에 따라 보건복지부장관이 고시하는 금액이 적용되는 기간 중에 사업장 근로자의 보수가 확인되는 경우에는 공단이 확인한 날이 속하는 달의 다음 달부터 그 고시 금액을 적용하지 아니한다(영 제33조 제4항).

④ 보수월액의 산정 및 보수가 지급되지 아니하는 사용자의 보수월액의 산정 등에 필요한 사항은 대통령령으로 정한다.

(3) 직장가입자에 대한 보수월액보험료 부과의 원칙(영 제34조)

① 직장가입자에 대한 보수월액보험료는 매년 다음 각 호의 구분에 따라 산정된 **보수월액을 기준**으로 하여 부과하고, 다음 해에 확정되는 해당 연도의 보수 총액을 기준으로 **보수월액을 다시 산정**하여 정산한다. 다만, 보수 관련 자료가 없거나 불명확한 경우 등 대통령령으로 정하는 사유에 해당하여 보건복지부장관이 고시하는 금액이 적용되는 직장가입자에 대해서는 그 고시하는 금액이 적용되는 기간 동안 부과한 **보수월액보험료의 정산을 생략**할 수 있다.

1. 직장가입자의 자격을 취득하거나, 다른 직장가입자로 자격이 변동되거나, 지역가입자에서 직장가입자로 자격이 변동된 사람 : 자격 취득 또는 변동 시의 보수월액
2. 제1호에 해당하지 아니하는 직장가입자 : 전년도에 받은 보수의 총액을 기준으로 산정한 보수월액

② ①의 각 호에 따른 보수월액의 적용기간

1. 제1호의 가입자 : 자격 취득 또는 변동일이 속하는 달(매월 2일 이후에 자격이 변동된 경우에는 그 자격 변동일이 속한 달의 다음 달을 말한다)부터 다음 해 3월까지
2. 제2호의 가입자 : 매년 4월부터 다음 해 3월까지

(4) 보수월액 산정을 위한 보수 등의 통보(영 제35조)

① **사용자가 공단에 통보해야 하는 사항** : 사용자는 보수월액의 산정을 위하여 매년 **3월 10일까지** 전년도 직장가입자에게 지급한 **보수의 총액**(가입자별로 1월부터 12월까지 지급한 보수의 총액을 말한다. 이하 같다)과 직장가입자가 해당 사업장·국가·지방자치단체·사립학교 또는 그 학교경영기관("사업장 등")에 **종사한 기간** 등 보수월액 산정에 필요한 사항을 공단에 통보하여야 한다. 이 경우 보수 관련 자료가 없거나 불명확한 경우 등 대통령령으로 정하는 사유에 해당하여 보건복지부장관이 정하여 고시하는 금액을 보수로 보는 직장가입자에 대해서는 **통보를 생략**할 수 있다.

② 사용자는 보수월액 산정을 위하여 그 사업장이 다음 각 호의 어느 하나에 해당하면 그때까지 사용·임용 또는 채용한 모든 직장가입자(제3호의 경우에는 해당 직장가입자를 말한다)에게 지급한 **보수의 총액** 등 보수월액 산정에 필요한 사항을 공단에 통보하여야 한다.

1. 사업장이 **폐업·도산**하거나 이에 준하는 사유가 발생한 경우
2. 사립학교가 **폐교**된 경우
3. 일부 직장가입자가 **퇴직**한 경우

③ **보수 총액 등의 통보** : 사용자는 직장가입자의 보수 총액 및 종사기간 등을 공단에 통보할 때에는 다음 각 호의 구분에 따른 서류를 공단에 제출하여야 한다(규칙 제40조).

1. 사용관계가 계속되는 경우 : 직장가입자 보수 총액 통보서
2. 연도 중 ② 각 호의 어느 하나에 해당하게 된 경우 : 직장가입자 자격상실 신고서

(5) 보수월액의 결정 등(영 제36조)

① **보수월액 결정 기준** : 공단은 통보받은 **보수의 총액**을 전년도 중 직장가입자가 그 사업장 등에 **종사한 기간의 개월 수로 나눈 금액**을 매년 **보수월액으로 결정**한다. 다만, 사용자가 그 사업장 등의 해당 연도 보수의 평균 인상률 또는 인하율을 공단에 통보한 경우에는 본문에 따라 계산한 금액에 그 **평균 인상률 또는 인하율을 반영**하여 산정한 금액을 매년 보수월액으로 결정한다.

② **보수월액의 변경 신청** : 사용자는 해당 직장가입자의 **보수가 인상되거나 인하되었을** 때에는 공단에 보수월액의 변경을 신청할 수 있다. 다만, 상시 100명 이상의 근로자가 소속되어 있는 사업장의 사용자는 다음 각 호에 따라 공단에 그 보수월액의 변경을 신청하여야 한다.

1. 해당 월의 보수가 14일 이전에 변경된 경우 : 해당 월의 15일까지
2. 해당 월의 보수가 15일 이후에 변경된 경우 : 해당 월의 다음 달 15일까지

더 알아보기

보수월액의 변경신청(규칙 제41조)
사용자는 직장가입자의 보수월액 변경을 신청하려면 직장가입자 보수월액 변경신청서를 공단에 제출하여야 한다.

③ 공단은 사용자가 보수월액 산정을 위한 보수 등의 통보를 하지 아니하거나 통보 내용이 사실과 다른 경우에는 그 **사실을 조사하여 보수월액을 산정·변경**할 수 있으며, 보수월액의 변경신청을 받은 경우에는 보수가 인상된 달 또는 인하된 달부터 보수월액을 변경할 수 있다.

④ 직장가입자가 둘 이상의 건강보험 적용 사업장에서 보수를 받고 있는 경우에는 각 사업장에서 받고 있는 보수를 기준으로 **각각 보수월액을 결정**한다.

⑤ 직장가입자의 보수월액을 규정에 따라 산정하기 곤란하거나 보수를 확인할 수 있는 자료가 없는 경우 보수월액의 산정방법과 보수의 인상·인하 시 보수월액의 변경신청 등 필요한 사항은 재정운영위원회의 의결을 거쳐 **공단의 정관**으로 정한다.

(6) 직장가입자의 자격 취득·변동 시 보수월액의 결정(영 제37조)

공단은 직장가입자의 **자격을 취득**하거나, 다른 직장가입자로 **자격이 변동**되거나, 지역가입자에서 직장가입자로 **자격이 변동**된 사람이 있을 때에는 다음 각 호의 구분에 따른 금액을 해당 직장가입자의 보수월액으로 결정한다.

1. 연·분기·월·주 또는 그 밖의 일정 기간으로 보수가 정해지는 경우 : 그 보수액을 그 기간의 총 일수로 나눈 금액의 30배에 상당하는 금액
2. 일(日)·시간·생산량 또는 도급(都給)으로 보수가 정해지는 경우 : 직장가입자의 자격을 취득하거나 자격이 변동된 달의 전 1개월 동안에 그 사업장에서 해당 직장가입자와 같은 업무에 종사하고 같은 보수를 받는 사람의 보수액을 평균한 금액
3. 제1호 및 제2호에 따라 보수월액을 산정하기 곤란한 경우 : 직장가입자의 자격을 취득하거나 자격이 변동된 달의 전 1개월 동안 같은 업무에 종사하고 있는 사람이 받는 보수액을 평균한 금액

(7) 보수가 지급되지 않는 사용자의 보수월액 결정(영 제38조)

① **보수월액 산정 방법** : 보수가 지급되지 아니하는 사용자의 보수월액은 다음 각 호의 방법으로 산정한다. 이 경우 사용자는 매년 **5월 31일까지**[세무서장에게 성실신고확인서를 제출한 사용자("성실신고사용자")인 경우에는 6월 30일까지] **수입을 증명할 수 있는 자료**를 제출하거나 **수입금액**을 공단에 통보하여야 하며, 산정된 보수월액은 매년 **6월부터 다음 해 5월까지**(성실신고사용자의 경우에는 매년 7월부터 다음 해 6월까지) 적용한다.

1. 해당 연도 중 해당 사업장에서 발생한 사업소득(규칙 제43조)으로서 객관적인 자료를 통하여 확인된 금액
2. 수입을 확인할 수 있는 객관적인 자료가 없는 경우에는 사용자의 신고금액

② **준용 규정 : 보수가 지급되지 아니하는 사용자의 보수월액**을 결정하거나 변경하는 절차 등에 관하여는 영 제34조 제1항(직장가입자에 대한 보수월액보험료 부과의 원칙), 제35조 제2항(보수월액 산정을 위한 보수 등의 통보) 및 제36조(보수월액의 결정 등)를 준용한다.

③ **예외 규정** : ① 및 ②에도 불구하고 다음 각 호의 어느 하나에 해당하는 경우 사용자의 보수월액은 그 각 호에서 정하는 금액으로 한다.

1. ①의 제1호 및 제2호에 따른 확인금액 또는 신고금액을 기준으로 산정한 보수월액이 해당 사업장에서 가장 높은 보수월액을 적용받는 근로자의 보수월액보다 낮은 경우(제2호 나목에 해당하는 경우는 제외한다) : 해당 사업장에서 가장 높은 보수월액을 적용받는 근로자의 보수월액

2. 다음 각 목의 어느 하나에 해당하는 경우 : 해당 사업장 근로자의 보수월액을 평균한 금액
   가. 사용자가 ①의 각 호 외의 부분 후단에 따른 자료 제출과 수입금액 통보를 하지 않고, ①의 제1호에 따른 수입을 확인할 수 있는 객관적인 자료도 없는 경우
   나. ①의 제1호에 따른 확인금액이 0원 이하인 경우

(8) 보수월액보험료의 정산 및 분할납부(영 제39조)

① **보수월액보험료의 반환 및 추가 징수** : 공단은 원래 산정·징수한 보수월액보험료의 금액이 규정에 따라 다시 산정한 보수월액보험료의 금액을 초과하는 경우에는 그 **초과액을 사용자에게 반환**하여야 하며, 부족한 경우에는 그 **부족액을 사용자로부터 추가로 징수**하여야 한다.

② **보수월액보험료의 정산** : 사용자는 직장가입자의 사용·임용·채용 관계가 끝난 경우에는 해당 직장가입자가 납부한 보수월액보험료를 다시 산정하여 **근로자와 정산한 후 공단과 정산** 절차를 거쳐야 한다. 다만, 보수 관련 자료가 없거나 불명확한 경우 등 대통령령으로 정하는 사유에 해당하여 보건복지부장관이 고시하는 금액이 적용되는 직장가입자에 대해서는 그 고시하는 금액이 적용되는 기간에 부과한 보수월액보험료의 정산을 생략할 수 있다.

③ 사용자는 ①에 따라 반환받은 금액 또는 추가 납부한 금액 중 직장가입자가 반환받을 금액 및 부담하여야 할 금액에 대해서는 **해당 직장가입자와 정산**하여야 한다.

④ 공단은 ①에 따라 추가로 징수해야 할 금액("**추가징수금액**") 중 직장가입자가 부담하는 금액이 해당 직장가입자가 부담하는 **보수월액보험료**(추가징수금액을 고지하는 날이 속하는 달의 보수월액보험료를 말한다) **이상인 경우**에는 다음 각 호의 구분에 따라 납부하게 할 수 있다. 다만, 재난 및 안전관리 기본법에 따른 주의 이상의 위기경보가 발령된 경우 등 보건복지부장관이 정하여 고시하는 경우에는 추가징수금액을 10회로 분할하여 납부하게 할 수 있다.
   1. 다음 해에 확정되는 해당 연도의 보수 총액을 기준으로 한 정산("연말정산")에 따른 추가징수금액 : 5회로 분할하여 납부. 다만, 사용자의 신청에 따라 1회에 전액 납부하거나 10회 이내의 범위에서 분할하여 납부할 수 있다.
   2. 연말정산을 제외한 정산에 따른 추가징수금액 : 1회에 전액 납부. 다만, 사용자의 신청에 따라 10회 이내의 범위에서 분할하여 납부할 수 있다.

⑤ ①부터 ④까지에서 규정한 사항 외에 보수월액보험료의 정산 및 분할납부에 필요한 세부사항은 공단의 정관으로 정한다.

(9) 공무원의 전출 시의 보수월액보험료 납부(영 제40조)

공무원인 직장가입자가 다른 기관으로 전출된 경우 전출된 날이 속하는 달의 보수월액보험료는 **전출 전 기관의 장이 전출된 공무원에게 지급할 보수에서 이를 공제하여 납부**한다. 다만, 전출한 기관의 장이 전출한 날이 속하는 달의 보수를 지급하지 아니한 경우에는 전입받은 기관의 장이 보수에서 공제하여 납부한다.

(10) 보수월액의 결정·변경 등의 통지(규칙 제42조)

공단은 규정에 따라 가입자의 **보수월액을 결정·변경**한 경우 또는 보수월액보험료의 **초과액을 반환**하거나 보수월액보험료의 **부족액을 추가 징수**하는 경우에는 지체 없이 그 사실을 **문서로 사용자에게 알려야 하며**, 통지를 받은 사용자는 지체 없이 직장가입자에게 알려야 한다.

(11) 소득월액(법 제71조)

① **소득월액의 산정** : 소득월액은 보수월액의 산정에 포함된 보수를 제외한 직장가입자의 소득("보수 외 소득")이 대통령령으로 정하는 금액을 초과하는 경우 '[(연간 보수 외 소득) − (대통령령으로 정하는 금액)] × $\frac{1}{12}$'에 따라 산정한다.

※ 대통령령으로 정하는 금액(영 제41조 제4항) : 연간 2,000만 원

② **소득 산정 방법** : 소득월액 산정에 포함되는 소득은 다음 각 호의 구분에 따른 금액을 합산한 금액으로 한다. 이 경우 소득세법에 따른 비과세소득은 제외한다. 다만, 제1호 및 제2호에도 불구하고 소득세법 제14조 제3항 제6호에 따른 소득이 1,000만 원 이하인 경우에는 해당 이자소득과 배당소득은 합산하지 않는다(영 제41조 제1항, 규칙 제44조 제1항).

1. 이자소득 : 소득세법 제16조 제2항에 따라 산정한 이자소득금액
2. 배당소득 : 소득세법 제17조 제3항에 따라 산정한 배당소득금액
3. 사업소득 : 소득세법 제19조 제2항에 따라 산정한 사업소득금액. 다만, 소득세법 제64조의2 제1항 제2호의 세액이 적용되는 같은 법 제14조 제3항 제7호에 따른 분리과세 주택임대소득에 대한 사업소득금액은 같은 법 제64조의2 제2항에 따라 산정한다.
4. 근로소득 : 소득세법 제20조 제1항 각 호에 따른 소득의 금액의 합계액
5. 연금소득 : 소득세법 제20조의3 제1항 각 호에 따른 소득의 금액의 합계액
6. 기타소득 : 소득세법 제21조 제3항에 따라 산정한 기타소득금액

③ **소득 자료의 반영시기** : ②의 각 호의 소득 자료의 반영시기는 다음 각 호의 구분에 따른다. 다만, 천재지변 등 부득이한 사유가 발생한 경우에는 공단의 정관으로 정하는 바에 따라 반영시기를 조정할 수 있다(영 제41조 제3항).

1. 매년 1월부터 10월까지의 소득월액 산정 시 : 소득월액보험료가 부과되는 연도의 전전년도 자료. 다만, ②의 제5호의 연금소득 자료는 소득월액보험료가 부과되는 연도의 전년도 자료로 한다.
2. 매년 11월 및 12월의 소득월액 산정 시 : 소득월액보험료가 부과되는 연도의 전년도 자료

④ **소득월액 산정 방법** : 소득월액은 다음 각 호의 구분에 따라 평가한 금액을 합산한 금액으로 한다. 이 경우 각 호의 구분에 따른 소득은 ①의 계산식을 적용하여 산출한 금액에 연간 보수 외 소득에서 각 호의 구분에 따른 소득이 차지하는 비율을 곱하여 산출한 금액으로 한다(규칙 제44조 제2항).

1. 이자소득, 배당소득, 사업소득, 기타소득(②의 제1호부터 제3호까지 및 제6호의 소득) : 해당 소득 전액
2. 근로소득, 연금소득(②의 제4호 및 제5호의 소득) : 해당 소득의 100분의 50

⑤ 위에서 규정한 사항 외에 소득 자료의 구체적인 종류 등 소득월액의 산정에 필요한 세부 사항은 공단의 정관으로 정한다(영 제41조 제6항).

⑥ 소득월액을 산정하는 기준, 방법 등 소득월액의 산정에 필요한 사항은 대통령령으로 정한다.

(12) 소득월액의 조정 등(영 제41조의2)

① **소득월액의 조정 신청** : 직장가입자는 폐업 등 공단의 정관으로 정하는 사유로 사업소득 등이 감소한 경우 그 사유에 해당함을 증명하는 서류를 첨부하여 소득월액보험료가 부과되는 시점의 사업소득 등 자료를 소득월액 산정에 반영하여 조정해 줄 것을 공단에 신청할 수 있다.

PART 2

② **소득월액의 조정** : ①의 조정 신청을 받은 공단은 **(11)**의 ③에도 불구하고 소득월액보험료 부과 시점의 사업소득 등 자료를 소득월액 산정에 반영하여 소득월액을 조정할 수 있으며, 이후 부과하는 해당 연도의 소득월액보험료는 조정된 소득월액을 기준으로 산정한다.

③ **사업소득 등 신고** : ①의 조정 신청을 한 직장가입자는 ②에 따라 소득월액을 조정한 이후에 해당 연도의 사업소득 등이 발생한 경우에는 그 사업소득 등이 발생한 날이 속하는 달의 다음 달 1일부터 1개월 이내에 사업소득 등의 발생 사실과 그 금액을 공단에 신고해야 하며, 그 이후 공단이 부과하는 해당 연도의 소득월액보험료는 신고한 사업소득 등을 반영해 조정된 소득월액을 기준으로 산정한다.

④ **소득월액보험료의 정산** : 공단은 ② 또는 ③에 따라 소득월액을 조정한 이후에 해당 연도의 사업소득 등이 확인된 경우에는 그 확인된 사업소득 등을 기준으로 해당 연도의 소득월액을 다시 산정하여 소득월액보험료를 정산할 수 있다.

⑤ **부족액의 추가 징수** : 공단은 ② 또는 ③에 따라 소득월액을 조정하여 산정한 소득월액보험료의 금액이 ④에 따라 다시 정산한 소득월액보험료의 금액보다 적은 경우에는 그 부족액을 직장가입자로부터 추가로 징수해야 한다.

⑥ **소득월액보험료의 분할납부** : 공단은 ⑤에 따라 추가로 징수하는 소득월액보험료를 10회 이내의 범위에서 분할하여 납부하게 할 수 있다.

⑦ ①부터 ⑥까지에서 규정한 사항 외에 소득월액의 조정 신청 절차, 소득월액의 조정 이후 사업소득 등의 발생 신고 절차, 소득월액보험료의 산정·정산 및 분할 납부 등에 필요한 세부 사항은 공단의 정관으로 정한다.

(13) 보험료부과점수(법 제72조, 영 제42조)

① **보험료부과점수의 산정 기준** : 보험료부과점수는 **지역가입자의 소득 및 재산을 기준**으로 산정한다. 다만, 대통령령으로 정하는 지역가입자가 실제 거주를 목적으로 대통령령으로 정하는 기준 이하의 주택을 구입 또는 임차하기 위하여 금융실명거래 및 비밀보장에 관한 법률에 따른 금융회사 등("금융회사 등")으로부터 대출을 받고 그 사실을 공단에 통보하는 경우에는 해당 **대출금액**을 대통령령으로 정하는 바에 따라 평가하여 **보험료부과점수 산정 시 제외**한다.

1. 소득 : 이자소득, 배당소득, 사업소득, 근로소득, 연금소득, 기타소득
2. 재산(영 제42조 제3항)

㉠ 지방세법에 따른 재산세의 과세대상이 되는 토지, 건축물, 주택, 선박 및 항공기. 다만, 종중재산(宗中財産), 마을 공동재산, 그 밖에 이에 준하는 공동의 목적으로 사용하는 건축물 및 토지는 제외한다.

㉡ 주택을 소유하지 아니한 지역가입자의 경우에는 임차주택에 대한 보증금 및 월세금액

㉢ 지방세법 시행령에 따른 승용자동차 및 승용자동차 중 전기·태양열 및 알코올을 이용하는 자동차. 다만, 다음 각 목의 어느 하나에 해당하는 경우에는 제외한다.

가. 사용연수가 9년 이상인 경우

나. 과세표준에 지방세법 시행령 제4조 제1항 제3호에 따른 차량의 경과연수별 잔존가치율을 고려하여 보건복지부장관이 고시하는 비율을 적용하여 산정된 차량의 가액이 4,000만 원 미만인 경우

다. 국가유공자 등으로서 상이등급 판정을 받은 사람과 보훈보상대상자로서 상이등급 판정을 받은 사람이 소유한 자동차

라. 장애인복지법에 따라 등록한 장애인이 소유한 자동차
마. 지방세특례제한법 제4조(조례에 따른 지방세 감면)에 따라 과세하지 아니하는 자동차
바. 지방세법 시행령 제122조에 따른 영업용 자동차

더 알아보기

대통령령으로 정하는 기준 이하의 주택(영 제42조의2 제2항)

법 제72조 제1항 단서에서 "대통령령으로 정하는 기준 이하의 주택"이란 다음 각 호의 구분에 따른 요건을 충족하는 주택을 말한다.

1. 1세대1주택자의 경우 : 주택담보대출 등을 받아 구입한 주택의 재산세 과세표준금액이 소득세법 제52조 제5항 본문에 따른 주택 기준시가에 지방세법 시행령 제109조의 공정시장가액비율을 곱한 금액 이하일 것
2. 1세대무주택자의 경우 : 보증금담보대출 등을 받아 임차한 임차주택의 보증금 및 월세금액을 보건복지부령으로 정하는 기준에 따라 평가한 금액이 소득세법 제52조 제5항 본문에 따른 주택 기준시가의 30% 이하인 주택일 것

대출금액을 평가한 금액(영 제42조의2 제3항)

법 제72조 제1항 단서에 따라 대출금액을 평가한 금액은 다음 각 호의 구분에 따른 금액으로 한다. 이 경우 주택담보전환대출 금액이나 보증금담보전환대출 금액이 종전의 대출금액보다 큰 경우에는 그 차액을 제외한 대출금액을 기준으로 평가한다.

1. 1세대1주택자의 경우 : 주택담보대출 등 금액의 합산액(상환한 금액은 제외한다)에 지방세법 시행령 제109조의 공정시장가액비율을 곱한 금액. 이 경우 그 금액이 해당 주택의 재산세 과세표준금액보다 큰 경우에는 재산세 과세표준금액으로 하며, 그 금액이 5,000만 원을 넘는 경우에는 5,000만 원으로 한다.
2. 1세대무주택자의 경우 : 보증금담보대출 등 금액의 합산액(상환한 금액은 제외한다)의 30%. 이 경우 그 금액이 보증금의 30%에 해당하는 금액보다 큰 경우에는 보증금의 30%로 한다.

② ①에 따라 보험료부과점수의 산정방법과 산정기준을 정할 때 법령에 따라 **재산권의 행사가 제한되는 재산**에 대하여는 다른 재산과 달리 정할 수 있다.

〈영 별표 4〉 보험료부과점수의 산정방법

1. 보험료부과점수는 지역가입자가 속한 세대의 보험료 부담능력을 표시하는 점수로서, 가목부터 다목까지의 규정에 따른 소득·재산 및 자동차에 부과하는 점수를 합하여 산정한다. 다만, 가목에 따른 소득금액이 연 336만 원 이하인 경우에는 가목에 따른 소득에 부과하는 점수가 아닌 지역가입자의 월별 보험료액의 하한액을 보험료부과점수당 금액으로 나누어 얻은 값에 나목 및 다목의 규정에 따른 재산 및 자동차에 부과하는 점수를 합하여 산정한다.
   가. 소득에 부과하는 점수는 소득을 보건복지부령으로 정하는 바에 따라 평가하여 합산한 소득금액을 다음 표의 구분에 따라 산정한다.

소득금액	점수
336만 원 초과 6억 6,199만 원 이하	95.25911708+ (336만 원을 초과하는 소득 1만 원당 10,000분의 2,835.0928)
6억 6,199만 원 초과	18,768.13

   나. 재산(자동차는 제외한다. 이하 이 표에서 같다)에 부과하는 점수는 다음의 금액을 합산한 금액에서 5,000만 원 및 제42조의2 제3항 각 호의 구분에 따른 금액을 뺀 금액을 등급별로 구분하여 산정한다. 이 경우 재산의 등급별 점수는 제3호의 표와 같다.
      1) 토지, 건축물, 주택, 선박 및 항공기의 재산세 과세표준금액
      2) 임차주택에 대한 보증금 및 월세금액을 보건복지부령으로 정하는 기준에 따라 평가한 금액

더 알아보기

보증금 및 월세금액의 평가방법(규칙 별표 8)

1. 임차주택에 대한 보증금 및 월세금액의 평가방법은 다음과 같다.
   [보증금+(월세금액에 40을 곱한 금액)]×평가 비율

2. 제1호에서 평가 비율은 100분의 30으로 한다.
3. 제1호에서 [보증금+(월세금액에 40을 곱한 금액)]("기준액")이 임대차계약의 변경 또는 갱신으로 인상된 경우(임대차목적물이 변경되어 기준액이 인상된 경우는 제외한다)로서 인상된 금액이 인상 전 기준액의 100분의 10을 초과한 경우에는 그 변경되거나 갱신된 계약기간 동안의 기준액은 인상 후 기준액에서 그 초과 금액을 뺀 금액으로 한다.

다. 자동차에 부과하는 점수는 제42조 제3항 제3호에 따른 자동차에 사용연수에 따른 감액률을 반영하여 자동차 종류별 배기량에 따라 등급별로 구분하여 산정한다. 이 경우 자동차의 등급별 점수는 제4호의 표와 같으며, 자동차가 2대 이상인 세대는 각각의 자동차에 대한 등급별 점수를 합산한다.

2. 삭제
3. 재산등급별 점수

등급	재산금액(만 원)	점수	등급	재산금액(만 원)	점수
1	450 이하	22	31	38,800 초과 43,200 이하	757
2	450 초과 900 이하	44	32	43,200 초과 48,100 이하	785
3	900 초과 1,350 이하	66	33	48,100 초과 53,600 이하	812
4	1,350 초과 1,800 이하	97	34	53,600 초과 59,700 이하	841
5	1,800 초과 2,250 이하	122	35	59,700 초과 66,500 이하	881
6	2,250 초과 2,700 이하	146	36	66,500 초과 74,000 이하	921
7	2,700 초과 3,150 이하	171	37	74,000 초과 82,400 이하	961
8	3,150 초과 3,600 이하	195	38	82,400 초과 91,800 이하	1,001
9	3,600 초과 4,050 이하	219	39	91,800 초과 103,000 이하	1,041
10	4,050 초과 4,500 이하	244	40	103,000 초과 114,000 이하	1,091
11	4,500 초과 5,020 이하	268	41	114,000 초과 127,000 이하	1,141
12	5,020 초과 5,590 이하	294	42	127,000 초과 142,000 이하	1,191
13	5,590 초과 6,220 이하	320	43	142,000 초과 158,000 이하	1,241
14	6,220 초과 6,930 이하	344	44	158,000 초과 176,000 이하	1,291
15	6,930 초과 7,710 이하	365	45	176,000 초과 196,000 이하	1,341
16	7,710 초과 8,590 이하	386	46	196,000 초과 218,000 이하	1,391
17	8,590 초과 9,570 이하	412	47	218,000 초과 242,000 이하	1,451
18	9,570 초과 10,700 이하	439	48	242,000 초과 270,000 이하	1,511
19	10,700 초과 11,900 이하	465	49	270,000 초과 300,000 이하	1,571
20	11,900 초과 13,300 이하	490	50	300,000 초과 330,000 이하	1,641
21	13,300 초과 14,800 이하	516	51	330,000 초과 363,000 이하	1,711
22	14,800 초과 16,400 이하	535	52	363,000 초과 399,300 이하	1,781
23	16,400 초과 18,300 이하	559	53	399,300 초과 439,230 이하	1,851
24	18,300 초과 20,400 이하	586	54	439,230 초과 483,153 이하	1,921
25	20,400 초과 22,700 이하	611	55	483,153 초과 531,468 이하	1,991
26	22,700 초과 25,300 이하	637	56	531,468 초과 584,615 이하	2,061
27	25,300 초과 28,100 이하	659	57	584,615 초과 643,077 이하	2,131
28	28,100 초과 31,300 이하	681	58	643,077 초과 707,385 이하	2,201
29	31,300 초과 34,900 이하	706	59	707,385 초과 778,124 이하	2,271
30	34,900 초과 38,800 이하	731	60	778,124 초과	2,341

4. 자동차등급별 점수

구분		사용연수별 감액률 및 결정 점수		
등급	배기량	3년 미만	3년 이상 6년 미만	6년 이상 9년 미만
		100%	80%	60%
1	800cc 이하	18	14	11
2	800cc 초과 1,000cc 이하	28	23	17
3	1,000cc 초과 1,600cc 이하	59	47	35
4	1,600cc 초과 2,000cc 이하	113	90	68
5	2,000cc 초과 2,500cc 이하	155	124	93
6	2,500cc 초과 3,000cc 이하	186	149	111
7	3,000cc 초과	217	173	130

※ 비고

1. 위 표에서 "사용연수"란 자동차관리법 제8조에 따라 자동차를 신규로 등록한 날이 속하는 달부터 12개월이 되는 달까지를 1년으로 하고, 그 다음 달부터 12개월이 되는 달마다 1년을 추가하여 계산한 연수를 말한다.
2. 지방세법 시행령 제123조 제1호의 승용자동차 중 전기・태양열 및 알코올을 이용하는 자동차는 위 표에도 불구하고 2등급으로 적용한다.

③ **금융정보 등의 제출** : 지역가입자는 ①의 단서에 따라 공단에 통보할 때 신용정보의 이용 및 보호에 관한 법률에 따른 **신용정보**, 금융실명거래 및 비밀보장에 관한 법률에 따른 **금융자산**, 금융거래의 내용에 대한 자료・정보 중 **대출금액** 등 대통령령으로 정하는 자료・정보("**금융정보 등**")를 공단에 제출하여야 하며, ①의 단서에 따른 보험료부과점수 산정을 위하여 필요한 금융정보 등을 공단에 제공하는 것에 대하여 **동의한다는 서면**을 함께 제출하여야 한다.

④ ① 및 ②에 따른 보험료부과점수의 산정방법・산정기준 등에 필요한 사항은 대통령령으로 정한다.

(14) 보험료부과제도개선위원회(법 제72조의2)

① **제도개선위원회의 설치** : 보험료부과와 관련된 제도 개선을 위하여 **보건복지부장관 소속**으로 관계 중앙행정기관 소속 **공무원 및 민간전문가**로 구성된 **보험료부과제도개선위원회**("**제도개선위원회**")를 둔다.

② 제도개선위원회의 심의 사항

1. 가입자의 소득 파악 실태에 관한 조사 및 연구에 관한 사항
2. 가입자의 소득 파악 및 소득에 대한 보험료 부과 강화를 위한 개선 방안에 관한 사항
3. 그 밖에 보험료부과와 관련된 제도 개선 사항으로서 위원장이 회의에 부치는 사항

③ **운영 결과의 보고** : 보건복지부장관은 제도개선위원회 운영 결과를 **국회**에 **보고**하여야 한다.

④ 제도개선위원회의 구성・운영 등에 관하여 필요한 사항은 **대통령령**으로 정한다.

⑤ 보험료부과제도개선위원회의 구성 등(영 제42조의3)

㉠ 제도개선위원회는 성별을 고려하여 위원장 1명과 부위원장 1명을 포함하여 **19명 이내의 위원**으로 구성한다.

㉡ 제도개선위원회 **위원장은 보건복지부차관**이 되고, **부위원장은 위원 중에서 위원장이 지명**하는 사람이 된다.

㉢ 제도개선위원회 위원장은 제도개선위원회를 대표하며, 그 업무를 총괄한다.

㉣ 제도개선위원회 부위원장은 위원장을 보좌하며, 위원장이 부득이한 사유로 직무를 수행할 수 없을 때에는 그 직무를 대행한다.

㉤ 제도개선위원회 **위원**은 다음 각 호의 구분에 따라 **보건복지부장관이 임명 또는 위촉**한다.

1. 기획재정부, 보건복지부, 고용노동부, 국토교통부, 국무조정실, 인사혁신처, 금융위원회 및 국세청 소속의 3급 공무원 또는 고위공무원단에 속하는 일반직공무원 중에서 그 소속 기관의 장이 1명씩 지명하는 사람
2. 보험료 부과체계, 조세, 주택, 금융 또는 연금제도에 관한 학식과 경험이 풍부한 사람 9명 이내
3. 공단의 이사장이 추천하는 사람 1명

㉥ 제도개선위원회 위원(㉤의 제1호에 따른 위원은 제외한다)의 **임기는** 2년으로 하며, **두 차례만 연임할** 수 있다.

㉦ 제도개선위원회 위원(㉤의 제1호에 따른 위원은 제외한다)의 사임 등으로 새로 위촉된 제도개선위원회 위원의 임기는 전임위원 임기의 남은 기간으로 한다.

⑥ **제도개선위원회 위원의 해임 및 해촉(영 제42조의4) : 보건복지부장관**은 제도개선위원회 위원이 다음 각 호의 어느 하나에 해당하는 경우에는 해당 **위원을 해임하거나 해촉**할 수 있다.

1. 심신장애로 인하여 직무를 수행할 수 없게 된 경우
2. 직무와 관련된 비위사실이 있는 경우
3. 직무태만, 품위손상이나 그 밖의 사유로 인하여 위원으로 적합하지 아니하다고 인정되는 경우
4. 위원 스스로 직무를 수행하는 것이 곤란하다고 의사를 밝히는 경우

⑦ **제도개선위원회의 회의(영 제42조의5)**

㉠ 제도개선위원회 위원장은 제도개선위원회의 회의를 소집하고, 그 의장이 된다.

㉡ 제도개선위원회의 회의는 **재적위원 3분의 1 이상**이 요구할 때 또는 **위원장이 필요하다고 인정**할 때에 소집한다.

㉢ 제도개선위원회의 회의는 재적위원 **과반수의 출석**으로 개의하고 출석위원 **과반수의 찬성**으로 의결한다.

㉣ 제도개선위원회의 효율적인 심의를 위하여 필요한 경우에는 전문위원회를 구성・운영할 수 있다.

㉤ 위에서 규정한 사항 외에 제도개선위원회와 전문위원회의 구성・운영 등에 필요한 사항은 제도개선위원회의 의결을 거쳐 위원장이 정한다.

⑧ **간사(영 제42조의6)**

㉠ 제도개선위원회의 사무를 처리하기 위하여 제도개선위원회에 간사 1명을 둔다.

㉡ 간사는 보건복지부 소속 3급 또는 4급 공무원 중에서 보건복지부장관이 임명한다.

(15) 보험료 부과제도에 대한 적정성 평가(법 제72조의3)

① **적정성 평가 : 보건복지부장관**은 피부양자 인정기준("**인정기준**")과 보험료, 보수월액, 소득월액 및 보험료부과점수의 산정기준 및 방법 등("**산정기준**")에 대하여 **적정성을 평가**하고, 국민건강보험법 시행일로부터 **4년이 경과한 때 이를 조정**하여야 한다.

② **적정성 평가 시 고려사항** : 보건복지부장관은 적정성 평가를 하는 경우에는 다음 각 호를 종합적으로 고려하여야 한다.

1. 제도개선위원회가 심의한 가입자의 소득 파악 현황 및 개선방안
2. 공단의 소득 관련 자료 보유 현황
3. 소득세법에 따른 종합소득(종합과세되는 종합소득과 분리과세되는 종합소득을 포함한다) 과세 현황

더 알아보기

종합소득(소득세법 제4조 제1항 제1호)
소득세법에 따라 과세되는 모든 소득에서 퇴직소득, 양도소득을 제외한 소득으로서, 이자소득 · 배당소득 · 사업소득 · 근로소득 · 연금소득, 기타소득을 합산한 것

4. 직장가입자에게 부과되는 보험료와 지역가입자에게 부과되는 보험료 간 형평성
5. 인정기준 및 산정기준의 조정으로 인한 보험료 변동
6. 그 밖에 적정성 평가 대상이 될 수 있는 사항으로서 보건복지부장관이 정하는 사항

③ 적정성 평가의 절차, 방법 및 그 밖에 적정성 평가를 위하여 필요한 사항은 **대통령령**으로 정한다.

④ **보험료 부과제도에 대한 적정성 평가(영 제42조의7)**

㉠ 보건복지부장관은 적정성 평가를 위한 조사 및 연구를 실시할 수 있다.

㉡ 보건복지부장관은 ㉠에 따라 실시하는 조사 및 연구를 보험료 부과제도에 관한 전문성을 갖춘 연구기관, 대학, 비영리법인 또는 단체 등에 **의뢰하여 실시**할 수 있다.

㉢ 보건복지부장관은 관계 중앙행정기관, 지방자치단체 및 공공기관 등에 대하여 적정성 평가에 관한 의견 또는 **자료의 제출을 요청**할 수 있다.

㉣ 보건복지부장관은 ㉠에 따른 적정성 평가를 실시한 경우 그 **결과를 제도개선위원회에 알려야** 한다.

(16) 보험료율 등(법 제73조)

① **직장가입자의 보험료율** : 1,000분의 80의 범위에서 심의위원회의 의결을 거쳐 대통령령으로 정한다.

② **국외에서 업무에 종사하고 있는 직장가입자에 대한 보험료율** : ①에 따라 정해진 보험료율의 100분의 50으로 한다.

③ 지역가입자의 보험료부과점수당 금액은 심의위원회의 의결을 거쳐 대통령령으로 정한다.

더 알아보기

지역가입자의 세대 분리(영 제43조)
공단은 지역가입자가 다음 각 호의 어느 하나의 사람에 해당하는 경우에는 그 가입자를 해당 세대에서 분리하여 별도 세대로 구성할 수 있다.
1. 해당 세대와 가계단위 및 생계를 달리하여 공단에 세대 분리를 신청한 사람
2. 희귀난치성질환자 등으로서 본인부담액을 경감받는 사람
3. 병역법에 따라 소집되어 상근예비역 또는 사회복무요원으로 복무하는 사람
4. 대체역의 편입 및 복무 등에 관한 법률에 따라 소집되어 대체복무요원으로 복무하는 사람

보험료율 및 보험료부과점수당 금액(영 제44조)
① 직장가입자의 보험료율은 10,000분의 709로 한다.
② 지역가입자의 보험료부과점수당 금액은 208.4원으로 한다.

2. 보험료 부담의 면제 및 경감

(1) 보험료의 면제(법 제74조)

① **직장가입자의 보험료 면제** : 공단은 직장가입자가 **급여정지 사유의 어느 하나에 해당하는** 경우(국외에 체류하는 경우에는 1개월 이상의 기간으로서 대통령령으로 정하는 기간 이상 국외에 체류하는 경우에 한정한다. 이하 이 조에서 같다) 그 가입자의 **보험료를 면제**한다. 다만, 국외에 체류하는 직장가입자의 경우에는 **국내에 거주하는 피부양자가 없을 때에만 보험료를 면제**한다.

㉠ **급여정지 사유**(법 제54조 제2호부터 제4호)

1. 삭제
2. 국외에 체류하는 경우
3. 현역병(지원에 의하지 아니하고 임용된 하사를 포함한다), 전환복무된 사람 및 군간부후보생에 해당하게 된 경우
4. 교도소, 그 밖에 이에 준하는 시설에 수용되어 있는 경우

㉡ 보험료가 면제되는 국외 체류기간(영 제44조의2) : ①의 본문에서 "대통령령으로 정하는 기간"이란 3개월을 말한다. 다만, 업무에 종사하기 위해 국외에 체류하는 경우라고 공단이 인정하는 경우에는 1개월을 말한다.

② **지역가입자의 보험료부과점수 제외** : 지역가입자가 **급여정지 사유의 어느 하나에 해당하**면 그 가입자가 속한 세대의 보험료를 산정할 때 그 **가입자의 보험료부과점수를 제외**한다.

③ **적용 기간** : ①에 따른 보험료의 면제나 ②에 따른 보험료의 산정에서 제외되는 보험료부과점수에 대하여는 ①의 ㉠ 어느 하나에 해당하는 **급여정지 사유가 생긴 날이 속하는 달의 다음 달부터 사유가 없어진 날이 속하는 달까지 적용**한다. 다만, 다음 각 호의 어느 하나에 해당하는 경우에는 그 달의 보험료를 면제하지 아니하거나 보험료의 산정에서 보험료부과점수를 제외하지 아니한다.

1. 급여정지 사유가 매월 1일에 없어진 경우
2. 국외에 체류하는 가입자 또는 그 피부양자가 국내에 입국하여 입국일이 속하는 달에 보험급여를 받고 그 달에 출국하는 경우

(2) 보험료의 경감 등(법 제75조)

① **보험료 경감 대상** : 다음 각 호의 어느 하나에 해당하는 가입자 중 보건복지부령으로 정하는 가입자에 대하여는 그 가입자 또는 그 가입자가 속한 세대의 **보험료의 일부를 경감**할 수 있다.

1. **섬·벽지·농어촌** 등 대통령령으로 정하는 지역에 거주하는 사람
   - 요양기관까지의 거리가 멀거나 대중교통으로 이동하는 시간이 오래 걸리는 지역으로서 보건복지부장관이 정하여 고시하는 섬·벽지 지역에 거주하는 가입자(영 제45조 제1호, 규칙 제46조 제1호)
   - 다음 각 목의 어느 하나에 해당하는 농어촌지역에 거주하는 지역가입자로서 농어업인, 어업인, 광업에 종사하는 사람, 사업소득이 연간 500만 원 이하인 사람. 다만, 나목 및 다목에 해당하는 지역의 경우 사업소득이 연간 500만 원 이하인 사람은 제외한다(영 제45조 제2호, 규칙 제46조 제2호).

     가. 군 및 도농복합 형태 시의 읍·면 지역
     나. 시와 군의 지역 중 동(洞) 지역으로서 주거지역·상업지역 및 공업지역을 제외한 지역
     다. 농어촌주민의 보건복지 증진을 위한 특별법 제33조에 해당하는 지역(준농어촌지역)

더 알아보기

준농어촌에 대한 특례(농어촌주민의 보건복지 증진을 위한 특별법 제33조)
농어촌 외의 지역으로서 다음 각 호의 어느 하나에 해당하는 지역은 농어촌으로 보아 그 지역에 거주하는 주민에게는 대통령령으로 정하는 바에 따라 필요한 지원을 할 수 있다. 다만, 제2호의2 및 제3호 단서의 특별관리지역에 대한 지원은 보험료의 지원에 한정한다.
1. 농업진흥지역
2. 개발제한구역
2의2. 특별관리지역
3. 개발제한구역에서 해제된 지역으로서 대통령령으로 정하는 지역. 다만, 그 지역 주변에 있는 농경지가 개발제한구역 또는 특별관리지역으로 남아 있는 지역만 해당한다.

- 요양기관의 이용이 제한되는 근무지의 특성을 고려하여 보건복지부장관이 인정하는 지역에 거주하는 직장가입자로서 보건복지부장관이 정하여 고시하는 사람(영 제45조 제3호, 규칙 제46조 제3호)

2. 65세 **이상**인 사람
3. 장애인복지법에 따라 등록한 **장애인**
4. 국가유공자 등 예우 및 지원에 관한 법률 제4조 제1항 제4호 · 제6호 · 제12호 · 제15호 및 제17호에 따른 **국가유공자**

더 알아보기

적용 대상 국가유공자(국가유공자 등 예우 및 지원에 관한 법률 제4조 제1항)
- 전상(戰傷)군경 : 군인이나 경찰공무원으로서 전투 또는 이에 준하는 직무수행 중 상이를 입고 전역(퇴역 · 면역 또는 상근예비역 소집해제를 포함한다. 이하 같다)하거나 퇴직(면직을 포함한다. 이하 같다)한 사람(군무원으로서 1959년 12월 31일 이전에 전투 또는 이에 준하는 직무수행 중 상이를 입고 퇴직한 사람을 포함한다) 또는 6개월 이내에 전역이나 퇴직하는 사람으로서 그 상이 정도가 국가보훈부장관이 실시하는 신체검사에서 상이등급으로 판정된 사람(동조 제4호)
- 공상(公傷)군경 : 군인이나 경찰 · 소방공무원으로서 국가의 수호 · 안전보장 또는 국민의 생명 · 재산 보호와 직접적인 관련이 있는 직무수행이나 교육훈련 중 상이(질병을 포함한다)를 입고 전역하거나 퇴직한 사람 또는 6개월 이내에 전역이나 퇴직하는 사람으로서 그 상이 정도가 국가보훈부장관이 실시하는 신체검사에서 상이등급으로 판정된 사람(동조 제6호)
- 4 · 19혁명부상자 : 1960년 4월 19일을 전후한 혁명에 참가하여 상이를 입은 사람으로서 그 상이 정도가 국가보훈부장관이 실시하는 신체검사에서 상이등급으로 판정된 사람(동조 제12호)
- 공상공무원 : 국가공무원법 및 지방공무원법에 따른 공무원(군인과 경찰 · 소방공무원은 제외한다)과 국가나 지방자치단체에서 일상적으로 공무에 종사하는 대통령령으로 정하는 직원으로서 국민의 생명 · 재산 보호와 직접적인 관련이 있는 직무수행이나 교육훈련 중 상이(질병을 포함한다)를 입고 퇴직하거나 6개월 이내에 퇴직하는 사람으로서 그 상이 정도가 국가보훈부장관이 실시하는 신체검사에서 상이등급으로 판정된 사람(동조 제15호)
- 국가사회발전 특별공로상이자 : 국가사회발전에 현저한 공이 있는 사람 중 그 공로와 관련되어 상이를 입은 사람으로서 그 상이 정도가 국가보훈부장관이 실시하는 신체검사에서 상이등급으로 판정되어 국무회의에서 국가유공자 등 예우 및 지원에 관한 법률의 적용 대상자로 의결된 사람(동조 제17호)

5. 직장가입자 중 휴직기간이 1개월 이상인 **휴직자**(규칙 제46조 제5호)
6. 그 밖에 생활이 어렵거나 천재지변 등의 사유로 보험료를 경감할 필요가 있다고 보건복지부장관이 정하여 고시하는 사람

② **재산상의 이익 제공** : 보험료 납부의무자가 다음 각 호의 어느 하나에 해당하는 경우에는 대통령령으로 정하는 바에 따라 보험료를 감액하는 등 재산상의 이익을 제공할 수 있다. 이 경우 절감되는 우편요금 등 행정비용의 범위에서 공단의 정관으로 정하는 바에 따라 **보험료를 감액하거나 감액하는 금액에 상당하는 금품을 제공**할 수 있다(영 제45조의2).

1. 보험료의 납입 고지를 전자문서로 받는 경우
2. 보험료를 계좌 또는 신용카드 자동이체의 방법으로 내는 경우

③ ①에 따른 보험료 경감의 방법·절차 등에 필요한 사항은 보건복지부장관이 정하여 고시한다.

(3) 보험료의 부담(법 제76조)

① **보수월액보험료 부담 비율** : 직장가입자의 보수월액보험료는 **직장가입자**와 다음 각 호의 구분에 따른 자가 각각 **보험료액의 100분의 50씩 부담**한다. 다만, 직장가입자가 교직원으로서 사립학교에 근무하는 교원이면 보험료액은 그 직장가입자가 100**분의** 50을, 교직원이 소속되어 있는 사립학교를 설립·운영하는 자가 100**분의** 30을, 국가가 100**분의** 20을 각각 부담한다.

1. 직장가입자가 근로자인 경우에는 근로자가 소속되어 있는 사업장의 **사업주**
2. 직장가입자가 공무원인 경우에는 그 공무원이 소속되어 있는 **국가 또는 지방자치단체**
3. 직장가입자가 교직원(사립학교에 근무하는 교원은 제외한다)인 경우에는 교직원이 소속되어 있는 **사립학교를 설립·운영하는 자**

② 직장가입자의 **소득월액보험료는 직장가입자**가 부담한다.

③ 지역가입자의 보험료는 그 가입자가 속한 세대의 지역가입자 **전원이 연대하여 부담**한다.

④ 직장가입자가 교직원인 경우 교직원이 소속되어 있는 사립학교를 설립·운영하는 자가 부담액 전부를 부담할 수 없으면 그 **부족액을 학교에 속하는 회계에서 부담**하게 할 수 있다.

3. 보험료의 납부

(1) 보험료 납부의무(법 제77조)

① **직장가입자의 보험료 납부의무** : 다음 각 호의 구분에 따라 그 각 호에서 정한 자가 납부한다.

1. 보수월액보험료 : **사용자**. 이 경우 사업장의 사용자가 2명 이상인 때에는 그 사업장의 사용자는 해당 직장가입자의 보험료를 연대하여 납부한다.
2. 소득월액보험료 : **직장가입자**

② **지역가입자의 보험료 납부의무** : 그 가입자가 속한 세대의 **지역가입자 전원이 연대하여 납부**한다. 다만, 소득 및 재산이 없는 미성년자와 소득 및 재산 등을 고려하여 대통령령으로 정하는 기준에 해당하는 미성년자는 납부의무를 부담하지 아니한다.

더 알아보기

지역가입자의 보험료 연대납부의무 면제 대상 미성년자(영 제46조)
법 제77조 제2항 단서에서 "대통령령으로 정하는 기준에 해당하는 미성년자"란 다음 각 호의 어느 하나에 해당하는 미성년자를 말한다. 다만, 배당소득 또는 사업소득으로서 사업자등록을 한 사업에서 발생하는 소득이 있는 미성년자는 제외한다.

1. 다음 각 목의 요건을 모두 갖춘 미성년자
   가. 소득의 합이 연간 100만 원 이하일 것
   나. 재산 중 재산세의 과세대상이 되는 토지, 건축물, 주택, 선박 및 항공기와 승용자동차 및 승용자동차 중 전기·태양열 및 알코올을 이용하는 자동차에 해당하는 재산이 없을 것
2. 부모가 모두 사망한 미성년자로서 소득의 합이 연간 100만 원 이하인 미성년자

③ **보험료액의 공제** : 사용자는 보수월액보험료 중 직장가입자가 부담하여야 하는 그 달의 **보험료액을** 그 보수에서 **공제하여 납부**하여야 한다. 이 경우 직장가입자에게 공제액을 알려야 한다.

(2) 제2차 납부의무(법 제77조의2)

① **제2차 납무의무 부담** : 법인의 재산으로 그 법인이 납부하여야 하는 보험료, 연체금 및 체납처분비를 충당하여도 부족한 경우에는 해당 법인에게 보험료의 납부의무가 부과된 날 현재의 **무한책임사원** 또는 **과점주주**(국세기본법 제39조 각 호의 어느 하나에 해당하는 자를 말한다)가 그 **부족한 금액에 대하여 제2차 납부의무를 진다.** 다만, 과점주주의 경우에는 그 부족한 금액을 그 법인의 발행주식 총수(의결권이 없는 주식은 제외한다) 또는 출자총액으로 나눈 금액에 해당 과점주주가 실질적으로 권리를 행사하는 주식 수(의결권이 없는 주식은 제외한다) 또는 출자액을 곱하여 산출한 금액을 한도로 한다.

더 알아보기

출자자의 제2차 납세의무(국세기본법 제39조)
법인(대통령령으로 정하는 증권시장에 주권이 상장된 법인은 제외한다)의 재산으로 그 법인에 부과되거나 그 법인이 납부할 국세 및 강제징수비에 충당하여도 부족한 경우에는 그 국세의 납세의무 성립일 현재 다음 각 호의 어느 하나에 해당하는 자는 그 부족한 금액에 대하여 제2차 납세의무를 진다. 다만, 제2호에 따른 과점주주의 경우에는 그 부족한 금액을 그 법인의 발행주식 총수(의결권이 없는 주식은 제외한다) 또는 출자총액으로 나눈 금액에 해당 과점주주가 실질적으로 권리를 행사하는 주식 수(의결권이 없는 주식은 제외한다) 또는 출자액을 곱하여 산출한 금액을 한도로 한다.

1. 무한책임사원으로서 다음 각 목의 어느 하나에 해당하는 사원
   가. 합명회사의 사원
   나. 합자회사의 무한책임사원
2. 주주 또는 다음 각 목의 어느 하나에 해당하는 사원 1명과 그의 특수관계인 중 대통령령으로 정하는 자로서 그들의 소유주식 합계 또는 출자액 합계가 해당 법인의 발행 주식 총수 또는 출자총액의 100분의 50을 초과하면서 그 법인의 경영에 대하여 지배적인 영향력을 행사하는 자들("과점주주")
   가. 합자회사의 유한책임사원
   나. 유한책임회사의 사원
   다. 유한회사의 사원

② **양수인의 제2차 납부의무** : 사업이 양도・양수된 경우에 양도일 이전에 양도인에게 납부의무가 부과된 보험료, 연체금 및 체납처분비를 양도인의 재산으로 충당하여도 부족한 경우에는 **사업의 양수인**이 그 부족한 금액에 대하여 양수한 재산의 가액을 한도로 **제2차 납부의무를 진다.** 이 경우 양수인의 범위 및 양수한 재산의 가액은 대통령령으로 정한다.

③ **사업의 양도・양수에 따른 제2차 납부의무** : 제2차 납부의무를 지는 사업의 양수인은 사업장별로 그 사업에 관한 모든 **권리**(미수금에 관한 것은 제외한다)와 모든 **의무**(미지급금에 관한 것은 제외한다)를 포괄적으로 **승계한 자**로 한다(영 제46조의2 제1항).

④ **제2차 납부의무의 한도가 되는 사업양수 재산의 가액** : 다음 각 호의 금액으로 한다. 다만, 제2호에 따른 금액은 제1호에 따른 금액이 없거나 불분명한 경우에 한정하여 적용한다(영 제46조의2 제2항).

1. 양수인이 양도인에게 지급하였거나 지급하여야 할 금액이 있는 경우에는 그 금액
2. 양수한 자산 및 부채를 공단이 상속세 및 증여세법의 규정을 준용하여 평가한 후 그 자산총액에서 부채총액을 뺀 가액

⑤ ④에도 불구하고 다음 각 호의 어느 하나에 해당하는 경우에 사업양수 재산의 가액은 ④의 제1호의 방법에 따라 산정한 금액과 제2호의 방법에 따라 산정한 금액 중 **큰 금액**으로 한다(영 제46조의2 제3항).

1. ④의 제1호에 따른 금액과 상속세 및 증여세법 평가의 원칙 등에 따른 시가의 차액이 3억 원 이상인 경우
2. ④의 제1호에 따른 금액과 상속세 및 증여세법 평가의 원칙 등에 따른 시가의 차액이 그 시가의 100분의 30에 상당하는 금액 이상인 경우

(3) 보험료의 납부기한(법 제78조)

① **납부기한** : 보험료 납부의무가 있는 자는 가입자에 대한 그 달의 보험료를 그 **다음 달 10일까지 납부**하여야 한다. 다만, 직장가입자의 소득월액보험료 및 지역가입자의 보험료는 보건복지부령으로 정하는 바에 따라 **분기별로 납부**할 수 있다.

㉠ 보험료(직장가입자의 경우에는 소득월액보험료를 말한다. 이하 이 조에서 같다)를 분기별로 납부하려는 직장가입자 및 지역가입자는 분기가 시작되는 달의 전달 말일까지 건강보험료 분기납부 신청서를 공단에 제출하여야 한다(규칙 제47조 제1항).

㉡ 분기별로 납부하는 보험료의 납부기한은 해당 분기가 끝나는 달의 다음 달 10일로 한다(규칙 제47조 제2항).

㉢ 공단은 분기별로 납부하는 보험료의 납부의무자가 납부기한까지 보험료를 내지 아니하면 공단의 정관으로 정하는 절차에 따라 납부 의사를 확인한 후 분기별 납부를 제한할 수 있다(규칙 제47조 제3항).

② **납부기한의 연장** : 공단은 납입 고지의 송달 지연 등 보건복지부령으로 정하는 사유가 있는 경우 납부의무자의 신청에 따라 납부기한부터 **1개월의 범위에서 납부기한을 연장**할 수 있다. 이 경우 납부기한 연장을 신청하는 방법, 절차 등에 필요한 사항은 보건복지부령으로 정한다.

③ **납입 고지의 송달 지연 등 보건복지부령으로 정하는 사유가 있는 경우(규칙 제48조의2 제1항)** : 다음 각 호의 어느 하나에 해당하는 경우를 말한다.

1. 납부의무자의 책임 없는 사유로 납입고지서가 납부기한이 지나서 송달된 경우
2. 자동 계좌이체의 방법으로 보험료를 내는 경우로서 정보통신망의 장애 등 납부의무자의 책임 없는 사유로 납부기한까지 이체되지 아니한 경우

3. 그 밖에 보건복지부장관이 인정하는 부득이한 사유가 있는 경우

④ ③의 각 호의 사유로 납부기한의 연장을 신청하려는 사람은 해당 보험료의 **납부기한으로부터 1개월 이내**에 보험료 납부기한 연장신청서를 공단에 제출하여야 한다(규칙 제48조의2 제2항).

⑤ 공단은 ④에 따른 납부기한 연장 신청을 받으면 그 연장 여부를 결정하여 지체 없이 납부의무자에게 문서 등으로 통지하여야 한다(규칙 제48조의2 제3항).

(4) 가산금(법 제78조의2)

① **가산금의 부과** : 사업장의 사용자가 대통령령으로 정하는 사유에 해당되어 직장가입자가 될 수 없는 자를 거짓으로 보험자에게 직장가입자로 신고한 경우 공단은 제1호의 금액에서 제2호의 금액을 뺀 금액의 **100분의 10에 상당하는 가산금을 그 사용자에게 부과**하여 징수한다.

1. 사용자가 직장가입자로 신고한 사람이 직장가입자로 처리된 기간 동안 그 가입자가 부담하여야 하는 보험료의 총액
2. 제1호의 기간 동안 공단이 해당 가입자에 대하여 부과한 보험료의 총액

② ①의 각 호 외의 부분에서 "대통령령으로 정하는 사유"란 다음 각 호의 어느 하나에 해당하는 경우를 말한다(영 제46조의3 제1항).

1. 근로자, 공무원 또는 교직원이 아닌 경우
2. 직장가입자 제외대상(법 제6조 제2항 각 호)의 어느 하나에 해당하는 경우

③ **가산금의 부과 예외** : ①에도 불구하고 공단은 **가산금이 소액**이거나 그 밖에 **가산금을 징수하는 것이 적절하지 아니하다고 인정**되는 등 대통령령으로 정하는 경우에는 징수하지 아니할 수 있다.

1. 가산금이 3,000원 미만인 경우(영 제46조의3 제2항 제1호)
2. 가산금을 징수하는 것이 적절하지 아니하다고 공단이 인정하는 부득이한 사유가 있는 경우(영 제46조의3 제2항 제2호)

(5) 보험료 등의 납입 고지(법 제79조)

① **납입 고지 문서 기재 사항** : 공단은 보험료 등을 징수하려면 그 금액을 결정하여 납부의무자에게 다음 각 호의 사항을 적은 **문서로 납입 고지**를 하여야 한다.

1. 징수하려는 보험료 등의 종류
2. 납부해야 하는 금액
3. 납부기한 및 장소

② **전자문서를 통한 고지** : 공단은 ①에 따른 납입 고지를 할 때 납부의무자의 신청이 있으면 전자문서 교환방식 등에 의하여 **전자문서로 고지**할 수 있다. 이 경우 전자문서 고지에 대한 신청 방법・절차 등에 필요한 사항은 보건복지부령으로 정한다.

㉠ 전자문서를 통한 납입 고지("전자고지")를 신청・변경・해지하려는 사람은 전자고지 서비스 신규・변경・해지 신청서를 공단에 제출하여야 한다. 다만, 사업장 적용신고를 하거나 지역가입자의 자격 취득 또는 변동 신고를 할 때에 전자고지를 신청한 경우에는 신청서를 제출한 것으로 본다(규칙 제49조 제1항).

㉡ 공단은 ㉠에 따라 전자고지 신청을 접수한 경우에는 그 신청에 따라 전자우편, 휴대전화, 공단이 관리하는 전자문서교환시스템 또는 건강보험 업무를 수행하기 위하여 공단이 관리・운영하는 정보통신망을 통해 전자고지를 해야 한다. 다만, 공단은 정보통신망의 장애 등으로 전자고지가 불가능한 경우에는 문서로 보험료 등에 대한 납입 고지를 할 수 있다(규칙 제49조 제2항).

㉢ 전자고지의 개시 및 해지는 신청서를 접수한 날의 다음 날부터 적용한다(규칙 제49조 제3항).

㉣ 전자고지의 신청을 해지한 사람은 해지한 날부터 30일이 지난 날 이후에 전자고지를 다시 신청할 수 있다(규칙 제49조 제4항).

③ 공단이 ②에 따라 전자문서로 고지하는 경우에는 전자문서가 보건복지부령으로 정하는 **정보통신망에 저장**되거나 납부의무자가 지정한 **전자우편주소에 입력된 때**에 납입 고지가 그 납부의무자에게 도달된 것으로 본다.

※ **보건복지부령으로 정하는 정보통신망(규칙 제49조 제5항)** : 공단이 관리하는 전자문서교환시스템 또는 건강보험 업무를 수행하기 위하여 공단이 관리·운영하는 정보통신망을 말한다.

④ 직장가입자의 사용자가 2명 이상인 경우 또는 지역가입자의 세대가 2명 이상으로 구성된 경우 그중 1명에게 한 고지는 해당 사업장의 다른 사용자 또는 세대 구성원인 다른 지역가입자 **모두에게 효력**이 있는 것으로 본다.

⑤ **납입 고지의 유예** : 휴직자 등의 보험료는 **휴직 등의 사유가 끝날 때까지** 보건복지부령으로 정하는 바에 따라 **납입 고지를 유예**할 수 있다.

㉠ 사용자는 휴직자 등의 보수월액보험료에 대한 납입 고지를 유예받으려면 휴직 등의 사유가 발생한 날부터 **14일 이내**에 휴직자 등 직장가입자 보험료 납입 고지 유예(유예 해지) 신청서를 공단에 제출하여야 한다(규칙 제50조 제1항).

㉡ 사용자는 ㉠에 따른 신청서가 제출된 후 납입 고지 유예 사유가 없어진 경우에는 그 사유가 없어진 날부터 **14일 이내**에 휴직자 등 직장가입자 보험료 납입 고지 유예(유예 해지) 신청서를 공단에 제출하여야 한다(규칙 제50조 제2항).

㉢ ㉠의 신청에 따라 납입 고지가 유예되는 보수월액보험료는 그 사유가 발생한 날이 속하는 달의 다음 달(사유가 발생한 날이 매월 1일인 경우에는 그 사유가 발생한 날이 속하는 달을 말한다)부터 그 사유가 없어진 날이 속하는 달(사유가 없어진 날이 매월 1일인 경우에는 그 사유가 없어진 날이 속하는 달의 직전 달을 말한다)까지에 해당하는 보수월액보험료 및 그 기간 중 추가 징수 보수월액보험료로 한다(규칙 제50조 제3항).

㉣ 공단은 ㉢에 따라 납입 고지가 유예된 보수월액보험료를 보수월액과 납입 고지 유예기간 중의 보험료율을 적용하여 산정한다(규칙 제50조 제4항).

㉤ 사용자는 ㉢에 따라 납입 고지가 유예된 보수월액보험료를 그 사유가 없어진 후 보수가 지급되는 최초의 달의 보수에서 공제하여 납부하여야 한다. 다만, 납입 고지가 유예된 보수월액보험료가 해당 직장가입자의 월 보수월액보험료의 3배 이상이고 해당 직장가입자가 원하는 경우에는 납입 고지 유예 해지 신청을 할 때에 해당 보수월액보험료의 분할납부를 함께 신청하여야 한다(규칙 제50조 제5항).

㉥ 사용자가 ㉤의 단서에 따라 분할납부를 신청한 경우에는 **10회의 범위**에서 해당 보수월액보험료를 **균등하게 분할**하여 납부할 수 있다. 이 경우 매월 분할납부하는 금액은 해당 직장가입자의 월 보수월액보험료 이상이어야 한다(규칙 제50조 제6항).

⑥ **납입 고지 사실의 통지** : 공단은 제2차 납부의무자에게 납입의 고지를 한 경우에는 해당 법인인 **사용자 및 사업 양도인에게 그 사실을 통지**하여야 한다.

⑦ **납입고지서 발급 기한** : 공단은 보험료 등의 납입 고지를 할 때에는 납부의무자에게 보험료 등의 **납부기한 10일 전까지** 납입고지서를 발급하여야 한다(규칙 제48조).

(6) 신용카드 등으로 하는 보험료 등의 납부(법 제79조의2)

① 공단이 납입 고지한 보험료 등을 납부하는 자는 보험료 등의 납부를 대행할 수 있도록 대통령령으로 정하는 기관 등("**보험료 등 납부대행기관**")을 통하여 신용카드, 직불카드 등("**신용카드 등**")으로 납부할 수 있다.

더 알아보기

보험료 등 납부대행기관(영 제46조의4 제2항)
1. 금융위원회의 허가를 받아 설립된 금융결제원
2. 신용카드 등에 의한 결제를 수행하는 기관 중 시설, 업무수행능력 및 자본금 규모 등을 고려하여 공단이 지정하는 기관

② ①에 따라 신용카드 등으로 보험료 등을 납부하는 경우에는 보험료 등 납부대행기관의 승인일을 납부일로 본다.

③ 보험료 등 납부대행기관은 보험료 등의 납부자로부터 보험료 등의 납부를 대행하는 대가로 **수수료**를 받을 수 있다. 납부대행 수수료는 공단이 납부대행기관의 운영경비 등을 종합적으로 고려하여 승인한다. 이 경우 납부대행 수수료는 해당 보험료 등 **납부금액의** 1,000**분의** 10**을 초과할 수 없다**(영 제46조의4 제3항).

④ 보험료 등 납부대행기관의 지정 및 운영, 수수료 등에 필요한 사항은 대통령령으로 정한다.

4. 연체금과 체납처분

(1) 연체금(법 제80조)

① **연체금의 징수** : 공단은 보험료 등의 납부의무자가 납부기한까지 보험료 등을 내지 아니하면 그 납부기한이 지난 날부터 **매 1일이 경과할 때마다** 다음 각 호에 해당하는 연체금을 징수한다.
   1. 보험료 또는 보험급여 제한 기간 중 받은 보험급여에 대한 징수금을 체납한 경우 : 해당 체납금액의 1,500**분의** 1에 해당하는 금액. 이 경우 연체금은 해당 체납금액의 1,000**분의** 20을 넘지 못한다.
   2. 제1호 외에 국민건강보험법에 따른 징수금을 체납한 경우 : 해당 체납금액의 1,000**분의** 1에 해당하는 금액. 이 경우 연체금은 해당 체납금액의 1,000**분의** 30을 넘지 못한다.

② **연체금의 가산** : 공단은 보험료 등의 납부의무자가 체납된 보험료 등을 내지 아니하면 **납부기한 후 30일이 지난 날부터 매 1일이 경과할 때마다** 다음 각 호에 해당하는 연체금을 ①에 따른 연체금에 더하여 징수한다.
   1. 보험료 또는 보험급여 제한 기간 중 받은 보험급여에 대한 징수금을 체납한 경우 : 해당 체납금액의 6,000**분의** 1에 해당하는 금액. 이 경우 연체금은 해당 체납금액의 1,000**분의** 50을 넘지 못한다.
   2. 제1호 외에 국민건강보험법에 따른 징수금을 체납한 경우 : 해당 체납금액의 3,000**분의** 1에 해당하는 금액. 이 경우 연체금은 해당 체납금액의 1,000**분의** 90을 넘지 못한다.

③ 공단은 천재지변이나 그 밖에 보건복지부령으로 정하는 부득이한 사유가 있으면 연체금을 징수하지 아니할 수 있다.

④ 연체금 징수 예외 사유(규칙 제51조)

1. 전쟁 또는 사변으로 인하여 체납한 경우
2. 연체금의 금액이 공단의 정관으로 정하는 금액 이하인 경우
3. 사업장 또는 사립학교의 폐업・폐쇄 또는 폐교로 체납액을 징수할 수 없는 경우
4. 화재로 피해가 발생해 체납한 경우
5. 그 밖에 보건복지부장관이 연체금을 징수하기 곤란한 부득이한 사유가 있다고 인정하는 경우

(2) 보험료 등의 독촉 및 체납처분(법 제81조)

① **보험료 등의 독촉** : 공단은 보험료 등을 내야 하는 자가 보험료 등을 내지 아니하면 기한을 정하여 독촉할 수 있다. 이 경우 직장가입자의 사용자가 2명 이상인 경우 또는 지역가입자의 세대가 2명 이상으로 구성된 경우에는 그중 1명에게 한 독촉은 해당 사업장의 다른 사용자 또는 세대 구성원인 다른 지역가입자 **모두에게 효력**이 있는 것으로 본다.

② **납부기한** : ①에 따라 독촉할 때에는 **10일 이상 15일 이내**의 납부기한을 정하여 독촉장을 발부하여야 한다.

③ **보험료 등의 체납처분** : 공단은 ①에 따른 독촉을 받은 자가 그 납부기한까지 보험료 등을 내지 아니하면 **보건복지부장관의 승인**을 받아 **국세 체납처분**의 예에 따라 이를 징수할 수 있다.

④ **통보서의 발송** : 공단은 ③에 따라 체납처분을 하기 전에 보험료 등의 체납 내역, 압류 가능한 재산의 종류, 압류 예정 사실 및 국세징수법에 따른 소액금융재산에 대한 압류금지 사실 등이 포함된 **통보서를 발송하**여야 한다. 다만, 법인 해산 등 긴급히 체납처분을 할 필요가 있는 경우로서 대통령령으로 정하는 경우에는 그러하지 아니하다.

더 알아보기

보험료 등의 체납처분 전 통보 예외(영 제46조의5)

법 제81조 제4항 단서에서 "대통령령으로 정하는 경우"란 보험료 등을 체납한 자가 다음 각 호의 어느 하나에 해당하는 경우를 말한다.

1. 국세의 체납으로 체납처분을 받는 경우
2. 지방세 또는 공과금(국세기본법 또는 지방세기본법에 따른 공과금을 말한다)의 체납으로 체납처분을 받는 경우
3. 강제집행을 받는 경우
4. 어음교환소에서 거래정지처분을 받는 경우
5. 경매가 시작된 경우
6. 법인이 해산한 경우
7. 재산의 은닉・탈루, 거짓 계약이나 그 밖의 부정한 방법으로 체납처분의 집행을 면하려는 행위가 있다고 인정되는 경우

⑤ **공매의 대행** : 공단은 ③에 따른 국세 체납처분의 예에 따라 압류하거나 압류한 재산의 공매에 대하여 전문지식이 필요하거나 그 밖에 특수한 사정으로 직접 공매하는 것이 적당하지 아니하다고 인정하는 경우에는 한국자산관리공사 설립 등에 관한 법률에 따라 설립된 **한국자산관리공사에 공매를 대행하**게 할 수 있다. 이 경우 공매는 공단이 한 것으로 본다.

⑥ **수수료의 지급** : 공단은 ⑤에 따라 한국자산관리공사가 공매를 대행하면 보건복지부령으로 정하는 바에 따라 **수수료를 지급**할 수 있다.

⑦ 체납자에 대한 공매대행의 통지 등(규칙 제52조)

㉠ 공단은 **압류재산의 공매**를 대행하게 하는 경우에는 다음 각 호의 사항을 적어 **한국자산관리공사**에 **공매대행을 의뢰**하여야 한다.

1. 체납자의 성명, 주소 또는 거소
2. 재산의 종류·수량·품질 및 소재지
3. 압류에 관계되는 보험료 등의 납부 연도·금액 및 납부기한
4. 그 밖에 공매대행에 필요한 사항

㉡ 공단은 ㉠에 따라 공매대행을 의뢰한 경우에는 그 사실을 체납자, 담보물 소유자 및 그 재산에 전세권·질권·저당권 또는 그 밖의 권리를 가진 자와 압류한 재산을 보관하고 있는 자에게 알려야 한다.

㉢ 공단이 점유하고 있거나 제3자로 하여금 보관하게 한 압류재산은 한국자산관리공사에 인도할 수 있으며, 이를 인수한 한국자산관리공사는 인계·인수서를 작성하여야 한다. 다만, 제3자로 하여금 보관하게 한 재산에 대해서는 그 제3자가 발행하는 그 재산의 보관증을 인도함으로써 압류재산의 인도를 갈음할 수 있다.

PART 2

(3) 부당이득 징수금의 압류(법 제81조의2)

① **부당이득 징수금의 압류 요건** : (2)에도 불구하고 공단은 보험급여 비용을 받은 요양기관이 다음 각 호의 요건을 모두 갖춘 경우에는 **징수금의 한도**에서 해당 요양기관 또는 그 요양기관을 개설한 자(해당 요양기관과 연대하여 징수금을 납부하여야 하는 자를 말한다. 이하 이 조에서 같다)의 **재산을 보건복지부장관의 승인을 받아 압류**할 수 있다.

1. 의료법 또는 약사법을 위반하였다는 사실로 기소된 경우
2. 요양기관 또는 요양기관을 개설한 자에게 강제집행, 국세 강제징수 등 대통령령으로 정하는 사유가 있어 그 재산을 압류할 필요가 있는 경우

더 알아보기

강제집행, 국세 강제징수 등 대통령령으로 정하는 사유(영 제46조의6 제1항)

1. 국세, 지방세 또는 공과금의 체납으로 강제징수 또는 체납처분이 시작된 경우
2. 강제집행이 시작된 경우
3. 어음법 및 수표법에 따른 어음교환소에서 거래정지처분을 받은 경우
4. 경매가 시작된 경우
5. 법인이 해산한 경우
6. 재산의 은닉·탈루, 거짓 계약이나 그 밖의 부정한 방법으로 징수금을 면탈하려는 행위가 있다고 인정되는 경우
7. 채무자 회생 및 파산에 관한 법률에 따른 회생절차개시, 간이회생절차개시 또는 파산선고의 결정이 있는 경우
8. 국내에 주소 또는 거소를 두지 않게 된 경우
9. 법 제57조 제1항 또는 제2항에 따른 징수금이 5억 원 이상인 경우

② 부당이득 징수금의 압류 사실 통지 : 공단은 ①에 따라 재산을 압류하였을 때에는 해당 요양기관 또는 그 요양기관을 개설한 자에게 문서로 그 압류 사실을 통지하여야 한다.

③ 압류 해제 : 공단은 다음 각 호의 어느 하나에 해당할 때에는 ①에 따른 압류를 즉시 해제하여야 한다.

1. ②에 따른 통지를 받은 자가 징수금에 상당하는 다른 재산을 담보로 제공하고 압류 해제를 요구하는 경우
2. 법원의 무죄 판결이 확정되는 등 대통령령으로 정하는 사유로 해당 요양기관이 의료법 또는 약사법을 위반한 혐의가 입증되지 아니한 경우

더 알아보기

법원의 무죄 판결이 확정되는 등 대통령령으로 정하는 사유(영 제46조의6 제2항)
1. 법원의 무죄 판결이 확정된 경우
2. 검사가 공소를 취소한 경우

④ ①에 따른 압류 및 ③에 따른 압류 해제에 관하여 국민건강보험법에서 규정한 것 외에는 국세징수법을 준용한다.

(4) 체납 또는 결손처분 자료의 제공(법 제81조의3)

① **체납 등 자료의 제공** : 공단은 보험료 징수 또는 공익목적을 위하여 필요한 경우에 **종합신용정보집중기관**(대통령령으로 정하는 금융기관 전체로부터의 신용정보를 집중관리·활용하는 **신용정보집중기관**)이 다음 각 호의 어느 하나에 해당하는 **체납자 또는 결손처분자의 인적사항·체납액 또는 결손처분액에 관한 자료**(“체납 등 자료”)를 요구할 때에는 **그 자료를 제공할 수 있다.** 다만, 체납된 보험료나 국민건강보험법에 따른 그 밖의 징수금과 관련하여 행정심판 또는 행정소송이 계류 중인 경우, 그 밖에 대통령령으로 정하는 사유가 있을 때에는 그러하지 아니하다.

1. 국민건강보험법에 따른 납부기한의 다음 날부터 1년이 지난 보험료, 국민건강보험법에 따른 그 밖의 징수금과 체납처분비의 총액이 **500만 원 이상**인 자
2. 결손처분한 금액의 총액이 **500만 원 이상**인 자

더 알아보기

체납 또는 결손처분 자료 제공의 제외 사유(영 제47조)
1. 체납자가 회생계획인가의 결정에 따라 체납액의 징수를 유예받고 그 유예기간 중에 있거나 체납액을 회생계획의 납부일정에 따라 내고 있는 때
2. 체납자가 다음 각 목의 어느 하나에 해당하는 사유로 체납액을 낼 수 없다고 공단이 인정하는 때
   가. 재해 또는 도난으로 재산이 심하게 손실되었을 때
   나. 사업이 현저하게 손실을 입거나 중대한 위기에 처하였을 때

② **체납 또는 결손처분 자료의 제공절차**(영 제47조의2)

㉠ **종합신용정보집중기관**(“**신용정보집중기관**”)은 보험료 등의 체납자 또는 결손처분자의 인적사항·체납액 또는 결손처분액에 관한 자료(“체납 등 자료”)를 공단에 요구하려면 다음 각 호의 사항을 적은 문서로 하여야 한다.

1. 신용정보집중기관의 명칭 및 주소
2. 요구하는 체납 등 자료의 내용 및 용도

㉡ 공단은 ㉠의 요구에 따라 신용정보집중기관에 체납 등 자료를 제공할 때에는 문서로 제공하거나 정보통신망을 이용하여 전자적인 형태의 파일(자기테이프, 자기디스크, 그 밖에 이와 유사한 매체에 체납 등 자료가 기록·보관된 것을 말한다)로 제공할 수 있다.

㉢ 공단은 ㉡에 따라 체납 등 자료를 제공한 후 체납액의 납부, 결손처분의 취소 등의 사유가 발생한 경우에는 해당 사실을 그 사유가 발생한 날부터 15일 이내에 해당 체납 등 자료를 제공한 신용정보집중기관에 알려야 한다.

㉣ ㉠부터 ㉢까지에서 규정한 사항 외에 체납 등 자료의 제공에 필요한 사항은 공단이 정한다.

③ ①에 따라 체납 등 자료를 제공받은 자는 이를 업무 외의 목적으로 누설하거나 이용하여서는 아니된다.

(5) 보험료의 납부증명(법 제81조의4)

① **납부사실의 증명** : 보험료의 납부의무자는 국가, 지방자치단체 또는 공공기관으로부터 공사·제조·구매·용역 등 대통령령으로 정하는 계약의 대가를 지급받는 경우에는 **보험료와 그에 따른 연체금 및 체납처분비의 납부사실을 증명하여야 한다.** 다만, 납부의무자가 계약대금의 전부 또는 일부를 체납한 보험료로 납부하려는 경우 등 대통령령으로 정하는 경우에는 그러하지 아니하다.

㉠ 공사·제조·구매·용역 등 대통령령으로 정하는 계약(영 제47조의3 제1항)

1. 국가를 당사자로 하는 계약에 관한 법률에 따른 계약. 다만, 관서운영경비로 그 대가를 지급받는 계약은 제외한다.
2. 지방자치단체를 당사자로 하는 계약에 관한 법률에 따른 계약. 다만, 일상경비로 그 대가를 지급받는 계약은 제외한다.
3. 공공기관이 체결하는 계약. 다만, 일상경비적 성격의 자금으로서 보건복지부장관이 정하여 고시하는 자금으로 그 대가를 지급받는 계약은 제외한다.

㉡ 납부의무자가 계약대금의 전부 또는 일부를 체납한 보험료로 납부하려는 경우 등 대통령령으로 정하는 경우(영 제47조의3 제2항)

1. 납부의무자가 지급받는 대가의 전부를 보험료와 그에 따른 연체금 및 체납처분비로 납부하거나 그 대가의 일부를 보험료와 그에 따른 연체금 및 체납처분비 전액으로 납부하려는 경우
2. 체납처분에 따라 공단이 그 계약 대가를 지급받는 경우
3. 파산관재인이 납부증명을 하지 못하여 관할법원이 파산절차를 원활하게 진행하기 곤란하다고 인정하는 경우로서 파산관재인이 공단에 납부증명의 예외를 요청하는 경우
4. 회생계획에서 보험료와 그에 따른 연체금 및 체납처분비의 징수를 유예하거나 체납처분에 의한 재산의 환가를 유예하는 내용을 정한 경우. 이 경우 납부사실을 증명하지 아니하여도 되는 보험료와 그에 따른 연체금 및 체납처분비는 해당 징수유예 또는 환가유예된 금액만 해당한다.

㉢ 보험료 납부의무자가 보험료와 그에 따른 연체금 및 체납처분비 납부사실의 증명을 받으려는 경우에는 보건복지부장관이 정하여 고시하는 바에 따라 공단에 그 증명을 요청하여야 한다. 다만, 계약 대가를 지급받는 자가 원래의 계약자가 아닌 경우에는 다음의 구분에 따른 자가 납부사실의 증명을 요청하여야 한다(영 제47조의3 제3항).

1. 채권양도로 인한 경우 : 양도인과 양수인
2. 법원의 전부명령(轉付命令)에 따르는 경우 : 압류채권자
3. 건설공사의 하도급대금을 직접 지급받는 경우 : 수급사업자

② 납부증명의 갈음 : 납부의무자가 ①에 따라 납부사실을 증명하여야 할 경우 계약을 담당하는 주무관서 또는 공공기관은 납부의무자의 동의를 받아 공단에 조회하여 보험료와 그에 따른 연체금 및 체납처분비의 납부 여부를 확인하는 것으로 납부증명을 갈음할 수 있다.

(6) 서류의 송달(법 제81조의5, 영 제47조의4)

보험료 등의 납입 고지 및 보험료 등의 독촉 및 체납처분에 관한 서류의 송달에 관하여는 국세기본법 제8조(같은 조 제2항 단서는 제외한다)부터 제12조까지의 규정을 준용한다. 다만, 공단이 보험료 등의 납입 고지, 보험료 등의 독촉 및 체납처분에 따른 서류를 우편으로 송달할 때에는 일반우편으로 송달할 수 있다.

(7) 체납보험료의 분할납부(법 제82조)

① 분할납부의 승인 조건 : 공단은 보험료를 3회 이상 체납한 자가 신청하는 경우 보건복지부령으로 정하는 바에 따라 분할납부를 승인할 수 있다.

② 분할납부 신청 고지 : 공단은 보험료를 3회 이상 체납한 자에 대하여 국세 체납처분의 예에 따른 징수를 하기 전에 분할납부를 신청할 수 있음을 알리고, 보건복지부령으로 정하는 바에 따라 분할납부 신청의 절차·방법 등에 관한 사항을 안내하여야 한다.

③ 분할납부의 승인 취소 : 공단은 분할납부 승인을 받은 자가 정당한 사유 없이 5회(승인받은 분할납부 횟수가 5회 미만인 경우에는 해당 분할납부 횟수를 말한다) 이상 그 승인된 보험료를 납부하지 아니하면 그 분할납부의 승인을 취소한다.

(8) 체납보험료 분할납부의 승인 등(규칙 제55조)

① 신청서 제출 : 보험료를 3회 이상 체납한 자가 보험료 분할납부의 승인을 받으려는 경우에는 건강보험 체납보험료 분할납부 신청서를 공단에 제출하여야 한다.

② 안내 사항 : 공단은 (7)의 ②에 따라 체납 보험료 분할납부 신청의 절차·방법 등에 관한 사항을 보험료 등을 징수할 때 납입 고지하는 문서와 체납처분을 하기 전에 발송하는 통보서에 적어 안내하여야 하며, 필요한 경우에는 별도의 문서에 적거나 전화 통화, 휴대전화 문자전송 등의 방법으로 추가 안내할 수 있다.

③ 분할납부 승인 예외 : 공단은 ①에 따라 분할납부를 신청한 자가 (7)의 ③에 따라 승인이 취소된 적이 있으면 분할납부의 승인을 하지 아니할 수 있다.

④ 분할납부 횟수 : 공단은 ①에 따라 분할납부를 신청한 자가 ③에 해당하지 아니하는 경우에는 특별한 사유가 없으면 분할납부를 승인하여야 한다. 이 경우 분할납부하는 횟수는 24회 이내로 정하고, 매월 납부할 금액("분할보험료")은 해당 월별로 고지된 보험료(연체금을 포함한다) 이상으로 정하여 신청인에게 통보하여야 한다.

⑤ 납입고지서 발급 : 공단은 ④에 따라 분할납부 승인을 받은 자("분할납부자")에게 매회 납부기일 10일 전까지 분할보험료 납입고지서를 발급하여야 한다. 다만, 분할납부자가 분할납부 승인을 신청할 때에 분할횟수에 해당하는 납입고지서를 모두 발급해 줄 것을 요청하면 이를 한꺼번에 발급할 수 있다.

⑥ 공단은 (7)의 ③에 따라 분할납부의 승인을 취소한 경우에는 지체 없이 그 사실을 해당 분할납부자에게 통보하여야 한다.

(9) 고액 · 상습체납자의 인적사항 공개(법 제83조)

① **인적사항 등의 공개 조건** : 공단은 국민건강보험법에 따른 **납부기한의 다음 날부터 1년이 경과한 보험료, 연체금과 체납처분비**(결손처분한 보험료, 연체금과 체납처분비로서 징수권 소멸시효가 완성되지 아니한 것을 포함한다)의 **총액이 1,000만 원 이상**인 체납자가 납부능력이 있음에도 불구하고 체납한 경우 그 **인적사항 · 체납액 등("인적사항 등")**을 공개할 수 있다. 다만, 체납된 보험료, 연체금과 체납처분비와 관련하여 이의신청, 심판청구가 제기되거나 행정소송이 계류 중인 경우 또는 그 밖에 체납된 금액의 일부 납부 등 대통령령으로 정하는 사유가 있는 경우에는 그러하지 아니하다.

더 알아보기

체납된 금액의 일부 납부 등 대통령령으로 정하는 사유가 있는 경우(영 제48조 제1항)

1. 공개대상자에게 서면으로 하는 통지 당시 체납된 보험료, 연체금 및 체납처분비("체납액")의 100분의 30 이상을 그 통지일부터 6개월 이내에 납부한 경우
2. 회생계획인가의 결정에 따라 체납액의 징수를 유예받고 그 유예기간 중에 있거나 체납액을 회생계획의 납부일정에 따라 내고 있는 경우
3. 재해 등으로 재산에 심한 손실을 입었거나 사업이 중대한 위기에 처한 경우 등으로서 보험료정보공개심의위원회가 체납자의 인적사항 · 체납액 등을 공개할 실익이 없다고 인정하는 경우

② **인적사항 등의 공개 여부 심의 기관** : ①에 따른 체납자의 인적사항 등에 대한 공개 여부를 심의하기 위하여 **공단에 보험료정보공개심의위원회**를 둔다.

③ **공개대상자의 선정** : 공단은 보험료정보공개심의위원회의 심의를 거친 인적사항 등의 공개대상자에게 공개대상자임을 서면으로 통지하여 **소명의 기회**를 부여하여야 하며, **통지일부터 6개월**이 경과한 후 체납액의 납부이행 등을 감안하여 공개대상자를 선정한다.

㉠ 공단과 보험료정보공개심의위원회는 인적사항 등의 공개대상자를 선정할 때에는 체납자의 재산상태, 소득수준, 미성년자 여부, 그 밖의 사정을 종합적으로 고려하여 납부능력이 있는지를 판단하여야 한다(영 제48조 제2항).

㉡ 공단은 인적사항 등 공개대상자임을 통지할 때에는 체납액의 납부를 촉구하고, 인적사항 등의 공개 제외 사유에 해당하면 그에 관한 소명자료를 제출하도록 안내하여야 한다(영 제48조 제3항).

④ ①에 따른 체납자 인적사항 등의 공개는 **관보에 게재하거나 공단 인터넷 홈페이지에 게시**하는 방법에 따른다. 이 경우 공단은 체납자의 성명, 상호(법인의 명칭을 포함한다), 나이, 업종 · 직종, 주소, 체납액의 종류 · 납부기한 · 금액, 체납요지 등을 공개하여야 하고, 체납자가 법인인 경우에는 법인의 대표자를 함께 공개하여야 한다(영 제48조 제4항).

⑤ ①부터 ④까지의 체납자 인적사항 등의 공개와 관련한 납부능력의 기준, 공개절차 및 위원회의 구성 · 운영 등에 필요한 사항은 대통령령으로 정한다.

(10) 보험료정보공개심의위원회의 구성 및 운영(영 제49조)

① **위원회의 구성** : 위원회는 위원장 1명을 포함한 11명의 **위원**으로 구성한다.

② **위원장과 위원** : 보험료정보공개심의위원회의 위원장은 **공단의 임원 중 해당 업무를 담당하는 상임이사**가 되고, 위원은 **공단의 이사장이 임명하거나 위촉**하는 다음 각 호의 사람으로 한다.

1. 공단 소속 직원 4명
2. 보험료 징수에 관한 사무를 담당하는 보건복지부 소속 3급 또는 4급 공무원 1명
3. 국세청의 3급 또는 4급 공무원 1명
4. 법률, 회계 또는 사회보험에 관한 학식과 경험이 풍부한 사람 4명

PART 2

③ ②의 제4호에 따른 위원의 임기는 2년으로 한다.

④ **회의의 운용** : 보험료정보공개심의위원회의 회의는 재적위원 **과반수의 출석**으로 개의하고, 출석위원 **과반수의 찬성**으로 의결한다.

⑤ 위에서 규정한 사항 외에 보험료정보공개심의위원회의 구성 및 운영에 필요한 사항은 공단이 정한다.

(11) 결손처분(법 제84조)

① **결손처분 사유** : 공단은 다음 각 호의 어느 하나에 해당하는 사유가 있으면 **재정운영위원회의 의결**을 받아 보험료 등을 결손처분할 수 있다.

1. 체납처분이 끝나고 체납액에 충당될 배분금액이 그 체납액에 미치지 못하는 경우
2. 해당 권리에 대한 소멸시효가 완성된 경우
3. 그 밖에 징수할 가능성이 없다고 인정되는 경우로서 대통령령으로 정하는 경우(영 제50조)
   - 체납자의 재산이 없거나 체납처분의 목적물인 총재산의 견적가격이 체납처분비에 충당하고 나면 남을 여지가 없음이 확인된 경우
   - 체납처분의 목적물인 총재산이 보험료 등보다 우선하는 국세, 지방세, 전세권·질권·저당권 또는 담보권에 따라 담보된 채권 등의 변제에 충당하고 나면 남을 여지가 없음이 확인된 경우
   - 그 밖에 징수할 가능성이 없다고 재정운영위원회에서 의결한 경우

② **결손처분 취소** : 공단은 ①의 제3호에 따라 결손처분을 한 후 압류할 수 있는 다른 재산이 있는 것을 발견한 때에는 지체 없이 **그 처분을 취소하고 체납처분**을 하여야 한다.

(12) 보험료 등의 징수 순위(법 제85조)

보험료 등은 **국세와 지방세를 제외한 다른 채권에 우선하여 징수**한다. 다만, 보험료 등의 납부기한 전에 전세권·질권·저당권 또는 동산·채권 등의 담보에 관한 법률에 따른 담보권의 설정을 등기 또는 등록한 사실이 증명되는 재산을 매각할 때에 그 매각대금 중에서 보험료 등을 징수하는 경우 그 전세권·질권·저당권 또는 동산·채권 등의 담보에 관한 법률에 따른 담보권으로 담보된 채권에 대하여는 그러하지 아니하다.

(13) 보험료 등의 충당과 환급(법 제86조)

① **우선 충당** : 공단은 납부의무자가 보험료 등·연체금 또는 체납처분비로 낸 금액 중 **과오납부한 금액**이 있으면 대통령령으로 정하는 바에 따라 그 과오납금을 **보험료 등·연체금 또는 체납처분비에 우선 충당**하여야 한다.

② **환급** : 공단은 충당하고 남은 금액이 있는 경우 대통령령으로 정하는 바에 따라 **납부의무자에게 환급**하여야 한다.

③ **납부의무자에 대한 통보** : 공단은 ①에 따라 과오납금을 보험료 등·연체금 또는 체납처분비에 충당하거나 ②에 따라 충당하고 남은 금액을 환급하려는 경우에는 그 사실을 문서로 납부의무자에게 알려야 한다(영 제52조 제1항).

④ **이자의 가산** : ① 및 ②의 경우 과오납금에 대통령령으로 정하는 이자를 가산하여야 한다.

더 알아보기

대통령령으로 정하는 이자(영 제52조 제2항)
다음 각 호의 구분에 따른 날부터 과오납금을 보험료 등·연체금 또는 체납처분비에 충당하는 날(환급의 경우에는 환급통지서를 발송한 날을 말한다)까지의 기간에 대하여 과오납금에 국세환급가산금의 이자율을 곱하여 산정한 금액을 말한다.

1. 보험료 등·연체금 또는 체납처분비가 2회 이상 분할 납부된 경우에는 다음 각 목의 구분에 따른 분할납부일의 다음 날
   가. 해당 환급금이 최종 분할납부된 금액보다 적거나 같은 경우 : 최종 분할납부일
   나. 해당 환급금이 최종 분할납부된 금액보다 많은 경우 : 해당 환급금이 가목의 경우에 해당될 때까지 최근 분할납부일의 순서로 소급하여 산정한 각 분할납부일
2. 공단이 보수월액보험료의 초과액을 사용자에게 반환하는 경우에는 다음 각 목의 구분에 따른 날
   가. 사용자가 직장가입자에게 지급한 보수의 총액 등을 그 통보기한까지 공단에 통보한 경우 그 통보기한일부터 7일이 지난 날. 다만, 그 통보기한을 지나서 통보한 경우에는 통보일부터 7일이 지난 날
   나. 사용자가 공단에 보수월액 변경을 신청한 경우 그 신청일부터 7일이 지난 날
3. 영 제38조 제2항에서 준용하는 영 제35조 제2항(사업장이 폐업·도산하거나 이에 준하는 사유가 발생한 경우, 사립학교가 폐교된 경우, 일부 직장가입자가 퇴직한 경우) 각 호의 사유로 사용자의 보수월액보험료를 정산하는 경우나 직장가입자의 사용·임용·채용 관계가 끝나 공단이 사용자와 보수월액보험료를 다시 정산하여 반환하는 경우에는 다음 각 목의 구분에 따른 날
   가. 자격 변동이 있는 경우 : 자격 변동 신고를 한 날부터 7일이 지난 날
   나. 자격 상실이 있는 경우 : 자격 상실 신고를 한 날부터 7일이 지난 날
4. 제1호부터 제3호까지의 규정 외의 경우에는 과오납부한 날의 다음 날

(14) 과오납금의 충당 순서(영 제51조)

① 공단은 과오납금을 다음 각 호의 구분에 따라 각 목의 순서대로 충당해야 한다.
   1. 보험료와 그에 따른 연체금을 과오납부(過誤納付)한 경우
      가. 체납처분비
      나. 체납된 보험료와 그에 따른 연체금
      다. 앞으로 내야 할 1개월분의 보험료(납부의무자가 동의한 경우만 해당한다)
   2. 징수금과 그에 따른 연체금을 과오납부한 경우
      가. 체납처분비
      나. 체납된 징수금과 그에 따른 연체금
   3. 가산금과 그에 따른 연체금을 과오납부한 경우
      가. 체납처분비
      나. 체납된 가산금과 그에 따른 연체금

② 공단은 ①의 제1호부터 제3호까지의 규정에 따라 충당한 후 남은 금액이 있는 경우에는 다음 각 호의 구분에 따라 충당할 수 있다.
   1. ①의 제1호에 따라 충당하고 남은 금액이 있는 경우 : ①의 제2호 각 목의 순서에 따라 충당하고, 그 다음에 ①의 제3호 각 목의 순서에 따라 충당할 것
   2. ①의 제2호에 따라 충당하고 남은 금액이 있는 경우 : ①의 제1호 각 목의 순서에 따라 충당하고, 그 다음에 ①의 제3호 각 목의 순서에 따라 충당할 것
   3. ①의 제3호에 따라 충당하고 남은 금액이 있는 경우 : ①의 제1호 각 목의 순서에 따라 충당하고, 그 다음에 ①의 제2호 각 목의 순서에 따라 충당할 것

핵심 쏙쏙! OX문제

※ 다음 문제의 진위 여부를 판단해 ○ 또는 ×를 선택하시오.

01 보험료를 징수할 때 가입자의 자격이 변동된 경우에는 변동된 날이 속하는 달의 보험료는 변동되기 전의 자격을 기준으로 징수한다. [○|×]

02 직장가입자의 보수월액보험료는 보수월액에 보험료율을 곱해 계산하고, 소득월액보험료는 소득월액에 보험료율을 곱해 계산한다. [○|×]

03 지역가입자의 월별 보험료액은 세대단위로 산정하되, 지역가입자가 속한 세대의 월별 보험료액은 '(보험료부과점수)×(보험료부과점수당 금액)×0.75'로 계산한다. [○|×]

04 직장가입자의 보수월액보험료는 보험료가 부과되는 연도의 전전년도 직장가입자 평균 보수월액보험료의 50배에 해당하는 금액을 고려해 보건복지부장관이 정하는 금액을 월별 보험료액의 상한으로 한다. [○|×]

05 직장가입자의 보수월액을 산정하는 기준이 되는 직장가입자가 지급받는 보수는 근로의 대가로 받은 봉급, 급료, 보수, 세비, 임금, 상여, 수당, 그 밖에 이와 유사한 성질의 금품을 말한다. [○|×]

06 공단은 원래 산정·징수한 보수월액보험료의 금액이 다시 산정한 보수월액보험료의 금액보다 부족한 경우에는 그 부족액을 사용자로부터 추가로 징수할 수 있다. [○|×]

07 공단은 가입자의 보수월액을 결정·변경한 경우 또는 보수월액보험료의 초과액을 반환하거나 보수월액보험료의 부족액을 추가 징수하는 경우에는 지체 없이 그 사실을 문서로 사용자에게 알려야 하며, 통지를 받은 사용자는 지체 없이 직장가입자에게 알려야 한다. [○|×]

08 보험료부과점수는 지역가입자의 소득만을 기준으로 산정하며, 재산은 고려하지 않는다. [○|×]

09 보험료부과와 관련된 제도 개선을 위해 설치되는 보험료부과제도개선위원회는 공단 소속으로 한다. [○|×]

10 제도개선위원회 위원의 임명권·위촉권을 가진 주체는 보건복지부장관이다. [○|×]

11 지역가입자가 보험급여의 정지 사유에 해당하면 그 가입자가 속한 세대의 보험료를 산정할 때 그 가입자의 보험료부과점수를 제외한다. [O|X]

12 보험료 납부의무자가 보험료의 납입 고지를 전자문서로 받거나 보험료를 자동이체의 방법으로 내는 경우에는 보험료를 감액할 수 있다. [O|X]

13 직장가입자가 근로자인 경우에 직장가입자의 보수월액보험료는 그 직장가입자와 사용자가 보험료액의 각각 40%와 60%를 부담한다. [O|X]

14 사업장의 사용자가 2명 이상인 때에는 그 사업장의 사용자는 해당 직장가입자의 보험료를 연대해 납부한다. [O|X]

15 제2차 납부의무를 지는 사업의 양수인은 사업장별로 그 사업에 관한 모든 권리(미수금에 관한 것을 포함한다)와 모든 의무(미지급금에 관한 것을 포함한다)를 포괄적으로 승계한 자로 한다. [O|X]

16 보험료(직장가입자의 경우에는 소득월액보험료)를 분기별로 납부하려는 가입자는 분기가 시작되는 달의 전달 말일까지 건강보험료 분기납부 신청서를 공단에 제출해야 한다. [O|X]

17 납입 고지의 송달 지연 등의 사유가 있는 경우 납부의무자의 신청에 따라 납부기한부터 3개월의 범위에서 납부기한을 연장할 수 있다. [O|X]

18 공단은 가산금이 10,000원 미만인 경우에는 가산금을 징수하지 않아야 한다. [O|X]

19 전자문서를 통한 납입 고지의 신청을 해지한 사람은 해지한 날부터 30일이 지난 날 이후에 전자고지를 다시 신청할 수 있다. [O|X]

20 납부대행 수수료는 해당 보험료 등 납부금액의 1,000분의 10을 초과할 수 없다. [O|X]

21 공단은 보험료 등의 납부의무자가 납부기한까지 보험료 등을 내지 않으면 그 납부기한이 지난 날부터 매 1일이 경과할 때마다 연체금을 징수한다. [O|X]

22 보험료 등의 납부의무자가 보험료 등을 연체해 공단이 그에게 독촉장을 발부하는 경우에 공단은 15일 이상 30일 이내의 납부기한을 정하여 독촉장을 발부해야 한다. [O|X]

23 독촉을 받은 자가 그 납부기한까지 보험료 등을 내지 않으면 공단은 보건복지부장관의 승인을 받아 국세 체납처분의 예에 따라 이를 징수할 수 있다. [O|X]

24 공단은 체납자가 회생계획인가의 결정에 따라 체납액의 징수를 유예받고 그 유예기간 중에 있더라도 종합신용정보집중기관으로부터 체납 또는 결손처분 자료의 제공을 요청받으면 그 자료를 제공할 수 있다. [O|X]

25 보험료의 납부의무자는 국가, 지방자치단체, 공공기관으로부터 공사·제조·구매·용역 등의 계약의 대가를 지급받는 경우에는 보험료와 그에 따른 연체금 및 체납처분비의 납부사실을 증명해야 한다. [O|X]

26 공단은 분할납부 승인을 받은 자가 정당한 사유 없이 1회 이상 그 승인된 보험료를 납부하지 않으면 그 분할납부의 승인을 취소한다. [O|X]

27 공단과 보험료정보공개심의위원회는 인적사항 등의 공개대상자를 선정할 때에는 체납자의 재산상태, 소득수준을 고려해 납부능력이 있는지를 판단하지만, 체납자의 미성년자 여부는 고려하지 않는다. [O|X]

28 공단은 체납자의 인적사항 등을 공개할 때에는 체납자의 성명, 상호, 나이, 업종·직종, 주소, 체납액의 종류·납부기한·금액, 체납요지 등을 공개해야 하고, 체납자가 법인일 경우에는 법인의 대표자도 함께 공개해야 한다. [O|X]

29 공단은 체납처분이 끝나고 체납액에 충당될 배분금액이 그 체납액에 미치지 못하는 경우에 건강보험정책심의위원회의 의결을 받아 보험료 등을 결손처분할 수 있다. [O|X]

30 공단은 납부의무자가 보험료 등·연체금 또는 체납처분비로 낸 금액 중 과오납부한 금액이 있으면 그 과오납금을 보험료 등·연체금 또는 체납처분비에 우선 충당해야 한다. [O|X]

OX문제 정답

01	02	03	04	05	06	07	08	09	10	11	12	13	14	15	16	17	18	19	20
○	○	×	×	○	○	○	×	×	○	○	○	×	○	×	○	×	×	○	○
21	22	23	24	25	26	27	28	29	30										
○	×	○	×	○	×	×	○	×	○										

03 지역가입자의 월별 보험료액은 세대단위로 산정하되, 지역가입자가 속한 세대의 월별 보험료액은 보험료부과점수에 보험료부과점수당 금액을 곱한 금액으로 한다(법 제69조 제5항).

04 직장가입자의 보수월액보험료는 보험료가 부과되는 연도의 전전년도 직장가입자 평균 보수월액보험료의 30배에 해당하는 금액을 고려하여 보건복지부장관이 정하여 고시하는 금액을 월별 보험료액의 상한으로 한다(영 제32조 제1호 가목).

08 보험료부과점수는 지역가입자의 소득 및 재산을 기준으로 산정한다(법 제72조 제1항 전단).

09 보험료부과와 관련된 제도 개선을 위하여 보건복지부장관 소속으로 관계 중앙행정기관 소속 공무원 및 민간전문가로 구성된 보험료부과제도개선위원회를 둔다(법 제72조의2 제1항).

13 직장가입자가 근로자인 경우에 직장가입자의 보수월액보험료는 직장가입자와 근로자가 소속되어 있는 사업장의 사업주가 각각 보험료액의 100분의 50씩 부담한다(법 제76조 제1항 제1호).

15 제2차 납부의무를 지는 사업의 양수인은 사업장별로 그 사업에 관한 모든 권리(미수금에 관한 것은 제외한다)와 모든 의무(미지급금에 관한 것은 제외한다)를 포괄적으로 승계한 자로 한다(영 제46조의2 제1항).

17 공단은 납입 고지의 송달 지연 등 보건복지부령으로 정하는 사유가 있는 경우 납부의무자의 신청에 따라 납부기한부터 1개월의 범위에서 납부기한을 연장할 수 있다(법 제78조 제2항 전단).

18 공단은 가산금이 3,000원 미만인 경우에는 가산금을 징수하지 않을 수 있다(영 제46조의3 제2항 제1호).

22 독촉할 때에는 10일 이상 15일 이내의 납부기한을 정하여 독촉장을 발부하여야 한다(법 제81조 제2항).

24 공단은 체납자가 회생계획인가의 결정에 따라 체납액의 징수를 유예받고 그 유예기간 중에 있거나 체납액을 회생계획의 납부일정에 따라 내고 있는 때는 종합신용정보집중기관으로부터 체납 또는 결손처분 자료를 제공할 수 없다(영 제47조 제1호).

26 공단은 분할납부 승인을 받은 자가 정당한 사유 없이 5회 이상 그 승인된 보험료를 납부하지 아니하면 그 분할납부의 승인을 취소한다(법 제82조 제3항).

27 공단과 보험료정보공개심의위원회는 인적사항 등의 공개대상자를 선정할 때에는 체납자의 재산상태, 소득수준, 미성년자 여부, 그 밖의 사정을 종합적으로 고려하여 납부능력이 있는지를 판단하여야 한다(영 제48조 제2항).

29 공단은 체납처분이 끝나고 체납액에 충당될 배분금액이 그 체납액에 미치지 못하는 경우 재정운영위원회의 의결을 받아 보험료 등을 결손처분할 수 있다(법 제84조 제1항 제1호).

실력 쑥쑥! 적중예상문제

정답 및 해설 p.034

01 **다음 〈보기〉에서 보험료의 징수에 대한 설명으로 옳은 것을 모두 고르면?**

> 보기
>
> ㉠ 보험료는 원칙적으로 가입자의 자격을 취득한 날이 속하는 달의 다음 달부터 가입자의 자격을 잃은 날의 전날이 속하는 달까지 징수한다.
>
> ㉡ 유공자 등 의료보호대상자로서 건강보험의 적용을 보험자에게 신청해 가입자의 자격을 취득하는 경우에는 그 달부터 보험료를 징수한다.
>
> ㉢ 보험료를 징수할 때 가입자의 자격이 변동된 경우에는 변동된 날이 속하는 달의 보험료는 변동되기 전의 자격을 기준으로 징수한다.
>
> ㉣ 지역가입자가 속한 세대의 월별 보험료액은 보험료부과점수에 보험료부과점수당 금액을 곱한 금액으로 한다.
>
> ㉤ 월별 보험료액은 가입자의 보험료 평균액의 일정 비율에 해당하는 금액을 고려해 상한 및 하한을 정한다.

① ㉠, ㉡, ㉣
② ㉠, ㉡, ㉣, ㉤
③ ㉠, ㉢, ㉣, ㉤
④ ㉡, ㉢, ㉣, ㉤
⑤ ㉠, ㉡, ㉢, ㉣, ㉤

02 **다음 중 보수월액에 대한 설명으로 옳지 않은 것은?**

① 직장가입자의 보수월액은 그가 지급받는 보수를 기준으로 산정한다.
② 휴직으로 인해 보수의 일부를 지급받지 못하는 가입자의 보수월액보험료는 해당 사유가 생기기 전 달의 보수월액을 기준으로 산정한다.
③ 직장가입자가 지급받는 보수는 근로자 등이 근로를 제공하고 사용자로부터 받는 금품으로, 실비변상적인 성격을 갖는 금품도 포함된다.
④ 직장가입자가 지급받는 보수와 관련한 자료가 불명확한 경우에는 보건복지부장관이 정해 고시하는 금액을 보수로 본다.
⑤ 사용자의 수입을 확인할 수 있는 객관적인 자료가 없을 때는 사용자의 신고금액으로 사용자의 보수월액을 산정한다.

03 다음은 직장가입자에 대한 보수월액보험료 부과의 원칙에 대한 설명이다. 빈칸 ㉠, ㉡에 들어갈 내용이 바르게 연결된 것은?

> ㉮ 직장가입자에 대한 보수월액보험료는 ___㉠___ 산정된 보수월액을 기준으로 하여 부과하고, 다음 해에 확정되는 해당 연도의 보수 총액을 기준으로 보수월액을 다시 산정해 정산한다.
> ㉯ 직장가입자의 자격을 취득하거나, 지역가입자에서 직장가입자로 자격이 변동된 사람의 보수월액의 적용기간은 자격 취득 또는 변동일이 속하는 달부터 다음 해 ___㉡___까지로 한다.

① ㉠ : 매년, ㉡ : 2월
② ㉠ : 매년, ㉡ : 3월
③ ㉠ : 매년, ㉡ : 4월
④ ㉠ : 격년마다, ㉡ : 3월
⑤ ㉠ : 격년마다, ㉡ : 4월

04 다음 〈보기〉에서 보수월액의 결정 등에 대한 설명으로 옳은 것을 모두 고르면?

> 보기
> ㉠ 국민건강보험공단은 사용자로부터 통보받은 보수의 총액을 전년도 중 직장가입자가 그 사업장 등에 종사한 기간의 개월 수로 나눈 금액을 매년 보수월액으로 결정한다.
> ㉡ 상시 100명 이상의 근로자가 소속되어 있는 사업장의 사용자는 해당 직장가입자의 보수가 인상되거나 인하되었을 때에는 국민건강보험공단에 그 보수월액의 변경을 신청해야 한다.
> ㉢ 상시 100명 이상의 근로자가 소속되어 있는 사업장의 사용자는 해당 월의 보수가 14일 이전에 변경된 경우에는 해당 월의 말일까지 보수월액의 변경을 신청해야 한다.
> ㉣ 상시 100명 이상의 근로자가 소속되어 있는 사업장의 사용자는 해당 월의 보수가 15일 이후에 변경된 경우에는 해당 월의 다음 달 말일까지 보수월액의 변경을 신청해야 한다.

① ㉠, ㉡
② ㉡, ㉢
③ ㉢, ㉣
④ ㉠, ㉡, ㉣
⑤ ㉡, ㉢, ㉣

PART 2

05 **다음은 직장가입자의 자격 취득 · 변동 시 보수월액의 결정에 대한 설명이다. 빈칸 ㉠ ~ ㉢에 들어갈 숫자를 합산하면 얼마인가?**

> 국민건강보험공단은 직장가입자의 자격을 취득하거나, 다른 직장가입자로 자격이 변동되거나, 지역가입자에서 직장가입자로 자격이 변동된 사람이 있을 때에는 다음 ㉮ ~ ㉰의 구분에 따른 금액을 해당 직장가입자의 보수월액으로 결정한다.
> ㉮ 연 · 분기 · 월 · 주 또는 그 밖의 일정 기간으로 보수가 정해지는 경우 : 그 보수액을 그 기간의 총 일수로 나눈 금액의 ___㉠___배에 상당하는 금액
> ㉯ 일(日) · 시간 · 생산량 또는 도급으로 보수가 정해지는 경우 : 직장가입자의 자격을 취득하거나 자격이 변동된 달의 전 ___㉡___개월 동안에 그 사업장에서 해당 직장가입자와 같은 업무에 종사하고 같은 보수를 받는 사람의 보수액을 평균한 금액
> ㉰ 위의 ㉮ 및 ㉯에 따라 보수월액을 산정하기 곤란한 경우 : 직장가입자의 자격을 취득하거나 자격이 변동된 달의 전 ___㉢___개월 동안 같은 업무에 종사하고 있는 사람이 받는 보수액을 평균한 금액

① 28 ② 32
③ 35 ④ 38
⑤ 40

06 **다음은 보수가 지급되지 않는 사용자의 보수월액 결정에 대한 설명이다. 빈칸 ㉠, ㉡에 들어갈 내용이 바르게 연결된 것은?**

> 보수가 지급되지 않는 사용자의 보수월액을 산정할 경우에 사용자는 매년 ___㉠___까지 수입을 증명할 수 있는 자료를 제출하거나 수입금액을 국민건강보험공단에 통보해야 하며, 산정된 보수월액은 매년 6월부터 다음 해 5월까지 적용한다. 그러나 수입을 확인할 수 있는 객관적인 자료가 없는 경우로, 사용자의 신고금액을 기준으로 산정한 보수월액이 해당 사업장에서 ___㉡___ 보수월액을 적용받는 근로자의 보수월액보다 낮은 경우에는 해당 사업장에서 ___㉡___ 보수월액을 적용받는 근로자의 보수월액을 사용자의 보수월액으로 한다.

① ㉠ : 1월 31일, ㉡ : 평균 ② ㉠ : 1월 31일, ㉡ : 가장 높은
③ ㉠ : 1월 31일, ㉡ : 가장 낮은 ④ ㉠ : 5월 31일, ㉡ : 평균
⑤ ㉠ : 5월 31일, ㉡ : 가장 높은

07 다음 〈보기〉에서 보수월액보험료의 정산 및 분할납부에 대한 설명으로 옳은 것을 모두 고르면?

보기

㉠ 국민건강보험공단은 원래 산정·징수한 보수월액보험료의 금액이 다시 산정한 보수월액보험료의 금액을 초과하는 경우에는 그 초과액을 사용자에게 반환하지 않는다.
㉡ 직장가입자의 사용 관계가 끝난 경우에 사용자는 해당 직장가입자가 납부한 보수월액보험료를 다시 산정해 근로자와 정산해야 한다.
㉢ 국민건강보험공단이 원래 산정·징수한 보수월액보험료의 금액이 다시 산정한 보수월액보험료보다 부족해 사용자가 추가로 납부한 경우에 추가 납부한 금액 중 직장가입자가 부담해야 할 금액에 대해서는 해당 직장가입자와 정산해야 한다.

① ㉠
② ㉡
③ ㉢
④ ㉠, ㉢
⑤ ㉡, ㉢

08 다음은 소득월액을 산정하는 계산식이다. 빈칸에 들어갈 숫자로 옳은 것은?

[(연간 보수 외 소득)−(대통령령으로 정하는 금액)]÷______

① 10
② 12
③ 15
④ 20
⑤ 25

09 다음은 소득월액의 산정에 대한 설명이다. 빈칸에 들어갈 금액으로 옳은 것은?

소득월액 산정에 포함되는 소득은 이자소득, 배당소득, 사업소득, 근로소득, 연금소득, 기타소득을 합산한 금액으로 한다. 다만, 소득세법에 따라 산정한 이자소득금액 및 배당소득금액에도 불구하고 소득세법에 따른 소득이 ______ 이하인 경우에는 해당 이자소득과 배당소득은 합산하지 않는다.

① 500만 원
② 1,000만 원
③ 1,500만 원
④ 2,000만 원
⑤ 2,500만 원

10 **다음 중 보험료부과점수에 대한 설명으로 옳지 않은 것은?**

① 보험료부과점수를 산정할 때는 지역가입자의 소득을 기준으로 한다.
② 보험료부과점수의 산정방법에 필요한 사항은 대통령령으로 정한다.
③ 보험료부과점수를 산정할 때는 지역가입자의 재산 또한 기준이 된다.
④ 보험료부과점수의 산정기준을 정할 때 법령에 따라 재산권의 행사가 제한되는 재산에 대해서 다른 재산과 달리 정할 수 없다.
⑤ 보험료부과점수의 산정을 위해 지역가입자가 금융회사 등으로부터 대출을 받은 사실을 공단에 통보하는 경우 대출금액 등의 금융정보 등을 공단에 제출해야 한다.

11 **다음 중 보험료부과제도개선위원회에 대한 설명으로 옳지 않은 것은?**

① 제도개선위원회는 국민건강보험공단 산하 위원회로 민간전문가로만 구성된다.
② 제도개선위원회는 가입자의 소득 파악 실태에 관한 연구에 관한 사항을 심의한다.
③ 제도개선위원회의 운영 결과를 국회에 보고하는 주체는 보건복지부장관이다.
④ 제도개선위원회의 구성·운영 등에 대해 필요한 사항은 대통령령으로 정한다.
⑤ 제도개선위원회는 보험료부과와 관련된 제도 개선 사항으로서 위원장이 회의에 부치는 사항을 심의한다.

12 **다음 〈보기〉에서 제도개선위원회의 구성에 대한 설명으로 옳지 않은 것을 모두 고르면?**

보기

㉠ 제도개선위원회의 위원은 위원장, 부위원장을 포함해 25명 이내이다.
㉡ 제도개선위원회의 위원장은 보건복지부장관이 맡으며, 부위원장은 위원 중에서 호선한다.
㉢ 제도개선위원회의 위원을 임명 또는 위촉할 권한을 가진 주체는 보건복지부장관이다.
㉣ 공무원이 아닌 위원의 임기는 2년으로 하며, 두 차례만 연임할 수 있다.

① ㉠, ㉡
② ㉠, ㉢
③ ㉡, ㉢
④ ㉡, ㉣
⑤ ㉠, ㉡, ㉣

13 **다음은 제도개선위원회의 회의에 대한 설명이다. 빈칸 ㉠, ㉡에 들어갈 내용이 바르게 연결된 것은?**

제도개선위원회의 회의는 재적위원 __㉠__ 이/가 요구할 때에 소집한다. 또한 제도개선위원회의 회의는 재적위원 과반수의 출석으로 개의하고 출석위원 __㉡__ 의 찬성으로 의결한다.

① ㉠ : 과반수, ㉡ : 과반수
② ㉠ : 과반수, ㉡ : 3분의 2 이상
③ ㉠ : 과반수, ㉡ : 4분의 3 이상
④ ㉠ : 3분의 1 이상, ㉡ : 과반수
⑤ ㉠ : 3분의 1 이상, ㉡ : 4분의 3 이상

PART 2

14 **다음 중 보험료 부과제도에 대한 적정성 평가에 대한 설명으로 옳은 것은?**

① 피부양자 인정기준과 보험료, 보수월액, 소득월액 및 보험료부과점수의 산정기준의 적정성을 평가하는 주체는 국민건강보험공단의 이사장이다.
② 보험료 부과제도에 대한 적정성 평가를 하는 경우에는 국민건강보험공단의 소득 관련 자료 보유 현황을 고려하지 않는다.
③ 보험료 부과제도에 대한 적정성을 평가할 때는 직장가입자에게 부과되는 보험료와 지역가입자에게 부과되는 보험료 간 형평성을 고려하여야 한다.
④ 보험료 부과제도에 대한 적정성 평가를 위하여 필요한 사항은 보건복지부령으로 정한다.
⑤ 보험료 부과제도에 대한 적정성을 평가하기 위해 인정기준 및 산정기준의 조정으로 인한 보험료 변동을 고려하지 않는다.

15 **다음 〈보기〉에서 보험료 부과제도에 대한 적정성 평가에 대한 설명으로 옳은 것을 모두 고르면?**

보기
㉠ 보건복지부장관은 적정성 평가를 위한 조사 및 연구를 실시할 수 있다. ㉡ 보건복지부장관은 적정성 평가를 위해 실시하는 조사 및 연구를 비영리법인 또는 단체 등에 의뢰해 실시할 수 없다. ㉢ 보건복지부장관은 지방자치단체 및 공공기관 등에 대하여 적정성 평가에 관한 의견 또는 자료의 제출을 요청할 수 없다. ㉣ 보건복지부장관은 적정성 평가를 실시한 경우 그 결과를 제도개선위원회에 알려야 한다.

① ㉠, ㉡
② ㉠, ㉣
③ ㉡, ㉢
④ ㉡, ㉣
⑤ ㉠, ㉡, ㉣

16 다음은 보험료율 등에 대한 설명이다. 빈칸 ㉠~㉢에 들어갈 내용이 바르게 연결된 것은?

> ㉮ 직장가입자의 보험료율은 ___㉠___의 범위에서 정한다.
> ㉯ 국외에서 업무에 종사 중인 직장가입자에 대한 보험료율은 위의 ㉮에 따라 정해진 보험료율의 ___㉡___(으)로 한다.
> ㉰ 지역가입자의 보험료부과점수당 금액은 ___㉢___의 의결을 거쳐 대통령령으로 정한다.

① ㉠ : 1,000분의 40, ㉡ : 100분의 25, ㉢ : 재정운영위원회
② ㉠ : 1,000분의 80, ㉡ : 100분의 50, ㉢ : 재정운영위원회
③ ㉠ : 1,000분의 40, ㉡ : 100분의 25, ㉢ : 건강보험정책심의위원회
④ ㉠ : 1,000분의 80, ㉡ : 100분의 25, ㉢ : 건강보험정책심의위원회
⑤ ㉠ : 1,000분의 80, ㉡ : 100분의 50, ㉢ : 건강보험정책심의위원회

17 다음 중 보험료의 면제에 대한 설명으로 옳은 것은?

① 직장가입자가 1개월 미만으로 국외에 체류하는 경우에는 그 가입자의 보험료를 면제한다.
② 직장가입자가 현역병으로 입대하거나 교도소에 수용되면 그 가입자의 보험료는 면제된다.
③ 지역가입자가 군간부후보생이 된 경우에는 그 가입자가 속한 세대의 보험료를 산정할 때 그 가입자의 보험료부과점수를 제외하지 않는다.
④ 직장가입자의 보험료 면제에 대하여는 급여정지 사유가 생긴 날이 속하는 달부터 사유가 없어진 날이 속하는 달의 다음 달까지 적용한다.
⑤ 급여정지 사유가 매월 말일에 없어진 경우 그 달의 보험료를 면제하지 아니한다.

18 다음 〈보기〉에서 보험료 경감 대상지역으로 선정될 수 있는 지역으로 옳은 것을 모두 고르면?

> 보기
> ㉠ 요양기관까지 대중교통으로 이동하는 시간이 오래 걸리는 지역으로서 섬·벽지 지역
> ㉡ 농어촌주민의 보건복지 증진을 위한 특별법의 준농어촌에 대한 특례에 해당하는 지역
> ㉢ 군 및 도농복합 형태 시의 읍·면 지역
> ㉣ 시와 군의 지역 중 동(洞) 지역으로서 주거지역·상업지역 및 공업지역을 제외한 지역

① ㉠, ㉡
② ㉡, ㉢
③ ㉢, ㉣
④ ㉠, ㉢, ㉣
⑤ ㉠, ㉡, ㉢, ㉣

19 다음 중 보험료의 경감에 대한 설명으로 옳지 않은 것은?

① 보험료 경감의 방법·절차 등에 필요한 사항을 정하는 주체는 보건복지부장관이다.
② 보험료 납부의무자가 보험료의 납입 고지를 전자문서로 받는 경우에는 보험료를 감액할 수 있다.
③ 보험료 납부의무자가 보험료를 계좌 자동이체의 방법으로 내는 경우에는 보험료를 감액할 수 없다.
④ 65세 이상인 사람, 장애인복지법에 따라 등록한 장애인, 국가유공자, 휴직자 등의 가입자 또는 그 가입자가 속한 세대는 보험료의 일부를 경감할 수 있다.
⑤ 대통령령으로 정하는 지역인 섬에 거주하는 사람 또는 그 사람이 속한 세대는 보험료의 일부를 경감할 수 있다.

PART 2

20 다음은 보험료 경감 대상에 대한 설명이다. 빈칸 ㉠, ㉡에 들어갈 내용이 바르게 연결된 것은?

> 군 및 도농복합 형태 시의 읍·면 지역에 거주하는 지역가입자로서 사업소득이 __㉠__ 이하인 가입자에 대하여는 그 가입자 또는 그 가입자가 속한 세대의 보험료의 일부를 경감할 수 있다. 또한 직장가입자 중 휴직기간이 1개월 이상인 휴직자인 가입자 또는 그 가입자가 속한 세대의 보험료의 __㉡__를 경감할 수 있다.

① ㉠ : 월 100만 원, ㉡ : 일부
② ㉠ : 월 100만 원, ㉡ : 전부
③ ㉠ : 연간 500만 원, ㉡ : 일부
④ ㉠ : 연간 500만 원, ㉡ : 전부
⑤ ㉠ : 연간 700만 원, ㉡ : 일부

21 다음 중 보험료의 부담에 대한 설명으로 옳지 않은 것은?

① 직장가입자가 근로자인 경우에는 그 직장가입자와 사업주가 보수월액보험료를 각각 50%씩 부담한다.
② 직장가입자가 사립학교의 교원인 경우에 보험료액은 그 직장가입자가 30%를, 사립학교의 설립·운영자가 40%를, 국가가 30%를 부담한다.
③ 지역가입자의 보험료는 그 가입자가 속한 세대의 지역가입자 전원이 연대해 부담한다.
④ 직장가입자가 교직원인 경우에 사립학교의 설립·운영자가 부담액 전부를 부담할 수 없으면 그 부족액을 학교에 속하는 회계에서 부담하게 할 수 있다.
⑤ 직장가입자의 소득월액보험료는 직장가입자가 부담한다.

22 **다음 중 보험료 납부의무에 대한 설명으로 옳지 않은 것은?**

① 직장가입자의 보수월액보험료는 사용자가 납부해야 한다.
② 지역가입자의 보험료는 그 가입자가 속한 세대의 지역가입자 전원이 연대하여 납부한다.
③ 위의 ②의 경우에 부모가 모두 사망했으며 소득의 합이 연간 100만 원 이하인 미성년자 또한 납부의무를 부담한다.
④ 사용자는 보수월액보험료 중 직장가입자가 부담하는 그 달의 보험료액을 그 보수에서 공제하여 납부해야 한다.
⑤ 직장가입자가 사립학교에 근무하는 교직원이면 국가가 보험료액의 100분의 20을 부담한다.

23 **다음 〈보기〉에서 제2차 납부의무에 대한 설명으로 옳지 않은 것을 모두 고르면?**

보기

㉠ 법인의 재산으로 그 법인이 납부하여야 하는 보험료, 연체금 및 체납처분비를 충당해도 부족할 때에는 해당 법인에게 보험료의 납부의무가 부과된 날 현재의 과점주주는 그 부족한 금액에 대해 제2차 납부의무를 진다.
㉡ 위의 ㉠의 경우에 제2차 납부의무를 부담하는 과점주주의 경우에는 그 부족한 금액을 그 법인의 발행주식 총수(의결권이 없는 주식을 포함한다) 또는 출자총액으로 나눈 금액에 해당 과점주주가 실질적으로 권리를 행사하는 주식 수(의결권이 없는 주식을 포함한다) 또는 출자액을 곱해 산출한 금액을 한도로 한다.
㉢ 사업이 양도·양수된 경우에 양도일 이전에 양도인에게 납부의무가 부과된 보험료, 연체금 및 체납처분비를 양도인의 재산으로 충당해도 부족한 경우에는 사업의 양수인이 그 부족한 금액에 대하여 양수한 재산의 가액을 한도로 제2차 납부의무를 진다.
㉣ 위의 ㉢의 경우에 납부의무를 지는 사업의 양수인은 사업장별로 그 사업에 관한 모든 권리(미수금에 관한 것은 포함한다)와 모든 의무(미지급금에 관한 것은 포함한다)를 포괄적으로 승계한 자로 한다.

① ㉠, ㉡
② ㉠, ㉣
③ ㉡, ㉣
④ ㉡, ㉢, ㉣
⑤ ㉠, ㉡, ㉢

24 다음 〈보기〉에서 보험료의 납부기한에 대한 설명으로 옳지 않은 것을 모두 고르면?

> 보기
>
> ㉠ 보험료 납부의무자는 가입자에 대한 그 달의 보험료를 그 다음 달 말일까지 납부해야 한다.
> ㉡ 직장가입자의 소득월액보험료는 분기별로 납부할 수 없다.
> ㉢ 납입 고지의 송달이 지연되었을 경우에는 정해진 납부기한부터 1개월의 범위에서 납부기한을 연장할 수 있다.
> ㉣ 자동 계좌이체로 보험료를 내는 경우로서 정보통신망의 장애로 납부기한까지 이체되지 않은 경우에는 납부기한을 연장할 수 없다.

① ㉠, ㉢
② ㉢, ㉣
③ ㉠, ㉡, ㉣
④ ㉠, ㉢, ㉣
⑤ ㉡, ㉢, ㉣

PART 2

25 다음은 납부기한의 연장에 대한 설명이다. 빈칸에 들어갈 기간으로 옳은 것은?

> 납부의무자의 책임 없는 사유로 납입고지서가 납부기한이 지나서 송달된 사유로 납부기한의 연장을 신청하려는 사람은 해당 보험료의 납부기한으로부터 ______ 이내에 보험료 납부기한 연장신청서를 국민건강보험공단에 제출해야 한다.

① 15일
② 1개월
③ 2개월
④ 3개월
⑤ 4개월

26 다음은 가산금에 대한 설명이다. 빈칸에 들어갈 내용으로 옳은 것은?

> 사업장의 사용자가 직장가입자가 될 수 없는 자를 거짓으로 보험자에게 직장가입자로 신고한 경우 국민건강보험공단은 아래 ㉮의 금액에서 ㉯의 금액을 뺀 금액의 ______에 상당하는 가산금을 그 사용자에게 부과하여 징수한다.
> ㉮ 사용자가 직장가입자로 신고한 사람이 직장가입자로 처리된 기간 동안 그 가입자가 부담해야 하는 보험료의 총액
> ㉯ 위의 ㉮의 기간 동안 국민건강보험공단이 해당 가입자에 대하여 부과한 보험료의 총액

① 100분의 10
② 100분의 20
③ 100분의 30
④ 100분의 40
⑤ 100분의 50

27 **다음 중 사용자에게 부과하는 가산금이 얼마 미만일 경우에 그 가산금을 징수하지 않을 수 있는가?**

① 3,000원　　② 5,000원
③ 7,000원　　④ 10,000원
⑤ 15,000원

28 **다음 중 보험료 등의 납입 고지에 대한 설명으로 옳지 않은 것은?**

① 국민건강보험공단은 납무의무자에게 징수하려는 보험료 등의 종류, 납부해야 하는 금액, 납부기한 및 장소를 적은 문서로 납입 고지를 해야 한다.
② 납부의무자의 신청에 따라 전자문서로 납입 고지를 하는 경우에도 종이로 인쇄된 문서를 함께 우편으로 송달해야 한다.
③ 지역가입자의 세대가 2명 이상으로 구성된 경우 그중 1명에게 한 고지는 세대 구성원인 다른 지역가입자 모두에게 효력이 있는 것으로 본다.
④ 휴직자 등의 보험료는 휴직 등의 사유가 끝날 때까지 납입 고지를 유예할 수 있다.
⑤ 국민건강보험공단이 고지하는 전자문서가 보건복지부령으로 정하는 정보통신망에 저장된 경우 납입 고지가 그 납부의무자에게 도달된 것으로 본다.

29 **다음은 보험료 등의 납입 고지 기한에 대한 설명이다. 빈칸에 들어갈 기간으로 옳은 것은?**

국민건강보험공단은 보험료 등의 납입 고지를 할 때에는 납부의무자에게 보험료 등의 납부기한 ______ 전까지 납입고지서를 발급하여야 한다.

① 10일　　② 15일
③ 20일　　④ 25일
⑤ 30일

30 **다음은 보수월액보험료 납입 고지 유예에 대한 설명이다. 빈칸 ㉠, ㉡에 들어갈 기간이 바르게 연결된 것은?**

> 사용자는 휴직자 등의 보수월액보험료에 대한 납입 고지를 유예받으려면 휴직 등의 사유가 발생한 날부터 ___㉠___ 이내에 휴직자 등 직장가입자 보험료 납입 고지 유예(유예 해지) 신청서를 국민건강보험공단에 제출해야 한다. 또한 사용자는 신청서가 제출된 후 납입 고지 유예 사유가 없어진 경우에는 그 사유가 없어진 날부터 ___㉡___ 이내에 휴직자 등 직장가입자 보험료 납입 고지 유예(유예 해지) 신청서를 국민건강보험공단에 제출해야 한다.

① ㉠ : 14일, ㉡ : 14일
② ㉠ : 14일, ㉡ : 20일
③ ㉠ : 14일, ㉡ : 30일
④ ㉠ : 20일, ㉡ : 14일
⑤ ㉠ : 20일, ㉡ : 30일

31 **다음 〈보기〉에서 신용카드 등으로 하는 보험료 등의 납부에 대한 설명으로 옳지 않은 것을 모두 고르면?**

> **보기**
> ㉠ 보험료 등을 납부하는 자는 보험료 등 납부대행기관을 통해 직불카드로 납부할 수 있다.
> ㉡ 신용카드로 보험료 등을 납부하는 경우에는 보험료 등 납부대행기관의 승인일을 납부일로 본다.
> ㉢ 보험료 등 납부대행기관은 납부를 대행하는 대가로 수수료를 받을 수 없다.
> ㉣ 보험료 등 납부대행기관의 지정 및 운영에 필요한 사항은 보건복지부령으로 정한다.

① ㉠, ㉢
② ㉠, ㉣
③ ㉡, ㉢
④ ㉡, ㉣
⑤ ㉢, ㉣

32 **다음은 연체금에 대한 설명이다. 빈칸 ㉠, ㉡에 들어갈 내용이 바르게 연결된 것은?**

> ㉮ 보험료 등의 납부의무자가 보험료 또는 보험급여 제한 기간 중 받은 보험급여에 대한 징수금을 체납한 경우에 납부의무자가 납부기한까지 보험료 등을 내지 않으면 국민건강보험공단은 그 납부기한이 지난 날부터 매 1일이 경과할 때마다 해당 체납금액의 ___㉠___에 해당하는 연체금을 징수한다. 이 경우 연체금은 해당 체납금액의 1,000분의 20을 넘지 못한다.
> ㉯ 보험료 등의 납부의무자가 보험료 또는 보험급여 제한 기간 중 받은 보험급여에 대한 징수금을 체납한 경우에 납부의무자가 체납된 보험료 등을 내지 않으면 국민건강보험공단은 납부기한 후 30일이 지난 날부터 매 1일이 경과할 때마다 해당 체납금액의 ___㉡___에 해당하는 연체금을 위의 ㉮에 따른 연체금에 더하여 징수한다. 이 경우 연체금은 해당 체납금액의 1,000분의 50을 넘지 못한다.

① ㉠ : 1,500분의 1, ㉡ : 2,000분의 1
② ㉠ : 1,500분의 1, ㉡ : 3,000분의 1
③ ㉠ : 1,500분의 1, ㉡ : 6,000분의 1
④ ㉠ : 2,000분의 1, ㉡ : 3,000분의 1
⑤ ㉠ : 2,000분의 1, ㉡ : 6,000분의 1

33 **다음 중 보험료 등의 독촉 및 체납처분에 대한 설명으로 옳지 않은 것은?**

① 보험료 등을 내야 하는 자가 보험료 등을 내지 않아 국민건강보험공단이 독촉할 때 직장가입자의 사용자가 2명 이상인 경우에는 그중 1명에게 한 독촉은 해당 사업장의 다른 사용자 모두에게 효력이 있는 것으로 본다.
② 보험료 등을 내야 하는 자가 보험료 등을 내지 않아 국민건강보험공단이 기한을 정해 독촉할 때에는 30일 이상 60일 이내의 납부기한을 정해 독촉장을 발부한다.
③ 납입 독촉을 받은 자가 그 납부기한까지 보험료 등을 내지 않아 국민건강보험공단이 국세 체납처분의 예에 따라 체납처분을 하는 경우에 국민건강보험공단은 그 체납처분을 하기 전에 보험료 등 체납 내역, 압류 가능한 재산의 종류, 압류 예정 사실 및 소액금융재산에 대한 압류금지 사실 등이 포함된 통보서를 발송해야 한다.
④ 국민건강보험공단은 국세 체납처분의 예에 따라 압류하거나 압류한 재산을 직접 공매하는 것이 적당하지 않다고 인정할 때는 한국자산관리공사에 공매를 대행하게 할 수 있으며, 이 경우 국민건강보험공단은 한국자산관리공사에 수수료를 지급할 수 있다.
⑤ 국민건강보험공단은 독촉을 받은 자가 납부기한까지 보험료 등을 내지 않으면 국세 체납처분의 예에 따라 이를 징수할 수 있다.

34 다음 밑줄 친 ㉮에 해당하는 경우로 옳은 것을 〈보기〉에서 모두 고르면?

국민건강보험공단은 체납처분을 하기 전에 보험료 등의 체납 내역, 압류 가능한 재산의 종류, 압류 예정 사실 및 소액금융재산에 대한 압류금지 사실 등이 포함된 통보서를 발송해야 한다. 다만, 법인 해산 등 긴급히 체납처분을 할 필요가 있는 경우로서 ㉮ 대통령령으로 정하는 경우에는 그렇지 않다.

보기

㉠ 경매가 시작된 경우
㉡ 강제집행을 받는 경우
㉢ 어음교환소에서 거래정지처분을 받는 경우
㉣ 지방세 또는 공과금의 체납으로 체납처분을 받는 경우

① ㉠, ㉡
② ㉡, ㉢
③ ㉠, ㉢, ㉣
④ ㉡, ㉢, ㉣
⑤ ㉠, ㉡, ㉢, ㉣

PART 2

35 다음은 체납 또는 결손처분 자료의 제공에 대한 설명이다. 빈칸에 들어갈 금액으로 옳은 것은?

국민건강보험공단은 보험료 징수를 위해 필요한 경우에 종합신용정보집중기관이 국민건강보험법에 따른 납부기한의 다음 날부터 1년이 지난 보험료, 국민건강보험법에 따른 그 밖의 징수금과 체납처분비의 총액이 ______ 이상인 자에 해당하는 체납자의 인적사항·체납액에 관한 자료를 요구할 때에는 그 자료를 제공할 수 있다. 다만, 체납된 보험료와 관련하여 행정심판 또는 행정소송이 계류 중인 경우는 그렇지 않다.

① 100만 원
② 300만 원
③ 500만 원
④ 800만 원
⑤ 1,000만 원

36 다음 〈보기〉에서 국민건강보험공단이 종합신용정보집중기관으로부터 체납자 또는 결손처분자의 체납 등 자료의 요구를 받았을 때 이를 거절할 수 있는 경우로 옳은 것을 모두 고르면?

보기

㉠ 체납자가 사업이 중대한 위기에 처해 체납액을 낼 수 없는 경우
㉡ 체납자가 도난으로 재산이 심하게 손실되어 체납액을 낼 수 없는 경우
㉢ 체납자가 회생계획인가의 결정에 따라 체납액을 회생계획의 납부일정에 따라 내고 있는 경우
㉣ 체납자가 회생계획인가의 결정에 따라 체납액의 징수를 유예받고 그 유예기간 중에 있는 경우

① ㉠, ㉡
② ㉡, ㉢
③ ㉠, ㉢, ㉣
④ ㉡, ㉢, ㉣
⑤ ㉠, ㉡, ㉢, ㉣

37 다음 〈보기〉에서 보험료의 납부증명에 대한 설명으로 옳은 것을 모두 고르면?

보기

㉠ 보험료의 납부의무자는 공공기관으로부터 공사·용역 등 계약의 대가를 지급받는 경우에는 보험료와 그에 따른 연체금 및 체납처분비의 납부사실을 증명해야 한다.

㉡ 위의 ㉠의 경우에 납부의무자가 계약대금의 일부를 체납한 보험료로 납부하려는 때에도 보험료와 그에 따른 연체금 및 체납처분비의 납부사실을 증명해야 한다.

㉢ 납부의무자가 위의 ㉠에 따라 납부사실을 증명해야 할 경우 위의 ㉠의 계약을 담당하는 공공기관은 국민건강보험공단에 조회해 보험료와 그에 따른 연체금 및 체납처분비의 납부 여부를 확인하는 것으로 납부증명을 갈음할 수 있다.

① ㉢
② ㉠, ㉡
③ ㉠, ㉢
④ ㉡, ㉢
⑤ ㉠, ㉡, ㉢

38 다음은 체납보험료의 분할납부에 대한 설명이다. 빈칸 ㉠, ㉡에 들어갈 내용이 바르게 연결된 것은?

㉮ 국민건강보험공단은 보험료를 ___㉠___ 이상 체납한 자가 신청하는 경우에는 분할납부를 승인할 수 있다.

㉯ 국민건강보험공단은 위의 ㉮에 따라 분할납부 승인을 받은 자가 정당한 사유 없이 ___㉡___(위의 ㉮에 따라 승인받은 분할납부 횟수가 ___㉡___ 미만인 경우에는 해당 분할납부 횟수를 말한다) 이상 그 승인된 보험료를 납부하지 않을 경우 그 분할납부의 승인을 취소한다.

① ㉠ : 3회, ㉡ : 3회
② ㉠ : 3회, ㉡ : 4회
③ ㉠ : 3회, ㉡ : 5회
④ ㉠ : 5회, ㉡ : 5회
⑤ ㉠ : 5회, ㉡ : 7회

39 다음은 국민건강보험공단이 납부의무자에게 과오납금을 환급할 때 가산하는 이자에 대한 설명이다. 빈칸에 들어갈 내용으로 옳은 것은?

국민건강보험공단은 과오납금을 납부의무자에게 환급할 경우에는 과오납금에 이자를 가산해야 한다. 이때 "이자"는 보험료 등·연체금 또는 체납처분비가 ______ 이상 분할 납부된 경우로서 해당 환급금이 최종 분할납부된 금액보다 적거나 같은 경우에는 최종 분할납부일부터 과오납금을 보험료 등·연체금 또는 체납처분비에 충당하는 날까지의 기간에 대해 과오납금에 국세환급가산금의 이자율을 곱하여 산정한 금액을 말한다.

① 2회
② 3회
③ 4회
④ 5회
⑤ 6회

07 이의신청 및 심판청구 등

1. 이의신청과 심판청구

(1) 이의신청(법 제87조)

① **공단의 처분에 대한 이의신청** : 가입자 및 피부양자의 자격, 보험료 등, 보험급여, 보험급여 비용에 관한 **공단의 처분**에 이의가 있는 자는 **공단에 이의신청**을 할 수 있다.

② **심사평가원의 처분에 대한 이의신청** : 요양급여비용 및 요양급여의 적정성 평가 등에 관한 **심사평가원의 처분**에 이의가 있는 공단, 요양기관 또는 그 밖의 자는 **심사평가원에 이의신청**을 할 수 있다.

③ **이의신청 기간** : ① 및 ②에 따른 이의신청은 처분이 있음을 안 날부터 90일 **이내**에 문서(전자문서를 포함한다)로 하여야 하며 처분이 있은 날부터 180**일을 지나면 제기하지 못한다**. 다만, 정당한 사유로 그 기간에 이의신청을 할 수 없었음을 소명한 경우에는 그러하지 아니하다.

④ **요양급여 대상 여부의 확인 등에 대한 이의신청** : ③의 본문에도 불구하고 요양기관이 **요양급여 대상 여부의 확인 등**에 따른 심사평가원의 확인에 대하여 이의신청을 하려면 통보받은 날부터 30일 **이내**에 하여야 한다.

⑤ ①부터 ④까지에서 규정한 사항 외에 이의신청의 방법·결정 및 그 결정의 통지 등에 필요한 사항은 대통령령으로 정한다.

(2) 이의신청위원회(영 제53조부터 제58조)

① **이의신청위원회의 설치(영 제53조)** : 공단 및 심사평가원의 처분에 대한 이의신청을 효율적으로 처리하기 위하여 **공단 및 심사평가원**에 각각 **이의신청위원회를 설치**한다.

② **이의신청위원회의 구성 등(영 제54조)**

㉠ 이의신청위원회는 각각 위원장 1명을 포함한 25**명의 위원**으로 구성한다.

㉡ 공단에 설치하는 이의신청위원회의 위원장은 **공단의 이사장이 지명하는 공단의 상임이사**가 되고, 위원은 **공단의 이사장이 임명하거나 위촉**하는 다음 각 호의 사람으로 한다.

1. 공단의 임직원 1명
2. 사용자단체 및 근로자단체가 각각 4명씩 추천하는 8명
3. 시민단체, 소비자단체, 농어업인 단체 및 자영업자단체가 각각 2명씩 추천하는 8명
4. 변호사, 사회보험 및 의료에 관한 학식과 경험이 풍부한 사람 7명

㉢ 심사평가원에 설치하는 이의신청위원회의 위원장은 **심사평가원의 원장이 지명하는 심사평가원의 상임이사**가 되고, 위원은 **심사평가원의 원장이 임명하거나 위촉**하는 다음 각 호의 사람으로 한다.

1. 심사평가원의 임직원 1명
2. 가입자를 대표하는 단체(시민단체를 포함한다)가 추천하는 사람 5명
3. 변호사, 사회보험에 관한 학식과 경험이 풍부한 사람 4명
4. 의약 관련 단체가 추천하는 사람 14명

㉣ ㉡과 ㉢에 따라 위촉된 위원의 임기는 3년으로 한다.

③ 이의신청위원회의 운영(영 제55조)

㉠ 이의신청위원회의 위원장은 이의신청위원회 회의를 소집하고, 그 의장이 된다. 이 경우 위원장이 부득이한 사유로 직무를 수행할 수 없을 때에는 **위원장이 지명하는 위원이 그 직무를 대행**한다.

㉡ 이의신청위원회의 회의는 **위원장**과 위원장이 **회의마다 지명하는 6명의 위원**으로 구성한다.

㉢ 이의신청위원회의 회의는 ㉡에 따른 구성원 **과반수의 출석**으로 개의하고, 출석위원 **과반수의 찬성**으로 의결한다.

㉣ 이의신청위원회의 회의에 출석한 위원장 및 소속 임직원을 제외한 나머지 위원에게는 예산의 범위에서 **수당과 여비**, 그 밖에 필요한 **경비를 지급**할 수 있다.

㉤ 이의신청위원회의 회의에 부치는 안건의 범위, 그 밖에 이의신청위원회의 운영에 필요한 사항은 이의신청위원회의 의결을 거쳐 위원장이 정한다.

④ **이의신청 등의 방식**(영 제56조) : 이의신청 및 그에 대한 결정은 보건복지부령으로 정하는 서식에 따른다.

⑤ **이의신청 결정의 통지**(영 제57조) : 공단과 심사평가원은 이의신청에 대한 결정을 하였을 때에는 지체 없이 신청인에게 결정서의 정본(正本)을 보내고, 이해관계인에게는 그 사본을 보내야 한다.

⑥ 이의신청 결정기간(영 제58조)

㉠ 공단과 심사평가원은 이의신청을 받은 날부터 **60일 이내**에 결정을 하여야 한다. 다만, 부득이한 사정이 있는 경우에는 **30일의 범위에서 그 기간을 연장**할 수 있다.

㉡ 공단과 심사평가원은 결정기간을 연장하려면 **결정기간이 끝나기 7일 전까지** 이의신청을 한 자에게 그 사실을 알려야 한다.

(3) 심판청구(법 제88조)

① **건강보험분쟁조정위원회에 대한 심판청구** : 이의신청에 대한 결정에 불복하는 자는 **건강보험분쟁조정위원회에 심판청구**를 할 수 있다. 이 경우 심판청구의 제기기간 및 제기방법에 관하여는 **(1)**의 ③을 준용한다.

② **심판청구서의 제출** : 심판청구를 하려는 자는 대통령령으로 정하는 **심판청구서를 처분을 한 공단 또는 심사평가원**에 제출하거나 **건강보험분쟁조정위원회에 제출**하여야 한다.

③ ① 및 ②에서 규정한 사항 외에 심판청구의 절차・방법・결정 및 그 결정의 통지 등에 필요한 사항은 대통령령으로 정한다.

(4) 심판청구서의 제출 등(영 제59조)

① **심판청구서 기재 사항** : 심판청구를 하려는 자는 다음 각 호의 사항을 적은 **심판청구서를 공단, 심사평가원** 또는 **건강보험분쟁조정위원회("분쟁조정위원회")**에 제출하여야 한다. 이 경우 정당한 권한이 없는 자에게 심판청구서가 제출되었을 때에는 심판청구서를 받은 자는 그 심판청구서를 정당한 권한이 있는 자에게 보내야 한다.

1. 청구인과 처분을 받은 자의 성명・주민등록번호 및 주소(법인인 경우에는 법인의 명칭, 법인등록번호 및 주사무소의 소재지를 말한다)
2. 처분을 한 자(공단 이사장 또는 심사평가원 원장의 위임을 받아 분사무소의 장이 처분을 한 경우에는 그 분사무소의 장을 말한다. 이하 같다)
3. 처분의 요지 및 처분이 있음을 안 날

4. 심판청구의 취지 및 이유
5. 청구인이 처분을 받은 자가 아닌 경우에는 처분을 받은 자와의 관계
6. 첨부서류의 표시
7. 심판청구에 관한 고지의 유무 및 그 내용

② 공단과 심사평가원은 ①에 따라 심판청구서를 받으면 그 심판청구서를 받은 날부터 10일 이내에 그 심판청구서에 처분을 한 자의 답변서 및 이의신청 결정서 사본을 첨부하여 분쟁조정위원회에 제출하여야 한다.

③ 분쟁조정위원회는 ①에 따라 심판청구서를 받으면 지체 없이 그 사본 또는 부본(副本)을 공단 또는 심사평가원 및 이해관계인에게 보내고, 공단 또는 심사평가원은 그 사본 또는 부본을 받은 날부터 10일 이내에 처분을 한 자의 답변서 및 이의신청 결정서 사본을 분쟁조정위원회에 제출하여야 한다.

④ ①의 후단에 따라 심판청구서를 정당한 권한이 있는 자에게 보냈을 때에는 지체 없이 그 사실을 청구인에게 알려야 한다.

⑤ 심판청구 제기기간을 계산할 때에는 ①에 따라 공단, 심사평가원, 분쟁조정위원회 또는 정당한 권한이 없는 자에게 심판청구서가 제출된 때에 심판청구가 제기된 것으로 본다.

(5) 심판청구 결정의 통지 및 심판청구 결정기간(영 제60조 · 제61조)

① **심판청구 결정의 통지(영 제60조)** : 분쟁조정위원회의 위원장은 심판청구에 대하여 결정을 하였을 때에는 다음 각 호의 사항을 적은 결정서에 서명 또는 기명날인하여 지체 없이 청구인에게는 결정서의 정본을 보내고, 처분을 한 자 및 이해관계인에게는 그 사본을 보내야 한다.

1. 청구인의 성명 · 주민등록번호 및 주소(법인인 경우에는 법인의 명칭, 법인등록번호 및 주사무소의 소재지를 말한다)
2. 처분을 한 자
3. 결정의 주문(主文)
4. 심판청구의 취지
5. 결정 이유
6. 결정 연월일

② **심판청구 결정기간(영 제61조)**

㉠ 분쟁조정위원회는 심판청구서가 제출된 날부터 60일 이내에 결정을 하여야 한다. 다만, 부득이한 사정이 있는 경우에는 30일의 범위에서 그 기간을 연장할 수 있다.

㉡ ㉠의 단서에 따라 결정기간을 연장하려면 결정기간이 끝나기 7일 전까지 청구인에게 그 사실을 알려야 한다.

더 알아보기

전자문서를 이용한 업무 처리 등(규칙 제65조)

① 공단 및 심사평가원은 국민건강보험법 · 영 및 이 규칙에 따른 청구 · 신청 · 신고 등을 전자문서로 하도록 할 수 있고, 통지 등의 업무를 전산매체 또는 정보통신망을 이용하여 전자문서로 처리할 수 있다.

② ①에 따라 전자문서로 처리하는 경우에는 전자정부법 제2조 제7호(전자문서) 및 제7조(전자정부서비스의 신청 등)를 준용한다.

2. 건강보험분쟁조정위원회와 행정소송

(1) 건강보험분쟁조정위원회(법 제89조)

① 분쟁조정위원회의 설치 : 심판청구를 심리·의결하기 위하여 보건복지부에 분쟁조정위원회를 둔다.

② 분쟁조정위원회의 구성 : 분쟁조정위원회는 위원장을 포함하여 60명 이내의 위원으로 구성하고, 위원장을 제외한 위원 중 1명은 당연직위원으로 한다. 이 경우 공무원이 아닌 위원이 전체 위원의 과반수가 되도록 하여야 한다.

③ 분쟁조정위원회의 회의의 구성 : 분쟁조정위원회의 회의는 위원장, 당연직위원 및 위원장이 매 회의마다 지정하는 7명의 위원을 포함하여 총 9명으로 구성하되, 공무원이 아닌 위원이 과반수가 되도록 하여야 한다.

④ 의결 조건 : 분쟁조정위원회는 ③에 따른 구성원 과반수의 출석과 출석위원 과반수의 찬성으로 의결한다.

⑤ 사무국의 설치 : 분쟁조정위원회를 실무적으로 지원하기 위하여 분쟁조정위원회에 사무국을 둔다.

⑥ ①부터 ⑤까지에서 규정한 사항 외에 분쟁조정위원회 및 사무국의 구성 및 운영 등에 필요한 사항은 대통령령으로 정한다.

⑦ 공무원 의제 : 분쟁조정위원회의 위원 중 공무원이 아닌 사람은 형법 제129조부터 제132조까지의 규정을 적용할 때 공무원으로 본다.

※ 공무원의 직무에 관한 죄(형법 제129조부터 제132조) : 수뢰, 사전수뢰(제129조), 제3자 뇌물제공(제130조), 수뢰후부정처사, 사후수뢰(제131조), 알선수뢰(제132조)

(2) 분쟁조정위원회의 구성 등(영 제62조)

① 위원장과 위원 : 분쟁조정위원회의 위원장은 보건복지부장관의 제청으로 대통령이 임명하고, 위원은 다음 각 호의 사람 중에서 보건복지부장관이 임명하거나 위촉한다.

1. 4급 이상 공무원 또는 고위공무원단에 속하는 일반직공무원으로 재직 중이거나 재직하였던 사람
2. 판사·검사 또는 변호사 자격이 있는 사람
3. 대학·산업대학·교육대학에서 사회보험 또는 의료와 관련된 분야에 부교수 이상으로 재직하고 있는 사람
4. 사회보험 또는 의료에 관한 학식과 경험이 풍부한 사람

② 당연직위원 : ①의 제1호의 위원 중 심판청구에 관한 업무를 담당하는 공무원으로 한다.

(3) 분쟁조정위원회 위원의 해임 및 해촉(영 제62조의2)

보건복지부장관은 분쟁조정위원회 위원이 다음 각 호의 어느 하나에 해당하는 경우에는 해당 분쟁조정위원회 위원을 해임하거나 해촉할 수 있다.

1. 심신장애로 인하여 직무를 수행할 수 없게 된 경우
2. 직무와 관련된 비위사실이 있는 경우
3. 직무태만, 품위손상이나 그 밖의 사유로 인하여 위원으로 적합하지 아니하다고 인정되는 경우
4. 위원 제척 사유의 어느 하나에 해당하는 데에도 불구하고 회피하지 아니한 경우
5. 위원 스스로 직무를 수행하는 것이 곤란하다고 의사를 밝히는 경우

(4) 분쟁조정위원회 위원장의 직무(영 제63조)

① 분쟁조정위원회의 위원장 : 분쟁조정위원회를 대표하고, 분쟁조정위원회의 사무를 총괄한다.

② 위원장의 직무대행 : 분쟁조정위원회의 위원장이 부득이한 사유로 직무를 수행할 수 없을 때에는 위원장이 지명하는 위원이 그 직무를 대행한다.

(5) 분쟁조정위원회 위원의 임기(영 제64조)

분쟁조정위원회 위원의 임기는 3년으로 한다. 다만, (2)의 ① 제1호에 따른 위원 중 공무원인 위원의 임기는 그 직위에 재임하는 기간으로 한다.

(6) 분쟁조정위원회의 회의(영 제65조)

① 분쟁조정위원회의 위원장은 분쟁조정위원회의 회의를 소집하고, 그 의장이 된다.

② 이 영에서 규정한 사항 외에 분쟁조정위원회 운영에 필요한 사항은 분쟁조정위원회의 의결을 거쳐 위원장이 정한다.

(7) 분쟁조정위원회 위원의 제척 · 기피 · 회피(영 제65조의2)

① 제척 사유 : 분쟁조정위원회의 위원이 다음 각 호의 어느 하나에 해당하는 경우에는 분쟁조정위원회의 심리 · 의결에서 제척된다.

1. 위원 또는 그 배우자나 배우자였던 사람이 해당 안건의 당사자가 되거나 그 안건의 당사자와 공동권리자 또는 공동의무자인 경우
2. 위원이 해당 안건의 당사자와 친족이거나 친족이었던 경우
3. 위원이 해당 안건에 대하여 증언 · 진술 · 자문 · 연구 또는 용역을 한 경우
4. 위원이나 위원이 속한 법인이 해당 안건의 당사자의 대리인이거나 대리인이었던 경우
5. 위원이 해당 안건의 원인이 된 처분이나 부작위에 관여하거나 관여하였던 경우

② 기피 신청 : 당사자는 위원에게 공정한 심리 · 의결을 기대하기 어려운 사정이 있는 경우에는 분쟁조정위원회에 기피 신청을 할 수 있고, 분쟁조정위원회는 의결로 이를 결정한다. 이 경우 기피 신청의 대상인 위원은 그 의결에 참여하지 못한다.

③ 위원은 ①의 각 호에 따른 제척 사유에 해당하는 경우에는 스스로 해당 안건의 심리 · 의결에서 회피하여야 한다.

(8) 분쟁조정위원회의 간사(영 제66조)

① 분쟁조정위원회의 사무를 처리하기 위하여 분쟁조정위원회에 간사 1명을 둔다.

② 간사는 보건복지부 소속 공무원 중에서 보건복지부장관이 지명한다.

(9) 분쟁조정위원회 위원의 수당(영 제67조)

분쟁조정위원회에 출석한 위원에게는 예산의 범위에서 수당과 여비, 그 밖에 필요한 경비를 지급할 수 있다. 다만, 공무원인 위원이 소관 업무와 직접 관련하여 출석하는 경우에는 그러하지 아니하다.

(10) 행정소송(법 제90조)

공단 또는 심사평가원의 처분에 이의가 있는 자와 이의신청 또는 심판청구에 대한 결정에 불복하는 자는 행정소송법에서 정하는 바에 따라 행정소송을 제기할 수 있다.

핵심 쏙쏙! OX문제

※ 다음 문제의 진위 여부를 판단해 O 또는 ×를 선택하시오.

01 공단과 심사평가원의 처분에 따른 이의신청은 처분이 있음을 안 날부터 30일 이내에 문서로 해야 하며, 처분이 있은 날부터 90일을 지나면 제기하지 못한다. [O|×]

02 공단과 심사평가원에 설치되는 이의신청위원회의 위원은 각각 30명씩으로 같다. [O|×]

03 공단의 이의신청위원회의 위원 가운데 가장 높은 비율을 차지하는 부문은 '변호사, 사회보험 및 의료에 관한 학식과 경험이 풍부한' 위원이다. [O|×]

04 이의신청위원회의 위원장이 직무를 수행할 수 없을 때에는 위원 중에서 부위원장을 호선하여 위원장의 직무를 대행하게 해야 한다. [O|×]

05 이의신청위원회의 회의에 부치는 안건의 범위, 그 밖에 이의신청위원회의 운영에 필요한 사항은 이의신청위원회의 의결을 거쳐 위원장이 정한다. [O|×]

06 공단과 심사평가원은 이의신청에 대한 결정을 하였을 때에는 지체 없이 신청인에게 결정서의 정본을 보내고, 이해관계인에게는 그 사본을 보내야 한다. [O|×]

07 공단과 심사평가원은 이의신청을 받은 날부터 30일 이내에 결정을 해야 하는데, 부득이한 사정으로 그 기한을 지키지 못하는 경우에는 15일의 범위에서 그 기간을 연장할 수 있다. [O|×]

08 이의신청에 대한 결정에 불복해 심판청구를 하려는 자는 해당 처분을 한 공단 또는 심사평가원이나 분쟁조정위원회에 심판청구서를 제출해야 한다. [O|×]

09 분쟁조정위원회의 위원장은 심판청구에 대하여 결정을 했을 때에는 청구인의 성명·주민등록번호 및 주소 외에 필요한 사항을 적은 결정서에 서명 또는 기명날인해 30일 이내에 처분을 한 자 및 이해관계인에게는 결정서의 정본을 보내고, 청구인에게는 그 사본을 보내야 한다. [O|×]

10 분쟁조정위원회는 심판청구서가 제출된 날부터 30일 이내에 결정을 해야 한다. [O|×]

11 분쟁조정위원회는 60명 이내의 위원으로 구성되고, 위원장을 제외한 위원 중 1명은 당연직위원이다. [○|×]

12 분쟁조정위원회의 회의에 참여하는 위원은 공무원이 아닌 위원이 과반수가 되어야 하며, 구성원 과반수의 출석과 출석위원 과반수의 찬성으로 의결한다. [○|×]

13 분쟁조정위원회의 위원장은 보건복지부장관이 임명하고, 위원은 위원장의 제청으로 보건복지부장관이 임명한다. [○|×]

14 4급 이상 공무원 또는 고위공무원단에 속하는 일반직공무원으로 재직 중이거나 재직했던 사람은 분쟁조정위원회의 위원으로 임명될 수 있다. [○|×]

15 당사자는 분쟁조정위원회의 위원에게 공정한 심리·의결을 기대하기 어려운 사정이 있는 경우에는 보건복지부장관에게 기피 신청을 할 수 있다. [○|×]

OX문제 정답

01	02	03	04	05	06	07	08	09	10	11	12	13	14	15					
×	×	×	×	○	○	×	○	×	×	○	○	×	○	×					

01 이의신청은 처분이 있음을 안 날부터 90일 이내에 문서(전자문서를 포함한다)로 하여야 하며 처분이 있은 날부터 180일을 지나면 제기하지 못한다(법 제87조 제3항 전단).

02 공단 및 심사평가원의 처분에 대한 이의신청을 효율적으로 처리하기 위하여 공단 및 심사평가원에 각각 이의신청위원회를 설치한다(영 제53조). 이의신청위원회는 각각 위원장 1명을 포함한 25명의 위원으로 구성한다(영 제54조 제1항).

03 이의신청위원회의 위원은 위원장 1명을 포함해 모두 25명이며(영 제54조 제1항), 위원장이 아닌 위원은 공단의 임직원 1명, 사용자단체 및 근로자단체가 각각 4명씩 추천하는 8명, 시민단체, 소비자단체, 농어업인 단체 및 자영업자단체가 각각 2명씩 추천하는 8명, 변호사, 사회보험 및 의료에 관한 학식과 경험이 풍부한 사람 7명이다(영 제54조 제2항 제1호부터 제4호).

04 위원장이 부득이한 사유로 직무를 수행할 수 없을 때에는 위원장이 지명하는 위원이 그 직무를 대행한다(영 제55조 제1항 후단).

07 공단과 심사평가원은 이의신청을 받은 날부터 60일 이내에 결정을 하여야 한다. 다만, 부득이한 사정이 있는 경우에는 30일의 범위에서 그 기간을 연장할 수 있다(영 제58조 제1항).

09 분쟁조정위원회의 위원장은 심판청구에 대하여 결정을 하였을 때에는 결정서에 서명 또는 기명날인하여 지체 없이 청구인에게는 결정서의 정본을 보내고, 처분을 한 자 및 이해관계인에게는 그 사본을 보내야 한다(영 제60조 각 호 외의 부분).

10 분쟁조정위원회는 심판청구서가 제출된 날부터 60일 이내에 결정을 하여야 한다(영 제61조 제1항 전단).

13 분쟁조정위원회의 위원장은 보건복지부장관의 제청으로 대통령이 임명하고, 위원은 보건복지부장관이 임명하거나 위촉한다(영 제62조 제1항 각 호 외의 부분).

15 당사자는 위원에게 공정한 심리·의결을 기대하기 어려운 사정이 있는 경우에는 분쟁조정위원회에 기피 신청을 할 수 있고, 분쟁조정위원회는 의결로 이를 결정한다(영 제65조의2 제2항 전단).

실력 쑥쑥! 적중예상문제

정답 및 해설 p.042

01 다음 중 이의신청에 대한 설명으로 옳은 것은?

① 요양급여의 적정성 평가 등에 관한 건강보험심사평가원의 처분에 이의가 있는 요양기관은 국민건강보험공단에 이의신청을 할 수 있다.
② 피부양자의 자격, 보험급여 비용에 관한 국민건강보험공단의 처분에 관한 이의가 있는 자는 건강보험심사평가원에 이의신청을 할 수 있다.
③ 이의신청은 처분이 있음을 안 날부터 60일 이내에 문서로 하여야 하며 처분이 있은 날부터 90일을 지나면 제기하지 못한다.
④ 요양기관이 요양기관 대상 여부의 확인에 따른 건강보험심사평가원의 확인에 대해 이의신청을 하려면 통보받은 날부터 30일 이내에 하여야 한다.
⑤ 시민단체는 이의신청위원회 위원을 추천하는 단체가 아니다.

02 다음 〈보기〉에서 국민건강보험과 관련한 기관의 처분에 이의가 있는 자가 이의신청을 할 수 있도록 이의신청위원회를 설치하는 기관을 모두 고르면?

보기

㉠ 보건복지부
㉡ 국민건강보험공단
㉢ 건강보험심사평가원

① ㉠
② ㉡
③ ㉠, ㉡
④ ㉡, ㉢
⑤ ㉠, ㉡, ㉢

03 다음 중 이의신청위원회에 대한 설명으로 옳은 것은?

① 위원장 1명을 포함해 모두 30명의 위원으로 구성된다.
② 국민건강보험공단에 설치하는 이의신청위원회의 위원은 보건복지부장관이 임명하거나 위촉하며, 위원장은 위원 중에 호선한다.
③ 건강보험심사평가원에 설치하는 이의신청위원회의 위원은 보건복지부장관이 임명하거나 위촉하며, 위원장은 위원 중에 호선한다.
④ 위의 ②와 ③에 따라 위촉된 위원의 임기는 2년이다.
⑤ 건강보험심사평가원에 설치하는 이의신청위원회의 위원 가운데 의약 관련 단체가 추천하는 사람의 비율이 가장 높다.

04 **다음 〈보기〉에서 이의신청위원회의 운영에 대한 설명으로 옳은 것을 모두 고르면?**

보기

㉠ 위원장이 부득이하게 직무를 수행할 수 없을 때에는 소속 임직원인 위원이 그 직무를 대행한다.
㉡ 이의신청위원회의 회의는 위원장과 위원장이 회의마다 지명하는 6명의 위원으로 구성된다.
㉢ 이의신청위원회의 회의는 회의 구성원 3분의 2 이상의 출석으로 개의하고, 출석위원의 3분의 1 이상의 찬성으로 의결한다.
㉣ 이의신청위원회의 회의에 출석한 위원 중에서 위원장과 소속 임직원은 수당과 여비를 받을 수 없다.

① ㉠, ㉡
② ㉠, ㉣
③ ㉡, ㉢
④ ㉡, ㉣
⑤ ㉢, ㉣

05 **다음 중 심판청구에 대한 설명으로 옳은 것은?**

① 이의신청에 대한 결정에 불복해 심판청구를 하려는 자는 보험료부과제도개선위원회에 심판청구를 할 수 있다.
② 심판청구는 처분이 있음을 안 날부터 90일 이내에 문서로 하며, 처분이 있은 날부터 180일을 지나면 제기할 수 없다.
③ 심판청구를 하려는 자는 처분을 한 기관이 아니라 보험료부과제도개선위원회에 심판청구서를 제출해야 한다.
④ 국민건강보험공단이 건강보험분쟁조정위원회로부터 심판청구서 사본을 받은 경우에 국민건강보험공단은 그 사본을 받은 날부터 30일 이내에 처분을 한 자의 답변서 및 이의신청 결정서 사본을 건강보험분쟁조정위원회에 제출해야 한다.
⑤ 건강보험분쟁조정위원회는 심판청구가 제출된 날부터 20일 이내에 결정을 해야 한다.

06 **다음은 심판청구서의 제출에 대한 설명이다. 빈칸 ㉠, ㉡에 들어갈 기간이 바르게 연결된 것은?**

이의신청에 대한 결정에 불복해 심판청구를 하려는 사람은 국민건강보험공단, 건강보험심사평가원 또는 건강보험분쟁조정위원회에 심판청구서를 제출해야 한다. 이때 심판청구서를 국민건강보험공단이나 건강보험심사평가원에 제출한 경우에는 국민건강보험공단과 건강보험심사평가원은 그 심판청구서를 받은 날부터 __㉠__ 이내에 그 심판청구서에 처분을 한 자의 답변서 및 이의신청 결정서 사본을 건강보험분쟁조정위원회에 제출해야 한다. 또한 심판청구서를 건강보험분쟁조정위원회에 제출한 경우에는 건강보험분쟁조정위원회는 심판청구서 사본 또는 부본을 국민건강보험공단 또는 건강보험심사평가원 및 이해관계인에게 보내야 한다. 이때 국민건강보험공단 또는 건강보험심사평가원은 그 사본 또는 부본을 받은 날부터 __㉡__ 이내에 처분을 한 자의 답변서 및 이의신청 결정서 사본을 건강보험분쟁조정위원회에 제출하여야 한다.

① ㉠ : 10일, ㉡ : 10일
② ㉠ : 10일, ㉡ : 20일
③ ㉠ : 10일, ㉡ : 30일
④ ㉠ : 20일, ㉡ : 10일
⑤ ㉠ : 20일, ㉡ : 20일

07 다음 중 건강보험분쟁조정위원회에 대한 설명으로 옳은 것은?

① 심판청구를 심리·의결하는 건강보험분쟁조정위원회는 건강보험심사평가원 산하에 설치된다.
② 건강보험분쟁조정위원회는 90명 이내의 위원으로 구성하고, 위원장을 제외한 위원 중 3명은 당연직위원으로 한다.
③ 건강보험분쟁조정위원회의 회의는 위원장, 당연직위원 및 위원장이 매 회의마다 지정하는 7명의 위원을 포함하여 총 9명으로 구성된다.
④ 건강보험분쟁조정위원회는 구성원 3분의 1 이상의 출석과 출석위원 3분의 2 이상의 찬성으로 의결한다.
⑤ 보건복지부장관은 건강보험분쟁조정위원회 위원으로서 심리·의결하는 안건의 당사자와 친족임에도 불구하고 회피하지 않은 위원을 해임하거나 해촉할 수 없다.

PART 2

08 다음 〈보기〉에서 심판청구에 대해 결정을 한 건강보험분쟁조정위원회의 위원장이 결정서에 기재해야 하는 사항으로 옳은 것은 모두 몇 개인가?

보기

㉠ 결정 이유
㉡ 결정 연월일
㉢ 처분을 한 자
㉣ 심판청구의 취지
㉤ 결정의 주문(主文)
㉥ 청구인의 성명·주민등록번호 및 주소

① 2개
② 3개
③ 4개
④ 5개
⑤ 6개

09 다음 중 건강보험분쟁조정위원회 위원을 해임 또는 해촉할 수 있는 권한을 가진 주체는?

① 감사원장
② 법무부장관
③ 인사혁신처장
④ 보건복지부장관
⑤ 국민권익위원회의 위원장

10 다음 중 건강보험분쟁조정위원회의 위원장이 직무를 수행할 수 없을 경우에 그 직무를 대행할 수 있는 주체는?

① 보건복지부차관
② 보건복지부장관
③ 건강보험심사평가원장
④ 위원장이 지명하는 위원
⑤ 위원 중에 호선으로 선출된 자

11 다음 중 건강보험분쟁조정위원회의 위원으로서 공무원이 아닌 위원의 임기는 몇 년인가?

① 1년
② 2년
③ 3년
④ 4년
⑤ 5년

12 다음 〈보기〉에서 건강보험분쟁조정위원회 위원의 제척 · 기피 · 회피에 대한 설명으로 옳은 것을 모두 고르면?

보기

㉠ 자신의 배우자였던 사람이 해당 안건의 당사자와 공동의무자인 경우에 해당하는 위원은 건강보험분쟁조정위원회의 심리 · 의결에서 제척되지 않는다.
㉡ 자신이 속한 법인이 해당 안건의 당사자의 대리인이었던 경우에 해당하는 위원은 건강보험분쟁조정위원회의 심리 · 의결에서 제척된다.
㉢ 자신이 해당 안건에 대하여 증언 · 진술 · 자문 · 연구 또는 용역을 한 경우에 해당하는 위원은 건강보험분쟁조정위원회의 심리 · 의결에서 제척된다.
㉣ 당사자가 위원에게 공정한 심리 · 의결을 기대하기 어려운 경우에는 건강보험분쟁조정위원회에 기피 신청을 할 수 없다.
㉤ 위원은 자신이 제척 사유에 해당하는 경우에는 스스로 해당 안건의 심리 · 의결에서 회피해야 한다.

① ㉠, ㉡, ㉣
② ㉠, ㉢, ㉤
③ ㉡, ㉢, ㉣
④ ㉡, ㉢, ㉤
⑤ ㉡, ㉣, ㉤

08 보칙

1. 소멸시효와 근로자의 권익 보호

(1) 시효(법 제91조)

① 소멸시효의 완성 : 다음 각 호의 권리는 3년 동안 행사하지 아니하면 소멸시효가 완성된다.

1. 보험료, 연체금 및 가산금을 징수할 권리
2. 보험료, 연체금 및 가산금으로 과오납부한 금액을 환급받을 권리
3. 보험급여를 받을 권리
4. 보험급여 비용을 받을 권리
5. 과다납부된 본인일부부담금을 돌려받을 권리
6. 요양급여비용의 정산에 따른 근로복지공단의 권리

② 시효 중단 사유 : 시효는 다음 각 호의 어느 하나의 사유로 중단된다.

1. 보험료의 고지 또는 독촉
2. 보험급여 또는 보험급여 비용의 청구

③ 시효 정지 사유 : 휴직자 등의 보수월액보험료를 징수할 권리의 소멸시효는 고지가 유예된 경우 휴직 등의 사유가 끝날 때까지 진행하지 아니한다.

④ ①에 따른 소멸시효기간, ②에 따른 시효 중단 및 ③에 따른 시효 정지에 관하여 국민건강보험법에서 정한 사항 외에는 민법에 따른다.

(2) 기간 계산(법 제92조)

국민건강보험법이나 국민건강보험법에 따른 명령에 규정된 기간의 계산에 관하여 국민건강보험법에서 정한 사항 외에는 민법의 기간에 관한 규정을 준용한다.

(3) 근로자의 권익 보호(법 제93조)

직장가입자의 제외 규정(법 제6조 제2항 각 호)의 어느 하나에 해당하지 아니하는 모든 사업장의 근로자를 고용하는 사용자는 그가 고용한 근로자가 국민건강보험법에 따른 직장가입자가 되는 것을 방해하거나 자신이 부담하는 부담금이 증가되는 것을 피할 목적으로 정당한 사유 없이 근로자의 승급 또는 임금 인상을 하지 아니하거나 해고나 그 밖의 불리한 조치를 할 수 없다.

(4) 신고 등(법 제94조)

① 신고 또는 서류 제출 : 공단은 사용자, 직장가입자 및 세대주에게 다음 각 호의 사항을 신고하게 하거나 관계 서류(전자적 방법으로 기록된 것을 포함한다. 이하 같다)를 제출하게 할 수 있다.

1. 가입자의 거주지 변경
2. 가입자의 보수·소득
3. 그 밖에 건강보험사업을 위하여 필요한 사항

② 사실 여부의 확인 : 공단은 ①에 따라 신고한 사항이나 제출받은 자료에 대하여 사실 여부를 확인할 필요가 있으면 소속 직원이 해당 사항에 관하여 조사하게 할 수 있다.

③ **증표의 제시** : ②에 따라 조사를 하는 소속 직원은 그 권한을 표시하는 증표를 지니고 관계인에게 보여 주어야 한다.

(5) 소득 축소 · 탈루 자료의 송부 등(법 제95조)

① **문서의 송부** : 공단은 신고한 보수 또는 소득 등에 **축소** 또는 **탈루**가 있다고 인정하는 경우에는 **보건복지부장관을 거쳐** 소득의 축소 또는 탈루에 관한 사항을 **문서로 국세청장에게 송부**할 수 있다.

② **소득 축소 · 탈루 자료 송부의 서식 등** : 공단이 ①에 따라 국세청장에게 소득 축소 · 탈루 자료를 송부할 때에는 소득 축소 · 탈루 혐의자료 통보서에 따른다. 이 경우 사용자나 세대주가 공단에 신고하거나 제출한 보수 또는 소득에 관한 자료와 공단이 조사한 증명자료를 첨부하여야 한다(규칙 제57조).

③ **세무조사 결과의 송부** : 국세청장은 ①에 따라 송부받은 사항에 대하여 국세기본법 등 관련 법률에 따른 세무조사를 하면 그 조사 결과 중 **보수 · 소득에 관한 사항을 공단에 송부**하여야 한다.

④ **국세청 회신자료의 반영** : ③에 따라 국세청장으로부터 보수 · 소득에 관한 사항을 송부받은 공단은 그 결과를 해당 가입자의 **보수 또는 소득에 반영**하여야 한다(영 제69조).

⑤ ① 및 ②에 따른 송부 절차 등에 필요한 사항은 대통령령으로 정한다.

(6) 소득 축소 · 탈루 자료의 송부 절차(영 제68조)

① **자료의 제출 · 송부** : 공단은 다음 각 호의 어느 하나에 해당하는 경우에는 **소득축소탈루심사위원회의 심사**를 거쳐 관련 자료를 **보건복지부장관**에게 **제출**하고 **국세청장**에게 **송부**하여야 한다.

1. 사용자, 직장가입자 및 세대주가 신고한 보수 또는 소득 등("소득 등")이 다음 각 목의 어느 하나에 해당하는 경우
   가. 국세청에 신고한 소득 등과 차이가 있는 경우
   나. 해당 업종 · 직종별 평균 소득 등보다 낮은 경우
   다. 임금대장이나 그 밖의 소득 관련 서류 또는 장부 등의 내용과 다른 경우
2. 다음 각 목의 어느 하나에 해당하는 경우로서 소득 등의 축소 또는 탈루가 있다고 인정되는 경우
   가. **(4)**의 ①에 따른 자료 제출을 하지 아니하거나 3개월 이상 늦게 제출한 경우
   나. **(4)**의 ②에 따른 조사를 3회 이상 거부 · 방해 · 기피한 경우

② **(5)**의 ①에 따른 소득 등의 축소 또는 탈루 여부에 관한 사항을 심사하기 위하여 **공단**에 **소득축소탈루심사위원회**를 둔다.

③ **소득축소탈루심사위원회의 구성**(영 제68조 제3항부터 제5항)

㉠ 소득축소탈루심사위원회는 위원장 1명을 포함한 **5명**의 **위원**으로 구성한다.

㉡ 소득축소탈루심사위원회의 위원장은 **공단 소속 임직원** 중에서 공단의 **이사장**이 **임명**한다.

㉢ 소득축소탈루심사위원회의 위원은 **공단의 이사장**이 **임명**하거나 **위촉**하는 다음 각 호의 사람으로 한다.

1. 공단의 직원 1명
2. 보건복지부 및 국세청 소속의 5급 이상 공무원 또는 고위공무원단에 속하는 일반직공무원 중에서 소속 기관의 장이 각각 1명씩 지명하는 사람 2명
3. 세무사 또는 공인회계사 1명

④ ③에서 규정한 사항 외에 소득축소탈루심사위원회 운영에 필요한 사항은 공단의 이사장이 정한다.

2. 자료 및 금융정보의 제공

(1) 자료의 제공(법 제96조)

① **공단이 요청할 수 있는 자료** : 공단은 국가, 지방자치단체, 요양기관, 보험업법에 따른 보험회사 및 보험료율 산출 기관, 공공기관의 운영에 관한 법률에 따른 공공기관, 그 밖의 공공단체 등에 대하여 다음 각 호의 업무를 수행하기 위하여 **주민등록·가족관계등록·국세·지방세·토지·건물·출입국관리** 등의 자료로서 대통령령으로 정하는 자료를 제공하도록 요청할 수 있다.

1. 가입자 및 피부양자의 자격 관리, 보험료의 부과·징수, 보험급여의 관리 등 건강보험사업의 수행
2. 징수위탁근거법에 따라 위탁받은 업무의 수행

더 알아보기

대통령령으로 정하는 자료(영 제69조의2 제1항, 영 별표 4의3 제1호)

가. 주민등록법에 따른 주민등록자료
나. 가족관계의 등록 등에 관한 법률에 따른 가족관계등록 전산정보자료와 가족관계기록사항에 관한 증명서
다. 출입국관리법에 따른 외국인등록자료 및 국민·외국인의 출입국자료
라. 재외동포의 출입국과 법적 지위에 관한 법률에 따른 재외국민 및 외국국적동포의 국내거소신고자료
마. 병역법에 따른 병역 복무자료
바. 형의 집행 및 수용자의 처우에 관한 법률, 보호소년 등의 처우에 관한 법률, 치료감호 등에 관한 법률에 따른 시설의 입·출소(원)자 성명 및 주민등록번호, 입·출소(원)일, 수용여부 자료
사. 관세법, 국세기본법, 국세징수법, 소득세법, 법인세법, 상속세 및 증여세법, 부가가치세법, 지방세기본법, 지방세징수법, 지방세법, 수출용 원재료에 대한 관세 등 환급에 관한 특례법에 따른 과세·환급자료 및 장애인고용촉진 및 직업재활법에 따른 환급자료
아. 부동산등기법에 따른 토지등기사항증명서·건물등기사항증명서, 선박등기법에 따른 선박등기사항증명서, 동산·채권 등의 담보에 관한 법률에 따른 담보등기부 및 상업등기법, 비송사건절차법 등에 따른 법인등기사항증명서
자. 농지법에 따른 농지대장, 자동차관리법에 따른 자동차등록원부, 건설기계관리법에 따른 건설기계등록원부, 선박법에 따른 선박원부, 항공법에 따른 항공기등록원부 및 특허권 등의 등록령에 따른 등록원부
차. 공간정보의 구축 및 관리 등에 관한 법률에 따른 지적공부, 부동산종합공부
카. 의료법 제22조에 따른 진료기록부 등과 처방전
타. 약사법에 따른 조제기록부
파. 법 제41조에 따른 요양급여비용 계산서·영수증과 본인부담금수납대장, 약제·치료재료·의료기기 등 요양급여 구성요소의 구입에 관한 자료
하. 도로교통법 시행령 제32조 본문에 따른 교통사고의 조사에 관한 서류 등 경찰청, 해양경찰청 등이 사건사고 내역을 확인할 수 있도록 발급하는 자료
거. 요양기관, 의료급여법에 따른 의료급여기관, 의료법에 따른 의료기관, 건강검진기본법에 따른 건강검진기관, 약사법에 따른 의약품도매상, 의약품·의약외품의 제조업자·품목허가를 받은 자·수입자·판매업자, 의료기기법에 따른 의료기기취급자, 식품위생법에 따른 집단급식소 운영자, 마약류 관리에 관한 법률에 따른 마약류취급자 등에 대한 업무정지·허가취소 등 처분에 대한 자료
너. 119구조·구급에 관한 법률에 따른 구조·구급활동자료 등 화재·재난·재해 관련 자료
더. 법 제51조에 따른 보조기기의 기준액·가격의 결정 및 조정, 신청·지급내역 등 관련자료
러. 노인틀니, 임플란트 및 치석제거 등록자료 등 치과분야 관련 자료
머. 본인일부부담산정특례 등록자료
버. 임신·출산 진료비, 희귀난치성질환자 의료비 관련 자료
서. 건강검진기본법에 따른 건강검진기관의 지정·승인·평가 관련 자료, 지역보건법에 따른 건강진단 등 신고서 접수내역
어. 국민연금법에 따른 가입자에 관한 자료, 고용보험 및 산업재해보상보험의 보험료징수 등에 관한 법률에 따른 보험가입자에 관한 자료, 임금채권보장법에 따른 체불임금에 관한 자료, 석면피해구제법에 따른 석면피해구제분담금에 관한 자료

저. 사회복지사업법 제2조 제1호 각 목의 법률, 국가유공자 등 예우 및 지원에 관한 법률 등 다른 법령에 따라 받는 급여, 보상 또는 지원 관련 자료
처. 요양기관 및 노인장기요양보험법에 따른 장기요양기관의 시설·장비·인력 등 요양기관 현황 자료
커. 약사법, 의료기기법 및 장애인·노인 등을 위한 보조기기 지원 및 활용촉진에 관한 법률에 따른 약제·치료재료·의료기기·보조기기의 제조·수입·판매·도매 업무를 하는 자의 제조·수입·판매·도매 현황 및 관련 서류, 원가 관련 자료 등 보험급여비용의 결정·조정과 관련한 자료
터. 근로기준법, 고용보험법, 산업재해보상보험법, 선원법, 어선원 및 어선 재해보상보험법, 국민연금법, 공무원연금법, 군인연금법, 사립학교교직원 연금법, 별정우체국법 등 다른 법령에 의하여 받는 급여나 보상(報償) 또는 보상(補償) 관련 자료
퍼. 의료급여법 등 다른 법령에 따라 공단이 수탁한 사업 또는 건강보험과 관련하여 보건복지부장관이 필요하다고 인정한 업무 수행에 필요한 자료
허. 여신전문금융업법 제64조 제6호에 따라 관리하는 신용카드 가맹점 여부의 확인에 관한 자료
고. 공익사업을 위한 토지 등의 취득 및 보상에 관한 법률 제40조에 따라 지급하는 보상금에 관한 자료
노. 국세징수법 제25조, 지방세징수법 제39조, 지방행정제재·부과금의 징수 등에 관한 법률 제18조 또는 민법 제406조에 따른 사해행위(詐害行爲) 취소 및 원상회복에 관한 소송에 관한 자료와 공탁법 제4조에 따른 법원공탁금 및 이에 관련된 소송에 관한 자료
도. 산업재해보상보험법 제91조의15 제1호에 따른 노무제공자에 관한 자료
로. 노인장기요양보험법 시행령 제9조에 따라 수급자의 일상생활·신체활동 지원 및 인지기능의 유지·향상에 필요한 용구로서 보건복지부장관이 정하여 고시하는 것의 제조·수입·판매·도매 업무를 하는 자의 제조·수입·판매·도매 현황 및 관련 서류, 원가 관련 자료 등 보험급여 비용의 결정·조정과 관련한 자료
모. 주택임대차보호법 제3조의6에 따른 확정일자 부여에 관한 자료
보. 민간임대주택에 관한 특별법에 따른 임대사업자 등록자료 및 임대주택 관련 통계 자료
소. 외국인근로자의 고용 등에 관한 법률 제17조에 따른 외국인근로자와의 근로계약 해지 및 그 밖에 고용과 관련된 중요 사항 등에 관한 자료와 출입국관리법 제19조에 따른 외국인 해고, 퇴직 및 고용계약의 중요한 변경내용 등에 관한 자료
오. 국적법에 따른 국적 취득 및 국적 상실 등에 관한 자료
조. 산업안전보건법 제57조 제3항에 따른 산업재해 발생 보고 여부의 확인 및 해당 산업재해의 발생일에 관한 자료(공단이 요양급여 내역을 근거로 산업재해의 발생 여부를 확인할 필요가 있다고 인정하는 경우로 한정한다), 같은 법 제175조 제3항 제2호에 따른 과태료 부과 관련 자료(같은 법 제57조 제3항에 따른 보고를 하지 않거나 거짓으로 보고한 자에게 부과한 경우로 한정한다), 같은 법 제175조 제6항 제18호에 따른 과태료 부과 관련 자료(같은 법 제164조 제1항 제4호를 위반하여 같은 법 제57조 제2항에 따른 산업재해의 발생원인 등을 기록한 자료를 보존하지 않은 자에게 부과한 경우로 한정한다)
초. 법 제49조의 요양비 및 제51조의 보조기기 보험급여 지급과 관련된 소득세법 제163조 및 법인세법 제121조의 전자계산서, 부가가치세법 제32조의 전자세금계산서 및 조세특례제한법 제126조의3의 현금영수증을 확인할 수 있는 자료
코. 감염병 예방 및 관리에 관한 법률 제76조 제2항에 따라 위탁받은 업무를 위해 필요한 자료로서 같은 법 제18조, 제28조 및 제29조의 역학조사 및 예방접종 기록에 관한 자료
토. 그 밖에 국가, 지방자치단체, 요양기관, 보험업법에 따른 보험회사 및 보험료율 산출 기관, 공공기관의 운영에 관한 법률에 따른 공공기관, 그 밖의 공공단체 등이 보유한 자료로서 법 제14조 제1항 각 호의 업무를 위해 필요한 자료

② **심사평가원이 요청할 수 있는 자료** : 심사평가원은 국가, 지방자치단체, 요양기관, 보험업법에 따른 보험회사 및 보험료율 산출 기관, 공공기관의 운영에 관한 법률에 따른 공공기관, 그 밖의 공공단체 등에 대하여 요양급여비용을 심사하고 요양급여의 적정성을 평가하기 위하여 **주민등록·출입국관리·진료기록·의약품공급** 등의 자료로서 대통령령으로 정하는 자료를 제공하도록 요청할 수 있다.

더 알아보기

대통령령으로 정하는 자료(영 제69조의2 제2항, 영 별표 4의3 제2호)

가. 법 제96조의3에 따라 요양기관이 보존하여야 하는 서류
나. 의료법 제22조에 따라 보존하여야 하는 진료에 관한 기록
다. 약사법 제29조 및 제30조에 따라 보존하여야 하는 처방전 및 조제기록부
라. 가목부터 다목까지에서 규정한 사항 외에 요양급여의 내용에 관한 자료 및 이를 증명하는 서류
마. 법 제43조에 따른 신고사항 등 요양기관의 현황과 관련한 사실을 확인하기 위해 필요한 자료
바. 약사법 및 의료기기법에 따른 약제 · 치료재료(인체조직안전 및 관리 등에 관한 법률에 따른 인체조직을 포함한다) · 의료기기의 제조 · 수입 · 판매 · 도매 업무를 하는 자의 제조 · 수입 · 판매 · 도매 현황 및 관련 서류, 원가 관련 자료 등 요양급여비용의 결정 · 조정과 관련한 자료
사. 주민등록법에 따른 주민등록자료
아. 출입국관리법에 따른 출입국자료
자. 국세기본법, 지방세기본법 또는 관세법에 따른 과세자료
차. 국민건강보험법, 의료급여법, 보훈보상대상자 지원에 관한 법률, 산업재해보상보험법 등에 따른 자격, 급여제공 또는 비용지원, 급여의 제한 · 정지에 대한 자료
카. 다음 각 목의 자에 대한 면허, 자격 및 행정처분 등에 대한 자료
  1) 의료법에 따른 의사, 치과의사, 한의사, 조산사, 간호사 및 간호조무사
  2) 약사법에 따른 약사 및 한약사
  3) 의료기사 등에 관한 법률에 따른 임상병리사, 방사선사, 물리치료사, 작업치료사, 치과기공사, 치과위생사 및 보건의료정보관리사
  4) 사회복지사업법에 따른 사회복지사
  5) 국민영양관리법에 따른 영양사
  6) 식품위생법에 따른 조리사
  7) 정신건강증진 및 정신질환자 복지서비스 지원에 관한 법률에 따른 정신건강전문요원
  8) 원자력안전법에 따른 방사성동위원소취급자 및 방사선취급감독자
  9) 그 밖에 다른 법령에 따라 면허를 받거나 자격을 인정받은 자로서 요양급여 관련 업무에 종사하는 자
타. 요양기관, 의료급여법에 따른 의료급여기관, 의료법에 따른 의료기관, 약사법에 따른 의약품도매상, 의약품 · 의약외품의 제조업자 · 품목허가를 받은 자 · 수입자 · 판매업자, 의료기기법에 따른 의료기기취급자, 식품위생법에 따른 집단급식소 운영자, 마약류 관리에 관한 법률에 따른 마약류취급자 등에 대한 업무정지 · 허가취소 등 처분에 대한 자료
파. 그 밖에 국가, 지방자치단체, 요양기관, 보험업법에 따른 보험회사 및 보험료율 산출 기관, 공공기관의 운영에 관한 법률에 따른 공공기관, 그 밖의 공공단체 등이 보유한 자료로서 법 제63조 제1항 각 호의 업무를 위해 필요한 자료

③ **제공 요청 자료 등** : ① 또는 ②에 따라 자료의 제공을 요청받은 국가, 지방자치단체, 요양기관, 보험업법에 따른 보험회사 및 보험료율 산출 기관, 공공기관의 운영에 관한 법률에 따른 공공기관, 그 밖의 공공단체 등은 ① 또는 ②의 자료가 디스켓, 자기테이프, 마이크로필름, 광디스크 등 **전산기록장치** 또는 **전산프로그램**을 이용하여 저장되어 있는 경우에는 **해당 형태로 자료를 제공**할 수 있다(영 제69조의2 제3항).

④ **보건복지부장관의 자료 요청** : 보건복지부장관은 관계 행정기관의 장에게 약제에 대한 **요양급여비용 상한금액의 감액** 및 **요양급여의 적용 정지**를 위하여 필요한 자료를 제공하도록 요청할 수 있다.

⑤ **자료 제공 의무** : ① · ② 및 ④의 규정에 따라 자료 제공을 요청받은 자는 성실히 이에 따라야 한다.

⑥ **자료제공요청서 발송** : 공단 또는 심사평가원은 요양기관, 보험업법에 따른 보험회사 및 보험료율 산출 기관에 자료의 제공을 요청하는 경우 **자료 제공 요청 근거 및 사유, 자료 제공 대상자, 대상기간, 자료 제공 기한, 제출 자료** 등이 기재된 자료제공요청서를 발송하여야 한다.

⑦ **비용의 면제** : ① 및 ②에 따른 국가, 지방자치단체, 요양기관, 보험업법에 따른 보험료율 산출 기관, 그 밖의 공공기관 및 공공단체가 공단 또는 심사평가원에 제공하는 자료에 대하여는 **사용료와 수수료 등을 면제**한다.

(2) 금융정보 등의 제공(법 제96조의2)

① **금융정보 등의 요청** : 공단은 제72조 제1항 단서에 따른 **지역가입자의 보험료부과점수 산정을 위하여 필요한 경우** 신용정보의 이용 및 보호에 관한 법률 제32조(개인신용정보의 제공·활용에 대한 동의) 및 금융실명거래 및 비밀보장에 관한 법률 제4조(금융거래의 비밀보장) 제1항에도 불구하고 지역가입자가 제72조 제3항에 따라 제출한 동의 서면을 전자적 형태로 바꾼 문서에 의하여 신용정보의 이용 및 보호에 관한 법률 제2조 제6호에 따른 **신용정보집중기관 또는 금융회사 등**("**금융기관 등**")의 장에게 **금융정보 등을 제공하도록 요청**할 수 있다.

② **금융정보 등의 제공** : ①에 따라 금융정보 등의 제공을 요청받은 **금융기관 등의 장**은 신용정보의 이용 및 보호에 관한 법률 제32조 및 금융실명거래 및 비밀보장에 관한 법률 제4조에도 불구하고 **명의인의 금융정보 등을 제공**하여야 한다.

③ **명의인에 대한 통보** : ②에 따라 금융정보 등을 제공한 금융기관 등의 장은 **금융정보 등의 제공 사실을 명의인에게 통보**하여야 한다. 다만, 명의인이 동의한 경우에는 신용정보의 이용 및 보호에 관한 법률 제32조 제7항, 제35조(신용정보 이용 및 제공사실의 조회) 제2항 및 금융실명거래 및 비밀보장에 관한 법률 제4조의2(거래정보 등의 제공 사실의 통보) 제1항에도 불구하고 통보하지 아니할 수 있다.

④ ①부터 ③까지에서 규정한 사항 외에 금융정보 등의 제공 요청 및 제공 절차 등에 필요한 사항은 대통령령으로 정한다.

(3) 가족관계등록 전산정보의 공동이용(법 제96조의3)

① **전산정보의 공동이용** : 공단은 **(1)**의 ① 각 호의 업무를 수행하기 위하여 전자정부법에 따라 가족관계의 등록 등에 관한 법률에 따른 **전산정보자료를 공동이용**(개인정보 보호법에 따른 처리를 포함한다)할 수 있다.

더 알아보기

가족관계등록부의 작성 및 기록사항(가족관계의 등록 등에 관한 법률 제9조)

① 가족관계등록부("등록부")는 전산정보처리조직에 의하여 입력·처리된 가족관계 등록사항("등록사항")에 관한 전산정보자료를 등록기준지에 따라 개인별로 구분하여 작성한다.

② 등록부에는 다음 사항을 기록하여야 한다.

1. 등록기준지
2. 성명·본·성별·출생연월일 및 주민등록번호
3. 출생·혼인·사망 등 가족관계의 발생 및 변동에 관한 사항
4. 가족으로 기록할 자가 대한민국 국민이 아닌 사람("외국인")인 경우에는 성명·성별·출생연월일·국적 및 외국인등록번호(외국인등록을 하지 아니한 외국인의 경우에는 대법원규칙으로 정하는 바에 따른 국내거소신고번호 등을 말한다)
5. 그 밖에 가족관계에 관한 사항으로서 대법원규칙으로 정하는 사항

처리(개인정보 보호법 제2조 제2호)

"처리"란 개인정보의 수집, 생성, 연계, 연동, 기록, 저장, 보유, 가공, 편집, 검색, 출력, 정정(訂正), 복구, 이용, 제공, 공개, 파기(破棄), 그 밖에 이와 유사한 행위를 말한다.

② **법원행정처장의 조치** : 법원행정처장은 ①에 따라 공단이 전산정보자료의 공동이용을 요청하는 경우 그 **공동이용을 위하여 필요한 조치**를 취하여야 한다.

③ **목적 외의 용도로 이용·활용 금지** : 누구든지 ①에 따라 공동이용하는 전산정보자료를 그 목적 외의 용도로 이용하거나 활용하여서는 아니 된다.

(4) 서류의 보존(법 제96조의4)

① **요양기관의 보존 사항** : 요양기관은 요양급여가 끝난 날부터 **5년간** 보건복지부령으로 정하는 바에 따라 **요양급여비용의 청구에 관한 서류**를 보존하여야 한다. 다만, **약국 등** 보건복지부령으로 정하는 요양기관은 **처방전**을 요양급여비용을 청구한 날부터 **3년간** 보존하여야 한다.

㉠ 요양기관이 요양급여가 끝난 날부터 5년간 보건복지부령으로 정하는 바에 따라 보존해야 하는 요양급여비용의 청구에 관한 서류(규칙 제58조 제1항)

1. 요양급여비용 심사청구서 및 요양급여비용 명세서
2. 약제·치료재료, 그 밖의 요양급여의 구성 요소의 구입에 관한 서류
3. 개인별 투약기록 및 처방전(약국 및 한국희귀·필수의약품센터의 경우만 해당한다)
4. 그 밖에 간호관리 등급료의 산정자료 등 요양급여비용 산정에 필요한 서류 및 이를 증명하는 서류
5. 제1호부터 제4호까지의 서류 등을 디스켓, 마그네틱테이프 등 전산기록장치를 이용하여 자기매체에 저장하고 있는 경우에는 해당 자료

㉡ 처방전을 요양급여비용을 청구한 날부터 3년간 보존하여야 하는 약국 등 보건복지부령으로 정하는 요양기관이란 약국 및 한국희귀·필수의약품센터를 말한다(규칙 제58조 제2항).

② **사용자의 보존 사항** : 사용자는 **3년간** 보건복지부령으로 정하는 바에 따라 자격 관리 및 보험료 산정 등 **건강보험에 관한 다음 각 호의 서류**를 보존하여야 한다(규칙 제58조 제3항).

1. 사업장의 현황, 직장가입자의 자격 취득·변동·상실 및 보험료 산정과 관련하여 관련 규정에 따라 공단에 신고 또는 통보한 내용을 입증할 수 있는 서류
2. 제1호의 서류를 디스켓, 마그네틱테이프 등 전산기록장치를 이용하여 자기매체에 저장하고 있는 경우에는 그 자료

③ **준요양기관의 보존 사항** : 요양비를 청구한 준요양기관(요양비의 지급을 직접 청구한 경우만 해당한다)은 요양비를 지급받은 날부터 **3년간** 보건복지부령으로 정하는 바에 따라 **요양비 청구에 관한 다음 각 호의 서류**를 보존하여야 한다. 다만, 요양비 관련 정보통신망을 통하여 제출한 서류는 제외한다(규칙 제58조 제4항).

1. 가입자나 피부양자에 대한 의사의 요양비처방전(규칙 제23조 제5항 제1호에 따라 제출을 생략한 경우는 제외한다), 요양을 실시하였음을 증명하는 서류, 세금계산서, 현금영수증 등 요양비 청구에 관한 서류
2. 제1호의 서류를 디스켓, 마그네틱테이프 등 전산기록장치를 이용하여 자기매체에 저장하고 있는 경우에는 해당 자료

④ **보조기기에 대한 보존 사항** : **보조기기에 대한 보험급여를 청구한 자**(보조기기 보험급여의 지급을 직접 청구한 보조기기 판매업자만 해당한다)는 보험급여를 지급받은 날부터 **3년간** 보건복지부령으로 정하는 바에 따라 **보험급여 청구에 관한 다음 각 호의 서류**를 보존하여야 한다(규칙 제58조 제5항).

1. 가입자나 피부양자에 대한 보조기기 처방전, 보조기기 검수확인서, 세금계산서, 현금영수증 등 보조기기에 대한 보험급여 청구에 관한 서류
2. 제1호의 서류를 디스켓, 마그네틱테이프 등 전산기록장치를 이용하여 자기매체에 저장하고 있는 경우에는 해당 자료

3. 보고 및 업무정지

(1) 보고와 검사(법 제97조)

① **보건복지부장관의 보고・검사(제1항부터 제5항)**

㉠ 보건복지부장관은 **사용자, 직장가입자** 또는 **세대주**에게 **가입자의 이동・보수・소득**이나 그 밖에 필요한 사항에 관한 보고 또는 서류 제출을 명하거나, 소속 공무원이 관계인에게 질문하게 하거나 관계 서류를 검사하게 할 수 있다.

㉡ 보건복지부장관은 **요양기관**(법 제49조에 따라 요양을 실시한 기관을 포함한다)에 대하여 **요양・약제의 지급 등 보험급여**에 관한 보고 또는 서류 제출을 명하거나, 소속 공무원이 관계인에게 질문하게 하거나 관계 서류를 검사하게 할 수 있다.

㉢ 보건복지부장관은 **보험급여를 받은 자**에게 해당 **보험급여의 내용**에 관하여 보고하게 하거나, 소속 공무원이 질문하게 할 수 있다.

㉣ 보건복지부장관은 **요양급여비용의 심사청구를 대행하는 단체("대행청구단체")**에 필요한 자료의 제출을 명하거나, 소속 공무원이 대행청구에 관한 자료 등을 조사・확인하게 할 수 있다.

㉤ 보건복지부장관은 약제에 대한 요양급여비용 상한금액의 감액 및 요양급여의 적용 정지를 위하여 필요한 경우에는 약사법에 따른 **의약품공급자**에 대하여 금전, 물품, 편익, 노무, 향응, 그 밖의 경제적 이익 등의 제공으로 인한 **의약품 판매 질서 위반 행위**에 관한 보고 또는 서류 제출을 명하거나, 소속 공무원이 관계인에게 질문하게 하거나 관계 서류를 검사하게 할 수 있다.

② ①의 ㉠부터 ㉤까지의 규정에 따라 질문・검사・조사 또는 확인을 하는 소속 공무원은 그 권한을 표시하는 증표를 지니고 관계인에게 보여 주어야 한다.

(2) 업무정지(법 제98조)

① **업무정지의 명령** : 보건복지부장관은 요양기관이 다음 각 호의 어느 하나에 해당하면 그 요양기관에 대하여 **1년의 범위**에서 기간을 정하여 업무정지를 명할 수 있다.

1. 속임수나 그 밖의 부당한 방법으로 보험자・가입자 및 피부양자에게 요양급여비용을 부담하게 한 경우
2. 요양기관(요양을 실시한 기관을 포함한다)에 대하여 요양・약제의 지급 등 보험급여에 관한 보고 또는 서류 제출을 하라는 보건복지부장관의 명령에 위반하거나 거짓 보고를 하거나 거짓 서류를 제출하거나, 소속 공무원의 검사 또는 질문을 거부・방해 또는 기피한 경우
3. 정당한 사유 없이 요양기관이 요양급여대상 또는 비급여대상으로 결정되지 아니한 요양급여에 관한 행위・치료재료에 대하여 요양급여대상 여부의 결정을 보건복지부장관에게 신청하지 아니하고 속임수나 그 밖의 부당한 방법으로 행위・치료재료를 가입자 등에게 실시 또는 사용하고 비용을 부담시킨 경우

② **요양급여 금지** : ①에 따라 업무정지 처분을 받은 자는 해당 업무정지기간 중에는 요양급여를 하지 못한다.

③ **업무정지 처분의 승계** : ①에 따른 업무정지 처분의 효과는 그 처분이 확정된 **요양기관을 양수한 자** 또는 **합병 후 존속하는 법인**이나 **합병으로 설립되는 법인**에 승계되고, 업무정지 처분의 절차가 진행 중인 때에는 양수인 또는 합병 후 존속하는 법인이나 합병으로 설립되는 법인에 대하여 그 **절차를 계속 진행**할 수 있다. 다만, 양수인 또는 합병 후 존속하는 법인이나 합병으로 설립되는 법인이 그 처분 또는 위반사실을 알지 못하였음을 증명하는 경우에는 그러하지 아니하다.

④ **행정처분의 고지** : ①에 따른 업무정지 처분을 받았거나 업무정지 처분의 절차가 진행 중인 자는 행정처분을 받은 사실 또는 행정처분절차가 진행 중인 사실을 보건복지부령으로 정하는 바에 따라 우편법 시행규칙에 따른 내용증명으로 양수인 또는 합병 후 존속하는 법인이나 합병으로 설립되는 법인에 지체 없이 알려야 한다(규칙 제60조).

※ **내용증명(우편법 시행규칙 제25조 제1항 제4호 가목)** : 등기취급을 전제로 우체국창구 또는 정보통신망을 통하여 발송인이 수취인에게 어떤 내용의 문서를 언제 발송하였다는 사실을 우체국이 증명하는 특수취급제도

⑤ ①에 따른 업무정지를 부과하는 위반행위의 종류, 위반 정도 등에 따른 행정처분기준이나 그 밖에 필요한 사항은 대통령령으로 정한다.

PART 2

(3) 행정처분기준(영 제70조)

① 법 제98조 제1항 및 제99조 제1항에 따른 요양기관에 대한 업무정지 처분 및 과징금 부과의 기준은 영 별표 5와 같다.

② ①에 따른 과징금의 징수 절차는 보건복지부령으로 정하는 바에 따라 국고금 관리법 시행규칙을 준용한다(규칙 제59조).

〈영 별표 5〉 업무정지 처분 및 과징금 부과의 기준

1. 업무정지 처분기준

가. 요양기관이 법 제98조 제1항 제1호 또는 제3호에 해당하는 경우의 업무정지기간은 다음 표와 같다.

월평균 부당금액	부당비율					
	0.1% 이상 0.5% 미만	0.5% 이상 1% 미만	1% 이상 2% 미만	2% 이상 3% 미만	3% 이상 4% 미만	4% 이상 5% 미만
40만 원 이상 80만 원 미만	5일	10일	20일	30일	40일	50일
80만 원 이상 160만 원 미만	10일	15일	25일	35일	45일	55일
160만 원 이상 320만 원 미만	15일	20일	30일	40일	50일	60일
320만 원 이상 640만 원 미만	20일	25일	35일	45일	55일	65일
640만 원 이상 1,000만 원 미만	25일	30일	40일	50일	60일	70일
1,000만 원 이상 2,000만 원 미만	30일	35일	45일	55일	65일	75일
2,000만 원 이상 3,000만 원 미만	35일	40일	50일	60일	70일	80일
3,000만 원 이상 4,000만 원 미만	40일	45일	55일	65일	75일	85일
4,000만 원 이상 5,000만 원 미만	45일	50일	60일	70일	80일	90일
5,000만 원 이상 1억 원 미만	50일	55일	65일	75일	85일	95일
1억 원 이상	55일	60일	70일	80일	90일	100일

※ 비고

1. 월평균 부당금액은 조사대상 기간(요양기관이 속임수나 그 밖의 부당한 방법으로 요양급여비용을 청구하였는지 확인하기 위하여 6개월부터 36개월까지의 범위에서 보건복지부장관이 정하는 기간을 말한다. 이하 같다) 동안 요양기관이 속임수나 그 밖의 부당한 방법으로 공단에 요양급여비용을 부담하게 한 금액과 가입자 등에게 본인부담액을 부담하게 한 금액을 합산한 금액("총부당금액")을 조사대상 기간의 개월 수로 나눈 금액으로 한다.
2. 부당비율은 {[(총부당금액)÷(요양급여비용 총액)]+(요양급여비용 총액에 포함되지 않은 부당금액)}×100으로 산출한다.
3. "요양급여비용 총액"이란 조사대상 기간에 해당되는 심사결정된 요양급여비용(심사청구된 요양급여비용에 대하여 심사평가원이 심사결정한 요양급여비용을 말한다)을 합산한 금액을 말한다.
4. "요양급여비용 총액에 포함되지 않은 부당금액"이란 조사대상 기간 동안 해당 요양기관의 요양급여비용 총액에는 포함되지 않으나 속임수나 그 밖의 부당한 방법으로 공단에 요양급여비용을 부담하게 한 금액과 가입자 등에게 본인부담액을 부담하게 한 금액을 말한다.
5. 부당비율이 5% 이상인 경우에는 초과 1%마다 업무정지기간을 3일씩 가산하되, 소수점 이하의 부당비율은 올림한다.
6. 위 표에 따라 계산한 업무정지기간이 365일을 초과하는 경우에는 365일로 본다.

나. 요양기관이 관계 서류(컴퓨터 등 전산기록장치로 저장·보존하는 경우에는 그 전산기록을 포함한다. 이하 같다)의 제출명령을 위반하거나 거짓 보고를 하거나 거짓 서류를 제출하거나, 관계 공무원의 검사 또는 질문을 거부·방해 또는 기피하였을 때에는 업무정지기간을 1년으로 한다. 다만, 관계 서류 중 진료기록부, 투약기록, 진료비계산서 및 본인부담액 수납대장을 제외한 서류의 전부 또는 일부의 제출명령에 위반한 경우에는 업무정지기간을 180일로 한다.

다. 가목과 나목 모두에 해당되는 요양기관의 업무정지기간은 해당 기간을 합한 기간으로 한다. 다만, 업무정지기간을 합하는 경우에도 1년을 넘을 수 없다.

2. 과징금 부과기준

가. 과징금은 업무정지기간이 10일 이하인 경우에는 총부당금액의 2배, 업무정지기간이 10일을 초과하여 30일까지에 해당하는 경우에는 총부당금액의 3배, 30일을 초과하여 50일까지에 해당하는 경우에는 총부당금액의 4배, 업무정지기간이 50일을 초과하는 경우에는 총부당금액의 5배로 한다.

나. 요양기관이 과징금의 분할납부를 신청하는 경우 보건복지부장관은 12개월의 범위에서 과징금의 분할납부를 허용할 수 있다.

3. 가중처분

가. 요양기관이 업무정지 또는 과징금 처분을 받은 이후 5년 이내에 법 제98조 제1항 각 호의 위반행위를 하였을 경우에는 해당 위반행위에 대한 업무정지기간 또는 과징금(같은 항 제2호의 위반행위를 한 경우는 제외한다. 이하 이 목에서 같다)의 2배에 해당하는 처분을 할 수 있다. 이 경우 업무정지기간은 1년을 넘을 수 없으며 과징금은 총부당금액의 5배를 넘을 수 없다.

나. 가목에 따른 5년 이내의 기간 산정은 위반사실이 확인된 날부터 그 직전에 업무정지 또는 과징금 처분서를 송달받은 날까지로 한다.

4. 감면처분 : 다음 각 목의 어느 하나에 해당하는 경우에는 업무정지기간 또는 과징금 금액을 2분의 1의 범위에서 줄이거나 면제할 수 있다. 다만, 속임수를 사용하여 공단·가입자 및 피부양자에게 요양급여비용을 부담하게 하였을 때에는 그러하지 아니하다.

가. 요양급여비용을 부당청구한 요양기관이 그 부당청구 사실이 적발되기 전에 보건복지부장관 등의 감독관청에 부당청구 사실을 자진하여 신고한 경우

나. 요양기관의 대표자가 인지할 수 없었던 불가항력적인 사유로 요양급여비용 부당청구가 발생한 사실이 객관적으로 증명된 경우

다. 그 밖에 위반행위의 동기·목적·정도 및 위반횟수 등을 고려하여 보건복지부장관이 정하여 고시하는 감면기준에 해당하는 경우

4. 과징금 및 제조업자의 금지행위

(1) 과징금(법 제99조)

① **업무정지 처분의 갈음** : 보건복지부장관은 요양기관이 속임수나 그 밖의 부당한 방법으로 보험자·가입자 및 피부양자에게 요양급여비용을 부담하게 한 경우 또는 정당한 사유 없이 요양기관이 요양급여대상 또는 비급여대상으로 결정되지 아니한 요양급여에 관한 행위·치료재료에 대하여 요양급여대상 여부의 결정을 보건복지부장관에게 신청하지 아니하고 속임수나 그 밖의 부당한 방법으로 행위·치료재료를 가입자 등에게 실시 또는 사용하고 비용을 부담시킨 경우에 해당하여 **업무정지 처분을 하여야 하는 경우**로서 그 업무정지 처분이 해당 **요양기관을 이용하는 사람에게 심한 불편**을 주거나 보건복지부장관이 정하는 특별한 사유가 있다고 인정되면 업무정지 처분을 갈음하여 속임수나 그 밖의 부당한 방법으로 부담하게 한 금액의 **5배 이하의 금액**을 **과징금**으로 부과·징수할 수 있다. 이 경우 보건복지부장관은 **12개월의 범위에서 분할납부**를 하게 할 수 있다.

② **요양급여 적용 정지의 갈음** : 보건복지부장관은 약제를 요양급여에서 적용 정지하는 경우 다음 각 호의 어느 하나에 해당하는 때에는 **요양급여의 적용 정지에 갈음**하여 대통령령으로 정하는 바에 따라 다음 각 호의 구분에 따른 범위에서 **과징금을 부과·징수**할 수 있다. 이 경우 보건복지부장관은 **12개월의 범위에서 분할납부**를 하게 할 수 있다.

1. 환자 진료에 불편을 초래하는 등 공공복리에 지장을 줄 것으로 예상되는 때 : 해당 약제에 대한 요양급여비용 총액의 **100분의 200**을 넘지 아니하는 범위
2. 국민 건강에 심각한 위험을 초래할 것이 예상되는 등 특별한 사유가 있다고 인정되는 때 : 해당 약제에 대한 요양급여비용 총액의 **100분의 60**을 넘지 아니하는 범위

③ 보건복지부장관은 ②의 전단에 따라 과징금 부과 대상이 된 약제가 **과징금이 부과된 날부터 5년의 범위**에서 대통령령으로 정하는 기간인 5년(영 제70조의2 제3항) 내에 다시 **②의 전단에 따른 과징금 부과 대상이 되는 경우**에는 대통령령으로 정하는 바에 따라 다음 각 호의 구분에 따른 범위에서 **과징금을 부과·징수**할 수 있다.

1. ②의 제1호에서 정하는 사유로 과징금 부과대상이 되는 경우 : 해당 약제에 대한 요양급여비용 총액의 **100분의 350**을 넘지 아니하는 범위
2. ②의 제2호에서 정하는 사유로 과징금 부과대상이 되는 경우 : 해당 약제에 대한 요양급여비용 총액의 **100분의 100**을 넘지 아니하는 범위

④ **요양급여비용 총액의 결정 기준** : ② 및 ③에 따라 대통령령으로 해당 약제에 대한 요양급여비용 총액을 정할 때에는 그 약제의 과거 요양급여 실적 등을 고려하여 **1년간의 요양급여 총액을 넘지 않는 범위**에서 정하여야 한다.

⑤ **과징금 미납 시의 처분** : 보건복지부장관은 ①에 따른 과징금을 납부하여야 할 자가 납부기한까지 이를 내지 아니하면 대통령령으로 정하는 절차에 따라 그 **과징금 부과 처분을 취소**하고 **업무정지 처분**을 하거나 **국세 체납처분의 예에 따라 이를 징수**한다. 다만, 요양기관의 폐업 등으로 업무정지 처분을 할 수 없으면 국세 체납처분의 예에 따라 징수한다.

㉠ 보건복지부장관은 ①에 따라 과징금을 납부하여야 할 자가 납부기한까지 과징금을 내지 아니하면 납부기한이 지난 후 **15일 이내**에 **독촉장을 발급**하여야 한다. 이 경우 납부기한은 독촉장을 발급하는 날부터 **10일 이내**로 하여야 한다(영 제70조의4 제1항).

㉡ 보건복지부장관은 과징금을 납부하여야 할 자가 ㉠에 따른 독촉장을 받고도 그 납부기한까지 과징금을 내지 아니하면 ⑤의 본문에 따라 **과징금 부과처분을 취소**하고 **업무정지 처분**을 하거나 **국세 체납처분의 예에 따라 징수**하여야 한다(영 제70조의4 제2항).

㉢ 보건복지부장관은 ⑤의 본문에 따라 과징금 부과처분을 취소하고 업무정지 처분을 하는 경우에는 처분대상자에게 서면으로 그 내용을 통지하여야 한다. 이 경우 그 서면에는 처분의 변경사유와 업무정지 처분의 기간 등 업무정지 처분에 필요한 사항이 포함되어야 한다(영 제70조의4 제3항).

⑥ 보건복지부장관은 ② 또는 ③에 따른 과징금을 납부하여야 할 자가 납부기한까지 이를 내지 아니하면 **국세 체납처분의 예에 따라 징수**한다.

⑦ **과세정보의 요청** : 보건복지부장관은 과징금을 징수하기 위하여 필요하면 다음 각 호의 사항을 적은 문서로 관할 세무관서의 장 또는 지방자치단체의 장에게 **과세정보의 제공을 요청**할 수 있다.

1. 납세자의 인적사항
2. 사용 목적
3. 과징금 부과 사유 및 부과 기준

⑧ **과징금의 용도** : ①부터 ③까지의 규정에 따라 징수한 과징금은 다음 각 호 외의 용도로는 사용할 수 없다. 이 경우 ②의 제1호 및 ③의 제1호에 따라 징수한 과징금은 제3호의 용도로 사용하여야 한다.

1. 법 제47조 제3항에 따라 공단이 **요양급여비용으로 지급하는 자금**
2. 응급의료에 관한 법률에 따른 **응급의료기금의 지원**
3. 재난적의료비 지원에 관한 법률에 따른 **재난적의료비 지원사업에 대한 지원**

⑨ ①부터 ③까지의 규정에 따른 과징금의 금액과 그 납부에 필요한 사항 및 과징금의 용도별 지원 규모, 사용 절차 등에 필요한 사항은 대통령령으로 정한다.

(2) 과징금의 부과기준(영 제70조의2)

① **요양급여 적용 정지의 갈음** : 보건복지부장관은 요양급여의 적용 정지 대상인 약제가 요양급여의 적용 정지 처분을 한 날이 속한 연도 또는 그 전년도에 요양기관으로부터 **요양급여비용이 청구된 약제**(②의 각 호에 해당하는 약제는 제외한다)인 경우에는 **(1)**의 ② 제1호 또는 ③의 제1호에 따라 **요양급여의 적용 정지를 갈음하여 과징금을 부과**할 수 있다.

② 보건복지부장관은 요양급여의 적용 정지 대상인 약제가 다음 각 호의 어느 하나에 해당하는 경우에는 **(1)**의 ② 제2호 또는 ③의 제2호에 따라 **요양급여의 적용 정지를 갈음하여 과징금을 부과**할 수 있다.

1. 퇴장방지의약품
2. 희귀의약품
3. 요양급여의 대상으로 고시한 약제가 단일 품목으로서 동일제제(투여경로 · 성분 · 함량 및 제형이 동일한 제품을 말한다)가 없는 의약품
4. 그 밖에 보건복지부장관이 특별한 사유가 있다고 인정한 약제

③ ① 및 ②에 따른 과징금의 부과기준은 영 별표 4의2 제3호와 같다.

〈영 별표 4의2 제3호〉 과징금 부과기준

과징금은 약제의 요양급여의 적용 정지 처분을 결정한 날의 전년도 1년간 해당 약제로 인해 발생한 요양급여비용의 심사결정 총액에 다음 각 목의 구분에 따른 적용 정지 기간별 과징금 부과 비율을 곱한 금액으로 한다. 이 경우 해당 약제에 대한 요양급여의 적용 기간이 1년 미만인 경우에는 해당 약제를 법 제41조 제2항에 따라 요양급여의 대상으로 보건복지부장관이 정하여 고시한 날(고시한 날이 2개 이상인 경우에는 최근 고시한 날을 말한다)부터 약제의 요양급여 적용 정지 처분을 결정한 날까지 요양급여로 제공하여 발생한 요양급여비용의 심사결정액을 연 요양급여비용으로 환산한 금액을 요양급여비용의 심사결정 총액으로 한다.

가. 영 제70조의2 제1항에 따른 과징금

적용 정지 기간	부과 비율(%)	
	3차 위반	4차 위반 이상
15일	37	–
1개월	50	193
2개월	63	207
3개월	77	221
4개월	90	235
5개월	103	249
6개월	117	263
7개월	130	277
8개월	143	291
9개월	157	305
10개월	170	319
11개월	–	333
12개월	–	340

나. 영 제70조의2 제2항에 따른 과징금

적용 정지 기간	부과 비율(%)	
	3차 위반	4차 위반 이상
15일	11	–
1개월	15	55
2개월	19	59
3개월	23	63
4개월	27	67
5개월	31	71
6개월	35	75
7개월	39	79
8개월	43	83
9개월	47	87
10개월	51	91
11개월	–	95
12개월	–	97

(3) 과징금의 부과 및 납부(영 제70조의3)

① **과징금의 부과** : 보건복지부장관은 (1)의 ①부터 ③까지의 규정에 따라 과징금을 부과하려는 때에는 과징금 부과대상이 되는 위반행위, 과징금의 금액, 납부기한 및 수납기관 등을 명시하여 이를 납부할 것을 서면으로 통지하여야 한다.

② **과징금의 납부** : 통지를 받은 자는 과징금 납입고지서에 기재된 납부기한까지 과징금을 수납기관에 납부하여야 한다. 다만, 천재지변이나 그 밖에 부득이한 사유로 인하여 그 기간 내에 과징금을 납부할 수 없는 경우에는 그 사유가 해소된 날부터 **7일 이내**에 납부하여야 한다.

③ 수납기관은 과징금을 받은 경우 납부자에게 영수증을 내어주고, 지체 없이 납부사실을 보건복지부장관에게 통보하여야 한다.

(4) 과징금의 지원 규모 등(영 제71조)

① **과징금의 용도별 지원 규모** : (1)의 ①, (1)의 ② 제2호 또는 ③의 제2호에 따라 징수한 과징금의 용도별 지원 규모는 다음 각 호와 같다.

1. 공단이 요양급여비용으로 지급하는 자금 지원 : 과징금 수입의 100분의 50
2. 응급의료기금 지원 : 과징금 수입의 100분의 35
3. 재난적의료비 지원사업에 대한 지원 : 과징금 수입의 100분의 15

② 공단의 이사장과 응급의료기금의 관리·운용을 위탁받은 자는 ①에 따라 지원받은 과징금의 다음 해 **운용계획서**와 전년도 **사용실적**을 매년 **4월 30일까지** 보건복지부장관에게 제출하여야 한다.

③ 보건복지부장관은 제출받은 과징금 운용계획서와 과징금 사용실적을 고려하여 다음 해 과징금 지원액을 정한 후 이를 국가재정법령에서 정하는 바에 따라 예산에 반영하여야 한다.

(5) 위반사실의 공표(법 제100조)

① 보건복지부장관은 관련 서류의 위조·변조로 **요양급여비용을 거짓으로 청구**하여 **업무정지** 또는 **과징금** 등의 행정처분을 받은 요양기관이 다음 각 호의 어느 하나에 해당하면 그 **위반 행위, 처분 내용, 해당 요양기관의 명칭·주소 및 대표자 성명**, 그 밖에 **다른 요양기관과의 구별에 필요한 사항**으로서 대통령령으로 정하는 사항을 공표할 수 있다. 이 경우 공표 여부를 결정할 때에는 그 위반행위의 동기, 정도, 횟수 및 결과 등을 고려하여야 한다.

1. 거짓으로 청구한 금액이 **1,500만 원 이상**인 경우
2. 요양급여비용 총액 중 거짓으로 청구한 금액의 비율이 **100분의 20 이상**인 경우

② **공표심의위원회의 설치** : 보건복지부장관은 ①에 따른 공표 여부 등을 심의하기 위하여 **건강보험공표심의위원회("공표심의위원회")**를 설치·운영한다.

③ **진술 기회 부여** : 보건복지부장관은 공표심의위원회의 심의를 거친 공표대상자에게 공표대상자인 사실을 알려 소명자료를 제출하거나 출석하여 **의견을 진술할 기회**를 주어야 한다.

④ **공표대상자의 선정** : 보건복지부장관은 공표심의위원회가 제출된 소명자료 또는 진술된 의견을 고려하여 **공표대상자를 재심의한 후 공표대상자를 선정**한다.

⑤ ①부터 ④까지에서 규정한 사항 외에 공표의 절차·방법, 공표심의위원회의 구성·운영 등에 필요한 사항은 대통령령으로 정한다.

더 알아보기

공표 사항(영 제72조)
법 제100조 제1항 각 호 외의 부분 전단에서 "대통령령으로 정하는 사항"이란 다음 각 호의 사항을 말한다.
1. 해당 요양기관의 종류와 그 요양기관 대표자의 면허번호 · 성별
2. 의료기관의 개설자가 법인인 경우에는 의료기관의 장의 성명
3. 그 밖에 다른 요양기관과의 구별을 위하여 법 제100조 제2항에 따른 공표심의위원회가 필요하다고 인정하는 사항

(6) 공표심의위원회의 구성 · 운영 등(영 제73조)

① **위원회의 구성** : 공표심의위원회는 위원장 1명을 포함한 **9명의 위원**으로 구성한다.

② **위원장 및 위원** : 공표심의위원회의 위원장은 제1호부터 제4호까지의 **위원 중에서 호선(互選)**하고, 위원은 **보건복지부장관이 임명하거나 위촉**하는 다음 각 호의 사람으로 한다.

1. 소비자단체가 추천하는 사람 1명
2. 언론인 1명
3. 변호사 등 법률 전문가 1명
4. 건강보험에 관한 학식과 경험이 풍부한 사람으로서 의약계를 대표하는 단체가 추천하는 사람 3명
5. 보건복지부의 고위공무원단에 속하는 일반직공무원 1명
6. 공단의 이사장 및 심사평가원의 원장이 각각 1명씩 추천하는 사람 2명

③ **위원의 임기** : 공표심의위원회 위원(②의 제5호의 위원은 제외한다)의 임기는 2년으로 한다.

④ **공표심의위원회의 위원장** : 공표심의위원회를 대표하고, 공표심의위원회의 업무를 총괄한다.

⑤ **위원장의 직무대행** : 공표심의위원회의 위원장이 부득이한 사유로 직무를 수행할 수 없을 때에는 위원장이 지명하는 위원이 그 직무를 대행한다.

⑥ **개의 · 의결 요건** : 공표심의위원회의 회의는 재적위원 **과반수의 출석**으로 개의하고, 출석위원 **과반수의 찬성**으로 의결한다.

⑦ ①부터 ⑥까지에서 규정한 사항 외에 공표심의위원회의 구성 · 운영 등에 필요한 사항은 공표심의위원회의 의결을 거쳐 위원장이 정한다.

(7) 공표심의위원회 위원의 해임 및 해촉(영 제73조의2)

보건복지부장관은 **(6)**의 ② 각 호에 따른 공표심의위원회 위원이 다음 각 호의 어느 하나에 해당하는 경우에는 해당 **공표심의위원회 위원을 해임하거나 해촉**할 수 있다.

1. 심신장애로 인하여 직무를 수행할 수 없게 된 경우
2. 직무와 관련된 비위사실이 있는 경우
3. 직무태만, 품위손상이나 그 밖의 사유로 인하여 위원으로 적합하지 아니하다고 인정되는 경우
4. 위원 스스로 직무를 수행하는 것이 곤란하다고 의사를 밝히는 경우

(8) 공표 절차 및 방법 등(영 제74조)

① **의견 진술 기회 부여** : 보건복지부장관은 공표대상자인 사실을 통지받은 요양기관에 대하여 그 통지를 받은 날부터 **20일 동안 소명자료를 제출**하거나 출석하여 **의견을 진술할 기회**를 주어야 한다.

② **공표 사항의 공고** : 보건복지부장관은 공표대상자로 선정된 요양기관에 대하여 보건복지부, 공단, 심사평가원, 관할 특별시·광역시·특별자치시·도·특별자치도와 시·군·자치구 및 보건소의 홈페이지에 **6개월 동안** 공표 사항을 공고해야 하며, 추가로 게시판 등에도 공고할 수 있다.

③ **추가 공표** : 보건복지부장관은 공표대상자로 선정된 요양기관이 **거짓 청구를 반복적으로 하거나 그 거짓 청구가 중대한 위반행위에 해당**하는 경우 등 추가 공표가 필요하다고 인정하는 경우에는 ②에 따른 공고 외에 신문 또는 방송에 **추가로 공표**할 수 있다.

④ **변경 사실의 반영** : ②에 따른 공고 대상인 요양기관을 관할하는 특별시장·광역시장·특별자치시장·도지사·특별자치도지사, 시장·군수·구청장 또는 보건소의 장은 변경허가·변경신고 등으로 ②에 따른 공고기간 중 공표 사항이 변경된 사실이 확인되었을 때에는 지체 없이 보건복지부장관에게 그 사실을 알려야 한다. 이 경우 보건복지부장관은 그 변경 사항이 ②에 따른 공고 내용에 즉시 반영되도록 필요한 조치를 해야 한다.

⑤ ①부터 ④까지에서 규정한 사항 외에 공표 절차 및 방법, 공표 사항의 변경 등에 필요한 사항은 보건복지부장관이 정한다.

(9) 제조업자 등의 금지행위 등(법 제101조)

① **금지행위의 기준** : 약사법에 따른 의약품의 제조업자·위탁제조판매업자·수입자·판매업자 및 의료기기법에 따른 의료기기 제조업자·수입업자·수리업자·판매업자·임대업자(“**제조업자 등**”)는 약제·치료재료와 관련하여 **요양급여대상 여부를 결정하거나 요양급여비용을 산정할 때**에 다음 각 호의 행위를 하여 보험자·가입자 및 피부양자에게 손실을 주어서는 아니 된다.

1. 속임수나 그 밖의 부당한 방법으로 보험자·가입자 및 피부양자에게 요양급여비용을 부담하게 한 요양기관의 행위에 개입
2. 보건복지부, 공단 또는 심사평가원에 거짓 자료의 제출
3. 그 밖에 속임수나 보건복지부령으로 정하는 부당한 방법으로 요양급여대상 여부의 결정과 요양급여비용의 산정에 영향을 미치는 행위

② **위반 사실의 조사** : 보건복지부장관은 제조업자 등이 ①에 **위반한 사실이 있는지 여부를 확인하기 위하여** 그 제조업자 등에게 관련 서류의 제출을 명하거나, 소속 공무원이 관계인에게 질문을 하게 하거나 관계 서류를 검사하게 하는 등 **필요한 조사**를 할 수 있다. 이 경우 소속 공무원은 그 권한을 표시하는 증표를 지니고 이를 관계인에게 보여 주어야 한다.

③ **손실 상당액의 징수** : 공단은 ①을 위반하여 보험자·가입자 및 피부양자에게 손실을 주는 행위를 한 제조업자 등에 대하여 **손실에 상당하는 금액**(“**손실 상당액**”)을 징수한다.

④ **손실 상당액의 지급** : 공단은 ③에 따라 징수한 손실 상당액 중 가입자 및 피부양자의 손실에 해당되는 금액을 그 **가입자나 피부양자에게 지급**하여야 한다. 이 경우 공단은 가입자나 피부양자에게 지급하여야 하는 금액을 그 가입자 및 피부양자가 내야 하는 **보험료 등과 상계**할 수 있다.

⑤ 손실 상당액 산정기준 등(영 제74조의2)

㉠ 공단이 제조업자 등에 대하여 징수하는 손실 상당액은 ①의 제1호부터 제3호까지의 위반행위로 보험자·가입자 및 피부양자가 부당하게 부담하게 된 요양급여비용 전액으로 한다.

㉡ 공단은 제조업자 등이 동일한 약제·치료재료에 대하여 ①의 제1호부터 제3호까지의 위반행위 중 둘 이상의 위반행위를 한 경우에는 각 위반행위에 따른 손실 상당액 중 가장 큰 금액을 손실 상당액으로 징수한다.

㉢ 공단은 손실 상당액을 징수하려는 경우에는 다음의 사항을 포함한 문서로 약제·치료재료의 제조업자 등에게 알려야 한다.

1. 위반행위의 내용 및 법적근거에 관한 사항
2. 징수금액 및 산정내역 등에 관한 사항
3. 납부기한, 납부방법 및 납부장소 등 납부에 필요한 사항

5. 정보의 유지 및 공단에 대한 감독

(1) 정보의 유지 등(법 제102조)

공단, 심사평가원 및 대행청구단체에 종사하였던 사람 또는 종사하는 사람은 다음 각 호의 행위를 하여서는 아니 된다.

1. 가입자 및 피부양자의 **개인정보**(개인정보 보호법에서 정의하는 개인정보를 말한다. 이하 "개인정보"라 한다)를 **누설**하거나 직무상 **목적 외의 용도로 이용** 또는 정당한 사유 없이 **제3자에게 제공**하는 행위

더 알아보기

개인정보의 정의(개인정보 보호법 제2조 제1호)

"개인정보"란 살아 있는 개인에 관한 정보로서 다음 각 목의 어느 하나에 해당하는 정보를 말한다.

가. 성명, 주민등록번호 및 영상 등을 통하여 개인을 알아볼 수 있는 정보

나. 해당 정보만으로는 특정 개인을 알아볼 수 없더라도 다른 정보와 쉽게 결합하여 알아볼 수 있는 정보. 이 경우 쉽게 결합할 수 있는지 여부는 다른 정보의 입수 가능성 등 개인을 알아보는 데 소요되는 시간, 비용, 기술 등을 합리적으로 고려하여야 한다.

다. 가목 또는 나목을 제1호의2에 따라 가명처리함으로써 원래의 상태로 복원하기 위한 추가 정보의 사용·결합 없이는 특정 개인을 알아볼 수 없는 정보("가명정보")

2. 업무를 수행하면서 알게 된 정보(개인정보는 제외한다)를 **누설**하거나 직무상 **목적 외의 용도로 이용** 또는 **제3자에게 제공**하는 행위

(2) 공단 등에 대한 감독 등(법 제103조)

① **감독 기준** : 보건복지부장관은 공단과 심사평가원의 경영목표를 달성하기 위하여 다음 각 호의 사업이나 업무에 대하여 보고를 명하거나 그 사업이나 업무 또는 재산상황을 검사하는 등 감독을 할 수 있다.

1. 공단의 업무 및 심사평가원의 **업무**
2. 공공기관의 운영에 관한 법률에 따른 **경영지침의 이행과 관련된 사업**

더 알아보기

경영지침(공공기관의 운영에 관한 법률 제50조)

① 기획재정부장관은 공기업·준정부기관의 운영에 관한 일상적 사항과 관련하여 공공기관운영위원회의 심의·의결을 거쳐 다음 각 호의 사항에 관한 지침("경영지침")을 정하고, 이를 공기업·준정부기관 및 주무기관의 장에게 통보하여야 한다.

1. 조직 운영과 정원·인사 관리에 관한 사항
2. 예산과 자금 운영에 관한 사항
3. 그 밖에 공기업·준정부기관의 재무건전성 확보를 위하여 기획재정부장관이 필요하다고 인정하는 사항

② 공기업·준정부기관의 투명하고 공정한 인사운영과 윤리경영 등을 위하여 필요한 경우 소관 정책을 관장하는 관계 행정기관의 장은 경영지침에 관한 의견을 기획재정부장관에게 제시할 수 있다.

3. 국민건강보험법 또는 다른 법령에서 공단과 심사평가원이 **위탁받은 업무**
4. 그 밖에 관계 법령에서 정하는 사항과 관련된 사업

② 보건복지부장관은 ①에 따른 감독상 필요한 경우에는 **정관이나 규정의 변경** 또는 그 밖에 필요한 처분을 명할 수 있다.

6. 포상금 및 유사명칭의 사용금지

(1) 포상금 등의 지급(법 제104조)

① **포상금의 지급** : 공단은 다음 각 호의 어느 하나에 해당하는 자 또는 재산을 **신고한 사람**에 대하여 포상금을 지급할 수 있다. 다만, 공무원이 그 직무와 관련하여 제4호에 따른 은닉재산을 신고한 경우에는 그러하지 아니한다.

1. 속임수나 그 밖의 부당한 방법으로 보험급여를 받은 사람
2. 속임수나 그 밖의 부당한 방법으로 다른 사람이 보험급여를 받도록 한 자
3. 속임수나 그 밖의 부당한 방법으로 보험급여 비용을 받은 요양기관 또는 보험급여를 받은 준요양기관 및 보조기기 판매업자
4. 제57조(부당이득의 징수)에 따라 징수금을 납부하여야 하는 자의 은닉재산

② **장려금의 지급** : 공단은 **건강보험 재정을 효율적으로 운영**하는 데 이바지한 **요양기관**에 대하여 장려금을 지급할 수 있다.

③ ①의 제4호에서 "은닉재산"이란 징수금을 납부하여야 하는 자가 은닉한 현금, 예금, 주식, 그 밖에 재산적 가치가 있는 유형·무형의 재산을 말한다. 다만, 다음 각 호의 어느 하나에 해당하는 재산은 제외한다.

1. 민법 등 관계 법령에 따라 사해행위(詐害行爲) 취소소송의 대상이 되어 있는 재산
2. 공단이 은닉사실을 알고 조사 또는 강제징수 절차에 착수한 재산
3. 그 밖에 은닉재산 신고를 받을 필요가 없다고 인정되어 징수금을 납부해야 하는 자의 명의로 등기 또는 등록된 재산으로서 국내에 있는 재산(영 제75조 제6항)

④ ① 및 ②에 따른 포상금 및 장려금의 지급 기준과 범위, 절차 및 방법 등에 필요한 사항은 대통령령으로 정한다.

(2) 포상금의 지급 기준 등(영 제75조)

① **신고 대상 : (1)의 ①에 따라 다음 각 호의 어느 하나에 해당하는 자 또는 은닉재산을 신고하려는 사람은 공단이 정하는 바에 따라 공단에 신고해야 한다. 이 경우 2명 이상이 공동명의로 신고할 때에는 대표자를 지정해야 한다.**

1. 속임수나 그 밖의 부당한 방법으로 보험급여를 받은 사람
2. 속임수나 그 밖의 부당한 방법으로 다른 사람이 보험급여를 받도록 한 자
3. 속임수나 그 밖의 부당한 방법으로 보험급여 비용을 받은 요양기관 또는 보험급여를 받은 준요양기관 및 보조기기 판매업자
4. 제57조(부당이득의 징수)에 따라 징수금을 납부하여야 하는 자의 은닉재산

② **지급 결정 통보** : 공단은 ①에 따라 신고를 받으면 그 내용을 확인한 후 포상금 지급 여부를 결정하여 신고인(2명 이상이 공동명의로 신고한 경우에는 대표자를 말한다. 이하 이 조에서 같다)에게 통보하여야 한다.

③ **지급 신청** : ②에 따라 포상금 지급 결정을 통보받은 신고인은 공단이 정하는 바에 따라 공단에 포상금 지급을 신청하여야 한다.

④ **포상급 지급** : 공단은 ③에 따라 포상금 지급 신청을 받은 날부터 **1개월 이내**에 신고인에게 영 별표 6의 포상금 지급 기준에 따른 포상금을 지급하여야 한다.

⑤ ①에 따른 신고를 받은 후에 신고된 내용과 같은 내용의 신고를 한 사람에게는 포상금을 지급하지 아니한다.

⑥ ①부터 ⑤까지에서 규정한 사항 외에 포상금의 지급 기준과 방법·절차 등에 관하여 필요한 사항은 공단이 정한다.

〈영 별표 6〉 포상금의 지급 기준

1. 속임수나 그 밖의 부당한 방법으로 보험급여를 받은 사람을 신고한 경우

징수금	포상금
1만 원 이상 1,000만 원 이하	(징수금)$\times\frac{20}{100}$
1,000만 원 초과 2,000만 원 이하	200만 원+$\left[\{(\text{징수금})-1{,}000\text{만 원}\}\times\frac{15}{100}\right]$
2,000만 원 초과	350만 원+$\left[\{(\text{징수금})-2{,}000\text{만 원}\}\times\frac{10}{100}\right]$ 다만, 500만 원을 넘는 경우에는 500만 원으로 한다.

2. 속임수나 그 밖의 부당한 방법으로 다른 사람이 보험급여를 받도록 한 준요양기관·보조기기 판매업자를 신고한 경우
   가. 준요양기관·보조기기 판매업자 관련자
      1) 준요양기관에 근무하고 있거나 근무했던 사람이 그 준요양기관을 신고한 경우
      2) 보조기기 판매업자에게 고용되어 있거나 고용되었던 사람이 그 보조기기 판매업자를 신고한 경우

징수금	포상금
15만 원 이상 1,000만 원 이하	(징수금)$\times\frac{30}{100}$
1,000만 원 초과 5,000만 원 이하	300만 원+$\left[\{(\text{징수금})-1{,}000\text{만 원}\}\times\frac{20}{100}\right]$
5,000만 원 초과	1,100만 원+$\left[\{(\text{징수금})-5{,}000\text{만 원}\}\times\frac{10}{100}\right]$ 다만, 20억 원을 넘는 경우에는 20억 원으로 한다.

나. 준요양기관·보조기기 판매업소 이용자

1) 준요양기관에서 요양을 받은 사람, 그 배우자 및 직계존비속이 해당 요양과 관련된 보험급여에 대하여 준요양기관을 신고한 경우

2) 보조기기 판매업자에게 보조기기를 구매한 사람, 그 배우자 및 직계존비속이 해당 보조기기의 구매와 관련된 보험급여에 대하여 보조기기 판매업자를 신고한 경우

징수금	포상금
2,000원 이상 25,000원 이하	1만 원
25,000원 초과	$(\text{징수금})\times\frac{40}{100}$ 다만, 500만 원을 넘는 경우에는 500만 원으로 한다.

다. 그 밖의 신고인 : 가목 및 나목에 해당하지 않는 사람이 준요양기관·보조기기 판매업자를 신고한 경우

징수금	포상금
10만 원 이상 1,000만 원 이하	$(\text{징수금})\times\frac{20}{100}$
1,000만 원 초과 2,000만 원 이하	$200\text{만 원}+\left[\{(\text{징수금})-1{,}000\text{만 원}\}\times\frac{15}{100}\right]$
2,000만 원 초과	$350\text{만 원}+\left[\{(\text{징수금})-2{,}000\text{만 원}\}\times\frac{10}{100}\right]$ 다만, 500만 원을 넘는 경우에는 500만 원으로 한다.

3. 속임수나 그 밖의 부당한 방법으로 다른 사람이 보험급여를 받도록 한 자(준요양기관·보조기기 판매업자는 제외한다)를 신고한 경우

징수금	포상금
1만 원 이상 1,000만 원 이하	$(\text{징수금})\times\frac{20}{100}$
1,000만 원 초과 2,000만 원 이하	$200\text{만 원}+\left[\{(\text{징수금})-1{,}000\text{만 원}\}\times\frac{15}{100}\right]$
2,000만 원 초과	$350\text{만 원}+\left[\{(\text{징수금})-2{,}000\text{만 원}\}\times\frac{10}{100}\right]$ 다만, 500만 원을 넘는 경우에는 500만 원으로 한다.

4. 속임수나 그 밖의 부당한 방법으로 보험급여 비용을 받은 요양기관 또는 보험급여를 받은 준요양기관·보조기기 판매업자를 신고한 경우

가. 요양기관·준요양기관·보조기기 판매업자 관련자

1) 요양기관·준요양기관에 근무하고 있거나 근무했던 의사, 약사, 간호사, 의료기사 및 그 밖의 직원 등이 그 요양기관·준요양기관을 신고한 경우

2) 약제·치료재료의 제조업자·판매업자에게 고용되어 있거나 고용되었던 사람이 요양기관·준요양기관을 신고한 경우

3) 보조기기 판매업자에게 고용되어 있거나 고용되었던 사람이 그 보조기기 판매업자를 신고한 경우

징수금	포상금
15만 원 이상 1,000만 원 이하	$(\text{징수금})\times\frac{30}{100}$
1,000만 원 초과 5,000만 원 이하	$300\text{만 원}+\left[\{(\text{징수금})-1{,}000\text{만 원}\}\times\frac{20}{100}\right]$
5,000만 원 초과	$1{,}100\text{만 원}+\left[\{(\text{징수금})-5{,}000\text{만 원}\}\times\frac{10}{100}\right]$ 다만, 20억 원을 넘는 경우에는 20억 원으로 한다.

나. 요양기관·준요양기관·보조기기 판매업소 이용자

1) 요양기관에서 진료를 받은 사람, 그 배우자 및 직계존비속이 해당 진료와 관련된 요양급여비용에 대하여 요양기관을 신고한 경우

2) 준요양기관에서 요양을 받은 사람, 그 배우자 및 직계존비속이 해당 요양과 관련된 보험급여에 대하여 준요양기관을 신고한 경우

3) 보조기기 판매업자에게 보조기기를 구매한 사람, 그 배우자 및 직계존비속이 해당 보조기기의 구매와 관련된 보험급여에 대하여 보조기기 판매업자를 신고한 경우

징수금	포상금
2,000원 이상 25,000원 이하	1만 원
25,000원 초과	$(징수금)\times\frac{40}{100}$ 다만, 500만 원을 넘는 경우에는 500만 원으로 한다.

다. 그 밖의 신고인 : 가목 및 나목에 해당하지 않는 사람이 요양기관·준요양기관·보조기기 판매업자를 신고한 경우

징수금	포상금
10만 원 이상 1,000만 원 이하	$(징수금)\times\frac{20}{100}$
1,000만 원 초과 2,000만 원 이하	$200만\ 원+\left[\{(징수금)-1{,}000만\ 원\}\times\frac{15}{100}\right]$
2,000만 원 초과	$350만\ 원+\left[\{(징수금)-2{,}000만\ 원\}\times\frac{10}{100}\right]$ 다만, 500만 원을 넘는 경우에는 500만 원으로 한다.

5. 법 제57조(부당이득의 징수)에 따라 징수금을 납부해야 하는 자의 은닉재산을 신고한 경우

징수금	포상금
100만 원 이상 1억 원 이하	$(징수금)\times\frac{30}{100}$
1억 원 초과 5억 원 이하	$3{,}000만\ 원+\left[\{(징수금)-1억\ 원\}\times\frac{20}{100}\right]$
5억 원 초과 20억 원 이하	$1억\ 1{,}000만\ 원+\left[\{(징수금)-5억\ 원\}\times\frac{10}{100}\right]$
20억 원 초과	$2억\ 6{,}000만\ 원+\left[\{(징수금)-20억\ 원\}\times\frac{5}{100}\right]$ 다만, 20억 원을 넘는 경우에는 20억 원으로 한다.

※ 비고

1. "징수금"이란 공단이 신고인의 신고 사실과 관련하여 법 제104조 제1항 각 호의 어느 하나에 해당하는 자 또는 은닉재산에 대하여 징수한 금액을 말한다.
2. 포상금으로 지급할 금액 중 1,000원 미만의 금액은 지급하지 않는다.

(3) 장려금의 지급 등(영 제75조의2)

① **장려금의 지급** : 공단은 **(1)**의 ②에 따라 다음 각 호의 어느 하나에 해당하는 방법으로 **건강보험 재정 지출을 절감**하는 데 이바지한 **요양기관**에 장려금을 지급한다.

1. 성분 또는 효능이 같아 대체사용이 가능한 약제 중 요양급여비용이 보다 저렴한 약제를 처방하거나 조제하였을 것
2. 퇴장방지의약품으로 지정·고시된 약제 중에서 다른 약제에 비하여 저가이면서 약제의 특성상 다른 약제를 대체하는 효과가 있는 약제를 처방하거나 조제하였을 것

3. 보건복지부장관이 정하여 고시하는 기간 동안 의약품을 상한금액보다 저렴하게 구입하거나 전년도 약제 사용량보다 사용량을 줄였을 것

② **장려금 금액** : 장려금은 ①에 따른 처방 또는 조제로 인하여 건강보험 재정 지출에서 절감된 금액의 100분의 70을 넘지 아니하는 금액으로 한다.

③ **지급 청구** : ①의 제1호 및 제2호에 따라 장려금을 지급받으려는 요양기관은 심사평가원에 요양급여비용의 심사청구를 할 때 함께 장려금 지급을 청구하여야 한다.

④ **금액 통보** : ①의 제3호에 따라 지급하는 장려금은 심사평가원이 그 금액을 산출하여 보건복지부장관의 승인을 받아 공단에 통보한다.

⑤ ①부터 ④까지에서 규정한 사항 외에 장려금의 지급 기준과 방법・절차 등에 관하여 필요한 사항은 보건복지부장관이 정하여 고시한다.

(4) 유사명칭의 사용금지(법 제105조)

① 공단이나 심사평가원이 아닌 자는 국민건강보험공단, 건강보험심사평가원 또는 이와 **유사한 명칭**을 사용하지 못한다.

② 국민건강보험법으로 정하는 건강보험사업을 수행하는 자가 아닌 자는 보험계약 또는 보험계약의 명칭에 **국민건강보험이라는 용어**를 사용하지 못한다.

7. 소액 처리 및 보험재정에 대한 정부지원

(1) 소액 처리(법 제106조)

공단은 징수하여야 할 금액이나 반환하여야 할 금액이 1건당 **2,000원 미만**인 경우(상계 처리할 수 있는 본인일부부담금 환급금 및 가입자나 피부양자에게 지급하여야 하는 금액은 제외한다)에는 징수 또는 반환하지 아니한다.

(2) 끝수 처리(법 제107조)

보험료 등과 보험급여에 관한 비용을 계산할 때 국고금관리법에 따른 끝수는 계산하지 아니한다.

더 알아보기

국고금의 끝수 계산(국고금관리법 제47조, 동법 시행령 제109조의2)

① 국고금의 수입 또는 지출에서 10원 미만의 끝수가 있을 때에는 그 끝수는 계산하지 아니하고, 전액이 10원 미만일 때에도 그 전액을 계산하지 아니한다. 다만, 국고금을 분할하여 징수 또는 수납하거나 지급할 때 그 분할금액이 10원 미만일 때 또는 그 분할금액에 10원 미만의 끝수가 있을 때에 해당하여 그 분할금액 또는 끝수를 최초의 수입금 또는 지급금에 합산하는 경우에는 그러하지 아니하다.

② 국세의 과세표준액을 산정할 때 1원 미만의 끝수가 있으면 이를 계산하지 아니한다.

③ 지방자치단체, 그 밖에 대통령령으로 정하는 공공단체와 공공기관의 경우에는 ① 및 ②를 준용할 수 있다. 다만, 한국산업은행, 중소기업은행의 경우에는 그러하지 아니하다.

(3) 보험재정에 대한 정부지원(법 제108조의2)

① **국고 지원** : 국가는 매년 예산의 범위에서 해당 연도 보험료 예상 수입액의 100분의 14에 상당하는 금액을 국고에서 공단에 지원한다.

② **국민건강증진기금 지원** : 공단은 국민건강증진법에서 정하는 바에 따라 같은 법에 따른 국민건강증진기금에서 자금을 지원받을 수 있다.

③ **국고 지원 재원의 사용** : 공단은 ①에 따라 지원된 재원을 다음 각 호의 사업에 사용한다.

1. 가입자 및 피부양자에 대한 보험급여
2. 건강보험사업에 대한 운영비
3. 법 제75조 및 제110조 제4항(임의계속가입자의 보험료 경감)에 따른 보험료 경감에 대한 지원

④ **국민건강증진기금 지원 재원의 사용** : 공단은 ②에 따라 지원된 재원을 다음 각 호의 사업에 사용한다.

1. 건강검진 등 건강증진에 관한 사업
2. 가입자와 피부양자의 흡연으로 인한 질병에 대한 보험급여
3. 가입자와 피부양자 중 65세 이상 노인에 대한 보험급여

※ [법률 제19445호(2023. 6. 13.) 부칙 제2조의 규정에 의하여 이 조는 2027년 12월 31일까지 유효함]

8. 특례 조항

(1) 외국인 등에 대한 특례(법 제109조)

① **특례 적용 기준** : 정부는 외국 정부가 사용자인 사업장의 근로자의 건강보험에 관하여는 **외국 정부와 한 합의**에 따라 이를 따로 정할 수 있다.

② **직장가입자가 되는 기준** : 국내에 체류하는 재외국민 또는 외국인("국내체류 외국인 등")이 적용대상사업장의 근로자, 공무원 또는 교직원이고 법 제6조 제2항 각 호(직장가입자의 제외 규정)의 어느 하나에 해당하지 아니하면서 다음 각 호의 어느 하나에 해당하는 경우에는 법 제5조(적용 대상의 제외 규정)에도 불구하고 **직장가입자가 된다.**

1. 주민등록법에 따라 등록한 사람
2. 재외동포의 출입국과 법적 지위에 관한 법률에 따라 **국내거소신고**를 한 사람
3. 출입국관리법에 따라 **외국인 등록**을 한 사람

더 알아보기

외국인 등의 직장가입자 자격취득 신고 등(규칙 제61조)

① 사용자는 법 제109조 제2항에 따라 국내체류 외국인 등이 직장가입자가 되는 경우에는 그 직장가입자가 된 날부터 14일 이내에 건강보험 직장가입자 자격취득 신고서에 다음 각 호의 구분에 따른 서류를 첨부하여 공단에 제출하여야 한다. 다만, 공단이 국가 등으로부터 제공받은 자료로 주민등록, 국내거소신고 및 외국인등록 사실을 확인할 수 있는 경우에는 해당 서류를 첨부하지 아니한다.

1. 재외국민 : 주민등록표 등본 1부
2. 외국인 : 다음 각 목의 구분에 따른 서류
   가. 외국국적동포[대한민국의 국적을 보유하였던 자(대한민국정부 수립 전에 국외로 이주한 동포를 포함한다) 또는 그 직계비속으로서 외국국적을 취득한 자 중 대통령령으로 정하는 자](재외동포의 출입국과 법적지위에 관한 법률 제2조 제2호) : 국내거소신고증 사본 또는 국내거소신고 사실증명 1부
   나. 그 밖의 외국인 : 외국인등록증 사본 또는 외국인등록 사실증명 1부

② 사용자는 법 제109조 제2항에 따라 직장가입자가 된 국내체류 외국인 등이 직장가입자의 자격을 잃은 경우에는 그 자격을 잃은 날부터 14일 이내에 건강보험 직장가입자 자격상실 신고서를 공단에 제출하여야 한다.
③ ① 및 ②에 따른 국내체류 외국인등의 직장가입자 자격 취득 및 상실 신고의 절차 및 방법 등에 필요한 세부사항은 보건복지부장관이 정하여 고시한다.

③ **지역가입자가 되는 기준** : ②에 따른 직장가입자에 해당하지 아니하는 국내체류 외국인 등이 다음 각 호의 **요건을 모두 갖춘 경우**에는 제5조(적용 대상의 제외 규정)에도 불구하고 **지역가입자가 된다.**

1. 보건복지부령으로 정하는 **기간(6개월 이상의 기간) 동안 국내에 거주**하였거나 해당 기간 동안 국내에 **지속적으로 거주할 것으로 예상**할 수 있는 사유로서 보건복지부령으로 정하는 사유에 해당될 것(규칙 제61조의2 제1항)
   가. 영주자격을 받은 경우
   나. 비전문취업(E-9)의 체류자격을 받은 경우
   다. 결혼이민의 체류자격을 받은 경우
   라. 보건복지부장관이 정하여 고시하는 유학 또는 일반연수의 체류자격을 받은 경우
2. 다음 각 목의 어느 하나에 해당할 것
   가. 주민등록법에 따라 등록한 사람 또는 재외동포의 출입국과 법적 지위에 관한 법률에 따라 국내거소신고를 한 사람
   나. 출입국관리법에 따라 외국인 등록을 한 사람으로서 보건복지부령으로 정하는 체류자격이 있는 사람(규칙 제61조의2 제2항, 규칙 별표 9)

외국인의 체류자격(기호)
1. 문화예술(D-1), 유학(D-2), 산업연수(D-3), 일반연수(D-4), 취재(D-5), 종교(D-6), 주재(D-7), 기업투자(D-8), 무역경영(D-9), 구직(D-10)
2. 교수(E-1), 회화지도(E-2), 연구(E-3), 기술지도(E-4), 전문직업(E-5), 예술흥행(E-6), 특정활동(E-7), 비전문취업(E-9), 선원취업(E-10)
3. 방문동거(F-1), 거주(F-2), 동반(F-3), 재외동포(F-4), 영주(F-5), 결혼이민(F-6)
4. 기타(G-1)(난민법에 따라 인도적 체류 허가를 받은 사람과 공단이 정하는 사람으로 한정한다)
5. 관광취업(H-1), 방문취업(H-2)

④ 외국인 등의 지역가입자 자격취득 신고 등(규칙 제61조의2 제3항·제4항)

㉠ ③에 따라 국내체류 외국인 등이 지역가입자가 된 경우에는 건강보험 지역가입자 자격취득신고서에 다음의 구분에 따른 서류를 첨부하여 공단에 제출해야 한다. 다만, 공단이 법 제96조에 따라 국가 등으로부터 제공받은 자료로 주민등록, 국내거소신고, 외국인등록 사실 및 보험료 부과에 필요한 사항을 확인할 수 있는 경우에는 그 확인으로 제출을 갈음한다.

1. 재외국민 : 다음 각 목의 서류
   가. 주민등록표 등본 1부
   나. 소득명세서 등 보험료 부과에 필요한 서류로서 보건복지부장관이 정하여 고시하는 서류 각 1부
2. 외국인 : 다음 각 목의 서류
   가. 규칙 제61조 제1항 제2호의 서류 1부
      - 외국국적동포 : 국내거소신고증 사본 또는 국내거소신고 사실증명 1부
      - 그 밖의 외국인 : 외국인등록증 사본 또는 외국인등록 사실증명 1부
   나. 소득명세서 등 보험료 부과에 필요한 서류로서 보건복지부장관이 정하여 고시하는 서류 각 1부

㉡ ③에 따라 지역가입자가 된 국내체류 외국인 등이 지역가입자의 자격을 잃은 경우에는 그 **자격을 잃은 날부터 14일 이내**에 건강보험 지역가입자 자격상실 신고서를 공단에 제출해야 한다.

⑤ **피부양자가 되는 기준** : ②의 각 호의 어느 하나에 해당하는 국내체류 외국인 등이 다음 각 호의 **요건을 모두 갖춘 경우**에는 법 제5조(적용 대상의 제외 규정)에도 불구하고 공단에 신청하면 **피부양자가 될 수 있다.**

1. 직장가입자와의 관계가 **배우자, 직계존속**(배우자의 직계존속을 포함한다), **직계비속**(배우자의 직계비속을 포함한다)과 **그 배우자, 형제·자매** 중 어느 하나에 해당할 것
2. 보건복지부령으로 정하는 **피부양자 자격의 인정 기준**에 해당할 것

⑥ **외국인 등의 피부양자 자격취득 신고 등(규칙 제61조의3)**

㉠ ⑤에 따라 국내체류 외국인 등이 피부양자의 자격을 얻으려는 경우에는 건강보험 피부양자 자격(취득·상실)신고서에 다음 각 호의 서류를 첨부하여 **공단에 제출**하여야 한다. 다만, 공단이 국가 등으로부터 제공받은 자료로 주민등록, 국내거소신고 및 외국인등록 사실을 확인할 수 있는 경우에는 해당 서류를 첨부하지 아니한다.

1. 규칙 제61조 제1항의 구분에 따른 서류 1부
   - 재외국민 : 주민등록표 등본 1부
   - 외국인
     - 외국국적동포 : 국내거소신고증 사본 또는 국내거소신고 사실증명 1부
     - 그 밖의 외국인 : 외국인등록증 사본 또는 외국인등록 사실증명 1부
2. 직장가입자와의 관계를 확인할 수 있는 서류로서 보건복지부장관이 정하여 고시하는 서류 1부

㉡ ⑤에 따라 피부양자의 자격을 얻은 국내체류 외국인 등이 그 자격을 잃은 경우에는 건강보험 피부양자 자격(취득·상실) 신고서에 그 상실 사유를 입증하는 서류를 첨부하여 **공단에 제출**하여야 한다.

㉢ ㉠ 및 ㉡에 따른 국내체류 외국인 등의 피부양자 자격취득 및 상실의 신고 절차 및 방법 등에 필요한 세부사항은 보건복지부장관이 정하여 고시한다.

⑦ **가입자·피부양자가 될 수 없는 경우** : ②·③·⑤의 규정에도 불구하고 다음 각 호에 해당되는 경우에는 가입자 및 피부양자가 될 수 없다.

1. 국내체류가 **법률에 위반**되는 경우로서 대통령령으로 정하는 사유가 있는 경우
   - 출입국관리법 및 재외동포의 출입국과 법적 지위에 관한 법률에 따라 체류기간 연장허가를 받지 아니하고 체류하는 경우(영 제76조 제1호)
   - 출입국관리법에 따라 강제퇴거명령서를 발급받은 경우(영 제76조 제2호)
2. 국내체류 외국인 등이 외국의 법령, 외국의 보험 또는 사용자와의 계약 등에 따라 요양급여에 상당하는 의료보장을 받을 수 있어 사용자 또는 가입자가 보건복지부령으로 정하는 바에 따라 **가입 제외를 신청**한 경우

가. 지역가입자가 가입 제외를 신청하려면 지역가입자가 지역가입자 자격상실 신고서에 '다'의 구분에 따른 서류를 첨부하여 공단에 제출해야 한다(규칙 제61조의4 제1항).

나. 직장가입자가 가입 제외를 신청하려면 사용자가 직장가입자 자격상실 신고서에 '다'의 구분에 따른 서류를 첨부하여 공단에 제출해야 한다(규칙 제61조의4 제2항).

다. '가' 또는 '나'에 따라 지역가입자 또는 사용자가 공단에 제출해야 하는 서류는 다음의 구분에 따른다(규칙 제61조의4 제3항).

• 외국의 법령에 따라 의료보장을 받는 경우 : 다음의 서류
  - 외국 법령의 적용 대상 여부에 대한 확인서 등 의료보장을 받을 수 있음을 증명하는 서류
  - 국내체류 외국인 등이 건강보험에 가입하지 않겠다는 취지를 적은 서류
• 외국의 보험(②의 각 호에 따른 등록 또는 신고를 하기 전에 가입한 보험으로 한정한다)에 따라 의료보장을 받는 경우 : 다음의 서류
  - 보험계약서 등 의료보장을 받을 수 있음을 증명하는 서류
  - 국내체류 외국인 등이 건강보험에 가입하지 않겠다는 취지를 적은 서류
• 사용자와의 계약 등에 따라 의료보장을 받는 경우 : 다음의 서류
  - 근로계약서 등 의료보장을 받을 수 있음을 증명하는 서류
  - 사용자가 의료비를 지급한 사실을 증명하는 서류
  - 국내체류 외국인 등이 건강보험에 가입하지 않겠다는 취지를 적은 서류

라. '가' 또는 '나'에 따라 가입 제외를 신청한 사람은 보건복지부장관이 정하여 고시하는 기간 동안 가입이 제외되며, 그 기간이 경과한 후 다시 제2호에 해당되는 경우에는 '가' 또는 '나'에 따른 가입 제외 신청을 다시 할 수 있다(규칙 제61조의4 제4항).

마. '가'부터 '라'까지에서 규정한 사항 외에 국내체류 외국인 등의 가입 제외 신청의 절차 및 방법 등에 필요한 세부사항은 보건복지부장관이 정하여 고시한다(규칙 제61조의4 제5항).

⑧ ②·③·⑤·⑦의 규정에서 정한 사항 외에 국내체류 외국인 등의 가입자 또는 피부양자 자격의 취득 및 상실에 관한 시기·절차 등에 필요한 사항은 법 제5조부터 제11조까지의 규정을 준용한다. 다만, 국내체류 외국인 등의 특성을 고려하여 특별히 규정해야 할 사항은 대통령령으로 다르게 정할 수 있다.

⑨ 국내체류 외국인 등은 ⑧의 단서에 따라 다음 각 호의 구분에 따른 날에 가입자의 자격을 얻는다(영 제76조의2 제1항).

1. ③의 제2호에 해당하는 사람으로서 ③의 제1호에 따른 기간 동안 국내에 거주한 경우 : 해당 기간이 경과한 날
2. ③의 제2호에 해당하는 사람으로서 ③의 제1호에 따라 국내에 지속적으로 거주할 것으로 예상할 수 있는 사유에 해당하는 경우 : 국내에 입국한 날
3. 그 밖에 보건복지부장관이 체류자격, 체류기간 및 체류경위 등을 고려하여 그 자격취득 시기를 국내거주 국민과 다르게 정할 필요가 있다고 인정하여 고시하는 경우 : 해당 고시에서 정하는 날

⑩ 국내체류 외국인 등은 ⑧의 본문에서 준용하는 법 제10조에 따라 동조 제1항 제1호(사망한 날의 다음 날)·제4호(직장가입자의 피부양자가 된 날) 및 제5호(수급권자가 된 날)에 따른 날에 가입자의 자격을 잃는다. 다만, ⑧의 단서에 따라 다음 각 호의 구분에 따른 날에도 그 자격을 잃는다(영 제76조의2 제2항).

1. 직장가입자 : 다음 각 목의 어느 하나에 해당하는 날
   가. 출입국관리법 및 재외동포의 출입국과 법적 지위에 관한 법률에 따른 체류기간이 종료된 날의 다음 날
   나. 출입국관리법에 따른 강제퇴거명령서를 발급받은 날의 다음 날
   다. ⑦의 제2호에 따라 사용자가 직장가입자의 가입 제외를 신청한 날. 다만, 직장가입자 자격취득 신고를 한 날부터 14일 이내에 가입 제외를 신청한 경우에는 그 자격취득일로 한다.

라. 그 밖에 보건복지부장관이 체류자격, 체류기간 및 체류경위 등을 고려하여 그 자격상실 시기를 국내거주 국민과 다르게 정할 필요가 있다고 인정하여 고시하는 경우 : 해당 고시에서 정하는 날

2. 지역가입자 : 다음 각 목의 어느 하나에 해당하는 날

가. 제1호 가목 및 나목에 따른 날

나. 재외국민 또는 체류기간이 종료되지 아니한 외국인이 출국 후 1개월이 지난 경우 : 그 출국한 날의 다음 날

다. ⑦의 제2호에 따라 지역가입자가 가입 제외를 신청한 날. 다만, 보험료를 납부하지 않은 지역가입자 또는 최초로 보험료를 납부한 날부터 14일이 지나지 않은 지역가입자가 보건복지부장관이 정하여 고시하는 요건을 갖추고 가입 제외를 신청하는 경우에는 그 자격을 취득한 날로 한다.

라. 그 밖에 보건복지부장관이 체류자격, 체류기간 및 체류경위 등을 고려하여 그 자격상실 시기를 국내거주 국민과 다르게 정할 필요가 있다고 인정하여 고시하는 경우 : 해당 고시에서 정하는 날

⑪ 국내체류 외국인 등은 ⑧의 단서에 따라 다음 각 호의 구분에 따른 날에 피부양자의 자격을 얻는다(영 제76조의3 제1항).

1. 신생아의 경우 : 출생한 날
2. ②의 각 호에 따른 주민등록, 국내거소신고 또는 외국인등록("주민등록 등")을 한 날부터 90일 이내에 피부양자 자격취득을 신청한 경우 : 해당 주민등록 등을 한 날. 다만, 주민등록 등을 한 이후에 직장가입이 된 경우에는 해당 직장가입이 된 날로 한다.
3. 주민등록 등을 한 날부터 90일이 경과하여 피부양자 자격취득을 신청한 경우 : 그 자격취득을 신청한 날. 다만, 주민등록 등을 한 이후에 직장가입이 된 경우로서 해당 직장가입이 된 날부터 90일 이내에 신청이 있는 때에는 그 직장가입이 된 날로 한다.
4. 그 밖에 보건복지부장관이 체류자격, 체류기간 및 체류경위 등을 고려하여 그 자격취득 시기를 국내거주 국민과 다르게 정할 필요가 있다고 인정하여 고시하는 경우 : 해당 고시에서 정하는 날

⑫ 국내체류 외국인 등은 ⑧의 본문에서 준용하는 법 제5조에 따라 동조 제3항에서 정한 날(사망, 부양자의 직장가입자 자격상실 또는 의료급여를 받는 경우만 해당한다)에 피부양자의 자격을 잃는다. 다만, ⑧의 단서에 따라 다음 각 호의 어느 하나에 해당하는 날에도 그 자격을 잃는다(영 제76조의3 제2항).

1. 출입국관리법 및 재외동포의 출입국과 법적 지위에 관한 법률에 따른 체류기간이 종료된 날의 다음 날
2. 출입국관리법에 따른 강제퇴거명령서를 발급받은 날의 다음 날
3. 그 밖에 보건복지부장관이 체류자격, 체류기간 및 체류경위 등을 고려하여 그 자격상실 시기를 국내거주 국민과 다르게 정할 필요가 있다고 인정하여 고시하는 경우 : 해당 고시에서 정하는 날

⑬ **자격상실 시의 보험료 징수** : 가입자인 국내체류 외국인 등이 매월 2일 이후 지역가입자의 자격을 취득하고 그 자격을 취득한 날이 속하는 달에 보건복지부장관이 고시하는 사유로 해당 자격을 상실한 경우에는 법 제69조 제2항 본문에도 불구하고 그 자격을 취득한 날이 속하는 달의 보험료를 부과하여 징수한다.

⑭ **국내체류 외국인 등이 지역가입자인 경우 보험료 납부기한** : 국내체류 외국인 등(⑮의 단서의 적용을 받는 사람에 한정한다)에 해당하는 지역가입자의 보험료는 제78조 제1항 본문에도 불구하고 그 **직전 월 25일까지 납부**하여야 한다. 다만, 다음 각 호에 해당되는 경우에는 공단이 정하는 바에 따라 납부하여야 한다.

1. 자격을 취득한 날이 속하는 달의 보험료를 징수하는 경우
2. 매월 26일 이후부터 말일까지의 기간에 자격을 취득한 경우

⑮ ⑬과 ⑭에서 정한 사항 외에 가입자인 국내체류 외국인 등의 보험료 부과·징수에 관한 사항은 법 제69조부터 제86조까지의 규정을 준용한다. 다만, 대통령령으로 정하는 국내체류 외국인 등의 보험료 부과·징수에 관한 사항은 그 특성을 고려하여 보건복지부장관이 다르게 정하여 고시할 수 있다.

더 알아보기

보험료 부과·징수 특례 대상 외국인(영 제76조의4)
법 제109조 제9항 단서에서 "대통령령으로 정하는 국내체류 외국인 등"이란 지역가입자인 국내체류 외국인 등 중에서 다음 각 호의 어느 하나에 해당하지 않는 사람을 말한다.
1. 결혼이민(F-6)의 체류자격이 있는 사람
2. 영주(F-5)의 체류자격이 있는 사람
3. 그 밖에 보건복지부장관이 체류경위, 체류목적 및 체류기간 등을 고려하여 국내거주 국민과 같은 보험료 부과·징수 기준을 적용할 필요가 있다고 인정하여 고시하는 체류자격이 있는 사람

⑯ **보험급여의 정지** : 공단은 지역가입자인 국내체류 외국인 등(⑮의 단서의 적용을 받는 사람에 한정한다)이 보험료를 체납한 경우에는 법 제53조 제3항에도 불구하고 체납일부터 체납한 보험료를 완납할 때까지 보험급여를 하지 아니한다. 이 경우 법 제53조 제3항 각 호 외의 부분 단서 및 같은 조 제5항·제6항은 적용하지 아니한다.

(2) 실업자에 대한 특례(법 제110조)

① **자격 유지의 신청** : 사용관계가 끝난 사람 중 **직장가입자로서의 자격을 유지한 기간**이 보건복지부령으로 정하는 기간 동안 **통산 1년 이상**인 사람은 지역가입자가 된 이후 최초로 지역가입자 보험료를 고지받은 날부터 그 **납부기한에서 2개월이 지나기 이전까지** 공단에 직장가입자로서의 자격을 유지할 것을 신청할 수 있다.

※ **보건복지부령으로 정하는 기간(규칙 제62조)** : 사용관계가 끝난 날 이전 18개월간을 말한다.

② **임의계속가입자의 자격 유지** : ①에 따라 **공단에 신청한 가입자("임의계속가입자")**는 법 제9조(자격의 변동 시기 등)에도 불구하고 대통령령으로 정하는 기간 동안 직장가입자의 자격을 유지한다. 다만, ①에 따른 신청 후 최초로 내야 할 직장가입자 보험료를 그 납부기한부터 2개월이 지난 날까지 내지 아니한 경우에는 그 자격을 유지할 수 없다.

③ **임의계속가입자의 보수월액** : 보수월액보험료가 산정된 최근 **12개월간의 보수월액을 평균한 금액**으로 한다.

④ **임의계속가입자의 보험료 경감** : 임의계속가입자의 보험료는 보건복지부장관이 정하여 고시하는 바에 따라 그 **일부를 경감**할 수 있다.

⑤ **임의계속가입자의 보수월액보험료 납부 주체** : 임의계속가입자의 보수월액보험료는 법 제76조 제1항 및 법 제77조 제1항 제1호에도 불구하고 그 **임의계속가입자가 전액을 부담하고 납부**한다.

⑥ **임의계속가입자에 대한 급여제한** : 임의계속가입자가 보험료를 납부기한까지 내지 아니하는 경우 그 급여제한에 관하여는 법 제53조 제3항 · 제5항 및 제6항을 준용한다. 이 경우 "법 제69조 제5항에 따른 세대단위의 보험료"는 "⑤에 따른 보험료"로 본다.

⑦ 임의계속가입자의 신청 방법 · 절차 등에 필요한 사항은 보건복지부령으로 정한다.

(3) 임의계속가입자 적용기간(영 제77조)

① **(2)**의 ② 본문에서 "대통령령으로 정하는 기간"이란 사용관계가 끝난 날의 다음 날부터 기산(起算)하여 **36개월이 되는 날을 넘지 아니하는 범위**에서 다음 각 호의 구분에 따른 기간을 말한다.

1. 임의계속가입자가 다른 적용대상사업장의 사용자로 되거나 근로자 등으로 사용되어 자격이 변동되기 전날까지의 기간
2. 임의계속가입자가 그 자격을 잃기 전날까지의 기간

② 의료급여법에 따른 수급권자가 되어 가입자의 자격이 상실된 임의계속가입자가 가입자의 자격을 다시 취득한 경우로서 다시 취득한 날이 ①에 따른 **사용관계가 끝난 날의 다음 날부터 36개월 이내**이면 공단이 정하는 기간 안에 임의계속가입의 재적용을 신청할 수 있다. 이 경우 신청자는 가입자의 자격을 다시 취득한 날부터 ①에 따른 기간 동안 임의계속가입자로서의 자격을 유지한다.

③ ②에서 규정한 사항 외에 임의계속가입의 재적용 신청에 필요한 신청기간, 절차, 방법 등은 공단이 정하는 바에 따른다.

(4) 임의계속가입 · 탈퇴 및 자격 변동 시기 등(규칙 제63조)

① **(2)**의 ②에 따른 임의계속가입자가 되려는 사람은 임의계속가입 신청서에 다음 각 호의 서류를 첨부하여 공단에 제출하여야 한다.

1. 가족관계등록부의 증명서 1부(주민등록표 등본으로 피부양자와 해당 임의계속가입자의 관계를 확인할 수 없는 경우만 해당한다)
2. 장애인, 국가유공자 등으로서 상이등급 판정을 받은 사람과 보훈보상대상자로서 상이등급 판정을 받은 사람임을 증명할 수 있는 서류 1부(피부양자가 장애인, 국가유공자 등 또는 보훈보상대상자의 경우만 해당한다)
3. 폐업 사실을 입증할 수 있는 서류, 주택재건축사업의 사업자등록증 사본 등 규칙 별표 1의2 제1호 다목에 해당하는 사실을 확인하기 위하여 공단이 요구하는 서류(피부양자가 규칙 별표 1의2 제1호 다목에 따른 인정을 받으려는 경우만 해당한다)
4. 규칙 제61조 제1항 제1호 또는 제2호에 따른 서류 1부(재외국민 또는 외국인인 경우만 해당한다)
   - 재외국민 : 주민등록표 등본 1부
   - 외국인
     - 외국국적동포 : 국내거소신고증 사본 또는 국내거소신고 사실증명 1부
     - 그 밖의 외국인 : 외국인등록증 사본 또는 외국인등록 사실증명 1부

② 임의계속가입자로서의 자격을 더 이상 유지하지 않으려는 사람은 임의계속탈퇴 신청서를 공단에 제출하여야 한다.

③ 임의계속가입자는 다음 각 호의 어느 하나에 해당하는 날에 지역가입자 또는 직장가입자로 그 자격이 변동된다.

1. 영 제77조에 따른 기간(임의계속가입자 적용기간)이 끝나는 날의 다음 날
2. 임의계속탈퇴 신청서가 접수된 날의 다음 날
3. 직장가입자인 사용자, 근로자, 공무원 또는 교직원이 된 날

9. 위임 · 위탁 및 출연금

(1) 권한의 위임 및 위탁(법 제111조)

① **권한의 위임 대상** : 국민건강보험법에 따른 보건복지부장관의 권한은 대통령령으로 정하는 바에 따라 그 일부를 **특별시장 · 광역시장 · 도지사** 또는 **특별자치도지사**에게 위임할 수 있다.

② **권한의 위탁 대상** : 법 제97조(보고와 검사) 제2항에 따른 보건복지부장관의 권한은 대통령령으로 정하는 바에 따라 **공단**이나 **심사평가원**에 위탁할 수 있다.

(2) 업무의 위탁(법 제112조)

① **위탁할 수 있는 업무** : 공단은 대통령령으로 정하는 바에 따라 다음 각 호의 업무를 **체신관서**, **금융기관** 또는 그 밖의 자에게 위탁할 수 있다.

1. 보험료의 수납 또는 보험료납부의 확인에 관한 업무
2. 보험급여 비용의 지급에 관한 업무
3. 징수위탁근거법의 위탁에 따라 징수하는 징수위탁보험료 등의 수납 또는 그 납부의 확인에 관한 업무

② 공단은 ①의 각 호의 업무를 체신관서, 금융기관 또는 그 밖의 자에게 위탁하려면 위탁받을 기관의 선정 및 위탁계약의 내용에 관하여 공단 **이사회의 의결**을 거쳐야 한다(영 제78조).

③ 공단은 그 업무의 일부를 **국가기관**, **지방자치단체** 또는 다른 법령에 따른 **사회보험 업무를 수행하는 법인**이나 그 밖의 자에게 위탁할 수 있다. 다만, 보험료와 징수위탁보험료 등의 징수 업무는 그러하지 아니하다.

④ 공단은 ③에 따라 **국가기관 · 지방자치단체 · 심사평가원** 및 **국민연금공단**에 다음 각 호의 업무를 위탁할 수 있다(규칙 제64조 제1항).

1. 가입자의 자격 취득 · 변경 및 상실 신고의 접수 및 처리
2. 건강보험증의 발급 및 가입자의 민원접수 및 처리
3. 요양급여비용의 지급에 관한 업무
4. 체납된 보험료 등, 연체금 및 체납처분비의 조회 및 납부 사실 확인에 관한 업무

⑤ 공단은 ④에 따라 업무를 위탁하려면 수탁 기관 및 위탁 업무에 대하여 **보건복지부장관의 승인**을 받아야 한다(규칙 제64조 제2항).

⑥ 공단은 ③에 따라 **임신·출산 진료비의 신청과 지급에 관한 업무**를 다음 각 호의 구분에 따라 위탁한다(규칙 제64조 제3항).

1. 이용권(임신·출산 진료비 이용권)의 발급 신청 접수 및 발급에 관한 업무 : 금융기관 또는 체신관서
2. 이용권으로 결제한 비용의 지급 및 정산에 관한 업무 : 사회보장정보원 및 보건복지부장관이 정하여 고시하는 기관 또는 단체

⑦ 공단은 부득이한 경우를 제외하고는 매년 임신·출산 진료비의 지급에 들어갈 것으로 예상되는 비용을 ⑥의 제2호에 따른 기관 또는 단체에 미리 예탁(預託)하여야 한다(규칙 제64조 제4항).

(3) 민감정보 및 고유식별정보의 처리(영 제81조)

① 공단((2)에 따라 공단의 업무를 위탁받은 자를 포함한다)은 다음 각 호의 사무를 수행하기 위하여 불가피한 경우 건강에 관한 정보, 범죄경력자료에 해당하는 정보, 주민등록번호, 여권번호, 운전면허의 면허번호 또는 외국인등록번호가 포함된 자료를 처리할 수 있다.

1. 사업장의 신고에 관한 사무
2. 공단의 관장 업무에 관한 사무
3. 현역병 등에 대한 요양급여비용 지급에 관한 사무
4. 요양급여비용의 정산에 관한 사무

4의2. 보험료부과점수 및 금융정보 등의 제공 등에 따른 금융정보 등의 제공 요청에 관한 사무

4의3. 체납 또는 결손처분 자료의 제공에 관한 사무

5. 체납자 인적사항 등의 공개에 관한 사무
6. 이의신청 및 행정소송에 관한 사무
7. 신고 등에 관한 사무
8. 소득 축소·탈루 자료의 송부에 관한 사무

8의2. 자료의 제공 요청에 관한 사무

9. 포상금 지급에 관한 사무
10. 업무의 위탁에 관한 사무

② 심사평가원은 다음 각 호의 사무를 수행하기 위하여 불가피한 경우 건강에 관한 정보, 주민등록번호, 여권번호, 운전면허의 면허번호 또는 외국인등록번호가 포함된 자료를 처리할 수 있다.

1. 요양기관의 시설·장비 및 인력 등의 현황 신고에 관한 사무

1의2. 요양급여 대상 여부의 확인 등에 관한 사무

2. 관장 업무에 관한 사무
3. 이의신청 및 행정소송에 관한 사무
4. 자료의 제공 요청에 관한 사무

③ 요양기관(제2호의 경우에는 요양기관을 대행하는 단체를 포함한다)은 다음 각 호의 사무를 수행하기 위하여 불가피한 경우 건강에 관한 정보나 주민등록번호, 여권번호, 운전면허의 면허번호 또는 외국인등록번호가 포함된 자료를 처리할 수 있다.

1. 요양급여의 실시에 관한 사무
2. 요양급여비용의 청구에 관한 사무

④ 준요양기관은 요양비 지급 청구에 관한 사무를 수행하기 위하여 불가피한 경우에는 건강에 관한 정보나 주민등록번호, 여권번호, 운전면허의 면허번호 또는 외국인등록번호가 포함된 자료를 처리할 수 있다.

⑤ 보조기기 판매업자는 보험급여 지급 청구에 관한 사무를 수행하기 위하여 불가피한 경우에는 건강에 관한 정보나 주민등록번호, 여권번호, 운전면허의 면허번호 또는 외국인등록번호가 포함된 자료를 처리할 수 있다.

⑥ 보건복지부장관(보건복지부장관의 권한을 위임받거나 위탁받은 자를 포함한다)은 다음 각 호의 사무를 수행하기 위하여 불가피한 경우 ①에 따른 자료를 처리할 수 있다.

1. 체납처분 승인에 관한 사무
2. 심판청구에 관한 사무
3. 보고와 검사 등에 관한 사무
4. 업무정지 처분에 관한 사무
5. 과징금 부과·징수에 관한 사무
6. 위반사실 공표에 관한 사무

(4) 징수위탁보험료 등의 배분 및 납입 등(법 제113조)

① 공단은 자신이 징수한 보험료와 그에 따른 징수금 또는 징수위탁보험료 등의 금액이 징수하여야 할 총액에 부족한 경우에는 대통령령으로 정하는 기준, 방법에 따라 이를 **배분하여 납부 처리**하여야 한다. 다만, 납부의무자가 다른 의사를 표시한 때에는 그에 따른다.

더 알아보기

보험료 및 징수위탁보험료 등의 배분 등(영 제79조)

공단이 납부의무자의 신청에 따라 보험료 및 징수위탁보험료 등을 1개의 납입고지서로 통합하여 징수한 경우(체납처분의 방법으로 징수한 경우는 제외한다)에 징수한 보험료와 그에 따른 징수금 또는 징수위탁보험료 등의 금액이 징수하여야 할 총액에 미치지 못하는 경우로서 납부의무자가 이를 납부하는 날까지 특별한 의사를 표시하지 아니한 경우에는 법 제113조 제1항 본문에 따라 공단이 징수하려는 보험별 금액(연체금 및 가산금을 제외한 금액을 말한다)의 비율로 배분하여 납부 처리하여야 한다.

② 공단은 징수위탁보험료 등을 징수한 때에는 이를 지체 없이 해당 보험별 기금에 납입하여야 한다.

(5) 출연금의 용도 등(법 제114조)

① 공단은 국민연금법, 산업재해보상보험법, 고용보험법 및 임금채권보장법에 따라 국민연금기금, 산업재해보상보험 및 예방기금, 고용보험기금 및 임금채권보장기금으로부터 각각 지급받은 출연금을 **징수위탁근거법에 따라 위탁받은 업무에 소요되는 비용**에 사용하여야 한다.

② ①에 따라 지급받은 출연금의 관리 및 운용 등에 필요한 사항은 대통령령으로 정한다.

③ 공단은 ①에 따른 출연금을 각각 별도의 계정을 설정하여 관리하여야 한다(영 제80조).

(6) 벌칙 적용에서 공무원 의제(법 제114조의2)

심의위원회 및 공표심의위원회 위원 중 공무원이 아닌 사람은 형법 제127조 및 제129조부터 제132조까지의 규정을 적용할 때에는 공무원으로 본다.

더 알아보기

공무원의 직무에 관한 죄(형법 제127조 및 제129조부터 제132조)

- 공무상 비밀의 누설(제127조) : 공무원 또는 공무원이었던 자가 법령에 의한 직무상 비밀을 누설한 때에는 2년 이하의 징역이나 금고 또는 5년 이하의 자격정지에 처한다.
- 수뢰, 사전수뢰(제129조)
  - 공무원 또는 중재인이 그 직무에 관하여 뇌물을 수수, 요구 또는 약속한 때에는 5년 이하의 징역 또는 10년 이하의 자격정지에 처한다(제1항).
  - 공무원 또는 중재인이 될 자가 그 담당할 직무에 관하여 청탁을 받고 뇌물을 수수, 요구 또는 약속한 후 공무원 또는 중재인이 된 때에는 3년 이하의 징역 또는 7년 이하의 자격정지에 처한다(제2항).
- 제3자 뇌물제공(제130조) : 공무원 또는 중재인이 그 직무에 관하여 부정한 청탁을 받고 제3자에게 뇌물을 공여하게 하거나 공여를 요구 또는 약속한 때에는 5년 이하의 징역 또는 10년 이하의 자격정지에 처한다.
- 수뢰후부정처사, 사후수뢰(제131조)
  - 공무원 또는 중재인이 전2조의 죄를 범하여 부정한 행위를 한 때에는 1년 이상의 유기징역에 처한다(제1항).
  - 공무원 또는 중재인이 그 직무상 부정한 행위를 한 후 뇌물을 수수, 요구 또는 약속하거나 제3자에게 이를 공여하게 하거나 공여를 요구 또는 약속한 때에도 전항의 형과 같다(제2항).
  - 공무원 또는 중재인이었던 자가 그 재직 중에 청탁을 받고 직무상 부정한 행위를 한 후 뇌물을 수수, 요구 또는 약속한 때에는 5년 이하의 징역 또는 10년 이하의 자격정지에 처한다(제3항).
  - 전3항의 경우에는 10년 이하의 자격정지를 병과할 수 있다(제4항).
- 알선수뢰(제132조) : 공무원이 그 지위를 이용하여 다른 공무원의 직무에 속한 사항의 알선에 관하여 뇌물을 수수, 요구 또는 약속한 때에는 3년 이하의 징역 또는 7년 이하의 자격정지에 처한다.

핵심 쏙쏙! OX문제

※ 다음 문제의 진위 여부를 판단해 ○ 또는 ×를 선택하시오.

01 공단은 사용자, 직장가입자에게 가입자의 보수·소득 관계 서류를 제출하게 할 수 있다. [○|×]

02 공단은 사용자, 직장가입자 및 세대주가 신고한 보수 또는 소득 등이 국세청에 신고한 소득 등과 차이가 있는 경우에 소득축소탈루심사위원회의 심사를 거쳐 관련 자료를 보건복지부장관에게 제출하고 국세청장에게 송부해야 한다. [○|×]

03 소득축소탈루심사위원회의 위원장을 임명할 수 있는 권한을 가진 주체는 보건복지부장관이다. [○|×]

04 징수위탁근거법에 따라 위탁받은 업무를 수행하기 위해 공단은 국가, 지방자치단체, 요양기관, 보험회사 및 보험료율 산출 기관, 공공기관 및 공공단체에 대해 주민등록·가족관계등록·국세·지방세·토지·건물·출입국관리 등의 자료를 요청할 수 있다. [○|×]

05 속임수로 보험자·가입자 및 피부양자에게 요양급여비용을 부담하게 한 요양기관에 대해 보건복지부장관은 3년의 범위에서 업무정지를 명령할 수 있다. [○|×]

06 업무정지 처분을 받았거나 업무정지 처분의 절차가 진행 중인 자는 행정처분을 받은 사실 또는 행정처분 절차가 진행 중인 사실을 내용증명으로 양수인 또는 합병 후 존속하는 법인이나 합병으로 설립되는 법인에 지체 없이 알려야 한다. [○|×]

07 보건복지부장관은 요양급여의 적용 정지 대상인 약제가 요양급여의 적용 정지 처분을 한 날이 속한 연도 또는 그 전년도에 요양기관으로부터 요양급여비용이 청구된 약제인 경우에는 요양급여의 적용 정지를 갈음해 과징금을 부과할 수 없다. [○|×]

08 보건복지부장관은 과징금을 납부해야 하는 자가 납부기한까지 과징금을 내지 않으면 납부기한이 지난 후 30일 이내에 독촉장을 발급해야 하며, 이때 납부기한은 독촉장을 발급하는 날부터 15일 이내로 해야 한다. [○|×]

09 과징금의 징수를 위해 보건복지부장관은 납세자의 인적사항 등을 적은 문서로 관할 세무관서의 장에게 과세정보를 요청할 수 있다. [○|×]

10 공표심의위원회는 위원장 1명을 포함한 12명의 위원으로 구성한다. [○|×]

11 보건복지부장관은 위반사실의 공표대상자로 선정된 요양기관에 대해 보건복지부, 공단, 심사평가원, 관할 특별시·광역시·특별자치시·도·특별자치도와 시·군·자치구 및 보건소의 홈페이지에 6개월 동안 공표 사항을 공고해야 하며, 추가로 게시판 등에도 공고할 수 있다. [○|×]

12 공단은 퇴장방지의약품으로 지정·고시된 약제 중에서 다른 약제에 비해 저가이면서 약제의 특성상 다른 약제를 대체하는 효과가 있는 약제를 처방하거나 조제함으로써 건강보험 재정 지출의 절감에 이바지한 요양기관에 장려금을 지급한다. [○|×]

13 직장가입자에 해당하지 않는 국내체류 외국인 등이 6개월 기간 동안 국내에 거주하고 있으며 영주자격을 받은 경우에 국내거소신고를 한 사람이면 지역가입자가 된다. [○|×]

14 국내체류 외국인 등이 체류기간 연장허가를 받지 않고 체류하는 경우에도 가입자 및 피부양자가 될 수 있다. [○|×]

15 국내체류 외국인 등은 보험료를 납부하지 않은 지역가입자 또는 최초로 보험료를 납부한 날부터 14일이 지나지 않은 지역가입자로서 보건복지부장관이 정해 고시하는 요건을 갖추고 가입 제외를 신청하는 경우에는 그 자격을 취득한 날에 지역가입자의 자격을 잃는다. [○|×]

16 사용관계가 끝난 사람 중 직장가입자로서의 자격을 유지한 기간이 통산 1년 이상인 사람은 지역가입자가 된 이후 최초로 지역가입자 보험료를 고지받은 날부터 그 납부기한에서 2개월이 지나기 이전까지 공단에 직장가입자로서의 자격을 유지할 것을 신청할 수 있다. [○|×]

17 임의계속가입자의 보수월액은 보수월액보험료가 산정된 최근 6개월 동안의 보수월액을 평균한 금액으로 한다. [○|×]

18 징수위탁보험료 등의 수납 또는 그 납부의 확인에 관한 업무를 체신관서, 금융기관 또는 그 밖의 자에게 위탁하려면 위탁받을 기관의 선정 및 위탁계약의 내용에 관해 공단 이사회의 의결을 거쳐야 한다. [○|×]

19 공단은 국민연금기금, 산업재해보상보험 및 예방기금, 고용보험기금 및 임금채권보장기금으로부터 각각 지급받은 출연금을 징수위탁근거법에 따라 위탁받은 업무에 소요되는 비용에 사용해야 한다. [○|×]

20 준요양기관은 요양비 지급 청구에 관한 사무를 수행하기 위해 불가피한 경우에는 건강에 관한 정보나 주민등록번호, 여권번호, 운전면허의 면허번호 또는 외국인등록번호가 포함된 자료를 처리할 수 없다. [○|×]

OX문제 정답

01	02	03	04	05	06	07	08	09	10	11	12	13	14	15	16	17	18	19	20
○	○	×	○	×	○	×	×	○	×	○	○	○	×	○	○	×	○	○	×

03 소득축소탈루심사위원회의 위원장은 공단 소속 임직원 중에서 공단의 이사장이 임명한다(영 제68조 제4항).

05 보건복지부장관은 요양기관이 속임수나 그 밖의 부당한 방법으로 보험자·가입자 및 피부양자에게 요양급여비용을 부담하게 한 경우 그 요양기관에 대하여 1년의 범위에서 기간을 정하여 업무정지를 명할 수 있다(법 제98조 제1항 제1호).

07 보건복지부장관은 요양급여의 적용 정지 대상인 약제가 요양급여의 적용 정지 처분을 한 날이 속한 연도 또는 그 전년도에 요양기관으로부터 요양급여비용이 청구된 약제인 경우에는 요양급여의 적용 정지를 갈음하여 과징금을 부과할 수 있다(영 제70조의2 제1항).

08 보건복지부장관은 과징금을 납부하여야 할 자가 납부기한까지 과징금을 내지 아니하면 납부기한이 지난 후 15일 이내에 독촉장을 발급하여야 한다. 이 경우 납부기한은 독촉장을 발급하는 날부터 10일 이내로 하여야 한다(영 제70조의4 제1항).

10 공표심의위원회는 위원장 1명을 포함한 9명의 위원으로 구성한다(영 제73조 제1항).

14 국내체류 외국인 등이 연장허가를 받지 아니하고 체류하는 경우에는 가입자 및 피부양자가 될 수 없다(영 제76조 제1호).

17 임의계속가입자의 보수월액은 보수월액보험료가 산정된 최근 12개월간의 보수월액을 평균한 금액으로 한다(법 제110조 제3항).

20 준요양기관은 요양비 지급 청구에 관한 사무를 수행하기 위하여 불가피한 경우에는 건강에 관한 정보나 주민등록번호, 여권번호, 운전면허의 면허번호 또는 외국인등록번호가 포함된 자료를 처리할 수 있다(영 제81조 제4항).

실력 쑥쑥! 적중예상문제

정답 및 해설 p.044

01 다음 〈보기〉에서 국민건강보험법상 시효에 대한 설명으로 옳은 것을 모두 고르면?

보기

㉠ 보험료, 연체금 및 가산금을 징수할 권리, 보험료, 연체금 및 가산금으로 과오납부한 금액을 환급받을 권리의 소멸시효기간은 1년이다.

㉡ 보험급여를 받을 권리, 보험급여 비용을 받을 권리, 과다납부된 본인일부부담금을 돌려받을 권리의 소멸시효기간은 3년이다.

㉢ 위의 ㉠과 ㉡의 소멸시효기간은 보험급여 또는 보험급여 비용의 청구의 사유로 중단된다.

㉣ 휴직자 등의 보수월액보험료를 징수할 권리의 소멸시효는 고지가 유예된 경우 휴직 등의 사유가 끝날 때까지 진행하지 않는다.

㉤ 시효 중단 및 시효 정지 등에 관련한 자세한 사항은 민사소송법의 기간에 관한 규정에 따른다.

① ㉠, ㉡, ㉢
② ㉠, ㉢, ㉤
③ ㉡, ㉢, ㉣
④ ㉡, ㉣, ㉤
⑤ ㉢, ㉣, ㉤

02 다음 〈보기〉에서 소득 축소 · 탈루 자료의 송부 등에 대한 설명으로 옳지 않은 것을 모두 고르면?

보기

㉠ 사용자, 직장가입자가 신고한 보수에 축소 또는 탈루가 있다고 인정될 경우에 국민건강보험공단은 관련 문서를 기획재정부장관을 거쳐 관할 세무관서의 장에게 송부할 수 있다.

㉡ 위의 ㉠의 경우에 송부받은 사항에 대하여 세무조사를 한 관할 세무관서의 장은 그 조사 결과 중 보수에 관한 사항을 기획재정부장관에게 송부해야 한다.

㉢ 국민건강보험공단은 직장가입자가 신고한 보수가 임금대장의 내용과 다르면 관련 자료를 기획재정부장관에게 제출해야 한다.

① ㉠
② ㉠, ㉡
③ ㉠, ㉢
④ ㉡, ㉢
⑤ ㉠, ㉡, ㉢

03 다음 〈보기〉에서 소득축소탈루심사위원회에 대한 설명으로 옳지 않은 것을 모두 고르면?

보기

㉠ 소득축소탈루심사위원회는 보건복지부에 소속된다.
㉡ 소득축소탈루심사위원회는 의원은 위원장 1명을 포함해 모두 10명이다.
㉢ 소득축소탈루심사위원회의 위원을 임명하거나 위촉할 수 있는 권한을 가진 주체는 보건복지부 장관이다.
㉣ 소득축소탈루심사위원회의 위원 중에서 보건복지부 및 국세청 소속의 공무원인 위원의 지명권을 가진 주체는 보건복지부장관과 국세청장이다.

① ㉠, ㉡
② ㉡, ㉢
③ ㉢, ㉣
④ ㉠, ㉡, ㉢
⑤ ㉡, ㉢, ㉣

04 다음 〈보기〉에서 가족관계등록 전산정보의 공동이용에 대한 설명으로 옳지 않은 것을 모두 고르면?

보기

㉠ 국민건강보험공단은 보험료의 부과·징수의 수행을 위해 전산정보자료를 공동이용할 수 있다.
㉡ 국민건강보험공단은 징수위탁근거법에 따라 위탁받은 업무의 수행을 위해 전산정보자료를 공동이용할 수 있다.
㉢ 법원행정처장은 국민건강보험공단이 전산정보자료의 공동이용을 요청하는 경우 그 공동이용을 위해 필요한 조치를 직권으로 거절할 수 있다.
㉣ 국민건강보험공단은 공동이용하는 전산정보자료를 그 목적 외의 용도로 전용(轉用)할 수 있다.

① ㉠, ㉡
② ㉡, ㉢
③ ㉢, ㉣
④ ㉡, ㉢, ㉣
⑤ ㉠, ㉡, ㉢, ㉣

05 **다음은 서류의 보존에 대한 설명이다. 빈칸 ㉠~㉣에 들어갈 숫자를 합산하면 얼마인가?**

- 요양기관은 요양급여가 끝난 날부터 __㉠__년 동안 요양급여비용의 청구에 관한 서류를 보존해야 한다. 다만, 약국은 처방전을 요양급여비용을 청구한 날부터 3년 동안 보존해야 한다.
- 사용자는 __㉡__년 동안 자격 관리 및 보험료 산정 등 건강보험에 관한 서류를 보존해야 한다.
- 요양비를 청구한 준요양기관은 요양비를 지급받은 날부터 __㉢__년 동안 요양비 청구에 관한 서류를 보존해야 한다.
- 보조기기에 대한 보험급여를 청구한 자는 보험급여를 지급받은 날부터 __㉣__년 동안 보험급여 청구에 관한 서류를 보존해야 한다.

① 10
② 12
③ 14
④ 17
⑤ 20

06 **다음 〈보기〉에서 의원급 의료기관이 요양급여가 끝난 날부터 5년 동안 보존해야 하는 서류로 옳은 것을 모두 고르면?**

보기

㉠ 개인별 투약기록 및 처방전
㉡ 요양급여비용 심사청구서 및 요양급여비용 명세서
㉢ 약제·치료재료, 그 밖의 요양급여의 구성 요소의 구입에 관한 서류
㉣ 간호관리 등급료의 산정자료 등 요양급여비용 산정에 필요한 서류 및 이를 증명하는 서류
㉤ 위의 ㉠부터 ㉣까지의 서류 등을 전산기록장치를 이용해 자기매체에 저장하고 있는 경우에는 해당 자료

① ㉠, ㉡, ㉢
② ㉠, ㉢, ㉤
③ ㉡, ㉣, ㉥
④ ㉠, ㉡, ㉤, ㉥
⑤ ㉡, ㉢, ㉣, ㉤

07 다음 〈보기〉에서 국민건강보험법상 보고 및 검사에 대한 설명으로 옳은 것을 모두 고르면?

보기

㉠ 보건복지부장관은 사용자, 직장가입자 또는 세대주에게 가입자의 이동·보수·소득에 관한 보고를 명할 수 있다.
㉡ 보건복지부장관은 요양기관에 대해 소속 공무원이 보험급여에 관계된 서류를 검사하게 할 수 없다.
㉢ 보건복지부장관은 요양급여비용의 심사청구를 대행하는 단체에 대해 소속 공무원이 대행청구에 관한 자료 등을 확인하게 할 수 없다.
㉣ 보건복지부장관은 요양급여의 적용 정지를 위해 의약품공급자에 대해 금전, 물품, 편익, 노무, 향응, 그 밖의 경제적 이익 등의 제공으로 인한 의약품 판매 질서 위반 행위에 관한 서류 제출을 명할 수 있다.

① ㉠, ㉡
② ㉠, ㉣
③ ㉡, ㉢
④ ㉡, ㉣
⑤ ㉠, ㉡, ㉢

08 다음 중 국민건강보험법상 요양기관의 업무정지에 대한 설명으로 옳지 않은 것은?

① 업무정지 처분의 효과는 그 처분이 확정된 요양기관을 양수한 자에게 승계된다.
② 위의 ①의 경우에 양수인이 그 업무정지 처분사실을 알지 못했음을 증명하더라도 업무정지 처분의 효과는 승계된다.
③ 업무정지 처분을 받은 자는 행정처분을 받은 사실을 내용증명으로 양수인에게 지체 없이 알려야 한다.
④ 업무정지를 부과하는 위반 정도 등에 따른 행정처분기준에 필요한 자세한 사항은 대통령령으로 정한다.
⑤ 업무정지 처분을 받은 자는 해당 업무정지기간 중에는 요양급여를 하지 못한다.

09 다음은 국민건강보험법상 과징금에 대한 설명이다. 빈칸 ㉠, ㉡에 들어갈 내용이 바르게 연결된 것은?

> ㉮ 보건복지부장관은 약제를 요양급여에서 적용 정지하는 경우에 환자 진료에 불편을 초래하는 등 공공복리에 지장을 줄 것으로 예상되는 때에는 요양급여의 적용 정지에 갈음하여 해당 약제에 대한 요양급여비용 총액의 ___㉠___을 넘지 않는 범위에서 과징금을 징수할 수 있다.
> ㉯ 위의 ㉮의 경우에 보건복지부장관은 ___㉡___의 범위에서 분할납부를 하게 할 수 있다.

① ㉠ : 100분의 200, ㉡ : 12개월
② ㉠ : 100분의 200, ㉡ : 18개월
③ ㉠ : 100분의 350, ㉡ : 12개월
④ ㉠ : 100분의 350, ㉡ : 18개월
⑤ ㉠ : 100분의 350, ㉡ : 24개월

PART 2

10 다음 중 국민건강보험법상 과징금에 대한 설명으로 옳지 않은 것은?

① 보건복지부장관은 과징금을 납부해야 하는 자가 납부기한까지 과징금을 내지 않으면 그 과징금 부과 처분을 취소하고 업무정지 처분을 하거나 국세 체납처분의 예에 따라 이를 징수한다.
② 보건복지부장관은 과징금의 징수를 위해 관할 세무관서의 장에게 과세정보의 제공을 요청할 수 있으나, 지방자치단체의 장에게는 그렇지 않다.
③ 징수된 과징금은 응급의료에 관한 법률에 따른 응급의료기금의 지원의 용도로 사용될 수 있다.
④ 공공복리에 지장을 줄 것으로 예상되어 요양기관의 업무정지에 갈음해 징수된 과징금은 재난적의료비 지원사업에 대한 지원 용도로 사용된다.
⑤ 보건복지부장관은 과징금을 부과하려는 때에는 위반행위, 과징금의 금액, 납부기한 및 수납기관 등을 서면으로 알려야 한다.

11 다음은 위반사실의 공표에 대한 설명이다. 빈칸 ㉠, ㉡에 들어갈 내용이 바르게 연결된 것은?

> 보건복지부장관은 관련 서류의 변조로 요양급여비용을 거짓으로 청구하여 업무정지 처분을 받은 요양기관이 거짓으로 청구한 금액이 ___㉠___ 이상인 경우, 요양급여비용 총액 중 거짓으로 청구한 금액의 비율이 ___㉡___ 이상인 경우에 해당하면 그 위반 행위, 그 밖에 다른 요양기관과의 구별에 필요한 사항 등을 공표할 수 있다.

① ㉠ : 1,500만 원, ㉡ : 100분의 20
② ㉠ : 1,500만 원, ㉡ : 100분의 50
③ ㉠ : 1,500만 원, ㉡ : 100분의 80
④ ㉠ : 3,000만 원, ㉡ : 100분의 20
⑤ ㉠ : 3,000만 원, ㉡ : 100분의 50

12 다음 〈보기〉에서 요양기관에 대한 업무정지 처분 및 과징금 부과의 기준에 대한 설명으로 옳은 것을 모두 고르면?

> **보기**
>
> ㉠ 요양기관이 속임수나 부당한 방법으로 보험자・가입자 및 피부양자에게 요양급여비용을 부담하게 한 경우에 월평균 부당금액이 40만 원 이상 80만 원 미만이며 부당비율이 0.1% 이상 0.5% 미만인 때는 5일의 업무정지에 처한다.
>
> ㉡ 과징금은 업무정지기간이 10일 이하인 경우에는 총부당금액의 2배, 업무정지기간이 10일 초과 30일 이하인 경우에는 총부당금액의 3배로 한다.
>
> ㉢ 요양기관이 과징금의 분할납부를 신청하는 경우 보건복지부장관은 6개월의 범위에서 과징금의 분할납부를 허용할 수 있다.

① ㉠　② ㉡
③ ㉠, ㉡　④ ㉠, ㉢
⑤ ㉡, ㉢

13 다음은 과징금의 부과기준에 대한 설명이다. 빈칸에 들어갈 기간으로 옳은 것은?

> 보건복지부장관은 요양급여의 적용 정지 대상인 약제가 퇴장방지의약품 또는 희귀의약품일 때는 요양급여의 적용 정지를 갈음하여 과징금을 부과할 수 있다. 또한 과징금 부과 대상이 된 약제가 과징금이 부과된 날부터 ______ 내에 다시 과징금 부과 대상이 되는 경우에는 과징금을 부과・징수할 수 있다.

① 1년　② 2년
③ 3년　④ 4년
⑤ 5년

14 다음 중 과징금 부과 통지를 받은 자가 부득이한 사유 때문에 납부기한까지 과징금을 수납기관에 납부할 수 없는 경우에는 그 사유가 해소된 날부터 며칠 이내에 납부해야 하는가?

① 7일
② 14일
③ 20일
④ 30일
⑤ 45일

15 다음은 과징금의 지원 규모에 대한 설명이다. 빈칸 ㉠, ㉡에 들어갈 내용이 바르게 연결된 것은?

> 과징금의 용도별 지원 규모는 다음 ㉮~㉰와 같다.
> ㉮ 국민건강보험공단이 요양급여비용으로 지급하는 자금 지원 : 과징금 수입의 100분의 50
> ㉯ 응급의료기금 지원 : 과징금 수입의 ㉠
> ㉰ 재난적의료비 지원사업에 대한 지원 : 과징금 수입의 ㉡

① ㉠ : 100분의 15, ㉡ : 100분의 35
② ㉠ : 100분의 20, ㉡ : 100분의 30
③ ㉠ : 100분의 25, ㉡ : 100분의 25
④ ㉠ : 100분의 30, ㉡ : 100분의 20
⑤ ㉠ : 100분의 35, ㉡ : 100분의 15

16 다음 〈보기〉에서 위반사실의 공표에 대한 설명으로 옳은 것을 모두 고르면?

> 보기
> ㉠ 위반사실의 공표 여부를 심의하기 위해 국민건강보험공단 이사장이 건강보험공표심의위원회를 설치·운영한다.
> ㉡ 건강보험공표심의위원회의 심의를 거친 위반사실의 공표대상자에게는 공표대상자인 사실을 알려 의견을 진술할 기회를 주어야 한다.
> ㉢ 건강보험공표심의위원회는 제출된 소명자료 또는 진술된 의견을 고려하여 위반사실의 공표대상자를 재심의한다.
> ㉣ 위의 ㉠~㉢의 사항 외에 공표의 절차·방법에 필요한 자세한 사항은 대통령령으로 정한다.

① ㉠, ㉢
② ㉠, ㉣
③ ㉡, ㉢
④ ㉡, ㉢, ㉣
⑤ ㉠, ㉡, ㉢, ㉣

17 다음은 위반사실의 공표 절차 및 방법에 대한 설명이다. 빈칸 ㉠, ㉡에 들어갈 기간이 바르게 연결된 것은?

> 보건복지부장관은 위반사실의 공표대상자인 사실을 통지받은 요양기관에 대해 그 통지를 받은 날부터 ___㉠___ 동안 의견을 진술할 기회를 주어야 한다. 또한 보건복지부장관은 공표대상자로 선정된 요양기관에 대해 보건복지부, 국민건강보험공단, 건강보험심사평가원의 홈페이지에 ___㉡___ 동안 공표 사항을 공고해야 한다.

① ㉠ : 20일, ㉡ : 3개월
② ㉠ : 20일, ㉡ : 6개월
③ ㉠ : 20일, ㉡ : 9개월
④ ㉠ : 30일, ㉡ : 3개월
⑤ ㉠ : 30일, ㉡ : 6개월

18 다음 〈보기〉에서 제조업자 등의 금지행위 등에 대한 설명으로 옳지 않은 것을 모두 고르면?

> 보기
>
> ㉠ 제조업자 등은 약제·치료재료와 관련해 요양급여대상 여부를 결정할 때에 부당한 방법으로 보험자에게 요양급여비용을 부담하게 한 요양기관의 행위에 개입함으로써 보험자에게 손실을 주어서는 아니 된다.
>
> ㉡ 제조업자 등은 약제·치료재료와 관련해 요양급여비용을 산정할 때에 부당한 방법으로 요양급여비용의 산정에 영향을 미치는 행위를 함으로써 가입자 및 피부양자에게 손실을 주어서는 아니 된다.
>
> ㉢ 위의 ㉠과 ㉡을 위반해 보험자·가입자 및 피부양자에게 손실을 주는 행위를 한 제조업자 등에 대하여 손실에 상당하는 금액을 징수하는 주체는 보건복지부이다.
>
> ㉣ 위의 ㉢에 따라 징수된 손실 상당액 중 가입자 및 피부양자의 손실에 해당되는 금액을 그 가입자나 피부양자에게 지급해야 하는 경우에 그 지급액을 그 가입자 및 피부양자가 내야 하는 보험료 등과 상계할 수 없다.

① ㉠, ㉢
② ㉡, ㉢
③ ㉢, ㉣
④ ㉡, ㉢, ㉣
⑤ ㉠, ㉡, ㉢, ㉣

19 **다음은 손실 상당액 산정기준에 대한 설명이다. 빈칸 ㉠, ㉡에 들어갈 내용이 바르게 연결된 것은?**

> 국민건강보험공단이 제조업자 등에 대하여 징수하는 손실 상당액은 다음 ㉮ ~ ㉰의 위반행위로 보험자·가입자 및 피부양자가 부당하게 부담하게 된 요양급여비용 ___㉠___으로 한다. 또한 제조업자 등이 동일한 약제·치료재료에 대하여 ㉮ ~ ㉰의 위반행위 중 둘 이상의 위반행위를 한 경우에는 각 위반행위에 따른 ___㉡___ 금액을 손실 상당액으로 징수한다.
>
> ㉮ 속임수나 그 밖의 부당한 방법으로 보험자·가입자 및 피부양자에게 요양급여비용을 부담하게 한 요양기관의 행위에 개입
>
> ㉯ 보건복지부, 국민건강보험공단 또는 건강보험심사평가원에 거짓 자료의 제출
>
> ㉰ 그 밖에 속임수나 부당한 방법으로 요양급여대상 여부의 결정과 요양급여비용의 산정에 영향을 미치는 행위

① ㉠ : 전액, ㉡ : 손실 상당액의 평균

② ㉠ : 전액, ㉡ : 손실 상당액 중 가장 큰

③ ㉠ : 전액, ㉡ : 손실 상당액 중 가장 작은

④ ㉠ : 전액의 100분의 120, ㉡ : 손실 상당액의 평균

⑤ ㉠ : 전액의 100분의 120, ㉡ : 손실 상당액 중 가장 큰

20 **다음 중 국민건강보험법상 정보의 유지에 대한 설명으로 옳지 않은 것은?**

① 대행청구단체에 종사했던 사람은 업무를 수행하면서 알게 된 정보를 누설할 수 없다.

② 건강보험심사평가원에 종사했던 사람은 가입자의 개인정보를 제3자에게 제공할 수 없다.

③ 국민건강보험공단에 종사했던 사람은 업무를 수행하면서 알게 된 정보를 제3자에게 제공할 수 없다.

④ 국민건강보험공단에 종사하는 사람은 피부양자의 개인정보를 직무상 목적 외의 용도로 이용할 수 있다.

⑤ 대행청구단체에 종사했던 사람은 가입자의 개인정보를 직무상 목적 외의 용도로 이용할 수 없다.

21 **다음 중 국민건강보험공단 등에 대한 보건복지부장관의 감독에 대한 설명으로 옳지 않은 것은?**

① 보건복지부장관은 국민건강보험공단의 경영지침의 이행과 관련된 사업에 대해 보고를 명할 수 있다.

② 보건복지부장관은 국민건강보험공단의 경영목표 달성을 위해 재산상황을 검사하는 등 감독을 할 수 있다.

③ 보건복지부장관은 국민건강보험공단이 징수위탁근거법에 따라 위탁받은 업무에 대해 보고를 명하거나 그 업무를 검사하는 등 감독을 할 수 있다.

④ 보건복지부장관은 건강보험심사평가원의 경영지침의 이행과 관련된 사업에 대해 보고를 명할 수 있다.

⑤ 보건복지부장관은 국민건강보험공단을 감독하기 위해 정관이나 규정의 변경을 권고할 수 있을 뿐이며, 명령하지는 못한다.

22 **다음은 포상금의 지급에 대한 설명이다. 빈칸에 들어갈 기간으로 옳은 것은?**

> 국민건강보험공단은 포상금 지급 여부를 결정하여 신고인에게 통보해야 하며, 포상금 지급 결정을 통보받은 신고인이 국민건강보험공단에 포상금 지급 신청을 하면 국민건강보험공단은 지급 신청을 받은 날부터 ______ 이내에 신고인에게 포상금을 지급해야 한다.

① 1개월
② 2개월
③ 3개월
④ 4개월
⑤ 5개월

23 **다음은 국민건강보험법상 소액 처리에 대한 설명이다. 빈칸에 들어갈 금액으로 옳은 것은?**

> 국민건강보험공단은 징수하여야 할 금액이나 반환하여야 할 금액이 1건당 ______ 미만인 경우에는 징수 또는 반환하지 않는다(상계 처리할 수 있는 본인일부부담금 환급금 및 가입자나 피부양자에게 지급해야 하는 금액은 제외한다).

① 1,000원
② 2,000원
③ 3,000원
④ 5,000원
⑤ 8,000원

24 **다음 중 외국인 등에 대한 특례에 대한 설명으로 옳지 않은 것은?**

① 정부는 외국 정부가 사용자인 사업장의 근로자의 건강보험에 대해서도 국민건강보험법의 규정을 따라야 한다.

② 국내체류 외국인 등이 적용대상사업장의 근로자이고 고용 기간이 1개월 미만인 일용근로자에 해당하지 않으면서 국내거소신고를 한 사람인 경우에는 직장가입자가 된다.

③ 국내체류 외국인 등이 보건복지부령으로 정하는 기간 동안 국내에 지속적으로 거주할 것으로 예상할 수 있고 주민등록법에 따라 등록한 사람인 경우에는 지역가입자가 된다.

④ 국내체류 외국인 등이 직장가입자의 직계존속, 직계비속이면서 피부양자 자격의 인정 기준에 해당하는 경우에 국민건강보험공단에 신청하면 피부양자가 될 수 있다.

⑤ 가입자인 국내체류 외국인이 매월 2일 이후 지역가입자의 자격을 취득하고 그 자격을 취득한 날이 속하는 달에 보건복지부장관이 고시하는 사유로 해당 자격을 상실한 경우에는 그 자격을 취득한 날이 속하는 달의 보험료를 부과하여 징수한다.

25 **다음 중 국내체류 외국인 등에 대한 특례에 대한 설명으로 옳은 것은?**

① 국내체류 외국인 등이 강제퇴거명령서를 발급받은 경우에도 가입자 및 피부양자가 될 수 있다.

② 가입자인 국내체류 외국인 등이 매월 2일 이후 지역가입자의 자격을 취득하고 그 자격을 취득한 날이 속하는 달에 해당 자격을 상실한 경우에는 그 자격을 취득한 날이 속하는 달의 보험료를 징수하지 않는다.

③ 보건복지부장관이 다르게 정하여 고시한 국내체류 외국인 등에 해당하는 지역가입자의 보험료는 그 직전 월 25일까지 납부해야 한다.

④ 보건복지부장관이 다르게 정하여 고시한 국내체류 외국인 등에 해당하는 지역가입자가 보험료를 체납한 경우에는 체납일이 속한 달의 다음 달부터 체납한 보험료를 완납할 때까지 보험급여를 하지 않는다.

⑤ 법률에 따라 국내거소신고를 한 국내체류 외국인 등이 직장가입자와의 관계가 직계비속이며 보건복지부령으로 정하는 피부양자 자격의 인정 기준에 해당되지 않을 때에는 국민건강보험공단에 신청하면 피부양자가 될 수 있다.

26 **다음은 국내체류 외국인 등의 가입자 자격취득 시기에 대한 설명이다. 빈칸 ㉠, ㉡에 들어갈 기간이 바르게 연결된 것은?**

> 국내체류 외국인 등은 다음 ㉮, ㉯의 구분에 따른 날에 가입자의 자격을 얻는다.
> ㉮ 국내거소신고를 한 사람으로서 6개월 이상 국내에 거주한 경우 : 해당 기간이 ㉠
> ㉯ 외국인 등록을 한 사람으로서 체류자격이 있는 사람이 ㉡ 이상 국내에 지속적으로 거주할 것으로 예상할 수 있는 사유에 해당하는 경우 : 국내에 입국한 날

① ㉠ : 경과한 날, ㉡ : 3개월
② ㉠ : 경과한 날, ㉡ : 6개월
③ ㉠ : 경과한 날, ㉡ : 9개월
④ ㉠ : 경과한 날로부터 7일 후, ㉡ : 3개월
⑤ ㉠ : 경과한 날로부터 7일 후, ㉡ : 6개월

27 **다음은 국내체류 외국인 등의 가입자 자격상실 시기에 대한 설명이다. 빈칸 ㉠, ㉡에 들어갈 내용이 바르게 연결된 것은?**

> 국내체류 외국인 등은 사망한 날의 다음 날, 직장가입자의 피부양자가 된 날, 수급권자가 된 날에 가입자의 자격을 잃는다. 다만, 외국인 등에 대한 특례에 따라 직장가입자인 경우에는 다음 ㉮, ㉯의 구분에 따른 날에도 그 자격을 잃는다.
> ㉮ 체류기간이 ㉠
> ㉯ 강제퇴거명령서를 ㉡

① ㉠ : 종료된 날의 다음 날, ㉡ : 발급받은 날
② ㉠ : 종료된 날의 다음 날, ㉡ : 발급받은 날의 다음 날
③ ㉠ : 종료된 날의 다음 날, ㉡ : 발급받은 날로부터 7일 후
④ ㉠ : 종료된 날부터 7일 후, ㉡ : 발급받은 날
⑤ ㉠ : 종료된 날부터 7일 후, ㉡ : 발급받은 날의 다음 날

28 **다음은 국내체류 외국인 등의 피부양자 자격취득 시기에 대한 설명이다. 빈칸에 공통으로 들어갈 기간으로 옳은 것은?**

> 국내체류 외국인 등은 주민등록, 국내거소신고 또는 외국인등록("주민등록 등")을 한 날부터 ______ 이내에 피부양자 자격취득을 신청한 경우에는 해당 주민등록 등을 한 날에 피부양자의 자격을 얻는다. 또한 주민등록 등을 한 날부터 ______이 경과하여 피부양자 자격취득을 신청한 경우에는 그 자격취득을 신청한 날에 피부양자의 자격을 얻는다.

① 30일
② 50일
③ 60일
④ 70일
⑤ 90일

PART 2

29 **다음은 국내체류 외국인 등의 직장가입자 자격취득 신고에 대한 설명이다. 빈칸에 들어갈 기간으로 옳은 것은?**

> 사용자는 국내체류 외국인 등이 직장가입자가 되는 경우에는 그 직장가입자가 된 날부터 ______ 이내에 건강보험 직장가입자 자격취득 신고서에 필요한 서류를 첨부해 국민건강보험공단에 제출해야 한다.

① 7일
② 14일
③ 21일
④ 30일
⑤ 60일

30 **다음 중 실업자에 대한 특례에 대한 설명으로 옳은 것은?**

① 사용관계가 끝난 사람 중 직장가입자의 자격 유지 기간이 통산 2년 이상인 사람은 지역가입자가 된 이후 최초로 지역가입자 보험료를 고지받은 날부터 그 납부기한에서 6개월이 지나기 이전까지 직장가입자로서의 자격을 유지할 것을 국민건강보험공단에 신청할 수 있다.
② 위의 ①에 따라 국민건강보험공단에 신청한 임의계속가입자는 대통령령으로 정하는 기간 동안 직장가입자의 자격을 유지한다.
③ 임의계속가입자의 보수월액은 보수월액보험료가 산정된 최근 6개월 동안의 보수월액을 평균한 금액으로 한다.
④ 임의계속가입자의 보수월액보험료는 그 임의계속가입자와 국가가 각각 100분의 50씩 부담한다.
⑤ 임의계속가입자의 보험료는 보건복지부장관의 고시에 따라 전액 면제된다.

31 **다음은 임의계속가입을 위한 직장가입자 자격 유지 기간에 대한 설명이다. 빈칸에 들어갈 기간으로 옳은 것은?**

> 사용관계가 끝난 사람 중 직장가입자로서의 자격을 유지한 기간이 사용관계가 끝난 날 이전 ______ 동안 통산 1년 이상인 사람은 지역가입자가 된 이후 최초로 지역가입자 보험료를 고지받은 날부터 그 납부기한에서 2개월이 지나기 이전까지 국민건강보험공단에 직장가입자로서의 자격을 유지할 것을 신청할 수 있다.

① 9개월
② 12개월
③ 18개월
④ 24개월
⑤ 30개월

32 **다음 〈보기〉에서 국민건강보험공단이 민감정보 및 고유식별정보가 포함된 자료를 처리할 수 있는 사무로 옳은 것을 모두 고르면?**

> 보기
> ㉠ 포상금 지급에 관한 사무
> ㉡ 사업장의 신고에 관한 사무
> ㉢ 이의신청 및 행정소송에 관한 사무
> ㉣ 체납자 인적사항 등의 공개에 관한 사무
> ㉤ 소득 축소·탈루 자료의 송부에 관한 사무
> ㉥ 체납 또는 결손처분 자료의 제공에 관한 사무

① ㉠, ㉡, ㉢, ㉤
② ㉠, ㉢, ㉤, ㉥
③ ㉡, ㉢, ㉣, ㉥
④ ㉠, ㉡, ㉣, ㉤, ㉥
⑤ ㉠, ㉡, ㉢, ㉣, ㉤, ㉥

33 다음 〈보기〉에서 건강보험심사평가원이 건강에 관한 정보, 주민등록번호, 여권번호, 운전면허의 면허번호 또는 외국인등록번호가 포함된 자료를 처리할 수 있는 사무로 옳은 것을 모두 고르면?

보기

㉠ 자료의 제공 요청에 관한 사무
㉡ 이의신청 및 행정소송에 관한 사무
㉢ 요양급여 대상 여부의 확인 등에 관한 사무
㉣ 요양기관의 시설·장비 및 인력 등의 현황 신고에 관한 사무

① ㉠, ㉡
② ㉡, ㉢
③ ㉠, ㉡, ㉢
④ ㉡, ㉢, ㉣
⑤ ㉠, ㉡, ㉢, ㉣

PART 2

34 다음 중 국민건강보험공단이 국민연금기금 등으로부터 지급받은 출연금을 사용할 수 있는 사업 또는 업무는?

① 의료시설의 운영
② 보험급여 비용의 지급
③ 건강보험에 관한 교육훈련 및 홍보
④ 징수위탁근거법에 따라 위탁받은 업무
⑤ 농어촌 의료지원을 위한 보건소 설립

09 벌칙

1. 벌칙

(1) 벌칙(법 제115조)

① 가입자 및 피부양자의 개인정보를 누설하거나 직무상 목적 외의 용도로 이용 또는 정당한 사유 없이 제3자에게 제공한 자는 5년 이하의 징역 또는 5,000만 원 이하의 벌금에 처한다.

② 다음 각 호의 어느 하나에 해당하는 자는 3년 이하의 징역 또는 3,000만 원 이하의 벌금에 처한다.

1. 대행청구단체의 종사자로서 거짓이나 그 밖의 부정한 방법으로 요양급여비용을 청구한 자
2. 업무를 수행하면서 알게 된 정보를 누설하거나 직무상 목적 외의 용도로 이용 또는 제3자에게 제공한 자

③ 공동이용하는 전산정보자료를 목적 외의 용도로 이용하거나 활용한 자는 3년 이하의 징역 또는 1,000만 원 이하의 벌금에 처한다.

④ 거짓이나 그 밖의 부정한 방법으로 보험급여를 받거나 타인으로 하여금 보험급여를 받게 한 사람은 2년 이하의 징역 또는 2,000만 원 이하의 벌금에 처한다.

⑤ 다음 각 호의 어느 하나에 해당하는 자는 1년 이하의 징역 또는 1,000만 원 이하의 벌금에 처한다.

1. 법 제42조의2 제1항 및 제3항을 위반하여 선별급여를 제공한 요양기관의 개설자

더 알아보기

요양기관의 선별급여 실시에 대한 관리(법 제42조의2 제1항 및 제3항)

① 선별급여 중 자료의 축적 또는 의료 이용의 관리가 필요한 경우에는 보건복지부장관이 해당 선별급여의 실시 조건을 사전에 정하여 이를 충족하는 요양기관만이 해당 선별급여를 실시할 수 있다.

③ 보건복지부장관은 요양기관이 선별급여의 실시 조건을 충족하지 못하거나 자료를 제출하지 아니할 경우에는 해당 선별급여의 실시를 제한할 수 있다.

2. 법 제47조 제7항을 위반하여 대행청구단체가 아닌 자로 하여금 대행하게 한 자

더 알아보기

요양급여비용의 청구와 지급 등(법 제47조 제7항)

요양기관은 심사청구를 다음 각 호의 단체가 대행하게 할 수 있다.

1. 의료법에 따른 의사회·치과의사회·한의사회·조산사회 또는 신고한 각각의 지부 및 분회
2. 의료법에 따른 의료기관 단체
3. 약사법에 따른 약사회 또는 신고한 지부 및 분회

3. 법 제93조를 위반한 사용자

더 알아보기

근로자의 권익 보호(법 제93조)

법 제6조 제2항 각 호(직장가입자의 제외 규정)의 어느 하나에 해당하지 아니하는 모든 사업장의 근로자를 고용하는 사용자는 그가 고용한 근로자가 국민건강보험법에 따른 직장가입자가 되는 것을 방해하거나 자신이 부담하는 부담금이 증가되는 것을 피할 목적으로 정당한 사유 없이 근로자의 승급 또는 임금 인상을 하지 아니하거나 해고나 그 밖의 불리한 조치를 할 수 없다.

4. 법 제98조 제2항을 위반한 요양기관의 개설자

더 말아보기

업무정지(법 제98조 제2항)
업무정지 처분을 받은 자는 해당 업무정지기간 중에는 요양급여를 하지 못한다.

(2) 벌칙(법 제116조)

법 제97조 제2항을 위반하여 보고 또는 서류 제출을 하지 아니한 자, 거짓으로 보고하거나 거짓 서류를 제출한 자, 검사나 질문을 거부·방해 또는 기피한 자는 **1,000만 원 이하의 벌금**에 처한다.

더 말아보기

보고와 검사(법 제97조 제2항)
보건복지부장관은 요양기관(제49조에 따라 요양을 실시한 기관을 포함한다)에 대하여 요양·약제의 지급 등 보험급여에 관한 보고 또는 서류 제출을 명하거나, 소속 공무원이 관계인에게 질문하게 하거나 관계 서류를 검사하게 할 수 있다.

(3) 벌칙(법 제117조)

법 제42조 제5항을 위반한 자 또는 법 제49조 제2항을 위반하여 요양비 명세서나 요양 명세를 적은 영수증을 내주지 아니한 자는 **500만 원 이하의 벌금**에 처한다.

더 말아보기

요양기관(법 제42조 제5항)
요양기관은 정당한 이유 없이 요양급여를 거부하지 못한다.

요양비(법 제49조 제2항)
준요양기관은 보건복지부장관이 정하는 요양비 명세서나 요양 명세를 적은 영수증을 요양을 받은 사람에게 내주어야 하며, 요양을 받은 사람은 그 명세서나 영수증을 공단에 제출하여야 한다.

2. 양벌 규정 및 과태료

(1) 양벌 규정(법 제118조)

법인의 대표자나 법인 또는 개인의 대리인, 사용인, 그 밖의 종사자가 그 법인 또는 개인의 업무에 관하여 1.의 **(1)**부터 **(3)**까지의 규정 중 어느 하나에 해당하는 위반행위를 하면 **그 행위자를 벌하는 외에 그 법인 또는 개인에게도 해당 조문의 벌금형을 과(科)한다.** 다만, 법인 또는 개인이 그 위반행위를 방지하기 위하여 해당 업무에 관하여 상당한 주의와 감독을 게을리하지 아니한 경우에는 그러하지 아니하다.

(2) 과태료(법 제119조)

① 삭제

② 삭제

③ 다음 각 호의 어느 하나에 해당하는 자에게는 **500만 원 이하의 과태료**를 부과한다.

1. 법 제7조를 위반하여 신고를 하지 아니하거나 거짓으로 신고한 사용자

더 알아보기

사업장의 신고(법 제7조)

사업장의 사용자는 다음 각 호의 어느 하나에 해당하게 되면 그때부터 14일 이내에 보건복지부령으로 정하는 바에 따라 보험자에게 신고하여야 한다. 제1호에 해당되어 보험자에게 신고한 내용이 변경된 경우에도 또한 같다.

1. 적용대상사업장이 된 경우
2. 휴업・폐업 등 보건복지부령으로 정하는 사유가 발생한 경우

2. 정당한 사유 없이 법 제94조 제1항을 위반하여 신고・서류제출을 하지 아니하거나 거짓으로 신고・서류제출을 한 자

더 알아보기

신고 등(법 제94조 제1항)

공단은 사용자, 직장가입자 및 세대주에게 다음 각 호의 사항을 신고하게 하거나 관계 서류(전자적 방법으로 기록된 것을 포함한다. 이하 같다)를 제출하게 할 수 있다.

1. 가입자의 거주지 변경
2. 가입자의 보수・소득
3. 그 밖에 건강보험사업을 위하여 필요한 사항

3. 정당한 사유 없이 법 제97조 제1항・제3항・제4항・제5항을 위반하여 보고・서류제출을 하지 아니하거나 거짓으로 보고・서류제출을 한 자

더 알아보기

보고와 검사(법 제97조 제1항・제3항・제4항・제5항)

① 보건복지부장관은 사용자, 직장가입자 또는 세대주에게 가입자의 이동・보수・소득이나 그 밖에 필요한 사항에 관한 보고 또는 서류 제출을 명하거나, 소속 공무원이 관계인에게 질문하게 하거나 관계 서류를 검사하게 할 수 있다.

③ 보건복지부장관은 보험급여를 받은 자에게 해당 보험급여의 내용에 관하여 보고하게 하거나, 소속 공무원이 질문하게 할 수 있다.

④ 보건복지부장관은 요양급여비용의 대행청구단체에 필요한 자료의 제출을 명하거나, 소속 공무원이 대행청구에 관한 자료 등을 조사・확인하게 할 수 있다.

⑤ 보건복지부장관은 약제에 대한 요양급여비용 상한금액의 감액 및 요양급여의 적용 정지를 위하여 필요한 경우에는 약사법에 따른 의약품공급자에 대하여 금전, 물품, 편익, 노무, 향응, 그 밖의 경제적 이익 등 제공으로 인한 의약품 판매 질서 위반 행위에 관한 보고 또는 서류 제출을 명하거나, 소속 공무원이 관계인에게 질문하게 하거나 관계 서류를 검사하게 할 수 있다.

4. 법 제98조 제4항을 위반하여 행정처분을 받은 사실 또는 행정처분절차가 진행 중인 사실을 지체 없이 알리지 아니한 자

더 말아보기

업무정지(법 제98조 제4항)
업무정지 처분을 받았거나 업무정지 처분의 절차가 진행 중인 자는 행정처분을 받은 사실 또는 행정처분절차가 진행 중인 사실을 보건복지부령으로 정하는 바에 따라 양수인 또는 합병 후 존속하는 법인이나 합병으로 설립되는 법인에 지체 없이 알려야 한다.

5. 정당한 사유 없이 법 제101조 제2항을 위반하여 서류를 제출하지 아니하거나 거짓으로 제출한 자

더 말아보기

제조업자 등의 금지행위 등(법 제101조 제2항)
보건복지부장관은 제조업자 등이 제1항에 위반한 사실이 있는지 여부를 확인하기 위하여 그 제조업자 등에게 관련 서류의 제출을 명하거나, 소속 공무원이 관계인에게 질문을 하게 하거나 관계 서류를 검사하게 하는 등 필요한 조사를 할 수 있다. 이 경우 소속 공무원은 그 권한을 표시하는 증표를 지니고 이를 관계인에게 보여 주어야 한다.

④ 다음 각 호의 어느 하나에 해당하는 자에게는 100만 원 이하의 과태료를 부과한다.

1. 삭제
2. 삭제
3. 삭제
4. 법 제96조의4를 위반하여 서류를 보존하지 아니한 자

더 말아보기

서류의 보존(법 제96조의4)
① 요양기관은 요양급여가 끝난 날부터 5년간 보건복지부령으로 정하는 바에 따라 요양급여비용의 청구에 관한 서류를 보존하여야 한다. 다만, 약국 등 보건복지부령으로 정하는 요양기관은 처방전을 요양급여비용을 청구한 날부터 3년간 보존하여야 한다.
② 사용자는 3년간 보건복지부령으로 정하는 바에 따라 자격 관리 및 보험료 산정 등 건강보험에 관한 서류를 보존하여야 한다.
③ 법 제49조 제3항에 따라 요양비를 청구한 준요양기관은 요양비를 지급받은 날부터 3년간 보건복지부령으로 정하는 바에 따라 요양비 청구에 관한 서류를 보존하여야 한다.
④ 법 제51조 제2항에 따라 보조기기에 대한 보험급여를 청구한 자는 보험급여를 지급받은 날부터 3년간 보건복지부령으로 정하는 바에 따라 보험급여 청구에 관한 서류를 보존하여야 한다.

5. 법 제103조에 따른 명령을 위반한 자

더 알아보기

공단 등에 대한 감독 등(법 제103조)

① 보건복지부장관은 공단과 심사평가원의 경영목표를 달성하기 위하여 다음 각 호의 사업이나 업무에 대하여 보고를 명하거나 그 사업이나 업무 또는 재산상황을 검사하는 등 감독을 할 수 있다.

1. 공단의 업무 및 심사평가원의 업무
2. 공공기관의 운영에 관한 법률에 따른 경영지침의 이행과 관련된 사업
3. 국민건강보험법 또는 다른 법령에서 공단과 심사평가원이 위탁받은 업무
4. 그 밖에 관계 법령에서 정하는 사항과 관련된 사업

② 보건복지부장관은 ①에 따른 감독상 필요한 경우에는 정관이나 규정의 변경 또는 그 밖에 필요한 처분을 명할 수 있다.

6. 법 제105조를 위반한 자

더 알아보기

유사명칭의 사용금지(법 제105조)

① 공단이나 심사평가원이 아닌 자는 국민건강보험공단, 건강보험심사평가원 또는 이와 유사한 명칭을 사용하지 못한다.

② 국민건강보험법으로 정하는 건강보험사업을 수행하는 자가 아닌 자는 보험계약 또는 보험계약의 명칭에 국민건강보험이라는 용어를 사용하지 못한다.

⑤ ③ 및 ④에 따른 과태료는 대통령령으로 정하는 바에 따라 보건복지부장관이 부과·징수한다.

⑥ 법 제119조에 따른 과태료의 부과기준은 별표 7과 같다(영 제82조).

〈과태료 부과기준(영 제82조, 영 별표 7)〉

1. 일반기준
   가. 위반행위의 횟수에 따른 과태료의 부과기준은 최근 1년간 같은 위반행위로 과태료 부과처분을 받은 경우에 적용한다. 이 경우 기간의 계산은 위반행위에 대하여 과태료 부과처분을 받은 날과 그 처분 후 다시 같은 위반행위를 하여 적발된 날을 기준으로 한다.
   나. 가목에 따라 가중된 부과처분을 하는 경우 가중처분의 적용 차수는 그 위반행위 전 부과처분 차수(가목에 따른 기간 내에 과태료 부과처분이 둘 이상 있었던 경우에는 높은 차수를 말한다)의 다음 차수로 한다.
   다. 보건복지부장관은 다음의 어느 하나에 해당하는 경우에는 제2호의 개별기준에 따른 과태료 금액의 2분의 1 범위에서 그 금액을 줄일 수 있다. 다만, 과태료를 체납하고 있는 위반행위자에 대해서는 그렇지 않다.
      1) 위반행위자가 질서위반행위규제법 시행령 제2조의2 제1항 각 호의 어느 하나에 해당하는 경우

더 알아보기

과태료 감경 사유(질서위반행위규제법 시행령 제2조의2 제1항)

행정청은 사전통지 및 의견 제출 결과 당사자가 다음 각 호의 어느 하나에 해당하는 경우에는 해당 과태료 금액의 100분의 50의 범위에서 과태료를 감경할 수 있다. 다만, 과태료를 체납하고 있는 당사자에 대해서는 그러하지 아니하다.

1. 국민기초생활 보장법에 따른 수급자
2. 한부모가족 지원법에 따른 보호대상자
3. 장애인복지법에 따른 장애인 중 장애의 정도가 심한 장애인
4. 국가유공자 등 예우 및 지원에 관한 법률에 따른 1급부터 3급까지의 상이등급 판정을 받은 사람
5. 미성년자

2) 위반행위가 사소한 부주의나 오류로 인한 것으로 인정되는 경우
3) 위반행위자가 스스로 신고하였거나 조사에 협조하였다고 인정되는 경우
4) 그 밖에 위반행위의 정도, 위반행위의 동기와 그 결과 등을 고려하여 과태료 금액을 줄일 필요가 있다고 인정되는 경우

라. 보건복지부장관은 다음의 어느 하나에 해당하는 경우에는 제2호에 따른 과태료 금액의 2분의 1 범위에서 그 금액을 늘릴 수 있다. 다만, 늘리는 경우에도 법 제119조에 따른 과태료 금액의 상한을 넘을 수 없다.
1) 위반행위가 고의나 중대한 과실로 인한 것으로 인정되는 경우
2) 법 위반상태의 기간이 6개월 이상인 경우
3) 그 밖에 위반행위의 정도, 위반행위의 동기와 그 결과 등을 고려하여 과태료를 늘릴 필요가 있다고 인정되는 경우

2. 개별기준

(단위 : 만 원)

위반행위	근거 법조문	과태료 금액		
		1차 위반	2차 위반	3차 이상 위반
가. 법 제7조를 위반하여 신고를 하지 않거나 거짓으로 신고한 경우	법 제119조 제3항 제1호	150	300	500
나. 삭제	–	–	–	–
다. 정당한 사유 없이 법 제94조 제1항을 위반하여 신고·서류제출을 하지 않거나 거짓으로 신고·서류제출을 한 경우	법 제119조 제3항 제2호	150	300	500
라. 법 제96조의3을 위반하여 서류를 보존하지 않은 경우	법 제119조 제4항 제4호	30	60	100
마. 정당한 사유 없이 법 제97조 제1항·제3항부터 제5항까지의 규정을 위반하여 보고·서류제출을 하지 않거나 거짓으로 보고·서류제출을 한 경우	법 제119조 제3항 제3호	150	300	500
바. 법 제98조 제4항을 위반하여 행정처분을 받은 사실 또는 행정처분절차가 진행 중인 사실을 지체 없이 알리지 않은 경우	법 제119조 제3항 제4호	500	500	500
사. 정당한 사유 없이 법 제101조 제2항을 위반하여 서류를 제출하지 않거나 거짓으로 제출한 경우	법 제119조 제3항 제5호	150	300	500
아. 법 제103조에 따른 명령을 위반한 경우	법 제119조 제4항 제5호	30	60	100
자. 법 제105조를 위반한 경우	법 제119조 제4항 제6호	30	60	100

(3) 부칙(법률 제18895호, 2022. 6. 10.)

국민건강보험법은 공포 후 6개월이 경과한 날부터 시행한다. 다만, 제63조 제1항 제6호 및 제103조 제1항 제1호의 개정규정은 공포한 날부터 시행하고, 법률 제16728호 국민건강보험법 일부개정법률 제72조 제3항, 제96조의2, 부칙 제4조 및 제5조의 개정규정은 2022년 7월 1일부터 시행한다.

(4) 부칙(법률 제19123호, 2022. 12. 27.)

① 시행일(제1조) : 국민건강보험법은 공포 후 6개월이 경과한 날부터 시행한다. 다만, 제47조 · 제97조 제4항 · 제106조 및 제115조 제5항 제2호의 개정규정은 공포한 날부터 시행한다.

② 요양급여비용 공제에 관한 적용례(제2조) : 제47조 제4항의 개정규정은 국민건강보험법 시행 이후 실시하는 요양급여에 대한 비용을 지급하는 경우부터 적용한다.

③ 부당이득 징수금의 압류에 관한 적용례(제3조) : 제81조의2의 개정규정은 국민건강보험법 시행 이후 요양기관이 의료법 제33조 제2항 또는 약사법 제20조 제1항을 위반하였다는 사실로 기소된 경우부터 적용한다.

(5) 부칙(법률 제19445호, 2023. 6. 13.)

① 시행일(제1조) : 이 법은 공포한 날부터 시행한다.

② 유효기간(제2조) : 제108조의2의 개정규정은 2027년 12월 31일까지 효력을 가진다.

③ 다른 법령과의 관계(제3조) : 국민건강보험법 시행 당시 다른 법령에서 종전의 제108조를 인용한 경우에는 제108조의2의 개정규정을 인용한 것으로 본다.

핵심 쏙쏙! OX문제

※ 다음 문제의 진위 여부를 판단해 ○ 또는 ×를 선택하시오.

01 대행청구단체의 종사자로서 부정한 방법으로 요양급여비용을 청구한 자는 2년 이하의 징역 또는 2,000만 원 이하의 벌금에 처한다. [○|×]

02 거짓으로 보험급여를 받거나 타인으로 하여금 보험급여를 받게 한 사람은 1년 이하의 징역 또는 1,000만 원 이하의 벌금에 처한다. [○|×]

03 근로자의 권익 보호 규정을 위반한 사용자는 1년 이하의 징역 또는 1,000만 원 이하의 벌금에 처한다. [○|×]

04 보건복지부장관의 보고 및 검사 명령을 위반하여 보고 또는 서류 제출을 하지 않은 자는 1년 이하의 징역 또는 2,000만 원 이하의 벌금에 처한다. [○|×]

05 정당한 이유 없이 요양급여를 거부한 요양기관은 500만 원 이하의 벌금에 처한다. [○|×]

06 법인의 대표자나 법인 또는 개인의 대리인, 사용인, 그 밖의 종사자가 그 법인 또는 개인의 업무에 관하여 국민건강보험법상 벌칙 규정 중 어느 하나에 해당하는 위반행위를 하면 그 행위자를 벌하는 외에 그 법인 또는 개인에게도 해당 조문의 벌금형을 부과한다. [○|×]

07 직장가입자가 되는 근로자를 사용하는 사업장이 된 경우에 보험자에게 신고를 하지 않거나 거짓으로 신고한 사용자에게는 1,000만 원 이하의 과태료를 부과한다. [○|×]

08 위반행위의 횟수에 따른 과태료의 부과기준은 최근 1년간 같은 위반행위로 과태료 부과처분을 받은 경우에 적용한다. [○|×]

09 보건복지부장관은 위반행위가 사소한 부주의나 오류로 인한 것으로 인정되는 경우에는 개별기준에 따른 과태료 금액의 3분의 1 범위에서 그 금액을 줄일 수 있으며, 과태료를 체납하고 있는 위반행위자에 대해서도 그렇다. [○|×]

10 보건복지부장관은 법 위반상태의 기간이 6개월 이상인 경우에는 개별기준에 따른 과태료 금액의 2분의 1 범위에서 그 금액을 늘릴 수 있다. [○|×]

OX문제 정답

01	02	03	04	05	06	07	08	09	10										
×	×	○	×	○	○	×	○	×	○										

01 대행청구단체의 종사자로서 거짓이나 그 밖의 부정한 방법으로 요양급여비용을 청구한 자는 3년 이하의 징역 또는 3,000만 원 이하의 벌금에 처한다(법 제115조 제2항 제1호).

02 거짓이나 그 밖의 부정한 방법으로 보험급여를 받거나 타인으로 하여금 보험급여를 받게 한 사람은 2년 이하의 징역 또는 2,000만 원 이하의 벌금에 처한다(법 제115조 제4항).

04 보고 또는 서류 제출을 하지 아니한 자, 거짓으로 보고하거나 거짓 서류를 제출한 자, 검사나 질문을 거부·방해 또는 기피한 자는 1,000만 원 이하의 벌금에 처한다(법 제116조).

07 법 제7조(사업장의 신고)를 위반하여 신고를 하지 아니하거나 거짓으로 신고한 사용자에게는 500만 원 이하의 과태료를 부과한다(법 제119조 제3항 제1호).

09 보건복지부장관은 위반행위가 사소한 부주의나 오류로 인한 것으로 인정되는 경우에는 제2호의 개별기준에 따른 과태료 금액의 2분의 1 범위에서 그 금액을 줄일 수 있다. 다만, 과태료를 체납하고 있는 위반행위자에 대해서는 그렇지 않다(영 제82조 별표 7 제1호 다목 2).

실력 쑥쑥! 적중예상문제

정답 및 해설 p.050

01 **다음 중 선별급여의 실시 조건을 충족하지 못했음에도 불구하고 선별급여를 제공한 요양기관의 개설자는 어떠한 처벌을 받는가?**

① 6개월 이하의 징역 또는 1,000만 원 이하의 벌금
② 1년 이하의 징역 또는 1,000만 원 이하의 벌금
③ 1년 이하의 징역 또는 3,000만 원 이하의 벌금
④ 3년 이하의 징역 또는 2,000만 원 이하의 벌금
⑤ 5년 이하의 징역 또는 1,000만 원 이하의 벌금

02 **다음 중 요양을 받은 사람에게 요양 명세를 적은 영수증을 내주지 않은 준요양기관은 어떠한 처벌을 받는가?**

① 100만 원 이하의 벌금　② 300만 원 이하의 벌금
③ 500만 원 이하의 벌금　④ 700만 원 이하의 벌금
⑤ 1,000만 원 이하의 벌금

03 **다음 중 건강보험사업을 수행하지 않으면서 보험계약에 "국민건강보험"이라는 용어를 사용했을 경우에 받을 수 있는 처벌은?**

① 50만 원 이하의 과태료　② 100만 원 이하의 과태료
③ 200만 원 이하의 과태료　④ 300만 원 이하의 과태료
⑤ 500만 원 이하의 과태료

04 다음 중 가입자의 개인정보를 누설할 경우에 받을 수 있는 처벌은?

① 3년 이하의 징역 또는 1,000만 원 이하의 벌금
② 3년 이하의 징역 또는 3,000만 원 이하의 벌금
③ 3년 이하의 징역 또는 5,000만 원 이하의 벌금
④ 5년 이하의 징역 또는 3,000만 원 이하의 벌금
⑤ 5년 이하의 징역 또는 5,000만 원 이하의 벌금

05 다음 중 업무를 수행하면서 알게 된 정보를 직무상 목적 외의 용도로 이용할 경우에 받을 수 있는 처벌은?

① 1년 이하의 징역 또는 1,000만 원 이하의 벌금
② 3년 이하의 징역 또는 3,000만 원 이하의 벌금
③ 3년 이하의 징역 또는 5,000만 원 이하의 벌금
④ 5년 이하의 징역 또는 3,000만 원 이하의 벌금
⑤ 5년 이하의 징역 또는 5,000만 원 이하의 벌금

06 다음 중 가장 무거운 처벌을 받는 사람은?

① 업무정지기간 중에 요양급여를 한 요양기관의 개설자
② 부정한 방법으로 타인으로 하여금 보험급여를 받게 한 사람
③ 대행청구단체가 아닌 자로 하여금 심사청구를 대행하게 한 자
④ 근로자의 권익 보호 규정을 위반한 사용자
⑤ 대행청구단체의 종사자로서 거짓으로 요양급여비용을 청구한 자

07 다음 중 고용한 근로자가 국민건강보험법에 따른 직장가입자가 되는 것을 방해한 사용자는 어떠한 처벌을 받는가?

① 1년 이하의 징역 또는 1,000만 원 이하의 벌금
② 1년 이하의 징역 또는 2,000만 원 이하의 벌금
③ 2년 이하의 징역 또는 1,000만 원 이하의 벌금
④ 2년 이하의 징역 또는 2,000만 원 이하의 벌금
⑤ 3년 이하의 징역 또는 3,000만 원 이하의 벌금

08 다음 중 보건복지부장관의 보험급여에 관한 보고 명령에 불응하여 보고 또는 서류 제출을 하지 않은 요양기관은 어떠한 처벌을 받는가?

① 1,000만 원 이하의 벌금
② 2,000만 원 이하의 벌금
③ 3,000만 원 이하의 벌금
④ 4,000만 원 이하의 벌금
⑤ 5,000만 원 이하의 벌금

PART 2

09 다음 〈보기〉에서 위반 행위에 대한 처벌이 같은 내용끼리 바르게 짝지어진 것은?

보기

㉠ 업무정지의 행정처분을 받은 사실을 양수인에게 알리지 않은 경우
㉡ 국민건강보험공단이 아니면서도 "국민건강보험공단"과 유사한 명칭을 사용한 경우
㉢ 경영목표를 달성하기 위해 국민건강보험공단의 업무의 대해 보고하라는 보건복지부장관의 명령을 위반한 경우
㉣ 부당한 방법으로 요양급여비용의 산정에 영향을 미쳐 보험자에게 손실을 주었는지 확인하기 위해 관련 서류를 제출하라는 보건복지부장관의 명령을 제조업자 등이 위반한 경우

① ㉠ / ㉡, ㉢, ㉣
② ㉡ / ㉠, ㉢, ㉣
③ ㉠, ㉢ / ㉡, ㉣
④ ㉠, ㉣ / ㉡, ㉢
⑤ ㉠, ㉡, ㉢ / ㉣

10 다음 중 휴업을 한 사업장의 사용자가 휴업 사실을 보험자에게 기한 내에 신고하지 않았을 경우에 받을 수 있는 처벌은?

① 50만 원 이하의 과태료
② 100만 원 이하의 과태료
③ 200만 원 이하의 과태료
④ 300만 원 이하의 과태료
⑤ 500만 원 이하의 과태료

11 다음 〈보기〉에서 과태료 부과의 일반기준에 대한 설명으로 옳지 않은 것을 모두 고르면?

보기

㉠ 위반행위의 횟수에 따른 과태료의 부과기준은 최근 2년 동안 같은 위반행위로 과태료 부과처분을 받은 경우에 적용한다.
㉡ 위반행위자가 스스로 신고한 경우에는 개별기준에 따른 과태료 금액의 3분의 2 범위에서 그 금액을 줄일 수 있다.
㉢ 법을 위반한 상태의 기간이 6개월 이상인 경우에는 과태료 금액의 2분의 1 범위에서 그 금액을 늘릴 수 있다.
㉣ 위반행위가 사소한 부주의나 오류로 인한 것으로 인정되는 경우에는 과태료를 체납하고 있는 위반행위자에게 부과하는 과태료를 줄일 수 있다.

① ㉠, ㉡
② ㉡, ㉢
③ ㉡, ㉣
④ ㉠, ㉡, ㉣
⑤ ㉡, ㉢, ㉣

12 다음 중 과태료 부과의 개별기준에 따라 가장 무거운 과태료를 받을 수 있는 경우는?(단, 모두 1차 위반 시라고 가정한다)

① 국민건강보험공단에 거짓으로 신고·서류제출을 한 세대주
② 요양급여가 끝난 날부터 5년간 요양급여비용의 청구에 관한 서류를 보존하지 않은 요양기관
③ 업무정지 처분의 행정처분절차가 진행 중인 사실을 합병으로 설립되는 법인에 알리지 않은 요양기관
④ 직장가입자가 되는 근로자를 사용하는 적용대상사업장이 되었으나 이를 국민건강보험공단에 신고하지 않은 사용자
⑤ 금지행위 위반 여부를 확인하기 위해 관련 서류를 제출하라는 보건복지부장관의 명령을 위반해 서류를 제출하지 않은 의약품 제조업자

PART 3
최종모의고사

제1회 일반 모의고사
제2회 일반 모의고사
제3회 고난도 모의고사

제1회
일반 모의고사

모바일 OMR

응시시간 : 50분　문항 수 : 40문항

정답 및 해설 p.054

01 다음 〈보기〉에서 건강보험심사평가원의 중장기 경영목표(2023 ~ 2027년)로 옳은 것을 모두 고르면?

보기

㉠ 의료 질 관리 성과 60%
㉡ 종합청렴도 1등급
㉢ ESG경영 이행 100%
㉣ 필요의료 수가개선율 80%

① ㉠, ㉡
② ㉡, ㉢
③ ㉠, ㉢
④ ㉡, ㉣
⑤ ㉠, ㉡, ㉢

02 다음 중 건강보험사업을 규정하는 국민건강보험법에 대한 설명으로 옳은 것은?

① 국민건강보험법에 따른 건강보험사업은 보건복지부차관이 맡아 주관한다.
② 국민건강보험법에서 정의하는 근로자에는 법인의 이사와 임원이 포함되지 않는다.
③ 국민건강보험종합계획에 따라 수립되는 연도별 시행계획을 수립하는 주체는 보건복지부장관이다.
④ 이미 수립된 국민건강보험종합계획을 변경할 때는 건강보험정책심의위원회의 심의를 거치지 않는다.
⑤ 건강보험정책심의위원회의 운영 등에 필요한 사항은 보건복지부령으로 정한다.

03 다음 중 건강보험정책심의위원회에 대한 설명으로 옳은 것은?

① 건강보험정책에 관한 사항을 심의하는 심의위원회는 대통령에 소속된다.
② 심의위원회는 건강보험정책에 관한 사항을 심의할 뿐이며, 의결권을 갖지 못한다.
③ 보건복지부장관이 심의위원회의 위원장을 맡으며, 부위원장은 대통령이 지명한다.
④ 심의위원회 위원으로 추천을 받으면 별도의 임명 또는 위촉 과정 없이 임기가 시작된다.
⑤ 심의위원회는 위원장과 부위원장을 포함해 모두 25명의 위원으로 구성되며, 공무원이 아닌 위원의 임기는 3년이다.

04 **다음 중 건강보험정책심의위원회의 위원장이 직무를 수행할 수 없을 때 그 직무를 대행할 수 있는 주체는?**

① 보건복지부장관
② 보건복지부차관
③ 건강보험정책심의위원회의 부위원장
④ 국민건강보험공단의 이사장
⑤ 건강보험심사평가원의 원장

PART 3

05 **다음 중 피부양자의 자격인정 기준에 대한 설명으로 옳은 것은?**

① 국민건강보험법에 따른 피부양자 자격을 인정받으려면 부양요건 또는 소득 및 재산요건 중에 하나를 충족해야 한다.
② 신생아의 경우에는 출생한 날이 속하는 달의 다음 달부터 피부양자 자격을 취득한다.
③ 직장가입자의 자격 취득일부터 90일 이내에 피부양자의 자격취득 신고를 한 경우에는 직장가입자의 자격 취득일에 피부양자 자격을 취득한다.
④ 직장가입자의 자격 취득일부터 90일을 넘겨 피부양자 자격취득 신고를 한 경우에는 국민건강보험공단에 피부양자 자격(취득·상실) 신고서를 제출한 날이 속한 달의 다음 달에 피부양자 자격을 취득한다.
⑤ 가입자의 자격 변동일부터 90일을 넘겨 피부양자 자격취득 신고를 한 경우에는 국민건강보험공단에 피부양자 자격(취득·상실) 신고서를 제출한 날부터 14일 후에 피부양자 자격을 취득한다.

06 **다음 중 자격의 상실 시기 등에 대한 설명으로 옳지 않은 것은?**

① 가입자는 사망한 날의 다음 날에 그 자격을 잃는다.
② 가입자는 수급권자가 된 날의 다음 날에 그 자격을 잃는다.
③ 가입자는 직장가입자의 피부양자가 된 날에 그 자격을 잃는다.
④ 가입자는 국내에 거주하지 않게 된 날의 다음 날에 그 자격을 잃는다.
⑤ 가입자는 국적을 잃은 날의 다음 날에 그 자격을 잃는다.

07 다음 〈보기〉에서 국민건강보험공단이 관장하는 업무로 옳은 것을 모두 고르면?

보기

㉠ 주요 만성질환에 대한 건강관리 지원
㉡ 성별 · 직업별 주요 질환에 대한 정보 수집
㉢ 사업장별 · 직능별 건강관리 프로그램의 개발
㉣ 피부양자의 건강관리를 위한 전자적 건강정보시스템의 구축
㉤ 지역보건의료기관과의 협력을 통한 지역별 건강관리 사업 지원

① ㉠, ㉡, ㉣
② ㉠, ㉢, ㉤
③ ㉡, ㉢, ㉤
④ ㉡, ㉢, ㉣, ㉤
⑤ ㉠, ㉡, ㉢, ㉣, ㉤

08 다음 중 국민건강보험법의 규정에 대한 설명으로 옳지 않은 것은?

① 감사는 이사회의 구성원은 아니지만, 이사회에서 발언할 수 있는 권한이 있다.
② 국민건강보험공단의 조직과 회계 등에 관한 규정은 건강보험정책심의위원회의 심의를 거쳐 대통령의 승인으로 결정된다.
③ 이사장은 국민건강보험공단 업무에 관한 재판 외의 행위를 대행하게 하기 위해 이사 또는 직원 중에서 대리인을 선임할 수 있다.
④ 이사장과 국민건강보험공단의 이익이 서로 대립되는 사항 또는 국민건강보험공단과 이사장 사이에서 소송이 발생한 경우에는 감사가 국민건강보험공단을 대표한다.
⑤ 예산 및 결산에 관한 사항, 정관 변경에 관한 사항 등은 국민건강보험공단의 이사회의 심의 · 의결을 거쳐야 한다.

09 다음 중 국민건강보험공단의 재정에 대한 설명으로 옳지 않은 것은?

① 국민건강보험공단은 직장가입자와 지역가입자의 재정을 통합하여 운영한다.
② 국민건강보험공단이 예산안을 편성하거나 예산을 변경하려고 할 경우에는 재정위원회의 의결과 대통령의 승인이 필요하다.
③ 국민건강보험공단은 현금이 부족해 현금을 차입하고자 하여 1년 미만의 단기로 차입할 경우에는 보건복지부장관의 승인을 필요로 하지 않는다.
④ 국민건강보험공단은 건강보험사업 및 국민연금사업, 고용보험사업, 산업재해보상보험사업, 임금채권보장사업에 관한 회계를 국민건강보험공단의 다른 회계와 구분해 각각 회계처리해야 한다.
⑤ 국민건강보험공단의 회계연도는 정부의 회계연도에 따른다.

10 **다음 중 요양급여의 절차에 대한 설명으로 옳지 않은 것은?**

① 가입자 등은 1단계 요양급여를 받은 후 2단계 요양급여를 받아야 한다.
② 1단계 요양급여는 상급종합병원에서 받는 요양급여를 말하며, 2단계 요양급여는 상급종합병원을 제외한 요양기관에서 받는 요양급여를 말한다.
③ 응급환자, 분만, 치과에서 요양급여를 받는 경우에는 상급종합병원에서 1단계 요양급여를 받을 수 있다.
④ 가정의학과에서 요양급여를 받는 경우, 당해 요양기관에서 근무하는 가입자가 요양급여를 받는 경우, 혈우병 환자가 요양급여를 받는 경우에는 상급종합병원에서 1단계 요양급여를 받을 수 있다.
⑤ 가입자 등이 상급종합병원에서 2단계 요양급여를 받으려면 상급종합병원에서의 요양급여가 필요하다는 의사소견이 기재된 건강진단・건강검진결과서 또는 요양급여의뢰서를 제출하여야 한다.

11 **다음 〈보기〉에서 방문요양급여를 실시할 수 있는 경우로 옳지 않은 것을 모두 고르면?**

보기

㉠ 말기환자
㉡ 장애인 건강 주치의 제도의 대상이 되는 중증장애인
㉢ 질병, 부상, 출산 등으로 거동이 불편해 방문요양급여가 필요하다고 대통령이 정해 고시한 환자
㉣ 일정 수준 이상의 의료적 요구가 있어 방문요양급여를 제공받을 필요가 있는 65세 미만 환자

① ㉠, ㉡
② ㉡, ㉢
③ ㉢, ㉣
④ ㉠, ㉡, ㉢
⑤ ㉡, ㉢, ㉣

12 **다음은 약제에 대한 요양급여의 결정에 대한 설명이다. 빈칸 ㉠, ㉡에 들어갈 기간이 바르게 연결된 것은?**

> 건강보험심사평가원장으로부터 평가결과, 재평가결과를 보고받은 보건복지부장관은 보고받은 약제 중 요양급여대상으로 하는 것이 적정하다고 평가 또는 재평가된 약제에 대해 국민건강보험공단 이사장에게 다음 각 호의 어느 하나에 해당하는 사항을 해당 약제의 평가 또는 재평가 신청인과 __㉠__ 의 범위에서 협상하도록 명해야 한다. 이 경우 협상이 지연되는 등의 사유로 국민건강보험공단 이사장이 요청할 때에는 추가로 __㉡__ 의 범위에서 협상 기한을 연기하거나 협상을 일시적으로 정지하도록 명할 수 있다.
> 1. 약제의 상한금액안(산정대상약제는 제외한다)
> 2. 요양급여비용의 예상 청구금액안
> 3. 해당 약제의 제조업자・위탁제조판매업자・수입자가 이행할 조건
> 4. 그 밖에 약제의 안정적인 공급 및 품질관리 등에 관한 사항

① ㉠ : 30일, ㉡ : 30일
② ㉠ : 30일, ㉡ : 60일
③ ㉠ : 60일, ㉡ : 30일
④ ㉠ : 60일, ㉡ : 60일
⑤ ㉠ : 60일, ㉡ : 90일

13 **다음은 약제에 대한 요양급여비용 상한금액의 감액에 대한 설명이다. 빈칸 ㉠～㉢에 들어갈 내용이 바르게 연결된 것은?**

> ㉮ 보건복지부장관은 약사법에 따른 의약품 등의 판매 질서의 위반과 관련된 약제에 대하여는 요양급여비용 상한금액의 __㉠__ 을 넘지 않는 범위에서 그 금액의 일부를 감액할 수 있다.
> ㉯ 보건복지부장관은 위의 ㉮에 따라 요양급여비용의 상한금액이 감액된 약제가 감액된 날부터 5년의 범위에서 대통령령으로 정하는 기간 내에 다시 위의 ㉮에 따른 감액의 대상이 된 경우에는 요양급여비용 상한금액의 __㉡__ 을 넘지 않는 범위에서 요양급여비용 상한금액의 일부를 감액할 수 있다.
> ㉰ 보건복지부장관은 위의 ㉯에 따라 요양급여비용의 상한금액이 감액된 약제가 감액된 날부터 5년의 범위에서 대통령령으로 정하는 기간 내에 다시 약사법에 따른 의약품 등의 판매질서의 위반과 관련된 경우에는 해당 약제에 대하여 __㉢__ 의 범위에서 기간을 정하여 요양급여의 적용을 정지할 수 있다.

	㉠	㉡	㉢
①	100분의 10	100분의 40	1년
②	100분의 20	100분의 40	1년
③	100분의 20	100분의 50	2년
④	100분의 40	100분의 50	2년
⑤	100분의 50	100분의 50	2년

14 다음 〈보기〉에서 요양기관에서 제외될 수 있는 의료기관으로 옳은 것을 모두 고르면?

보기

㉠ 보건소 · 보건의료원 및 보건지소
㉡ 의료법에 따라 개설된 부속 의료기관
㉢ 사회복지시설에 수용된 사람의 진료를 주된 목적으로 개설된 의료기관
㉣ 본인일부부담금을 받지 않는 방법으로 가입자를 유인해 업무정지 처분을 5년 동안 2회 받은 의료기관
㉤ 본인일부부담금을 경감해 받는 방법으로 피부양자를 유인해 면허자격정지 처분을 5년 동안 2회 받은 의료인이 개설 · 운영하는 의료기관

① ㉠, ㉡, ㉢
② ㉠, ㉢, ㉤
③ ㉡, ㉣, ㉤
④ ㉠, ㉢, ㉣, ㉤
⑤ ㉡, ㉢, ㉣, ㉤

PART 3

15 다음은 요양기관 현황 신고에 대한 설명이다. 빈칸 ㉠, ㉡에 들어갈 내용이 바르게 연결된 것은?

건강보험심사평가원은 요양기관으로부터 신고받은 사항 중 요양급여비용 지급을 위해 필요한 사항을 ___㉠___에 통보하여야 한다. 또한 요양기관이 건강보험심사평가원에 신고해야 하는 장비 등 요양기관의 현황을 관리하는 데 필요한 사항은 ___㉡___이/가 정한다.

① ㉠ : 보건복지부, ㉡ : 대통령
② ㉠ : 보건복지부, ㉡ : 보건복지부장관
③ ㉠ : 국민건강보험공단, ㉡ : 보건복지부장관
④ ㉠ : 국민건강보험공단, ㉡ : 기획재정부장관
⑤ ㉠ : 국민건강보험공단, ㉡ : 관할 특별시장 · 광역시장 · 특별자치시장 · 도지사 · 특별자치도지사

16 **다음 중 국민건강보험공단의 요양급여비용의 산정 계약에 대한 설명으로 옳은 것은?**

① 요양급여비용은 국민건강보험공단의 이사장과 요양기관을 대표하는 사람들의 계약으로 정하며, 계약기간은 3년으로 한다.
② 국민건강보험공단의 이사장은 건강보험정책심의위원회의 심의·의결을 거쳐 요양급여비용의 산정 등과 관련한 계약을 체결해야 한다.
③ 건강보험심사평가원은 국민건강보험공단의 이사장이 요양급여비용의 산정 등과 관련한 계약을 체결하기 위해 자료를 요청하면 그 요청에 성실히 따라야 한다.
④ 요양급여비용의 산정 등과 관련한 계약은 그 직전 계약기간 만료일이 속하는 연도의 3월 31일까지 체결하며, 그 기한까지 계약이 체결되지 못하면 보건복지부장관이 재정위원회의 의결을 거쳐 요양급여비용을 정한다.
⑤ 요양급여비용이 정해지면 보건복지부장관은 결정된 요양급여비용의 명세를 꼼꼼히 검토한 후 분기별로 나누어 고시해야 한다.

17 **다음은 요양급여비용의 심사에 대한 설명이다. 빈칸 ㉠, ㉡에 들어갈 내용이 바르게 연결된 것은?**

__㉠__ 은 요양급여비용의 심사를 하는 경우에는 요양급여비용에 대한 심사청구를 받은 날부터 __㉡__(정보통신망을 통하여 통보하는 경우에는 15일) 이내에 심사하여 그 내용이 기재된 요양급여비용 심사결과통보서를 해당 요양기관에 송부해야 한다.

① ㉠ : 국민건강보험공단 이사장, ㉡ : 30일
② ㉠ : 국민건강보험공단 이사장, ㉡ : 40일
③ ㉠ : 건강보험심사평가원장, ㉡ : 20일
④ ㉠ : 건강보험심사평가원장, ㉡ : 30일
⑤ ㉠ : 건강보험심사평가원장, ㉡ : 40일

18 **다음 중 건강검진에 대한 설명으로 옳은 것은?**

① 만 8세인 피부양자는 영유아건강검진 대상에 포함된다.
② 30세 미만의 지역가입자는 일반건강검진의 대상이 아니다.
③ 건강검진의 횟수·절차와 관련한 사항은 대통령령으로 정한다.
④ 가입자와 피부양자를 대상으로 건강검진을 주관·실시하는 주체는 보건복지부이다.
⑤ 건강검진은 다른 조건으로 구별하지 않고 오직 연령으로 분류하여 설계되는 것이 바람직하다.

19 **다음 중 부당이득의 징수에 대한 설명으로 옳지 않은 것은?**

① 속임수로 보험급여를 받은 사람과 같은 세대에 속한 가입자에게 속임수로 보험급여를 받은 사람과 연대해 징수금을 내게 할 수 있다.

② 국민건강보험공단은 부당한 방법으로 보험급여를 받은 보조기기 판매업자에 대해 그 보험급여에 상당하는 금액을 징수한다.

③ 준요양기관의 속임수로 보험급여가 실시된 경우에 국민건강보험공단은 해당 준요양기관에게 보험급여를 받은 사람과 연대해 징수금을 내게 할 수 있다.

④ 요양기관이 가입자가 피부양자로부터 속임수나 그 밖의 부당한 방법으로 요양급여비용을 받은 경우 국민건강보험공단은 해당 요양기관으로부터 이를 징수해야 한다.

⑤ 의료법을 위반해 부당한 방법으로 개설된 의료기관이 속임수로 보험급여 비용을 받을 경우에 국민건강보험공단은 해당 의료기관의 개설자에게 그 요양기관과 연대해 징수금을 납부하게 할 수 없다.

PART 3

20 **다음은 부당이득 징수금 체납자의 인적사항 공개 제외 사유에 대한 설명이다. 빈칸 ㉠, ㉡에 들어갈 내용이 바르게 연결된 것은?**

> 국민건강보험공단은 부당이득의 징수와 관련한 징수금을 체납한 요양기관 또는 요양기관을 개설한 자의 인적사항 등을 공개할 수 있다. 다만, 국민건강보험공단이 인적사항 등의 공개대상자에게 공개대상자임을 통지할 당시 체납액의 ___㉠___ 이상을 그 통지일부터 ___㉡___ 이내에 납부한 경우에는 그렇지 않다.

① ㉠ : 100분의 10, ㉡ : 6개월
② ㉠ : 100분의 10, ㉡ : 9개월
③ ㉠ : 100분의 10, ㉡ : 12개월
④ ㉠ : 100분의 20, ㉡ : 6개월
⑤ ㉠ : 100분의 20, ㉡ : 9개월

21 **다음은 건강보험심사평가원장의 권한 위임에 대한 설명이다. 빈칸 ㉠, ㉡에 들어갈 내용이 바르게 연결된 것은?**

> 건강보험심사평가원장이 분사무소의 장에게 위임할 수 있는 사항은 의료법에 따른 ___㉠___, 그 밖에 ___㉡___(으)로 정하는 요양기관을 제외한 요양기관의 요양급여비용에 대한 심사 권한과 이의신청에 대한 결정 권한으로 한다.

① ㉠ : 종합병원, ㉡ : 보건복지부령
② ㉠ : 종합병원, ㉡ : 건강보험심사평가원의 정관
③ ㉠ : 상급종합병원, ㉡ : 보건복지부령
④ ㉠ : 상급종합병원, ㉡ : 심의위원회의 의결
⑤ ㉠ : 상급종합병원, ㉡ : 건강보험심사평가원의 정관

22 **다음 〈보기〉에서 건강보험심사평가원의 진료비 심사처리 절차를 순서대로 바르게 나열한 것은?**

> 보기
> ㉠ 전산 점검
> ㉡ 청구명세서 접수
> ㉢ 심사 사후관리
> ㉣ 전문심사
> ㉤ 인공지능 전산심사

① ㉠－㉡－㉣－㉤－㉢
② ㉡－㉠－㉣－㉤－㉢
③ ㉡－㉠－㉤－㉣－㉢
④ ㉢－㉡－㉤－㉣－㉠
⑤ ㉤－㉠－㉡－㉣－㉢

23 **다음 〈보기〉에서 월별 보험료액의 상한 및 하한에 대한 설명으로 옳은 것을 모두 고르면?**

> 보기
> ㉠ 직장가입자의 보수월액보험료는 보험료가 부과되는 연도의 전전년도 평균 보수월액보험료의 50배에 해당하는 금액을 고려해 상한을 정한다.
> ㉡ 직장가입자의 소득월액보험료 또는 지역가입자의 월별 보험료액은 보험료가 부과되는 연도의 전전년도 평균 보수월액보험료의 20배에 해당하는 금액을 고려해 상한을 정한다.
> ㉢ 직장가입자의 보수월액보험료는 보험료가 부과되는 연도의 전전년도 평균 보수월액보험료의 1,000분의 75 이상 1,000분의 85 미만의 범위에서 하한을 정한다.
> ㉣ 지역가입자의 월별 보험료액은 위의 ㉢에 따른 보수월액보험료의 100분의 90 이상 100분의 100 이하의 범위에서 하한을 정한다.

① ㉠, ㉢
② ㉡, ㉢
③ ㉢, ㉣
④ ㉠, ㉡, ㉣
⑤ ㉡, ㉢, ㉣

24 다음 〈보기〉에서 소득월액에 대한 설명으로 옳은 것을 모두 고르면?

보기

㉠ 소득세법에 따른 비과세소득은 소득월액의 산정에 포함된다.
㉡ 소득월액은 보수월액의 산정에 포함된 보수를 제외한 직장가입자의 소득이 연간 4,000만 원을 초과하는 경우 '[(연간 보수 외 소득)−(연간 4,000만 원)]$\times \frac{1}{12}$'에 따라 산정한다.
㉢ 소득월액을 산정할 때 필요한 세부 사항은 국민건강보험공단의 정관으로 정한다.

① ㉠
② ㉡
③ ㉢
④ ㉠, ㉢
⑤ ㉡, ㉢

25 다음 〈보기〉에서 지역가입자를 그 가입자의 해당 세대에서 분리해 별도 세대로 구성할 수 있는 사람을 모두 고르면?

보기

㉠ 대체복무요원으로 복무하는 사람
㉡ 상근예비역 또는 사회복무요원으로 복무하는 사람
㉢ 희귀난치성질환자 등으로서 본인부담액을 경감받는 사람
㉣ 해당 세대와 가계단위 및 생계를 달리하여 세대 분리를 신청한 사람

① ㉠, ㉡
② ㉡, ㉢
③ ㉢, ㉣
④ ㉡, ㉢, ㉣
⑤ ㉠, ㉡, ㉢, ㉣

26 다음은 지역가입자의 보험료 연대납부의무 면제 대상이 되는 미성년자에 대한 설명이다. 빈칸에 들어갈 금액으로 옳은 것은?

부모가 모두 사망한 미성년자로서 소득의 합이 연간 ______ 이하인 미성년자는 지역가입자의 보험료 납부의무를 부담하지 않는다.

① 100만 원
② 200만 원
③ 300만 원
④ 400만 원
⑤ 500만 원

27 **다음은 납입 고지서의 전자고지 등에 대한 설명이다. 빈칸 ㉠, ㉡에 들어갈 내용이 바르게 연결된 것은?**

> 전자문서를 통한 납입 고지("전자고지")의 개시 및 해지는 전자고지 서비스 신규・변경・해지 신청서를 접수한 __㉠__ 적용한다. 또한 전자고지의 신청을 해지한 사람은 해지한 날부터 __㉡__이 지난 날 이후에 전자고지를 다시 신청할 수 있다.

① ㉠ : 날부터, ㉡ : 15일
② ㉠ : 날부터, ㉡ : 30일
③ ㉠ : 날의 다음 날부터, ㉡ : 15일
④ ㉠ : 날의 다음 날부터, ㉡ : 30일
⑤ ㉠ : 날의 다음 날부터, ㉡ : 45일

28 **다음은 체납 또는 결손처분 자료의 제공절차에 대한 설명이다. 빈칸에 들어갈 기간으로 옳은 것은?**

> 국민건강보험공단은 체납 등 자료를 제공한 후 체납액의 납부, 결손처분의 취소 등의 사유가 발생한 경우에는 해당 사실을 그 사유가 발생한 날부터 ______ 이내에 해당 체납 등 자료를 제공한 신용정보집중기관에 알려야 한다.

① 15일
② 30일
③ 45일
④ 60일
⑤ 90일

29 **다음 중 고액・상습체납자의 인적사항 공개에 대한 설명으로 옳은 것은?**

① 납부기한의 다음 날부터 1년이 경과한 보험료, 연체금과 체납처분비의 총액이 500만 원 이상인 체납자의 인적사항・체납액 등은 공개될 수 있다.
② 위의 ①의 경우에 체납된 보험료, 연체금과 체납처분비와 관련해 이의신청, 심판청구가 제기된 때에도 그 인적사항 등이 공개될 수 있다.
③ 국민건강보험공단은 인적사항 등의 공개대상자에게 공개대상자임을 서면으로 통지한 경우에 통지일부터 3개월이 지난 후 체납액의 납부이행 등을 감안해 공개대상자를 선정한다.
④ 체납자의 인적사항 등은 관보나 국민건강보험공단 홈페이지를 통해 공개되며, 공개와 관련한 납부능력의 기준, 공개절차 등에 필요한 사항은 대통령령으로 정한다.
⑤ 체납자의 인적사항 등에 대한 공개 여부 심의는 임직원들의 투표로 이루어진다.

30 **다음 중 결손처분에 대한 설명으로 옳지 않은 것은?**

① 체납처분이 끝나고 체납액에 충당될 배분금액이 그 체납액에 미치지 못하는 경우에는 보험료 등을 결손처분할 수 있다.
② 해당 권리에 대한 소멸시효가 완성된 경우에는 보험료 등을 결손처분할 수 있다.
③ 체납처분의 목적물인 총재산의 견적가격이 체납처분비에 충당하고 나면 남을 여지가 없을 경우에는 보험료 등을 결손처분할 수 있다.
④ 징수할 가능성이 없어서 보험료 등을 결손처분을 한 후 압류할 수 있는 다른 재산이 있는 것을 발견한 때에는 지체 없이 그 결손처분을 취소하고 체납처분을 한다.
⑤ 국민건강보험공단이 보험료 등을 결손처분을 하려면 건강보험정책심의위원회의 심의를 거쳐야 한다.

31 **다음은 이의신청 결정기간에 대한 설명이다. 빈칸 ㉠~㉢에 들어갈 숫자를 합산하면 얼마인가?**

> 국민건강보험공단과 건강보험심사평가원은 이의신청을 받은 날부터 __㉠__일 이내에 결정을 해야 하지만, 부득이한 사정이 있을 때는 __㉡__일의 범위에서 그 기간을 연장할 수 있다. 이에 따라 결정기간을 연장하려면 결정기간이 끝나기 __㉢__일 전까지 이의신청을 한 사람에게 그 사실을 알려야 한다.

① 75　② 85
③ 91　④ 97
⑤ 102

32 **다음 〈보기〉에서 국민건강보험법상 신고 등에 대한 설명으로 옳은 것을 모두 고르면?**

> 보기
> ㉠ 국민건강보험공단은 세대주에게 가입자의 거주지 변경 관계 서류를 제출하게 할 수 있다.
> ㉡ 국민건강보험공단은 사용자, 직장가입자에게 가입자의 거주지 변경 사항을 신고하게 할 수 있다.
> ㉢ 국민건강보험공단은 사용자, 직장가입자 및 세대주로부터 제출받은 자료의 사실 여부를 확인하기 위해 소속 직원이 해당 사항에 관한 조사를 하게 할 수 있다.
> ㉣ 위의 ㉢에 따라 조사를 하는 소속 직원은 그 권한을 표시하는 증표를 관계인에게 보여 주어야 한다.

① ㉠, ㉢　② ㉠, ㉡, ㉢
③ ㉠, ㉢, ㉣　④ ㉡, ㉢, ㉣
⑤ ㉠, ㉡, ㉢, ㉣

33 **다음 중 요양기관의 업무정지에 대한 설명으로 옳지 않은 것은?**

① 보건복지부장관의 보고 명령을 받고 거짓 서류를 제출한 요양기관은 1년의 범위에서 업무정지 처분을 받을 수 있다.

② 부당한 방법으로 보험자・가입자 및 피부양자에게 요양급여비용을 부담하게 한 요양기관은 3년의 범위에서 업무정지 처분을 받을 수 있다.

③ 행위・치료재료에 대한 요양급여대상 여부의 결정을 보건복지부장관에게 신청하지 않고 속임수로 행위・치료재료를 가입자에게 실시하고 비용을 부담시킨 요양기관은 1년의 범위에서 업무정지 처분을 받을 수 있다.

④ 위의 ①～③에 따라 업무정지 처분을 받은 요양기관은 해당 업무정지기간 중에는 요양급여를 할 수 없다.

⑤ 업무정지 처분의 효과는 그 처분이 확정된 요양기관을 양수한 자 또는 합병 후 존속하는 법인이나 합병으로 설립되는 법인에 승계된다.

34 **다음은 과징금 미납자의 처분에 대한 설명이다. 빈칸 ㉠, ㉡에 들어갈 기간이 바르게 연결된 것은?**

> 과징금을 납부해야 하는 자가 납부기한까지 과징금을 납부하지 않을 경우에는 보건복지부장관은 납부기한이 지난 후 __㉠__ 이내에 독촉장을 발급해야 한다. 이때 납부기한은 독촉장 발급일부터 __㉡__ 이내로 한다.

① ㉠ : 7일, ㉡ : 7일
② ㉠ : 7일, ㉡ : 10일
③ ㉠ : 15일, ㉡ : 7일
④ ㉠ : 15일, ㉡ : 10일
⑤ ㉠ : 15일, ㉡ : 15일

35 **다음 중 국민건강보험법상 포상금 등의 지급에 대한 설명으로 옳지 않은 것은?**

① 국민건강보험공단은 부당한 방법으로 보험급여를 받은 준요양기관을 신고한 사람에게 포상금을 지급할 수 있다.
② 국민건강보험공단은 속임수로 다른 사람이 보험급여를 받도록 한 자를 신고한 사람에게 포상금을 지급할 수 있다.
③ 국민건강보험공단은 부당한 방법으로 보험급여를 받은 보조기기 판매업자를 신고한 사람에게 포상금을 지급할 수 있다.
④ 포상금 및 장려금의 지급 기준과 범위, 절차 및 방법 등에 필요한 자세한 사항은 기획재정부령으로 정한다.
⑤ 국민건강보험공단은 건강보험 재정의 효율적 운영에 기여한 요양기관에 장려금을 지급할 수 있다.

PART 3

36 **다음은 보험료 부과·징수 특례 대상 외국인에 대한 설명이다. 빈칸 ㉠, ㉡에 들어갈 내용이 바르게 연결된 것은?**

보건복지부장관이 보험료 부과·징수에 관한 사항을 내국인과 다르게 정해 고시할 수 있는 국내체류 외국인 등은 ___㉠___인 국내체류 외국인 등 중에서 ___㉡___에 해당하지 않는 사람을 말한다.

① ㉠ : 지역가입자, ㉡ : 단기취업의 체류자격이 있는 사람
② ㉠ : 지역가입자, ㉡ : 방문동거의 체류자격이 있는 사람
③ ㉠ : 지역가입자, ㉡ : 결혼이민의 체류자격이 있는 사람
④ ㉠ : 직장가입자, ㉡ : 영주의 체류자격이 있는 사람
⑤ ㉠ : 직장가입자, ㉡ : 결혼이민의 체류자격이 있는 사람

37 **다음은 규제의 재검토에 대한 설명이다. 빈칸 ㉠, ㉡에 들어갈 기간이 바르게 연결된 것은?**

보건복지부장관은 약제의 상한금액 감액 및 요양급여의 적용 정지 기준에 대해 ___㉠___마다 그 타당성을 검토해 개선 조치를 해야 한다. 또한 본인일부부담금의 부담률 및 부담액에 대해서도 ___㉡___마다 그 타당성을 검토하여 개선 조치를 해야 한다.

① ㉠ : 3년, ㉡ : 3년
② ㉠ : 3년, ㉡ : 5년
③ ㉠ : 5년, ㉡ : 2년
④ ㉠ : 5년, ㉡ : 3년
⑤ ㉠ : 5년, ㉡ : 5년

38 **다음은 국민건강보험공단의 업무 위탁에 대한 설명이다. 빈칸에 들어갈 내용으로 옳은 것은?**

> 국민건강보험공단은 보험료의 수납 또는 보험료납부의 확인에 관한 업무, 보험급여 비용의 지급에 관한 업무, 징수위탁보험료 등의 수납 또는 그 납부의 확인에 관한 업무를 체신관서, 금융기관에 위탁하려면 위탁받을 기관의 선정 및 위탁계약의 내용에 대해 ______의 의결을 거쳐야 한다.

① 건강보험정책심의위원회
② 국민건강보험공단 이사회
③ 건강보험분쟁조정위원회
④ 보험료부과제도개선위원회
⑤ 국민건강보험공단 재정운영위원회

39 **다음 중 정당한 이유 없이 요양급여를 거부한 요양기관은 어떠한 처벌을 받는가?**

① 300만 원 이하의 벌금
② 500만 원 이하의 벌금
③ 700만 원 이하의 벌금
④ 900만 원 이하의 벌금
⑤ 1,000만 원 이하의 벌금

40 **다음 중 요양비 명세서를 내주지 않은 자는 어떠한 처벌을 받는가?**

① 300만 원 이하의 벌금
② 500만 원 이하의 벌금
③ 700만 원 이하의 벌금
④ 1,000만 원 이하의 벌금
⑤ 2,000만 원 이하의 벌금

제2회
일반 모의고사

모바일 OMR

응시시간 : 50분 문항 수 : 40문항

정답 및 해설 p.061

01 다음 중 보건복지부장관이 국민건강보험종합계획 및 연도별 시행계획을 수립해야 하는 시기가 바르게 연결된 것은?

	국민건강보험종합계획	연도별 시행계획
①	시행 연도 전년도의 6월 30일까지	시행 연도 전년도의 6월 30일까지
②	시행 연도 전년도의 6월 30일까지	시행 연도 전년도의 9월 30일까지
③	시행 연도 전년도의 9월 30일까지	시행 연도 전년도의 9월 30일까지
④	시행 연도 전년도의 9월 30일까지	시행 연도 전년도의 12월 31일까지
⑤	시행 연도 전년도의 12월 1일까지	시행 연도 전년도의 12월 31일까지

02 다음 〈보기〉에서 건강보험정책심의위원회에서 심의・의결하는 사항으로 옳은 것을 모두 고르면?

보기

㉠ 국민건강보험공단의 예산안 편성
㉡ 약제・치료재료별 요양급여비용의 상한
㉢ 요양급여 각 항목에 대한 상대가치점수
㉣ 부가급여에 관한 사항 등 건강보험정책심의위원회의 위원장이 회의에 부치는 사항

① ㉠, ㉡
② ㉠, ㉢
③ ㉡, ㉢
④ ㉠, ㉢, ㉣
⑤ ㉡, ㉢, ㉣

03 다음 〈보기〉에서 건강보험정책심의위원회의 회의에 대한 설명으로 옳지 않은 것을 모두 고르면?

보기

㉠ 건강보험정책심의위원회의 회의는 재적위원 과반수가 요구할 때에 소집한다.
㉡ 건강보험정책심의위원회의 회의는 재적위원 3분의 2 이상의 출석으로 개의하고, 출석위원 3분의 1 이상의 찬성으로 의결한다.
㉢ 건강보험정책심의위원회의 위원장은 의결에 참여하지 않지만, 가부동수일 경우에는 위원장이 정한다.
㉣ 건강보험정책심의위원회는 소위원회를 구성할 수 있으며, 소위원회의 운영 등에 필요한 사항은 심의위원회의 의결을 거쳐 위원장이 정한다.

① ㉠, ㉡
② ㉠, ㉢
③ ㉡, ㉢
④ ㉠, ㉢, ㉣
⑤ ㉡, ㉢, ㉣

04 다음 〈보기〉에서 사업장의 탈퇴 신고에 대한 설명으로 옳지 않은 것을 모두 고르면?

보기

㉠ 사업장이 휴업・폐업되는 경우에 사용자는 그 날부터 14일 이내에 사업장 탈퇴신고서와 사업장 탈퇴 사실을 증명할 수 있는 서류를 국민건강보험공단에 제출해야 한다.
㉡ 위의 ㉠의 경우 국민건강보험공단은 행정정보의 공동이용을 통한 휴업・폐업 사실 증명원의 확인을 생략할 수 있다.
㉢ 사업장이 합병, 폐쇄되는 경우에 그 날부터 30일 이내에 사업장 탈퇴신고서를 국민건강보험공단에 제출해야 한다.
㉣ 사용자는 1개월 동안의 소정근로시간이 60시간 미만인 단시간근로자만을 고용하게 되는 경우에는 그 날부터 14일 이내에 사업장 탈퇴신고서를 국민건강보험공단에 제출해야 한다.

① ㉠, ㉡
② ㉠, ㉢
③ ㉡, ㉢
④ ㉠, ㉡, ㉢
⑤ ㉡, ㉢, ㉣

05 다음 〈보기〉에서 가입자 자격의 변동 및 상실에 대한 설명으로 옳은 것을 모두 고르면?

보기

㉠ 국방부장관은 가입자가 현역병에 해당하게 된 경우에 그 사람의 성명·주민등록번호·입대일·전역일 및 전환복무일을 국민건강보험공단에 통지해야 한다.
㉡ 법무부장관은 직장가입자나 지역가입자가 교도소, 그 밖에 이에 준하는 시설에 수용되어 있는 경우에 그 사람의 성명·주민등록번호·출소일만을 국민건강보험공단에 통지해야 한다.
㉢ 지역가입자가 자격상실의 신고를 하려면 세대주가 지역가입자 자격상실 신고서를 국민건강보험공단에 제출해야 한다.
㉣ 직장가입자가 자격상실의 신고를 하려면 근로자인 해당 직장가입자 본인이 직장가입자 자격상실 신고서를 국민건강보험공단에 제출해야 한다.
㉤ 사용자는 국민건강보험공단에 신고한 직장가입자의 내용이 변경된 경우에는 변경된 날부터 30일 이내에 직장가입자 내용 변경 신고서를 국민건강보험공단에 제출해야 한다.

① ㉠, ㉡
② ㉠, ㉢
③ ㉠, ㉡, ㉤
④ ㉡, ㉢, ㉤
⑤ ㉡, ㉢, ㉣, ㉤

PART 3

06 다음 중 국민건강보험공단의 성립 및 운용에 대한 설명으로 옳지 않은 것은?

① 국민건강보험공단은 법인으로 하며, 주된 사무소의 소재지에서 설립등기를 함으로써 성립한다.
② 국민건강보험공단이 정관을 변경하려면 기획재정부장관의 제청과 대통령의 인가를 받아야 한다.
③ 국민건강보험공단의 주된 사무소의 소재지와 분사무소의 설치 여부를 결정할 때는 정관으로 정한다.
④ 국민건강보험공단의 설립등기에는 목적, 명칭, 주된 사무소 및 분사무소의 소재지, 이사장의 성명·주소 및 주민등록번호 등이 포함되어야 한다.
⑤ 국민건강보험공단의 해산에 관하여는 법률로 정한다.

07 다음 〈보기〉에서 국민건강보험공단 이사회에서 심의 · 의결하는 사항으로 옳은 것을 모두 고르면?

보기

㉠ 차입금에 관한 사항
㉡ 정관 변경에 관한 사항
㉢ 예산 및 결산에 관한 사항
㉣ 규정의 제정 · 개정 및 폐지에 관한 사항
㉤ 보험료와 징수금 및 보험급여에 관한 사항
㉥ 요양급여비용의 계약 및 결손처분 등 보험재정에 관련된 사항

① ㉠, ㉡, ㉢
② ㉡, ㉣, ㉤
③ ㉢, ㉤, ㉥
④ ㉢, ㉣, ㉤, ㉥
⑤ ㉠, ㉡, ㉢, ㉣, ㉤

08 다음 중 국민건강보험공단의 재난적의료비 지원사업, 결산 및 준비금에 대한 설명으로 옳은 것은?

① 국민건강보험공단은 재난적의료비 지원사업에 사용되는 비용에 충당하기 위해 매년 예산의 범위에서 출연할 수 있다.
② 국민건강보험단은 회계연도마다 결산보고서와 사업보고서를 작성하여 당해 연도 12월까지 기획재정부장관에게 보고해야 하지만, 그 내용을 공고하지 않을 수 있다.
③ 국민건강보험공단은 현금이 부족하지 않더라도 부동산을 취득하기 위해 현금을 사용할 수 있고, 이처럼 현금 지출에 준비금을 사용한 경우에는 다음 회계연도까지 이를 보전해야 한다.
④ 국민건강보험공단은 회계연도마다 결산상의 잉여금 중에서 그 연도의 보험급여에 든 비용의 100분의 10 이상에 상당하는 금액을 그 연도에 든 비용의 100분의 70에 이를 때까지 준비금으로 적립해야 한다.
⑤ 국민건강보험공단은 사업보고서를 보건복지부장관에게 보고하였을 때에는 대통령령으로 정하는 바에 따라 그 내용을 공고해야 한다.

09 다음 중 건강보험심사평가원의 의약품 관리에 대한 설명으로 옳지 않은 것은?

① 임상적으로 치료적 가치가 높은 의약품에 대해 적정한 가격을 책정하고 급여기준 등을 설정하여 관리하는 업무이다.
② 급여 대상으로 결정된 신약은 질병관리청에서 제약사와 약가협상을 통해 최종 가격을 결정한다.
③ 약 22,000개의 의약품이 국가단위 표준코드로 관리되고 국민안전과 적정 가격을 보장한다.
④ 약제급여평가위원회를 통해 임상적 유용성과 비용효과성을 검토하여 보험 여부를 결정한다.
⑤ 제네릭은 동일 성분 신약의 일정 비율로 가격이 결정된다.

10 다음 〈보기〉에서 요양병원 입원진료 현황의 고지에 대한 설명으로 옳지 않은 것을 모두 고르면?

보기

㉠ 보건복지부장관은 요양병원의 장에게 해당 요양병원에서 입원진료를 받는 가입자 등의 입원·퇴원 일시 등 입원진료 현황을 국민건강보험공단에 알리도록 요구할 수 있다.

㉡ 위의 ㉠에서 '요양병원'의 범위에는 장애인복지법에 따른 의료재활시설로서 의료법의 요건을 갖춘 의료기관인 요양병원이 포함된다.

㉢ 위의 ㉠에 따른 입원진료 현황의 내용, 고지 방법 및 절차 등에 관한 구체적인 사항은 건강보험심사평가원장이 정한다.

① ㉠
② ㉡
③ ㉢
④ ㉠, ㉢
⑤ ㉡, ㉢

PART 3

11 다음은 요양급여대상·비급여대상 여부 확인에 대한 설명이다. 빈칸 ㉠, ㉡에 들어갈 기간이 바르게 연결된 것은?

보건복지부장관은 확인 신청을 받은 경우에는 요양급여대상·비급여대상 여부를 확인하고, 정당한 사유가 없는 한 확인 신청을 접수한 날부터 ___㉠___ 이내에 신청인과 신의료기술평가위원회에 그 결과를 통보해야 한다. 다만, 기존 결정 사례 등에 근거한 확인이 곤란하여 심층적 검토가 필요한 경우에는 ___㉡___의 범위에서 그 통보기간을 한 차례 연장할 수 있다.

① ㉠ : 30일, ㉡ : 10일
② ㉠ : 30일, ㉡ : 20일
③ ㉠ : 30일, ㉡ : 30일
④ ㉠ : 45일, ㉡ : 20일
⑤ ㉠ : 45일, ㉡ : 30일

12 다음은 약제급여조정위원회의 조정에 대한 설명이다. 빈칸 ㉠, ㉡에 들어갈 기간이 바르게 연결된 것은?

보건복지부장관은 약제급여조정위원회에서 조정한 경우에 조정이 끝난 날부터 ___㉠___ 이내에 조정 결과 및 그 근거, 조정결과에 이견이 있으면 ___㉡___ 이내에 독립적 검토를 거친 재조정을 신청할 수 있다는 내용을 신청인에게 통보해야 한다.

① ㉠ : 15일, ㉡ : 15일
② ㉠ : 15일, ㉡ : 30일
③ ㉠ : 15일, ㉡ : 45일
④ ㉠ : 30일, ㉡ : 15일
⑤ ㉠ : 30일, ㉡ : 30일

13 다음 중 요양급여대상 여부의 결정에 대한 설명으로 옳은 것은?

① 요양급여대상에 포함되지 않은 약제에 대한 요양급여대상 여부의 결정신청을 하려는 자는 국민건강보험공단 이사장에게 해당 약제의 경제성, 요양급여의 적정성 및 기준 등에 관한 평가신청을 함으로써 이를 갈음한다.

② 보건복지부장관은 환자의 진료상 필수적이라고 인정하는 경우에는 직권으로 행위 · 치료재료 및 약제의 요양급여대상의 여부를 결정할 수 있다.

③ 약제의 제조업자 · 수입업자는 요양급여대상에 포함되지 않은 약제의 요양급여대상 여부의 결정을 국민건강보험공단 이사장에게 신청할 수 있다.

④ 요양기관은 요양급여대상 또는 비급여대상으로 결정되지 않은 진찰 · 검사, 처치 · 수술 · 치료, 예방 · 재활의 요양급여대상 여부의 결정을 국민건강보험공단 이사장에게 신청해야 한다.

⑤ 보건복지부장관은 신청을 받았더라도 개인의 의사에 따라 비급여대상의 여부 결정을 보류할 수 있다.

14 다음 중 전문요양기관에 대한 설명으로 옳지 않은 것은?

① 요양기관 중에서 선별해 전문요양기관으로 인정할 수 있는 주체는 보건복지부장관이다.

② 전문요양기관 인정서를 반납한 경우에는 그 인정이 취소된다.

③ 전문요양기관의 인정기준에 미달하게 된 경우에는 그 인정이 취소된다.

④ 특별조치법에 따라 설치된 농어촌 보건진료소 또한 요양기관으로 인정된다.

⑤ 전문요양기관으로 인정된 요양기관에 대하여 요양급여의 절차 및 요양급여비용을 다른 요양기관과 달리 할 수 없다.

15 **다음은 보건의료자원 통합신고포털에 대한 설명이다. 밑줄 친 ㉮에 해당하는 내용으로 옳은 것을 〈보기〉에서 모두 고르면?**

> 보건복지부장관, 시・도지사, 시장・군수・구청장 및 건강보험심사평가원은 보건의료자원 통합신고포털과 보건복지부장관 및 각 지방자치단체가 운영하는 정보시스템을 연계해 ㉮ 다음 각 호의 업무를 처리할 수 있다.

보기

㉠ 시・도지사 및 시장・군수・구청장이 건강보험심사평가원에 하는 통보
㉡ 건강보험심사평가원이 시・도지사 및 시장・군수・구청장에 하는 통보
㉢ 건강보험심사평가원이 요청하는 요양기관의 현황과 관련한 사실을 확인하기 위해 필요한 자료의 제공
㉣ 건강보험심사평가원이 요청하는 의사, 치과의사, 한의사, 조산사, 간호사 및 간호조무사의 면허, 자격 및 행정처분 등에 대한 자료의 제공
㉤ 건강보험심사평가원이 요청하는 요양기관, 의료급여기관, 의료기관, 의약품도매상, 의약품・의약외품의 제조업자・품목허가를 받은 자・수입자・판매업자, 의료기기취급자, 집단급식소 운영자, 마약류취급자 등에 대한 업무정지・허가취소 등 처분에 대한 자료

① ㉠, ㉡, ㉢
② ㉡, ㉢, ㉣
③ ㉡, ㉣, ㉤
④ ㉡, ㉢, ㉣, ㉤
⑤ ㉠, ㉡, ㉢, ㉣, ㉤

PART 3

16 **다음 중 요양급여비용계약에 대한 설명으로 옳지 않은 것은?**

① 요양급여비용계약의 내용은 요양급여의 각 항목에 대한 상대가치점수의 점수당 단가를 정하는 것으로 한다.
② 요양급여 각 항목에 대한 상대가치점수는 국민건강보험공단 이사장이 이사회의 심의・의결을 거쳐 고시한다.
③ 요양병원에서 입원진료를 받는 때에는 해당 진료에 필요한 요양급여 각 항목의 점수와 약제・치료재료의 비용을 합산해 증세의 경중도의 구분에 따른 1일당 상대가치점수를 산정할 수 있다.
④ 병원・종합병원, 상급종합병원 또는 보건의료원에서 보건복지부장관이 고시하는 질병군에 대해 입원진료를 받는 경우에는 해당 진료에 필요한 요양급여 각 항목의 점수와 약제・치료재료의 비용을 포괄해 입원 건당 하나의 상대가치점수를 산정할 수 있다.
⑤ 호스피스・완화의료를 받는 경우에는 해당 진료에 필요한 요양급여 각 항목의 점수와 약제・치료재료의 비용을 합산해 1일당 상대가치점수를 산정할 수 있다.

17 **다음은 정보통신망 등에 의한 통보에 대한 설명이다. 빈칸에 들어갈 내용으로 옳은 것은?**

> 요양기관은 요양급여비용 심사청구서 및 명세서 등의 서류를 전산매체 또는 정보통신망을 통해 국민건강보험공단 또는 건강보험심사평가원에 제출할 수 있다. 이 경우 전산 관리에 관하여 ______이 고시한 기준에 따라 적정하다고 결정된 소프트웨어를 사용해야 한다.

① 대통령
② 보건복지부장관
③ 건강보험심사평가원장
④ 국민건강보험공단 이사장
⑤ 과학기술정보통신부장관

18 **다음은 건강검진에 대한 설명이다. 빈칸에 들어갈 내용으로 옳은 것은?**

> 건강검진을 실시한 검진기관은 국민건강보험공단에 건강검진의 결과를 통보해야 하며, 국민건강보험공단은 이를 건강검진을 받은 사람에게 통보해야 한다. 다만, 검진기관이 건강검진을 받은 사람에게 직접 통보한 경우에는 국민건강보험공단은 그 통보를 생략할 수 있다. 이외에 건강검진의 검사항목, 방법, 그에 드는 비용, 건강검진 결과 등의 통보 절차, 그 밖에 건강검진을 실시하는 데 필요한 사항은 ______이 정하여 고시한다.

① 식품의약품안전처장
② 기획재정부장관
③ 보건복지부장관
④ 국민건강보험공단 이사장
⑤ 건강보험심사평가원장

19 다음 〈보기〉에서 부당이득징수금체납정보공개심의위원회의 구성 및 운영에 대한 설명으로 옳은 것을 모두 고르면?

보기

㉠ 부당이득징수금체납정보공개심의위원회는 위원장 1명을 포함한 9명의 위원으로 이루어진다.
㉡ 부당이득징수금체납정보공개심의위원회의 위원장은 국민건강보험공단의 이사장이 맡고, 위원은 국민건강보험공단의 이사장이 임명하거나 위촉하는 사람이 맡는다.
㉢ 부당이득징수금체납정보공개심의위원회의 위원으로 임명되거나 위촉될 수 있는 사람은 국민건강보험공단 소속 직원 3명, 보험급여 비용의 부당이득 징수에 관한 사무를 담당하는 보건복지부 소속 4급 또는 5급 공무원 2명, 법률, 회계 또는 사회보험에 관한 학식과 경험이 풍부한 사람 3명이다.
㉣ 법률, 회계 또는 사회보험에 관한 학식과 경험이 풍부한 사람인 위원의 임기는 2년으로 하며, 한 차례만 연임할 수 있다.
㉤ 부당이득징수금체납정보공개심의위원회의 회의는 위원장을 포함한 재적위원 3분의 2 이상의 출석으로 개의하고, 출석위원 3분의 1 이상의 찬성으로 의결한다.

① ㉠, ㉡　② ㉠, ㉢
③ ㉠, ㉣　④ ㉠, ㉢, ㉣, ㉤
⑤ ㉡, ㉢, ㉣, ㉤

PART 3

20 다음 〈보기〉에서 국민건강보험공단이 요양급여비용과 요양비를 법무부장관 · 국방부장관 · 경찰청장 · 소방청장 · 해양경찰청장으로부터 예탁받아 지급할 수 있는 경우에 해당하는 사람을 모두 고르면?

보기

㉠ 교도소에 수용된 사람
㉡ 병역법에 따른 현역병
㉢ 지원에 의해 임용된 하사
㉣ 병역법에 따른 군간부후보생
㉤ 병역법에 따른 전환복무된 사람

① ㉠, ㉢, ㉣　② ㉡, ㉢, ㉤
③ ㉢, ㉣, ㉤　④ ㉠, ㉡, ㉣, ㉤
⑤ ㉠, ㉡, ㉢, ㉣, ㉤

21 **다음 중 건강보험심사평가원장이 진료심사평가위원회의 비상근 심사위원으로 위촉할 수 있는 사람으로 옳지 않은 것은?**

① 국민건강보험공단에서 추천하는 사람
② 의약계단체에서 추천하는 사람
③ 소비자단체에서 추천하는 사람
④ 사용자단체에서 추천하는 사람
⑤ 건강보험심사평가원 이사회에서 추천하는 사람

22 **다음은 직장가입자의 보수월액을 산정할 때 기준이 되는 보수에 대한 설명이다. 빈칸에 들어갈 내용으로 옳지 않은 것은?**

직장가입자의 보수월액은 직장가입자가 지급받는 보수를 기준으로 하여 산정하는데, 이때 '보수'는 근로자 등이 근로를 제공하고 지급받는 금품(실비변상적인 성격을 갖는 금품은 제외)을 말한다. 다만, 이러한 '보수'의 범위에는 ______ 등이 포함되지 않는다.

① 퇴직금　② 현상금
③ 번역료　④ 원고료
⑤ 상여 및 수당

23 **다음은 보수월액 및 소득월액에 대한 설명이다. 빈칸 ㉠~㉤에 들어갈 내용이 다른 것은?**

- 보수월액의 산정 및 보수가 지급되지 아니하는 사용자의 보수월액의 산정 등에 필요한 사항은 __㉠__(으)로 정한다.
- 소득월액을 산정하는 기준, 방법 등 소득월액의 산정에 필요한 사항은 __㉡__(으)로 정한다.
- 가입자의 보수월액을 산정할 때 기준이 되는 직장가입자가 지급받는 보수는 근로자 등이 근로를 제공하고 사용자·국가 또는 지방자치단체로부터 지급받는 금품(실비변상적인 성격을 갖는 금품은 제외한다)으로서 __㉢__(으)로 정하는 것을 말한다. 이 경우 보수 관련 자료가 없거나 불명확한 경우 등 __㉣__(으)로 정하는 사유에 해당하면 __㉤__이/가 정하여 고시하는 금액을 보수로 본다.

① ㉠　② ㉡
③ ㉢　④ ㉣
⑤ ㉤

24 **다음은 보험료율 및 보험료부과점수당 금액에 대한 설명이다. 빈칸 ㉠, ㉡에 들어갈 내용이 바르게 연결된 것은?**

> 직장가입자의 보험료율은 ___㉠___로 한다. 또한 지역가입자의 보험료부과점수당 금액은 ___㉡___으로 한다.

① ㉠ : 10,000분의 709, ㉡ : 208.4원
② ㉠ : 10,000분의 709, ㉡ : 210.5원
③ ㉠ : 10,000분의 709, ㉡ : 228.4원
④ ㉠ : 10,000분의 809, ㉡ : 202.3원
⑤ ㉠ : 10,000분의 908, ㉡ : 207.9원

25 **다음은 사업의 양도·양수에 따른 제2차 납부의무에 대한 설명이다. 빈칸 ㉠, ㉡에 들어갈 내용이 바르게 연결된 것은?**

> 다음 ㉮, ㉯의 어느 하나에 해당하는 경우에 사업양수 재산의 가액은 양수인이 양도인에게 지급했거나 지급해야 할 금액이 있는 경우에는 그 금액과 양수한 자산 및 부채를 국민건강보험공단이 평가한 후 그 자산총액에서 부채총액을 뺀 가액의 산정금액 중 큰 금액으로 한다.
> ㉮ 양수인이 양도인에게 지급했거나 지급해야 할 금액이 있는 경우에는 그 금액과 시가의 차액이 ___㉠___ 이상인 경우
> ㉯ 양수인이 양도인에게 지급했거나 지급해야 할 금액이 있는 경우에는 그 금액과 시가의 차액이 그 시가의 ___㉡___에 상당하는 금액 이상인 경우

① ㉠ : 1억 원, ㉡ : 100분의 30
② ㉠ : 1억 원, ㉡ : 100분의 50
③ ㉠ : 3억 원, ㉡ : 100분의 30
④ ㉠ : 3억 원, ㉡ : 100분의 50
⑤ ㉠ : 3억 원, ㉡ : 100분의 65

26 **다음은 보수월액보험료 납입 고지 유예에 대한 설명이다. 빈칸 ㉠, ㉡에 들어갈 내용이 바르게 연결된 것은?**

> 사용자는 납입 고지가 유예된 보수월액보험료를 그 사유가 없어진 후 보수가 지급되는 최초의 달의 보수에서 공제해 납부해야 한다. 다만, 납입 고지가 유예된 보수월액보험료가 해당 직장가입자의 월 보수월액보험료의 ___㉠___ 이상이고 해당 직장가입자가 원하는 경우에는 납입 고지 유예 해지 신청을 할 때에 해당 보수월액보험료의 분할납부를 함께 신청해야 한다. 이에 따라 사용자가 분할납부를 신청한 경우에는 ___㉡___의 범위에서 해당 보수월액보험료를 균등하게 분할해 납부할 수 있다.

① ㉠ : 3배, ㉡ : 5회
② ㉠ : 3배, ㉡ : 7회
③ ㉠ : 3배, ㉡ : 10회
④ ㉠ : 5배, ㉡ : 7회
⑤ ㉠ : 5배, ㉡ : 10회

27 **다음은 보험료의 납부증명에 대한 설명이다. 밑줄 친 ㉮에 해당하는 내용으로 옳은 것을 〈보기〉에서 모두 고르면?**

> 보험료의 납부의무자는 국가, 지방자치단체 또는 공공기관으로부터 ㉮ 공사 · 제조 · 구매 · 용역 등 대통령령으로 정하는 계약의 대가를 지급받는 경우에는 보험료와 그에 따른 연체금 및 체납처분비의 납부사실을 증명해야 한다.

보기

㉠ 공공기관이 체결하는 계약
㉡ 국가를 당사자로 하는 계약
㉢ 지방자치단체를 당사자로 하는 계약
㉣ 국가를 당사자로 하는 계약 중 관서운영경비로 그 대가를 지급받는 계약
㉤ 지방자치단체를 당사자로 하는 계약 중 일상경비로 그 대가를 지급받는 계약
㉥ 공공기관이 체결하는 계약 중 일상경비적 성격의 자금으로 그 대가를 지급받는 계약

① ㉠, ㉡, ㉢
② ㉠, ㉢, ㉤
③ ㉡, ㉣, ㉥
④ ㉠, ㉡, ㉤, ㉥
⑤ ㉡, ㉢, ㉣, ㉤

28 **다음 중 보험료정보공개심의위원회의의 구성 및 운영에 대한 설명으로 옳은 것은?**

① 위원회는 총 15명의 위원으로 구성된다.
② 위원장은 국민건강보험공단의 상임이사가 맡는다.
③ 위원 중에서 국민건강보험공단 소속 직원은 6명이다.
④ 회의는 재적위원 3분의 1 이상의 출석으로 개의한다.
⑤ 위원 중에서 법률, 회계 또는 사회보험에 관한 학식과 경험이 풍부한 사람의 임기는 3년이다.

29 **다음 〈보기〉에서 납부의무자가 보험료와 그에 따른 연체금을 과오납부한 경우에 국민건강보험공단이 충당해야 하는 순서대로 바르게 나열한 것은?**

보기

㉠ 체납처분비
㉡ 체납된 보험료와 그에 따른 연체금
㉢ 앞으로 내야 할 1개월분의 보험료(납부의무자가 동의한 경우)

① ㉠－㉡－㉢
② ㉠－㉢－㉡
③ ㉡－㉠－㉢
④ ㉡－㉢－㉠
⑤ ㉢－㉡－㉠

30 **다음 중 건강보험심사평가원의 비전으로 옳은 것은?**

① 국민 건강과 보건산업 혁신을 선도하는 글로벌 리더
② 행복한 국민, 건강한 대한민국, 든든한 국민건강보험
③ 글로벌 건강 불평등 해소에 기여하는 국제보건의료 전문기관
④ 보건의료 디지털 혁신으로 최적의 의료문화를 만드는 Global HIRA
⑤ 국민 맞춤형 복지를 실현하는 디지털 플랫폼 전문기관

31 **다음 중 건강보험분쟁조정위원회의 구성에 대한 설명으로 옳은 것은?**

① 위원을 임명하거나 위촉할 권한을 가진 주체는 위원장이다.
② 검사 또는 변호사 자격이 있는 사람은 위원이 될 수 없다.
③ 대학에서 의료와 관련된 분야에 부교수 이상으로 재직 중인 사람은 위원이 될 수 없다.
④ 4급 이상의 공무원으로서 심판청구에 관한 업무를 담당하는 사람은 당연직위원이 될 수 있다.
⑤ 위원장은 국민건강보험공단 이사장과 건강보험심사평가원장의 공동제청으로 보건복지부장관이 임명한다.

32 **다음 <보기>에서 소득 축소·탈루 자료의 송부 절차에 대한 설명으로 옳은 것을 모두 고르면?**

보기

㉠ 국민건강보험공단은 사용자, 직장가입자 및 세대주가 신고한 보수 또는 소득 등이 해당 업종·직종별 평균 소득 등보다 낮은 경우에는 소득의 축소 또는 탈루에 관한 자료를 국세청장에게 송부해야 한다.
㉡ 국민건강보험공단은 사용자, 직장가입자 및 세대주가 신고 자료를 1개월 이상 늦게 제출한 경우에는 소득의 축소 또는 탈루에 관한 자료를 국세청장에게 송부해야 한다.
㉢ 국민건강보험공단은 사용자, 직장가입자 및 세대주가 신고한 사항이나 제출한 자료에 대해 사실 여부를 소속 직원이 조사할 때 조사를 1회 이상 거부·방해·기피한 경우에는 소득의 축소 또는 탈루에 관한 자료를 국세청장에게 송부해야 한다.

① ㉠
② ㉡
③ ㉢
④ ㉠, ㉡
⑤ ㉡, ㉢

PART 3

33 다음은 국민건강보험법상 과징금에 대한 설명이다. 빈칸 ㉠, ㉡에 들어갈 내용이 바르게 연결된 것은?

> 보건복지부장관은 요양기관이 다음 ㉮, ㉯의 경우에 해당하여 업무정지 처분을 해야 하는 경우로서 그 업무정지 처분이 해당 요양기관을 이용하는 사람에게 심한 불편을 주거나 보건복지부장관이 정하는 특별한 사유가 있다고 인정되면 업무정지 처분을 갈음하여 속임수나 그 밖의 부당한 방법으로 부담하게 한 금액의 ___㉠___ 이하의 금액을 과징금으로 부과·징수할 수 있다. 이 경우 보건복지부장관은 ___㉡___의 범위에서 분할납부를 하게 할 수 있다.
> ㉮ 속임수나 그 밖의 부당한 방법으로 보험자·가입자 및 피부양자에게 요양급여비용을 부담하게 한 경우
> ㉯ 정당한 사유 없이 요양기관이 행위·치료재료에 대한 요양급여대상 여부의 결정을 보건복지부장관에게 신청하지 않고 속임수나 그 밖의 부당한 방법으로 행위·치료재료를 가입자 등에게 실시 또는 사용하고 비용을 부담시킨 경우

① ㉠ : 5배, ㉡ : 12개월
② ㉠ : 5배, ㉡ : 18개월
③ ㉠ : 10배, ㉡ : 12개월
④ ㉠ : 10배, ㉡ : 18개월
⑤ ㉠ : 10배, ㉡ : 24개월

34 다음 중 국민건강보험공단 이사장이 지원받은 과징금의 전년도 사용실적을 보건복지부장관에게 보고해야 하는 기한은?

① 매년 1월 31일
② 매년 3월 31일
③ 매년 4월 30일
④ 매년 5월 31일
⑤ 매년 6월 30일

35 다음은 장려금의 지급에 대한 설명이다. 빈칸에 들어갈 내용으로 옳은 것은?

> 국민건강보험공단은 성분 또는 효능이 같아 대체사용이 가능한 약제 중 요양급여비용이 보다 저렴한 약제를 처방하거나 조제하는 방법으로 건강보험 재정 지출의 절감에 기여한 요양기관에 장려금을 지급한다. 이때 장려금은 처방 또는 조제로 인해 건강보험 재정 지출에서 절감된 금액의 ______을 넘지 않는 금액으로 한다.

① 100분의 40
② 100분의 50
③ 100분의 60
④ 100분의 70
⑤ 100분의 80

36 **다음은 국내체류 외국인 등의 지역가입자 자격상실 신고에 대한 설명이다. 빈칸에 들어갈 기간으로 옳은 것은?**

> 지역가입자가 된 국내체류 외국인 등이 지역가입자의 자격을 잃으면 그 자격을 잃은 날부터 ______ 이내에 건강보험 지역가입자 자격상실 신고서를 국민건강보험공단에 제출해야 한다.

① 7일
② 14일
③ 21일
④ 30일
⑤ 60일

PART 3

37 **다음 중 국민건강보험법상 보건복지부장관의 권한을 직접 위임받을 수 있는 주체로 옳지 않은 것은?**

① 광역시장
② 특별시장
③ 특별자치도지사
④ 도지사
⑤ 국민건강보험공단 및 건강보험심사평가원

38 **다음 〈보기〉에서 국민건강보험공단 업무의 위탁에 대한 설명으로 옳은 것을 모두 고르면?**

> 보기
>
> ㉠ 국민건강보험공단이 다른 기관에 업무를 위탁하려면 건강보험정책심의위원회 위원장이 승인해야 한다.
> ㉡ 국민건강보험공단은 임신·출산 진료비 이용권의 발급에 관한 업무를 체신관서에 위탁한다.
> ㉢ 국민건강보험공단은 임신·출산 진료비 이용권으로 결제한 비용의 지급 및 정산에 관한 업무를 사회보장정보원에 위탁한다.
> ㉣ 국민건강보험공단은 매년 임신·출산 진료비의 지급에 쓰일 비용을 예상해 사회보장정보원 및 보건복지부장관이 정하여 고시하는 기관 또는 단체에 미리 예탁해야 한다.

① ㉠, ㉡
② ㉡, ㉢
③ ㉡, ㉣
④ ㉠, ㉡, ㉢
⑤ ㉡, ㉢, ㉣

39 **다음 중 사용자가 직장가입자의 보수·소득을 국민건강보험공단에 거짓으로 신고했을 경우에는 어떠한 처벌을 받는가?**

① 300만 원 이하의 과태료
② 500만 원 이하의 과태료
③ 700만 원 이하의 과태료
④ 1,000만 원 이하의 과태료
⑤ 1,500만 원 이하의 과태료

40 **다음 중 가장 가벼운 처벌을 받는 경우는?**

① 사용자가 보험료 산정 등 건강보험에 관한 서류를 3년 동안 보존하지 않은 경우
② 대행청구단체가 필요한 자료를 제출하라는 보건복지부장관의 명령을 위반한 경우
③ 가입자의 이동·보수·소득에 필요한 서류를 제출하라는 보건복지부장관의 명령을 위반한 경우
④ 의약품공급자가 의약품 판매 질서 위반 행위에 관한 보고를 하라는 보건복지부장관의 명령을 위반한 경우
⑤ 보험급여를 받은 자가 해당 보험급여의 내용에 관한 보고를 하라는 보건복지부장관의 명령을 위반한 경우

제3회

고난도 모의고사

모바일 OMR

응시시간 : 50분 문항 수 : 40문항

정답 및 해설 p.068

01 **다음 〈보기〉에서 국민건강보험종합계획 및 연도별 시행계획을 수립하거나 변경한 경우에 이를 알려야 하는 대상으로 옳은 것을 모두 고르면?**

보기

㉠ 관계 중앙행정기관의 장
㉡ 국민건강보험공단의 이사장
㉢ 건강보험심사평가원의 원장
㉣ 시장, 군수 및 자치구의 구청장

① ㉠, ㉡, ㉢
② ㉠, ㉡, ㉣
③ ㉠, ㉢, ㉣
④ ㉡, ㉢, ㉣
⑤ ㉠, ㉡, ㉢, ㉣

02 **다음은 건강보험정책심의위원회 위원의 임명 · 위촉에 대한 설명이다. 빈칸 ㉠, ㉡에 들어갈 내용이 바르게 연결된 것은?**

보건복지부장관은 중앙행정기관 소속 공무원에 해당하는 사람으로서 ___㉠___와 보건복지부 소속의 3급 공무원 또는 고위공무원단에 속하는 일반직공무원 중에서 그 소속 기관의 장이 ___㉡___ 지명하는 사람을 건강보험정책심의위원회의 위원으로 임명 또는 위촉한다.

① ㉠ : 기획재정부, ㉡ : 1명씩
② ㉠ : 기획재정부, ㉡ : 2명씩
③ ㉠ : 기획재정부, ㉡ : 3명씩
④ ㉠ : 행정안전부, ㉡ : 1명씩
⑤ ㉠ : 행정안전부, ㉡ : 2명씩

03 다음은 건강보험정책심의위원회의 간사에 대한 설명이다. 빈칸 ㉠, ㉡에 들어갈 내용이 바르게 연결된 것은?

> 건강보험정책심의위원회의 심의위원회의 사무를 처리하는 간사는 ___㉠___이며, 위원장이 지명하는 ___㉡___ 소속 4급 이상 공무원은 간사가 될 수 있다.

① ㉠ : 1명, ㉡ : 보건복지부
② ㉠ : 1명, ㉡ : 기획재정부
③ ㉠ : 1명, ㉡ : 식품의약품안전처
④ ㉠ : 2명, ㉡ : 보건복지부
⑤ ㉠ : 2명, ㉡ : 기획재정부

04 다음 〈보기〉에서 직장가입자에서 제외되는 사업장의 근로자 및 사용자와 공무원 및 교직원에 해당하는 사람을 모두 고르면?

> 보기
> ㉠ 비상근 근로자, 비상근 교직원
> ㉡ 소재지가 일정하지 않은 사업장의 근로자
> ㉢ 1개월 동안의 소정근로시간이 70시간인 단시간근로자
> ㉣ 1개월 동안의 소정근로시간이 80시간인 시간제공무원 및 교직원
> ㉤ 근로자가 없거나 비상근 근로자만을 고용하고 있는 사업장의 사업주

① ㉠, ㉡, ㉢
② ㉠, ㉡, ㉤
③ ㉠, ㉢, ㉣, ㉤
④ ㉢, ㉣, ㉤
⑤ ㉡, ㉢, ㉣, ㉤

05 다음 중 건강보험증의 발급 신청 등에 대한 설명으로 옳은 것은?

① 건강보험증을 발급받으려는 가입자는 건강보험증 발급 신청서를 보건복지부에 제출해야 한다.
② 위의 ①의 경우에 가입자는 정보통신망을 통하여 해당 서류를 제출할 수 없다.
③ 건강보험증 발급 신청서를 받은 자는 15일 이내에 건강보험증을 신청인에게 발급해야 한다.
④ 국민건강보험공단은 제공받은 자료를 이용해 가입자의 자격 취득·변동 사실을 확인했더라도 가입자의 신청이 없다면 건강보험증을 발급할 수 없다.
⑤ 건강보험증을 발급받은 가입자는 건강보험증에 기재된 내용이 변경된 경우에는 변경된 날부터 30일 이내에 건강보험증 기재사항 변경 신청서를 제출해야 한다.

06 **다음은 국민건강보험공단의 비상임이사로 임명되는 관계 공무원에 대한 설명이다. 빈칸 ㉠, ㉡에 들어갈 내용이 바르게 연결된 것은?**

> 기획재정부장관, 보건복지부장관 및 ___㉠___ 은 해당 기관 소속의 3급 공무원 또는 고위공무원단에 속하는 일반직공무원 중에서 각 ___㉡___ 을 지명하는 방법으로 국민건강보험공단의 비상임이사를 추천한다. 보건복지부장관은 이러한 과정을 통해 추천된 관계 공무원을 국민건강보험공단의 비상임이사로 임명한다.

① ㉠ : 인사혁신처장, ㉡ : 1명씩
② ㉠ : 인사혁신처장, ㉡ : 2명씩
③ ㉠ : 인사혁신처장, ㉡ : 3명씩
④ ㉠ : 식품의약품안전처장, ㉡ : 1명씩
⑤ ㉠ : 식품의약품안전처장, ㉡ : 2명씩

PART 3

07 **다음 중 국민건강보험공단의 재정운영위원회에 대한 설명으로 옳지 않은 것은?**

① 재정운영위원회의 위원장은 공익을 대표하는 위원 중에서 호선한다.
② 재정운영위원회의 위원은 직장가입자, 지역가입자, 공익을 대표하는 위원 10명씩 총 30명으로 구성된다.
③ 재정운영위원회의 위원 중에 직장가입자를 대표하는 위원은 노동조합과 사용자단체에서 동수로 추천한다.
④ 재정운영위원회는 요양급여비용의 계약 및 결손처분 등 보험재정에 관련된 사항을 심의할 수는 있으나, 의결할 권한은 없다.
⑤ 농어업인 단체와 도시자영업자단체에서 각각 3명씩을, 시민단체에서 4명을 지역가입자를 대표하는 위원으로 추천한다.

08 **다음은 재난적의료비 지원사업에 대한 출연 금액의 상한에 대한 설명이다. 빈칸에 들어갈 내용으로 옳은 것은?**

> 국민건강보험공단은 재난적의료비 지원사업에 사용되는 비용에 충당하기 위해 매년 예산의 범위에서 출연할 수 있다. 이때 공단이 재난적의료비 지원사업에 출연하는 금액의 상한은 전전년도 보험료 수입액의 ______(으)로 한다.

① 1,000분의 1
② 1,000분의 5
③ 1,000분의 10
④ 1,000분의 15
⑤ 1,000분의 20

09 **다음은 중증질환심의위원회에 대한 설명이다. 빈칸 ㉠, ㉡에 들어갈 내용이 바르게 연결된 것은?**

> 중증환자에게 처방 · 투여되는 약제에 대한 요양급여 적용기준 및 방법을 심의하기 위하여 ㉠ 에 중증질환심의위원회를 둔다. 이때 중증질환심의위원회는 보건의료분야에 관한 학식과 경험이 풍부한 ㉡ 이내의 위원으로 구성한다.

① ㉠ : 국민건강보험공단, ㉡ : 30인
② ㉠ : 국민건강보험공단, ㉡ : 45인
③ ㉠ : 건강보험심사평가원, ㉡ : 30인
④ ㉠ : 건강보험심사평가원, ㉡ : 45인
⑤ ㉠ : 건강보험심사평가원, ㉡ : 60인

10 **다음은 행위 · 치료재료의 요양급여 결정신청에 대한 설명이다. 빈칸 ㉠, ㉡에 들어갈 내용이 바르게 연결된 것은?**

> 요양기관, 의약관련 단체 또는 치료재료의 제조업자 · 수입업자는 행위 · 치료재료에 대한 요양급여 대상 여부의 결정신청을 하려는 경우에는 신의료기술평가의 유예 고시 이후 가입자 등에게 최초로 행위를 실시한 날부터 ㉠ 이내에 ㉡ 에게 신청해야 한다.

① ㉠ : 30일, ㉡ : 보건복지부장관
② ㉠ : 45일, ㉡ : 국민건강보험공단 이사장
③ ㉠ : 60일, ㉡ : 건강보험심사평가원장
④ ㉠ : 30일, ㉡ : 국민건강보험공단 이사장
⑤ ㉠ : 45일, ㉡ : 보건복지부장관

11 **다음은 독립적 검토절차에 대한 설명이다. 빈칸에 들어갈 내용으로 옳은 것은?**

> 독립적 검토를 수행하게 하기 위해 보건복지부장관은 검토절차를 총괄하는 1명의 책임자와 검토를 담당하는 ______ 이내의 검토자를 위촉해야 한다.

① 15명
② 20명
③ 30명
④ 35명
⑤ 40명

12 다음 〈보기〉에서 약제 요양급여의 결정신청 등에 대한 설명으로 옳은 것을 모두 고르면?

보기

㉠ 요양급여대상 여부의 결정신청을 하려는 약제의 제조업자 · 위탁제조판매업자 · 수입자는 약제평가신청서에 판매예정가 산출근거 및 내역에 관한 자료를 첨부하여 건강보험심사평가원장에게 해당 약제의 경제성, 요양급여의 적정성 및 기준 등에 관한 평가신청을 함으로써 이를 갈음한다.

㉡ 건강보험심사평가원장은 요양급여비용 상한금액이 감액된 약제의 제조업자 · 위탁제조판매업자 · 수입자의 계열회사가 그 요양급여비용이 감액된 약제와 투여경로 · 성분 · 제형이 동일한 약제에 대해 약제평가신청을 한 경우에는 그 신청을 반려할 수 없다.

㉢ 건강보험심사평가원장은 보건복지부장관이 정하여 고시하는 약제 산정기준에 따라 상한금액이 정해지는 약제에 대해 평가신청을 받은 경우에는 그 신청받은 내용을 국민건강보험공단 이사장에게 보고하고, 보건복지부장관에게 통보해야 한다.

① ㉠
② ㉡
③ ㉢
④ ㉠, ㉢
⑤ ㉡, ㉢

PART 3

13 다음 중 선별급여의 실시 조건, 선별급여의 평가에 필요한 자료의 제출, 선별급여의 실시 제한 등에 필요한 사항을 정하는 주체는?

① 대통령
② 보건복지부장관
③ 건강보험심사평가원장
④ 국민건강보험공단 이사장
⑤ 법무부장관

14 다음은 본인부담액 경감 인정에 대한 설명이다. 빈칸 ㉠, ㉡에 들어갈 내용이 바르게 연결된 것은?

㉮ 본인부담액을 경감받을 수 있는 요건을 갖춘 희귀난치성질환자 등은 본인부담액 경감 인정을 받으려면 경감 인정 신청서를 첨부하여 ___㉠___에게 제출해야 한다.

㉯ 위의 ㉮에 따른 신청을 받은 자는 신청인이 본인부담액 경감 대상자의 기준에 해당하는지를 확인해 부득이한 사유가 없으면 그 결과를 신청일부터 ___㉡___ 이내에 국민건강보험공단에 통보해야 한다.

① ㉠ : 건강보험심사평가원장, ㉡ : 30일
② ㉠ : 건강보험심사평가원장, ㉡ : 60일
③ ㉠ : 특별자치도지사 · 시장 · 군수 · 구청장, ㉡ : 30일
④ ㉠ : 특별자치도지사 · 시장 · 군수 · 구청장, ㉡ : 60일
⑤ ㉠ : 특별자치도지사 · 시장 · 군수 · 구청장, ㉡ : 90일

15 **다음은 약제 · 치료재료의 요양급여비용에 대한 설명이다. 빈칸 ㉠, ㉡에 들어갈 내용이 바르게 연결된 것은?**

> 약제 · 치료재료에 대한 요양급여비용은 다음 ㉮~㉰의 구분에 따라 결정한다. 또한 약제 및 치료재료에 대한 요양급여비용의 결정 기준 · 절차, 그 밖에 필요한 사항은 ___㉠___이 정하여 고시한다.
> ㉮ 한약제 : 상한금액
> ㉯ 한약제 외의 약제 : 구입금액
> ㉰ 치료재료 : ___㉡___

① ㉠ : 보건복지부장관, ㉡ : 상한금액
② ㉠ : 기획재정부장관, ㉡ : 상한금액
③ ㉠ : 국민건강보험공단 이사장, ㉡ : 구입금액
④ ㉠ : 보건복지부장관, ㉡ : 구입금액
⑤ ㉠ : 건강보험심사평가원장, ㉡ : 구입금액

16 **다음 〈보기〉에서 요양급여 대상 여부의 확인에 대한 설명으로 옳은 것을 모두 고르면?**

> **보기**
> ㉠ 가입자는 본인일부부담금 외에 자신이 부담한 비용이 요양급여 대상에서 제외되는 비용인지 여부에 대해 건강보험심사평가원에 확인을 요청할 수 있다.
> ㉡ 위의 ㉠에 따른 요청을 받은 기관은 확인한 결과, 확인을 요청한 비용이 요양급여 대상에 해당되는 비용인 경우에는 그 내용을 관련 요양기관에 알려야 한다.
> ㉢ 위의 ㉡에 따라 통보받은 요양기관이 과다본인부담금을 확인을 요청한 사람에게 지급해야 할 경우에 그 요양기관이 과다본인부담금을 지급하지 않더라도 국민건강보험공단은 해당 요양기관에 지급할 요양급여비용에서 과다본인부담금을 공제해 확인을 요청한 사람에게 지급할 수 없다.

① ㉠, ㉡
② ㉠, ㉢
③ ㉡, ㉢
④ ㉢
⑤ ㉠, ㉡, ㉢

17 **다음은 보험급여의 제한에 대한 설명이다. 빈칸 ㉠, ㉡에 들어갈 내용이 바르게 연결된 것은?**

> 국민건강보험공단은 가입자가 ___㉠___ 이상 소득월액보험료, 세대단위의 보험료를 체납한 경우 그 체납한 보험료를 완납할 때까지 그 가입자 및 피부양자에 대하여 보험급여를 실시하지 않을 수 있다. 다만, 월별 보험료의 총체납횟수(이미 납부된 체납보험료는 총체납횟수에서 제외하며, 보험료의 체납기간은 고려하지 아니한다)가 ___㉡___ 미만이거나 가입자 및 피부양자의 소득・재산 등이 대통령령으로 정하는 기준 미만인 경우에는 그러하지 아니하다.

① ㉠ : 1개월, ㉡ : 2회
② ㉠ : 1개월, ㉡ : 4회
③ ㉠ : 1개월, ㉡ : 6회
④ ㉠ : 2개월, ㉡ : 4회
⑤ ㉠ : 2개월, ㉡ : 6회

PART 3

18 **다음 중 부당이득 징수금 체납자의 인적사항 등 공개에 대한 설명으로 옳지 않은 것은?**

① 부당이득 징수금 체납자의 인적사항 등의 공개 여부를 심의하는 주체는 국민건강보험공단의 재정운영위원회이다.
② 징수금을 납부할 의무가 있는 요양기관 개설자가 납입 고지 문서에 기재된 납부기한의 다음 날부터 1년이 경과한 징수금을 1억 원 이상 체납한 경우에 국민건강보험공단은 인적사항 등을 공개할 수 있다.
③ 위의 ②의 경우에 체납된 금액의 일부 납부 등의 사유가 있을 때는 국민건강보험공단은 인적사항 등을 공개할 수 없다.
④ 부당이득 징수금 체납자의 인적사항 등의 공개는 관보에 게재하거나 국민건강보험공단 인터넷 홈페이지에 게시하는 방법으로 한다.
⑤ 심의를 거쳐 결정된 인적사항 공개대상자에게는 소명의 기회가 주어지며, 통지일로부터 6개월이 경과한 후 체납자의 납부이행 등을 고려하여 공개대상자가 선정된다.

19 **다음 중 수급권 보호 및 구상권에 대한 설명으로 옳은 것은?**

① 보험급여를 받을 권리는 양도할 수는 없지만, 압류할 수는 있다.
② 요양비 등 수급계좌에 입금된 요양비 등은 압류할 수 있다.
③ 제3자의 행위로 보험급여사유가 발생해 가입자에게 보험급여를 한 경우에 국민건강보험공단은 그 급여에 들어간 비용 한도에서 그 제3자에게 손해배상을 청구할 수 있다.
④ 위의 ③에 따라 보험급여를 받은 사람이 제3자로부터 이미 손해배상을 받았더라도 국민건강보험공단은 보험급여를 해야 한다.
⑤ 위의 ③에 따라 보험급여를 받은 사람은 제3자로부터 손해배상을 받을 것인지 국민건강보험공단의 보험급여를 받을 것인지 결정해야 하지만, 경우에 따라 두 가지 다 지급받을 수 있다.

20 다음 〈보기〉에서 건강보험심사평가원의 의약품 안전사용서비스(DUR)의 서비스 절차를 순서대로 바르게 나열한 것은?

> 보기
>
> ㉠ 의사는 처방단계에서 환자의 처방(의약품)정보를 건강보험심사평가원으로 전송한다.
> ㉡ 의사는 처방을 변경하거나 임상적 필요에 의해 부득이하게 처방 시에는 예외사유를 기재하여 처방을 완료하고, 그 정보를 건강보험심사평가원에 전송한다.
> ㉢ 건강보험심사평가원은 환자의 투약이력 및 DUR 기준과 비교해서 문제되는 의약품이 있으면 의사의 컴퓨터화면에 0.5초 이내로 경고 메시지를 띄운다.
> ㉣ 약사도 동일한 과정을 거치게 되며, 경고 메시지가 있는 의약품에 대해 처방의사에게 변경여부를 물어 변경에 동의하는 경우 변경하여 조제할 수 있으며, 조제 완료한 내역은 건강보험심사평가원에 전송한다.

① ㉠－㉡－㉢－㉣
② ㉠－㉢－㉡－㉣
③ ㉡－㉠－㉢－㉣
④ ㉡－㉢－㉣－㉠
⑤ ㉢－㉣－㉡－㉠

21 다음은 국민건강보험공단의 결산보고서 등의 공고에 대한 설명이다. 빈칸 ㉠, ㉡에 들어갈 내용이 바르게 연결된 것은?

> 국민건강보험공단은 결산보고서와 사업보고서를 ___㉠___에게 보고한 경우에는 그 개요를 ___㉡___, 인터넷 홈페이지나 그 밖의 효과적인 방법으로 공고해야 한다.

① ㉠ : 보건복지부장관, ㉡ : 일반일간신문
② ㉠ : 보건복지부장관, ㉡ : 일반주간신문
③ ㉠ : 보건복지부장관, ㉡ : 인터넷신문
④ ㉠ : 기획재정부장관, ㉡ : 일반일간신문
⑤ ㉠ : 기획재정부장관, ㉡ : 일반주간신문

22 다음은 보수월액 산정을 위한 보수 등의 통보에 대한 설명이다. 빈칸에 들어갈 기간으로 옳은 것은?

> 사용자는 보수월액의 산정을 위해 매년 ______까지 전년도 직장가입자에게 지급한 보수의 총액과 직장가입자가 해당 사업장·국가·지방자치단체·사립학교 또는 그 학교경영기관에 종사한 기간 등 보수월액 산정에 필요한 사항을 국민건강보험공단에 통보해야 한다.

① 1월 1일
② 2월 10일
③ 3월 10일
④ 3월 11일
⑤ 4월 10일

23 다음 중 보험료부과점수를 산정할 때 고려하는 재산의 범위로 옳지 않은 것은?

① 영업용 자동차
② 종중재산, 마을 공동재산
③ 재산세의 과세대상이 되는 선박
④ 장애인복지법에 따라 등록한 장애인이 소유한 자동차
⑤ 주택을 소유하지 않은 지역가입자의 임차주택 보증금

PART 3

24 다음은 보험료가 면제되는 국외 체류기간에 대한 설명이다. 빈칸 ㉠, ㉡에 들어갈 기간이 바르게 연결된 것은?

> 국민건강보험공단은 직장가입자가 ___㉠___ 이상 국외에 체류하는 경우에는 그 가입자의 보험료를 면제한다. 다만, 업무에 종사하기 위해 국외에 체류하는 경우라고 국민건강보험공단이 인정하는 때에는 ___㉡___ 을 말한다.

① ㉠ : 2개월, ㉡ : 1개월
② ㉠ : 2개월, ㉡ : 3개월
③ ㉠ : 3개월, ㉡ : 1개월
④ ㉠ : 3개월, ㉡ : 2개월
⑤ ㉠ : 3개월, ㉡ : 4개월

25 다음은 보험료의 분기별 납부에 대한 설명이다. 빈칸 ㉠, ㉡에 들어갈 기간이 바르게 연결된 것은?

> 보험료를 분기별로 납부하려는 가입자는 분기가 시작되는 달의 전달 ___㉠___까지 건강보험료 분기 납부 신청서를 국민건강보험공단에 제출하여야 한다. 또한 분기별로 납부하는 보험료의 납부기한은 해당 분기가 끝나는 달의 다음 달 ___㉡___로 한다.

① ㉠ : 말일, ㉡ : 10일
② ㉠ : 말일, ㉡ : 15일
③ ㉠ : 말일, ㉡ : 말일
④ ㉠ : 15일, ㉡ : 5일
⑤ ㉠ : 15일, ㉡ : 10일

26 **다음은 보험료 등의 납부대행에 대한 설명이다. 빈칸에 들어갈 내용으로 옳은 것은?**

> 보험료 등 납부대행기관이 보험료 등의 납부자로부터 보험료 등의 납부를 대행하는 대가로 수수료를 받을 경우에 납부대행 수수료는 해당 보험료 등 납부금액의 ______을 초과할 수 없다.

① 1,000분의 10
② 1,000분의 20
③ 1,000분의 30
④ 1,000분의 40
⑤ 1,000분의 50

27 **다음은 체납보험료 분할납부의 승인 등에 대한 설명이다. 빈칸 ㉠, ㉡에 들어갈 내용이 바르게 연결된 것은?**

> 국민건강보험공단은 체납보험료 분할납부를 신청한 자가 당해 신청 전에 분할납부 승인이 취소된 적이 없는 경우에는 특별한 사유가 없으면 분할납부를 승인해야 하며, 이 경우 분할납부하는 횟수는 __㉠__ 이내로 정한다. 이에 따라 분할납부 승인을 받은 자에게 공단은 매회 납부기일 __㉡__ 전까지 분할보험료 납입고지서를 발급해야 한다.

① ㉠ : 15회, ㉡ : 10일
② ㉠ : 15회, ㉡ : 20일
③ ㉠ : 24회, ㉡ : 10일
④ ㉠ : 24회, ㉡ : 15일
⑤ ㉠ : 24회, ㉡ : 20일

28 **다음은 고액 · 상습체납자의 인적사항 공개 제외 사유에 대한 설명이다. 빈칸 ㉠, ㉡에 들어갈 내용이 바르게 연결된 것은?**

> 국민건강보험공단은 납부기한의 다음 날부터 1년이 경과한 보험료, 연체금과 체납처분비의 총액이 1,000만 원 이상인 체납자가 납부능력이 있음에도 불구하고 체납한 경우 그 인적사항 · 체납액 등을 공개할 수 있다. 다만, 국민건강보험공단이 공개대상자에게 공개대상자임을 서면으로 통지할 당시 체납된 보험료, 연체금 및 체납처분비의 __㉠__ 이상을 그 통지일부터 __㉡__ 이내에 납부한 경우에는 공개할 수 없다.

① ㉠ : 100분의 10, ㉡ : 3개월
② ㉠ : 100분의 10, ㉡ : 6개월
③ ㉠ : 100분의 30, ㉡ : 3개월
④ ㉠ : 100분의 30, ㉡ : 6개월
⑤ ㉠ : 100분의 30, ㉡ : 9개월

29 **다음 〈보기〉에서 보험료 등의 징수 순위 및 보험료 등의 충당과 환급에 대한 설명으로 옳은 것을 모두 고르면?**

보기

㉠ 보험료 등은 국세와 지방세에 우선하여 징수한다.
㉡ 보험료 등의 납부기한 전에 전세권의 설정을 등기한 사실이 증명되는 재산을 매각할 때에 그 매각대금 중에서 보험료 등을 징수하는 경우 그 전세권으로 담보된 채권에 대해서는 보험료 등을 우선하여 징수하지 않는다.
㉢ 납부의무자가 보험료 등·연체금, 체납처분비로 낸 금액 중 과오납부한 금액이 있으면 그 과오납금을 보험료 등·연체금 또는 체납처분비에 우선 충당해야 한다.
㉣ 위의 ㉢에 따라 충당하고 남은 금액이 있어 납부의무자에게 환급할 경우에 과오납금에 이자를 가산하지 않는다.

① ㉠, ㉡
② ㉠, ㉢
③ ㉡, ㉢
④ ㉠, ㉢, ㉣
⑤ ㉡, ㉢, ㉣

PART 3

30 **다음 중 건강보험심사평가원의 사회공헌 3대 추진전략에서 지역 연계 사회공헌으로 옳지 않은 것은?**

① 명절맞이 지역사회 나눔행사
② 1사1촌 김장나눔 및 체험마을 지원
③ 공공의료원 이용 취약계층 치료비 지원
④ 중증장애인 카페 'I got everything' 운영 지원
⑤ 노숙인 자활 프로그램 '도시농부 아카데미 하우스' 지원

31 **다음은 건강보험분쟁조정위원회의 간사에 대한 설명이다. 빈칸 ㉠, ㉡에 들어갈 내용이 바르게 연결된 것은?**

건강보험분쟁조정위원회의 사무를 처리하는 간사는 ___㉠___이며, 보건복지부장관이 지명하는 ___㉡___ 소속 공무원 중에서 간사를 지명한다.

① ㉠ : 1명, ㉡ : 보건복지부
② ㉠ : 1명, ㉡ : 기획재정부
③ ㉠ : 1명, ㉡ : 국민건강보험공단
④ ㉠ : 2명, ㉡ : 보건복지부
⑤ ㉠ : 2명, ㉡ : 건강보험심사평가원

32 다음 중 소멸시효에 대한 설명으로 옳지 않은 것은?

① 보험료의 고지 또는 독촉의 사유로 인해 시효는 중단된다.
② 보험급여 또는 보험급여 비용의 청구로 인해 시효는 중단되지 않는다.
③ 과다납부된 본인일부부담금을 돌려받을 권리를 3년 동안 행사하지 않으면 소멸시효가 완성된다.
④ 휴직자의 보수월액보험료를 징수할 권리의 소멸시효는 고지가 유예된 경우 휴직 등의 사유가 끝날 때까지 진행하지 않는다.
⑤ 소멸시효기간, 시효 중단 및 시효 정지에 관하여 국민건강보험법에서 정한 사항 외에는 민법에 따른다.

33 다음 〈보기〉에서 자료의 제공에 대한 설명으로 옳은 것을 모두 고르면?

보기

㉠ 국민건강보험공단은 가입자 및 피부양자의 자격 관리 업무를 수행하기 위해 요양기관에 대해 토지·건물 등의 자료를 요구할 수 있다.
㉡ 국민건강보험공단은 징수위탁근거법에 따라 위탁받은 업무를 수행하기 위해 지방자치단체에 대해 주민등록·가족관계등록·지방세 등의 자료를 요구할 수 있다.
㉢ 위의 ㉠ 및 ㉡에 따라 국민건강보험공단이 요양기관과 지방자치단체에 자료의 제공을 요구할 때는 자료의 제공에 따른 사용료나 수수료를 해당 기관에 지불해야 한다.
㉣ 건강보험심사평가원은 요양급여비용을 심사하기 위해 지방자치단체에 대해 주민등록·출입국관리 등의 자료의 제공을 요구할 수 없다.
㉤ 보건복지부장관은 약제에 대한 요양급여비용 상한금액의 감액을 위해 관계 행정기관의 장에게 필요한 자료를 요청할 수 없다.

① ㉠, ㉡
② ㉠, ㉢
③ ㉡, ㉢, ㉤
④ ㉡, ㉣, ㉤
⑤ ㉠, ㉢, ㉣, ㉤

34 다음은 국민건강보험법상 과징금에 대한 설명이다. 빈칸 ㉠, ㉡에 들어갈 내용이 바르게 연결된 것은?

㉮ 보건복지부장관은 과징금 부과 대상이 된 약제가 그 과징금이 부과된 날부터 5년의 범위에서 대통령령으로 정하는 기간 내에 다시 과징금 부과 대상이 되는 경우에 국민 건강에 심각한 위험을 초래할 것이 예상되는 등 특별한 사유가 있다고 인정되는 때에는 해당 약제에 대한 요양급여비용 총액의 __㉠__을 넘지 않는 범위에서 과징금을 징수할 수 있다.
㉯ 위의 ㉮에 따라 대통령령으로 해당 약제에 대한 요양급여비용 총액을 정할 때에는 그 약제의 과거 요양급여 실적 등을 고려해 __㉡__ 동안의 요양급여 총액을 넘지 않는 범위에서 정해야 한다.

① ㉠ : 100분의 60, ㉡ : 1년
② ㉠ : 100분의 60, ㉡ : 3년
③ ㉠ : 100분의 100, ㉡ : 1년
④ ㉠ : 100분의 100, ㉡ : 3년
⑤ ㉠ : 100분의 100, ㉡ : 5년

35 다음 〈보기〉에서 건강보험공표심의위원회에 대한 설명으로 옳지 않은 것을 모두 고르면?

보기

㉠ 건강보험공표심의위원회는 위원장을 포함해 9명의 위원으로 구성한다.
㉡ 건강보험공표심의위원회의 위원장을 임명할 수 있는 권한을 가진 주체는 보건복지부장관이다.
㉢ 건강보험공표심의위원회의 위원을 임명하거나 위촉할 수 있는 권한을 가진 주체는 보건복지부장관이다.
㉣ 건강보험공표심의위원회의 위원장이 직무를 수행할 수 없을 때에는 보건복지부의 고위공무원단에 속하는 일반직공무원인 위원이 그 직무를 대행한다.
㉤ 건강보험공표심의위원회의 회의는 재적위원 3분의 2 이상의 출석으로 개의하고, 출석위원 3분의 2 이상의 찬성으로 의결한다.

① ㉠, ㉢
② ㉡, ㉣
③ ㉢, ㉤
④ ㉠, ㉡, ㉤
⑤ ㉡, ㉣, ㉤

36 다음은 임의계속가입자 적용기간에 대한 설명이다. 빈칸에 들어갈 기간으로 옳은 것은?

수급권자가 되어 가입자의 자격이 상실된 임의계속가입자가 수급권자 대상자에서 제외됨에 따라 가입자의 자격을 다시 취득한 경우로서 다시 취득한 날이 사용관계가 끝난 날의 다음 날부터 _______ 이내이면 국민건강보험공단이 정하는 기간 안에 임의계속가입의 재적용을 신청할 수 있다.

① 6개월
② 12개월
③ 24개월
④ 36개월
⑤ 48개월

37 다음은 규제의 재검토에 대한 설명이다. 빈칸 ㉠, ㉡에 들어갈 내용이 바르게 연결된 것은?

___㉠___은 건강보험증 발급(기재사항 변경) 신청서의 내용에 대하여 2015년 1월 1일을 기준으로 ___㉡___마다 그 타당성을 검토하여 개선 등의 조치를 해야 한다.

① ㉠ : 국민건강보험공단 이사장, ㉡ : 1년
② ㉠ : 건강보험심사평가원장, ㉡ : 2년
③ ㉠ : 보건복지부장관, ㉡ : 2년
④ ㉠ : 재정운영위원회 위원장, ㉡ : 3년
⑤ ㉠ : 보험료부과제도개선위원회 위원장, ㉡ : 3년

38 다음 〈보기〉에서 국민건강보험공단이 국가기관 · 지방자치단체 · 건강보험심사평가원 · 국민연금공단 등에 위탁할 수 있는 업무로 옳은 것을 모두 고르면?

보기

㉠ 건강보험증의 발급
㉡ 가입자의 자격 취득 신고의 접수
㉢ 요양급여비용의 지급에 관한 업무
㉣ 연체금 및 체납처분비의 조회 및 납부 사실 확인에 관한 업무

① ㉠, ㉡
② ㉡, ㉢
③ ㉠, ㉡, ㉢
④ ㉡, ㉢, ㉣
⑤ ㉠, ㉡, ㉢, ㉣

39 다음 중 적용대상사업장이 되었으나 이 사실을 보험자에게 기한 내에 신고하지 않았을 경우에 받게 되는 처벌은?

① 500만 원 이하의 과태료
② 700만 원 이하의 과태료
③ 900만 원 이하의 과태료
④ 1,000만 원 이하의 과태료
⑤ 1,300만 원 이하의 과태료

40 다음 중 약국이 처방전을 요양급여비용을 청구한 날부터 3년 동안 보존하지 않았을 경우에 받게 되는 처벌은?

① 100만 원 이하의 과태료
② 300만 원 이하의 과태료
③ 500만 원 이하의 과태료
④ 700만 원 이하의 과태료
⑤ 1,000만 원 이하의 과태료

현재 나의 실력을 객관적으로 파악해 보자!

모바일 OMR 답안채점 / 성적분석 서비스

도서에 수록된 모의고사에 대한 객관적인 결과(정답률, 순위)를 종합적으로 분석하여 제공합니다.

OMR 입력

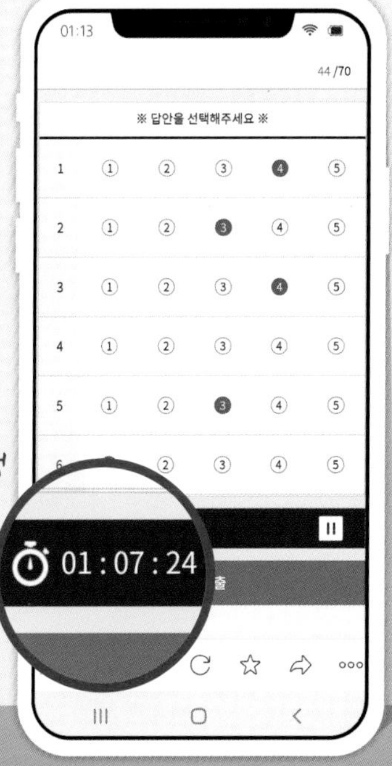

간측정 능!!

성적분석

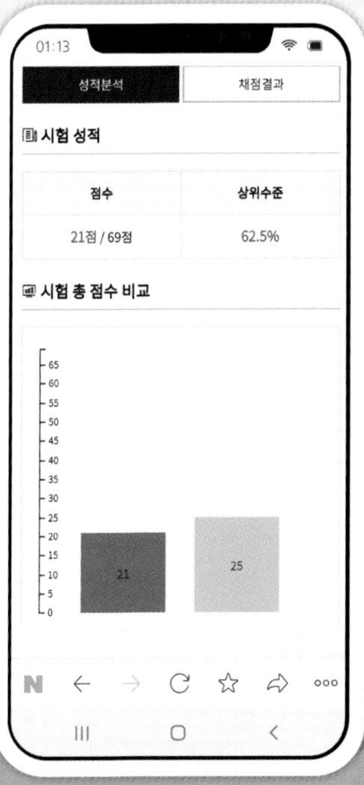

채점결과

※OMR 답안채점 / 성적분석 서비스는 등록 후 30일간 사용 가능합니다.

참여방법

도서 내 모의고사 우측 상단에 위치한 QR코드 찍기 →

로그인 하기 →

'시작하기' 클릭 → '응시하기' 클릭 → 나의 답안을 모바일 OMR 카드에 입력 → '성적분석 & 채점결과' 클릭 →

현재 내 실력 확인하기

합격의 공식 SD에듀

SD에듀

공기업 취업을 위한 NCS 직업기초능력평가 시리즈

NCS부터 전공까지 완벽 학습 "통합서" 시리즈

공기업 취업의 기초부터 차근차근! 취업의 문을 여는 ***Master Key!***

NCS 영역별 체계적 학습 "합격노트" 시리즈

2023 NCS YouTube와 함께 하는 합격노트 문제해결능력 자원관리능력

영역별 핵심이론부터 모의고사까지! 단계별 학습을 통한 ***Only Way!***

2023 하반기

건강보험심사평가원

국민건강 보험법

국민건강보험법(영/규칙/요양급여 규칙 포함) + 모의고사 5회 + 무료NCS특강

정답 및 해설

All Pass

Add+
특별부록

CHAPTER 01 2023년 상반기 건강보험심사평가원 보건의료지식 기출복원문제

CHAPTER 02 2022년 하반기 건강보험심사평가원 보건의료지식 기출복원문제

CHAPTER 01

2023년 상반기 건강보험심사평가원 보건의료지식

기출복원문제

01	02	03	04	05	06	07			
⑤	②	⑤	④	②	③	④			

01

정답 ⑤

공공부조(Public Assistance)는 생활 능력이 없는 국민에게 국가의 책임하에 직접 금품을 제공하거나 무료 혜택을 주는 제도로, 국민의 최저생활을 보장하는 최후의 안전망 기능을 수행하는 제도이다. 이전에는 '공적부조'라는 용어를 사용했으나 1995년에 제정된 사회보장기본법에서 '공공부조'라는 용어로 변경하였다. 사회보장기본법 제3조 제3호에서는 "공공부조란 국가와 지방자치단체의 책임하에 생활 유지 능력이 없거나 생활이 어려운 국민의 최저생활을 보장하고 자립을 지원하는 제도를 말한다."고 규정하고 있다. 우리나라의 공공부조제도로는 생계급여, 주거급여, 교육급여 및 의료급여가 있으며, 이에 속하는 법체계는 국민기초생활 보장법, 주거급여법, 의료급여법 등이 있다.

오답분석

① 사회서비스에 대한 설명이다.
② 사회보험에 대한 설명이다.
③ 건강보장에 대한 설명이다.
④ 보험급여에 대한 설명이다.

02

정답 ②

행위별 수가제(Fee－for－Service)란 진료에 소요되는 약제 또는 재료비를 별도로 산정하고 의료인이 제공한 의료행위마다 항목별로 가격을 책정하여 진료비를 지급하는 제도로, 우리나라는 의료보험 도입 당시부터 이 방식을 진료비 지불방식으로 채택하고 있다.

오답분석

① 포괄수가제에 대한 설명이다.
③ 인두제에 대한 설명이다.
④ 총액계약제에 대한 설명이다.
⑤ 봉급제에 대한 설명이다.

03

정답 ⑤

건강보험정책심의위원회(법 제4조 제1항)

건강보험정책에 관한 다음 각 호의 사항을 심의·의결하기 위하여 보건복지부장관 소속으로 건강보험정책심의위원회를 둔다.

1. 제3조의2 제1항 및 제3항에 따른 종합계획 및 시행계획에 관한 사항(심의에 한정한다)
2. 제41조 제3항에 따른 요양급여의 기준
3. 제45조 제3항 및 제46조에 따른 요양급여비용에 관한 사항
4. 제73조 제1항에 따른 직장가입자의 보험료율
5. 제73조 제3항에 따른 지역가입자의 보험료부과점수당 금액
6. 그 밖에 건강보험에 관한 주요 사항으로서 대통령령으로 정하는 사항

04

정답 ④

㉢·㉣ 국민건강보험공단이 관장하는 업무이다.

건강보험심사평가원의 업무(법 제63조 제1항)

심사평가원은 다음 각 호의 업무를 관장한다.

1. 요양급여비용의 심사
2. 요양급여의 적정성 평가
3. 심사기준 및 평가기준의 개발
4. 제1호부터 제3호까지의 규정에 따른 업무와 관련된 조사연구 및 국제협력
5. 다른 법률에 따라 지급되는 급여비용의 심사 또는 의료의 적정성 평가에 관하여 위탁받은 업무
6. 그 밖에 이 법 또는 다른 법령에 따라 위탁받은 업무
7. 건강보험과 관련하여 보건복지부장관이 필요하다고 인정한 업무
8. 그 밖에 보험급여 비용의 심사와 보험급여의 적정성 평가와 관련하여 대통령령으로 정하는 업무

05

정답 ②

건강검진은 2년마다(㉠) 1회 이상 실시하되, 사무직에 종사하지 않는 직장가입자에 대해서는 1년에(㉡) 1회 실시한다(영 제25조 제1항).

06

정답 ③

건강보험의 적용 대상(법 제5조 제1항)

국내에 거주하는 국민은 건강보험의 가입자(이하 "가입자") 또는 피부양자가 된다. 다만, 다음 각 호의 어느 하나에 해당하는 사람은 제외한다.

1. 의료급여법에 따라 의료급여를 받는 사람
2. 독립유공자예우에 관한 법률 및 국가유공자 등 예우 및 지원에 관한 법률에 따라 의료보호를 받는 사람. 다만, 다음 각 목의 어느 하나에 해당하는 사람은 가입자 또는 피부양자가 된다.
   가. 유공자 등 의료보호대상자 중 건강보험의 적용을 보험자에게 신청한 사람
   나. 건강보험을 적용받고 있던 사람이 유공자 등 의료보호대상자로 되었으나 건강보험의 적용배제신청을 보험자에게 하지 아니한 사람

피부양자(법 제5조 제2항)

피부양자는 다음 각 호의 어느 하나에 해당하는 사람 중 직장가입자에게 주로 생계를 의존하는 사람으로서 소득 및 재산이 보건복지부령으로 정하는 기준 이하에 해당하는 사람을 말한다.

1. 직장가입자의 배우자
2. 직장가입자의 직계존속(배우자의 직계존속을 포함한다)
3. 직장가입자의 직계비속(배우자의 직계비속을 포함한다)과 그 배우자
4. 직장가입자의 형제·자매

07

정답 ④

국민건강보험법상 보험료를 경감받을 수 있는 나이는 65세 이상이다.

보험료의 경감(법 제75조 제1항)

다음 각 호의 어느 하나에 해당하는 가입자 중 보건복지부령으로 정하는 가입자에 대하여는 그 가입자 또는 그 가입자가 속한 세대의 보험료의 일부를 경감할 수 있다.

1. 섬·벽지(僻地)·농어촌 등 대통령령으로 정하는 지역에 거주하는 사람
2. 65세 이상인 사람
3. 장애인복지법에 따라 등록한 장애인
4. 국가유공자 등 예우 및 지원에 관한 법률 제4조 제1항 제4호, 제6호, 제12호, 제15호 및 제17호에 따른 국가유공자
5. 휴직자
6. 그 밖에 생활이 어렵거나 천재지변 등의 사유로 보험료를 경감할 필요가 있다고 보건복지부장관이 정하여 고시하는 사람

CHAPTER

02 2022년 하반기 건강보험심사평가원 보건의료지식 기출복원문제

01	02	03	04	05	06	07	08	09	10
③	④	①	④	⑤	④	②	④	⑤	⑤
11	12	13	14	15					
④	④	⑤	①	⑤					

01

정답 ③

재정운영위원회의 구성 등(법 제34조 제1항)

재정운영위원회는 다음 각 호의 위원으로 구성한다.

1. 직장가입자를 대표하는 위원 10명
2. 지역가입자를 대표하는 위원 10명
3. 공익을 대표하는 위원 10명

02

정답 ④

휴직자 등의 보수월액보험료를 징수할 권리의 소멸시효는 고지가 유예된 경우 휴직 등의 사유가 끝날 때까지 진행하지 아니한다(법 제91조 제3항).

시효(법 제91조 제1항)

다음 각 호의 권리는 3년 동안 행사하지 아니하면 소멸시효가 완성된다.

1. 보험료, 연체금 및 가산금을 징수할 권리
2. 보험료, 연체금 및 가산금으로 과오납부한 금액을 환급받을 권리
3. 보험급여를 받을 권리
4. 보험급여 비용을 받을 권리
5. 과다납부된 본인일부부담금을 돌려받을 권리
6. 요양급여비용의 정산에 따른 근로복지공단의 권리

03

정답 ①

보건의료자원 통합신고포털의 설치·운영(규칙 제12조의2 제3항)

보건복지부장관, 시·도지사, 시장·군수·구청장 및 심사평가원은 보건의료자원 통합신고포털과 보건복지부장관 및 각 지방자치단체가 운영하는 정보시스템을 연계하여 다음 각 호의 업무를 처리할 수 있다.

1. 시·도지사 및 시장·군수·구청장이 규칙 제12조 제4항에 따라 심사평가원에 하는 통보
2. 심사평가원이 규칙 제12조 제5항에 따라 시·도지사 및 시장·군수·구청장에 하는 통보
3. 심사평가원이 법 제96조 제2항 및 영 제69조의2에 따라 요청하는 영 별표 4의3 제2호 마목·카목 및 타목에 해당하는 자료의 제공
   - 마. 요양기관의 현황과 관련한 사실을 확인하기 위해 필요한 자료
   - 카. 의사, 치과의사, 한의사, 조산사, 간호사 및 간호조무사, 약사 및 한약사, 임상병리사, 방사선사, 물리치료사, 작업치료사, 치과기공사, 치과위생사 및 보건의료정보관리사, 사회복지사, 영양사, 조리사, 정신건강전문요원, 방사성동위원소취급자 및 방사선취급감독자, 그 밖에 다른 법령에 따라 면허를 받거나 자격을 인정받은 자로서 요양급여 관련 업무에 종사하는 자에 대한 면허, 자격 및 행정처분 등에 대한 자료
   - 타. 요양기관, 의료급여기관, 의료기관, 의약품도매상, 의약품·의약외품의 제조업자·품목허가를 받은 자·수입자·판매업자, 의료기기취급자, 집단급식소 운영자, 마약류취급자 등에 대한 업무정지·허가취소 등 처분에 대한 자료
4. 그 밖에 요양기관의 시설·장비 및 인력 등 보건의료자원의 통합신고를 위하여 필요하다고 심사평가원이 보건복지부장관의 승인을 받아 정한 사항

04

정답 ④

보험급여의 적정성 평가의 기준·절차·방법 등에 필요한 사항은 보건복지부장관이 정하여 고시한다(법 제63조 제2항).

건강보험심사평가원이 관장하는 업무(법 제63조 제1항)

1. 요양급여비용의 심사
2. 요양급여의 적정성 평가
3. 심사기준 및 평가기준의 개발
4. 제1호부터 제3호까지의 규정에 따른 업무와 관련된 조사연구 및 국제협력
5. 다른 법률에 따라 지급되는 급여비용의 심사 또는 의료의 적정성 평가에 관하여 위탁받은 업무
6. 그 밖에 국민건강보험법 또는 다른 법령에 따라 위탁받은 업무

7. 건강보험과 관련하여 보건복지부장관이 필요하다고 인정한 업무
8. 그 밖에 보험급여 비용의 심사와 보험급여의 적정성 평가와 관련하여 대통령령으로 정하는 업무(영 제28조 제1항)
   ㉠ 요양급여비용의 심사청구와 관련된 소프트웨어의 개발·공급·검사 등 전산 관리
   ㉡ 요양급여의 적정성 평가 결과의 공개
   ㉢ 지급되는 요양비 중 업무정지 중인 요양기관 및 요양기관에서 제외된 의료기관(규칙 제30조)에서 받은 요양비에 대한 심사
   ㉣ 제1호부터 제7호까지 및 제8호의 ㉠부터 ㉢까지의 업무를 수행하기 위한 환자 분류체계 및 요양급여 관련 질병·부상 분류체계의 개발·관리
   ㉤ 제1호부터 제7호까지 및 제8호의 ㉠부터 ㉣까지의 업무와 관련된 교육·홍보

05

정답 ⑤

이의신청위원회의 구성 등(영 제54조 제3항)

심사평가원에 설치하는 이의신청위원회의 위원장은 심사평가원의 원장이 지명하는 심사평가원의 상임이사가 되고, 위원은 심사평가원의 원장이 임명하거나 위촉하는 다음 각 호의 사람으로 한다.

1. 심사평가원의 임직원 1명
2. 가입자를 대표하는 단체(시민단체를 포함한다)가 추천하는 사람 5명
3. 변호사, 사회보험에 관한 학식과 경험이 풍부한 사람 4명
4. 의약 관련 단체가 추천하는 사람 14명

06

정답 ④

이의신청위원회의 회의에 출석한 위원장 및 소속 임직원을 제외한 나머지 위원에게는 예산의 범위에서 수당과 여비, 그 밖에 필요한 경비를 지급할 수 있다(영 제55조 제4항).

오답분석

① 공단과 심사평가원에 설치하는 이의신청위원회에 위촉된 위원의 임기는 3년으로 한다(영 제54조 제4항).
② 이의신청위원회의 회의는 위원장과 위원장이 회의마다 지명하는 6명의 위원으로 구성한다(영 제55조 제2항).
③ 이의신청위원회의 위원장은 이의신청위원회 회의를 소집하고, 그 의장이 된다(영 제55조 제1항 전단).
⑤ 이의신청위원회의 회의는 제2항에 따른 구성원 과반수의 출석으로 개의하고, 출석위원 과반수의 찬성으로 의결한다(영 제55조 제3항).

07

정답 ②

국민건강보험은 사회보장제도의 하나로, 강제보험의 성격을 띤다. 보험제도가 실질적으로 운영되도록 하기 위하여 보험가입자에게 법적으로 보험료 납부의무를 부과하므로, 보험료 징수 또한 강제성이 있다고 볼 수 있다.

08

정답 ④

요양급여의 절차(요양급여 규칙 제2조 제3항)

가입자 등이 다음 각 호에 해당하는 경우에는 상급종합병원에서 1단계 요양급여를 받을 수 있다.

1. 응급의료에 관한 법률에 해당하는 응급환자인 경우
2. 분만의 경우
3. 치과에서 요양급여를 받는 경우
4. 장애인복지법에 따른 등록 장애인 또는 단순 물리치료가 아닌 작업치료·운동치료 등의 재활치료가 필요하다고 인정되는 자가 재활의학과에서 요양급여를 받는 경우
5. 가정의학과에서 요양급여를 받는 경우
6. 당해 요양기관에서 근무하는 가입자가 요양급여를 받는 경우
7. 혈우병 환자가 요양급여를 받는 경우

09

정답 ⑤

방문요양급여 실시 사유(요양급여 규칙 제8조의3)

법 제41조의5에서 “질병이나 부상으로 거동이 불편한 경우 등 보건복지부령으로 정하는 사유에 해당하는 경우”란 다음 각 호의 어느 하나에 해당하여 의료기관을 방문하기 어려운 경우를 말한다.

1. 장애인 건강권 및 의료접근성 보장에 관한 법률에 따른 장애인 건강 주치의 제도의 대상이 되는 중증장애인
2. 호스피스·완화의료 및 임종과정에 있는 환자의 연명의료결정에 관한 법률에 따른 말기환자(末期患者)
3. 가정형 인공호흡기를 사용하는 등 일정 수준 이상의 의료적 요구가 있어 방문요양급여를 제공받을 필요가 있는 18세 미만 환자
4. 그 밖에 질병, 부상, 출산 등으로 거동이 불편하여 방문요양급여가 필요하다고 보건복지부장관이 정하여 고시하는 경우에 해당하는 사람

10

정답 ⑤

환자분류체계의 활용

- 병원 간 비교(Benchmarking)
  진료비용, 재원일수, 사망률, 기타 질 지표 등을 병원 간 비교 시 환자구성 보정 도구로 사용
- 진료비 지불(Payment or Financing)
  포괄수가제(7개 질병군 및 신포괄지불)에서 지불단위로 사용

• 의료기관 기능 평가
상급종합병원, 전문병원 등의 인정 기준에 사용
• 기타
지표연동자율개선제, 처방 · 조제 약품비 절감 장려금 등

11

정답 ④

급여의 제한(법 제53조 제1항)

공단은 보험급여를 받을 수 있는 사람이 다음 각 호의 어느 하나에 해당하면 보험급여를 하지 아니한다.

1. 고의 또는 중대한 과실로 인한 범죄행위에 그 원인이 있거나 고의로 사고를 일으킨 경우
2. 고의 또는 중대한 과실로 공단이나 요양기관의 요양에 관한 지시에 따르지 아니한 경우
3. 고의 또는 중대한 과실로 공단이 보험급여를 할 때 필요하다고 인정하여 보험급여를 받는 사람에게 요구한 보험급여를 확인하는 문서와 그 밖의 물건의 제출을 거부하거나 질문 또는 진단을 기피한 경우
4. 업무 또는 공무로 생긴 질병 · 부상 · 재해로 다른 법령에 따른 보험급여나 보상(報償) 또는 보상(補償)을 받게 되는 경우

12

정답 ④

국민건강보험법에 따른 보건복지부장관의 권한은 대통령령으로 정하는 바에 따라 그 일부를 특별시장 · 광역시장 · 도지사 또는 특별자치도지사에게 위임할 수 있다(법 제111조 제1항).

13

정답 ⑤

부가급여(영 제23조 제1항 · 제2항 · 제3항)

① 법 제50조에 따른 부가급여는 임신 · 출산(유산 및 사산을 포함한다) 진료비로 한다.

② 제1항에 따른 임신 · 출산 진료비 지원 대상은 다음 각 호와 같다.
1. 임신 · 출산한 가입자 또는 피부양자
2. 2세 미만인 가입자 또는 피부양자(이하 "2세 미만 영유아")의 법정대리인(출산한 가입자 또는 피부양자가 사망한 경우에 한정한다)

③ 공단은 제2항 각 호의 어느 하나에 해당하는 사람에게 다음 각 호의 구분에 따른 비용을 결제할 수 있는 임신 · 출산 진료비 이용권(이하 "이용권")을 발급할 수 있다.
1. 임신 · 출산한 가입자 또는 피부양자의 진료에 드는 비용
2. 임신 · 출산한 가입자 또는 피부양자의 약제 · 치료재료의 구입에 드는 비용
3. 2세 미만 영유아의 진료에 드는 비용
4. 2세 미만 영유아에게 처방된 약제 · 치료재료의 구입에 드는 비용

14

정답 ①

심판청구 결정기간(영 제61조)

① 분쟁조정위원회는 제59조 제1항에 따라 심판청구서가 제출된 날부터 60일 이내(㉠)에 결정을 하여야 한다. 다만, 부득이한 사정이 있는 경우에는 30일의 범위(㉡)에서 그 기간을 연장할 수 있다.

② 제1항 단서에 따라 결정기간을 연장하려면 결정기간이 끝나기 7일 전까지(㉢) 청구인에게 그 사실을 알려야 한다.

15

정답 ⑤

분쟁조정위원회 위원의 해임 및 해촉(영 제62조의2)

보건복지부장관은 영 제62조 제1항 각 호에 따른 분쟁조정위원회 위원이 다음 각 호의 어느 하나에 해당하는 경우에는 해당 분쟁조정위원회 위원을 해임하거나 해촉할 수 있다.

1. 심신장애로 인하여 직무를 수행할 수 없게 된 경우
2. 직무와 관련된 비위사실이 있는 경우
3. 직무태만, 품위손상이나 그 밖의 사유로 인하여 위원으로 적합하지 아니하다고 인정되는 경우
4. 제65조의2 제1항 각 호의 어느 하나에 해당하는 데에도 불구하고 회피하지 아니한 경우
5. 위원 스스로 직무를 수행하는 것이 곤란하다고 의사를 밝히는 경우

분쟁조정위원회 위원의 제척 · 기피 · 회피(영 제65조의2 제1항)

분쟁조정위원회의 위원이 다음 각 호의 어느 하나에 해당하는 경우에는 분쟁조정위원회의 심리 · 의결에서 제척(除斥)된다.

1. 위원 또는 그 배우자나 배우자였던 사람이 해당 안건의 당사자가 되거나 그 안건의 당사자와 공동권리자 또는 공동의무자인 경우
2. 위원이 해당 안건의 당사자와 친족이거나 친족이었던 경우
3. 위원이 해당 안건에 대하여 증언 · 진술 · 자문 · 연구 또는 용역을 한 경우
4. 위원이나 위원이 속한 법인이 해당 안건의 당사자의 대리인이거나 대리인이었던 경우
5. 위원이 해당 안건의 원인이 된 처분이나 부작위에 관여하거나 관여하였던 경우

PART 1

건강보험심사평가원 업무 및 역할

PART 1

건강보험심사평가원 업무 및 역할

적중예상문제

01	02	03	04	05	06	07	08	09	10
⑤	③	③	⑤	①	②	③	①	⑤	⑤
11	12	13	14	15	16	17	18	19	20
⑤	⑤	②	⑤	①	②	①	④	⑤	⑤
21	22	23	24	25	26	27	28	29	30
④	⑤	⑤	④	①	③	①	④	③	②

01

정답 ⑤

건강보험심사평가원의 의료자원 관리 업무 절차

1. 건강보험심사평가원은 의료공급자가 진료비를 청구할 수 있도록 의료공급자기호(8자리)를 부여하고 의료자원 정보를 통합 관리한다.
2. 건강보험심사평가원에서 관리하는 의료자원 정보는 심사와 평가 등에 다양하게 활용되고 있다. 의료공급자별 의료자원 정보 확인을 통해서 인력·장비·시설에 대한 신고 없이 진료비가 청구될 경우 해당 비용을 심사에서 자동으로 조정할 수 있도록 하였으며, 기관별 구축된 의료자원 정보를 기관별 평가 업무에 활용하고 있다.
3. 의료공급자가 신고한 의료자원 정보를 다양한 방식으로 점검하여 제공함으로써 정부정책 입안 및 실행에 도움을 주고 있다.
4. ETL(Extraction Transformation Load) : 심사시스템에서 진료비심사가 완료된 데이터는 매일 DW시스템으로 자동 전송되며 전송된 데이터는 변환, 정제과정을 거쳐 EDW(Enterprise Data Warehouse), Data Mart, Summary Tables로 관리된다.

02

정답 ③

건강보험심사평가원은 평가 결과를 정부, 지방자치단체, 소비자단체 등에 공개하여 국민 의료선택권을 지원하였다. 따라서 일정 등급 이상의 관계자만이 열람할 수 있게 하였다는 것은 옳지 않다.

03

정답 ③

건강보험심사평가원의 전략방향

- 가치 기반 심사평가 체계 고도화
- 필수 의료 중심의 촘촘한 의료보장
- 국민 체감형 보건의료 디지털 혁신
- 공공기관 책임경영 확립

04

정답 ⑤

건강보험심사평가원의 전략방향 및 전략과제

- 가치 기반 심사평가 체계 고도화
  - 가치 기반 분석심사 확대
  - 적정진료 환경조성을 통한 합리적 지출관리
  - 국민 중심 평가혁신 체계 정착
  - 평가정보 가치 향상 및 활용 확대
- 필수 의료 중심의 촘촘한 의료보장
  - 필수·공공의료보장 확대
  - 합리적 의료이용 체계 구축
  - 보건의료 지속가능성 제고를 위한 보상체계 다각화
  - 보건의료 정책지원 효율성 강화
- 국민 체감형 보건의료 디지털 혁신
  - 국민 맞춤형 보건의료 정보 활용 내실화
  - 디지털 기반 보건의료 정보 안전망 강화
  - 보건의료 디지털 전문역량 강화
  - 디지털 플랫폼 기반 업무혁신 가속화
- 공공기관 책임경영 확립
  - 기관 경영관리 효율화
  - 안전 및 환경경영 내실화
  - 적극행정 및 민간성장 지원 강화
  - 투명 경영 실현을 통한 청렴문화 확산

05

정답 ①

건강보험심사평가원의 중장기 경영목표(2023 ~ 2027년)

- 분석심사 적정진료 성과 20%
- 의료 질 관리 성과 40%
- 선별 집중심사 항목 수 45개(누적)
- 필요의료 수가개선율 100%
- 약품비 재평가 비율 10%

• 보건의료 빅데이터 활용지수 100점
• 부적절 의약품 사용 예방 60%
• ESG경영 이행 100%
• 종합청렴도 1등급

06

정답 ②

스텐트, 인공관절, 임플란트 등을 분류하고 용도, 기능 등을 고려하여 코드를 부여하는 업무는 치료재료 관리에 속한다.

건강보험심사평가원 치료재료 관리의 개요
• 약 30,000개의 치료재료가 국가단위 표준코드로 관리되어 비용 경제적으로 사용
• 스텐트, 인공관절, 임플란트 등을 분류하고 용도, 기능 등을 고려하여 코드를 부여하는 업무
• 적정한 가격 산정과 급여기준 등을 설정하여 관리하는 업무

07

정답 ③

건강보험심사평가원의 4대 핵심가치
• 국민 최우선
• 소통과 협력
• 공정과 신뢰
• 열린 전문성

08

정답 ①

오답분석

② 거짓·부당청구의 개연성뿐만 아니라 규모와 정도, 조사의 필요성, 시급성 등을 감안하여 현지조사 대상기관을 선정하고 조사한다.
③ 요양기관이 업무정지 등의 행정처분을 정확하게 받고 있는지 여부를 확인하기 위하여 사후관리를 실시한다.
④ 부당청구 인지는 건강보험심사평가원의 요양급여 비용 심사·평가 과정 및 대외기관의 의뢰 등 다양한 경로를 통하여 이루어진다.
⑤ 건강보험 가입자의 수급권 또한 보호하는 역할을 한다.

09

정답 ⑤

환자분류체계 개선 업무 수행 절차
1. 개선 방향성 수립
2. 분석자료 수집·구축
3. 분류 타당성 검토
4. 개선안 도출
5. 개정 적용·공개

10

정답 ⑤

건강보험심사평가원 건강보장제도의 유형은 개인이 납부하는 보험료를 주요 재원으로 하는 비스마르크(Bismarck)형과 국민의 의료문제는 국가가 책임져야 한다는 관점에서 조세를 재원으로 모든 국민에게 국가가 직접 의료를 제공하는 베버리지(Beveridge)형 2가지로 나뉜다.

11

정답 ⑤

건강보험심사평가원은 병원 평가 정보, 비급여 진료비 정보, 보건의료 빅데이터, 진료비 확인, 각종 보험 및 제도 등의 정보와 서비스를 제공하고 있다. ⑤의 건강검진 대상 조회는 국민건강보험공단이 제공하는 서비스이다.

12

정답 ⑤

건강보험심사평가원의 의약품 유통정보 관리 운영 성과
• 의약품 국가 표준코드 관리로 의약품 유통의 투명성 확보
• 의약품 유통정보 제공으로 제약 산업의 건전한 육성 도모
• 의약품 공급내역과 사용내역 연계 분석을 통한 건강보험 재정 절감(70억, 2017~2021년 기준)
• 사물인터넷(IoT; Internet of Things) 등 첨단 ICT 기술 활용을 통한 실시간 의약품 유통정보 관리로 국민건강 보호
• 의약품 유통정보를 기반으로 국가통계 생산(생산, 수입실적 등)

13

정답 ②

KAO는 장하지 보조기의 약어로, 환자분류체계와 관련 없는 용어이다.

환자분류체계의 종류

구분		명칭	질병군 개수	현재 사용버전
외과	입원	KDRG(일반용)	2,678개	Ver 4.5
		KDRG(신포괄용)	2,032개	Ver 1.4
		KRPG(재활)	899개	Ver 2.0
	외래	KOPG	601개	Ver 2.5
		588분류(보건기관)	591개	Ver 1.2
한의	입원	KDRG-KM	247개	Ver 2.0
	외래	KOPG-KM	221개	Ver 3.0

14

정답 ⑤

Social Impact가 있는 사회공헌 활동은 건강보험심사평가원의 사회적 책임 전략체계 중 '지역과 더불어 상생하는 사회적 책임'의 핵심 추진과제이다.

15 정답 ①

HIRA는 건강보험심사평가원의 영문 'Health Insurance Review & Assessment Service'의 약자이다.

16 정답 ②

건강보험심사평가원의 사회적 책임 전담조직의 중점추진 내용

- ESG경영
  - 지속가능경영을 위한 ESG경영 총괄
  - 지속가능경영위원회 구성 · 운영
- 윤리경영 및 인권경영
  - 윤리경영위원회 구성 · 운영
  - 인권 구제절차 강화
- 동반성장
  - 창의 · 선도적 동반성장 생태계 구축
  - 중소기업 판로지원
- 일자리
  - 민간일자리 신규과제 발굴
  - 중장기 로드맵 수립 · 실적관리
- 사회공헌
  - 業에 기반한 특화 사회공헌 활동
  - 지역사회 문제해결형 과제 추진(안전경영실)

17 정답 ①

진료비 심사 및 의료서비스 질 평가에 기초자료가 되는 의료자원 현황(의료 인력 · 시설 · 장비 등)을 의료공급자로부터 신고 받아 전산 등록 · 관리하는 업무는 건강보험심사평가원의 의료자원 관리에 대한 설명이다.

18 정답 ④

통일된 표준코드를 기반으로 국가 전체의 질병 예측 및 국민 의료서비스에 대한 통계 산출이 용이해졌다. 따라서 다양성을 확보한 표준코드를 활용하여 통계 산출을 활성화했다는 것은 옳지 않다.

19 정답 ⑤

건강보험심사평가원은 한국데이터진흥원으로부터 최상위 등급인 'Platinum Class'의 데이터 품질을 인증받았다. 데이터 인증(DQC-V)이란 한국데이터진흥원에서 공공기관 및 민간기업에서 구축 · 활용 중인 데이터베이스를 대상으로 데이터 자체의 품질을 심사해 수준을 인증하는 제도이다.

20 정답 ⑤

건강보험심사평가원의 인재상

창의성과 열린 전문성을 갖추고, 공정한 업무수행으로 국민에게 신뢰받는 심평인

- 국민을 위하는 인재
  - 국민 안전과 건강 증진을 최우선으로 생각하는 인재
- 공정함으로 신뢰받는 인재
  - 공정하고 균형 잡힌 업무 수행으로 신뢰받는 인재
- 소통하고 협력하는 인재
  - 상호존중의 자세로 내 · 외부와 협력하는 인재
- 열린 전문성을 갖춘 창의적 인재
  - 열린 사고로 전문성을 키우고 창의성을 발휘하는 인재

21 정답 ④

오답분석

㉡ 일차적인 전문심사는 심사직원에 의해 이루어진다.
㉢ 모든 진료내역은 7단계 전산심사가 이루어진다.

22 정답 ⑤

건강보험심사평가원의 미션은 '국민의 의료부담을 덜고, 안전하며 질 높은 의료이용을 돕는다.'이다.

23 정답 ⑤

AI, 클라우드, 빅데이터 등 IT 신기술 도입은 건강보험심사평가원의 보건의료 디지털 혁신과 ICT자원의 효과적인 운영을 위한 정보화 역량 집중에 대한 설명이다.

건강보험제도 발전 및 국민건강 증진을 위한 노력

- 국민건강보험, 자동차보험 등 진료비 심사 지원
- 요양급여 적정성 평가를 위한 업무 지원
- 의약품의 안전한 사용(DUR) 및 유통을 위한 관리
- 정부와 공공기관 등 효율적인 행정을 위한 데이터 분석 · 연계
- 의료인력, 시설, 장비 등 보건의료자원 정보 제공
- 감염병 등 보건의료 위기대응업무 지원

24 정답 ④

포털을 통한 실시간 수집 · 저장 · 제공은 환자분류체계가 아니라 보건의료 빅데이터 분석의 특징이다.

25

정답 ①

건강보험심사평가원의 사회적 책임 전담기구의 외부 자문·협력기구로는 지역발전협의회, 시민참여위원회, 국민참여열린경영위원회, 안전경영위원회, 인권경영위원회, 윤리경영위원회가 있다.

26

정답 ③

ESG경영 중점추진 내용에는 지속가능경영을 위한 ESG경영 총괄, 지속가능경영위원회 구성·운영이 있다.

오답분석

①·④ 일자리 중점추진에 해당한다.
② 윤리경영 및 인권경영 중점추진에 해당한다.
⑤ 동반성장 중점추진에 해당한다.

27

정답 ①

윤리경영 표준모델 구축은 사람 중심의 사회적 책임의 추진과제이다.

지속가능경영과 연계하는 사회적 책임의 추진과제
- 국민 중심 비급여 진료비 확인 서비스 혁신
- 의학적 필수의료의 급여화 및 생애 맞춤형 의료보장 확대
- 안전경영 체계 운영 고도화
- 근로자·협력업체·지역사회를 포괄하는 안전강화 활동 및 현장관리
- 환경경영 체계 구축 및 공감대 형성
- 친환경 건물 및 저탄소 환경 구축

28

정답 ④

지역 연계 사회공헌 전략의 추진과제로는 지역사회 나눔 지원, 지역사회 문제해결형 지원, 코로나19 극복 지원 등이 있다.

오답분석

①·③ 참여형 사회공헌 추진전략에 해당한다.
②·⑤ 본업 연계 사회공헌 추진전략에 해당한다.

29

정답 ③

ESG 추진방향 및 추진과제
- 환경
  - 환경경영 거버넌스 운영 및 공감대 형성
  - 친환경 저탄소 건물 및 업무환경 조성
  - 전사 환경보전 활동 추진
  - 지역사회 환경보전 활동 추진
- 사회
  - 지역발전을 위한 주민·소상공인 지원 및 사회적 경제기업 집중 육성
  - Social Impact가 있는 사회공헌활동
  - 건강·안전·행복한 일터 구현
  - 전 부서 실천 과제 발굴 추진
- 거버넌스
  - 경영공시 및 지속가능경영보고서 준수
  - 윤리경영 표준모델 구축을 통한 윤리문화 확립
  - 체계적 준법 윤리경영을 통한 청렴수준 향상
  - 협력적 거버넌스 실천 과제 발굴·추진

30

정답 ②

ESG 추진전략의 경영전략
- 가치 기반 심사평가 체계 전환
- 국민 의향 의료보장 강화
- 디지털 중심 국민안전체계 확립
- 경영혁신을 통한 사회적 가치 확대

무언가를 위해 목숨을 버릴 각오가 되어 있지 않는 한
그것이 삶의 목표라는 어떤 확신도 가질 수 없다.

- 체 게바라 -

PART 2

국민건강보험 법령

PART 2

국민건강보험법 법령

적중예상문제

01 총칙

01	02	03	04	05	06	07	08	09	10
②	⑤	②	③	③	①	④	④	②	②
11	12								
③	⑤								

01 정답 ②

국민건강보험법에 따라 공무원이 소속되어 있는 기관의 장으로서 "사용자"에 해당하는 사람의 목록은 다음과 같다(법 제3조 제2호 나목, 영 제2조 별표 1).

입법부	• 국회사무총장, 국회도서관장
행정부	• 감사원장, 대통령비서실장, 국가정보원장, 방송통신위원회위원장 • 국무조정실장, 공정거래위원회 위원장, 금융위원회 위원장, 국민권익위원회 위원장 • 중앙행정기관의 장 • 특별시장, 광역시장, 도지사, 특별자치도지사, 시장, 군수, 구청장(자치구의 구청장을 말한다) • 대학교 및 대학의 장, 전문대학의 장 • 교육감, 교육장
사법부	• 법원행정처장, 각급 법원 및 법원 지원(支院)의 장
헌법재판소	• 사무처장
선거관리위원회	• 중앙선거관리위원회 사무총장, 특별시·광역시·도선거관리위원회, 선거관리위원회 사무처장

오답분석

ⓜ·ⓑ 공무원이 소속되어 있는 기관의 장으로서 "사용자"가 될 수 있는 입법부의 장은 국회사무총장, 국회도서관장이다(영 제2조 별표 1).

02 정답 ⑤

보건복지부장관은 국민건강보험법에 따른 건강보험의 건전한 운영을 위하여 건강보험정책심의위원회(이하 "심의위원회")의 심의를 거쳐 5년마다 국민건강보험종합계획(이하 "종합계획")을 수립하여야 한다. 수립된 종합계획을 변경할 때도 또한 같다(법 제3조의2 제1항).

03 정답 ②

보건복지부장관은 종합계획 및 연도별 시행계획(이하 "시행계획")을 수립하거나 변경한 경우에는 종합계획은 관보에 고시하는 방법으로, 시행계획은 보건복지부 인터넷 홈페이지에 게시하는 방법으로 공표하여야 한다(영 제2조의2 제2항).

04 정답 ③

종합계획 또는 시행계획의 수립·시행·평가 등에 필요한 세부 사항은 보건복지부장관이 정하여 고시한다(영 제2조의2 제5항).

05 정답 ③

종합계획에는 건강보험 보장성 강화의 추진계획 및 추진방법, 건강보험의 중장기 재정 전망 및 운영, 요양급여비용에 관한 사항, 건강증진 사업에 관한 사항, 그 밖에 건강보험의 개선을 위하여 필요한 사항으로 대통령령으로 정하는 사항이 포함되어야 한다(법 제3조의2 제2항 제1호부터 제9호).

오답분석

㉠ 건강보험의 단기 운영이 아니라 중장기 운영이 포함되어야 한다(법 제3조의2 제2항 제3호).

㉣ 건강보험의 수익성 강화가 아니라 보장성 강화의 추진계획이 포함되어야 한다(법 제3조의2 제2항 제2호).

06

정답 ①

- 보건복지부장관은 종합계획에 따라 매년 시행계획을 심의위원회의 심의를 거쳐 수립·시행하여야 한다(법 제3조의2 제3항).
- 보건복지부장관은 매년 시행계획에 따른 추진실적을 평가하여야 한다(법 제3조의2 제4항).
- 보건복지부장관은 시행계획에 따른 추진실적을 평가한 경우에는 그 평가결과를 다음에 수립하는 종합계획 및 시행계획에 각각 반영하여야 한다(영 제2조의2 제4항).

07

정답 ④

종합계획의 수립 및 변경, 시행계획의 수립·시행 및 시행계획에 따른 추진실적의 평가 등에 필요한 사항은 대통령령으로 정한다(법 제3조의2 제7항).

오답분석

① 보건복지부장관은 시행계획에 따른 추진실적의 평가를 한 경우 관련 사항에 대한 보고서를 작성하여 지체 없이 국회 소관 상임위원회에 보고하여야 한다(법 제3조의2 제5항 제3호).
② 보건복지부장관은 국민건강보험법에 따른 건강보험의 건전한 운영을 위하여 심의위원회의 심의를 거쳐 5년마다 종합계획을 수립하여야 한다. 수립된 종합계획을 변경할 때도 또한 같다(법 제3조의2 제1항).
③ 보건복지부장관은 종합계획의 수립, 시행계획의 수립·시행 및 시행계획에 따른 추진실적의 평가를 위하여 필요하다고 인정하는 경우 관계 기관의 장에게 자료의 제출을 요구할 수 있다(법 제3조의2 제6항 전단).
⑤ 종합계획에는 요양급여비용에 관한 사항이 포함되어야 한다(법 제3조의2 제2항 제5호).

08

정답 ④

㉠·㉢ 종합계획에는 건강보험의 제도적 기반 조성에 관한 사항, 그 밖에 건강보험의 개선을 위하여 보건복지부장관이 특히 필요하다고 인정하는 사항이 포함되어야 한다(영 제2조의3 제1호·제3호).
㉣ 보건복지부장관은 매년 시행계획에 따른 추진실적을 평가하여야 하며(법 제3조의2 제4항), 그 평가결과를 다음에 수립하는 종합계획 및 시행계획에 각각 반영하여야 한다(영 제2조의2 제4항).

오답분석

㉡ 종합계획에는 건강보험과 관련된 국제협력에 관한 사항이 포함되어야 한다(영 제2조의3 제2호).

09

정답 ②

건강보험정책에 관한 요양급여의 기준과 요양급여비용에 관한 사항, 지역가입자의 보험료부과점수당 금액과 종합계획 및 시행계획에 관한 사항(심의에 한정한다), 직장가입자의 보험료율, 그 밖에 건강보험에 관한 주요 사항으로서 대통령령으로 정하는 사항을 심의·의결하기 위하여 보건복지부장관 소속으로 심의위원회를 둔다(법 제4조 제1항 제1호부터 제6호).

오답분석

㉤ 종합계획 및 시행계획에 관한 사항은 심의에 한정한다(법 제4조 제1항 제1호).

10

정답 ②

- 심의위원회의 위원은 근로자단체 및 사용자단체가 추천하는 각 2명(㉠)을 보건복지부장관이 임명 또는 위촉한다(법 제4조 제4항 제1호).
- 심의위원회의 위원은 의료계를 대표하는 단체 및 약업계를 대표하는 단체가 추천하는 8명(㉡)을 보건복지부장관이 임명 또는 위촉한다(법 제4조 제4항 제3호).
- 심의위원회의 위원은 국민건강보험공단(이하 "공단")의 이사장 및 심사평가원의 원장이 추천하는 각 1명(㉢)을 보건복지부장관이 임명 또는 위촉한다(법 제4조 제4항 제4호 나목).

11

정답 ③

보건복지부장관은 심의위원회 위원이 심신장애로 인하여 직무를 수행할 수 없게 된 경우, 직무와 관련된 비위사실이 있는 경우, 직무태만, 품위손상이나 그 밖의 사유로 인하여 위원으로 적합하지 아니하다고 인정되는 경우, 위원 스스로 직무를 수행하는 것이 곤란하다고 의사를 밝히는 경우에는 해당 심의위원회 위원을 해임하거나 해촉할 수 있다(영 제4조의2 제1호부터 제4호).

12

정답 ⑤

심의위원회의 회의에 출석한 위원에게는 예산의 범위에서 수당·여비, 그 밖에 필요한 경비를 지급할 수 있다. 다만, 공무원인 위원이 소관 업무와 직접 관련하여 출석하는 경우에는 그러하지 아니하다(영 제8조).

02 가입자

01	02	03	04	05	06	07	08	09	10
①	①	③	①	④	③	④	⑤	①	⑤
11									
③									

01 정답 ①

직장가입자의 형제·자매 중 직장가입자에게 주로 생계를 의존하는 사람으로서 소득 및 재산이 보건복지부령으로 정하는 기준 이하에 해당하는 사람은 피부양자가 된다(법 제5조 제2항 제4조).

오답분석

② 직장가입자의 직계비속(배우자의 직계비속을 포함한다)과 그 배우자 중 직장가입자에게 주로 생계를 의존하는 사람으로서 소득 및 재산이 보건복지부령으로 정하는 기준 이하에 해당하는 사람은 피부양자가 된다(법 제5조 제2항 제3호).
③ 유공자 등 의료보호대상자 중 건강보험의 적용을 보험자에게 신청한 사람은 가입자 또는 피부양자가 된다(법 제5조 제1항 제2호 가목).
④ 의료급여법에 따라 의료급여를 받는 사람(이하 "수급권자")은 가입자 또는 피부양자가 될 수 없다(법 제5조 제1항 제1호).
⑤ 건강보험을 적용받고 있던 사람이 유공자 등 의료보호대상자로 되었으나 건강보험의 적용배제신청을 보험자에게 하지 아니한 사람은 가입자 또는 피부양자가 된다(법 제5조 제1항 제2호 나목).

02 정답 ①

피부양자 자격의 인정기준 등(규칙 제2조 제3항)

피부양자는 다음 각 호의 어느 하나에 해당하게 된 날에 그 자격을 상실한다.

1. 사망한 날의 다음 날
2. 대한민국의 국적을 잃은 날의 다음 날
3. 국내에 거주하지 아니하게 된 날의 다음 날
4. 직장가입자가 자격을 상실한 날
5. 수급권자(의료급여를 받는 사람)가 된 날
6. 유공자등 의료보호대상자인 피부양자가 공단에 건강보험의 적용배제 신청을 한 날의 다음 날
7. 직장가입자 또는 다른 직장가입자의 피부양자 자격을 취득한 경우에는 그 자격을 취득한 날
8. 피부양자 자격을 취득한 사람이 본인의 신고에 따라 피부양자 자격상실 신고를 한 경우에는 신고한 날의 다음 날
9. 피부양자 자격의 인정기준의 요건을 모두 충족하지 아니하는 경우에는 공단이 그 요건을 충족하지 아니한다고 확인한 날의 다음 날

03 정답 ③

모든 사업장의 근로자 및 사용자와 공무원 및 교직원은 직장가입자가 된다(법 제6조 제2항 전단).

오답분석

① 고용 기간이 1개월 미만인 일용근로자는 직장가입자가 될 수 없다(법 제6조 제2항 제1호).
② 병역법에 따른 현역병(지원에 의하지 아니하고 임용된 하사를 포함한다), 전환복무된 사람 및 군간부후보생은 직장가입자가 될 수 없다(법 제6조 제2항 제2호).
④ 선거에 당선되어 취임하는 공무원으로서 매월 보수 또는 보수에 준하는 급료를 받지 아니하는 사람은 직장가입자가 될 수 없다(법 제6조 제2항 제3호).
⑤ 그 밖에 사업장의 특성, 고용 형태 및 사업의 종류 등을 고려하여 비상근 근로자 또는 1개월 동안의 소정근로시간이 60시간 미만인 단시간근로자는 직장가입자가 될 수 없다(법 제6조 제2항 제4호, 영 제9조 제1호).

04 정답 ①

㉠ 사용자는 해당 사업장이 직장가입자가 되는 근로자·공무원 및 교직원을 사용하는 사업장이 된 경우에는 그때부터 14일 이내에 사업장(기관) 적용 신고서에 통장 사본 1부(자동이체를 신청하는 경우만 해당한다)를 첨부하여 공단에 제출하여야 한다(규칙 제3조 제1항 전단).
㉡ 사용자로부터 사업장(기관)의 적용 신고를 받은 경우 공단은 전자정부법에 따른 행정정보의 공동이용을 통하여 사업자등록증 및 법인 등기사항증명서를 확인하여야 하며, 신고인이 사업자등록증을 확인하는 것에 동의하지 아니하는 경우에는 그 사본을 첨부하도록 하여야 한다(규칙 제3조 제1항 후단).

오답분석

㉢ 사용자는 공단에 신고한 내용이 변경된 경우에는 변경된 날부터 14일 이내에 사업장(기관) 변경 신고서를 공단에 제출하여야 한다(규칙 제3조 제2항 전단).
㉣ 사용자로부터 사업장(기관)의 변경 신고를 받은 경우 공단은 전자정부법에 따른 행정정보의 공동이용을 통하여 사업자등록증 및 법인 등기사항증명서를 확인하여야 하며, 신고인이 사업자등록증을 확인하는 것에 동의하지 아니하는 경우에는 그 사본을 첨부하도록 하여야 한다(규칙 제3조 제2항 후단).

05

정답 ④

사업장의 사용자(㉠)는 직장가입자가 되는 근로자·공무원 및 교직원을 사용하는 사업장(이하 "적용대상사업장")이 된 경우 그때부터 14일 이내(㉡)에 보건복지부령으로 정하는 바에 따라 보험자에게 신고하여야 한다. 보험자에게 신고한 내용이 변경된 경우에도 또한 같다(법 제7조 제1호).

06

정답 ③

유공자 등 의료보호대상자이었던 사람은 그 대상자에서 제외된 날에 자격을 얻는다(법 제8조 제1항 제3호).

오답분석

① 수급권자이었던 사람은 그 대상자에서 제외된 날에 자격을 얻는다(법 제8조 제1항 제1호).
② 직장가입자의 피부양자이었던 사람은 그 자격을 잃은 날에 자격을 얻는다(법 제8조 제1항 제2호).
④ 자격을 얻은 경우 그 직장가입자의 사용자 및 지역가입자의 세대주는 그 명세를 보건복지부령으로 정하는 바에 따라 자격을 취득한 날부터 14일 이내에 보험자에게 신고하여야 한다(법 제8조 제2항).
⑤ 보험자에게 건강보험의 적용을 신청한 유공자 등 의료보호대상자는 그 신청한 날에 자격을 얻는다(법 제8조 제1항 제4호).

07

정답 ④

사용자가 직장가입자 자격 취득 신고서를 공단에 제출해야 하는 경우 피부양자 자격의 인정요건을 갖추었는지 여부를 주민등록표 등본으로 확인할 수 없을 때에는 가족관계등록부의 증명서 1부를 첨부해야 한다(규칙 제4조 제2항 후단).

오답분석

①·② 세대주는 그 세대의 구성원이 지역가입자의 자격을 취득한 경우 또는 지역가입자로 자격이 변동된 경우에는 지역가입자 자격 취득·변동 신고서에 보험료 감면 증명자료를 첨부(보험료가 면제되거나 일부를 경감받는 사람만 해당하며, 공단이 국가 등으로부터 제공받은 자료로 보험료 감면 대상자임을 확인할 수 있는 경우에는 첨부하지 않는다)해 공단에 제출해야 한다(규칙 제4조 제1항 전단).
③ 사용자는 직장가입자가 아닌 사람이 직장가입자인 근로자·사용자·공무원 및 교직원이 된 경우에는 직장가입자 자격 취득 신고서를 공단에 제출해야 한다(규칙 제4조 제2항 전단 및 동조 제1호).
⑤ 사용자는 직장가입자인 공무원·교직원이 직장가입자인 근로자·사용자가 되거나 소속 기관장을 달리하는 기관으로 전출된 경우에는 직장가입자 자격 취득 신고서를 공단에 제출해야 한다(규칙 제4조 제2항 전단 및 동조 제3호).

08

정답 ⑤

가입자는 적용대상사업장에 휴업·폐업 등 보건복지부령으로 정하는 사유가 발생한 날의 다음 날에 그 자격이 변동된다(법 제9조 제1항 제4호).

오답분석

① 지역가입자가 적용대상사업장의 사용자로 되거나 근로자·공무원 또는 교직원(이하 "근로자 등")으로 사용된 날에 그 자격이 변동된다(법 제9조 제1항 제1호).
② 지역가입자가 다른 세대로 전입한 날에 그 자격이 변동된다(법 제9조 제1항 제5호).
③·④ 자격이 변동된 경우 직장가입자의 사용자와 지역가입자의 세대주는 다음 각 호의 구분에 따라 그 명세를 보건복지부령으로 정하는 바에 따라 자격이 변동된 날부터 14일 이내에 보험자에게 신고하여야 한다(법 제9조 제2항).
  1. 제1항 제1호 및 제2호에 따라 자격이 변동된 경우 : 직장가입자의 사용자
     - 지역가입자가 적용대상사업장의 사용자로 되거나 근로자 등으로 사용됨
     - 직장가입자가 다른 적용대상사업장의 사용자로 되거나 근로자 등으로 사용됨
  2. 제1항 제3호부터 제5호까지의 규정에 따라 자격이 변동된 경우 : 지역가입자의 세대주
     - 직장가입자인 근로자 등이 그 사용관계가 끝남
     - 적용대상사업장에 휴업·폐업 등 보건복지부령으로 정하는 사유가 발생함
     - 지역가입자가 다른 세대로 전입함

09

정답 ①

자격을 잃은 경우 직장가입자의 사용자와 지역가입자의 세대주는 그 명세를 보건복지부령으로 정하는 바에 따라 자격을 잃은 날부터 14일 이내에 보험자에게 신고하여야 한다(법 제10조 제2항).

10

정답 ⑤

가입자·피부양자는 자격을 잃은 후 자격을 증명하던 서류를 사용하여 보험급여를 받아서는 아니 된다(법 제12조 제4항).

오답분석

① 가입자 또는 피부양자가 요양급여를 받을 때에는 건강보험증을 요양기관에 제출하여야 한다. 다만, 천재지변이나 그 밖의 부득이한 사유가 있으면 그러하지 아니하다(법 제12조 제2항).
② 누구든지 건강보험증이나 신분증명서를 다른 사람에게 양도하거나 대여하여 보험급여를 받게 하여서는 아니 된다(법 제12조 제5항).

③ 가입자 또는 피부양자는 주민등록증, 운전면허증, 여권, 그 밖에 보건복지부령으로 정하는 본인 여부를 확인할 수 있는 신분증명서로 요양기관이 그 자격을 확인할 수 있으면 건강보험증을 제출하지 아니할 수 있다(법 제12조 제3항).
④ 건강보험증을 발급받은 가입자 또는 피부양자는 건강보험증에 기재된 내용이 변경된 경우에는 변경된 날부터 30일 이내에 건강보험증 기재사항 변경 신청서를 공단에 제출해야 한다(규칙 제5조 제4항).

11

정답 ③

건강보험증을 대체하는 신분증명서(규칙 제7조)

건강보험증을 대체해 본인 여부를 확인할 수 있는 신분증명서란 다음 각 호의 증명서 또는 서류를 말한다. 이 경우 그 증명서 또는 서류에 유효기간이 적혀 있는 경우에는 그 유효기간이 지나지 않아야 한다.

1. 행정기관이나 공공기관이 발행한 증명서로서 사진이 붙어 있고, 주민등록번호 또는 외국인등록번호가 포함되어 본인임을 확인할 수 있는 국가유공자증, 장애인 등록증, 외국인 등록증, 그 밖에 신분을 확인할 수 있는 증명서
2. 행정기관이나 공공기관이 기록·관리하는 것으로서 사진이 붙어 있고, 주민등록번호 또는 외국인등록번호가 포함되어 본인임을 확인할 수 있는 서류

오답분석

㉢·㉤ 유효기간이 지나거나 사진이 붙어 있지 않은 신분증명서는 건강보험증을 대체할 수 없다(규칙 제7조 및 동조 제1호).

03 국민건강보험공단

01	02	03	04	05	06	07	08	09	10
②	④	③	②	②	③	⑤	④	②	③
11	12	13							
④	③	①							

01

정답 ②

공단은 의료시설의 운영과 보험료와 징수금의 부과·징수, 건강보험에 관한 교육훈련 및 홍보 및 징수위탁근거법에 따라 위탁받은 업무, 가입자 및 피부양자의 자격 관리, 보험급여의 관리, 가입자 및 피부양자의 질병의 조기발견·예방 및 건강관리를 위하여 요양급여 실시 현황과 건강검진 결과 등을 활용하여 실시하는 예방사업으로서 대통령령으로 정하는 사업, 보험급여 비용의 지급, 자산의 관리·운영 및 증식사업, 건강보험에 관한 조사연구 및 국제협력, 국민건강보험법에서 공단의 업무로 정하고 있는 사항, 그 밖에 국민건강보험법 또는 다른 법령에 따라 위탁받은 업무, 그 밖에 건강보험과 관련하여 보건복지부장관이 필요하다고 인정한 업무를 관장한다(법 제14조 제1항 제1호부터 제13호).

오답분석

㉡·㉢·㉤ 법 제63조 제1항 제1호부터 제3호까지에 따른 건강보험심사평가원의 업무이다.

건강보험심사평가원의 업무 등(법 제63조)

① 심사평가원은 다음 각 호의 업무를 관장한다.
  1. 요양급여비용의 심사
  2. 요양급여의 적정성 평가
  3. 심사기준 및 평가기준의 개발
  4. 제1호부터 제3호까지의 규정에 따른 업무와 관련된 조사연구 및 국제협력
  5. 다른 법률에 따라 지급되는 급여비용의 심사 또는 의료의 적정성 평가에 관하여 위탁받은 업무
  6. 그 밖에 국민건강보험법 또는 다른 법령에 따라 위탁받은 업무
  7. 건강보험과 관련하여 보건복지부장관이 필요하다고 인정한 업무
  8. 그 밖에 보험급여 비용의 심사와 보험급여의 적정성 평가와 관련하여 대통령령으로 정하는 업무

② 제1항 제8호에 따른 보험급여의 적정성 평가의 기준·절차·방법 등에 필요한 사항은 보건복지부장관이 정하여 고시한다.

02

정답 ④

공단은 특정인을 위하여 업무를 제공하거나 공단 시설을 이용하게 할 경우 공단의 정관으로 정하는 바에 따라 그 업무의 제공 또는 시설의 이용에 대한 수수료와 사용료를 징수할 수 있다(법 제14조 제3항).

오답분석

① 공단은 공공기관의 정보공개에 관한 법률에 따라 건강보험과 관련하여 보유·관리하고 있는 정보를 공개한다(법 제14조 제4항).

②·③ 공단은 자산의 관리·운영 및 증식사업의 업무를 관장하며(법 제14조 제1항 제6호), 자산의 관리·운영 및 증식사업은 안전성과 수익성을 고려하여 국가·지방자치단체 또는 은행법에 따른 은행이 직접 발행하거나 채무이행을 보증하는 유가증권의 매입 및 자본시장과 금융투자업에 관한 법률에 따른 신탁업자가 발행하거나 같은 법에 따른 집합투자업자가 발행하는 수익증권의 매입의 방법에 따라야 한다(법 제14조 제2항 제2호·제4호).

⑤ 보험급여의 관리는 공단이 관장하는 업무이다(법 제14조 제1항 제3호).

03

정답 ③

감사는 임원추천위원회가 복수로 추천한 사람 중에서 기획재정부장관의 제청으로 대통령이 임명한다(법 제20조 제5항).

오답분석

① 공단은 임원으로서 이사장 1명, 이사 14명 및 감사 1명을 둔다. 이 경우 이사장, 이사 중 5명 및 감사는 상임으로 한다(법 제20조 제1항).

② 이사장의 임기는 3년, 이사(공무원인 이사는 제외한다)와 감사의 임기는 각각 2년으로 한다(법 제20조 제7항).

④ 이사장은 임원추천위원회가 복수로 추천한 사람 중에서 보건복지부장관의 제청으로 대통령이 임명한다(법 제20조 제2항).

⑤ 상임이사는 보건복지부령으로 정하는 추천 절차를 거쳐 이사장이 임명한다(법 제20조 제3항).

04

정답 ②

상임이사추천위원회는 위원장을 포함한 5명(㉠)의 위원으로 구성한다. 이 경우 위원장은 공단의 인사업무를 담당하는 상임이사(인사업무를 담당하는 상임이사 후보를 추천하는 경우에는 이사장이 지명하는 이사)로 하고, 위원은 이사장이 위촉하는 공단의 비상임이사 2명, 공단의 업무에 관한 전문지식과 경험이 풍부한 사람으로서 공단의 임직원이 아닌 사람 2명(㉡)으로 한다(규칙 제8조 제2항 제1호·제2호).

05

정답 ②

징수이사 후보를 추천하기 위하여 공단에 이사를 위원으로 하는 징수이사추천위원회(이하 "추천위원회")를 둔다. 이 경우 추천위원회의 위원장은 이사장이 지명하는 이사로 한다(법 제21조 제2항).

오답분석

① 상임이사 중 보험료와 그 밖에 국민건강보험법에 따른 징수금의 부과·징수 및 징수위탁근거법에 따라 위탁받은 업무를 담당하는 이사(징수이사)는 경영, 경제 및 사회보험에 관한 학식과 경험이 풍부한 사람으로서 보건복지부령으로 정하는 자격을 갖춘 사람(징수이사추천위원회가 정하는 단위 부서장 이상의 경력이 있는 사람으로서 보험료와 그 밖에 국민건강보험법에 따른 징수금의 부과·징수 및 징수위탁근거법에 따라 위탁받은 업무에 관한 전문지식 및 경험을 갖추고 경영혁신을 추진할 수 있는 사람, 규칙 제9조 제1항) 중에서 선임한다(법 제21조 제1항).

③ 추천위원회는 주요 일간신문에 징수이사 후보의 모집 공고를 하여야 하며, 이와 별도로 적임자로 판단되는 징수이사 후보를 조사하거나 전문단체에 조사를 의뢰할 수 있다(법 제21조 제3항).

④ 계약 조건에 관한 협의, 계약 체결 등에 필요한 사항은 보건복지부령으로 정한다(법 제21조 제6항).

⑤ 이사장은 심사와 협의 결과에 따라 징수이사 후보와 계약을 체결하여야 하며, 이 경우 상임이사의 임명으로 본다(법 제21조 제5항).

06

정답 ③

징수이사 후보 심사 평가 요소별 배점이나 그 밖에 심사에 필요한 사항은 추천위원회가 정한다(규칙 제9조 제2항 후단).

오답분석

① 징수이사로 선임될 수 있는 사람은 추천위원회가 정하는 단위 부서장 이상의 경력이 있는 사람으로서 보험료와 그 밖에 국민건강보험법에 따른 징수금의 부과·징수 및 징수위탁근거법에 따라 위탁받은 업무에 관한 전문지식 및 경험을 갖추고 경영혁신을 추진할 수 있는 사람을 말한다(규칙 제9조 제1항).

② 심사는 추천위원회가 징수이사 후보가 경영, 경제 및 사회보험에 관한 학식, 문제에 대한 예측 및 예방조치 능력, 조직관리 능력, 그 밖에 징수이사로서의 자질과 능력을 평가할 수 있는 것으로서 추천위원회가 정하는 요소 등을 갖추고 있는지를 평가하여 이를 점수로 환산하는 방법으로 한다(규칙 제9조 제2항 전단 및 각 호).

④ 추천위원회는 징수이사 후보로 추천될 사람과 국민건강보험법에 따라 징수하는 보험료 등의 징수 목표 및 민원관리에 관한 사항, 보수와 상벌 등 근로 조건에 관한 사항, 해임 사유에 관한 사항, 그 밖에 고용관계의 성립·소멸 등에 필요한 사항 등의 계약 조건에 대하여 협의하여야 한다(규칙 제9조 제3항 및 각 호).

⑤ 징수이사추천위원회의 회의는 재적위원 과반수의 출석으로 개의하고, 출석위원 과반수의 찬성으로 의결한다(규칙 제9조 제4항).

07

정답 ⑤

이사장이 부득이한 사유로 그 직무를 수행할 수 없을 때에는 정관으로 정하는 바에 따라 상임이사 중 1명이 그 직무를 대행하고, 상임이사가 없거나 그 직무를 대행할 수 없을 때에는 정관으로 정하는 임원이 그 직무를 대행한다(법 제22조 제3항).

오답분석

① 대한민국 국민이 아닌 사람은 공단의 임원이 될 수 없다(법 제23조 제1호).

② 임명권자는 임원이 직무 여부와 관계없이 품위를 손상하는 행위를 한 경우 그 임원을 해임할 수 있다(법 제24조 제2항 제4호).

③ 임원이 임원의 결격사유에 해당하게 되거나 임명 당시 그에 해당하는 사람으로 확인되면 그 임원은 당연퇴임한다(법 제24조 제1항).

④ 공단의 상임임원과 직원은 그 직무 외에 영리를 목적으로 하는 사업에 종사하지 못한다(법 제25조 제1항).

임원 결격사유(법 제23조)

다음 각 호의 어느 하나에 해당하는 사람은 공단의 임원이 될 수 없다.

1. 대한민국 국민이 아닌 사람
2. 국가공무원법상 결격사유에 해당하는 사람 또는 해임된 날부터 3년이 지나지 아니한 사람(공공기관의 운영에 관한 법률 제34조 제1항)

08

정답 ④

- 공단의 상임임원이 임명권자 또는 제청권자의 허가를 받거나 공단의 직원이 이사장의 허가를 받은 경우에는 비영리 목적의 업무를 겸할 수 있다(법 제25조 제2항). 이때 상임임원은 이사장, 이사 중 5명, 감사를 말한다(법 제20조 제1항 후단). 보건복지부차관은 심의위원회의 위원장으로, 부위원장을 지명한다(법 제4조 제3항). 그러나 공단의 상임임원에 대한 임명권이나 제청권은 없다.
- 이사장은 보건복지부장관의 제청으로 대통령이 임명하고(법 제20조 제2항), 상임이사는 이사장이 임명하며(동조 제3항), 비상임이사는 보건복지부장관이 임명하고(동조 제4항), 감사는 기획재정부장관의 제청으로 대통령이 임명한다(동조 제5항). 따라서 공단의 임원이나 직원에 대해서 비영리 목적의 겸직을 허가할 수 있는 주체는 보건복지부장관, 대통령, 공단의 이사장, 기획재정부장관 등이다.

09

정답 ②

임시회의는 재적이사(이사장을 포함한다. 이하 같다) 3분의 1 이상이 요구할 때 또는 이사장이 필요하다고 인정할 때에 이사회의 의장이 소집한다(영 제12조 제3항).

오답분석

① 정기회의는 매년 2회 정관으로 정하는 시기에 이사회의 의장이 소집한다(영 제12조 제2항).

③ 이사회의 회의는 재적이사 과반수의 출석으로 개의하고, 재적이사 과반수의 찬성으로 의결한다(영 제12조 제4항).

④ 이사회의 의장은 이사장이 된다(영 제12조 제5항).

⑤ 이사회의 회의 소집 절차 등 이사회 운영에 필요한 그 밖의 사항은 공단의 정관으로 정한다(영 제12조 제6항).

10

정답 ③

㉠ 이사장의 권한 중 손해배상을 청구할 권리의 행사에 관한 권한은 정관으로 정하는 바에 따라 분사무소의 장에게 위임할 수 있다(영 제13조 제5호).

㉡ 이사장의 권한 중 자격 관리에 관한 권한, 사업장 관리에 관한 권한은 정관으로 정하는 바에 따라 분사무소의 장에게 위임할 수 있다(영 제13조 제1호·제2호).

㉣ 이사장의 권한 중 보험료 등의 부과·징수, 납입 고지, 독촉 및 국세체납 처분의 예에 따른 징수에 관한 권한은 정관으로 정하는 바에 따라 분사무소의 장에게 위임할 수 있다(영 제13조 제4호).

㉤ 이사장의 권한 중 징수위탁근거법에 따라 위탁받은 연금보험료, 고용보험료, 산업재해보상보험료, 부담금 및 분담금 등(이하 "징수위탁보험료 등")의 납입 고지 및 독촉·체납처분 등 징수에 관한 권한은 정관으로 정하는 바에 따라 분사무소의 장에게 위임할 수 있다(영 제13조 제9호).

오답분석

㉢ 이사장은 공단 업무에 관한 모든 재판상의 행위 또는 재판 외의 행위를 대행하게 하기 위하여 공단의 이사 또는 직원 중에서 대리인을 선임할 수 있다(법 제30조). 이러한 대리인 선임권은 분사무소의 장에게 위임되지 않는다.

11

정답 ④

지역가입자를 대표하는 위원은 농어업인 단체 및 도시자영업자단체에서 각각 3명씩(㉠)을 추천하고, 시민단체에서 4명(㉡)을 추천한다. 이때, 재정운영위원회는 모두 30명의 위원으로 구성되는데, 직장가입자, 지역가입자, 공익을 대표하는 위원이 각각 10명씩이다(법 제34조 제1항, 영 제14조 제1항).

12

정답 ③

㉡ 임시회의는 공단 이사장 또는 재적위원 3분의 1 이상이 요구할 때 또는 재정운영위원회의 위원장이 필요하다고 인정할 때에 위원장이 소집한다(영 제15조 제3항).

㉣ 재정운영위원회의 회의 소집 절차 등 재정운영위원회 운영에 필요한 그 밖의 사항은 공단의 정관으로 정한다(영 제15조 제5항).

오답분석

㉠ 정기회의는 매년 1회 정관으로 정하는 시기에 재정운영위원회의 위원장이 소집한다(영 제15조 제2항).

㉢ 재정운영위원회의 위원장은 재정운영위원회 회의의 의장이 되며, 회의는 재적위원 과반수의 출석으로 개의하고, 출석위원 과반수의 찬성으로 의결한다(영 제15조 제4항).

13

정답 ①

재정운영위원회의 간사(영 제16조)

① 재정운영위원회의 사무를 처리하기 위하여 재정운영위원회에 간사 1명(㉠)을 둔다.

② 간사는 공단 소속 직원(㉡) 중에서 위원장이 지명한다.

04 보험급여

01	02	03	04	05	06	07	08	09	10
⑤	①	②	②	③	③	③	⑤	⑤	②
11	12	13	14	15	16	17	18	19	20
④	②	②	③	③	②	①	②	①	⑤
21	22	23	24	25	26	27	28	29	30
①	④	②	⑤	②	③	①	③	④	④
31	32	33	34	35	36	37	38	39	40
③	③	①	⑤	④	②	④	②	③	③
41	42	43	44	45	46	47	48	49	50
②	⑤	④	④	②	④	⑤	②	①	③
51	52	53	54	55	56	57	58	59	60
①	①	⑤	⑤	③	④	②	③	②	①
61	62	63	64	65	66				
②	①	⑤	⑤	④	②				

01

정답 ⑤

- 요양급여의 방법·절차·범위·상한 등의 기준은 보건복지부령으로 정한다(법 제41조 제3항).
- 보건복지부장관은 요양급여의 기준을 정할 때 업무나 일상생활에 지장이 없는 질환에 대한 치료 등 보건복지부령으로 정하는 사항은 요양급여대상에서 제외되는 사항(이하 "비급여대상")으로 정할 수 있다(법 제41조 제4항).

02

정답 ①

가입자 등이 요양기관에 요양급여를 신청하는 때에는 건강보험증 또는 신분증명서를 제출하여야 한다. 이 경우 가입자 등이 요양급여를 신청한 날(가입자 등이 의식불명 등 자신의 귀책사유 없이 건강보험증 또는 신분증명서를 제시하지 못한 경우에는 가입자 등임이 확인된 날로 한다)부터 14일 이내에 건강보험증 또는 신분증명서를 제출하는 경우에는 요양급여를 신청한 때에 건강보험증 또는 신분증명서를 제출한 것으로 본다(요양급여 규칙 제3조 제1항).

PART 2

03
정답 ②

조혈모세포이식 및 심실 보조장치 치료술의 요양급여의 적용기준 및 방법에 관한 세부사항은 의약계·공단 및 심사평가원의 의견을 들어 보건복지부장관이 따로 정하여 각각 고시한다(요양급여 규칙 제5조 제3항).

오답분석

㉠ 요양급여의 적용기준 및 방법에 관한 세부사항은 의약계·공단 및 심사평가원의 의견을 들어 보건복지부장관이 정하여 고시한다(요양급여 규칙 제5조 제2항).
㉢ 중증질환자에게 처방·투여하는 약제 중 보건복지부장관이 정하여 고시하는 약제에 대한 요양급여의 적용기준 및 방법에 관한 세부사항은 중증질환심의위원회의 심의를 거쳐 심사평가원장이 정하여 공고한다(요양급여 규칙 제5조 제4항 전단).

04
정답 ②

가입자 등이 3개 이상의 요양기관을 방문하여 동일한 상병으로 동일성분 의약품을 처방·조제받을 수 있는 일수는 6개월 동안(㉠) 215일 미만(㉡)으로 한다. 이 경우 구체적인 인정기준과 관리 등 필요한 사항은 보건복지부장관이 정하여 고시한다(요양급여 규칙 제5조의3).

05
정답 ③

㉡ 요양기관이 다른 요양기관에게 요양급여를 의뢰하는 경우에는 요양급여의뢰서를, 가입자 등을 회송하는 경우에는 요양급여회송서를 가입자 등에게 발급해야 한다(요양급여 규칙 제6조 제3항 전단).
㉣ 규정한 사항 외에 요양급여의 의뢰, 가입자 등의 회송, 진료 의뢰·회송 중계시스템의 운영 방법 등에 필요한 사항은 보건복지부장관이 정하여 고시한다(요양급여 규칙 제6조 제5항).

오답분석

㉠ 요양급여를 의뢰받은 요양기관은 가입자 등의 상태가 호전되었을 때에는 요양급여를 의뢰한 요양기관이나 1단계 요양급여를 담당하는 요양기관으로 가입자 등을 회송할 수 있다(요양급여 규칙 제6조 제2항).
㉢ 심사평가원은 요양급여의 의뢰 및 가입자 등의 회송이 효율적으로 이루어질 수 있도록 진료 의뢰·회송 중계시스템을 설치하여 운영할 수 있다(요양급여 규칙 제6조 제4항).

06
정답 ③

요양기관이 요양급여를 행한 경우에는 요양급여비용 계산서·영수증 부본을 당해 요양급여가 종료된 날부터 5년간 보존하여야 한다. 다만, 요양기관이 본인부담금수납대장을 작성하여 보존하는 경우에는 이를 계산서·영수증 부본에 갈음한다(요양급여 규칙 제7조 제5항).

07
정답 ③

보건복지부장관(㉠)은 요양급여대상을 급여목록표로 정하여 고시하되, 요양급여행위, 약제 및 치료재료로 구분하여 고시한다. 다만, 보건복지부장관(㉠)이 정하여 고시하는 요양기관의 진료에 대하여는 행위·약제 및 치료재료를 묶어 1회 방문(㉡)에 따른 행위로 정하여 고시할 수 있다(요양급여 규칙 제8조 제2항).

08
정답 ⑤

보건복지부장관이 지정한 의료연구개발기관이 의료연구개발을 위하여 의약품, 의료기기 및 의료기술을 임상연구 대상자에게 사용하는 경우에는 진찰·검사, 약제·치료재료의 지급, 처치·수술 및 그 밖의 치료, 재활, 입원, 간호의 요양급여를 실시한다(요양급여 규칙 제8조의2 제1항).

09
정답 ⑤

요양기관, 의료인 단체, 의료기관 단체, 대한약사회 또는 대한한약사회(이하 "의약관련 단체"), 치료재료의 제조업자·수입업자는 보건복지부장관에게 요양급여대상 또는 비급여대상 여부가 불분명한 행위에 대하여 신의료기술평가 및 신의료기술평가 유예 신청 전에 요양급여대상 또는 비급여대상 여부의 확인을 신청할 수 있다(요양급여 규칙 제9조의2 제1항 전단).

10
정답 ②

보건복지부장관으로부터 요양급여대상·비급여대상 여부 확인 신청 결과를 통보받은 신청인은 결과에 이의가 있는 경우 통보받은 날부터 30일 이내에 보건복지부장관에게 이의신청을 하여야 한다(요양급여 규칙 제9조의2 제4항).

11
정답 ④

요양급여대상 여부의 결정신청을 받은 보건복지부장관은 정당한 사유가 없는 한 결정신청일부터 100일 이내(㉠)에 심의위원회(㉡)의 심의를 거쳐 요양급여대상 또는 비급여대상에의 해당 여부를 결정하여 고시해야 한다(요양급여 규칙 제11조 제1항 전단).

12

정답 ②

심사평가원장은 전문평가위원회에서 치료재료(인체조직은 제외한다)에 대하여 평가한 경우에 평가가 끝난 날부터 15일 이내(㉠)에 평가결과, 평가결과에 이견이 있으면 30일 이내(㉡)에 재평가 또는 독립적 검토를 거친 재평가를 신청할 수 있다는 내용을 신청인에게 서면 또는 전자문서로 통보해야 한다(요양급여 규칙 제11조 제3항).

13

정답 ②

통보를 받은 신청인은 통보받은 날부터 30일 이내에 재평가 또는 독립적 검토를 거친 재평가를 심사평가원장에게 신청할 수 있다(요양급여 규칙 제11조 제4항 전단).

14

정답 ③

재평가의 신청을 받은 심사평가원장은 신청받은 날부터 60일 이내(㉠)에 전문평가위원회의 재심의를 거쳐 재평가하고 재평가가 끝난 날부터 15일 이내(㉡)에 그 결과를 신청인에게 통보해야 한다(요양급여 규칙 제11조 제5항).

15

정답 ③

약제에 대한 평가를 신청받은 심사평가원장은 150일 이내(㉠)(진료상 필수성, 대체약제의 유무 등을 고려하여 보건복지부장관이 정하는 약제는 해당하지 않는다)에 약제급여평가위원회의 심의를 거쳐 평가(산정대상약제는 전문적 검토가 필요한 경우를 제외하고는 약제급여평가위원회의 심의를 거치지 않고 평가한다)하고 평가가 끝난 날부터 15일 이내(㉡)에 신청인에게 서면 또는 전자문서로 통보해야 한다(요양급여 규칙 제11조의2 제1항 각 호 외의 부분). 따라서 ㉠과 ㉡을 합산하면 150+15=165이다.

16

정답 ②

통보를 받은 신청인은 통보받은 날부터 30일 이내에 심사평가원장에게 재평가 또는 독립적 검토를 거친 재평가를 신청할 수 있다(요양급여 규칙 제11조의2 제2항 각 호 외의 부분).

17

정답 ①

요양기관, 의약관련 단체, 약제·치료재료의 제조업자·위탁제조판매업자(약제의 경우만 해당한다)·수입자(치료재료가 인체조직인 경우에는 조직은행의 장을 말한다) 또는 가입자 등은 이미 고시된 요양급여대상의 상대가치점수·상한금액, 요양급여대상·비급여대상의 조정을 보건복지부장관(㉠)이 정하여 고시하는 바에 따라 보건복지부장관(㉡)에게 신청할 수 있다(요양급여 규칙 제12조 제1항).

18

정답 ②

약제에 관한 조정신청을 한 자가 결과에 이견이 있는 경우, 직권결정 대상 약제의 제조업자·위탁제조판매업자·수입자가 결과에 이견이 있는 경우에 독립적 검토 신청부터 보고서 제출에 걸리는 기간은 150일을 넘어서는 아니 된다(요양급여 규칙 제13조의3 제6항).

19

정답 ①

- 보고서를 제출받은 보건복지부장관 또는 심사평가원장은 제출받은 날부터 7일 이내(㉠)에 보고서를 신청인에게 송부하여야 한다(요양급여 규칙 제13조의4 제1항).
- 보고서를 송부받은 신청인은 보고서의 내용에 의견이 있으면 송부받은 날부터 30일 이내(㉡)에 보건복지부장관 또는 심사평가원장에게 의견을 제출할 수 있다(요양급여 규칙 제13조의4 제2항).

20

정답 ⑤

의견을 제출받거나 의견이 없음을 확인한 보건복지부장관 또는 심사평가원장은 50일 이내에 전문평가위원회의 재평가, 약제급여평가위원회의 재심의를 거친 재평가 또는 약제급여조정위원회의 재조정을 거쳐야 한다(요양급여 규칙 제13조의5 제1항).

21

정답 ①

- 선별급여의 적합성 평가 및 선별급여실시조건 등에 필요한 사항을 심의하기 위하여 보건복지부장관 소속(㉠)으로 적합성평가위원회를 둔다(요양급여 규칙 제14조의2 제1항).
- 적합성평가위원회는 위원장 1명을 포함하여 20명 이내의 위원(㉡)으로 구성한다(요양급여 규칙 제14조의2 제2항).

22

정답 ④

- 보건복지부장관은 비급여대상 기준에 대하여 2014년 7월 1일을 기준으로 3년마다(㉠)(매 3년이 되는 해의 기준일과 같은 날 전까지를 말한다) 그 타당성을 검토하여 개선 등의 조치를 하여야 한다(요양급여 규칙 제15조 제1항).
- 보건복지부장관은 요양급여의 절차에 대하여 2021년 1월 1일을 기준으로 2년마다(㉡)(매 2년이 되는 해의 1월 1일 전까지를 말한다) 그 타당성을 검토하여 개선 등의 조치를 해야 한다(요양급여 규칙 제15조 제2항).

23

정답 ②

보건복지부장관은 요양급여비용의 상한금액이 감액된 약제가 감액된 날부터 5년의 범위에서 5년 내에 다시 감액의 대상이 된 경우에는 요양급여비용 상한금액의 100분의 40을 넘지 아니하는 범위에서 요양급여비용 상한금액의 일부를 감액할 수 있다(법 제41조의2 제2항, 영 제18조의2 제2항).

오답분석

① 보건복지부장관은 약제에 대한 요양급여비용의 상한금액을 감액하거나 요양급여의 적용을 정지한 경우에는 그 사실을 공단과 심사평가원에 통보하여 상한금액 감액 및 요양급여의 적용 정지 내역을 기록·관리하도록 하여야 한다(영 제18조의2 제1항).

③ 보건복지부장관은 상한금액 감액의 대상이 되는 약제 중 퇴장방지의약품, 희귀의약품, 저가의약품 중 어느 하나에 해당하는 약제에 대해서는 상한금액을 감액하지 아니할 수 있다(영 제18조의2 제3항 제1호부터 제3호).

④ 부당금액이 500만 원 이상 1,000만 원 미만인 경우에 1차와 2차 위반 시에는 상한금액이 각각 1%와 2% 감액되며, 3차와 4차 위반 시에는 요양급여의 적용이 각각 15일과 2개월 동안 정지된다(영 제18조의2 제4항 별표 4의2 제2호).

⑤ 부당금액이 5,000만 원 이상 6,000만 원 미만인 경우에 1차와 2차 위반 시에는 상한금액이 각각 10%와 20% 감액되며, 3차와 4차 위반 시에는 요양급여의 적용이 각각 5개월과 7개월 동안 정지된다(영 제18조의2 제4항 별표 4의2 제2호).

24

정답 ⑤

약제의 제조업자, 약제의 위탁제조판매업자, 약제의 수입자, 한국희귀·필수의약품센터의 장(식품의약품안전처장이 환자의 치료를 위하여 긴급한 도입이 필요하다고 인정한 품목만 해당한다)은 요양급여대상에 포함되지 아니한 약제에 대하여 보건복지부장관에게 요양급여대상 여부의 결정을 신청할 수 있다(법 제41조의3 제2항, 요양급여 규칙 제10조의2 제1항).

25

정답 ②

㉠ 보건복지부장관은 대체가능한 다른 약제 또는 치료법이 없는 경우, 생명에 심각한 위해를 초래하는 질환에 사용되는 경우, 임상적으로 유의미한 치료효과가 입증된 경우의 어느 하나에 해당하는 약제에 대해서는 직권으로 행위·치료재료에 대한 요양급여의 결정 절차를 준용하여 요양급여대상 여부 및 약제의 상한금액을 결정하고 고시한다(요양급여 규칙 제13조 제2항 제1호 가목부터 다목).

㉣ 보건복지부장관은 이미 요양급여대상 여부 및 상한금액이 고시된 약제의 안정적인 공급 등을 위해 필요하다고 인정하는 경우에는 공단 이사장에게 해당 약제의 제조업자·위탁제조판매업자·수입자와 약제의 안정적인 공급 및 품질관리 등에 관한 사항에 대하여 협상하도록 명할 수 있다(요양급여 규칙 제13조 제7항 전단).

오답분석

㉡ 보건복지부장관은 이미 고시된 행위 및 치료재료에 대한 상대가치점수·상한금액·선별급여 본인부담률, 요양급여대상·비급여대상에 대해서는 직권으로 행위·치료재료에 대한 요양급여의 결정 절차를 준용하여 조정하여 고시할 수 있다(요양급여 규칙 제13조 제3항).

㉢ 보건복지부장관은 협상 결과 합의된 요양급여비용 예상청구금액을 초과하여 사용된 경우에는 이미 고시된 약제의 요양급여대상 여부 및 상한금액을 직권으로 조정하여 고시할 수 있다(요양급여 규칙 제13조 제4항 제1호).

26

정답 ③

선별급여(법 제41조의4)

① 요양급여를 결정함에 있어 경제성 또는 치료효과성 등이 불확실하여 그 검증을 위하여 추가적인 근거가 필요하거나, 경제성이 낮아도 가입자와 피부양자의 건강회복에 잠재적 이득이 있는 등 대통령령으로 정하는 경우에는 예비적인 요양급여인 선별급여로 지정하여 실시할 수 있다.

② 보건복지부장관은 대통령령으로 정하는 절차와 방법에 따라 선별급여에 대하여 주기적으로 요양급여의 적합성을 평가하여 요양급여 여부를 다시 결정하고, 요양급여의 기준을 조정하여야 한다.

27

정답 ①

㉠·㉡ 경제성 또는 치료효과성 등이 불확실하여 그 검증을 위하여 추가적인 근거가 필요한 경우, 경제성이 낮아도 가입자와 피부양자의 건강회복에 잠재적 이득이 있는 경우에는 예비적인 요양급여인 선별급여로 지정하여 실시할 수 있다(영 제18조의4 제1항 제1호·제2호).

㉢ 영 제18조의4 제1항 제1호 또는 제2호에 준하는 경우로서 요양급여에 대한 사회적 요구가 있거나 국민건강 증진의 강화를 위하여 보건복지부장관이 특히 필요하다고 인정하는 경우에는 예비적인 요양급여인 선별급여로 지정하여 실시할 수 있다(영 제18조의4 제1항 제3호).

오답분석

㉣ 선별급여의 적합성평가의 평가주기 : 선별급여를 실시한 날부터 5년마다 평가할 것. 다만, 보건복지부장관은 해당 선별급여의 내용·성격 또는 효과 등을 고려하여 신속한 평가가 필요하다고 인정하는 경우에는 그 평가주기를 달리 정할 수 있다(영 제18조의4 제2항 제1호).

㉤ 보건복지부장관은 적합성평가와 관련하여 전문적·심층적 검토가 필요하다고 인정하는 경우에는 보건의료 관련 연구기관·단체 또는 전문가 등에게 그 평가를 의뢰하여 실시할 수 있다(영 제18조의4 제3항).

28

정답 ③

적합성평가 시에는 치료 효과 및 치료 과정의 개선에 관한 사항, 비용 효과에 관한 사항, 다른 요양급여와의 대체가능성에 관한 사항, 국민건강에 대한 잠재적 이득에 관한 사항을 평가해야 한다(영 제18조의4 제2항 제2호 가목부터 라목).

오답분석

ⓜ 적합성평가 시에는 가목부터 라목까지의 규정에 준하는 사항으로서 보건복지부장관이 적합성평가를 위하여 특히 필요하다고 인정하는 사항을 평가해야 한다(영 제18조의4 제2항 제2호 마목).

ⓑ 영 제18조의4 제2항부터 제4항까지에서 규정한 사항 외에 적합성평가의 절차 및 방법 등에 필요한 사항은 보건복지부장관이 정하여 고시한다(영 제18조의4 제5항).

29

정답 ④

요양기관(법 제42조 제1항)

요양급여(간호와 이송은 제외한다)는 다음 각 호의 요양기관에서 실시한다. 이 경우 보건복지부장관은 공익이나 국가정책에 비추어 요양기관으로 적합하지 아니한 대통령령으로 정하는 의료기관 등은 요양기관에서 제외할 수 있다.

1. 의료법에 따라 개설된 의료기관
   - 의원급 의료기관 : 의원, 치과의원, 한의원
   - 조산원
   - 병원급 의료기관 : 병원, 치과병원, 한방병원, 요양병원, 정신병원, 종합병원
2. 약사법에 따라 등록된 약국
3. 약사법에 따라 설립된 한국희귀·필수의약품센터
4. 지역보건법에 따른 보건소·보건의료원 및 보건지소
5. 농어촌 등 보건의료를 위한 특별조치법에 따라 설치된 보건진료소

오답분석

ⓑ과 의료법에 따라 개설된 부속 의료기관은 요양기관에서 제외할 수 있는 의료기관이다(법 제42조 제1항 후단, 영 제18조 제1항 제1호·제2호).

30

정답 ④

업무정지 처분 절차가 진행 중이거나 업무정지 처분을 받은 요양기관의 개설자가 개설한 의료기관 또는 약국이 요양기관에서 제외되는 기간은 해당 업무정지기간이 끝나는 날까지로 한다(영 제18조 제3항 일부).

31

정답 ③

전문요양기관의 인정기준(규칙 제11조 제1항 별표 2)

전문요양기관의 인정기준은 별표 2와 같으며, 전문요양기관은 다음 각 호의 어느 하나에 해당하는 요건을 갖추어야 한다.

1. 병원급 이상의 시설·장비·인력 등을 갖추고 결핵, 한센병, 정신질환, 심장질환, 재활치료, 그 밖에 보건복지부장관이 정하는 감염성 질환 및 만성질환 중 1개의 질환을 전문적으로 진료하는 의료기관으로서 해당 특정질환의 진료실적이 총 진료실적의 100분의 80 이상(㉠)(심장질환을 전문으로 하는 의료기관의 경우에는 심장수술 실적이 연간 300건 이상)이어야 한다.
2. 인턴 수련병원 지정기준 또는 레지던트 수련병원 지정기준을 충족하는 의료기관으로서 해당 과목의 진료실적이 총 진료실적의 100분의 50 이상(㉡)이어야 한다.

32

정답 ③

㉠ 선별급여실시조건의 내용은 진료과목의 범위 및 종류 등에 관한 사항, 의료인의 정원 및 자격 등에 관한 사항, 의료시설 및 의료장비 등에 관한 사항, 환자의 요건 및 기준 등에 관한 사항, 선별급여의 실시에 따른 요양기관의 준수사항, 선별급여를 받는 사람이 요양급여비용 외에 추가로 부담하는 비용, 그 밖에 선별급여의 실시를 위하여 보건복지부장관이 특히 필요하다고 인정하는 사항을 고려하여 보건복지부장관이 정한다(요양급여 규칙 제14조의3 제1항 제1호부터 제7호).

㉡ 보건복지부장관은 선별급여실시조건을 정하거나 변경하기 위하여 필요하다고 인정하는 경우에는 보건의료 관련 법인·단체 또는 전문가 등에게 자료 또는 의견의 제출을 요청할 수 있다(요양급여 규칙 제14조의3 제2항).

ⓜ 선별급여실시조건의 내용, 협조 요청, 내용 통보 또는 입증서류 제출 등에 필요한 세부사항은 보건복지부장관이 정하여 고시한다(요양급여 규칙 제14조의3 제5항).

오답분석

㉢ 보건복지부장관은 선별급여실시조건을 정하거나 변경한 경우에는 보건복지부 인터넷 홈페이지에 게재하고, 의약 관련 단체에 그 내용을 통보해야 한다(요양급여 규칙 제14조의3 제3항).

㉣ 선별급여를 실시하려는 요양기관은 해당 선별급여를 실시하기 전에 선별급여실시조건의 충족 여부를 입증하는 서류를 심사평가원장을 거쳐 보건복지부장관에게 제출해야 한다(요양급여 규칙 제14조의3 제4항).

PART 2

33

정답 ①

선별급여 실시기관이 관련 자료를 제출하는 경우에는 보건복지부장관이 정하는 기준 및 절차에 따라 연 1회 이상(㉠) 제출하여야 한다. 이 경우 선별급여 실시기관은 심사평가원장(㉡)을 거쳐 보건복지부장관에게 제출하여야 한다(요양급여 규칙 제14조의4 제2항).

34

정답 ⑤

- 보건복지부장관은 선별급여 실시기관이 시정명령을 이행하지 않는 경우에는 3개월의 범위(㉠)에서 선별급여의 실시를 제한할 수 있다. 이 경우 위반행위의 내용・성격・결과 및 환자의 보호 등에 관한 사항을 종합적으로 고려하여 선별급여의 실시 제한기간을 정해야 한다(요양급여 규칙 제14조의5 제3항).
- 선별급여 실시기관이 선별급여 실시 제한기간이 끝난 후에 다시 선별급여를 실시하려는 경우에는 선별급여실시조건의 충족 여부를 입증하는 서류를 심사평가원장(㉡)을 거쳐 보건복지부장관에게 제출해야 한다(요양급여 규칙 제14조의5 제4항).

35

정답 ④

- 요양기관은 요양급여비용을 최초로 청구하는 때에 요양기관의 시설・장비 및 인력 등에 대한 현황을 심사평가원(㉠)에 신고하여야 한다(법 제43조 제1항).
- 요양기관은 신고한 내용(요양급여비용의 증감에 관련된 사항만 해당한다)이 변경된 경우에는 그 변경된 날부터 15일 이내(㉡)에 보건복지부령으로 정하는 바에 따라 심사평가원(㉠)에 신고하여야 한다(법 제43조 제2항).
- 신고의 범위, 대상, 방법 및 절차 등에 필요한 사항은 보건복지부령(㉢)으로 정한다(법 제43조 제3항).

36

정답 ②

심사평가원은 요양기관 현황신고 등과 관련된 업무를 처리하기 위하여 전자정부법에 따른 전자민원창구(이하 “보건의료자원 통합신고포털”)를 설치하여 운영할 수 있다(규칙 제12조의2 제1항).

37

정답 ④

요양기관은 시설・장비 및 인력 등에 대한 현황을 신고하려면 요양기관 현황 신고서 및 의료장비 현황(변경) 신고서를 심사평가원에 제출하여야 한다(규칙 제12조 제1항 각 호 외의 부분).

38

정답 ②

약국 또는 한국희귀・필수의약품센터를 이용한 경우의 요양급여비용 총액에 관한 조건 및 본인부담액은 규칙 별표 4와 같다(규칙 제13조 제2항).

- 65세 이상인 가입자 등이 처방전에 따라 의약품을 조제받는 경우로서 요양급여비용 총액이 10,000원을 넘고 12,000원을 넘지 않는 경우의 본인부담액은 (요양급여비용 총액)$\times \frac{20}{100}$(㉠)으로 한다(규칙 제13조 별표 4 제1호).
- 처방전 없이 의약품을 조제받는 경우로서 요양급여비용 총액이 4,000원을 넘는 경우의 본인부담액은 (요양급여비용 총액)$\times \frac{40}{100}$(㉡)으로 한다(규칙 제13조 별표 4 제2호).

39

정답 ③

- ㉮에 해당하는 사람의 미혼자녀 중 30세 미만(㉠)인 사람(규칙 제15조 별표 5 제1호 가목)
- 외국에 3개월 이상(㉡) 체류하는 사람(규칙 제15조 별표 5 제1호 가목)
- 가출 또는 행방불명의 사유로 경찰서 등 행정관청에 신고되어 1개월이 지난 사람(㉢)(규칙 제15조 별표 5 제1호 가목)

따라서 ㉠, ㉡, ㉢을 합산하면 30+3+1=34이다.

40

정답 ③

- 요양급여를 받는 자는 대통령령으로 정하는 바에 따라 비용의 일부(이하 “본인일부부담금”)를 본인이 부담한다. 이 경우 선별급여에 대해서는 다른 요양급여에 비하여 본인일부부담금을 상향 조정(㉠)할 수 있다(법 제44조 제1항).
- 본인이 연간 부담하는 본인일부부담금의 총액이 대통령령으로 정하는 금액(이하 “본인부담상한액”)을 초과한 경우에는 공단(㉡)이 그 초과 금액을 부담하여야 한다(법 제44조 제2항).

41

정답 ②

- 본인부담상한액은 가입자의 소득수준 등(㉠)에 따라 정한다(법 제44조 제3항).
- 본인일부부담금 총액 산정 방법, 본인부담상한액을 넘는 금액의 지급 방법 및 가입자의 소득수준 등(㉠)에 따른 본인부담상한액 설정 등에 필요한 사항은 대통령령(㉡)으로 정한다(법 제44조 제4항).

42

정답 ⑤

공단이 본인부담상한액을 넘는 금액을 지급하는 경우에는 요양급여를 받은 사람이 지정하는 예금계좌(체신관서 및 은행에서 개설된 예금계좌 등 보건복지부장관이 정하는 예금계좌를 말한다)로 지급해야 한다. 다만, 해당 예금계좌로 입금할 수 없는 불가피한 사유가 있는 경우에는 보건복지부장관이 정하는 방법으로 지급할 수 있다(영 제19조 제5항).

오답분석

① 본인일부부담금은 요양기관의 청구에 따라 요양급여를 받는 사람이 요양기관에 납부한다. 이 경우 요양기관은 보건복지부령으로 정하는 요양급여사항 또는 비급여사항 외에 입원보증금 등 다른 명목으로 비용을 청구해서는 아니 된다(영 제19조 제2항).

② 본인일부부담금의 총액은 요양급여를 받는 사람이 연간 부담하는 본인일부부담금을 모두 더한 금액으로 한다(영 제19조 제3항 전단).

③ 상급종합병원・종합병원・병원・한방병원・요양병원(장애인 의료재활시설로서 요건을 갖춘 의료기관인 요양병원으로 한정한다)・정신병원 일반입원실의 2인실・3인실 및 정신과 입원실의 2인실・3인실을 이용한 경우 그 입원료로 부담한 금액에 해당하는 본인일부부담금은 더하지 않는다(영 제19조 제3항 제1호).

④ 공단이 본인부담상한액을 넘는 금액을 지급하는 경우에는 요양급여를 받은 사람이 지정하는 예금계좌(체신관서 및 은행에서 개설된 예금계좌 등 보건복지부장관이 정하는 예금계좌를 말한다)로 지급해야 한다(영 제19조 제5항 전단).

43

정답 ④

오답분석

① 모든 지역의 상급종합병원 : (진찰료 총액)+[(요양급여비용 총액)−(진찰료 총액)]× $\frac{60}{100}$ (영 제19조 제1항 별표 2 제1호 나목)

② 동 지역의 종합병원 : (요양급여비용 총액)× $\frac{50}{100}$ (영 제19조 제1항 별표 2 제1호 나목)

③ 읍・면 지역의 병원, 치과병원, 한방병원, 요양병원, 정신병원 : (요양급여비용 총액)× $\frac{35}{100}$ (영 제19조 제1항 별표 2 제1호 나목)

⑤ 모든 지역의 보건소, 보건지소, 보건진료소 : (요양급여비용 총액)× $\frac{30}{100}$ (영 제19조 제1항 별표 2 제1호 나목)

44

정답 ④

㉠ 영 제20조 제1호
㉡ 영 제20조 제2호
㉢ 영 제20조 제3호
㉤ 영 제20조 제5호

오답분석

㉣ 조산원에 대한 요양급여비용 : 조산사회 또는 간호사회의 장 중 1명(영 제20조 제4호)

㉥ 한국희귀・필수의약품센터에 대한 요양급여비용 : 대한약사회의 장(영 제20조 제6호)

45

정답 ②

요양기관은 공단에 요양급여비용의 지급을 청구할 수 있다. 이 경우 요양급여비용에 대한 심사청구는 공단에 대한 요양급여비용의 청구로 본다(법 제47조 제1항).

오답분석

① 요양기관은 심사청구를 다음 각 호의 단체가 대행하게 할 수 있다(법 제47조 제7항).
   1. 의료법에 따른 의사회・치과의사회・한의사회・조산사회 또는 신고한 각각의 지부 및 분회
   2. 의료법에 따른 의료기관 단체
   3. 약사법에 따른 약사회 또는 약사회 및 한약사회가 설치 후 신고한 지부 및 분회

③ 요양급여비용을 청구하려는 요양기관은 심사평가원에 요양급여비용의 심사청구를 하여야 하며, 심사청구를 받은 심사평가원은 이를 심사한 후 지체 없이 그 내용을 공단과 요양기관에 알려야 한다(법 제47조 제2항).

④ 약제・치료재료에 대한 요양급여비용은 요양기관의 약제・치료재료 구입금액 등을 고려하여 대통령령으로 정하는 바에 따라 달리 산정할 수 있다(법 제46조).

⑤ 심사 내용을 통보받은 공단은 지체 없이 그 내용에 따라 요양급여비용을 요양기관에 지급한다. 이 경우 이미 낸 본인일부부담금이 통보된 금액보다 더 많으면 요양기관에 지급할 금액에서 더 많이 낸 금액을 공제하여 해당 가입자에게 지급하여야 한다(법 제47조 제3항).

46

정답 ④

요양기관 또는 대행청구단체가 요양급여비용을 청구하려면 요양급여비용 심사청구서에 급여를 받은 사람에 대한 요양급여비용 명세서를 첨부하여 심사평가원에 제출하여야 한다(규칙 제19조 제1항).

47

정답 ⑤

요양기관 또는 대행청구단체는 요양급여비용 명세서에 가입자(지역가입자의 경우에는 세대주를 말한다)의 성명 및 건강보험증 번호, 요양급여를 받은 사람의 성명 및 주민등록번호, 질병명 또는 부상명, 요양 개시 연월일 및 요양 일수, 요양급여비용의 내용, 본인부담금 및 비용청구액, 처방전 내용 등의 사항을 적어야 한다(규칙 제19조 제2항 제1호부터 제7호).

48

정답 ②

요양기관은 심사청구를 의료법에 따른 의사회・치과의사회・한의사회・조산사회 또는 신고한 각각의 지부 및 분회, 의료법에 따른 의료기관 단체, 약사법에 따른 약사회 또는 약사회 및 한약사회가 설치 후 신고한 지부 및 분회가 대행하게 할 수 있다(법 제47조 제7항 제1호부터 제3호).

오답분석

① 요양급여비용의 청구・심사・지급 등의 방법과 절차에 필요한 사항은 보건복지부령으로 정한다(법 제47조 제8항).
③ 공단은 심사평가원이 요양급여의 적정성을 평가하여 공단에 통보하면 그 평가 결과에 따라 요양급여비용을 가산하거나 감액 조정하여 지급한다. 이 경우 평가 결과에 따라 요양급여비용을 가산하거나 감액하여 지급하는 기준은 보건복지부령으로 정한다(법 제47조 제6항).
④ 공단은 가입자에게 지급하여야 하는 금액을 그 가입자가 내야 하는 보험료 등과 상계할 수 있다(법 제47조 제5항).
⑤ 심사 내용을 통보받은 공단은 지체 없이 그 내용에 따라 요양급여비용을 요양기관에 지급한다(법 제47조 제3항 전단).

49

정답 ①

공단은 심사평가원이 요양급여의 적정성을 평가하여 공단에 통보하면 그 평가 결과에 따라 요양급여비용을 가산하거나 감액 조정하여 지급한다. 이 경우 평가 결과에 따라 요양급여비용을 가산하거나 감액하여 지급하는 금액은 평가대상 요양기관의 평가대상기간에 대한 심사결정 공단부담액의 <u>100분의 10 범위</u>에서 보건복지부장관이 정하여 고시한 기준에 따라 산정한 금액으로 한다(법 제47조 제6항, 규칙 제18조).

50

정답 ③

㉡ 통지를 받은 요양기관은 지급 보류에 이의가 있는 경우에는 통지를 받은 날부터 <u>7일 이내</u>에 요양급여비용의 지급 보류에 대한 의견서에 이의 신청의 취지와 이유를 적고 필요한 자료를 첨부하여 공단에 제출하여야 한다(영 제22조의2 제2항).
㉣ 요양급여비용의 지급 보류 등에 필요한 해당 요양기관에 통지할 의견서 서식과 의견이 제출된 경우의 처리방법 등 세부사항은 <u>공단이 정한다</u>(영 제22조의2 제7항).

오답분석

㉠ 공단은 요양급여비용의 지급을 보류하려는 경우에는 해당 요양기관에 미리 다음 각 호의 사항을 적은 문서로 통지해야 한다(영 제22조의2 제1항).
   1. 해당 요양기관의 명칭, 대표자 및 주소
   2. 지급 보류의 원인이 되는 사실과 지급 보류의 대상이 되는 요양급여비용 및 법적 근거
   3. 제2호의 사항에 대하여 의견을 제출할 수 있다는 뜻과 의견을 제출하지 아니하는 경우의 처리방법
㉢ 요양기관이 법원으로부터 무죄 판결의 확정을 받아 혐의가 입증되지 아니한 경우에는 공단은 지급 보류된 요양급여비용에 지급 보류된 기간 동안의 이자를 가산하여 해당 요양기관에 지급하여야 한다(법 제47조의2 제3항, 영 제22조의2 제4항 제1호).

51

정답 ①

보건복지부장관은 요양기관 또는 대행청구단체의 요양급여비용 청구가 있음에도 불구하고 천재지변・파업 등 특별한 사유로 <u>심사평가원(㉠)</u>이 기간 내에 요양급여비용 심사를 하는 것이 불가능하거나 현저히 곤란하다고 판단하는 경우에는 <u>공단(㉡)</u>으로 하여금 요양급여비용의 전부 또는 일부를 요양기관에 우선 지급하게 할 수 있다(규칙 제21조 제1항).

52

정답 ①

지역별 의료자원의 불균형 및 의료서비스 격차의 해소 등을 위하여 지역별로 요양급여비용을 달리 정하여 지급할 수 있다(법 제47조의3).

오답분석

② 지급 보류 절차 및 의견 제출의 절차 등에 필요한 사항, 지급 보류된 요양급여비용 및 이자의 지급 절차와 이자의 산정 등에 필요한 사항은 대통령령으로 정한다(법 제47조의2 제4항).
③ 공단은 요양급여비용의 지급을 청구한 요양기관이 의료법에 따른 의료기관 개설 또는 약사법에 따른 약국 개설등록을 위반하였다는 사실을 수사기관의 수사 결과로 확인한 경우에는 해당 요양기관이 청구한 요양급여비용의 지급을 보류할 수 있다(법 제47조의2 제1항 전단). 이때 공단은 요양급여비용의 지급을 보류하기 전에 해당 요양기관에 의견 제출의 기회를 주어야 한다(동조 제2항).
④ 법원의 무죄 판결이 확정되는 등 대통령령으로 정하는 사유로 요양기관이 의료법에 따른 의료기관 개설 또는 약사법에 따른 약국 개설등록을 위반한 혐의가 입증되지 아니한 경우에는 공단은 지급 보류된 요양급여비용에 지급 보류된 기간 동안의 이자를 가산하여 해당 요양기관에 지급하여야 한다(법 제47조의2 제3항).

⑤ 요양기관의 위법 행위로 요양급여비용 지급이 보류되었을 경우 요양급여비용 지급 보류 처분의 효력은 해당 요양기관이 그 처분 이후 청구하는 요양급여비용에 대해서도 미친다(법 제47조의2 제1항 후단).

53

정답 ⑤

심사평가원은 요양급여에 대한 의료의 질을 향상시키기 위하여 요양급여의 적정성 평가를 실시할 수 있다(법 제47조의4 제1항).

54

정답 ⑤

요양비(규칙 제23조 제1항)

공단은 가입자나 피부양자가 보건복지부령으로 정하는 긴급하거나 그 밖의 부득이한 사유로 요양기관과 비슷한 기능을 하는 기관으로서 보건복지부령으로 정하는 기관(업무정지기간 중인 요양기관을 포함한다. 이하 "준요양기관")에서 질병·부상·출산 등에 대하여 요양을 받거나 요양기관이 아닌 장소에서 출산한 경우에는 그 요양급여에 상당하는 금액을 보건복지부령으로 정하는 바에 따라 가입자나 피부양자에게 요양비로 지급한다(법 제49조 제1항). 이때 "보건복지부령으로 정하는 긴급하거나 그 밖의 부득이한 사유"란 다음 각 호의 어느 하나에 해당하는 경우를 말한다.

1. 요양기관을 이용할 수 없거나 요양기관이 없는 경우
2. 만성신부전증 환자가 의사의 요양비처방전(의사의 소견이나 처방기간 등을 적은 서류로서 보건복지부장관이 정하여 고시하는 서류를 말한다. 이하 같다)에 따라 복막관류액 또는 자동복막투석에 사용되는 소모성 재료를 요양기관 외의 의약품판매업소에서 구입·사용한 경우
3. 산소치료를 필요로 하는 환자가 의사의 산소치료 요양비처방전에 따라 보건복지부장관이 정하여 고시하는 방법으로 산소치료를 받는 경우
4. 당뇨병 환자가 의사의 요양비처방전에 따라 혈당검사 또는 인슐린주사에 사용되는 소모성 재료나 당뇨병 관리기기를 요양기관 외의 의료기기판매업소에서 구입·사용한 경우
5. 신경인성 방광환자가 요양비처방전에 따라 자가도뇨에 사용되는 소모성 재료를 요양기관 외의 의료기기판매업소에서 구입·사용한 경우
6. 보건복지부장관이 정하여 고시하는 질환이 있는 사람으로서 인공호흡기 또는 기침유발기를 필요로 하는 환자가 의사의 요양비처방전에 따라 인공호흡기 또는 기침유발기를 대여받아 사용하는 경우
7. 수면무호흡증 환자가 의사의 요양비처방전에 따라 양압기(수면 중 좁아진 기도에 지속적으로 공기를 불어 넣어 기도를 확보해 주는 기구를 말한다)를 대여받아 사용하는 경우

55

정답 ③

공단은 가입자나 피부양자가 보건복지부령으로 정하는 긴급하거나 그 밖의 부득이한 사유로 요양기관과 비슷한 기능을 하는 기관으로서 보건복지부령으로 정하는 기관(업무정지기간 중인 요양기관을 포함한다. 이하 "준요양기관")에서 질병·부상·출산 등에 대하여 요양을 받거나 요양기관이 아닌 장소에서 출산한 경우에는 그 요양급여에 상당하는 금액을 보건복지부령으로 정하는 바에 따라 가입자나 피부양자에게 요양비로 지급한다(법 제49조 제1항).

오답분석

① 준요양기관은 요양을 받은 가입자나 피부양자의 위임이 있는 경우 공단에 요양비의 지급을 직접 청구할 수 있다. 이 경우 공단은 지급이 청구된 내용의 적정성을 심사하여 준요양기관에 요양비를 지급할 수 있다(법 제49조 제3항).
② 준요양기관의 요양비 지급 청구, 공단의 적정성 심사 등에 필요한 사항은 보건복지부령으로 정한다(법 제49조 제4항).
④ 준요양기관은 보건복지부장관이 정하는 요양비 명세서나 요양 명세를 적은 영수증을 요양을 받은 사람에게 내주어야 하며, 요양을 받은 사람은 그 명세서나 영수증을 공단에 제출하여야 한다(법 제49조 제2항).
⑤ 공단은 가입자나 피부양자가 보건복지부령으로 정하는 긴급하거나 그 밖의 부득이한 사유로 준요양기관에서 질병·부상·출산 등에 대하여 요양을 받은 경우에는 그 요양급여에 상당하는 금액을 보건복지부령으로 정하는 바에 따라 가입자나 피부양자에게 요양비로 지급한다(법 제49조 제1항 일부).

56

정답 ④

가입자나 피부양자가 요양기관을 이용할 수 없거나 요양기관이 없는 경우에 해당하는 사유로 질병·부상·출산(사산의 경우에는 임신 16주 이상인 경우를 말한다)에 대하여 요양을 받은 경우에는 요양비 지급청구서와 요양비 명세서 또는 세금계산서(약국의 경우에는 요양비처방전과 세금계산서를 말한다) 사본 1부, 요양기관에서 요양을 받을 수 없었던 사유를 증명할 수 있는 서류 1부를 공단에 제출해야 한다(규칙 제23조 제3항 제1호 가목·나목).

57

정답 ②

장애인인 가입자 등에게 보조기기를 판매한 자는 가입자나 피부양자의 위임이 있는 경우 공단에 보험급여를 직접 청구할 수 있다. 이 경우 공단은 지급이 청구된 내용의 적정성을 심사하여 보조기기를 판매한 자에게 보조기기에 대한 보험급여를 지급할 수 있다(법 제51조 제2항).

오답분석

① 공단은 장애인복지법에 따라 등록한 장애인인 가입자 및 피부양자에게는 장애인·노인 등을 위한 보조기기 지원 및 활용촉진에 관한 법률에 따른 보조기기에 대하여 보험급여를 할 수 있다(법 제51조 제1항).

③ 보조기기에 대한 보험급여의 범위·방법·절차, 보조기기 판매업자의 보험급여 청구, 공단의 적정성 심사 및 그 밖에 필요한 사항은 보건복지부령으로 정한다(법 제51조 제3항).
④ 공단은 국민건강보험법에서 정한 요양급여 외에 대통령령으로 정하는 바에 따라 임신·출산 진료비, 장제비, 상병수당, 그 밖의 급여를 실시할 수 있다(법 제50조).
⑤ 부가급여는 임신·출산(유산 및 사산을 포함한다) 진료비로 한다(영 제23조 제1항).

58

정답 ③

2세 미만 영유아의 법정대리인이 이용권을 사용할 수 있는 기간은 이용권을 발급받은 날부터 2세 미만 영유아의 출생일부터 2년이 되는 날까지로 한다(영 제23조 제6항 제2호).

오답분석

① 임신·출산한 가입자 또는 피부양자, 2세 미만인 가입자 또는 피부양자(이하 "2세 미만 영유아")의 법정대리인(출산한 가입자 또는 피부양자가 사망한 경우에 한정한다)은 임신·출산 진료비 지원 대상이 된다(영 제23조 제2항 제1호·제2호).
② 공단은 임신·출산 진료비 지원 대상자에게 임신·출산한 가입자 또는 피부양자의 진료에 드는 비용을 결제할 수 있는 임신·출산 진료비 이용권(이하 "이용권")을 발급할 수 있다(영 제23조 제3항 제1호).
④·⑤ 이용권으로 결제할 수 있는 금액의 상한은 하나의 태아를 임신·출산한 경우 100만 원, 둘 이상의 태아를 임신·출산한 경우 140만 원으로 한다. 다만, 보건복지부장관이 필요하다고 인정하여 고시하는 경우에는 상한을 초과하여 결제할 수 있다(영 제23조 제7항 제1호·제2호).

59

정답 ②

ⓛ 영유아건강검진은 영유아의 나이 등을 고려하여 보건복지부장관이 정하여 고시하는 바에 따라 검진주기와 검진횟수를 다르게 할 수 있다(영 제25조 제1항 후단).
ⓒ·ⓔ 공단은 일반건강검진 및 암검진을 직장가입자에게 실시하는 경우에는 해당 사용자에게, 직장가입자의 피부양자 및 지역가입자에게 실시하는 경우에는 검진을 받는 사람에게 건강검진의 실시에 관한 사항을 통보해야 한다(영 제25조 제3항 제1호).

오답분석

㉠ 건강검진은 2년마다 1회 이상 실시하되, 사무직에 종사하지 않는 직장가입자에 대해서는 1년에 1회 실시한다(영 제25조 제1항 전단).
ⓜ 공단은 영유아건강검진을 직장가입자의 피부양자인 영유아에게 실시하는 경우에는 그 직장가입자에게, 지역가입자인 영유아에게 실시하는 경우에는 해당 세대주에게 건강검진의 실시에 관한 사항을 통보해야 한다(영 제25조 제3항 제2호).

60

정답 ①

공단은 보험급여를 받을 수 있는 사람이 업무 또는 공무로 생긴 질병·부상·재해로 다른 법령에 따른 보험급여나 보상(報償) 또는 보상(補償)을 받게 되는 경우에 해당하면 보험급여를 하지 아니한다(법 제53조 제1항 제4호).

오답분석

② 공단은 가입자가 1개월 이상 소득월액보험료, 세대단위의 보험료를 체납한 경우 그 체납한 보험료를 완납할 때까지 그 가입자 및 피부양자에 대하여 보험급여를 실시하지 아니할 수 있다(법 제53조 제3항 전단 및 제1호·제2호).
③ 공단은 보험급여를 받을 수 있는 사람이 다른 법령에 따라 국가나 지방자치단체로부터 보험급여에 상당하는 급여를 받거나 보험급여에 상당하는 비용을 지급받게 되는 경우에는 그 한도에서 보험급여를 하지 아니한다(법 제53조 제2항).
④ 공단은 보수월액보험료 납부의무를 부담하는 사용자가 보수월액보험료를 체납한 경우에는 그 체납에 대하여 직장가입자 본인에게 귀책사유가 있는 경우에 한하여 법 제53조 제3항의 규정을 적용한다. 이 경우 해당 직장가입자의 피부양자에게도 동조 제3항의 규정을 적용한다(법 제53조 제4항).
⑤ 공단으로부터 분할납부 승인을 받고 그 승인된 보험료를 1회 이상 낸 경우에는 보험급여를 할 수 있다. 다만, 분할납부 승인을 받은 사람이 정당한 사유 없이 5회(승인받은 분할납부 횟수가 5회 미만인 경우에는 해당 분할납부 횟수를 말한다) 이상 그 승인된 보험료를 내지 아니한 경우에는 그러하지 아니하다(법 제53조 제5항).

61

정답 ②

공단은 가입자가 1개월 이상 보험료를 체납한 경우 그 체납한 보험료를 완납할 때까지 그 가입자 및 피부양자에 대하여 보험급여를 실시하지 아니할 수 있다. 다만, 가입자 및 피부양자의 소득·재산 등이 대통령령으로 정하는 기준 미만인 경우에는 그러하지 아니하다(법 제53조 제3항 일부).

급여의 제한(영 제26조 제3항)

"대통령령으로 정하는 기준 미만인 경우"란 다음 각 호의 요건을 모두 충족한 경우를 말한다.

1. 보험료를 체납한 가입자가 속한 세대의 소득이 100만 원 미만(㉠)이고, 그 세대의 재산에 대한 과세표준이 100만 원 미만일 것. 다만, 가입자가 미성년자, 65세 이상(ⓛ)인 사람 또는 등록한 장애인인 경우에는 그 소득 및 재산에 대한 과세표준이 각각 공단이 정하는 금액 미만일 것
2. 보험료를 체납한 가입자가 사업자등록을 한 사업에서 발생하는 소득이 없을 것

62

정답 ①

㉠·㉢ 요양기관은 가입자 등이 고의 또는 중대한 과실로 인한 범죄행위에 그 원인이 있거나 고의로 사고를 일으킨 경우에 해당되는 것으로 판단되는 경우에도 요양급여를 실시하되, 지체 없이 급여제한여부조회서에 의하여 공단에 급여제한 여부를 조회하여야 한다(법 제53조 제1항 제1호, 요양급여 규칙 제4조 제1항).

㉡ 요양기관은 가입자 등이 고의 또는 중대한 과실로 공단이나 요양기관의 요양에 관한 지시에 따르지 아니한 경우에 해당되는 것으로 판단되는 경우에도 요양급여를 실시해야 한다(법 제53조 제1항 제2호, 요양급여 규칙 제4조 제1항 전단).

오답분석

㉣ 급여제한 여부 조회 요청을 받은 공단은 7일(공휴일을 제외한다. 이하 같다) 이내에 급여제한 여부를 결정한 후 요양기관에 급여제한 여부 결정통보서로 회신하여야 하며, 회신을 받은 요양기관은 공단의 결정내용을 요양급여를 개시한 날부터 소급하여 적용하여야 한다(요양급여 규칙 제4조 제2항).

㉤ 공단의 회신이 있기 전에 요양급여가 종료되거나 회신 없이 7일이 경과된 때에는 공단이 당해 요양기관에 대하여 요양급여를 인정한 것으로 본다(요양급여 규칙 제4조 제3항 전단).

㉥ 요양기관은 급여의 제한 한도를 초과하여 요양급여를 행한 경우에는 그날부터 7일 이내에 요양급여적용통보서에 의하여 그 사실을 공단에 알려야 한다(요양급여 규칙 제4조 제5항).

63

정답 ⑤

㉠·㉡ 공단으로부터 분할납부 승인을 받고 그 승인된 보험료를 1회 이상 낸 경우에는 보험급여를 할 수 있다. 다만, 분할납부 승인을 받은 사람이 정당한 사유 없이 5회(승인받은 분할납부 횟수가 5회 미만인 경우에는 해당 분할납부 횟수를 말한다) 이상 그 승인된 보험료를 내지 아니한 경우에는 그러하지 아니하다(법 제53조 제5항).

㉢ 보험급여를 하지 아니하는 기간(이하 "급여제한기간")에 받은 보험급여는 다음 각 호의 어느 하나에 해당하는 경우에만 보험급여로 인정한다(법 제53조 제6항).

1. 공단이 급여제한기간에 보험급여를 받은 사실이 있음을 가입자에게 통지한 날부터 2개월이 지난 날이 속한 달의 납부기한 이내에 체납된 보험료를 완납한 경우
2. 공단이 급여제한기간에 보험급여를 받은 사실이 있음을 가입자에게 통지한 날부터 2개월이 지난 날이 속한 달의 납부기한 이내에 분할납부 승인을 받은 체납보험료를 1회 이상 낸 경우. 다만, 분할납부 승인을 받은 사람이 정당한 사유 없이 5회 이상 그 승인된 보험료를 내지 아니한 경우에는 그러하지 아니하다.

64

정답 ⑤

급여의 정지(법 제54조)

보험급여를 받을 수 있는 사람이 다음 각 호의 어느 하나에 해당하면 그 기간에는 보험급여를 하지 아니한다. 다만, 제3호 및 제4호의 경우에는 요양급여를 실시한다.

1. 삭제
2. 국외에 체류하는 경우
3. 병역법에 따른 현역병(지원에 의하지 아니하고 임용된 하사를 포함한다), 전환복무된 사람 및 군간부후보생에 해당하게 된 경우
4. 교도소, 그 밖에 이에 준하는 시설에 수용되어 있는 경우

65

정답 ④

요양비 등 수급계좌가 개설된 금융기관은 요양비 등 수급계좌에 요양비 등만이 입금되도록 하고, 이를 관리하여야 한다(법 제56조의2 제2항).

오답분석

① 공단은 국민건강보험법에 따른 보험급여로 지급되는 현금(이하 "요양비 등")을 받는 수급자의 신청이 있는 경우에는 요양비 등을 수급자 명의의 지정된 계좌(이하 "요양비 등 수급계좌")로 입금하여야 한다(법 제56조의2 제1항 전단).

② 요양비 등을 요양비 등 수급계좌로 받으려는 사람은 요양비 지급청구서와 보조기기 급여 지급청구서 등에 요양비 등 수급계좌의 계좌번호를 기재하고, 예금통장(계좌번호가 기록되어 있는 면을 말한다) 사본을 첨부하여 공단에 제출해야 한다. 요양비 등 수급계좌를 변경하는 경우에도 또한 같다(영 제26조의2 제1항).

③ 정보통신장애나 그 밖에 대통령령으로 정하는 불가피한 사유로 요양비 등 수급계좌로 이체할 수 없을 때에는 직접 현금으로 지급하는 등 대통령령으로 정하는 바에 따라 요양비 등을 지급할 수 있다(법 제56조의2 제1항 단서).

⑤ 요양비 등 수급계좌의 신청 방법·절차와 관리에 필요한 사항은 대통령령으로 정한다(법 제56조의2 제3항).

66

정답 ②

공단은 병역법에 따른 현역병(지원에 의하지 아니하고 임용된 하사를 포함한다), 전환복무된 사람 및 군간부후보생에 해당하는 사람이 요양기관에서 진찰·검사, 약제·치료재료의 지급, 처치·수술 및 그 밖의 치료, 입원에 따른 요양급여를 받은 경우 그에 따라 공단이 부담하는 요양급여비용과 요양비를 국방부장관으로부터 예탁받아 지급할 수 있다(법 제60조 제1항 일부, 영 제27조 제1항).

05 건강보험심사평가원

01	02	03	04	05	06	07	08	09	10
④	④	②	③	②	②	③	④	③	③
11	12								
⑤	①								

01

 ④

건강보험심사평가원의 업무 등(법 제63조 제1항)

심사평가원은 다음 각 호의 업무를 관장한다.

1. 요양급여비용의 심사
2. 요양급여의 적정성 평가
3. 심사기준 및 평가기준의 개발
4. 제1호부터 제3호까지의 규정에 따른 업무와 관련된 조사연구 및 국제협력
5. 다른 법률에 따라 지급되는 급여비용의 심사 또는 의료의 적정성 평가에 관하여 위탁받은 업무
6. 그 밖에 국민건강보험법 또는 다른 법령에 따라 위탁받은 업무
7. 건강보험과 관련하여 보건복지부장관이 필요하다고 인정한 업무
8. 그 밖에 보험급여 비용의 심사와 보험급여의 적정성 평가와 관련하여 대통령령으로 정하는 업무

오답분석

㉠·㉢ 공단에서 관장하는 업무 가운데 하나이다(법 제14조 제1항 제3호·제5호).

02

정답 ④

건강보험심사평가원의 업무(영 제28조 제1항)

법 제63조 제1항 제8호에서 "대통령령으로 정하는 업무"란 다음 각 호의 업무를 말한다.

1. 요양급여비용의 심사청구와 관련된 소프트웨어의 개발·공급·검사 등 전산 관리
2. 요양급여의 적정성 평가 결과의 공개
3. 지급되는 요양비 중 업무정지 중인 요양기관 및 요양기관에서 제외된 의료기관에서 받은 요양비에 대한 심사
4. 심사평가원 업무를 수행하기 위한 환자 분류체계 및 요양급여 관련 질병·부상 분류체계의 개발·관리
5. 심사평가원 업무와 관련된 교육·홍보

오답분석

㉢·㉣ 공단은 가입자 및 피부양자의 질병의 조기발견·예방 및 건강관리를 위하여 요양급여 실시 현황과 건강검진 결과 등을 활용하여 실시하는 예방사업으로서 대통령령으로 정하는 사업(가입자 및 피부양자의 건강관리를 위한 전자적 건강정보시스템의 구축·운영과 고혈압·당뇨 등 주요 만성질환에 대한 정보 제공 및 건강관리 지원 업무)을 관장한다(법 제14조 제1항 제4호, 영 제9조의2 제1호·제4호).

03

 ②

상임이사는 보건복지부령으로 정하는 추천 절차를 거쳐 원장이 임명한다(법 제65조 제3항). 이때 비상임이사는 다음 각 호의 사람 중에서 10명과 대통령령으로 정하는 바에 따라 추천한 관계 공무원 1명을 보건복지부장관이 임명한다(법 제65조 제4항).

1. 공단이 추천하는 1명
2. 의약관계단체가 추천하는 5명
3. 노동조합·사용자단체·소비자단체 및 농어업인 단체가 추천하는 각 1명

오답분석

① 심사평가원에 임원으로서 원장, 이사 15명 및 감사 1명을 둔다. 이 경우 원장, 이사 중 4명 및 감사는 상임으로 한다(법 제65조 제1항).
③ 원장은 임원추천위원회가 복수로 추천한 사람 중에서 보건복지부장관의 제청으로 대통령이 임명한다(법 제65조 제2항).
④ 감사는 임원추천위원회가 복수로 추천한 사람 중에서 기획재정부장관의 제청으로 대통령이 임명한다(법 제65조 제5항).
⑤ 비상임이사는 정관으로 정하는 바에 따라 실비변상을 받을 수 있다(법 제65조 제6항).

04

 ③

법 제65조 제4항에 따라 보건복지부장관은 보건복지부의 3급 공무원 또는 고위공무원단에 속하는 공무원 중에서 1명(㉡)을 지명하는 방법으로 심사평가원의 비상임이사(㉠)를 추천한다(영 제29조).

05

 ②

심사평가원 이사회의 심의·의결사항 및 회의에 관하여는 공단 이사회의 심의·의결사항[보험료와 그 밖의 국민건강보험법에 따른 징수금(이하 "보험료 등") 및 보험급여에 관한 사항은 제외한다] 및 공단 이사회의 회의를 준용한다. 이 경우 "공단"은 "심사평가원"으로, "이사장"은 "원장"으로 본다(영 제31조).

㉠ 영 제31조, 영 제11조 제4호
㉡ 영 제31조, 영 제11조 제6호·제7호
㉣ 영 제31조, 영 제12조 제2항

오답분석

㉢ 보험료와 그 밖의 국민건강보험법에 따른 징수금(이하 "보험료 등") 및 보험급여에 관한 사항은 준용 규정에서 제외되며(영 제31조 제외 조항), 공단 이사회에서 심의·의결해야 하는 사항이다(영 제31조, 영 제11조 제5호).
㉤ 임시회의는 재적이사(이사장을 포함한다) 3분의 1 이상이 요구할 때 또는 이사장이 필요하다고 인정할 때에 이사회의 의장이 소집한다(영 제31조, 영 제12조 제3항).

06

정답 ②

심사평가원의 상임이사 추천 등에 관하여는 공단 상임이사 후보 추천 절차 등을 준용한다. 이 경우 "공단"은 "심사평가원"으로, "이사장"은 "원장"으로 본다(규칙 제31조).
㉠·㉡ 규칙 제31조, 규칙 제8조 제2항 각 호 외의 부분
㉤ 규칙 제31조, 규칙 제8조 제3항

오답분석

㉢·㉣ 상임이사추천위원회의 위원 중 심사평가원의 비상임이사인 사람과 심사평가원의 임직원이 아닌 사람은 각각 2명이다(규칙 제31조, 규칙 제8조 제2항 제1호·제2호).

07

정답 ③

비상근 심사위원은 심사평가원의 원장이 보건복지부령으로 정하는 사람 중에서 위촉한다(법 제66조 제4항).

오답분석

① 심사위원회는 위원장을 포함하여 90명 이내의 상근 심사위원과 1,000명 이내의 비상근 심사위원으로 구성하며, 진료과목별 분과위원회를 둘 수 있다(법 제66조 제2항).
② 상근 심사위원은 심사평가원의 원장이 보건복지부령으로 정하는 사람 중에서 임명한다(법 제66조 제3항).
④ 심사평가원의 원장은 심사위원이 다음 각 호의 어느 하나에 해당하면 그 심사위원을 해임 또는 해촉할 수 있다(법 제66조 제5항).
  1. 신체장애나 정신장애로 직무를 수행할 수 없다고 인정되는 경우
  2. 직무상 의무를 위반하거나 직무를 게을리한 경우
  3. 고의나 중대한 과실로 심사평가원에 손실이 생기게 한 경우
  4. 직무 여부와 관계없이 품위를 손상하는 행위를 한 경우
⑤ 심사위원의 임기는 2년으로 한다(규칙 제34조).

08

정답 ④

약사 면허를 취득한 후 <u>10년이 지난 사람</u>으로서 약학대학·의료기관·약국 또는 한국희귀·필수의약품센터에서 종사한 사람은 심사위원회의 위원이 될 수 있다(규칙 제32조 제4호).

오답분석

① 의사 면허를 취득한 후 10년이 지난 사람으로서 의과대학 또는 의료기관에서 종사한 사람은 심사위원회의 위원이 될 수 있다(규칙 제32조 제1호).
② 치과의사 면허를 취득한 후 10년이 지난 사람으로서 치과대학 또는 의료기관에서 종사한 사람은 심사위원회의 위원이 될 수 있다(규칙 제32조 제2호).
③ 한의사 면허를 취득한 후 10년이 지난 사람으로서 한의과대학 또는 의료기관에서 종사한 사람은 심사위원회의 위원이 될 수 있다(규칙 제32조 제3호).
⑤ 대학, 산업대학, 교육대학에서 전임강사 이상의 경력을 가진 사람으로서 보건의약관련 분야에 10년 이상 종사한 사람은 심사위원회의 위원이 될 수 있다(규칙 제32조 제5호).

09

정답 ③

심사위원회의 위원장이 부득이한 사유로 그 직무를 수행할 수 없을 때에는 심사평가원의 원장이 지명하는 위원이 그 직무를 대행한다(규칙 제35조 제3항).

오답분석

㉠ 심사위원회의 위원장은 심사평가원의 원장이 임명한다(규칙 제35조 제2항).
㉡ 심사위원회 위원장의 임기는 2년으로 한다(규칙 제35조 제4항).

10

정답 ③

심사위원회와 진료과목별 분과위원회의 회의는 <u>재적위원 3분의 1 이상(㉠)</u>이 요구할 때 또는 심사평가원 원장이나 심사위원회 위원장이 요구할 때에 소집한다. 또한 위원장 및 분과위원회의 위원장은 각 회의의 의장이 되며, 각 회의는 <u>재적위원 과반수의 출석으로 개의(㉡)</u>하고, 출석위원 과반수의 찬성으로 의결한다(규칙 제36조 제1항·제2항).

11

정답 ⑤

심사평가원은 업무(다른 법률에 따라 지급되는 급여비용의 심사에 관하여 위탁받은 업무를 제외한다)를 하기 위하여 공단으로부터 부담금을 징수할 수 있다(법 제67조 제1항).

오답분석

①·② 심사평가원은 요양급여의 적정성 평가, 심사기준 및 평가기준의 개발에 따른 업무 등을 하기 위하여 공단으로부터 부담금을 징수할 수 있다(법 제67조 제1항, 법 제63조 제1항 제2호·제3호).

③ 심사평가원은 다른 법률에 따라 지급되는 급여비용의 심사 또는 의료의 적정성 평가에 관한 업무를 위탁받은 경우에는 위탁자로부터 수수료를 받을 수 있다(법 제67조 제2항).
④ 부담금 및 수수료의 금액・징수 방법 등에 필요한 사항은 보건복지부령으로 정한다(법 제67조 제3항).

12

정답 ①

• 심사평가원은 업무(다른 법률에 따라 지급되는 급여비용의 심사 또는 의료의 적정성 평가에 관하여 위탁받은 업무를 제외한다)를 하기 위하여 공단으로부터 부담금을 징수할 수 있다(법 제67조 제1항). 이때 심사평가원이 공단으로부터 징수하는 부담금은 보건복지부장관이 승인한 심사평가원의 예산에 계상된 금액으로 하되, 공단의 전전년도 보험료 수입의 1,000분의 30(㉠)을 넘을 수 없다(규칙 제38조 제1항).
• 심사평가원은 부담금을 분기별로 징수하고, 수수료는 월별로 징수(㉡)한다(규칙 제38조 제4항).

06 보험료

01	02	03	04	05	06	07	08	09	10
⑤	③	②	①	②	⑤	⑤	②	②	④
11	12	13	14	15	16	17	18	19	20
①	①	④	③	②	⑤	②	⑤	③	③
21	22	23	24	25	26	27	28	29	30
②	③	③	③	②	①	①	②	①	①
31	32	33	34	35	36	37	38	39	
⑤	③	②	⑤	③	⑤	③	③	①	

01

정답 ⑤

㉠・㉡ 보험료는 가입자의 자격을 취득한 날이 속하는 달의 다음 달부터 가입자의 자격을 잃은 날의 전날이 속하는 달까지 징수한다. 다만, 가입자의 자격을 매월 1일에 취득한 경우 또는 제5조 제1항 제2호 가목(유공자 등 의료보호대상자 중 건강보험의 적용을 보험자에게 신청한 사람)에 따른 건강보험 적용 신청으로 가입자의 자격을 취득하는 경우에는 그 달부터 징수한다(법 제69조 제2항).
㉢ 보험료를 징수할 때 가입자의 자격이 변동된 경우에는 변동된 날이 속하는 달의 보험료는 변동되기 전의 자격을 기준으로 징수한다. 다만, 가입자의 자격이 매월 1일에 변동된 경우에는 변동된 자격을 기준으로 징수한다(법 제69조 제3항).
㉣ 지역가입자의 월별 보험료액은 세대단위로 산정하되, 지역가입자가 속한 세대의 월별 보험료액은 보험료부과점수에 보험료부과점수당 금액을 곱한 금액으로 한다(법 제69조 제5항).
㉤ 월별 보험료액은 가입자의 보험료 평균액의 일정 비율에 해당하는 금액을 고려하여 대통령령으로 정하는 기준에 따라 상한 및 하한을 정한다(법 제69조 제6항).

02

정답 ③

실비변상적인 성격을 갖는 금품은 사용자로부터 지급받는 금품에서 제외된다(법 제70조 제3항 제외 조항).

오답분석

① 직장가입자의 보수월액은 직장가입자가 지급받는 보수를 기준으로 하여 산정한다(법 제70조 제1항).
② 휴직이나 그 밖의 사유로 보수의 전부 또는 일부가 지급되지 아니하는 가입자(이하 "휴직자 등")의 보수월액보험료는 해당 사유가 생기기 전 달의 보수월액을 기준으로 산정한다(법 제70조 제2항).

④ 보수는 근로자 등이 근로를 제공하고 사용자·국가 또는 지방자치단체로부터 지급받는 금품(실비변상적인 성격을 갖는 금품은 제외한다)으로서 대통령령으로 정하는 것을 말한다. 이 경우 보수 관련 자료가 없거나 불명확한 경우 등 대통령령으로 정하는 사유에 해당하면 보건복지부장관이 정하여 고시하는 금액을 보수로 본다(법 제70조 제3항).
⑤ 보수가 지급되지 아니하는 사용자의 보수월액은 수입을 확인할 수 있는 객관적인 자료가 없는 경우에는 사용자의 신고금액으로 산정한다(영 제38조 제1항 제2호).

03

정답 ②

- 직장가입자에 대한 보수월액보험료는 매년(㉠) 산정된 보수월액을 기준으로 하여 부과하고, 다음 해에 확정되는 해당 연도의 보수 총액을 기준으로 보수월액을 다시 산정하여 정산한다(영 제34조 제1항 전단).
- 직장가입자의 자격을 취득하거나, 다른 직장가입자로 자격이 변동되거나, 지역가입자에서 직장가입자로 자격이 변동된 사람의 보수월액의 적용기간은 자격 취득 또는 변동일이 속하는 달(매월 2일 이후에 자격이 변동된 경우에는 그 자격 변동일이 속한 달의 다음 달을 말한다)부터 다음 해 3월까지(㉡)로 한다(영 제34조 제1항 제1호·제2항 제1호).

04

정답 ①

㉠ 공단은 통보받은 보수의 총액을 전년도 중 직장가입자가 그 사업장 등에 종사한 기간의 개월 수로 나눈 금액을 매년 보수월액으로 결정한다. 다만, 사용자가 그 사업장 등의 해당 연도 보수의 평균 인상률 또는 인하율을 공단에 통보한 경우에는 본문에 따라 계산한 금액에 그 평균 인상률 또는 인하율을 반영하여 산정한 금액을 매년 보수월액으로 결정한다(영 제36조 제1항).
㉡ 사용자는 해당 직장가입자의 보수가 인상되거나 인하되었을 때에는 공단에 보수월액의 변경을 신청할 수 있다. 다만, 상시 100명 이상의 근로자가 소속되어 있는 사업장의 사용자는 공단에 그 보수월액의 변경을 신청하여야 한다(영 제36조 제2항 각 호 외의 부분).

오답분석

㉢ 상시 100명 이상의 근로자가 소속되어 있는 사업장의 사용자는 해당 월의 보수가 14일 이전에 변경된 경우에는 해당 월의 15일까지 공단에 그 보수월액의 변경을 신청하여야 한다(영 제36조 제2항 제1호).
㉣ 상시 100명 이상의 근로자가 소속되어 있는 사업장의 사용자는 해당 월의 보수가 15일 이후에 변경된 경우에는 해당 월의 다음 달 15일까지 공단에 그 보수월액의 변경을 신청하여야 한다(영 제36조 제2항 제2호).

05

정답 ②

- 연·분기·월·주 또는 그 밖의 일정 기간으로 보수가 정해지는 경우에는 그 보수액을 그 기간의 총 일수로 나눈 금액의 30배(㉠)에 상당하는 금액을 해당 직장가입자의 보수월액으로 결정한다(영 제37조 제1호).
- 일(日)·시간·생산량 또는 도급으로 보수가 정해지는 경우에는 직장가입자의 자격을 취득하거나 자격이 변동된 달의 전 1개월 동안(㉡)에 그 사업장에서 해당 직장가입자와 같은 업무에 종사하고 같은 보수를 받는 사람의 보수액을 평균한 금액을 해당 직장가입자의 보수월액으로 결정한다(영 제37조 제2호).
- 보수월액을 산정하기 곤란한 경우에는 직장가입자의 자격을 취득하거나 자격이 변동된 달의 전 1개월 동안(㉢) 같은 업무에 종사하고 있는 사람이 받는 보수액을 평균한 금액을 해당 직장가입자의 보수월액으로 결정한다(영 제37조 제3호).

따라서 ㉠, ㉡, ㉢을 합산하면 30+1+1=32이다.

06

정답 ⑤

- 보수가 지급되지 아니하는 사용자의 보수월액을 산정할 경우 사용자는 매년 5월 31일까지(㉠)[세무서장에게 성실신고확인서를 제출한 사용자(이하 "성실신고사용자")인 경우에는 6월 30일까지] 수입을 증명할 수 있는 자료를 제출하거나 수입금액을 공단에 통보하여야 하며, 산정된 보수월액은 매년 6월부터 다음 해 5월까지(성실신고사용자의 경우에는 매년 7월부터 다음 해 6월까지) 적용한다(영 제38조 제1항 각 호 외의 부분).
- 해당 연도 중 해당 사업장에서 발생한 사업소득으로서 객관적인 자료를 통하여 확인된 금액, 수입을 확인할 수 있는 객관적인 자료가 없는 경우에는 사용자의 신고금액을 기준으로 산정한 보수월액이 해당 사업장에서 가장 높은 보수월액(㉡)을 적용받는 근로자의 보수월액보다 낮은 경우(확인금액이 0원 이하인 경우는 제외한다)에는 해당 사업장에서 가장 높은 보수월액(㉡)을 적용받는 근로자의 보수월액을 사용자의 보수월액으로 한다(영 제38조 제3항 제1호).

07

정답 ⑤

㉡ 사용자는 직장가입자의 사용·임용·채용 관계가 끝난 경우에는 해당 직장가입자가 납부한 보수월액보험료를 다시 산정하여 근로자와 정산한 후 공단과 정산 절차를 거쳐야 한다(영 제39조 제2항 전단).
㉢ 사용자는 반환받은 금액 또는 추가 납부한 금액 중 직장가입자가 반환받을 금액 및 부담하여야 할 금액에 대해서는 해당 직장가입자와 정산하여야 한다(영 제39조 제3항).

오답분석

㉠ 공단은 원래 산정·징수한 보수월액보험료의 금액이 규정에 따라 다시 산정한 보수월액보험료의 금액을 초과하는 경우에는 그 초과액을 사용자에게 반환하여야 하며, 부족한 경우에는 그 부족액을 사용자로부터 추가로 징수하여야 한다(영 제39조 제1항).

08

정답 ②

소득월액은 보수월액의 산정에 포함된 보수를 제외한 직장가입자의 소득(이하 "보수 외 소득")이 대통령령으로 정하는 금액을 초과하는 경우 다음의 계산식에 따라 산정한다(법 제71조 제1항).

[(연간 보수 외 소득)−(대통령령으로 정하는 금액)]$\times\frac{1}{12}$

09

정답 ②

소득세법에 따라 산정한 이자소득금액 및 배당소득금액에도 불구하고 소득세법에 따른 소득이 1,000만 원 이하인 경우에는 해당 이자소득과 배당소득은 합산하지 않는다(규칙 제44조 제1항 단서).

10

정답 ④

보험료부과점수의 산정방법과 산정기준을 정할 때 법령에 따라 재산권의 행사가 제한되는 재산에 대하여는 다른 재산과 달리 정할 수 있다(법 제72조 제2항).

오답분석

① · ③ 보험료부과점수는 지역가입자의 소득 및 재산을 기준으로 산정한다(법 제72조 제1항 전단).

② 보험료부과점수의 산정방법 · 산정기준 등에 필요한 사항은 대통령령으로 정한다(법 제72조 제4항).

⑤ 지역가입자는 동조 제1항 단서에 따라 공단에 통보할 때 신용정보의 이용 및 보호에 관한 법률에 따른 신용정보, 금융실명거래 및 비밀보장에 관한 법률에 따른 금융자산, 금융거래의 내용에 대한 자료 · 정보 중 대출금액 등 대통령령으로 정하는 자료 · 정보(이하 "금융정보 등")를 공단에 제출하여야 하며, 제1항 단서에 따른 보험료부과점수 산정을 위하여 필요한 금융정보 등을 공단에 제공하는 것에 대하여 동의한다는 서면을 함께 제출하여야 한다(법 제72조 제3항).

11

정답 ①

보험료부과와 관련된 제도 개선을 위하여 보건복지부장관 소속으로 관계 중앙행정기관 소속 공무원 및 민간전문가로 구성된 보험료부과제도개선위원회(이하 "제도개선위원회")를 둔다(법 제72조의2 제1항).

오답분석

② · ⑤ 제도개선위원회는 가입자의 소득 파악 실태에 관한 조사 및 연구에 관한 사항, 가입자의 소득 파악 및 소득에 대한 보험료 부과 강화를 위한 개선 방안에 관한 사항, 그 밖에 보험료부과와 관련된 제도 개선 사항으로서 위원장이 회의에 부치는 사항을 심의한다(법 제72조의2 제2항 제1호부터 제3호).

③ 보건복지부장관은 제도개선위원회 운영 결과를 국회에 보고하여야 한다(법 제72조의2 제3항).

④ 제도개선위원회의 구성 · 운영 등에 관하여 필요한 사항은 대통령령으로 정한다(법 제72조의2 제4항).

12

정답 ①

㉠ 제도개선위원회의는 성별을 고려하여 위원장 1명과 부위원장 1명을 포함하여 19명 이내의 위원으로 구성한다(영 제42조의3 제1항).

㉡ 제도개선위원회 위원장은 보건복지부차관이 되고, 부위원장은 위원 중에서 위원장이 지명하는 사람이 된다(영 제42조의3 제2항).

오답분석

㉢ 제도개선위원회 위원은 보건복지부장관이 임명 또는 위촉한다(영 제42조의3 제5항 각 호 외의 부분).

㉣ 제도개선위원회 위원(공무원인 위원은 제외한다)의 임기는 2년으로 하며, 두 차례만 연임할 수 있다(영 제42조의3 제6항).

13

정답 ④

- 제도개선위원회의 회의는 재적위원 3분의 1 이상(㉠)이 요구할 때 또는 위원장이 필요하다고 인정할 때에 소집한다(영 제42조의5 제2항).
- 제도개선위원회의 회의는 재적위원 과반수의 출석으로 개의하고 출석위원 과반수의 찬성(㉡)으로 의결한다(영 제42조의5 제3항).

14

정답 ③

보건복지부장관은 적정성 평가를 하는 경우에는 직장가입자에게 부과되는 보험료와 지역가입자에게 부과되는 보험료 간 형평성을 고려하여야 한다(법 제72조의3 제2항 제4호).

오답분석

① 보건복지부장관은 피부양자 인정기준(이하 "인정기준")과 보험료, 보수월액, 소득월액 및 보험료부과점수의 산정기준 및 방법 등(이하 "산정기준")에 대하여 적정성을 평가하고, 국민건강보험법 시행일로부터 4년이 경과한 때 이를 조정하여야 한다(법 제72조의3 제1항).

② 보건복지부장관은 적정성 평가를 하는 경우에는 공단의 소득 관련 자료 보유 현황을 고려하여야 한다(법 제72조의3 제2항 제2호).
④ 적정성 평가의 절차, 방법 및 그 밖에 적정성 평가를 위하여 필요한 사항은 대통령령으로 정한다(법 제72조의3 제3항).
⑤ 보건복지부장관은 적정성 평가를 하는 경우에는 인정기준 및 산정기준의 조정으로 인한 보험료 변동을 고려하여야 한다(법 제72조의3 제2항 제5호).

15

정답 ②

㉠ 보건복지부장관은 적정성 평가를 위한 조사 및 연구를 실시할 수 있다(영 제42조의7 제1항).
㉣ 보건복지부장관은 적정성 평가를 실시한 경우 그 결과를 제도개선위원회에 알려야 한다(영 제42조의7 제4항).

오답분석

㉡ 보건복지부장관은 실시하는 조사 및 연구를 보험료 부과제도에 관한 전문성을 갖춘 연구기관, 대학, 비영리법인 또는 단체 등에 의뢰하여 실시할 수 있다(영 제42조의7 제2항).
㉢ 보건복지부장관은 관계 중앙행정기관, 지방자치단체 및 공공기관 등에 대하여 적정성 평가에 관한 의견 또는 자료의 제출을 요청할 수 있다(영 제42조의7 제3항).

16

정답 ⑤

- 직장가입자의 보험료율은 1,000분의 80의 범위(㉠)에서 심의위원회의 의결을 거쳐 대통령령으로 정한다(법 제73조 제1항).
- 국외에서 업무에 종사하고 있는 직장가입자에 대한 보험료율은 동조 제1항에 따라 정해진 보험료율의 100분의 50(㉡)으로 한다(법 제73조 제2항).
- 지역가입자의 보험료부과점수당 금액은 심의위원회(㉢)의 의결을 거쳐 대통령령으로 정한다(법 제73조 제3항).

17

정답 ②

공단은 직장가입자가 국외에 체류하는 경우, 현역병, 전환복무된 사람 및 군간부후보생에 해당하게 된 경우, 교도소, 그 밖에 이에 준하는 시설에 수용되어 있는 경우(국외에 체류하는 경우에는 1개월 이상의 기간으로서 대통령령으로 정하는 기간 이상 국외에 체류하는 경우에 한정한다. 이하 이 조에서 같다) 그 가입자의 보험료를 면제한다. 다만, 국외에 체류하는 직장가입자의 경우에는 국내에 거주하는 피부양자가 없을 때에만 보험료를 면제한다(법 제74조 제1항).

오답분석

① 직장가입자가 국외에 체류하는 경우에는 1개월 이상의 기간으로서 대통령령으로 정하는 기간 이상 국외에 체류하는 경우에 그 가입자의 보험료를 면제한다(법 제74조 제1항 전단).
③ 지역가입자가 급여정지 사유의 어느 하나에 해당하면 그 가입자가 속한 세대의 보험료를 산정할 때 그 가입자의 보험료부과점수를 제외한다(법 제74조 제2항).
④·⑤ 보험료의 면제나 보험료의 산정에서 제외되는 보험료 부과점수에 대하여는 급여정지 사유의 어느 하나에 해당하는 사유가 생긴 날이 속하는 달의 다음 달부터 사유가 없어진 날이 속하는 달까지 적용한다. 다만, 급여정지 사유가 매월 1일에 없어진 경우 또는 국외에 체류하는 가입자 또는 그 피부양자가 국내에 입국하여 입국일이 속하는 달에 보험급여를 받고 그 달에 출국하는 경우 중 어느 하나에 해당하는 경우에는 그 달의 보험료를 면제하지 아니하거나 보험료의 산정에서 보험료 부과점수를 제외하지 아니한다(법 제74조 제3항 제1호·제2호).

급여의 정지(법 제54조)
보험급여를 받을 수 있는 사람이 다음 각 호의 어느 하나에 해당하면 그 기간에는 보험급여를 하지 아니한다. 다만, 제3호 및 제4호의 경우에는 요양급여를 실시한다.
1. 삭제
2. 국외에 체류하는 경우
3. 현역병(지원에 의하지 아니하고 임용된 하사를 포함한다), 전환복무된 사람 및 군간부후보생
4. 교도소, 그 밖에 이에 준하는 시설에 수용되어 있는 경우

18

정답 ⑤

- 섬·벽지·농어촌 등 대통령령으로 정하는 지역에 거주하는 사람에 해당하는 가입자 중 보건복지부령으로 정하는 가입자에 대하여는 그 가입자 또는 그 가입자가 속한 세대의 보험료의 일부를 경감할 수 있다(법 제75조 제1항 제1호).
- 법 제75조 제1항 제1호에서 "섬·벽지·농어촌 등 대통령령으로 정하는 지역"이란 요양기관까지의 거리가 멀거나 대중교통으로 이동하는 시간이 오래 걸리는 지역으로서 보건복지부장관이 정하여 고시하는 섬·벽지 지역, 군 및 도농복합 형태 시의 읍·면 지역, 시와 군의 지역 중 동(洞) 지역으로서 주거지역·상업지역 및 공업지역을 제외한 지역, 농어촌주민의 보건복지 증진을 위한 특별법의 준농어촌에 대한 특례에 해당하는 지역, 요양기관의 이용이 제한되는 근무지의 특성을 고려하여 보건복지부장관이 인정하는 지역 중 어느 하나에 해당하는 지역을 말한다(영 제45조 제1호부터 제3호).

19

정답 ③

보험료 납부의무자가 보험료를 계좌 또는 신용카드 자동이체의 방법으로 내는 경우에는 대통령령으로 정하는 바에 따라 보험료를 감액하는 등 재산상의 이익을 제공할 수 있다(법 제75조 제2항 제2호).

오답분석

① 보험료 경감의 방법・절차 등에 필요한 사항은 보건복지부장관이 정하여 고시한다(법 제75조 제3항).
② 보험료 납부의무자가 보험료의 납입 고지를 전자문서로 받는 경우에는 대통령령으로 정하는 바에 따라 보험료를 감액하는 등 재산상의 이익을 제공할 수 있다(법 제75조 제2항 제1호).
④ 65세 이상인 사람, 장애인복지법에 따라 등록한 장애인, 국가유공자 등 예우 및 지원에 관한 법률에 따른 국가유공자(전상군경, 공상군경, 4・19혁명부상자, 공상공무원, 국가사회발전 특별공로상이자), 휴직자 등의 어느 하나에 해당하는 가입자 중 보건복지부령으로 정하는 가입자에 대하여는 그 가입자 또는 그 가입자가 속한 세대의 보험료의 일부를 경감할 수 있다(법 제75조 제1항 제2호부터 제5호).
⑤ 섬・벽지・농어촌 등 대통령령으로 정하는 지역에 거주하는 가입자 중 보건복지부령으로 정하는 가입자에 대하여는 그 가입자 또는 그 가입자가 속한 세대의 보험료의 일부를 경감할 수 있다(법 제75조 제1항 제1호).

20

정답 ③

- 군 및 도농복합 형태 시의 읍・면 지역에 거주하는 지역가입자로서 사업소득이 <u>연간 500만 원 이하(㉠)</u>인 가입자에 대하여는 그 가입자 또는 그 가입자가 속한 세대의 보험료의 일부를 경감할 수 있다(법 제75조 제1항 제1호, 영 제45조 제2호 가목, 규칙 제46조 제2호 라목).
- 직장가입자 중 휴직기간이 1개월 이상인 휴직자인 가입자에 대하여는 그 가입자 또는 그 가입자가 속한 세대의 보험료의 <u>일부를 경감(㉡)</u>할 수 있다(법 제75조 제1항 제5호, 규칙 제46조 제5호).

21

정답 ②

직장가입자가 교직원으로서 사립학교에 근무하는 교원이면 보험료액은 그 직장가입자가 <u>100분의 50</u>을, 교직원이 소속되어 있는 사립학교를 설립・운영하는 자가 <u>100분의 30</u>을, 국가가 <u>100분의 20</u>을 각각 부담한다(법 제76조 제1항 단서).

오답분석

① 직장가입자의 보수월액보험료는 직장가입자와 직장가입자가 근로자인 경우에는 직장가입자와 근로자가 소속되어 있는 사업장의 사업주가 각각 보험료액의 100분의 50씩 부담한다(법 제76조 제1항 제1호).
③ 지역가입자의 보험료는 그 가입자가 속한 세대의 지역가입자 전원이 연대하여 부담한다(법 제76조 제3항).
④ 직장가입자가 교직원인 경우 교직원이 소속되어 있는 사립학교를 설립・운영하는 자가 부담액 전부를 부담할 수 없으면 그 부족액을 학교에 속하는 회계에서 부담하게 할 수 있다(법 제76조 제4항).
⑤ 직장가입자의 소득월액보험료는 직장가입자가 부담한다(법 제76조 제2항).

22

정답 ③

- 소득 및 재산이 없는 미성년자와 소득 및 재산 등을 고려하여 대통령령으로 정하는 기준에 해당하는 미성년자는 납부의무를 부담하지 아니한다(법 제77조 제2항 단서).
- 부모가 모두 사망한 미성년자로서 소득의 합이 연간 100만 원 이하인 미성년자는 납부의무를 부담하지 아니한다(영 제46조 제2호).

오답분석

① 직장가입자의 보수월액보험료는 사용자가 납부해야 한다. 이 경우 사업장의 사용자가 2명 이상인 때에는 그 사업장의 사용자는 해당 직장가입자의 보험료를 연대하여 납부한다(법 제77조 제1항 제1호).
② 지역가입자의 보험료는 그 가입자가 속한 세대의 지역가입자 전원이 연대하여 납부한다(법 제77조 제2항 전단).
④ 사용자는 보수월액보험료 중 직장가입자가 부담하여야 하는 그 달의 보험료액을 그 보수에서 공제하여 납부하여야 한다. 이 경우 직장가입자에게 공제액을 알려야 한다(법 제77조 제3항).
⑤ 직장가입자가 교직원으로서 사립학교에 근무하는 교원이면 보험료액은 그 직장가입자가 100분의 50을, 교직원이 소속되어 있는 사립학교를 설립・운영하는 자가 100분의 30을, 국가가 100분의 20을 각각 부담한다(법 제76조 제1항 단서).

23

정답 ③

㉡ 과점주주의 경우에는 그 부족한 금액을 그 법인의 발행주식 총수(의결권이 없는 주식은 제외한다) 또는 출자총액으로 나눈 금액에 해당 과점주주가 실질적으로 권리를 행사하는 주식 수(의결권이 없는 주식은 제외한다) 또는 출자액을 곱하여 산출한 금액을 한도로 한다(법 제77조의2 제1항 단서).
㉣ 양수인의 범위 및 양수한 재산의 가액은 대통령령으로 정한다(법 제77조의2 제2항 후단). 제2차 납부의무를 지는 사업의 양수인은 사업장별로 그 사업에 관한 모든 권리(미수금에 관한 것은 제외한다)와 모든 의무(미지급금에 관한 것은 제외한다)를 포괄적으로 승계한 자로 한다(영 제46조의2 제1항).

오답분석

㉠ 법인의 재산으로 그 법인이 납부하여야 하는 보험료, 연체금 및 체납처분비를 충당하여도 부족한 경우에는 해당 법인에게 보험료의 납부의무가 부과된 날 현재의 무한책임사원 또는 과점주주(국세기본법 제39조 각 호의 어느 하나에 해당하는 자를 말한다)가 그 부족한 금액에 대하여 제2차 납부의무를 진다(법 제77조의2 제1항 전단).

㉢ 사업이 양도·양수된 경우에 양도일 이전에 양도인에게 납부의무가 부과된 보험료, 연체금 및 체납처분비를 양도인의 재산으로 충당하여도 부족한 경우에는 사업의 양수인이 그 부족한 금액에 대하여 양수한 재산의 가액을 한도로 제2차 납부의무를 진다(법 제77조의2 제2항 전단).

24

정답 ③

㉠ 보험료 납부의무가 있는 자는 가입자에 대한 그 달의 보험료를 그 다음 달 10일까지 납부하여야 한다(법 제78조 제1항 전단).

㉡ 직장가입자의 소득월액보험료 및 지역가입자의 보험료는 보건복지부령으로 정하는 바에 따라 분기별로 납부할 수 있다(법 제78조 제1항 단서).

㉣ 공단은 자동 계좌이체의 방법으로 보험료를 내는 경우로서 정보통신망의 장애 등 납부의무자의 책임 없는 사유로 납부기한까지 이체되지 아니한 경우 납부의무자의 신청에 따라 납부기한부터 1개월의 범위에서 납부기한을 연장할 수 있다(법 제78조 제2항 전단, 규칙 제48조의2 제1항 제2호).

오답분석

㉢ 공단은 납입 고지의 송달 지연 등 보건복지부령으로 정하는 사유가 있는 경우 납부의무자의 신청에 따라 납부기한부터 1개월의 범위에서 납부기한을 연장할 수 있다(법 제78조 제2항 전단).

25

정답 ②

납부의무자의 책임 없는 사유로 납입고지서가 납부기한이 지나서 송달된 경우, 자동 계좌이체의 방법으로 보험료를 내는 경우로서 정보통신망의 장애 등 납부의무자의 책임 없는 사유로 납부기한까지 이체되지 아니한 경우, 그 밖에 보건복지부장관이 인정하는 부득이한 사유가 있는 경우의 사유로 납부기한의 연장을 신청하려는 사람은 해당 보험료의 납부기한으로부터 1개월 이내에 보험료 납부기한 연장신청서를 공단에 제출하여야 한다(규칙 제48조의2 제1항·제2항).

26

정답 ①

가산금(법 제78조의2 제1항)

사업장의 사용자가 대통령령으로 정하는 사유에 해당되어 직장가입자가 될 수 없는 자를 거짓으로 보험자에게 직장가입자로 신고한 경우 공단은 제1호의 금액에서 제2호의 금액을 뺀 금액의 100분의 10에 상당하는 가산금을 그 사용자에게 부과하여 징수한다.

1. 사용자가 직장가입자로 신고한 사람이 직장가입자로 처리된 기간 동안 그 가입자가 부담하여야 하는 보험료의 총액
2. 제1호의 기간 동안 공단이 해당 가입자에 대하여 부과한 보험료의 총액

27

정답 ①

공단은 가산금이 3,000원 미만인 경우, 가산금을 징수하는 것이 적절하지 아니하다고 공단이 인정하는 부득이한 사유가 있는 경우에는 징수하지 아니할 수 있다(법 제78조의2 제2항, 영 제46조의3 제2항 제1호·제2호).

28

정답 ②

공단은 납입 고지를 할 때 납부의무자의 신청이 있으면 전자문서교환방식 등에 의하여 전자문서로 고지할 수 있다. 이 경우 전자문서 고지에 대한 신청 방법·절차 등에 필요한 사항은 보건복지부령으로 정한다(법 제79조 제2항).

오답분석

① 공단은 보험료 등을 징수하려면 그 금액을 결정하여 납부의무자에게 징수하려는 보험료 등의 종류, 납부해야 하는 금액, 납부기한 및 장소를 적은 문서로 납입 고지를 하여야 한다(법 제79조 제1항 제1호부터 제3호).

③ 직장가입자의 사용자가 2명 이상인 경우 또는 지역가입자의 세대가 2명 이상으로 구성된 경우 그중 1명에게 한 고지는 해당 사업장의 다른 사용자 또는 세대 구성원인 다른 지역가입자 모두에게 효력이 있는 것으로 본다(법 제79조 제4항).

④ 휴직자 등의 보험료는 휴직 등의 사유가 끝날 때까지 보건복지부령으로 정하는 바에 따라 납입 고지를 유예할 수 있다(법 제79조 제5항).

⑤ 공단이 전자문서로 고지하는 경우에는 전자문서가 보건복지부령으로 정하는 정보통신망에 저장되거나 납부의무자가 지정한 전자우편주소에 입력된 때에 납입 고지가 그 납부의무자에게 도달된 것으로 본다(법 제79조 제3항).

29

정답 ①

공단은 보험료 등의 납입 고지를 할 때에는 납부의무자에게 보험료 등의 납부기한 10일 전까지 납입고지서를 발급하여야 한다(규칙 제48조).

30

정답 ①

- 사용자는 휴직자 등의 보수월액보험료에 대한 납입 고지를 유예받으려면 휴직 등의 사유가 발생한 날부터 14일 이내(㉠)에 휴직자 등 직장가입자 보험료 납입 고지 유예(유예 해지) 신청서를 공단에 제출하여야 한다(규칙 제50조 제1항).
- 사용자는 신청서가 제출된 후 납입 고지 유예 사유가 없어진 경우에는 그 사유가 없어진 날부터 14일 이내(㉡)에 휴직자 등 직장가입자 보험료 납입 고지 유예(유예 해지) 신청서를 공단에 제출하여야 한다(규칙 제50조 제2항).

31

정답 ⑤

㉢ 보험료 등 납부대행기관은 보험료 등의 납부자로부터 보험료 등의 납부를 대행하는 대가로 수수료를 받을 수 있다(법 제79조의2 제3항).

㉣ 보험료 등 납부대행기관의 지정 및 운영, 수수료 등에 필요한 사항은 대통령령으로 정한다(법 제79조의2 제4항).

오답분석

㉠ 공단이 납입 고지한 보험료 등을 납부하는 자는 보험료 등의 납부를 대행할 수 있도록 대통령령으로 정하는 기관 등(이하 "보험료 등 납부대행기관")을 통하여 신용카드, 직불카드 등(이하 "신용카드 등")으로 납부할 수 있다(법 제79조의2 제1항).

㉡ 신용카드 등으로 보험료 등을 납부하는 경우에는 보험료 등 납부대행기관의 승인일을 납부일로 본다(법 제79조의2 제2항).

32

정답 ③

- 공단은 보험료 등의 납부의무자가 보험료 또는 보험급여 제한 기간 중 받은 보험급여에 대한 징수금을 체납한 경우 납부기한까지 보험료 등을 내지 아니하면 그 납부기한이 지난 날부터 매 1일이 경과할 때마다 해당 체납금액의 1,500분의 1(㉠)에 해당하는 연체금을 징수한다. 이 경우 연체금은 해당 체납금액의 1,000분의 20을 넘지 못한다(법 제80조 제1항 제1호).
- 공단은 보험료 등의 납부의무자가 보험료 또는 보험급여 제한 기간 중 받은 보험급여에 대한 징수금을 체납한 경우 체납된 보험료 등을 내지 아니하면 납부기한 후 30일이 지난 날부터 매 1일이 경과할 때마다 해당 체납금액의 6,000분의 1(㉡)에 해당하는 연체금을 동조 제1항에 따른 연체금에 더하여 징수한다. 이 경우 연체금은 해당 체납금액의 1,000분의 50을 넘지 못한다(법 제80조 제2항 제1호).

33

정답 ②

공단은 보험료 등을 내야 하는 자가 보험료 등을 내지 아니하여 기한을 정하여 독촉할 때에는 10일 이상 15일 이내의 납부기한을 정하여 독촉장을 발부하여야 한다(법 제81조 제2항).

오답분석

① 공단은 보험료 등을 내야 하는 자가 보험료 등을 내지 아니하면 기한을 정하여 독촉할 수 있다. 이 경우 직장가입자의 사용자가 2명 이상인 경우 또는 지역가입자의 세대가 2명 이상으로 구성된 경우에는 그중 1명에게 한 독촉은 해당 사업장의 다른 사용자 또는 세대 구성원인 다른 지역가입자 모두에게 효력이 있는 것으로 본다(법 제81조 제1항).

③ 공단은 체납처분을 하기 전에 보험료 등의 체납 내역, 압류 가능한 재산의 종류, 압류 예정 사실 및 국세징수법에 따른 소액금융재산에 대한 압류금지 사실 등이 포함된 통보서를 발송하여야 한다. 다만, 법인 해산 등 긴급히 체납처분을 할 필요가 있는 경우로서 대통령령으로 정하는 경우에는 그러하지 아니하다(법 제81조 제4항).

④ 공단은 국세 체납처분의 예에 따라 압류하거나 압류한 재산의 공매에 대하여 전문지식이 필요하거나 그 밖에 특수한 사정으로 직접 공매하는 것이 적당하지 아니하다고 인정하는 경우에는 한국자산관리공사 설립 등에 관한 법률에 따라 설립된 한국자산관리공사에 공매를 대행하게 할 수 있다. 이 경우 공매는 공단이 한 것으로 본다(법 제81조 제5항). 또한 공단은 한국자산관리공사가 공매를 대행하면 보건복지부령으로 정하는 바에 따라 수수료를 지급할 수 있다(동조 제6항).

⑤ 공단은 독촉을 받은 자가 그 납부기한까지 보험료 등을 내지 아니하면 보건복지부장관의 승인을 받아 국세 체납처분의 예에 따라 이를 징수할 수 있다(법 제81조 제3항).

34

정답 ⑤

- 공단은 체납처분을 하기 전에 보험료 등의 체납 내역, 압류 가능한 재산의 종류, 압류 예정 사실 및 소액금융재산에 대한 압류금지 사실 등이 포함된 통보서를 발송하여야 한다. 다만, 법인 해산 등 긴급히 체납처분을 할 필요가 있는 경우로서 대통령령으로 정하는 경우에는 그러하지 아니하다(법 제81조 제4항).
- 법 제81조 제4항에서 "대통령령으로 정하는 경우"란 보험료 등을 체납한 자가 ㉠·㉡·㉢·㉣과 국세의 체납으로 체납처분을 받는 경우, 법인이 해산한 경우, 재산의 은닉·탈루, 거짓 계약이나 그 밖의 부정한 방법으로 체납처분의 집행을 면하려는 행위가 있다고 인정되는 경우 중의 어느 하나에 해당하는 경우를 말한다(영 제46조의5 제1호부터 제7호).

35

정답 ③

공단은 보험료 징수 또는 공익목적을 위하여 필요한 경우에 종합신용정보집중기관이 국민건강보험법에 따른 납부기한의 다음 날부터 1년이 지난 보험료, 국민건강보험법에 따른 그 밖의 징수금과 체납처분비의 총액이 500만 원 이상인 자에 해당하는 체납자 또는 결손처분자의 인적사항・체납액 또는 결손처분액에 관한 자료(이하 "체납 등 자료")를 요구할 때에는 그 자료를 제공할 수 있다. 다만, 체납된 보험료나 국민건강보험법에 따른 그 밖의 징수금과 관련하여 행정심판 또는 행정소송이 계류 중인 경우, 그 밖에 대통령령으로 정하는 사유가 있을 때에는 그러하지 아니하다(법 제81조의3 제1항 제1호).

36

정답 ⑤

공단은 체납된 보험료나 국민건강보험법에 따른 그 밖의 징수금과 관련하여 행정심판 또는 행정소송이 계류 중인 경우, 그 밖에 대통령령으로 정하는 사유가 있을 때에는 체납자 또는 결손처분자의 체납 등 자료를 종합신용정보집중기관에 제공하지 아니한다(법 제81조의3 제1항 단서).

체납 또는 결손처분 자료 제공의 제외 사유(영 제47조 제1호・제2호)

법 제81조의3 제1항 단서에서 "대통령령으로 정하는 사유가 있을 때"란 다음 각 호의 어느 하나에 해당하는 때를 말한다.

1. 체납자가 회생계획인가의 결정에 따라 체납액의 징수를 유예받고 그 유예기간 중에 있거나 체납액을 회생계획의 납부일정에 따라 내고 있는 때
2. 체납자가 재해 또는 도난으로 재산이 심하게 손실되었을 때, 사업이 현저하게 손실을 입거나 중대한 위기에 처하였을 때 중 어느 하나에 해당하는 사유로 체납액을 낼 수 없다고 공단이 인정하는 때

37

정답 ③

㉠ 보험료의 납부의무자는 국가, 지방자치단체 또는 공공기관의 운영에 관한 법률에 따른 공공기관으로부터 공사・제조・구매・용역 등 대통령령으로 정하는 계약의 대가를 지급받는 경우에는 보험료와 그에 따른 연체금 및 체납처분비의 납부사실을 증명하여야 한다(법 제81조의4 제1항 전단).

㉢ 납부의무자가 납부사실을 증명하여야 할 경우 계약을 담당하는 주무관서 또는 공공기관은 납부의무자의 동의를 받아 공단에 조회하여 보험료와 그에 따른 연체금 및 체납처분비의 납부 여부를 확인하는 것으로 납부증명을 갈음할 수 있다(법 제81조의4 제2항).

오답분석

㉡ 납부의무자가 계약대금의 전부 또는 일부를 체납한 보험료로 납부하려는 경우 등 대통령령으로 정하는 경우에는 보험료와 그에 따른 연체금 및 체납처분비의 납부사실을 증명하지 아니한다(법 제81조의4 제1항 단서).

38

정답 ③

- 공단은 보험료를 3회(㉠) 이상 체납한 자가 신청하는 경우 보건복지부령으로 정하는 바에 따라 분할납부를 승인할 수 있다(법 제82조 제1항).
- 공단은 분할납부 승인을 받은 자가 정당한 사유 없이 5회(㉡)(승인받은 분할납부 횟수가 5회(㉡) 미만인 경우에는 해당 분할납부 횟수를 말한다) 이상 그 승인된 보험료를 납부하지 아니하면 그 분할납부의 승인을 취소한다(법 제82조 제3항).

39

정답 ①

- 공단이 과오납금을 납부의무자에게 환급할 때는 과오납금에 대통령령으로 정하는 이자를 가산하여야 한다(법 제86조 제3항).
- 법 제86조 제3항에서 "대통령령으로 정하는 이자"란 보험료 등・연체금 또는 체납처분비가 2회 이상 분할 납부된 경우로서 해당 환급금이 최종 분할납부된 금액보다 적거나 같은 경우에는 최종 분할납부일부터 과오납금을 보험료 등・연체금 또는 체납처분비에 충당하는 날까지의 기간에 대하여 과오납금에 국세환급가산금의 이자율을 곱하여 산정한 금액을 말한다(영 제52조 제2항 제1호 가목).

07 이의신청 및 심판청구 등

01	02	03	04	05	06	07	08	09	10
④	④	⑤	④	②	①	③	⑤	④	④
11	12								
③	④								

01 정답 ④

요양기관이 요양기관 대상 여부의 확인 등에 따른 심사평가원의 확인에 대하여 이의신청을 하려면 통보받은 날부터 30일 이내에 하여야 한다(법 제87조 제4항).

오답분석

① 요양급여비용 및 요양급여의 적정성 평가 등에 관한 심사평가원의 처분에 이의가 있는 공단, 요양기관 또는 그 밖의 자는 심사평가원에 이의신청을 할 수 있다(법 제87조 제2항).
② 가입자 및 피부양자의 자격, 보험료 등, 보험급여, 보험급여 비용에 관한 공단의 처분에 이의가 있는 자는 공단에 이의신청을 할 수 있다(법 제87조 제1항).
③ 이의신청은 처분이 있음을 안 날부터 90일 이내에 문서(전자문서를 포함한다)로 하여야 하며 처분이 있은 날부터 180일을 지나면 제기하지 못한다. 다만, 정당한 사유로 그 기간에 이의신청을 할 수 없었음을 소명한 경우에는 그러하지 아니하다(법 제87조 제3항).
⑤ 공단의 이사장은 시민단체가 추천하는 2명을 공단에 설치하는 이의신청위원회 위원으로 임명하거나 위촉한다(영 제54조 제2항 제3호). 또한 심사평가원의 원장은 가입자를 대표하는 단체(시민단체를 포함한다)가 추천하는 사람 5명을 심사평가원에 설치하는 이의신청위원회 위원으로 임명하거나 위촉한다(동조 제3항 제2호).

02 정답 ④

- 가입자 및 피부양자의 자격, 보험료 등, 보험급여, 보험급여 비용에 관한 공단의 처분에 이의가 있는 자는 공단에 이의신청을 할 수 있다(법 제87조 제1항).
- 요양급여비용 및 요양급여의 적정성 평가 등에 관한 심사평가원의 처분에 이의가 있는 공단, 요양기관 또는 그 밖의 자는 심사평가원에 이의신청을 할 수 있다(법 제87조 제2항).

이의신청위원회(영 제53조)
이의신청을 효율적으로 처리하기 위하여 공단 및 심사평가원에 각각 이의신청위원회를 설치한다.

03 정답 ⑤

심사평가원에 설치하는 이의신청위원회의 위원은 심평가원의 원장이 임명하거나 위촉하는데, 의약 관련 단체가 추천하는 사람은 14명, 심사평가원의 임직원은 1명, 가입자를 대표하는 단체(시민단체를 포함한다)가 추천하는 사람은 5명, 변호사, 사회보험에 관한 학식과 경험이 풍부한 사람은 4명이다(영 제54조 제3항 제1호부터 제4호).

오답분석

① 이의신청위원회는 각각 위원장 1명을 포함한 25명의 위원으로 구성한다(영 제54조 제1항).
② 공단에 설치하는 이의신청위원회의 위원장은 공단의 이사장이 지명하는 공단의 상임이사가 되고, 위원은 공단의 이사장이 임명하거나 위촉하는 사람으로 한다(영 제54조 제2항 각 호 외의 부분).
③ 심사평가원에 설치하는 이의신청위원회의 위원장은 심사평가원의 원장이 지명하는 심사평가원의 상임이사가 되고, 위원은 심사평가원의 원장이 임명하거나 위촉하는 사람으로 한다(영 제54조 제3항 각 호 외의 부분).
④ 위촉된 위원의 임기는 3년으로 한다(영 제54조 제4항).

04 정답 ④

㉡ 이의신청위원회의 회의는 위원장과 위원장이 회의마다 지명하는 6명의 위원으로 구성한다(영 제55조 제2항).
㉣ 이의신청위원회의 회의에 출석한 위원장 및 소속 임직원을 제외한 나머지 위원에게는 예산의 범위에서 수당과 여비, 그 밖에 필요한 경비를 지급할 수 있다(영 제55조 제4항).

오답분석

㉠ 이의신청위원회의 위원장은 이의신청위원회 회의를 소집하고, 그 의장이 된다. 이 경우 위원장이 부득이한 사유로 직무를 수행할 수 없을 때에는 위원장이 지명하는 위원이 그 직무를 대행한다(영 제55조 제1항).
㉢ 이의신청위원회의 회의는 구성원 과반수의 출석으로 개의하고, 출석위원 과반수의 찬성으로 의결한다(영 제55조 제3항).

05 정답 ②

심판청구는 처분이 있음을 안 날부터 90일 이내에 문서(전자문서를 포함한다)로 하여야 하며 처분이 있은 날부터 180일을 지나면 제기하지 못한다. 다만, 정당한 사유로 그 기간에 심판청구를 할 수 없었음을 소명한 경우에는 그러하지 아니하다(법 제87조 제3항).

오답분석

① 이의신청에 대한 결정에 불복하는 자는 건강보험분쟁조정위원회에 심판청구를 할 수 있다(법 제88조 제1항 전단).
③ 심판청구를 하려는 자는 대통령령으로 정하는 심판청구서를 처분을 한 공단 또는 심사평가원에 제출하거나 분쟁조정위원회에 제출하여야 한다(법 제88조 제2항).

④ 분쟁조정위원회는 심판청구서를 받으면 지체 없이 그 사본 또는 부본을 공단 또는 심사평가원 및 이해관계인에게 보내고, 공단 또는 심사평가원은 그 사본 또는 부본을 받은 날부터 10일 이내에 처분을 한 자의 답변서 및 이의신청 결정서 사본을 분쟁조정위원회에 제출하여야 한다(영 제59조 제3항).
⑤ 분쟁조정위원회는 심판청구서가 제출된 날부터 60일 이내에 결정을 하여야 한다. 다만, 부득이한 사정이 있는 경우에는 30일의 범위에서 그 기간을 연장할 수 있다(영 제61조 제1항).

06 정답 ①

- 공단과 심사평가원은 심판청구서를 받으면 그 심판청구서를 받은 날부터 10일 이내(㉠)에 그 심판청구서에 처분을 한 자의 답변서 및 이의신청 결정서 사본을 첨부하여 분쟁조정위원회에 제출하여야 한다(영 제59조 제2항).
- 분쟁조정위원회는 심판청구서를 받으면 지체 없이 그 사본 또는 부본을 공단 또는 심사평가원 및 이해관계인에게 보내고, 공단 또는 심사평가원은 그 사본 또는 부본을 받은 날부터 10일 이내(㉡)에 처분을 한 자의 답변서 및 이의신청 결정서 사본을 분쟁조정위원회에 제출하여야 한다(영 제59조 제3항).

07 정답 ③

분쟁조정위원회의 회의는 위원장, 당연직위원 및 위원장이 매 회의마다 지정하는 7명의 위원을 포함하여 총 9명으로 구성하되, 공무원이 아닌 위원이 과반수가 되도록 하여야 한다(법 제89조 제3항).

오답분석

① 심판청구를 심리·의결하기 위하여 보건복지부에 분쟁조정위원회를 둔다(법 제89조 제1항).
② 분쟁조정위원회는 위원장을 포함하여 60명 이내의 위원으로 구성하고, 위원장을 제외한 위원 중 1명은 당연직위원으로 한다. 이 경우 공무원이 아닌 위원이 전체 위원의 과반수가 되도록 하여야 한다(법 제89조 제2항).
④ 분쟁조정위원회는 구성원 과반수의 출석과 출석위원 과반수의 찬성으로 의결한다(법 제89조 제4항).
⑤ 보건복지부장관은 분쟁조정위원회 위원이 해당 안건의 당사자와 친족이거나 친족이었던 경우에도 불구하고 회피하지 아니한 경우에는 해당 분쟁조정위원회 위원을 해임하거나 해촉할 수 있다(영 제62조의2 제4호, 영 제65조의2 제1항 제2호).

08 정답 ⑤

심판청구 결정의 통지(영 제60조)
분쟁조정위원회의 위원장은 심판청구에 대하여 결정을 하였을 때에는 다음 각 호의 사항을 적은 결정서에 서명 또는 기명날인하여 지체 없이 청구인에게는 결정서의 정본을 보내고, 처분을 한 자 및 이해관계인에게는 그 사본을 보내야 한다.
1. 청구인의 성명·주민등록번호 및 주소
2. 처분을 한 자
3. 결정의 주문(主文)
4. 심판청구의 취지
5. 결정 이유
6. 결정 연월일

09 정답 ④

보건복지부장관은 분쟁조정위원회 위원이 해임 및 해촉 사유의 어느 하나에 해당하는 경우에는 해당 분쟁조정위원회 위원을 해임하거나 해촉할 수 있다(영 제62조의2 각 호 외의 부분).

10 정답 ④

분쟁조정위원회의 위원장이 부득이한 사유로 직무를 수행할 수 없을 때에는 위원장이 지명하는 위원이 그 직무를 대행한다(영 제63조 제2항).

11 정답 ③

분쟁조정위원회 위원의 임기는 3년으로 한다. 다만, 위원 중 공무원인 위원의 임기는 그 직위에 재임하는 기간으로 한다(영 제64조).

12 정답 ④

㉡ 위원이나 위원이 속한 법인이 해당 안건의 당사자의 대리인이거나 대리인이었던 경우에는 분쟁조정위원회의 심리·의결에서 제척된다(영 제65조의2 제1항 제4호).
㉢ 위원이 해당 안건에 대하여 증언·진술·자문·연구 또는 용역을 한 경우에는 분쟁조정위원회의 심리·의결에서 제척된다(영 제65조의2 제1항 제3호).
㉤ 위원은 제척 사유에 해당하는 경우에는 스스로 해당 안건의 심리·의결에서 회피하여야 한다(영 제65조의2 제3항).

오답분석

㉠ 위원 또는 그 배우자나 배우자였던 사람이 해당 안건의 당사자가 되거나 그 안건의 당사자와 공동권리자 또는 공동의무자인 경우에는 분쟁조정위원회의 심리·의결에서 제척된다(영 제65조의2 제1항 제1호).
㉣ 당사자는 위원에게 공정한 심리·의결을 기대하기 어려운 사정이 있는 경우에는 분쟁조정위원회에 기피 신청을 할 수 있고, 분쟁조정위원회는 의결로 이를 결정한다. 이 경우 기피 신청의 대상인 위원은 그 의결에 참여하지 못한다(영 제65조의2 제2항).

08 보칙

01	02	03	04	05	06	07	08	09	10
③	⑤	④	③	③	⑤	②	②	①	②
11	12	13	14	15	16	17	18	19	20
①	③	⑤	①	⑤	④	②	③	②	④
21	22	23	24	25	26	27	28	29	30
⑤	①	②	①	③	②	②	⑤	②	②
31	32	33	34						
③	⑤	⑤	④						

01

정답 ③

㉡ 보험급여를 받을 권리, 보험급여 비용을 받을 권리, 과다납부된 본인일부부담금을 돌려받을 권리는 3년 동안 행사하지 아니하면 소멸시효가 완성된다(법 제91조 제1항 제3호부터 제5호).

㉢ 시효는 보험료의 고지 또는 독촉이나 보험급여 또는 보험급여 비용의 청구 등의 사유로 중단된다(법 제91조 제2항).

㉣ 휴직자 등의 보수월액보험료를 징수할 권리의 소멸시효는 고지가 유예된 경우 휴직 등의 사유가 끝날 때까지 진행하지 아니한다(법 제91조 제3항).

오답분석

㉠ 보험료, 연체금 및 가산금을 징수할 권리, 보험료, 연체금 및 가산금으로 과오납부한 금액을 환급받을 권리는 3년 동안 행사하지 아니하면 소멸시효가 완성된다(법 제91조 제1항 제1호·제2호).

㉤ 소멸시효기간, 시효 중단 및 시효 정지에 관하여 국민건강보험법에서 정한 사항 외에는 민법에 따른다(법 제91조 제4항).

02

정답 ⑤

㉠ 공단은 신고한 보수 또는 소득 등에 축소 또는 탈루가 있다고 인정하는 경우에는 보건복지부장관을 거쳐 소득의 축소 또는 탈루에 관한 사항을 문서로 국세청장에게 송부할 수 있다(법 제95조 제1항).

㉡ 국세청장은 송부받은 사항에 대하여 국세기본법 등 관련 법률에 따른 세무조사를 하면 그 조사 결과 중 보수·소득에 관한 사항을 공단에 송부하여야 한다(법 제95조 제2항).

㉢ 공단은 사용자, 직장가입자 및 세대주가 신고한 보수 또는 소득 등이 임금대장이나 그 밖의 소득 관련 서류 또는 장부 등의 내용과 다른 경우에는 소득축소탈루심사위원회의 심사를 거쳐 관련 자료를 보건복지부장관에게 제출하고 국세청장에게 송부하여야 한다(영 제68조 제1항 제1호 다목).

03

정답 ④

㉠ 소득 등의 축소 또는 탈루 여부에 관한 사항을 심사하기 위하여 공단에 소득축소탈루심사위원회를 둔다(영 제68조 제2항).

㉡ 소득축소탈루심사위원회는 위원장 1명을 포함한 5명의 위원으로 구성한다(영 제68조 제3항).

㉢ 소득축소탈루심사위원회의 위원은 공단의 이사장이 임명하거나 위촉하는 사람으로 한다(영 제68조 제5항 각 호 외의 부분).

오답분석

㉣ 보건복지부 및 국세청 소속의 5급 이상 공무원 또는 고위공무원단에 속하는 일반직공무원 중에서 소속 기관의 장이 각각 1명씩 지명하는 사람 2명을 공단의 이사장이 임명하거나 위촉한다(영 제68조 제5항 제2호).

04

정답 ③

㉢ 법원행정처장은 공단이 전산정보자료의 공동이용을 요청하는 경우 그 공동이용을 위하여 필요한 조치를 취하여야 한다(법 제96조의3 제2항).

㉣ 누구든지 공동이용하는 전산정보자료를 그 목적 외의 용도로 이용하거나 활용하여서는 아니 된다(법 제96조의3 제3항).

오답분석

㉠·㉡ 공단은 제96조 제1항 각 호의 업무를 수행하기 위하여 전자정부법에 따라 가족관계의 등록 등에 관한 법률에 따른 전산정보자료를 공동이용(개인정보 보호법에 따른 처리를 포함한다)할 수 있다(법 제96조의3 제1항).

05

정답 ③

- 요양기관은 요양급여가 끝난 날부터 5년간(㉠) 보건복지부령으로 정하는 바에 따라 요양급여비용의 청구에 관한 서류를 보존하여야 한다. 다만, 약국 등 보건복지부령으로 정하는 요양기관은 처방전을 요양급여비용을 청구한 날부터 3년간 보존하여야 한다(법 제96조의4 제1항).
- 사용자는 3년간(㉡) 보건복지부령으로 정하는 바에 따라 자격 관리 및 보험료 산정 등 건강보험에 관한 서류를 보존하여야 한다(법 제96조의4 제2항).
- 요양비를 청구한 준요양기관은 요양비를 지급받은 날부터 3년간(㉢) 보건복지부령으로 정하는 바에 따라 요양비 청구에 관한 서류를 보존하여야 한다(법 제96조의4 제3항).
- 보조기기에 대한 보험급여를 청구한 자는 보험급여를 지급받은 날부터 3년간(㉣) 보건복지부령으로 정하는 바에 따라 보험급여 청구에 관한 서류를 보존하여야 한다(법 제96조의4 제4항).

따라서 ㉠~㉣을 합산하면 5+3+3+3=14이다.

06

정답 ⑤

㉡ 규칙 제58조 제1항 제1호
㉢ 규칙 제58조 제1항 제2호
㉣ 규칙 제58조 제1항 제4호
㉤ 규칙 제58조 제1항 제5호

오답분석

㉠ 개인별 투약기록 및 처방전은 약국 및 한국희귀・필수의약품센터의 경우만 해당한다(규칙 제58조 제1항 제3호).

07

정답 ②

㉠ 보건복지부장관은 사용자, 직장가입자 또는 세대주에게 가입자의 이동・보수・소득이나 그 밖에 필요한 사항에 관한 보고 또는 서류 제출을 명하거나, 소속 공무원이 관계인에게 질문하게 하거나 관계 서류를 검사하게 할 수 있다(법 제97조 제1항).
㉣ 보건복지부장관은 약제에 대한 요양급여비용 상한금액의 감액 및 요양급여의 적용 정지를 위하여 필요한 경우에는 약사법에 따른 의약품공급자에 대하여 금전, 물품, 편익, 노무, 향응, 그 밖의 경제적 이익 등의 제공으로 인한 의약품 판매 질서 위반 행위에 관한 보고 또는 서류 제출을 명하거나, 소속 공무원이 관계인에게 질문하게 하거나 관계 서류를 검사하게 할 수 있다(법 제97조 제5항).

오답분석

㉡ 보건복지부장관은 요양기관(제49조에 따라 요양을 실시한 기관을 포함한다)에 대하여 요양・약제의 지급 등 보험급여에 관한 보고 또는 서류 제출을 명하거나, 소속 공무원이 관계인에게 질문하게 하거나 관계 서류를 검사하게 할 수 있다(법 제97조 제2항).
㉢ 보건복지부장관은 요양급여비용의 심사청구를 대행하는 단체(이하 "대행청구단체")에 필요한 자료의 제출을 명하거나, 소속 공무원이 대행청구에 관한 자료 등을 조사・확인하게 할 수 있다(법 제97조 제4항).

08

정답 ②

양수인 또는 합병 후 존속하는 법인이나 합병으로 설립되는 법인이 업무정지 처분 또는 위반사실을 알지 못하였음을 증명하는 경우에는 업무정지 처분의 효과는 승계되지 아니한다(법 제98조 제3항 단서).

오답분석

① 업무정지 처분의 효과는 그 처분이 확정된 요양기관을 양수한 자 또는 합병 후 존속하는 법인이나 합병으로 설립되는 법인에 승계되고, 업무정지 처분의 절차가 진행 중인 때에는 양수인 또는 합병 후 존속하는 법인이나 합병으로 설립되는 법인에 대하여 그 절차를 계속 진행할 수 있다(법 제98조 제3항 전단).
③ 업무정지 처분을 받았거나 업무정지 처분의 절차가 진행 중인 자는 행정처분을 받은 사실 또는 행정처분절차가 진행 중인 사실을 우편법 시행규칙에 따른 내용증명으로 양수인 또는 합병 후 존속하는 법인이나 합병으로 설립되는 법인에 지체 없이 알려야 한다(법 제98조 제4항, 규칙 제60조).
④ 업무정지를 부과하는 위반행위의 종류, 위반 정도 등에 따른 행정처분기준이나 그 밖에 필요한 사항은 대통령령으로 정한다(법 제98조 제5항).
⑤ 업무정지 처분을 받은 자는 해당 업무정지기간 중에는 요양급여를 하지 못한다(법 제98조 제2항).

09

정답 ①

보건복지부장관은 약제를 요양급여에서 적용 정지하는 경우 환자 진료에 불편을 초래하는 등 공공복리에 지장을 줄 것으로 예상되는 때에는 요양급여의 적용 정지에 갈음하여 해당 약제에 대한 요양급여비용 총액의 100분의 200(㉠)을 넘지 아니하는 범위에서 과징금을 부과・징수할 수 있다(법 제99조 제2항 제1호). 이 경우 보건복지부장관은 12개월의 범위(㉡)에서 분할납부를 하게 할 수 있다(법 제99조 제2항 후단).

10

정답 ②

보건복지부장관은 과징금을 징수하기 위하여 필요하면 납세자의 인적사항, 사용 목적, 과징금 부과 사유 및 부과 기준을 적은 문서로 관할 세무관서의 장 또는 지방자치단체의 장에게 과세정보의 제공을 요청할 수 있다(법 제99조 제7항).

오답분석

① 보건복지부장관은 과징금을 납부하여야 할 자가 납부기한까지 이를 내지 아니하면 대통령령으로 정하는 절차에 따라 그 과징금 부과 처분을 취소하고 업무정지 처분을 하거나 국세 체납처분의 예에 따라 이를 징수한다. 다만, 요양기관의 폐업 등으로 업무정지 처분을 할 수 없으면 국세 체납처분의 예에 따라 징수한다(법 제99조 제5항).
③・④ 징수한 과징금은 다음 각 호 외의 용도로는 사용할 수 없다. 이 경우 환자 진료에 불편을 초래하는 등 공공복리에 지장을 줄 것으로 예상되는 때 및 이때의 사유로 과징금 부과대상이 되는 경우에 따라 징수한 과징금은 제3호의 용도로 사용하여야 한다(법 제99조 제8항).
1. 제47조 제3항에 따라 공단이 요양급여비용으로 지급하는 자금
2. 응급의료에 관한 법률에 따른 응급의료기금의 지원
3. 재난적의료비 지원에 관한 법률에 따른 재난적의료비 지원사업에 대한 지원

⑤ 보건복지부장관은 과징금을 부과하려는 때에는 과징금 부과대상이 되는 위반행위, 과징금의 금액, 납부기한 및 수납기관 등을 명시하여 이를 납부할 것을 서면으로 통지하여야 한다(영 제70조의3 제1항).

11

정답 ①

위반사실의 공표(법 제100조 제1항)

보건복지부장관은 관련 서류의 위조·변조로 요양급여비용을 거짓으로 청구하여 업무정지 또는 과징금 등의 행정처분을 받은 요양기관이 다음 각 호의 어느 하나에 해당하면 그 위반행위, 처분 내용, 해당 요양기관의 명칭·주소 및 대표자 성명, 그 밖에 다른 요양기관과의 구별에 필요한 사항으로서 대통령령으로 정하는 사항을 공표할 수 있다. 이 경우 공표 여부를 결정할 때에는 그 위반행위의 동기, 정도, 횟수 및 결과 등을 고려하여야 한다.

1. 거짓으로 청구한 금액이 1,500만 원 이상(㉠)인 경우
2. 요양급여비용 총액 중 거짓으로 청구한 금액의 비율이 100분의 20 이상(㉡)인 경우

12

정답 ③

㉠ 영 제70조 별표 5 제1호 가목

㉡ 과징금은 업무정지기간이 10일 이하인 경우에는 총부당금액의 2배, 업무정지기간이 10일을 초과하여 30일까지에 해당하는 경우에는 총부당금액의 3배, 30일을 초과하여 50일까지에 해당하는 경우에는 총부당금액의 4배, 업무정지기간이 50일을 초과하는 경우에는 총부당금액의 5배로 한다(영 제70조 별표 5 제2호 가목).

오답분석

㉢ 요양기관이 과징금의 분할납부를 신청하는 경우 보건복지부장관은 12개월의 범위에서 과징금의 분할납부를 허용할 수 있다(영 제70조 별표 5 제2호 나목).

13

정답 ⑤

보건복지부장관은 과징금 부과 대상이 된 약제가 과징금이 부과된 날부터 대통령령으로 정하는 기간인 5년 내에 다시 과징금 부과 대상이 되는 경우에는 과징금을 부과·징수할 수 있다(법 제99조 제3항 각 호 외의 부분, 영 제70조의2 제3항).

과징금의 부과기준(영 제70조의2 제2항)

보건복지부장관은 요양급여의 적용 정지 대상인 약제가 다음 각 호의 어느 하나에 해당하는 경우에는 요양급여의 적용 정지를 갈음하여 과징금을 부과할 수 있다.

1. 퇴장방지의약품
2. 희귀의약품
3. 요양급여의 대상으로 고시한 약제가 단일 품목으로서 동일제제(투여경로·성분·함량 및 제형이 동일한 제품을 말한다)가 없는 의약품
4. 그 밖에 보건복지부장관이 특별한 사유가 있다고 인정한 약제

14

정답 ①

통지를 받은 자는 과징금 납입고지서에 기재된 납부기한까지 과징금을 수납기관에 납부하여야 한다. 다만, 천재지변이나 그 밖에 부득이한 사유로 인하여 그 기간 내에 과징금을 납부할 수 없는 경우에는 그 사유가 해소된 날부터 7일 이내에 납부하여야 한다(영 제70조의3 제2항).

15

정답 ⑤

과징금의 지원 규모 등(영 제71조 제1항)

징수한 과징금의 용도별 지원 규모는 다음 각 호와 같다.

1. 공단이 요양급여비용으로 지급하는 자금 지원 : 과징금 수입의 100분의 50
2. 응급의료기금 지원 : 과징금 수입의 100분의 35(㉠)
3. 재난적의료비 지원사업에 대한 지원 : 과징금 수입의 100분의 15(㉡)

16

정답 ④

㉡ 보건복지부장관은 공표심의위원회의 심의를 거친 공표대상자에게 공표대상자인 사실을 알려 소명자료를 제출하거나 출석하여 의견을 진술할 기회를 주어야 한다(법 제100조 제3항).

㉢ 보건복지부장관은 공표심의위원회가 제출된 소명자료 또는 진술된 의견을 고려하여 공표대상자를 재심의한 후 공표대상자를 선정한다(법 제100조 제4항).

㉣ 제1항부터 제4항까지에서 규정한 사항 외에 공표의 절차·방법, 공표심의위원회의 구성·운영 등에 필요한 사항은 대통령령으로 정한다(법 제100조 제5항).

오답분석

㉠ 보건복지부장관은 공표 여부 등을 심의하기 위하여 건강보험공표심의위원회(이하 "공표심의위원회")를 설치·운영한다(법 제100조 제2항).

17

정답 ②

- 보건복지부장관은 공표대상자인 사실을 통지받은 요양기관에 대하여 그 통지를 받은 날부터 20일 동안(㉠) 소명자료를 제출하거나 출석하여 의견을 진술할 기회를 주어야 한다(영 제74조 제1항).
- 보건복지부장관은 공표대상자로 선정된 요양기관에 대하여 보건복지부, 공단, 심사평가원, 관할 특별시·광역시·특별자치시·도·특별자치도와 시·군·자치구 및 보건소의 홈페이지에 6개월 동안(㉡) 공표 사항을 공고해야 하며, 추가로 게시판 등에도 공고할 수 있다(영 제74조 제2항).

18

정답 ③

㉢ 공단은 동조 제1항을 위반하여 보험자·가입자 및 피부양자에게 손실을 주는 행위를 한 제조업자 등에 대하여 손실에 상당하는 금액(이하 "손실 상당액")을 징수한다(법 제101조 제3항).

㉣ 공단은 징수한 손실 상당액 중 가입자 및 피부양자의 손실에 해당되는 금액을 그 가입자나 피부양자에게 지급하여야 한다. 이 경우 공단은 가입자나 피부양자에게 지급하여야 하는 금액을 그 가입자 및 피부양자가 내야 하는 보험료 등과 상계할 수 있다(법 제101조 제4항).

오답분석

㉠·㉡ 약사법에 따른 의약품의 제조업자·위탁제조판매업자·수입자·판매업자 및 의료기기법에 따른 의료기기 제조업자·수입업자·수리업자·판매업자·임대업자(이하 "제조업자 등")는 약제·치료재료와 관련하여 요양급여대상 여부를 결정하거나 요양급여비용을 산정할 때에 다음 각 호의 행위를 하여 보험자·가입자 및 피부양자에게 손실을 주어서는 아니 된다(법 제101조 제1항).

1. 속임수나 그 밖의 부당한 방법으로 보험자·가입자 및 피부양자에게 요양급여비용을 부담하게 한 요양기관의 행위에 개입
2. 보건복지부, 공단 또는 심사평가원에 거짓 자료의 제출
3. 그 밖에 속임수나 보건복지부령으로 정하는 부당한 방법으로 요양급여대상 여부의 결정과 요양급여비용의 산정에 영향을 미치는 행위

19

정답 ②

- 공단이 제조업자 등에 대하여 징수하는 손실 상당액은 법 제101조 제1항 제1호부터 제3호까지의 위반행위로 보험자·가입자 및 피부양자가 부당하게 부담하게 된 요양급여비용 전액(㉠)으로 한다(영 제74조의2 제1항).
- 공단은 제조업자 등이 동일한 약제·치료재료에 대하여 법 제101조 제1항 제1호부터 제3호까지의 위반행위 중 둘 이상의 위반행위를 한 경우에는 각 위반행위에 따른 손실 상당액 중 가장 큰 금액(㉡)을 손실 상당액으로 징수한다(영 제74조의2 제2항).

20

정답 ④

정보의 유지 등(법 제102조)

공단, 심사평가원 및 대행청구단체에 종사하였던 사람 또는 종사하는 사람은 다음 각 호의 행위를 하여서는 아니 된다.

1. 가입자 및 피부양자의 개인정보(개인정보 보호법에서 정의하는 개인정보를 말한다. 이하 "개인정보"라 한다)를 누설하거나 직무상 목적 외의 용도로 이용 또는 정당한 사유 없이 제3자에게 제공하는 행위
2. 업무를 수행하면서 알게 된 정보(개인정보는 제외한다)를 누설하거나 직무상 목적 외의 용도로 이용 또는 제3자에게 제공하는 행위

21

정답 ⑤

보건복지부장관은 감독상 필요한 경우에는 정관이나 규정의 변경 또는 그 밖에 필요한 처분을 명할 수 있다(법 제103조 제2항).

공단 등에 대한 감독 등(법 제103조 제1항)

보건복지부장관은 공단과 심사평가원의 경영목표를 달성하기 위하여 다음 각 호의 사업이나 업무에 대하여 보고를 명하거나 그 사업이나 업무 또는 재산상황을 검사하는 등 감독을 할 수 있다.

1. 공단의 업무 및 심사평가원의 업무
2. 공공기관의 운영에 관한 법률에 따른 경영지침의 이행과 관련된 사업
3. 국민건강보험법 또는 다른 법령에서 공단과 심사평가원이 위탁받은 업무
4. 그 밖에 관계 법령에서 정하는 사항과 관련된 사업

22

정답 ①

공단은 포상금 지급 신청을 받은 날부터 1개월 이내에 신고인에게 포상금 지급 기준에 따른 포상금을 지급하여야 한다(영 제75조 제4항).

23

정답 ②

공단은 징수하여야 할 금액이나 반환하여야 할 금액이 1건당 2,000원 미만인 경우(상계 처리할 수 있는 본인일부부담금 환급금 및 가입자나 피부양자에게 지급하여야 하는 금액은 제외한다)에는 징수 또는 반환하지 아니한다(법 제106조).

24

정답 ①

정부는 외국 정부가 사용자인 사업장의 근로자의 건강보험에 관하여는 외국 정부와 한 합의에 따라 이를 따로 정할 수 있다(법 제109조 제1항).

오답분석

② 국내에 체류하는 재외국민 또는 외국인(이하 "국내체류 외국인 등")이 적용대상사업장의 근로자이고 고용 기간이 1개월 미만인 일용근로자에 해당하지 아니하면서 재외동포의 출입국과 법적 지위에 관한 법률에 따라 국내거소신고를 한 사람인 경우에는 직장가입자가 된다(법 제109조 제2항 제2호).

③ 직장가입자에 해당하지 아니하는 국내체류 외국인 등이 보건복지부령으로 정하는 기간 동안 국내에 지속적으로 거주할 것으로 예상할 수 있는 사유로서 보건복지부령으로 정하는 사유에 해당되고 주민등록법에 따라 등록한 사람인 경우에는 지역가입자가 된다(법 제109조 제3항 제1호·제2호 가목).

PART 2

④ 동조 제2항 각 호의 어느 하나에 해당하는 국내체류 외국인 등이 다음 각 호의 요건을 모두 갖춘 경우에는 공단에 신청하면 피부양자가 될 수 있다(법 제109조 제4항).
  1. 직장가입자와의 관계가 배우자, 직계존속(배우자의 직계존속을 포함한다), 직계비속(배우자의 직계비속을 포함한다)과 그 배우자, 형제·자매 중 어느 하나에 해당할 것
  2. 보건복지부령으로 정하는 피부양자 자격의 인정 기준에 해당할 것

⑤ 가입자인 국내체류 외국인 등이 매월 2일 이후 지역가입자의 자격을 취득하고 그 자격을 취득한 날이 속하는 달에 보건복지부장관이 고시하는 사유로 해당 자격을 상실한 경우에는 그 자격을 취득한 날이 속하는 달의 보험료를 부과하여 징수한다(법 제109조 제7항).

25

정답 ③

국내체류 외국인 등(동조 제9항 단서의 적용을 받는 사람에 한정한다)에 해당하는 지역가입자의 보험료는 그 직전 월 25일까지 납부하여야 한다(법 제109조 제8항 전단). 대통령령으로 정하는 국내체류 외국인 등의 보험료 부과·징수에 관한 사항은 그 특성을 고려하여 보건복지부장관이 다르게 정하여 고시할 수 있다(법 제109조 제9항 단서).

오답분석

① 국내체류가 법률에 위반되는 경우로서 대통령령으로 정하는 사유가 있는 경우에는 가입자 및 피부양자가 될 수 없다(법 제109조 제5항 제1호). 이때 "대통령령으로 정하는 사유"란 체류기간 연장허가를 받지 아니하고 체류하는 경우, 강제퇴거명령서를 발급받은 경우를 말한다(영 제76조 제1호·제2호).

② 가입자인 국내체류 외국인 등이 매월 2일 이후 지역가입자의 자격을 취득하고 그 자격을 취득한 날이 속하는 달에 보건복지부장관이 고시하는 사유로 해당 자격을 상실한 경우에는 그 자격을 취득한 날이 속하는 달의 보험료를 부과하여 징수한다(법 제109조 제7항).

④ 공단은 지역가입자인 국내체류 외국인 등(동조 제9항 단서의 적용을 받는 사람에 한정한다)이 보험료를 체납한 경우에는 체납일부터 체납한 보험료를 완납할 때까지 보험급여를 하지 아니한다(법 제109조 제10항 전단).

⑤ 동조 제2항 각 호의 어느 하나에 해당하는 국내체류 외국인 등이 다음 각 호의 요건을 모두 갖춘 경우에는 공단에 신청하면 피부양자가 될 수 있다(법 제109조 제4항).
  1. 직장가입자와의 관계가 배우자, 직계존속(배우자의 직계존속을 포함한다), 직계비속(배우자의 직계비속을 포함한다)과 그 배우자, 형제·자매 중 어느 하나에 해당할 것
  2. 보건복지부령으로 정하는 피부양자 자격의 인정 기준에 해당할 것

26

 ②

외국인 등의 가입자 자격취득 시기 등(영 제76조의2 제1항)

국내체류 외국인 등은 다음 각 호의 구분에 따른 날에 가입자의 자격을 얻는다.

1. 국내거소신고를 한 사람으로서 6개월 이상 국내에 거주한 경우 : 해당 기간이 경과한 날(㉠)
2. 외국인 등록을 한 사람으로서 체류자격이 있는 사람이 6개월 이상(㉡) 국내에 지속적으로 거주할 것으로 예상할 수 있는 사유에 해당하는 경우 : 국내에 입국한 날

27

정답 ②

외국인 등의 가입자 자격 상실 시기(영 제76조의2 제2항 제1호)

국내체류 외국인 등인 직장가입자는 다음 각 목의 어느 하나에 해당하는 날에 그 자격을 잃는다.

가. 체류기간이 종료된 날의 다음 날(㉠)
나. 강제퇴거명령서를 발급받은 날의 다음 날(㉡)
다. 외국인 등에 대한 특례(국내체류 외국인 등이 외국의 법령, 외국의 보험 또는 사용자와의 계약 등에 따라 요양급여에 상당하는 의료보장을 받을 수 있어 사용자 또는 가입자가 가입 제외를 신청한 경우에는 가입자 및 피부양자가 될 수 없다)에 따라 사용자가 직장가입자의 가입 제외를 신청한 날. 다만, 직장가입자 자격취득 신고를 한 날부터 14일 이내에 가입 제외를 신청한 경우에는 그 자격취득일로 한다.
라. 그 밖에 보건복지부장관이 체류자격, 체류기간 및 체류경위 등을 고려하여 그 자격상실 시기를 국내거주 국민과 다르게 정할 필요가 있다고 인정하여 고시하는 경우 : 해당 고시에서 정하는 날

28

정답 ⑤

- 국내체류 외국인 등은 주민등록, 국내거소신고 또는 외국인등록(이하 "주민등록 등")을 한 날부터 90일 이내에 피부양자 자격취득을 신청한 경우에는 해당 주민등록 등을 한 날에 피부양자의 자격을 얻는다. 다만, 주민등록 등을 한 이후에 직장가입이 된 경우에는 해당 직장가입이 된 날로 한다(영 제76조의3 제1항 제2호).
- 주민등록 등을 한 날부터 90일이 경과하여 피부양자 자격취득을 신청한 경우에는 그 자격취득을 신청한 날에 피부양자의 자격을 얻는다. 다만, 주민등록 등을 한 이후에 직장가입이 된 경우로서 해당 직장가입이 된 날부터 90일 이내에 신청이 있는 때에는 그 직장가입이 된 날로 한다(영 제76조의3 제1항 제3호).

29

정답 ②

사용자는 국내체류 외국인 등이 직장가입자가 되는 경우에는 그 직장가입자가 된 날부터 14일 이내에 건강보험 직장가입자 자격취득 신고서에 재외국민인 경우에는 주민등록표 등본 1부를, 외국인으로서 외국국적동포인 경우에는 국내거소신고증 사본 또는 국내거소신고 사실증명 1부를, 그 밖의 외국인인 경우에는 외국인등록증 사본 또는 외국인등록 사실증명 1부를 첨부하여 공단에 제출하여야 한다. 다만, 공단이 국가 등으로부터 제공받은 자료로 주민등록, 국내거소신고 및 외국인등록 사실을 확인할 수 있는 경우에는 해당 서류를 첨부하지 아니한다(규칙 제61조 제1항 제1호, 제2호 가목·나목).

30

정답 ②

공단에 신청한 가입자(이하 "임의계속가입자")는 대통령령으로 정하는 기간 동안 직장가입자의 자격을 유지한다. 다만, 동조 제1항에 따른 신청 후 최초로 내야 할 직장가입자 보험료를 그 납부기한부터 2개월이 지난 날까지 내지 아니한 경우에는 그 자격을 유지할 수 없다(법 제110조 제2항).

오답분석

① 사용관계가 끝난 사람 중 직장가입자로서의 자격을 유지한 기간이 보건복지부령으로 정하는 기간 동안 통산 1년 이상인 사람은 지역가입자가 된 이후 최초로 지역가입자 보험료를 고지받은 날부터 그 납부기한에서 2개월이 지나기 이전까지 공단에 직장가입자로서의 자격을 유지할 것을 신청할 수 있다(법 제110조 제1항).

③ 임의계속가입자의 보수월액은 보수월액보험료가 산정된 최근 12개월간의 보수월액을 평균한 금액으로 한다(법 제110조 제3항).

④ 임의계속가입자의 보수월액보험료는 그 임의계속가입자가 전액을 부담하고 납부한다(법 제110조 제5항).

⑤ 임의계속자입자의 보험료는 보건복지부장관이 정하여 고시하는 바에 따라 그 일부를 경감할 수 있다(법 제110조 제4항).

31

정답 ③

사용관계가 끝난 사람 중 직장가입자로서의 자격을 유지한 기간이 사용관계가 끝난 날 이전 18개월 동안 통산 1년 이상인 사람은 지역가입자가 된 이후 최초로 지역가입자 보험료를 고지받은 날부터 그 납부기한에서 2개월이 지나기 이전까지 공단에 직장가입자로서의 자격을 유지할 것을 신청할 수 있다(법 제110조 제1항, 규칙 제62조).

32

정답 ⑤

공단(공단의 업무를 위탁받은 자를 포함한다)은 ㉠·㉡·㉢·㉣·㉤·㉥과 공단의 관장 업무에 관한 사무, 현역병 등에 대한 요양급여비용 지급에 관한 사무, 요양급여비용의 정산에 관한 사무, 보험료부과점수 및 금융정보 등의 제공 요청에 관한 사무, 신고 등에 관한 사무, 자료의 제공 요청에 관한 사무, 업무의 위탁에 관한 사무를 수행하기 위하여 불가피한 경우 건강에 관한 정보, 범죄경력자료에 해당하는 정보, 주민등록번호, 여권번호, 운전면허의 면허번호 또는 외국인등록번호가 포함된 자료를 처리할 수 있다(영 제81조 제1항 제1호부터 제10호).

33

정답 ⑤

심사평가원은 ㉠·㉡·㉢·㉣과 관장 업무에 관한 사무를 수행하기 위하여 불가피한 경우 건강에 관한 정보, 주민등록번호, 여권번호, 운전면허의 면허번호 또는 외국인등록번호가 포함된 자료를 처리할 수 있다(영 제81조 제2항 제1호부터 제4호).

34

정답 ④

공단은 국민연금법, 산업재해보상보험법, 고용보험법 및 임금채권보장법에 따라 국민연금기금, 산업재해보상보험 및 예방기금, 고용보험기금 및 임금채권보장기금으로부터 각각 지급받은 출연금을 징수위탁근거법에 따라 위탁받은 업무에 소요되는 비용에 사용하여야 한다(법 제114조 제1항).

업무 등(법 제14조 제1항 제11호)

공단은 국민연금법, 고용보험 및 산업재해보상보험의 보험료징수 등에 관한 법률, 임금채권보장법 및 석면피해구제법(이하 "징수위탁근거법")에 따라 위탁받은 업무를 관장한다.

09 벌칙

01	02	03	04	05	06	07	08	09	10
②	③	②	⑤	②	⑤	①	①	④	⑤
11	12								
④	③								

01 정답 ②

벌칙(법 제115조 제5항)
다음 각 호의 어느 하나에 해당하는 자는 1년 이하의 징역 또는 1,000만 원 이하의 벌금에 처한다.
1. 제42조의2 제1항 및 제3항을 위반하여 선별급여를 제공한 요양기관의 개설자
2. 제47조 제7항을 위반하여 대행청구단체가 아닌 자로 하여금 대행하게 한 자
3. 제93조를 위반한 사용자
4. 제98조 제2항을 위반한 요양기관의 개설자

> **요양기관의 선별급여 실시에 대한 관리(법 제42조의2 제3항)**
> 보건복지부장관은 요양기관이 선별급여의 실시 조건을 충족하지 못하거나 자료를 제출하지 아니할 경우에는 해당 선별급여의 실시를 제한할 수 있다.

02 정답 ③

제42조 제5항을 위반한 자 또는 제49조 제2항을 위반하여 요양비 명세서나 요양 명세를 적은 영수증을 내주지 아니한 자는 500만 원 이하의 벌금에 처한다(법 제117조).

> **요양비(법 제49조 제2항)**
> 준요양기관은 보건복지부장관이 정하는 요양비 명세서나 요양 명세를 적은 영수증을 요양을 받은 사람에게 내주어야 하며, 요양을 받은 사람은 그 명세서나 영수증을 공단에 제출하여야 한다.

03 정답 ②

제105조를 위반한 자에게는 100만 원 이하의 과태료를 부과한다(법 제119조 제4항 제6호).

> **유사명칭의 사용금지(법 제105조 제2항)**
> 국민건강보험법으로 정하는 건강보험사업을 수행하는 자가 아닌 자는 보험계약 또는 보험계약의 명칭에 국민건강보험이라는 용어를 사용하지 못한다.

04 정답 ⑤

가입자 및 피부양자의 개인정보를 누설하거나 직무상 목적 외의 용도로 이용 또는 정당한 사유 없이 제3자에게 제공한 자는 5년 이하의 징역 또는 5,000만 원 이하의 벌금에 처한다(법 제115조 제1항).

05 정답 ②

업무를 수행하면서 알게 된 정보를 누설하거나 직무상 목적 외의 용도로 이용 또는 제3자에게 제공한 자는 3년 이하의 징역 또는 3,000만 원 이하의 벌금에 처한다(법 제115조 제2항 제2호).

06 정답 ⑤

대행청구단체의 종사자로서 거짓이나 그 밖의 부정한 방법으로 요양급여비용을 청구한 자는 3년 이하의 징역 또는 3,000만 원 이하의 벌금에 처한다(법 제115조 제2항 제1호).

오답분석

① 업무정지 처분을 받은 자는 해당 업무정지기간 중에는 요양급여를 하지 못한다(법 제98조 제2항). 이를 위반한 요양기관의 개설자는 1년 이하의 징역 또는 1,000만 원 이하의 벌금에 처한다(법 제115조 제5항 제4호).
② 거짓이나 그 밖의 부정한 방법으로 보험급여를 받거나 타인으로 하여금 보험급여를 받게 한 사람은 2년 이하의 징역 또는 2,000만 원 이하의 벌금에 처한다(법 제115조 제4항).
③ 요양기관은 심사청구를 의료법에 따른 의사회·치과의사회·한의사회·조산사회 또는 신고한 각각의 지부 및 분회, 의료기관 단체, 약사법에 따른 약사회 또는 신고한 지부 및 분회가 대행하게 할 수 있다(법 제47조 제7항 제1호부터 제3호). 이를 위반하여 대행청구단체가 아닌 자로 하여금 대행하게 한 자는 1년 이하의 징역 또는 1,000만 원 이하의 벌금에 처한다(법 제115조 제5항 제2호).
④ 제93조(근로자의 권익 보호 규정)를 위반한 사용자는 1년 이하의 징역 또는 1,000만 원 이하의 벌금에 처한다(법 제115조 제5항 제3호).

07 정답 ①

제93조를 위반한 사용자는 1년 이하의 징역 또는 1,000만 원 이하의 벌금에 처한다(법 제115조 제5항 제3호).

> **근로자의 권익 보호(법 제93조)**
> 제6조 제2항 각 호(직장가입자의 제외 규정)의 어느 하나에 해당하지 아니하는 모든 사업장의 근로자를 고용하는 사용자는 그가 고용한 근로자가 국민건강보험법에 따른 직장가입자가 되는 것을 방해하거나 자신이 부담하는 부담금이 증가되는 것을 피할 목적으로 정당한 사유 없이 근로자의 승급 또는 임금 인상을 하지 아니하거나 해고나 그 밖의 불리한 조치를 할 수 없다.

08

정답 ①

제97조 제2항을 위반하여 보고 또는 서류 제출을 하지 아니한 자, 거짓으로 보고하거나 거짓 서류를 제출한 자, 검사나 질문을 거부·방해 또는 기피한 자는 1,000만 원 이하의 벌금에 처한다(법 제116조).

> **보고와 검사(법 제97조 제2항)**
> 보건복지부장관은 요양기관(요양을 실시한 기관을 포함한다)에 대하여 요양·약제의 지급 등 보험급여에 관한 보고 또는 서류 제출을 명하거나, 소속 공무원이 관계인에게 질문하게 하거나 관계 서류를 검사하게 할 수 있다.

09

정답 ④

㉠ 업무정지 처분을 받았거나 업무정지 처분의 절차가 진행 중인 자는 행정처분을 받은 사실 또는 행정처분절차가 진행 중인 사실을 보건복지부령으로 정하는 바에 따라 양수인 또는 합병 후 존속하는 법인이나 합병으로 설립되는 법인에 지체 없이 알려야 한다(법 제98조 제4항). 이를 위반하여 행정처분을 받은 사실 또는 행정처분절차가 진행 중인 사실을 지체 없이 알리지 아니한 자에게는 500만 원 이하의 과태료를 부과한다(법 제119조 제3항 제4호).

㉡ 공단이나 심사평가원이 아닌 자는 국민건강보험공단, 건강보험심사평가원 또는 이와 유사한 명칭을 사용하지 못한다(법 제105조 제1항). 이를 위반한 자에게는 100만 원 이하의 과태료를 부과한다(법 제119조 제4항 제6호).

㉢ 보건복지부장관은 공단과 심사평가원의 경영목표를 달성하기 위하여 공단의 업무 및 심사평가원의 업무, 공공기관의 운영에 관한 법률에 따른 경영지침의 이행과 관련된 사업, 국민건강보험법 또는 다른 법령에서 공단과 심사평가원이 위탁받은 업무, 그 밖에 관계 법령에서 정하는 사항과 관련된 사업에 대하여 보고를 명하거나 그 사업이나 업무 또는 재산상황을 검사하는 등 감독을 할 수 있다(법 제103조 제1항 제1호부터 제4호). 이에 따른 명령을 위반한 자에게는 100만 원 이하의 과태료를 부과한다(법 제119조 제4항 제5호).

㉣ 보건복지부장관은 제조업자 등이 제1항(제조업자 등의 금지행위 등 규정)에 위반한 사실이 있는지 여부를 확인하기 위하여 그 제조업자 등에게 관련 서류의 제출을 명하거나, 소속 공무원이 관계인에게 질문을 하게 하거나 관계 서류를 검사하게 하는 등 필요한 조사를 할 수 있다(법 제101조 제2항 전단). 이를 위반하여 서류를 제출하지 아니하거나 거짓으로 제출한 자에게는 500만 원 이하의 과태료를 부과한다(법 제119조 제3항 제5호).

따라서 ㉠과 ㉣은 500만 원 이하의 과태료 처분을, ㉡과 ㉢은 100만 원 이하의 과태료 처분을 받는다.

10

정답 ⑤

제7조를 위반하여 신고를 하지 아니하거나 거짓으로 신고한 사용자에게는 500만 원 이하의 과태료를 부과한다(법 제119조 제3항 제1호).

> **사업장의 신고(법 제7조 제2호)**
> 사업장의 사용자는 휴업·폐업 등 보건복지부령으로 정하는 사유가 발생한 경우 그때부터 14일 이내에 보건복지부령으로 정하는 바에 따라 보험자에게 신고하여야 한다.

11

정답 ④

㉠ 위반행위의 횟수에 따른 과태료의 부과기준은 최근 1년간 같은 위반행위로 과태료 부과처분을 받은 경우에 적용한다. 이 경우 기간의 계산은 위반행위에 대하여 과태료 부과처분을 받은 날과 그 처분 후 다시 같은 위반행위를 하여 적발된 날을 기준으로 한다(영 제82조 별표 7 제1호 가목).

㉡·㉣ 보건복지부장관은 다음의 어느 하나에 해당하는 경우에는 제2호의 개별기준에 따른 과태료 금액의 2분의 1 범위에서 그 금액을 줄일 수 있다. 다만, 과태료를 체납하고 있는 위반행위자에 대해서는 그렇지 않다(영 제82조 별표 7 제1호 다목).

1) 위반행위자가 질서위반행위규제법 시행령 제2조의2 제1항 각 호의 어느 하나에 해당하는 경우
2) 위반행위가 사소한 부주의나 오류로 인한 것으로 인정되는 경우
3) 위반행위자가 스스로 신고하였거나 조사에 협조하였다고 인정되는 경우
4) 그 밖에 위반행위의 정도, 위반행위의 동기와 그 결과 등을 고려하여 과태료 금액을 줄일 필요가 있다고 인정되는 경우

오답분석

㉢ 보건복지부장관은 다음의 어느 하나에 해당하는 경우에는 제2호에 따른 과태료 금액의 2분의 1 범위에서 그 금액을 늘릴 수 있다. 다만, 늘리는 경우에도 법 제119조에 따른 과태료 금액의 상한을 넘을 수 없다(영 제82조 별표 7 제1호 라목).

1) 위반행위가 고의나 중대한 과실로 인한 것으로 인정되는 경우
2) 법 위반상태의 기간이 6개월 이상인 경우
3) 그 밖에 위반행위의 정도, 위반행위의 동기와 결과 등을 고려해 과태료를 늘릴 필요가 있다 인정되는 경우

과태료 감경 사유(질서위반행위규제법 시행령 제2조의 2 제1항)
행정청은 사전통지 및 의견 제출 결과 당사자가 다음 각 호의 어느 하나에 해당하는 경우에는 해당 과태료 금액의 100분의 50의 범위에서 과태료를 감경할 수 있다. 다만, 과태료를 체납하고 있는 당사자에 대해서는 그러하지 아니하다.
1. 국민기초생활 보장법에 따른 수급자
2. 한부모가족 지원법에 따른 보호대상자
3. 장애인복지법에 따른 장애인 중 장애의 정도가 심한 장애인
4. 국가유공자 등 예우 및 지원에 관한 법률에 따른 1급부터 3급까지의 상이등급 판정을 받은 사람
5. 미성년자

12

정답 ③

행정처분을 받은 사실 또는 행정처분절차가 진행 중인 사실을 지체 없이 알리지 않은 경우에는 1차, 2차, 3차 이상 위반 시 각각 500만 원의 과태료를 부과한다(영 제82조 별표 7 제2호 바목).

오답분석

① 정당한 사유 없이 신고·서류제출을 하지 않거나 거짓으로 신고·서류제출을 한 경우로서 1차 위반 시에는 150만 원, 2차 위반 시에는 300만 원, 3차 이상 위반 시에는 500만 원의 과태료를 부과한다(영 제82조 별표 7 제2호 다목).
② 서류를 보존하지 않은 경우로서 1차 위반 시에는 30만 원, 2차 위반 시에는 60만 원, 3차 이상 위반 시에는 100만 원의 과태료를 부과한다(영 제82조 별표 7 제2호 라목).
④ 신고를 하지 않거나 거짓으로 신고한 경우로서 1차 위반 시에는 150만 원, 2차 위반 시에는 300만 원, 3차 이상 위반 시에는 500만 원의 과태료를 부과한다(영 제82조 별표 7 제2호 가목).
⑤ 정당한 사유 없이 서류를 제출하지 않거나 거짓으로 제출한 경우로서 1차 위반 시에는 150만 원, 2차 위반 시에는 300만 원, 3차 이상 위반 시에는 500만 원의 과태료를 부과한다(영 제82조 별표 7 제2호 사목).

PART 3
최종모의고사

제1회 일반 모의고사
제2회 일반 모의고사
제3회 고난도 모의고사

제1회 일반 모의고사

01	02	03	04	05	06	07	08	09	10
②	③	⑤	③	③	②	⑤	②	②	②
11	12	13	14	15	16	17	18	19	20
③	④	②	⑤	③	③	⑤	③	⑤	①
21	22	23	24	25	26	27	28	29	30
⑤	③	③	③	⑤	①	④	①	④	⑤
31	32	33	34	35	36	37	38	39	40
④	⑤	②	④	④	③	④	②	②	②

01

정답 ②

건강보험심사평가원의 중장기 경영목표(2023 ~ 2027년)

- 분석심사 적정진료 성과 20%
- 의료 질 관리 성과 40%
- 선별 집중심사 항목 수 45개(누적)
- 필요의료 수가개선율 100%
- 약품비 재평가 비율 10%
- 보건의료 빅데이터 활용지수 100점
- 부적절 의약품 사용 예방 60%
- ESG경영 이행 100%
- 종합청렴도 1등급

02

정답 ③

보건복지부장관은 국민건강보험종합계획(이하 "종합계획")에 따라 매년 연도별 시행계획(이하 "시행계획")을 건강보험정책심의위원회(이하 "심의위원회")의 심의를 거쳐 수립·시행하여야 한다(법 제3조의2 제3항).

오답분석

① 국민건강보험법에 따른 건강보험사업은 보건복지부장관이 맡아 주관한다(법 제2조).

② "근로자"란 직업의 종류와 관계없이 근로의 대가로 보수를 받아 생활하는 사람(법인의 이사와 그 밖의 임원을 포함한다)으로서 공무원 및 교직원을 제외한 사람을 말한다(법 제3조 제1호).

④ 보건복지부장관은 국민건강보험법에 따른 건강보험의 건전한 운영을 위하여 심의위원회의 심의를 거쳐 5년마다 종합계획을 수립하여야 한다. 수립된 종합계획을 변경할 때도 또한 같다(법 제3조의2 제1항).

⑤ 심의위원회의 운영 등에 필요한 사항은 대통령령으로 정한다(법 제4조 제6항).

03

정답 ⑤

- 심의위원회는 위원장 1명과 부위원장 1명을 포함하여 25명의 위원으로 구성한다(법 제4조 제2항).
- 심의위원회 위원(대통령령으로 정하는 중앙행정기관 소속 공무원 2명은 제외한다)의 임기는 3년으로 한다. 다만, 위원의 사임 등으로 새로 위촉된 위원의 임기는 전임위원 임기의 남은 기간으로 한다(법 제4조 제5항).

오답분석

①·② 건강보험정책에 관한 사항을 심의·의결하기 위하여 보건복지부장관 소속으로 심의위원회를 둔다(법 제4조 제1항).

③ 심의위원회의 위원장은 보건복지부차관이 되고, 부위원장은 위원 중에서 위원장이 지명하는 사람이 된다(법 제4조 제3항).

④ 심의위원회의 위원은 보건복지부장관이 임명 또는 위촉한다(법 제4조 제4항 각 호 외의 부분).

04

정답 ③

심의위원회의 부위원장은 위원장을 보좌하며, 위원장이 부득이한 사유로 직무를 수행할 수 없을 때에는 그 직무를 대행한다(영 제5조 제2항).

05

정답 ③

피부양자는 직장가입자의 자격 취득일 또는 가입자의 자격 변동일부터 90일 이내에 피부양자의 자격취득 신고를 한 경우에는 직장가입자의 자격 취득일 또는 해당 가입자의 자격 변동일에 그 자격을 취득한다(규칙 제2조 제2항 제2호).

오답분석

① 국민건강보험법에 따른 피부양자 자격의 인정기준은 규칙 별표 1에 따른 부양요건과 규칙 별표 1의2에 따른 소득 및 재산요건을 모두 충족하는 것으로 한다(규칙 제2조 제1항).
② 신생아의 경우에는 출생한 날에 피부양자 자격을 취득한다(규칙 제2조 제2항 제1호).
④·⑤ 직장가입자의 자격 취득일 또는 가입자의 자격 변동일부터 90일을 넘겨 피부양자 자격취득 신고를 한 경우에는 공단에 피부양자 자격(취득·상실) 신고서를 제출한 날에 피부양자 자격을 취득한다(규칙 제2조 제2항 제3호 전단).

06

정답 ②

가입자는 수급권자가 된 날에 그 자격을 잃는다(법 제10조 제1항 제5호).

오답분석

① 법 제10조 제1항 제1호
③ 법 제10조 제1항 제4호
④ 법 제10조 제1항 제3호
⑤ 법 제10조 제1항 제2호

07

정답 ⑤

공단은 가입자 및 피부양자의 질병의 조기발견·예방 및 건강관리를 위하여 요양급여 실시 현황과 건강검진 결과 등을 활용하여 실시하는 예방사업으로서 대통령령으로 정하는 사업을 관장한다(법 제14조 제1항 제4호).

공단의 업무(영 제9조의2)

법 제14조 제1항 제4호 "대통령령으로 정하는 사업"이란 다음 각 호의 사업을 말한다.

1. 가입자 및 피부양자의 건강관리를 위한 전자적 건강정보시스템의 구축·운영
2. 생애주기별·사업장별·직능별 건강관리 프로그램 또는 서비스의 개발 및 제공
3. 연령별·성별·직업별 주요 질환에 대한 정보 수집, 분석·연구 및 관리방안 제공
4. 고혈압·당뇨 등 주요 만성질환에 대한 정보 제공 및 건강관리 지원
5. 지역보건의료기관과의 연계·협력을 통한 지역별 건강관리 사업 지원
6. 그 밖에 제1호부터 제5호까지에 준하는 사업으로서 가입자 및 피부양자의 건강관리를 위하여 보건복지부장관이 특히 필요하다고 인정하는 사업

08

정답 ②

공단의 조직·인사·보수 및 회계에 관한 규정은 이사회의 의결을 거쳐 보건복지부장관의 승인을 받아 정한다(법 제29조).

오답분석

① 이사회는 이사장과 이사로 구성하며(법 제26조 제2항), 감사는 이사회에 출석하여 발언할 수 있다(동조 제3항).
③ 이사장은 공단 업무에 관한 모든 재판상의 행위 또는 재판 외의 행위를 대행하게 하기 위하여 공단의 이사 또는 직원 중에서 대리인을 선임할 수 있다(법 제30조).
④ 이사장은 공단의 이익과 자기의 이익이 상반되는 사항에 대하여는 공단을 대표하지 못한다. 이 경우 감사가 공단을 대표한다(법 제31조 제1항). 공단과 이사장 사이의 소송은 제1항을 준용한다(동조 제2항).
⑤ 이사회의 의결 사항 및 운영 등에 필요한 사항은 대통령령으로 정한다(법 제26조 제4항). 예산 및 결산에 관한 사항, 정관 변경에 관한 사항 등은 공단의 이사회의 심의·의결을 거쳐야 한다(영 제11조 제2호·제3호).

09

정답 ②

공단은 회계연도마다 예산안을 편성하여 이사회의 의결을 거친 후 보건복지부장관의 승인을 받아야 한다. 예산을 변경할 때에도 또한 같다(법 제36조).

오답분석

① 공단은 직장가입자와 지역가입자의 재정을 통합하여 운영한다(법 제35조 제2항).
③ 공단은 지출할 현금이 부족한 경우에는 차입할 수 있다. 다만, 1년 이상 장기로 차입하려면 보건복지부장관의 승인을 받아야 한다(법 제37조).
④ 공단은 건강보험사업 및 징수위탁근거법의 위탁에 따른 국민연금사업·고용보험사업·산업재해보상보험사업·임금채권보장사업에 관한 회계를 공단의 다른 회계와 구분하여 각각 회계처리하여야 한다(법 제35조 제3항).
⑤ 공단의 회계연도는 정부의 회계연도에 따른다(법 제35조 제1항).

10

정답 ②

1단계 요양급여는 상급종합병원을 제외한 요양기관에서 받는 요양급여를 말하며, 2단계 요양급여는 상급종합병원에서 받는 요양급여를 말한다(요양급여 규칙 제2조 제2항).

오답분석

① 요양급여는 1단계 요양급여와 2단계 요양급여로 구분하며, 가입자 또는 피부양자(이하 "가입자 등")는 1단계 요양급여를 받은 후 2단계 요양급여를 받아야 한다(요양급여 규칙 제2조 제1항).

③ 가입자 등이 응급환자인 경우, 분만의 경우, 치과에서 요양급여를 받는 경우에는 상급종합병원에서 1단계 요양급여를 받을 수 있다(요양급여 규칙 제2조 제3항 제1호부터 제3호).
④ 가입자 등이 가정의학과에서 요양급여를 받는 경우, 당해 요양기관에서 근무하는 가입자가 요양급여를 받는 경우, 혈우병 환자가 요양급여를 받는 경우에는 상급종합병원에서 1단계 요양급여를 받을 수 있다(요양급여 규칙 제2조 제3항 제5호부터 제7호).
⑤ 가입자 등이 상급종합병원에서 2단계 요양급여를 받고자 하는 때에는 상급종합병원에서의 요양급여가 필요하다는 의사소견이 기재된 건강진단·건강검진결과서 또는 요양급여의뢰서를 건강보험증 또는 신분증명서와 함께 제출하여야 한다(요양급여 규칙 제2조 제4항).

11

정답 ③

가입자 등이 질병이나 부상으로 거동이 불편한 경우 등 보건복지부령으로 정하는 사유에 해당하는 경우에는 가입자 등이 직접 방문하여 요양급여를 실시할 수 있다(법 제41조의5).

방문요양급여 실시 사유(요양급여 규칙 제8조의3)

법 제41조의5에서 "질병이나 부상으로 거동이 불편한 경우 등 보건복지부령으로 정하는 사유에 해당하는 경우"란 다음 각 호의 어느 하나에 해당하여 의료기관을 방문하기 어려운 경우를 말한다.

1. 장애인 건강 주치의 제도의 대상이 되는 중증장애인
2. 말기환자
3. 가정형 인공호흡기를 사용하는 등 일정 수준 이상의 의료적 요구가 있어 방문요양급여를 제공받을 필요가 있는 18세 미만 환자
4. 그 밖에 질병, 부상, 출산 등으로 거동이 불편하여 방문요양급여가 필요하다고 보건복지부장관이 정하여 고시하는 경우에 해당하는 사람

12

정답 ④

보건복지부장관은 보고받은 약제 중 요양급여대상으로 하는 것이 적정하다고 평가 또는 재평가된 약제에 대하여 공단 이사장에게 해당 약제의 평가 또는 재평가 신청인과 60일의 범위(㉠)에서 협상하도록 명해야 한다. 이 경우 협상이 지연되는 등의 사유로 공단 이사장이 요청할 때에는 추가로 60일의 범위(㉡)에서 협상 기한을 연기하거나 협상을 일시적으로 정지하도록 명할 수 있다(요양급여 규칙 제11조의2 제7항 각 호 외의 부분).

13

정답 ②

- 보건복지부장관은 약사법에 따른 의약품 등의 판매 질서의 위반과 관련된 약제에 대하여는 요양급여비용 상한금액(약제별 요양급여비용의 상한으로 정한 금액을 말한다. 이하 같다)의 100분의 20(㉠)을 넘지 아니하는 범위에서 그 금액의 일부를 감액할 수 있다(법 제41조의2 제1항).
- 보건복지부장관은 요양급여비용의 상한금액이 감액된 약제가 감액된 날부터 5년의 범위에서 대통령령으로 정하는 기간 내에 다시 감액의 대상이 된 경우에는 요양급여비용 상한금액의 100분의 40(㉡)을 넘지 아니하는 범위에서 요양급여비용 상한금액의 일부를 감액할 수 있다(법 제41조의2 제2항).
- 보건복지부장관은 요양급여비용의 상한금액이 감액된 약제가 감액된 날부터 5년의 범위에서 대통령령으로 정하는 기간 내에 다시 약사법에 따른 의약품 등의 판매질서의 위반과 관련된 경우에는 해당 약제에 대하여 1년의 범위(㉢)에서 기간을 정하여 요양급여의 적용을 정지할 수 있다(법 제41조의2 제3항).

14

정답 ⑤

㉡·㉢ 의료법에 따라 개설된 부속 의료기관, 사회복지시설에 수용된 사람의 진료를 주된 목적으로 개설된 의료기관은 요양기관에서 제외할 수 있다(영 제18조 제1항 제1호·제2호).
㉣ 본인일부부담금을 받지 아니하거나 경감하여 받는 등의 방법으로 가입자나 피부양자를 유인하는 행위 또는 이와 관련하여 과잉 진료행위를 하거나 부당하게 많은 진료비를 요구하는 행위를 하여 업무정지 또는 과징금 처분을 5년 동안 2회 이상 받은 의료기관은 요양기관에서 제외할 수 있다(영 제18조 제1항 제3호 가목).
㉤ 본인일부부담금을 받지 아니하거나 경감하여 받는 등의 방법으로 가입자나 피부양자를 유인하는 행위 또는 이와 관련하여 과잉 진료행위를 하거나 부당하게 많은 진료비를 요구하는 행위를 하여 면허자격정지 처분을 5년 동안 2회 이상 받은 의료인이 개설·운영하는 의료기관은 요양기관에서 제외할 수 있다(영 제18조 제1항 제3호 나목).

오답분석

㉠ 보건소·보건의료원 및 보건지소는 요양급여를 실시하는 요양기관에 해당된다(법 제42조 제1항 제4호).

15

정답 ③

- 심사평가원은 신고받은 사항 중 요양급여비용 지급을 위하여 필요한 사항을 공단에 통보(㉠)하여야 한다(규칙 제12조 제6항 각 호 외의 부분).
- 요양기관이 심사평가원에 신고하여야 하는 장비 등 요양기관의 현황을 관리하는 데 필요한 사항은 보건복지부장관(㉡)이 정하여 고시한다(규칙 제12조 제7항).

16

정답 ③

심사평가원은 공단의 이사장이 계약을 체결하기 위하여 필요한 자료를 요청하면 그 요청에 성실히 따라야 한다(법 제45조 제6항).

오답분석

① 요양급여비용은 공단의 이사장과 대통령령으로 정하는 의약계를 대표하는 사람들의 계약으로 정한다. 이 경우 계약기간은 1년으로 한다(법 제45조 제1항).
② 공단의 이사장은 재정운영위원회의 심의·의결을 거쳐 계약을 체결하여야 한다(법 제45조 제5항).
④ 계약은 그 직전 계약기간 만료일이 속하는 연도의 5월 31일까지 체결하여야 하며, 그 기한까지 계약이 체결되지 아니하는 경우 보건복지부장관이 그 직전 계약기간 만료일이 속하는 연도의 6월 30일까지 심의위원회의 의결을 거쳐 요양급여비용을 정한다. 이 경우 보건복지부장관이 정하는 요양급여비용은 계약으로 정한 요양급여비용으로 본다(법 제45조 제3항).
⑤ 요양급여비용이 정해지면 보건복지부장관은 그 요양급여비용의 명세를 지체 없이 고시하여야 한다(법 제45조 제4항).

17

정답 ⑤

심사평가원의 원장(㉠)은 심사를 하는 경우에는 요양급여비용에 대한 심사청구를 받은 날부터 40일(㉡)(정보통신망을 통하여 통보하는 경우에는 15일) 이내에 심사하여 그 내용이 기재된 요양급여비용 심사결과통보서를 공단 및 해당 요양기관에 각각 송부해야 하며, 요양급여비용 심사결과통보서를 받은 공단은 지체 없이 요양급여비용 지급명세가 기재된 요양급여비용 지급통보서에 따른 요양급여비용을 해당 요양기관에 지급해야 한다(규칙 제20조 제2항 전단).

18

정답 ③

건강검진의 횟수·절차와 그 밖에 필요한 사항은 대통령령으로 정한다(법 제52조 제4항).

오답분석

①·② 건강검진의 종류 및 대상은 다음 각 호와 같다(법 제52조 제2항).
  1. 일반건강검진 : 직장가입자, 세대주인 지역가입자, 20세 이상인 지역가입자 및 20세 이상인 피부양자
  2. 암검진 : 암관리법에 따른 암의 종류별 검진주기와 연령 기준 등에 해당하는 사람
  3. 영유아건강검진 : 6세 미만의 가입자 및 피부양자
④ 공단은 가입자와 피부양자에 대하여 질병의 조기 발견과 그에 따른 요양급여를 하기 위하여 건강검진을 실시한다(법 제52조 제1항).
⑤ 건강검진의 검진항목은 성별, 연령 등의 특성 및 생애 주기에 맞게 설계되어야 한다(법 제52조 제3항).

19

정답 ⑤

공단은 속임수나 그 밖의 부당한 방법으로 보험급여 비용을 받은 요양기관이 의료법을 위반하여 의료기관을 개설할 수 없는 자가 의료인의 면허나 의료법인 등의 명의를 대여받아 개설·운영하는 의료기관에 해당하는 경우에는 해당 요양기관을 개설한 자에게 그 요양기관과 연대하여 징수금을 납부하게 할 수 있다(법 제57조 제2항 제1호).

오답분석

① 공단은 속임수나 그 밖의 부당한 방법으로 보험급여를 받은 사람과 같은 세대에 속한 가입자(속임수나 그 밖의 부당한 방법으로 보험급여를 받은 사람이 피부양자인 경우에는 그 직장가입자를 말한다)에게 속임수나 그 밖의 부당한 방법으로 보험급여를 받은 사람과 연대하여 징수금을 내게 할 수 있다(법 제57조 제4항).
② 공단은 속임수나 그 밖의 부당한 방법으로 보험급여를 받은 사람·준요양기관 및 보조기기 판매업자나 보험급여 비용을 받은 요양기관에 대하여 그 보험급여나 보험급여 비용에 상당하는 금액을 징수한다(법 제57조 제1항).
③ 사용자나 가입자의 거짓 보고나 거짓 증명(건강보험증이나 신분증명서를 양도·대여하여 다른 사람이 보험급여를 받게 하는 것을 포함한다), 요양기관의 거짓 진단 또는 준요양기관이나 보조기기를 판매한 자의 속임수 및 그 밖의 부당한 방법으로 보험급여가 실시된 경우 공단은 이들에게 보험급여를 받은 사람과 연대하여 징수금을 내게 할 수 있다(법 제57조 제3항).
④ 요양기관이 가입자가 피부양자로부터 속임수나 그 밖의 부당한 방법으로 요양급여비용을 받은 경우 공단은 해당 요양기관으로부터 이를 징수하여 가입자나 피부양자에게 지체 없이 지급하여야 한다(법 제57조 제5항 전단).

20

정답 ①

공단은 징수금을 납부할 의무가 있는 요양기관 또는 요양기관을 개설한 자가 납입 고지 문서에 기재된 납부기한의 다음 날부터 1년이 경과한 징수금을 1년 이상 체납한 경우 인적사항 등을 공개할 수 있다. 다만, 통지할 당시 체납액의 100분의 10 이상(㉠)을 그 통지일부터 6개월 이내(㉡)에 납부한 경우에는 그러하지 아니하다(법 제57조의2 제1항, 영 제26조의3 제2항 제1호).

21

정답 ⑤

심사평가원의 원장이 분사무소의 장에게 위임할 수 있는 사항은 상급종합병원(㉠), 그 밖에 심사평가원의 정관(㉡)으로 정하는 요양기관을 제외한 요양기관의 요양급여비용에 대한 심사 권한과 이의신청에 대한 결정 권한으로 한다(영 제30조).

PART 3

22

정답 ③

건강보험심사평가원의 진료비 심사처리 절차

1. 청구명세서 접수 : 건강보험심사평가원의 진료비청구프로그램을 이용하여 청구 전에 청구파일을 점검하고, 인터넷망을 통해 건강보험심사평가원에 직접 청구해 심사 결과를 통보받는 쉽고 편리한 청구운영서비스이다.
2. 전산 점검 : 모든 청구명세서의 환자 상병코드, 청구코드 및 가격의 오류 등에 대한 점검이 전산프로그램에 의해 이루어진다.
3. 인공지능 전산심사 : IT 기술과 심사직원의 심사 노하우를 접목하여 사람이 심사하는 것과 같이 로직화된 전산프로그램으로, 인공지능 자동화심사를 말한다. 모든 진료내역은 7단계 전산심사가 이루어진다.
4. 전문심사 : 착오 청구 개연성이 높거나 전문의학적 판단이 필요한 건을 심사자가 직접 심사하는 것으로, 일차적으로 심사직원에 의한 심사가 이루어지고, 전문의학적 판단을 위해 해당분야 전문의사가 하는 심사위원 심사와 여러 전문가가 모여서 적정성 여부를 심사하는 심사위원회 심사가 있다.
5. 심사 사후관리 : 심사가 완료된 건 중 수진자별, 진료기간별 또는 의료공급자 간 연계가 되지 않아 미처 급여기준을 적용하지 못한 건에 대하여 추가적인 심사를 하여 지급된 비용을 환수한다. 건강보험심사평가원의 심사 결정에 대하여 수용할 수 없다고 판단되는 경우에는 관련 자료를 첨부하여 이의신청할 수 있다.

23

정답 ③

ⓒ 직장가입자의 보수월액보험료는 보험료가 부과되는 연도의 전전년도 평균 보수월액보험료의 1,000분의 75 이상 1,000분의 85 미만의 범위에서 보건복지부장관이 정하여 고시하는 금액을 하한으로 정한다(영 제32조 제2호 가목).

ⓔ 지역가입자의 월별 보험료액은 위의 ⓒ에 따른 보수월액보험료의 100분의 90 이상 100분의 100 이하의 범위에서 보건복지부장관이 정하여 고시하는 금액을 하한으로 정한다(영 제32조 제2호 나목).

오답분석

ⓐ 직장가입자의 보수월액보험료는 보험료가 부과되는 연도의 전전년도 직장가입자 평균 보수월액보험료의 30배에 해당하는 금액을 고려하여 보건복지부장관이 정하여 고시하는 금액을 상한으로 정한다(영 제32조 제1호 가목).

ⓑ 직장가입자의 소득월액보험료 및 지역가입자의 월별 보험료액은 보험료가 부과되는 연도의 전전년도 평균 보수월액보험료의 15배에 해당하는 금액을 고려하여 보건복지부장관이 정하여 고시하는 금액을 상한으로 정한다(영 제32조 제1호 나목).

24

정답 ③

소득 자료의 구체적인 종류 등 소득월액의 산정에 필요한 세부 사항은 공단의 정관으로 정한다(영 제41조 제6항).

오답분석

ⓐ 소득월액 산정에 포함되는 소득은 소득세법에 따른 이자소득, 배당소득, 사업소득, 근로소득, 연금소득, 기타소득과 같다. 이 경우 소득세법에 따른 비과세소득은 제외한다(영 제41조 제1항 제1호부터 제6호).

ⓑ 소득월액은 보수월액의 산정에 포함된 보수를 제외한 직장가입자의 소득(이하 "보수 외 소득")이 연간 2,000만 원을 초과하는 경우 '[(연간 보수 외 소득)−(연간 2,000만 원)]×$\frac{1}{12}$'에 따라 산정한다(법 제71조 제1항, 영 제41조 제4항).

25

정답 ⑤

지역가입자의 세대 분리(영 제43조)

공단은 지역가입자가 다음 각 호의 어느 하나의 사람에 해당하는 경우에는 그 가입자를 해당 세대에서 분리하여 별도 세대로 구성할 수 있다.

1. 해당 세대와 가계단위 및 생계를 달리하여 공단에 세대 분리를 신청한 사람
2. 희귀난치성질환자 등으로서 본인부담액을 경감받는 사람
3. 상근예비역 또는 사회복무요원으로 복무하는 사람
4. 대체복무요원으로 복무하는 사람

26

정답 ①

소득 및 재산이 없는 미성년자와 소득 및 재산 등을 고려하여 부모가 모두 사망한 미성년자로서 소득의 합이 연간 100만 원 이하인 미성년자는 지역가입자의 보험료 납부의무를 부담하지 아니한다(법 제77조 제2항 단서, 영 제46조 제2호).

27

정답 ④

- 전자고지의 개시 및 해지는 신청서를 접수한 날의 다음 날부터(ⓐ) 적용한다(규칙 제49조 제3항).
- 전자고지의 신청을 해지한 사람은 해지한 날부터 30일이 지난 날 이후(ⓑ)에 전자고지를 다시 신청할 수 있다(규칙 제49조 제4항).

28

정답 ①

공단은 체납 등 자료를 제공한 후 체납액의 납부, 결손처분의 취소 등의 사유가 발생한 경우에는 해당 사실을 그 사유가 발생한 날부터 15일 이내에 해당 체납 등 자료를 제공한 신용정보집중기관에 알려야 한다(영 제47조의2 제3항).

29

정답 ④

• 체납자 인적사항 등의 공개는 관보에 게재하거나 공단 인터넷 홈페이지에 게시하는 방법에 따른다(법 제83조 제4항 전단).
• 체납자 인적사항 등의 공개와 관련한 납부능력의 기준, 공개절차 및 위원회의 구성·운영 등에 필요한 사항은 대통령령으로 정한다(법 제83조 제5항).

오답분석

① 공단은 국민건강보험법에 따른 납부기한의 다음 날부터 1년이 경과한 보험료, 연체금과 체납처분비(결손처분한 보험료, 연체금과 체납처분비로서 징수권 소멸시효가 완성되지 아니한 것을 포함한다)의 총액이 1,000만 원 이상인 체납자가 납부능력이 있음에도 불구하고 체납한 경우 그 인적사항·체납액 등(이하 "인적사항 등")을 공개할 수 있다(법 제83조 제1항 전단).
② 체납된 보험료, 연체금과 체납처분비와 관련하여 이의신청, 심판청구가 제기되거나 행정소송이 계류 중인 경우 또는 그 밖에 체납된 금액의 일부 납부 등 대통령령으로 정하는 사유가 있는 경우에는 그 인적사항 등을 공개할 수 없다(법 제83조 제1항 단서).
③ 공단은 보험료정보공개심의위원회의 심의를 거친 인적사항 등의 공개대상자에게 공개대상자임을 서면으로 통지하여 소명의 기회를 부여하여야 하며, 통지일부터 6개월이 경과한 후 체납액의 납부이행 등을 감안하여 공개대상자를 선정한다(법 제83조 제3항).
⑤ 체납자의 인적사항 등에 대한 공개 여부를 심의하기 위하여 공단에 보험료정보공개심의위원회를 둔다(법 제83조 제2항).

30

정답 ⑤

공단은 재정운영위원회의 의결을 받아 보험료 등을 결손처분할 수 있다(법 제84조 제1항).

오답분석

① 공단은 체납처분이 끝나고 체납액에 충당될 배분금액이 그 체납액에 미치지 못하는 경우에는 재정운영위원회의 의결을 받아 보험료 등을 결손처분할 수 있다(법 제84조 제1항 제1호).
② 공단은 해당 권리에 대한 소멸시효가 완성된 경우에는 재정운영위원회의 의결을 받아 보험료 등을 결손처분할 수 있다(법 제84조 제1항 제2호).
③ 공단은 그 밖에 징수할 가능성이 없다고 인정되는 경우로서 체납자의 재산이 없거나 체납처분의 목적물인 총재산의 견적가격이 체납처분비에 충당하고 나면 남을 여지가 없음이 확인된 경우에는 재정운영위원회의 의결을 받아 보험료 등을 결손처분할 수 있다(법 제84조 제1항 제3호, 영 제50조 제1호).
④ 공단은 징수할 가능성이 없다고 인정되어 보험료 등을 결손처분을 한 후 압류할 수 있는 다른 재산이 있는 것을 발견한 때에는 지체 없이 그 처분을 취소하고 체납처분을 하여야 한다(법 제84조 제2항).

31

정답 ④

이의신청 결정기간(영 제58조)

① 공단과 심사평가원은 이의신청을 받은 날부터 60일 이내(㉠)에 결정을 하여야 한다. 다만, 부득이한 사정이 있는 경우에는 30일의 범위(㉡)에서 그 기간을 연장할 수 있다.
② 공단과 심사평가원은 결정기간을 연장하려면 결정기간이 끝나기 7일 전까지(㉢) 이의신청을 한 자에게 그 사실을 알려야 한다.

따라서 ㉠, ㉡, ㉢을 합산하면 60+30+7=97이다.

32

정답 ⑤

㉠·㉡ 공단은 사용자, 직장가입자 및 세대주에게 가입자의 거주지 변경 사항을 신고하게 하거나 관계 서류(전자적 방법으로 기록된 것을 포함한다. 이하 같다)를 제출하게 할 수 있다(법 제94조 제1항 제1호).
㉢ 공단은 신고한 사항이나 제출받은 자료에 대하여 사실 여부를 확인할 필요가 있으면 소속 직원이 해당 사항에 관하여 조사하게 할 수 있다(법 제94조 제2항).
㉣ 조사를 하는 소속 직원은 그 권한을 표시하는 증표를 지니고 관계인에게 보여 주어야 한다(법 제94조 제3항).

33

정답 ②

보건복지부장관은 요양기관이 속임수나 그 밖의 부당한 방법으로 보험자·가입자 및 피부양자에게 요양급여비용을 부담하게 한 경우에 해당하면 그 요양기관에 대하여 1년의 범위에서 기간을 정하여 업무정지를 명할 수 있다(법 제98조 제1항 제1호).

오답분석

① 보건복지부장관은 요양기관이 보건복지부장관의 명령에 위반하거나 거짓 보고를 하거나 거짓 서류를 제출하거나, 소속 공무원의 검사 또는 질문을 거부·방해 또는 기피한 경우에 해당하면 그 요양기관에 대하여 1년의 범위에서 기간을 정하여 업무정지를 명할 수 있다(법 제98조 제1항 제2호).
③ 보건복지부장관은 요양기관이 정당한 사유 없이 요양급여대상 여부의 결정을 보건복지부장관에게 신청하지 아니하고 속임수나 그 밖의 부당한 방법으로 행위·치료재료를 가입자 등에게 실시 또는 사용하고 비용을 부담시킨 경우에 해당하면 그 요양기관에 대하여 1년의 범위에서 기간을 정하여 업무정지를 명할 수 있다(법 제98조 제1항 제3호).
④ 업무정지 처분을 받은 자는 해당 업무정지기간 중에는 요양급여를 하지 못한다(법 제98조 제2항).
⑤ 업무정지 처분의 효과는 그 처분이 확정된 요양기관을 양수한 자 또는 합병 후 존속하는 법인이나 합병으로 설립되는 법인에 승계되고, 업무정지 처분의 절차가 진행 중인 때에는 양수인 또는 합병 후 존속하는 법인이나 합병으로 설립되는 법인에 대하여 그 절차를 계속 진행할 수 있다(법 제98조 제3항 전단).

PART 3

34

정답 ④

보건복지부장관은 과징금을 납부하여야 할 자가 납부기한까지 과징금을 내지 아니하면 납부기한이 지난 후 15일 이내(㉠)에 독촉장을 발급하여야 한다. 이 경우 납부기한은 독촉장을 발급하는 날부터 10일 이내(㉡)로 하여야 한다(영 제70조의4 제1항).

35

정답 ④

포상금 및 장려금의 지급 기준과 범위, 절차 및 방법 등에 필요한 사항은 대통령령으로 정한다(법 제104조 제4항).

오답분석

① · ③ 공단은 속임수나 그 밖의 부당한 방법으로 보험급여 비용을 받은 요양기관 또는 보험급여를 받은 준요양기관 및 보조기기 판매업자를 신고한 사람에 대하여 포상금을 지급할 수 있다(법 제104조 제1항 제3호).

② 공단은 속임수나 그 밖의 부당한 방법으로 다른 사람이 보험급여를 받도록 한 자를 신고한 사람에 대하여 포상금을 지급할 수 있다(법 제104조 제1항 제2호).

⑤ 공단은 건강보험 재정을 효율적으로 운영하는 데 이바지한 요양기관에 대하여 장려금을 지급할 수 있다(법 제104조 제2항).

36

정답 ③

대통령령으로 정하는 국내체류 외국인 등의 보험료 부과 · 징수에 관한 사항은 그 특성을 고려하여 보건복지부장관이 다르게 정하여 고시할 수 있다(법 제109조 제9항 단서).

보험료 부과 · 징수 특례 대상 외국인(영 제76조의4)

법 제109조 제9항 단서에서 "대통령령으로 정하는 국내체류 외국인 등"이란 지역가입자(㉠)인 국내체류 외국인 등 중에서 다음 각 호의 어느 하나에 해당하지 않는 사람을 말한다.

1. 결혼이민(F-6)의 체류자격이 있는 사람(㉡)
2. 영주(F-5)의 체류자격이 있는 사람
3. 그 밖에 보건복지부장관이 체류경위, 체류목적 및 체류기간 등을 고려하여 국내거주 국민과 같은 보험료 부과 · 징수 기준을 적용할 필요가 있다고 인정하여 고시하는 체류자격이 있는 사람

37

정답 ④

- 보건복지부장관은 약제의 상한금액 감액 및 요양급여의 적용 정지 기준에 대하여 2019년 7월 1일을 기준으로 5년마다(㉠)(매 5년이 되는 해의 기준일과 같은 날 전까지를 말한다) 그 타당성을 검토하여 개선 등의 조치를 해야 한다(영 제81조의2 제1항).
- 보건복지부장관은 본인일부부담금의 부담률 및 부담액에 대하여 2022년 1월 1일을 기준으로 3년마다(㉡)(매 3년이 되는 해의 1월 1일 전까지를 말한다) 그 타당성을 검토하여 개선 등의 조치를 해야 한다(영 제81조의2 제2항).

38

정답 ②

공단은 보험료의 수납 또는 보험료납부의 확인에 관한 업무, 보험급여 비용의 지급에 관한 업무, 징수위탁근거법의 위탁에 따라 징수하는 징수위탁보험료 등의 수납 또는 그 납부의 확인에 관한 업무를 체신관서, 금융기관 또는 그 밖의 자에게 위탁할 수 있다(법 제112조 제1항 제1호부터 제3호). 이때, 공단은 업무를 체신관서, 금융기관 또는 그 밖의 자에게 위탁하려면 위탁받을 기관의 선정 및 위탁계약의 내용에 관하여 공단 이사회의 의결을 거쳐야 한다(영 제78조).

39

정답 ②

법 제42조 제5항을 위반하여 정당한 이유 없이 요양급여를 거부한 자 또는 제49조 제2항을 위반하여 요양비 명세서나 요양 명세를 적은 영수증을 내주지 아니한 자는 500만 원 이하의 벌금에 처한다(법 제42조 제5항, 법 제117조).

40

정답 ②

- 준요양기관은 보건복지부장관이 정하는 요양비 명세서나 요양 명세를 적은 영수증을 요양을 받은 사람에게 내주어야 하며, 요양을 받은 사람은 그 명세서나 영수증을 공단에 제출하여야 한다(법 제49조 제2항).
- 법 제42조 제5항을 위반한 자 또는 제49조 제2항을 위반하여 요양비 명세서나 요양 명세를 적은 영수증을 내주지 아니한 자는 500만 원 이하의 벌금에 처한다(법 제117조).

제2회

일반 모의고사

01	02	03	04	05	06	07	08	09	10
④	⑤	①	③	②	②	⑤	①	②	⑤
11	12	13	14	15	16	17	18	19	20
③	②	②	⑤	⑤	②	②	③	③	④
21	22	23	24	25	26	27	28	29	30
④	⑤	⑤	①	③	③	①	②	①	④
31	32	33	34	35	36	37	38	39	40
④	①	①	③	④	②	⑤	⑤	②	①

01

정답 ④

보건복지부장관은 종합계획을 시행 연도 전년도의 9월 30일까지, 시행계획을 시행 연도 전년도의 12월 31일까지 수립하여야 한다(영 제2조의2 제1항 제1호 · 제2호).

02

정답 ⑤

심의위원회는 요양급여 각 항목에 대한 상대가치점수, 약제 · 치료재료별 요양급여비용의 상한, 그 밖에 부가급여에 관한 사항 등 건강보험에 관한 주요사항으로서 심의위원회의 위원장이 회의에 부치는 사항을 심의 · 의결한다(영 제3조 제1호부터 제3호).

오답분석

㉠ 건강보험정책에 관한 사항의 심의 · 의결하기 위하여 보건복지부장관 소속으로 심의위원회를 둔다(법 제4조 제1항 각 호 외의 부분). 공단은 회계연도마다 예산안을 편성하여 이사회의 의결을 거친 후 보건복지부장관의 승인을 받아야 한다. 예산을 변경할 때에도 또한 같다(법 제36조).

03

정답 ①

㉠ 심의위원회의 회의는 재적위원 3분의 1 이상이 요구할 때 또는 위원장이 필요하다고 인정할 때에 소집한다(영 제6조 제2항).

㉡ 심의위원회의 회의는 재적위원 과반수의 출석으로 개의하고, 출석위원 과반수의 찬성으로 의결한다(영 제6조 제3항).

오답분석

㉢ 심의위원회의 위원장은 의결에 참여하지 아니한다. 다만, 가부동수일 때에는 위원장이 정한다(영 제6조 제4항).

㉣ 심의위원회는 효율적인 심의를 위하여 필요한 경우에는 분야별로 소위원회를 구성할 수 있으며, 심의위원회와 소위원회의 운영 등에 필요한 사항은 심의위원회의 의결을 거쳐 위원장이 정한다(영 제6조 제5항 · 제6항).

04

정답 ③

㉡ 사업장이 휴업 · 폐업되는 경우 공단은 전자정부법에 따른 행정정보의 공동이용을 통하여 휴업 · 폐업 사실 증명원(사업장이 휴업 · 폐업한 경우만 해당한다) 및 법인 등기사항증명서를 확인하여야 하며, 신고인이 휴업 · 폐업 사실 증명원을 확인하는 것에 동의하지 아니하는 경우에는 이를 첨부하도록 하여야 한다(규칙 제3조 제3항 후단, 제1호).

㉢ 사용자는 사업장이 합병, 폐쇄되는 경우에는 그 날부터 14일 이내에 사업장 탈퇴신고서에 사업장 탈퇴 사실을 증명할 수 있는 서류를 첨부하여 공단에 제출하여야 한다(규칙 제3조 제3항 전단, 동조 제2호 · 제3호).

오답분석

㉠ 사용자는 사업장이 휴업 · 폐업되는 경우에는 그 날부터 14일 이내에 사업장 탈퇴신고서에 사업장 탈퇴 사실을 증명할 수 있는 서류를 첨부하여 공단에 제출하여야 한다(규칙 제3조 제3항 전단, 동조 제1호).

㉣ 사용자는 사업장에 근로자가 없게 되거나 비상근 근로자 또는 1개월 동안의 소정근로시간이 60시간 미만인 단시간근로자만을 고용하게 되는 경우에는 그 날부터 14일 이내에 사업장 탈퇴신고서에 사업장 탈퇴 사실을 증명할 수 있는 서류를 첨부하여 공단에 제출하여야 한다(규칙 제3조 제3항 전단, 동조 제4호).

05

정답 ②

㉠ 국방부장관은 현역병(지원에 의하지 아니하고 임용된 하사를 포함한다), 전환복무된 사람 및 군간부후보생의 성명 · 주민등록번호 · 입대일 · 전역일 및 전환복무일을 공단에 통지해야 한다(규칙 제4조 제3항 제1호).

㉢ 지역가입자가 자격상실 신고를 할 경우에는 세대주가 지역가입자 자격상실 신고서를 공단에 제출해야 한다(규칙 제4조 제4항 제1호).

오답분석

㉡ 법무부장관은 교도소, 그 밖에 이에 준하는 시설에 수용되어 있는 사람의 성명·주민등록번호·입소일·출소일·수용기관명칭·코드 및 신분 구분을 공단에 통지해야 한다(규칙 제4조 제3항 제2호).
㉣ 직장가입자 자격상실의 신고를 할 경우에는 사용자가 직장가입자 자격상실 신고서를 공단에 제출해야 한다(규칙 제4조 제4항 제2호).
㉤ 사용자는 공단에 신고한 직장가입자의 내용이 변경된 경우에는 변경된 날부터 14일 이내에 직장가입자 내용 변경 신고서를 공단에 제출해야 한다(규칙 제4조 제5항).

06

정답 ②

공단은 정관을 변경하려면 보건복지부장관의 인가를 받아야 한다(법 제17조 제2항).

오답분석

① 법 제15조 제1항·제2항
③ 법 제16조 제1항·제2항
④ 법 제18조 제1호부터 제4호
⑤ 법 제19조

07

정답 ⑤

사업운영계획 등 공단 운영의 기본방침에 관한 사항, 예산 및 결산에 관한 사항, 정관 변경에 관한 사항, 규정의 제정·개정 및 폐지에 관한 사항, 보험료와 그 밖의 법에 따른 징수금(이하 "보험료 등") 및 보험급여에 관한 사항, 차입금에 관한 사항, 준비금, 그 밖에 중요재산의 취득·관리 및 처분에 관한 사항, 그 밖에 공단 운영에 관한 중요 사항 등은 이사회의 심의·의결을 거쳐야 한다(영 제11조 제1호부터 제8호).

오답분석

㉥ 심의위원회의 심의·의결사항 및 재정운영위원회의 심의·의결사항은 이사회의 심의·의결 사항에서 제외한다(영 제11조 후단). ㉥은 재정운영위원회의 심의·의결사항이다(법 제33조 제1항).

08

정답 ①

공단은 재난적의료비 지원사업에 사용되는 비용에 충당하기 위하여 매년 예산의 범위에서 출연할 수 있다(법 제39조의2 전단).

오답분석

② 공단은 회계연도마다 결산보고서와 사업보고서를 작성하여 다음해 2월 말일까지 보건복지부장관에게 보고하여야 한다(법 제39조 제1항). 공단은 결산보고서와 사업보고서를 보건복지부장관에게 보고하였을 때에는 보건복지부령으로 정하는 바에 따라 그 내용을 공고하여야 한다(동조 제2항).
③ 준비금은 부족한 보험급여 비용에 충당하거나 지출할 현금이 부족할 때 외에는 사용할 수 없으며, 현금 지출에 준비금을 사용한 경우에는 해당 회계연도 중에 이를 보전(補塡)하여야 한다(법 제38조 제2항).
④ 공단은 회계연도마다 결산상의 잉여금 중에서 그 연도의 보험급여에 든 비용의 100분의 5 이상에 상당하는 금액을 그 연도에 든 비용의 100분의 50에 이를 때까지 준비금으로 적립하여야 한다(법 제38조 제1항).
⑤ 공단은 결산보고서와 사업보고서를 보건복지부장관에게 보고하였을 때에는 보건복지부령으로 정하는 바에 따라 그 내용을 공고하여야 한다(법 제39조 제2항).

09

정답 ②

급여 대상으로 결정된 신약은 질병관리청이 아니라 국민건강보험공단에서 제약사와 약가협상을 통해 최종 가격을 결정한다.

10

정답 ⑤

㉡ 장애인복지법에 따른 의료재활시설로서 의료법의 요건을 갖춘 의료기관인 요양병원은 제외한다(요양급여 규칙 제3조의2 제1항 제외 조항).
㉢ 입원진료 현황의 내용, 고지 방법 및 절차 등에 관한 구체적인 사항은 보건복지부장관이 정하여 고시한다(요양급여 규칙 제3조의2 제2항).

오답분석

㉠ 보건복지부장관은 의료법에 따른 요양병원의 장에게 해당 요양병원에서 입원진료를 받는 가입자 등의 입원·퇴원 일시 등 입원진료 현황을 공단에 알리도록 요구할 수 있다(요양급여 규칙 제3조의2 제1항).

11

정답 ③

보건복지부장관은 확인 신청을 받은 경우에는 요양급여대상·비급여대상 여부를 확인하고, 정당한 사유가 없는 한 확인 신청을 접수한 날부터 30일 이내(㉠)에 신청인과 신의료기술평가위원회에 그 결과를 통보해야 한다. 다만, 기존 결정 사례 등에 근거한 확인이 곤란하여 심층적 검토가 필요한 경우에는 30일의 범위(㉡)에서 그 통보기간을 한 차례 연장할 수 있다(요양급여 규칙 제9조의2 제3항).

12

정답 ②

보건복지부장관은 약제급여조정위원회에서 조정한 경우에 조정이 끝난 날부터 15일 이내(㉠)에 조정결과 및 그 근거, 조정결과에 이견이 있으면 30일 이내(㉡)에 독립적 검토를 거친 재조정을 신청할 수 있다는 내용을 신청인에게 서면 또는 전자문서로 통보하여야 한다(요양급여 규칙 제11조의2 제10항 제1호 · 제2호).

13

정답 ②

보건복지부장관은 신청이 없는 경우에도 환자의 진료상 반드시 필요하다고 보건복지부령으로 정하는 경우에는 직권으로 행위 · 치료재료 및 약제의 요양급여대상의 여부를 결정할 수 있다(법 제41조의3 제4항).

오답분석

① 요양급여대상에 포함되지 아니한 약제에 대하여 보건복지부장관에게 요양급여대상 여부의 결정신청을 하려는 자는 약제평가신청서에 필요한 서류를 첨부하여 건강보험심사평가원장에게 해당 약제의 경제성, 요양급여의 적정성 및 기준 등에 관한 평가신청을 함으로써 이를 갈음한다(법 제41조의3 제2항, 요양급여 규칙 제10조의2 제3항 각 호 외의 부분).

③ 약사법에 따른 약제의 제조업자 · 수입업자 등 보건복지부령으로 정하는 자는 요양급여대상에 포함되지 아니한 약제에 대하여 보건복지부장관에게 요양급여대상 여부의 결정을 신청할 수 있다(법 제41조의3 제2항).

④ 요양기관, 치료재료의 제조업자 · 수입업자 등 보건복지부령으로 정하는 자는 요양급여대상 또는 비급여대상으로 결정되지 아니한 진찰 · 검사, 처치 · 수술 및 그 밖의 치료, 예방 · 재활의 요양급여에 관한 행위 및 치료재료에 대하여 요양급여대상 여부의 결정을 보건복지부장관에게 신청하여야 한다(법 제41조의3 제1항).

⑤ 신청을 받은 보건복지부장관은 정당한 사유가 없으면 보건복지부령으로 정하는 기간 이내에 요양급여대상 또는 비급여대상의 여부를 결정하여 신청인에게 통보하여야 한다(법 제41조의3 제3항).

14

정답 ⑤

전문요양기관으로 인정된 요양기관 또는 의료법에 따른 상급종합병원에 대하여는 요양급여의 절차 및 요양급여비용을 다른 요양기관과 달리 할 수 있다(법 제42조 제4항).

오답분석

① 보건복지부장관은 효율적인 요양급여를 위하여 필요하면 보건복지부령으로 정하는 바에 따라 시설 · 장비 · 인력 및 진료과목 등 보건복지부령으로 정하는 기준에 해당하는 요양기관을 전문요양기관으로 인정할 수 있다. 이 경우 해당 전문요양기관에 인정서를 발급하여야 한다(법 제42조 제2항).

②·③ 보건복지부장관은 전문요양기관으로 인정받은 요양기관이 다음 각 호의 어느 하나에 해당하는 경우에는 그 인정을 취소한다(법 제42조 제3항).

1. 제2항 전단에 따른 인정기준에 미달하게 된 경우
2. 제2항 후단에 따라 발급받은 인정서를 반납한 경우

④ 농어촌 등 보건의료를 위한 특별조치법에 따라 설치된 보건진료소는 요양기관으로 인정된다(법 제42조 제1항 제5호).

15

정답 ⑤

보건의료지원 통합신고포털의 설치 · 운영(규칙 제12조의2 제3항)

보건복지부장관, 시 · 도지사, 시장 · 군수 · 구청장 및 심사평가원은 보건의료자원 통합신고포털과 보건복지부장관 및 각 지방자치단체가 운영하는 정보시스템을 연계하여 다음 각 호의 업무를 처리할 수 있다.

1. 시 · 도지사 및 시장 · 군수 · 구청장이 심사평가원에 하는 통보
2. 심사평가원이 시 · 도지사 및 시장 · 군수 · 구청장에 하는 통보
3. 심사평가원이 요청하는 영 별표 4의3 제2호 마목 · 카목 및 타목에 해당하는 자료의 제공
4. 그 밖에 요양기관의 시설 · 장비 및 인력 등 보건의료자원의 통합신고를 위하여 필요하다고 심사평가원이 보건복지부장관의 승인을 받아 정한 사항

제공 요청 자료(영 별표 4의3 제2호 마목 · 카목 · 타목)

마. 요양기관의 현황과 관련한 사실을 확인하기 위해 필요한 자료

카. 다음 각 목의 자에 대한 면허, 자격 및 행정처분 등에 대한 자료

1) 의료법에 따른 의사, 치과의사, 한의사, 조산사, 간호사 및 간호조무사
2) 약사법에 따른 약사 및 한약사
3) 의료기사 등에 관한 법률에 따른 임상병리사, 방사선사, 물리치료사, 작업치료사, 치과기공사, 치과위생사 및 보건의료정보관리사
4) 사회복지사업법에 따른 사회복지사
5) 국민영양관리법에 따른 영양사
6) 식품위생법에 따른 조리사
7) 정신건강증진 및 정신질환자 복지서비스 지원에 관한 법률에 따른 정신건강전문요원
8) 원자력안전법에 따른 방사성동위원소취급자 및 방사선취급감독자
9) 그 밖에 다른 법령에 따라 면허를 받거나 자격을 인정받은 자로서 요양급여 관련 업무에 종사하는 자

타. 요양기관, 의료급여법에 따른 의료급여기관, 의료법에 따른 의료기관, 약사법에 따른 의약품도매상, 의약품·의약외품의 제조업자·품목허가를 받은 자·수입자·판매업자, 의료기기법에 따른 의료기기취급자, 식품위생법에 따른 집단급식소 운영자, 마약류 관리에 관한 법률에 따른 마약류취급자 등에 대한 업무정지·허가취소 등 처분에 대한 자료

16

정답 ②

요양급여 각 항목에 대한 상대가치점수는 요양급여에 드는 시간·노력 등 업무량, 인력·시설·장비 등 자원의 양, 요양급여의 위험도 및 요양급여에 따른 사회적 편익 등을 고려하여 산정한 요양급여의 가치를 각 항목 사이에 상대적인 점수로 나타낸 것으로 하며, 보건복지부장관이 심의위원회의 심의·의결을 거쳐 보건복지부령으로 정하는 바에 따라 고시한다(영 제21조 제2항).

오답분석

① 요양급여비용계약은 공단의 이사장과 요양급여비용계약의 당사자가 유형별 요양기관을 대표하여 체결하며, 계약의 내용은 요양급여의 각 항목에 대한 상대가치점수의 점수당 단가를 정하는 것으로 한다(영 제21조 제1항).

③ 요양병원에서 입원진료를 받는 경우에는 해당 진료에 필요한 요양급여 각 항목의 점수와 약제·치료재료의 비용을 합산하여 증세의 경중도의 구분에 따른 1일당 상대가치점수를 산정할 수 있다(영 제21조 제3항 제1호).

④ 의원, 병원·요양병원·정신병원·종합병원, 상급종합병원 또는 보건의료원에서 보건복지부장관이 정하여 고시하는 질병군에 대하여 입원진료를 받는 경우에는 해당 진료에 필요한 요양급여 각 항목의 점수와 약제·치료재료의 비용을 포괄하여 입원 건당 하나의 상대가치점수를 산정할 수 있다(영 제21조 제3항 제2호).

⑤ 호스피스·완화의료를 받는 경우에는 해당 진료에 필요한 요양급여 각 항목의 점수와 약제·치료재료의 비용을 합산하여 1일당 상대가치점수를 산정할 수 있다(영 제21조 제3항 제3호).

17

정답 ②

요양기관은 요양급여비용 심사청구서 및 명세서 등의 서류를 전산매체 또는 정보통신망을 통하여 공단 또는 심사평가원에 제출할 수 있다. 이 경우 전산 관리에 관하여 보건복지부장관이 고시한 기준에 따라 적정하다고 결정된 소프트웨어를 사용해야 한다(규칙 제22조 제1항).

18

정답 ③

건강검진의 검사항목, 방법, 그에 드는 비용, 건강검진 결과 등의 통보 절차, 그 밖에 건강검진을 실시하는 데 필요한 사항은 보건복지부장관이 정하여 고시한다(영 제25조 제5항).

19

정답 ③

㉠ 부당이득징수금체납정보공개심의위원회는 위원장 1명을 포함한 9명의 위원으로 구성한다(영 제26조의4 제1항).

㉣ 법률, 회계 또는 사회보험에 관한 학식과 경험이 풍부한 사람인 위원의 임기는 2년으로 하며, 한 차례만 연임할 수 있다(영 제26조의4 제3항).

오답분석

㉡ 부당이득징수금체납정보공개심의위원회의 위원장은 공단의 임원 중 해당 업무를 담당하는 상임이사가 되고, 위원은 공단의 이사장이 임명하거나 위촉하는 사람으로 한다(영 제26조의4 제2항 각 호 외의 부분).

㉢ 공단의 이사장이 부당이득징수금체납정보공개심의위원회의 위원으로 임명하거나 위촉할 수 있는 사람은 공단 소속 직원 3명, 보험급여 비용의 부당이득 징수에 관한 사무를 담당하는 보건복지부 소속 4급 또는 5급 공무원 1명, 법률, 회계 또는 사회보험에 관한 학식과 경험이 풍부한 사람 4명이다(영 제26조의4 제2항).

㉤ 부당이득징수금체납정보공개심의위원회의 회의는 위원장을 포함한 재적위원 과반수의 출석으로 개의하고, 출석위원 과반수의 찬성으로 의결한다(영 제26조의4 제4항).

20

정답 ④

공단은 병역법에 따른 현역병(지원에 의하지 아니하고 임용된 하사를 포함), 전환복무된 사람 및 군간부후보생 및 교도소, 그 밖에 이에 준하는 시설에 수용되어 있는 사람이 요양기관에서 대통령령으로 정하는 치료 등(이하 "요양급여")을 받은 경우 그에 따라 공단이 부담하는 비용(이하 "요양급여비용")과 요양비를 법무부장관·국방부장관·경찰청장·소방청장 또는 해양경찰청장으로부터 예탁받아 지급할 수 있다. 이 경우 법무부장관·국방부장관·경찰청장·소방청장 또는 해양경찰청장은 예산상 불가피한 경우 외에는 연간 들어갈 것으로 예상되는 요양급여비용과 요양비를 대통령령으로 정하는 바에 따라 미리 공단에 예탁하여야 한다(법 제60조 제1항).

21

정답 ④

비상근 심사위원은 심사평가원의 원장이 보건복지부령으로 정하는 사람 중에서 위촉한다. 이때, "보건복지부령으로 정하는 사람"이란 관련 의약분야별 전문학회 또는 의약계단체, 공단, 소비자단체 및 심사평가원 이사회가 추천하는 사람을 말한다(법 제66조 제4항, 규칙 제33조 제2항).

22

정답 ⑤

보수는 근로자 등이 근로를 제공하고 사용자·국가 또는 지방자치단체로부터 지급받는 금품(실비변상적인 성격을 갖는 금품은 제외한다)을 말한다. 이때, 보수에 포함되는 금품은 근로의 대가로 받은 봉급, 급료, 보수, 세비, 임금, 상여, 수당, 그 밖에 이와 유사한 성질의 금품으로서 퇴직금, 현상금, 번역료 및 원고료, 비과세근로소득을 제외한 것을 말한다(법 제70조 제3항 전단, 영 제33조 제1항 제1호부터 제3호).

23

정답 ⑤

- 보수월액의 산정 및 보수가 지급되지 아니하는 사용자의 보수월액의 산정 등에 필요한 사항은 대통령령(㉠)으로 정한다(법 제70조 제4항).
- 소득월액을 산정하는 기준, 방법 등 소득월액의 산정에 필요한 사항은 대통령령(㉡)으로 정한다(법 제71조 제2항).
- 보수는 근로자 등이 근로를 제공하고 사용자·국가 또는 지방자치단체로부터 지급받는 금품(실비변상적인 성격을 갖는 금품은 제외한다)으로서 대통령령(㉢)으로 정하는 것을 말한다. 이 경우 보수 관련 자료가 없거나 불명확한 경우 등 대통령령(㉣)으로 정하는 사유에 해당하면 보건복지부장관(㉤)이 정하여 고시하는 금액을 보수로 본다(법 제70조 제3항).

따라서 빈칸에 들어갈 내용이 다른 것은 ㉤이다.

24

정답 ①

- 직장가입자의 보험료율은 10,000분의 709(㉠)로 한다(영 제44조 제1항).
- 지역가입자의 보험료부과점수당 금액은 208.4원(㉡)으로 한다(영 제44조 제2항).

25

정답 ③

- 양수인이 양도인에게 지급했거나 지급해야 할 금액이 있는 경우에는 그 금액과 시가의 차액이 3억 원 이상(㉠)인 경우(영 제46조의2 제3항 제1호)
- 양수인이 양도인에게 지급했거나 지급해야 할 금액이 있는 경우에는 그 금액과 시가의 차액이 그 시가의 100분의 30에 상당하는 금액(㉡) 이상인 경우(영 제46조의2 제3항 제2호)

26

정답 ③

- 사용자는 납입 고지가 유예된 보수월액보험료를 그 사유가 없어진 후 보수가 지급되는 최초의 달의 보수에서 공제하여 납부하여야 한다. 다만, 납입 고지가 유예된 보수월액보험료가 해당 직장가입자의 월 보수월액보험료의 3배 이상(㉠)이고 해당 직장가입자가 원하는 경우에는 납입 고지 유예 해지 신청을 할 때에 해당 보수월액보험료의 분할납부를 함께 신청하여야 한다(규칙 제50조 제5항).
- 사용자가 분할납부를 신청한 경우에는 10회의 범위(㉡)에서 해당 보수월액보험료를 균등하게 분할하여 납부할 수 있다. 이 경우 매월 분할납부하는 금액은 해당 직장가입자의 월 보수월액보험료 이상이어야 한다(규칙 제50조 제6항).

27

정답 ①

보험료의 납부의무자는 국가, 지방자치단체 또는 공공기관으로부터 공사·제조·구매·용역 등 대통령령으로 정하는 계약의 대가를 지급받는 경우에는 보험료와 그에 따른 연체금 및 체납처분비의 납부사실을 증명하여야 한다(법 제81조의4 제1항 전단).

보험료의 납부증명 등(영 제47조의3 제1항)

법 제81조의4 제1항 본문에서 "공사·제조·구매·용역 등 대통령령으로 정하는 계약"이란 다음 각 호의 어느 하나에 해당하는 계약을 말한다.

1. 국가를 당사자로 하는 계약에 관한 법률에 따른 계약. 다만, 관서운영경비로 그 대가를 지급받는 계약은 제외한다.
2. 지방자치단체를 당사자로 하는 계약에 관한 법률에 따른 계약. 다만, 일상경비로 그 대가를 지급받는 계약은 제외한다.
3. 공공기관이 체결하는 계약. 다만, 일상경비적 성격의 자금으로서 보건복지부장관이 정하여 고시하는 자금으로 그 대가를 지급받는 계약은 제외한다.

28

정답 ②

보험료정보공개심의위원회의 위원장은 공단의 임원 중 해당 업무를 담당하는 상임이사가 된다(영 제49조 제2항 전단).

오답분석

① 위원회는 위원장 1명을 포함한 11명의 위원으로 구성한다(영 제49조 제1항).
③ 위원 중에서 공단 소속 직원은 4명이다(영 제49조 제2항 제1호).
④ 보험료정보공개심의위원회의 회의는 재적위원 과반수의 출석으로 개의하고, 출석위원 과반수의 찬성으로 의결한다(영 제49조 제4항).
⑤ 위원 중에서 법률, 회계 또는 사회보험에 관한 학식과 경험이 풍부한 사람은 4명이며(영 제49조 제2항 제4호), 이들의 임기는 2년으로 한다(동조 제3항).

29

정답 ①

공단은 납부의무자가 보험료와 그에 따른 연체금을 과오납부한 경우에 '㉠ 체납처분비 → ㉡ 체납된 보험료와 그에 따른 연체금 → ㉢ 앞으로 내야 할 1개월분의 보험료(납부의무자가 동의한 경우)'의 순서대로 충당해야 한다(영 제51조 제1항 제1호 가목부터 다목).

30

정답 ④

건강보험심사평가원의 비전은 '보건의료 디지털 혁신으로 최적의 의료문화를 만드는 Global HIRA'이다.

오답분석

① 한국보건산업진흥원의 비전이다.
② 국민건강보험공단의 비전이다.
③ 한국국제보건의료재단의 비전이다.
⑤ 한국사회보장정보원의 비전이다.

31

정답 ④

당연직위원은 4급 이상 공무원 또는 고위공무원단에 속하는 일반직공무원으로 재직 중이거나 재직하였던 위원 중 심판청구에 관한 업무를 담당하는 공무원으로 한다(영 제62조 제1항 제1호, 동조 제2항).

오답분석

① 위원은 보건복지부장관이 임명하거나 위촉한다(영 제62조 제1항 후단).
② 판사·검사 또는 변호사 자격이 있는 사람은 위원이 될 수 있다(영 제62조 제1항 제2호).
③ 대학·산업대학·교육대학에서 사회보험 또는 의료와 관련된 분야에 부교수 이상으로 재직하고 있는 사람은 위원이 될 수 있다(영 제62조 제1항 제3호).
⑤ 분쟁조정위원회의 위원장은 보건복지부장관의 제청으로 대통령이 임명한다(영 제62조 제1항 전단).

32

정답 ①

공단은 사용자, 직장가입자 및 세대주가 신고한 보수 또는 소득 등이 해당 업종·직종별 평균 소득 등보다 낮은 경우에는 소득축소탈루심사위원회의 심사를 거쳐 관련 자료를 보건복지부장관에게 제출하고 국세청장에게 송부하여야 한다(영 제68조 제1항 제1호 나목).

오답분석

㉡ 공단은 사용자, 직장가입자 및 세대주가 신고 자료를 3개월 이상 늦게 제출한 경우에는 소득의 축소 또는 탈루에 관한 자료를 국세청장에게 송부하여야 한다(영 제68조 제1항 제2호 가목).
㉢ 공단은 사용자, 직장가입자 및 세대주가 조사를 3회 이상 거부·방해·기피한 경우에는 소득의 축소 또는 탈루에 관한 자료를 국세청장에게 송부하여야 한다(영 제68조 제1항 제2호 나목).

33

정답 ①

보건복지부장관은 요양기관이 업무정지 처분을 하여야 하는 경우로서 그 업무정지 처분이 해당 요양기관을 이용하는 사람에게 심한 불편을 주거나 보건복지부장관이 정하는 특별한 사유가 있다고 인정되면 업무정지 처분을 갈음하여 속임수나 그 밖의 부당한 방법으로 부담하게 한 금액의 <u>5배 이하(㉠)</u>의 금액을 과징금으로 부과·징수할 수 있다. 이 경우 보건복지부장관은 <u>12개월의 범위(㉡)</u>에서 분할납부를 하게 할 수 있다(법 제99조 제1항).

34

정답 ③

공단의 이사장과 응급의료기금의 관리·운용을 위탁받은 자는 지원받은 과징금의 다음 해 운용계획서와 전년도 사용실적을 <u>매년 4월 30일까지</u> 보건복지부장관에게 제출하여야 한다(영 제71조 제2항).

35

정답 ④

공단은 성분 또는 효능이 같아 대체사용이 가능한 약제 중 요양급여비용이 보다 저렴한 약제를 처방하거나 조제하는 방법으로 건강보험 재정 지출을 절감하는 데 이바지한 요양기관에 장려금을 지급한다(영 제75조의2 제1항 제1호). 이때, 장려금은 제1항에 따른 처방 또는 조제로 인하여 건강보험 재정 지출에서 절감된 금액의 <u>100분의 70</u>을 넘지 아니하는 금액으로 한다(동조 제2항).

36

정답 ②

지역가입자가 된 국내체류 외국인 등이 지역가입자의 자격을 잃은 경우에는 그 자격을 잃은 날부터 <u>14일 이내</u>에 건강보험 지역가입자 자격상실 신고서를 공단에 제출해야 한다(규칙 제61조의2 제4항).

37

정답 ⑤

권한의 위임 및 위탁(법 제111조)

① 국민건강보험법에 따른 보건복지부장관의 권한은 대통령령으로 정하는 바에 따라 그 일부를 특별시장·광역시장·도지사 또는 특별자치도지사에게 위임할 수 있다.
② 제97조 제2항에 따른 보건복지부장관의 권한은 대통령령으로 정하는 바에 따라 공단이나 심사평가원에 위탁할 수 있다.

38

정답 ⑤

㉡ 공단은 임신·출산 진료비 이용권의 발급 신청 접수 및 발급에 관한 업무를 금융기관 또는 체신관서에 위탁한다(규칙 제64조 제3항 제1호).

㉢ 공단은 임신·출산 진료비 이용권으로 결제한 비용의 지급 및 정산에 관한 업무를 사회보장정보원 및 보건복지부장관이 정하여 고시하는 기관 또는 단체에 위탁한다(규칙 제64조 제3항 제2호).

㉣ 공단은 부득이한 경우를 제외하고는 매년 임신·출산 진료비의 지급에 들어갈 것으로 예상되는 비용을 사회보장정보원 및 보건복지부장관이 정하여 고시하는 기관 또는 단체에 미리 예탁하여야 한다(규칙 제64조 제4항).

오답분석

㉠ 공단은 업무를 위탁하려면 수탁 기관 및 위탁 업무에 대하여 보건복지부장관의 승인을 받아야 한다(규칙 제64조 제2항).

39

정답 ②

정당한 사유 없이 제94조 제1항을 위반하여 신고·서류제출을 하지 아니하거나 거짓으로 신고·서류제출을 한 자에게는 500만 원 이하의 과태료를 부과한다(법 제119조 제3항 제2호).

신고 등(법 제94조 제1항 제1호부터 제3호)

공단은 사용자, 직장가입자 및 세대주에게 가입자의 거주지 변경, 가입자의 보수·소득, 그 밖에 건강보험사업을 위하여 필요한 사항을 신고하게 하거나 관계 서류(전자적 방법으로 기록된 것을 포함한다)를 제출하게 할 수 있다.

40

정답 ①

제96조의4를 위반하여 서류를 보존하지 아니한 자에게는 100만 원 이하의 과태료를 부과한다(법 제119조 제4항 제4호).

오답분석

정당한 사유 없이 제97조 제1항·제3항·제4항·제5항을 위반하여 보고·서류제출을 하지 아니하거나 거짓으로 보고·서류제출을 한 자에게는 500만 원 이하의 과태료를 부과한다(법 제119조 제3항 제3호).

② 법 제97조 제4항
③ 법 제97조 제1항
④ 법 제97조 제5항
⑤ 법 제97조 제3항

서류의 보존(법 제96조의4 제2항)

사용자는 3년간 보건복지부령으로 정하는 바에 따라 자격 관리 및 보험료 산정 등 건강보험에 관한 서류를 보존하여야 한다.

제3회

고난도 모의고사

01	02	03	04	05	06	07	08	09	10
①	①	①	②	⑤	①	④	①	④	①
11	12	13	14	15	16	17	18	19	20
③	①	②	③	④	①	③	①	③	②
21	22	23	24	25	26	27	28	29	30
①	③	②	③	①	①	③	④	③	③
31	32	33	34	35	36	37	38	39	40
①	②	①	③	⑤	④	③	⑤	①	①

01

정답 ①

보건복지부장관은 종합계획 및 시행계획을 수립하거나 변경한 경우에는 관계 중앙행정기관의 장, 공단의 이사장 및 심사평가원의 원장에게 그 내용을 알려야 한다(영 제2조의2 제3항).

02

정답 ①

보건복지부장관은 대통령령으로 정하는 중앙행정기관 소속 공무원 2명을 임명 또는 위촉한다. 이때, "대통령령으로 정하는 중앙행정기관 소속 공무원"은 기획재정부(㉠)와 보건복지부 소속의 3급 공무원 또는 고위공무원단에 속하는 일반직공무원 중에서 그 소속 기관의 장이 1명씩(㉡) 지명하는 사람을 말한다(법 제4조 제4항 제4호 가목, 영 제4조).

03

정답 ①

- 심의위원회의 사무를 처리하기 위하여 심의위원회에 간사 1명(㉠)을 둔다(영 제7조 제1항).
- 간사는 보건복지부(㉡) 소속 4급 이상 공무원 또는 고위공무원단에 속하는 일반직공무원 중에서 위원장이 지명한다(영 제7조 제2항).

04

정답 ②

㉠ 비상근 근로자, 비상근 교직원은 직장가입자에서 제외된다(영 제9조 제1호·제2호).

㉡ 소재지가 일정하지 아니한 사업장의 근로자 및 사용자는 직장가입자에서 제외된다(영 제9조 제3호).

㉤ 근로자가 없거나 비상근 근로자 또는 1개월 동안의 소정근로시간이 60시간 미만인 단시간근로자만을 고용하고 있는 사업장의 사업주는 직장가입자에서 제외된다(영 제9조 제4호).

오답분석

㉢ 1개월 동안의 소정근로시간이 60시간 미만인 단시간근로자는 직장가입자에서 제외된다(영 제9조 제1호).

㉣ 1개월 동안의 소정근로시간이 60시간 미만인 시간제공무원 및 교직원은 직장가입자에서 제외된다(영 제9조 제2호).

05

정답 ⑤

건강보험증을 발급받은 가입자 또는 피부양자는 건강보험증에 기재된 내용이 변경된 경우에는 변경된 날부터 30일 이내에 건강보험증 기재사항 변경 신청서를 공단에 제출해야 한다(규칙 제5조 제4항).

오답분석

① 가입자 또는 피부양자는 건강보험증을 발급받으려면 건강보험증 발급 신청서를 공단에 제출해야 한다(규칙 제5조 제1항 전단).

② 가입자 또는 피부양자가 건강보험증 발급 신청서를 공단에 제출하는 경우 정보통신망을 통하여 해당 서류를 제출할 수 있다(규칙 제5조 제1항 후단).

③ 공단은 건강보험증 발급 신청을 받으면 지체 없이 건강보험증을 신청인에게 발급해야 한다(규칙 제5조 제2항).

④ 공단은 제공받은 자료를 이용하여 가입자 또는 피부양자의 자격 취득·변동 사실을 확인한 경우에는 가입자 또는 피부양자의 신청 없이 건강보험증을 발급할 수 있다(규칙 제5조 제3항).

06

정답 ①

기획재정부장관, 보건복지부장관 및 인사혁신처장(㉠)은 해당 기관 소속의 3급 공무원 또는 고위공무원단에 속하는 일반직공무원 중에서 각 1명씩(㉡)을 지명하는 방법으로 공단의 비상임이사를 추천한다(영 제10조).

07

정답 ④

요양급여비용의 계약 및 결손처분 등 보험재정에 관련된 사항을 심의·의결하기 위하여 공단에 재정운영위원회를 둔다(법 제33조 제1항).

오답분석

① 법 제33조 제2항
② 법 제34조 제1항 제1호부터 제3호
③ 법 제34조 제1항 제1호, 법 제34조 제2항 제1호
⑤ 보건복지부장관은 농어업인 단체 및 도시자영업자단체에서 각각 3명씩 추천하고, 시민단체에서 추천하는 4명을 지역가입자를 대표하는 위원으로 임명하거나 위촉한다(법 제34조 제2항 제2호, 영 제14조 제1항 제1호·제2호).

08

정답 ①

공단이 재난적의료비 지원사업에 출연하는 금액의 상한은 전전년도 보험료 수입액의 1,000분의 1로 한다(영 제17조의2).

09

정답 ④

- 중증환자에게 처방·투여되는 약제에 대한 요양급여 적용기준 및 방법에 대하여 심의하기 위하여 심사평가원(㉠)에 중증질환심의위원회를 둔다(요양급여 규칙 제5조의2 제1항).
- 중증질환심의위원회는 보건의료분야에 관한 학식과 경험이 풍부한 45인 이내의 위원(㉡)으로 구성하되, 중증질환심의위원회의 구성 및 운영 등에 관하여 필요한 사항은 심사평가원의 정관으로 정한다(요양급여 규칙 제5조의2 제2항).

10

정답 ①

요양기관, 의약관련 단체 또는 치료재료의 제조업자·수입업자는 행위·치료재료에 대한 요양급여대상 여부의 결정신청을 하려는 경우에는 신의료기술평가의 유예 고시 이후 가입자에게 최초로 행위를 실시한 날부터 30일 이내(㉠)에 보건복지부장관(㉡)에게 신청해야 한다(요양급여 규칙 제10조 제1항 제1호 가목).

11

정답 ③

보건복지부장관은 독립적 검토를 수행하게 하기 위하여 검토절차를 총괄하는 1명의 책임자와 검토를 담당하는 30명 이내의 검토자를 위촉하여야 한다(요양급여 규칙 제13조의2 제2항).

12

정답 ①

요양급여대상 여부의 결정신청을 하려는 약제의 제조업자·위탁제조판매업자·수입자는 약제평가신청서에 판매예정가 산출근거 및 내역에 관한 자료를 첨부하여 심사평가원장에게 해당 약제의 경제성, 요양급여의 적정성 및 기준 등에 관한 평가신청을 함으로써 이를 갈음한다(요양급여 규칙 제10조의2 제3항 제1호 나목).

오답분석

㉡ 심사평가원장은 요양급여비용 상한금액이 감액되거나 요양급여대상 여부 또는 상한금액이 조정된 약제의 제조업자·위탁제조판매업자·수입자의 계열회사가 그 요양급여비용이 감액되거나 요양급여대상 여부 또는 상한금액이 조정된 약제와 투여경로·성분·제형이 동일한 약제에 대하여 평가신청을 한 경우에는 그 신청을 반려할 수 있다(요양급여 규칙 제10조의2 제4항).
㉢ 심사평가원장은 보건복지부장관이 정하여 고시하는 약제 산정기준에 따라 상한금액이 정해지는 약제(이하 "산정대상약제")에 대하여 평가신청을 받은 경우에는 그 신청받은 내용을 보건복지부장관에게 보고하고, 공단 이사장에게 통보해야 한다(요양급여 규칙 제10조의2 제5항).

13

정답 ②

선별급여의 실시 조건, 자료의 제출, 선별급여의 실시 제한 등에 필요한 사항은 보건복지부령으로 정한다(법 제42조의2 제4항).

14

정답 ③

- 본인부담액을 경감받을 수 있는 요건을 갖춘 희귀난치성질환자 등은 본인부담액 경감 인정을 받으려면 경감 인정 신청서(전자문서를 포함한다)를 특별자치도지사·시장·군수·구청장(㉠)에게 제출하여야 한다(규칙 제14조 제1항).
- 신청을 받은 특별자치도지사·시장·군수·구청장은 신청인이 기준에 해당하는지를 확인하여 부득이한 사유가 없으면 그 결과를 신청일부터 30일 이내(㉡)에 공단에 통보하여야 한다(규칙 제14조 제3항 전단).

15

정답 ④

- 약제 및 치료재료에 대한 요양급여비용의 결정 기준·절차, 그 밖에 필요한 사항은 보건복지부장관(㉠)이 정하여 고시한다(영 제22조 제2항).
- 치료재료(상대가치점수가 적용되는 치료재료는 제외한다)에 대한 요양급여비용은 구입금액(㉡)에 따라 결정한다(영 제22조 제1항 제4호).

16

정답 ①

㉠ 가입자나 피부양자는 본인일부부담금 외에 자신이 부담한 비용이 요양급여 대상에서 제외되는 비용인지 여부에 대하여 심사평가원에 확인을 요청할 수 있다(법 제48조 제1항).

㉡ 확인 요청을 받은 심사평가원은 그 결과를 요청한 사람에게 알려야 한다. 이 경우 확인을 요청한 비용이 요양급여 대상에 해당되는 비용으로 확인되면 그 내용을 공단 및 관련 요양기관에 알려야 한다(법 제48조 제2항).

오답분석

㉢ 통보받은 요양기관은 받아야 할 금액보다 더 많이 징수한 금액(이하 "과다본인부담금")을 지체 없이 확인을 요청한 사람에게 지급하여야 한다. 다만, 공단은 해당 요양기관이 과다본인부담금을 지급하지 아니하면 해당 요양기관에 지급할 요양급여비용에서 과다본인부담금을 공제하여 확인을 요청한 사람에게 지급할 수 있다(법 제48조 제3항).

17

정답 ③

공단은 가입자가 1개월 이상(㉠) 소득월액보험료, 세대단위의 보험료를 체납한 경우 그 체납한 보험료를 완납할 때까지 그 가입자 및 피부양자에 대하여 보험급여를 실시하지 아니할 수 있다. 다만, 월별 보험료의 총체납횟수(이미 납부된 체납보험료는 총체납횟수에서 제외하며, 보험료의 체납기간은 고려하지 아니한다)가 6회 미만(㉡)이거나 가입자 및 피부양자의 소득·재산 등이 대통령령으로 정하는 기준 미만인 경우에는 그러하지 아니하다(법 제53조 제3항 제1호·제2호, 영 제26조 제1항·제2항).

18

정답 ①

인적사항 등의 공개 여부를 심의하기 위하여 공단에 부당이득징수금체납정보공개심의위원회를 둔다(법 제57조의2 제2항).

오답분석

②·③ 공단은 징수금을 납부할 의무가 있는 요양기관 또는 요양기관을 개설한 자가 납입 고지 문서에 기재된 납부기한의 다음 날부터 1년이 경과한 징수금을 1억 원 이상 체납한 경우 징수금 발생의 원인이 되는 위반행위, 체납자의 인적사항 및 체납액 등 대통령령으로 정하는 사항(이하 "인적사항 등")을 공개할 수 있다. 다만, 체납된 징수금과 관련하여 이의신청, 심판청구가 제기되거나 행정소송이 계류 중인 경우 또는 그 밖에 체납된 금액의 일부 납부 등 대통령령으로 정하는 사유가 있는 경우에는 그러하지 아니하다(법 제57조의2 제1항).

④ 인적사항 등의 공개는 관보에 게재하거나 공단 인터넷 홈페이지에 게시하는 방법으로 한다(법 제57조의2 제4항).

⑤ 공단은 부당이득징수금체납정보공개심의위원회의 심의를 거친 인적사항 등의 공개대상자에게 공개대상임을 서면으로 통지하여 소명의 기회를 부여하여야 하며, 통지일로부터 6개월이 경과한 후 체납자의 납부이행 등을 고려하여 공개대상자를 선정한다(법 제57조의2 제3항).

19

정답 ③

공단은 제3자의 행위로 보험급여사유가 생겨 가입자 등에게 보험급여를 한 경우에는 그 급여에 들어간 비용 한도에서 그 제3자에게 손해배상을 청구할 권리를 얻는다(법 제58조 제1항).

오답분석

① 보험급여를 받을 권리는 양도하거나 압류할 수 없다(법 제59조 제1항).

② 요양비 등 수급계좌에 입금된 요양비 등은 압류할 수 없다(법 제59조 제2항).

④·⑤ 보험급여를 받은 사람이 제3자로부터 이미 손해배상을 받은 경우에는 공단은 그 배상액 한도에서 보험급여를 하지 아니한다(법 제58조 제2항).

20

정답 ②

건강보험심사평가원의 DUR 서비스 절차

1. 의사는 처방단계에서 환자의 처방(의약품)정보를 건강보험심사평가원으로 전송한다.
2. 건강보험심사평가원은 환자의 투약이력 및 DUR 기준과 비교해서 문제되는 의약품이 있으면 의사의 컴퓨터화면에 0.5초 이내로 경고 메시지를 띄운다.
3. 의사는 처방을 변경하거나 임상적 필요에 의해 부득이하게 처방 시에는 예외사유를 기재하여 처방을 완료하고, 그 정보를 건강보험심사평가원에 전송한다.
4. 약사도 동일한 과정을 거치게 되며, 경고 메시지가 있는 의약품에 대해 처방의사에게 변경여부를 물어 변경에 동의하는 경우 변경하여 조제할 수 있으며, 조제 완료한 내역은 건강보험심사평가원에 전송한다.

21

정답 ①

공단은 법 제39조 제2항에 따라 결산보고서와 사업보고서를 보건복지부장관(㉠)에게 보고한 경우에는 그 개요를 신문 등의 진흥에 관한 법률 제9조 제1항에 따라 전국을 보급지역으로 등록한 일반일간신문(㉡), 인터넷 홈페이지나 그 밖의 효과적인 방법으로 공고해야 한다(규칙 제10조).

22

정답 ③

사용자는 보수월액의 산정을 위하여 매년 3월 10일까지 전년도 직장가입자에게 지급한 보수의 총액(가입자별로 1월부터 12월까지 지급한 보수의 총액을 말한다)과 직장가입자가 해당 사업장·국가·지방자치단체·사립학교 또는 그 학교경영기관(이하 "사업장 등")에 종사한 기간 등 보수월액 산정에 필요한 사항을 공단에 통보하여야 한다(영 제35조 제1항 전단).

23

정답 ②

보험료부과점수는 소득과 재산을 고려하여 산정한다. 다만, 종중재산, 마을 공동재산, 그 밖에 이에 준하는 공동의 목적으로 사용하는 건축물 및 토지는 재산에서 제외한다(영 제42조 제1항 제1호·제2호, 동조 제3항 제1호 단서).

오답분석

① 지방세법 시행령에 따른 영업용 자동차(영 제42조 제3항 제3호 바목)
③ 지방세법에 따른 재산세의 과세대상이 되는 토지, 건축물, 주택, 선박 및 항공기(영 제42조 제3항 제1호 전단)
④ 장애인복지법에 따라 등록한 장애인이 소유한 자동차(영 제42조 제3항 제3호 라목)
⑤ 주택을 소유하지 아니한 지역가입자의 경우에는 임차주택에 대한 보증금 및 월세금액(영 제42조 제3항 제2호)

24

정답 ③

공단은 직장가입자가 국외에 체류하는 경우에는 1개월 이상의 기간으로서 대통령령으로 정하는 기간 이상 국외에 체류하는 경우 그 가입자의 보험료를 면제한다. 이때, "대통령령으로 정하는 기간"이란 3개월(㉠)을 말한다. 다만, 업무에 종사하기 위해 국외에 체류하는 경우라고 공단이 인정하는 경우에는 1개월(㉡)을 말한다(법 제74조 제1항 전단, 영 제44조의2).

25

정답 ①

- 보험료(직장가입자의 경우에는 소득월액보험료를 말한다)를 분기별로 납부하려는 직장가입자 및 지역가입자는 분기가 시작되는 달의 전달 말일(㉠)까지 건강보험료 분기납부 신청서를 공단에 제출하여야 한다(규칙 제47조 제1항).
- 분기별로 납부하는 보험료의 납부기한은 해당 분기가 끝나는 달의 다음 달 10일(㉡)로 한다(규칙 제47조 제2항).

26

정답 ①

보험료 등 납부대행기관은 보험료 등의 납부자로부터 보험료 등의 납부를 대행하는 대가로 수수료를 받을 수 있다. 이때, 납부대행 수수료는 공단이 납부대행기관의 운영경비 등을 종합적으로 고려하여 승인한다. 이 경우 납부대행 수수료는 해당 보험료 등 납부금액의 1,000분의 10을 초과할 수 없다(법 제79조의2 제3항, 영 제46조의4 제3항).

27

정답 ③

- 공단은 분할납부를 신청한 자가 당해 신청 전에 분할납부 승인이 취소된 적이 없는 경우에는 특별한 사유가 없으면 분할납부를 승인해야 한다. 이 경우 분할납부하는 횟수는 24회 이내(㉠)로 정하고, 매월 납부할 금액(이하 "분할보험료")은 해당 월별로 고지된 보험료(연체금을 포함한다) 이상으로 정하여 신청인에게 통보하여야 한다(규칙 제55조 제4항).
- 공단은 분할납부 승인을 받은 자(이하 "분할납부자")에게 매회 납부기일 10일 전까지(㉡) 분할보험료 납입고지서를 발급하여야 한다. 다만, 분할납부자가 분할납부 승인을 신청할 때에 분할횟수에 해당하는 납입고지서를 모두 발급해 줄 것을 요청하면 이를 한꺼번에 발급할 수 있다(규칙 제55조 제5항).

28

정답 ④

공단은 납부기한의 다음 날부터 1년이 경과한 보험료, 연체금과 체납처분비의 총액이 1,000만 원 이상인 체납자가 납부능력이 있음에도 불구하고 체납한 경우 그 인적사항·체납액 등을 공개할 수 있다. 다만, 공단이 공개대상자에게 공개대상자임을 서면으로 통지할 당시 체납된 보험료, 연체금 및 체납처분비의 100분의 30 이상(㉠)을 그 통지일부터 6개월 이내(㉡)에 납부한 경우에는 그러하지 아니하다(법 제83조 제1항, 영 제48조 제1항 제1호).

29

정답 ③

㉡ 보험료 등은 국세와 지방세를 제외한 다른 채권에 우선하여 징수한다. 다만, 보험료 등의 납부기한 전에 전세권·질권·저당권 또는 동산·채권 등의 담보에 관한 법률에 따른 담보권의 설정을 등기 또는 등록한 사실이 증명되는 재산을 매각할 때에 그 매각대금 중에서 보험료 등을 징수하는 경우 그 전세권·질권·저당권 또는 동산·채권 등의 담보에 관한 법률에 따른 담보권으로 담보된 채권에 대하여는 그러하지 아니하다(법 제85조).

㉢ 공단은 납부의무자가 보험료 등·연체금 또는 체납처분비로 낸 금액 중 과오납부한 금액이 있으면 대통령령으로 정하는 바에 따라 그 과오납금을 보험료 등·연체금 또는 체납처분비에 우선 충당하여야 한다(법 제86조 제1항).

오답분석

㉠ 보험료 등은 국세와 지방세를 제외한 다른 채권에 우선하여 징수한다(법 제85조 전단). 즉, 국세와 지방세는 보험료 등보다 우선하여 징수한다.
㉣ 공단은 충당하고 남은 금액이 있는 경우 대통령령으로 정하는 바에 따라 납부의무자에게 환급하여야 한다(법 제86조 제2항). 제1항 및 제2항의 경우 과오납금에 대통령령으로 정하는 이자를 가산하여야 한다(제86조 제3항).

30

정답 ③

건강보험심사평가원의 사회공헌 3대 추진전략

- 본업 연계 사회공헌
  - 희귀난치병 환우 치료비 지원
  - '건강+생명 나눔 헌혈' 및 헌혈증 기부
  - 공공의료원 이용 취약계층 치료비 지원
  - 지역사회 문제해결형 보건의료 사회공헌 아이디어 공모전 추진
  - 의료취약계층 이동 편의를 위한 '우도 효도차(탑써)', '영월 효도차(영차)' 사업 지원
  - 다문화가정 건강 지원을 위한 '레인보우 건강브릿지' 사업 지원
- 지역 연계 사회공헌
  - 1사1촌 김장나눔 및 체험마을 지원
  - 명절맞이 지역사회 나눔행사
  - 노숙인 자활 프로그램 '도시농부 아카데미 하우스' 지원
  - 중증장애인 카페 'I got everything' 운영 지원
  - 저소득층 영아를 위한 '아가사랑 분유뱅크' 분유 지원
  - 지역 학교와 연계한 환경성 질환 환우 치료비 지원
- 참여형 사회공헌
  - 심평원 봉사단 연중 운영
  - 정기성금 3종 및 수시성금 운영
  - ESG 실천 모바일 앱을 활용한 일상 속 활동 실천 및 후원 연계 '지금바로행동 프로젝트' 운영

31

정답 ①

- 분쟁조정위원회의 사무를 처리하기 위하여 분쟁조정위원회에 간사 1명(㉠)을 둔다(영 제66조 제1항).
- 간사는 보건복지부(㉡) 소속 공무원 중에서 보건복지부장관이 지명한다(영 제66조 제2항).

32

정답 ②

시효(법 제91조 제2항)

시효는 다음 각 호의 어느 하나의 사유로 중단된다.

1. 보험료의 고지 또는 독촉
2. 보험급여 또는 보험급여 비용의 청구

오답분석

① 법 제91조 제2항 제1호
③ 법 제91조 제1항 제5호
④ 법 제91조 제3항
⑤ 법 제91조 제4항

33

정답 ①

자료의 제공(법 제96조 제1항)

공단은 국가, 지방자치단체, 요양기관, 보험업법에 따른 보험회사 및 보험료율 산출 기관, 공공기관의 운영에 관한 법률에 따른 공공기관, 그 밖의 공공단체 등에 대하여 다음 각 호의 업무를 수행하기 위하여 주민등록·가족관계등록·국세·지방세·토지·건물·출입국관리 등의 자료로서 대통령령으로 정하는 자료를 제공하도록 요청할 수 있다.

1. 가입자 및 피부양자의 자격 관리, 보험료의 부과·징수, 보험급여의 관리 등 건강보험사업의 수행
2. 징수위탁근거법에 따라 위탁받은 업무의 수행

오답분석

㉢ 국가, 지방자치단체, 요양기관, 보험업법에 따른 보험료율 산출 기관, 그 밖의 공공기관 및 공공단체가 공단 또는 심사평가원에 제공하는 자료에 대하여는 사용료와 수수료 등을 면제한다(법 제96조 제6항).
㉣ 심사평가원은 국가, 지방자치단체, 요양기관, 보험업법에 따른 보험회사 및 보험료율 산출 기관, 공공기관의 운영에 관한 법률에 따른 공공기관, 그 밖의 공공단체 등에 대하여 요양급여비용을 심사하고 요양급여의 적정성을 평가하기 위하여 주민등록·출입국관리·진료기록·의약품공급 등의 자료로서 대통령령으로 정하는 자료를 제공하도록 요청할 수 있다(법 제96조 제2항).
㉤ 보건복지부장관은 관계 행정기관의 장에게 약제에 대한 요양급여비용 상한금액의 감액 및 요양급여의 적용 정지를 위하여 필요한 자료를 제공하도록 요청할 수 있다(법 제96조 제3항).

34

정답 ③

- 보건복지부장관은 과징금 부과 대상이 된 약제가 과징금이 부과된 날부터 5년의 범위에서 대통령령으로 정하는 기간 내에 다시 과징금 부과 대상이 되는 경우에는 국민 건강에 심각한 위험을 초래할 것이 예상되는 등 특별한 사유로 과징금 부과대상이 되는 경우 해당 약제에 대한 요양급여비용 총액의 100분의 100(㉠)을 넘지 아니하는 범위에서 과징금을 부과·징수할 수 있다(법 제99조 제3항 제2호).
- 대통령령으로 해당 약제에 대한 요양급여비용 총액을 정할 때에는 그 약제의 과거 요양급여 실적 등을 고려하여 1년 동안(㉡)의 요양급여 총액을 넘지 않는 범위에서 정하여야 한다(법 제99조 제4항).

35

정답 ⑤

ⓛ 공표심의위원회의 위원장은 위원 중에서 호선한다(영 제73조 제2항 일부 및 각 호 외의 부분).

ⓔ 공표심의위원회의 위원장이 부득이한 사유로 직무를 수행할 수 없을 때에는 위원장이 지명하는 위원이 그 직무를 대행한다(영 제73조 제5항).

ⓜ 공표심의위원회의 회의는 재적위원 과반수의 출석으로 개의하고, 출석위원 과반수의 찬성으로 의결한다(영 제73조 제6항).

오답분석

ⓖ 공표심의위원회는 위원장 1명을 포함한 9명의 위원으로 구성한다(영 제73조 제1항).

ⓒ 공표심의위원회의 위원은 보건복지부장관이 임명하거나 위촉하는 사람으로 한다(영 제73조 제2항 일부).

36

정답 ④

의료급여법에 따른 수급권자가 되어 가입자의 자격이 상실된 임의계속가입자가 가입자의 자격을 다시 취득한 경우로서 다시 취득한 날이 사용관계가 끝난 날의 다음 날부터 36개월 이내이면 공단이 정하는 기간 안에 임의계속가입의 재적용을 신청할 수 있다. 이 경우 신청자는 가입자의 자격을 다시 취득한 날부터 사용관계가 끝난 날의 다음 날부터 기산하여 36개월이 되는 날을 넘지 아니하는 범위에 따른 기간 동안 임의계속가입자로서의 자격을 유지한다(영 제77조 제2항).

37

정답 ③

보건복지부장관(ⓖ)은 제5조에 따른 건강보험증 발급(기재사항 변경) 신청서의 내용에 대하여 2015년 1월 1일을 기준으로 2년마다(ⓛ)(매 2년이 되는 해의 기준일과 같은 날 전까지를 말한다) 그 타당성을 검토하여 개선 등의 조치를 해야 한다(규칙 제66조 제2항).

38

정답 ⑤

ⓖ 공단은 국가기관・지방자치단체・심사평가원 및 국민연금공단에 건강보험증의 발급 및 가입자의 민원접수 및 처리 업무를 위탁할 수 있다(규칙 제64조 제1항 제2호).

ⓛ 공단은 국가기관・지방자치단체・심사평가원 및 국민연금공단에 가입자의 자격 취득・변경 및 상실 신고의 접수 및 처리 업무를 위탁할 수 있다(규칙 제64조 제1항 제1호).

ⓒ 공단은 국가기관・지방자치단체・심사평가원 및 국민연금공단에 요양급여비용의 지급에 관한 업무를 위탁할 수 있다(규칙 제64조 제1항 제3호).

ⓔ 공단은 국가기관・지방자치단체・심사평가원 및 국민연금공단에 체납된 보험료 등, 연체금 및 체납처분비의 조회 및 납부 사실 확인에 관한 업무를 위탁할 수 있다(규칙 제64조 제1항 제4호).

39

정답 ①

제7조를 위반하여 신고를 하지 아니하거나 거짓으로 신고한 사용자에게는 500만 원 이하의 과태료를 부과한다(법 제119조 제3항 제1호).

사업장의 신고(법 제7조 제1호)
직장가입자가 되는 근로자・공무원 및 교직원을 사용하는 사업장(이하 "적용대상사업장")이 된 경우 또는 이에 해당되어 보험자에게 신고한 내용이 변경된 경우 사업장의 사용자는 14일 이내에 보건복지부령으로 정하는 바에 따라 보험자에게 신고하여야 한다.

40

정답 ①

제96조의4를 위반하여 서류를 보존하지 아니한 자에게는 100만 원 이하의 과태료를 부과한다(법 제119조 제4항 제4호).

서류의 보존(법 제96조의4 제1항 단서)
약국 등 보건복지부령으로 정하는 요양기관은 처방전을 요양급여비용을 청구한 날부터 3년간 보존하여야 한다.

모든 전사 중 가장 강한 전사는 이 두 가지, 시간과 인내다.

– 레프 톨스토이 –

건강보험심사평가원 필기시험 답안카드

성 명

지원 분야

문제지 형별기재란	
( )형	Ⓐ Ⓑ

수 험 번 호						
⓪	⓪	⓪	⓪	⓪	⓪	⓪
①	①	①	①	①	①	①
②	②	②	②	②	②	②
③	③	③	③	③	③	③
④	④	④	④	④	④	④
⑤	⑤	⑤	⑤	⑤	⑤	⑤
⑥	⑥	⑥	⑥	⑥	⑥	⑥
⑦	⑦	⑦	⑦	⑦	⑦	⑦
⑧	⑧	⑧	⑧	⑧	⑧	⑧
⑨	⑨	⑨	⑨	⑨	⑨	⑨

감독위원 확인
인

1	① ② ③ ④ ⑤	21	① ② ③ ④ ⑤
2	① ② ③ ④ ⑤	22	① ② ③ ④ ⑤
3	① ② ③ ④ ⑤	23	① ② ③ ④ ⑤
4	① ② ③ ④ ⑤	24	① ② ③ ④ ⑤
5	① ② ③ ④ ⑤	25	① ② ③ ④ ⑤
6	① ② ③ ④ ⑤	26	① ② ③ ④ ⑤
7	① ② ③ ④ ⑤	27	① ② ③ ④ ⑤
8	① ② ③ ④ ⑤	28	① ② ③ ④ ⑤
9	① ② ③ ④ ⑤	29	① ② ③ ④ ⑤
10	① ② ③ ④ ⑤	30	① ② ③ ④ ⑤
11	① ② ③ ④ ⑤	31	① ② ③ ④ ⑤
12	① ② ③ ④ ⑤	32	① ② ③ ④ ⑤
13	① ② ③ ④ ⑤	33	① ② ③ ④ ⑤
14	① ② ③ ④ ⑤	34	① ② ③ ④ ⑤
15	① ② ③ ④ ⑤	35	① ② ③ ④ ⑤
16	① ② ③ ④ ⑤	36	① ② ③ ④ ⑤
17	① ② ③ ④ ⑤	37	① ② ③ ④ ⑤
18	① ② ③ ④ ⑤	38	① ② ③ ④ ⑤
19	① ② ③ ④ ⑤	39	① ② ③ ④ ⑤
20	① ② ③ ④ ⑤	40	① ② ③ ④ ⑤

※ 본 답안지는 마킹연습용 모의 답안지입니다.

〈절취선〉

건강보험심사평가원 필기시험 답안카드

성 명

지원 분야

문제지 형별기재란	
(　　　)형	Ⓐ Ⓑ

수 험 번 호						
⓪	⓪	⓪	⓪	⓪	⓪	⓪
①	①	①	①	①	①	①
②	②	②	②	②	②	②
③	③	③	③	③	③	③
④	④	④	④	④	④	④
⑤	⑤	⑤	⑤	⑤	⑤	⑤
⑥	⑥	⑥	⑥	⑥	⑥	⑥
⑦	⑦	⑦	⑦	⑦	⑦	⑦
⑧	⑧	⑧	⑧	⑧	⑧	⑧
⑨	⑨	⑨	⑨	⑨	⑨	⑨

감독위원 확인
㊞ 인

번호	답	번호	답		
1	① ② ③ ④ ⑤	21	① ② ③ ④ ⑤		
2	① ② ③ ④ ⑤	22	① ② ③ ④ ⑤		
3	① ② ③ ④ ⑤	23	① ② ③ ④ ⑤		
4	① ② ③ ④ ⑤	24	① ② ③ ④ ⑤		
5	① ② ③ ④ ⑤	25	① ② ③ ④ ⑤		
6	① ② ③ ④ ⑤	26	① ② ③ ④ ⑤		
7	① ② ③ ④ ⑤	27	① ② ③ ④ ⑤		
8	① ② ③ ④ ⑤	28	① ② ③ ④ ⑤		
9	① ② ③ ④ ⑤	29	① ② ③ ④ ⑤		
10	① ② ③ ④ ⑤	30	① ② ③ ④ ⑤		
11	① ② ③ ④ ⑤	31	① ② ③ ④ ⑤		
12	① ② ③ ④ ⑤	32	① ② ③ ④ ⑤		
13	① ② ③ ④ ⑤	33	① ② ③ ④ ⑤		
14	① ② ③ ④ ⑤	34	① ② ③ ④ ⑤		
15	① ② ③ ④ ⑤	35	① ② ③ ④ ⑤		
16	① ② ③ ④ ⑤	36	① ② ③ ④ ⑤		
17	① ② ③ ④ ⑤	37	① ② ③ ④ ⑤		
18	① ② ③ ④ ⑤	38	① ② ③ ④ ⑤		
19	① ② ③ ④ ⑤	39	① ② ③ ④ ⑤		
20	① ② ③ ④ ⑤	40	① ② ③ ④ ⑤		

※ 본 답안지는 마킹연습용 모의 답안지입니다.

건강보험심사평가원 필기시험 답안카드

성 명

지원 분야

문제지 형별기재란	
(　　)형	Ⓐ Ⓑ

수 험 번 호						
⓪	⓪	⓪	⓪	⓪	⓪	⓪
①	①	①	①	①	①	①
②	②	②	②	②	②	②
③	③	③	③	③	③	③
④	④	④	④	④	④	④
⑤	⑤	⑤	⑤	⑤	⑤	⑤
⑥	⑥	⑥	⑥	⑥	⑥	⑥
⑦	⑦	⑦	⑦	⑦	⑦	⑦
⑧	⑧	⑧	⑧	⑧	⑧	⑧
⑨	⑨	⑨	⑨	⑨	⑨	⑨

감독위원 확인
인

1	① ② ③ ④ ⑤	21	① ② ③ ④ ⑤	
2	① ② ③ ④ ⑤	22	① ② ③ ④ ⑤	
3	① ② ③ ④ ⑤	23	① ② ③ ④ ⑤	
4	① ② ③ ④ ⑤	24	① ② ③ ④ ⑤	
5	① ② ③ ④ ⑤	25	① ② ③ ④ ⑤	
6	① ② ③ ④ ⑤	26	① ② ③ ④ ⑤	
7	① ② ③ ④ ⑤	27	① ② ③ ④ ⑤	
8	① ② ③ ④ ⑤	28	① ② ③ ④ ⑤	
9	① ② ③ ④ ⑤	29	① ② ③ ④ ⑤	
10	① ② ③ ④ ⑤	30	① ② ③ ④ ⑤	
11	① ② ③ ④ ⑤	31	① ② ③ ④ ⑤	
12	① ② ③ ④ ⑤	32	① ② ③ ④ ⑤	
13	① ② ③ ④ ⑤	33	① ② ③ ④ ⑤	
14	① ② ③ ④ ⑤	34	① ② ③ ④ ⑤	
15	① ② ③ ④ ⑤	35	① ② ③ ④ ⑤	
16	① ② ③ ④ ⑤	36	① ② ③ ④ ⑤	
17	① ② ③ ④ ⑤	37	① ② ③ ④ ⑤	
18	① ② ③ ④ ⑤	38	① ② ③ ④ ⑤	
19	① ② ③ ④ ⑤	39	① ② ③ ④ ⑤	
20	① ② ③ ④ ⑤	40	① ② ③ ④ ⑤	

※ 본 답안지는 마킹연습용 모의 답안지입니다.

〈절취선〉

건강보험심사평가원 필기시험 답안카드

성 명

지원 분야

문제지 형별기재란	
(　　　)형	Ⓐ Ⓑ

수 험 번 호						
⓪	⓪	⓪	⓪	⓪	⓪	⓪
①	①	①	①	①	①	①
②	②	②	②	②	②	②
③	③	③	③	③	③	③
④	④	④	④	④	④	④
⑤	⑤	⑤	⑤	⑤	⑤	⑤
⑥	⑥	⑥	⑥	⑥	⑥	⑥
⑦	⑦	⑦	⑦	⑦	⑦	⑦
⑧	⑧	⑧	⑧	⑧	⑧	⑧
⑨	⑨	⑨	⑨	⑨	⑨	⑨

감독위원 확인
(인)

번호	답안	번호	답안		
1	① ② ③ ④ ⑤	21	① ② ③ ④ ⑤		
2	① ② ③ ④ ⑤	22	① ② ③ ④ ⑤		
3	① ② ③ ④ ⑤	23	① ② ③ ④ ⑤		
4	① ② ③ ④ ⑤	24	① ② ③ ④ ⑤		
5	① ② ③ ④ ⑤	25	① ② ③ ④ ⑤		
6	① ② ③ ④ ⑤	26	① ② ③ ④ ⑤		
7	① ② ③ ④ ⑤	27	① ② ③ ④ ⑤		
8	① ② ③ ④ ⑤	28	① ② ③ ④ ⑤		
9	① ② ③ ④ ⑤	29	① ② ③ ④ ⑤		
10	① ② ③ ④ ⑤	30	① ② ③ ④ ⑤		
11	① ② ③ ④ ⑤	31	① ② ③ ④ ⑤		
12	① ② ③ ④ ⑤	32	① ② ③ ④ ⑤		
13	① ② ③ ④ ⑤	33	① ② ③ ④ ⑤		
14	① ② ③ ④ ⑤	34	① ② ③ ④ ⑤		
15	① ② ③ ④ ⑤	35	① ② ③ ④ ⑤		
16	① ② ③ ④ ⑤	36	① ② ③ ④ ⑤		
17	① ② ③ ④ ⑤	37	① ② ③ ④ ⑤		
18	① ② ③ ④ ⑤	38	① ② ③ ④ ⑤		
19	① ② ③ ④ ⑤	39	① ② ③ ④ ⑤		
20	① ② ③ ④ ⑤	40	① ② ③ ④ ⑤		

※ 본 답안지는 마킹연습용 모의 답안지입니다.

2023 하반기 SD에듀 건강보험심사평가원 국민건강보험법 (영/규칙/요양급여규칙 포함) + 모의고사 5회 + 무료NCS특강

개정2판1쇄 발행	2023년 09월 25일 (인쇄 2023년 08월 11일)
초 판 발 행	2022년 05월 10일 (인쇄 2022년 04월 20일)
발 행 인	박영일
책 임 편 집	이해욱
편 저	SDC(Sidae Data Center)
편 집 진 행	김재희 · 김미진
표지디자인	조혜령
편집디자인	차성미 · 곽은슬
발 행 처	(주)시대고시기획
출 판 등 록	제10-1521호
주 소	서울시 마포구 큰우물로 75 [도화동 538 성지 B/D] 9F
전 화	1600-3600
팩 스	02-701-8823
홈 페 이 지	www.sdedu.co.kr

I S B N	979-11-383-5712-8 (13320)
정 가	26,000원

건강보험심사평가원

국민건강보험법

국민건강보험법(영/규칙/요양급여 규칙 포함) + 모의고사 5회

+ 무료NCS특강

All Pass

기업별 맞춤 학습 "기본서" 시리즈

공기업 취업의 기초부터 합격까지! 취업의 문을 여는 **Hidden Key!**

기업별 기출문제 "기출이 답이다" 시리즈

역대 기출문제와 주요 공기업 기출문제를 한 권에! 합격을 위한 **One Way!**

시험 직전 마무리 "봉투모의고사" 시리즈

실제 시험과 동일하게 마무리! 합격을 향한 **Last Spurt!**

※ **기업별 시리즈** : 부산교통공사/한국가스공사/LH 한국토지주택공사/한국공항공사/건강보험심사평가원/국민연금공단/인천국제공항공사/한국수력원자력/한국중부발전/한국환경공단/부산환경공단/한국국토정보공사/SR/신용보증기금&기술보증기금/도로교통공단/한국지역난방공사/한국마사회/한국도로공사/강원랜드/발전회사/항만공사 등

※도서의 이미지 및 구성은 변동될 수 있습니다.